ÉRASTE,

ou

L'AMI DE LA JEUNESSE,

ENTRETIENS FAMILIERS,

Dans lesquels on donne aux Jeunes Gens de l'un et de l'autre sexe, des notions suffisantes sur la plupart des connoissances humaines, et particulièrement sur la Logique ou la Science du raisonnement; la Doctrine, la Morale et l'Histoire de la Religion; la Mythologie; la Physique générale et particulière; l'Astronomie; l'Histoire naturelle; la Géographie; l'Histoire de France; le Blazon, etc.

OUVRAGE QUI DOIT INTÉRESSER LES PÈRES ET MÈRES, ET GÉNÉRALEMENT TOUTES LES PERSONNES CHARGÉES DE L'ÉDUCATION DE LA JEUNESSE.

Par M. l'Abbé FILASSIER.

Gratum est quod Patriæ Civem Populoque dedisti,
Si facis ut Patriæ sit idoneus. JUVENAL, *Sat.* 14.

NOUVELLE ÉDITION, REVUE, CORRIGÉE AVEC SOIN,
CONSIDÉRABLEMENT AUGMENTÉE, CONTINUÉE POUR LA PARTIE
GÉOGRAPHIQUE ET L'HISTOIRE DE FRANCE JUSQU'EN 1815.

Ornée de Cartes géographiques et de 16 planches représentant 172 sujets.

TOME SECOND.

⁂

A ALAIS,

CHEZ J. MARTIN, IMPRIMEUR-LIBRAIRE, GRAND'RUE.

A AVIGNON,

CHEZ L. AUBANEL, IMPRIMEUR-LIBRAIRE, RUE S. MARC.

1818.

ÉRASTE,

ou

L'AMI DE LA JEUNESSE.

Tome Second.

ÉRASTE,
OU
L'AMI DE LA JEUNESSE.

SECONDE PARTIE.

De l'homme considéré par rapport à la culture de son Esprit.

PREMIER ENTRETIEN.

Sur la Mythologie en général.

ÉRASTE, EUGÈNE, EUDOXIE,
Sœur d'Eugène.

ÉRASTE. Jusqu'ici, mes chers enfans, je me suis attaché à former votre cœur par l'étude de la Religion et de la Morale, et je vous ai exposé tout ce qu'il importe à l'homme de connoître et de pratiquer pour parvenir à Dieu, qui est sa fin dernière. Vous avez vu que le véritable Chrétien est nécessairement bon citoyen, bon sujet, bon époux, bon père, bon fils, ami solide, maître compatissant et généreux, serviteur soumis et fidèle; en un mot, vous avez vu qu'il réunit toutes les vertus qui sont le fondement de la société civile, et qui seules peuvent la rendre heureuse. Actuellement, nous allons commencer un nouvel ordre d'instructions, dont l'objet sera de former et de cultiver votre esprit.

EUGÈNE. C'est-à-dire, qu'en présentant de nouveaux alimens à notre curiosité, vous allez fournir de nouveaux motifs à notre reconnoissance.

EUDOXIE. Pour moi, Monsieur, je ne puis vous dire combien je suis sensible à vos soins généreux; vous m'avez rendue avide de l'étude, j'en vois de plus en plus l'utilité; et mon ardeur est telle, que je vous supplie d'entrer sur le champ en matière.

ÉR. Occupons-nous d'abord de la Mythologie, science, à la vérité, plus frivole que nécessaire en elle-même, mais qu'il n'est plus permis d'ignorer, depuis qu'elle entre dans tous les cours d'éducation. D'ailleurs, on en peut tirer de grands avantages, comme je vous le prouverai bientôt, et de plus elle est très-propre à délasser votre esprit de l'attention sérieuse qu'il m'a prêtée jusqu'à présent. *Mythologie* est un mot grec qui peut se traduire par *Connoissance de la Fable*, ou *Histoire des Fausses Divinités du Paganisme*; et tel est en effet l'objet de cette science.

La Fable, qui est un composé de faits réels et de mensonges embellis, est née de la vérité, c'est-à-dire, de l'histoire, tant sacrée que profane, dont plusieurs événemens ont été altérés en différentes manières et en différens temps, soit par les opinions populaires, soit par les fictions des poëtes.

Je dis premièrement que la Fable est née de l'Histoire et surtout de l'Histoire sainte; pour s'en convaincre, il suffit de comparer le plus grand nombre des traits de la Mythologie avec ceux de l'ancien Testament. Qu'est-ce en effet que le déluge de Deucalion, sinon l'image de celui qui arriva du temps de Noé? Qu'est-ce que l'histoire de Saturne et de ses trois fils, sinon celle de ce même patriarche, qui fut la seconde tige du genre humain? La fable des géans qui escaladèrent le ciel, est un reste de la tradition du projet insensé que conçurent les enfans des hommes en bâtissant la tour de Babel. N'est-il pas évident que le chaos, la séparation des quatre élémens, la formation de l'homme par Prométhée, sont copiés de la Génèse? Il suit de ses principes, que la plupart des fables sont autant d'enveloppes sous lesquelles les anciens nous ont conservé la mémoire des premiers événemens, et qu'on doit chercher sous leurs écorces les faits historiques qu'elles renferment.

Je dis en second lieu, que les fictions poétiques n'ont pas peu contribué à donner du cours à la fable. En effet, les poëtes, voyant que la fiction étoit l'âme de leur art, s'avisèrent de ne jamais rien dire naturellement, et d'embellir tous les faits historiques par des circonstances surnaturelles. Bientôt les bergers furent des Satyres ou des Faunes, et les bergères des Nymphes; les hommes à cheval devinrent des Centaures; les vaisseaux furent appelés, tantôt des chevaux ailés, comme dans l'histoire de Bellerophon, tantôt des dragons, comme dans celle de Médée. On fit passer les oranges pour des pommes d'or, et l'argent répandu pour corrompre les gardes de Danaé, fut figuré par une pluie d'or. Quand quelque princesse mouroit de douleur de la perte de son mari ou de ses enfans, le dénouement de l'élégie qui étoit composée sur son aventure, étoit de la changer en fontaine ou en rocher. S'il arrivoit que quelque princesse se laissât aller à la dissolution, le poëte, pour ménager la réputation de son héroïne, publioit qu'un dieu l'avoit aimée : de là tant de dieux incestueux, adultères et dissolus. On dit qu'Orphée charma les tigres et les lions, et rendit sensibles les rochers, parce qu'il étoit si persuasif que les cœurs les plus durs ne pouvoient résister à son éloquence ni aux charmes de sa voix. Esculape, qui excella dans la médecine, passa pour être le fils d'Apollon ou du Soleil ; parce que cet astre, par ses influences, donne la maturité à toutes les productions de la terre. Ceux qui étoient braves et courageux, furent appelés enfans de Mars. Enfin, comme il y eut des princes qui prirent le nom des fleuves qui passoient dans leurs états, ils furent regardés comme les enfans de ces fleuves. Quant à ceux dont on ignoroit l'origine, et qui s'étoient rendus célèbres, les poëtes les regardoient comme les enfans de la terre. Ces fictions passèrent dans les histoires, et de l'histoire dans la théologie païenne. On forma un système de religion sur ces idées poétiques ; on érigea des temples, et l'on offrit des victimes à des dieux qui n'avoient de réalité que dans l'imagination des poëtes.

Eud. Eh ! pourquoi s'est-on avisé de falsifier ainsi la vérité ?

Er. C'est l'ouvrage de l'ignorance, de la foiblesse de l'esprit humain, et de l'oubli du Créateur ; ajoutez à ces causes l'amour du merveilleux, la vanité, la corruption du cœur, et vous connoîtrez toutes les sources de la fable : rappelez-vous à ce sujet tout ce que je vous ai dit sur l'origine de l'idolâtrie dans notre troisième entretien.

Eug. Quels pays regarde-t-on comme le berceau de la fable et de l'idolâtrie ?

Er. On croit, avec assez de vraisemblance, qu'elles prirent naissance dans la famille de Cham, dont les descendans s'établirent dans l'Egypte et dans la Phénicie. D'abord ils n'adressèrent leurs hommages qu'aux astres et aux animaux ; mais ensuite Ninus, roi des Assyriens, introduisit une espèce d'idolâtrie plus marquée, et en un sens, moins excusable. Ce prince fit élever au milieu de Babylone, capitale de son vaste empire, la statue de Bélus, son père, et ordonna à tous ses sujets d'offrir à ce divin simulacre l'encens et les prières qui ne sont dus qu'à la divinité. A l'exemple des Assyriens, les nations voisines déifièrent leurs rois, leurs guerriers, leurs grands hommes, les instituteurs des arts, et tous ceux qui par leur génie, ou même par l'éclat de leurs crimes, s'étoient tirés de l'obscurité.

De l'Egypte et de la Phénicie, l'idolâtrie se répandit en Orient parmi les descendans de Sem, puis en Occident parmi ceux de Japhet. La Grèce, où elle fut portée par des colonies phéniciennes, l'adopta, l'embellit et la transmit aux Romains. Ceux-ci bâtirent un temple nommé le *Panthéon*, où ils rassemblèrent toutes les divinités honorées en divers pays ; et le culte des faux dieux fut ainsi propagé avec la puissance Romaine, jusqu'aux extrémités de la terre.

On comptoit plus de trente mille dieux chez ce peuple conquérant ; ce qui ne doit pas vous surprendre, si vous considérez qu'on en avoit imaginé pour présider aux différentes parties de l'univers, aux passions, et aux divers besoins de la vie. Saint Augustin remarque une douzaine de divinités différentes, toutes occupées autour d'un chalumeau de blé, dont chacune d'elles, selon sa destination, prend un soin particulier dans les différens temps, depuis le premier moment que la semence a été jetée en terre, jusqu'à ce que le blé soit parfaitement mûri. On distinguoit plus de trois cents Jupiter, et plus de quarante Hercule : aussi un poëte Latin nous représente-t-il Atlas gémissant sous le poids du ciel, à cause de la multitude prodigieuse des dieux qu'on y logeoit.

Eug. Quels sont, je vous prie, les avantages qu'on peut tirer de l'étude de la Mythologie ?

Er. D'abord, elle nous apprend ce que nous devons à J. C., en nous faisant connoître dans quelles ténèbres épaisses étoient plongés nos pères, et jusqu'à quelle folie l'erreur avoit conduit le genre humain, avant que ce divin Libérateur nous eût appelés à l'admirable lumière de l'Evangile.

Sans la Mythologie, non-seulement il n'est pas possible de bien entendre les poëtes Grecs et Latins, et l'histoire des nations païennes, qui est nécessairement liée à celle de leur religion, mais encore les ouvrages que les saints pères et les grands docteurs de l'Eglise ont composé contre le paganisme.

De plus la fable nous présente plusieurs allégories très-instructives. Par exemple, les aventures de Phaéton et d'Icare nous font connoître les suites funestes de l'ambition. L'histoire de Tantale et celle des Harpies peuvent s'appliquer aux avares. La métamorphose de Narcisse représente parfaitement ceux qui, par une folle vanité, n'aiment que leur propre personne : on pourroit l'adresser aux *Egoïstes* de nos jours, c'est-à-dire, à cette secte orgueilleuse de prétendus philosophes qui rapportent tout à eux seuls. Il est aisé de reconnoître les remords d'une mauvaise conscience, dans les Furies qui tourmentoient Oreste, et dans le vautour qui rongeoit le foie de Prométhée. Qui ne voit, dans la fable de Méduse, dont la seule vue pétrifioit, l'effet que produit une passion, qui va souvent jusqu'à faire perdre tout sentiment.

Enfin, la Mythologie nous met en état de reconnoître et d'apprécier les chefs-d'œuvres des grands peintres et des sculpteurs célèbres, dont la plupart des tableaux et des statues sont empruntés de la fable. Pour vous en faire juges, mes chers amis, et pour vous rendre en même temps l'étude de la Mythologie plus agréable, je vais vous conduire dans une magnifique galerie, où sont représentées la plupart des divinités du paganisme(*); par-là vous apprendrez tout à la fois et à goûter les productions sublimes des grands artistes de tous les temps et de tous les pays, et à distinguer les symboles qui caractérisent ordinairement chacune des fausses divinités dont je vous raconterai l'histoire.

Tels sont donc les principaux et même les seuls avantages que nous pouvons tirer de la Mythologie, si nous l'étudions avec la décence, la sagesse et les précautions que la Religion inspire et prescrit ; car si vous ne considériez cette science que par rapport à l'idée qu'elle nous donne de la Divinité, vous ne trouveriez rien de plus absurde. En effet, quoi de plus bizarre et de plus ridicule que les peintures sous lesquelles les païens nous représentent leurs dieux ? les uns boiteux, les autres aveugles, tous sont matériels ; ils se battent les uns contre les autres ; ils sont blessés par des hommes, comme Mars et Vénus par Diomède ; ce sont des dieux pour la plupart adultères, voleurs, vindicatifs, cruels, livrés aux plus horribles excès ; des dieux réduits à un état de foiblesse et de misère : ils fuient en Egypte, pour s'y cacher sous la forme de différens animaux. Apollon pleure son fils Esculape ; Cybèle pleure Atys : le même Apollon chassé du ciel, et contraint de garder les troupeaux : Neptune, devenu maçon, n'a pas le pouvoir de se faire payer de ses journées ; et mille autres rêveries semblables, qui toutes prouvent cette vérité, que les dieux des nations sont l'ouvrage du père du mensonge.

Eug. Et ces grands hommes de l'antiquité, ces philosophes dont on parle avec tant d'éloges, et qui certainement valoient mieux que leurs dieux, croyoient ces extravagances ?

Er. La plupart se livroient aux superstitions du vulgaire, tant l'aveuglement étoit général ! Cependant il y en avoit plusieurs qui regardoient ces divinités comme des chimères, et qui blâmoient le paganisme et ses folies, mais timidement, à voix basse, et souvent dans l'enceinte de leurs écoles. Religieux parmi leurs disciples, et adorateurs d'un Dieu unique et souverainement parfait, ils suivoient le peuple dans les temples, et se prosternoient avec lui devant des dieux auxquels ils auroient rougi de ressembler. Tous craignoient de s'exposer au ressentiment d'une populace grossière et fanatique, et pour justifier cette pusillanimité sacrilége, ils di-

---

(*) Cette fiction nous ayant paru insuffisante sans la représentation réelle des objets qu'elle indique, nous y avons suppléé par des gravures, qui pour la première fois paroissent dans cet ouvrage, et qui rendront ces descriptions plus familières et plus sensibles.

Note de l'Éditeur.

soient que le sage devoit se conformer à la religion de l'Etat.

Eud. Comment les païens pouvoient-ils distinguer cette foule de dieux les uns d'avec les autres ? Si j'avois été idolâtre, j'aurois craint de confondre les dieux des vergers avec ceux des montagnes.

Er. Pour prévenir cet inconvénient, la théologie païenne avoit distribué tous les dieux en quatre classes. La première comprenoit les dieux suprêmes, appelés encore les *grands Dieux des nations*, parce qu'ils étoient connus et révérés de tous les peuples. Ils étoient au nombre de vingt, et on les subdivisoit en quatre ordres ; les uns présidoient au ciel, les autres régnoient dans les enfers ; ceux-ci avoient l'empire des eaux, et ceux-là commandoient à la terre : toutes ces divinités réunies formoient ce que l'on appeloit le conseil des dieux.

La seconde classe étoit composée des Dieux nommés *les dieux inférieurs des nations*. Ils n'avoient point de place dans le ciel ; ils étoient regardés comme des divinités bourgeoises : ils portent encore le nom d'*Indigètes*, c'est-à-dire, issus de la terre ; et celui de *Semones*, c'est à-dire, hommes divinisés.

Les demi-dieux occupoient la troisième classe : c'étoient des divinités qui tiroient leur origine d'un dieu et d'une mortelle, ou d'un mortel et d'une déesse. On mettoit aussi parmi eux les héros que leur mérite avoit élevés au rang des immortels indigètes.

Enfin, les divinités de la quatrième classe étoient les Vertus qui avoient formé les grands hommes et qui font le bonheur des mortels, ou les Vices qui les tyrannisent et les dégradent. Telle étoit, mes chers enfans, la division des dieux du paganisme : les premiers avoient une autorité souveraine, les autres étoient subordonnés ; mais tous avoient un maître commun, qui étoit le Destin. Maintenant, pour mieux connoître ces chimériques divinités, transportons-nous dans la galerie dont je vous ai parlé ; les tableaux que vous y verrez vous instruiront autant que mes discours.

ENTRETIEN II.

Des Dieux de la première Classe.

Eudoxie. Quel ordre admirable ! quel spectacle magnifique ! Ne diroit-on pas que toutes les merveilles de la nature sont réunies dans ce lieu ?

Eraste. Votre enthousiasme ne m'étonne point, ma chère Eudoxie. Voilà pécisément l'effet que produit le beau sur une âme qui, pour la première fois, éprouve l'empire de ses charmes, il l'élève, la saisit, la transporte. Mais ne perdons point

de temps en réflexions étrangères au sujet qui nous amène ici.

Ce premier tableau représente ce que les païens appeloient le *Chaos* ; c'est l'état de confusion où l'on suppose qu'étoit la matière avant la création du monde, une masse informe qui contenoit les principes des êtres, et qui, se débrouillant, produisit l'univers.

Ce dieu plein de majesté, que vous voyez ensuite, et dont les traits annoncent un caractère inflexible, est le *Destin*, fils du Chaos, *planche* 1, *figure* 1. Le livre qui est à ses pieds, et cette urne qu'il tient dans ses mains, renferment le sort de tous les hommes. A la gauche de la divinité, et dans le fond du tableau, ce magnifique palais, que vous apercevez, est son temple : cent portes d'airain et d'immenses remparts en défendent l'accès aux foibles mortels. Cette homme armé d'une faulx, et qui a deux ailes, est le Temps, *fig.* 2 ; et cette femme sévère, immobile, qui le regarde, est la Nécessité.

EUGÈNE. J'entends ; ces deux personnages sont les ministres du Destin. Mais vous ne nous dites rien de ce monument lugubre, sur lequel je vois un livre ouvert.

ER. C'est un autel de fer, et ce livre est celui du Destin. Comme ce Dieu passoit pour être le maître absolu de toutes les autres divinités, et que toutes étoient soumises à ses décrets irrévocables, lorsqu'il survenoit quelque contestation entre elles, elles recouroient au livre fatal, et s'y conformoient aussitôt.

Quoique le Chaos, et le destin son fils, fussent regardés, l'un comme le principe, et l'autre comme l'arbitre suprême des dieux, cependant les païens donnoient le premier rang à *Cœlus*, autrement appelé *le Ciel* ou *Uranus*, qui eut de *Tellus* ou *la Terre*, nommée encore *Cybèle*, deux fils appelés *Titan* et *Saturne*.

Titan, en qualité de fils aîné du Ciel, devoit succéder à la puissance de son père. Mais, cédant aux importunités de sa mère, il abandonna ses droits à Saturne, son cadet, à condition pourtant qu'il n'élèveroit aucun enfant mâle.

Dans ce tableau, vous voyez Saturne, qui, fidèle à ses engagemens, dévore ses fils au moment de leur naissance. Mais Cybèle, sa femme, ayant mis au monde Jupiter et Junon, ne lui présente que la dernière ; et au lieu de son fils qu'elle cache avec soin, elle lui donne une pierre, que ce père ambitieux et cruel avale aussitôt.

Titan, informé de cette supercherie, déclare la guerre à son frère, qui, prétextant avoir exécuté la condition, refusoit de lui rendre l'empire du monde. Saturne est vaincu et mis aux fers : Cybèle a le même sort.

Jupiter, devenu grand, leva des troupes pour humilier les ennemis de sa famille, gagna sur eux une victoire signalée, et délivra son père et sa mère, qu'il replaça sur le trône. Mais ce ne fut pas pour long-temps.

Vous voyez ici qu'il devint parricide, et voici pourquoi. Saturne, ayant lu dans le livre du Destin que Jupiter envahiroit son royaume, voulut prévenir ce malheur. Il déclare la guerre à son fils, et lui tend des embûches. Jupiter le prévient et le surprend, remporte sur son père un indigne triomphe, et le chasse honteusement du ciel.

Saturne, tristement exilé, cherche un asile en Italie, où Janus, roi du pays Latin, l'accueille avec respect. Cette petite peinture que vous apercevez au bas de ce tableau, représente les Saturnales, fêtes instituées en mémoire du séjour que le père de Jupiter fit dans le Latium. On la célébroit tous les ans au mois de décembre; et tant qu'elle duroit, le sénat Romain, les écoles publiques, toutes les professions vaquoient; on s'envoyoit des présens, et les maîtres servoient eux-mêmes leurs valets.

Remarquez ensuite avec quelle richesse de pinceau le peintre nous a tracé l'image du règne de Saturne, de ce temps fortuné, foible esquisse toutefois du bonheur de nos premiers parens dans l'état d'innocence, et dont la mémoire s'est conservée parmi les païens, sous le nom d'*Age d'Or*.

A cet âge d'or succéda celui d'argent: c'est le temps où les hommes commencèrent à devenir méchans : on le rapporte à celui où Adam et Eve perdirent leur innocence.

L'âge d'airain fut le temps de la corruption totale du genre humain; et l'âge de fer, celui où les hommes commencèrent à se faire des guerres ouvertes : on en fixe l'époque à la construction de la tour de Babel, et à la confusion des langues.

Eud. Quel est ce vieillard triste et pâle, dont la barbe est si longue et si blanche, et qui paroît courbé sous le poids des années ?

Er. C'est ce même Saturne représenté sous l'image du Temps, *fig.* 2. La faulx qu'il tient d'une main, marque qu'il détruit tout, les ailes que vous lui voyez aux épaules, désignent sa rapidité. Ce sablier qu'il tient à la main, exprime la vicissitude des événemens, qui se succèdent et se renouvellent sans cesse. On le représente aussi avec un serpent qui forme un cercle en se mordant la queue.

Eug. Comment appelez-vous ce personnage à double figure ?

Er. *Janus*. La fable dit qu'il étoit fils d'Apollon et d'une nymphe nommée *Créuse*. C'est lui qui reçut Saturne dans ses Etats; et ce père des Dieux, par reconnoissance, lui donna toutes les vertus d'un bon roi, avec le talent de ne point oublier le passé et de lire dans l'avenir; c'est ce que désigne ce double visage. Il lui enseigna l'agriculture, et le grand art de gouverner les peuples, et Janus profita si bien des leçons du dieu, que l'Italie sous son règne, vit naître les douceurs de l'âge d'or ; c'est ce que représentent ces troupes de peuples qui nagent dans l'abondance, et qui se livrent à la joie avec une entière sécurité. La clef que Janus tient dans sa main, marque qu'il ouvroit ou commençoit l'année ; car c'est de son nom que le premier mois a été appelé *Janvier*. Le bâton qu'il porte, désigne qu'il recevoit bien les voyageurs, et qu'il présidoit aux chemins. Le superbe édifice que vous remarquez dans le fond du tableau, est le temple que Numa-Pompilius, second roi de Rome, fit construire en l'honneur de ce dieu : il y avoit autant de fenêtres qu'il y a de jours dans l'année ; et les portes en étoient fermées pendant la paix, et ouvertes durant la guerre. Dans cette petite peinture qui est au bas, vous voyez le même Janus représenté avec quatre visages, et cela parce qu'il présidoit aux quatre saisons de l'année et aux quatre âges de la vie humaine : aussi remarquez-vous que l'un de ces visages est celui d'un enfant, ce qui désigne le printemps et l'enfance ; l'autre, celui d'un jeune homme, ce qui marque l'été et l'adolescence ; le troisième, celui d'un homme fait, ce qui annonce l'automne et l'âge viril ; le quatrième enfin, celui d'un vieillard accablé d'années et de tristesse, ce qui est l'emblème de l'hiver et de la vieillesse.

Eug. Quelle est cette femme assise tenant une corne d'abondance, dont la robe est parsemée de pierres précieuses et de fleurs de toute espèce, et qui a un lion à ses pieds ? *fig. 3*.

Er. C'est *Cybèle*, épouse du Ciel, mère de Saturne, et déesse de la terre. Elle portoit plusieurs noms ; mais le plus ordinaire, après celui par lequel je la désigne, étoit le titre de *Grand-Mère*, parce qu'elle étoit regardée comme la mère de tous les Dieux. Elle est assise pour marquer la solidité de la terre ; elle porte un disque ou tambour plat, symbole des vents qu'elle renferme. Sa tête est couronnée de créneaux et chargée d'une tour, parce qu'elle apprit aux hommes à s'enfermer dans des murailles. La clef qui est suspendue à sa main, indique que la terre ouvre son sein à toutes les productions sublunaires ; et les animaux qui l'environnent, désignent qu'elle est la mère de tout ce qui a vie sous le ciel. Ces hommes que vous voyez danser devant la déesse, au son des tambours, et paroissant jeter des cris et faire des contorsions épouvantables, sont les prêtres de cette divinité. Ils étoient au nombre de dix : on les appeloit *Galli*, *Dactyles*, *Corybantes*, et *Corètes*. Quelquefois, dans leurs fêtes, ils se pénétroient d'une telle fureur, qu'ils se frappoient à coups d'épée.

Eug. J'aperçois dans un coin du tableau un jeune homme qui semble être au désespoir, et prêt à se percer le sein avec un poignard ; ne seroit-ce pas un de ses prêtres ?

Er. Oui ; c'est le jeune *Atys*, Phrygien aimable, qui fut

tendrement chéri de Cybèle, mais qui, bien loin de répondre à la passion de cette déesse, se livra à la nymphe *Sangaride*. La mère des Dieux, irritée contre son favori, punit son indifférence dans la personne de son amante. Des coups de coignée, donnés à un arbre auquel étoient attachés le sort et la vie de la nymphe, ayant causé sa mort, Atys, entra dans des fureurs qui tenoient de la rage : sa phrénésie l'emporta sur les montagnes de Phrygie, et le poussa à se donner un cruel coup de couteau : il alloit se priver de la lumière, lorsque Cybèle, touchée du triste sort d'un mortel qu'elle avoit tant aimé, le changea en pin, arbre qui fut depuis consacré à cette déesse.

Vous ne confondrez pas cette Cybèle avec une autre déesse du même nom, fille de celle-ci, et qui fut femme de Saturne. On l'appelle plus communément *Vesta*; elle étoit la déesse du feu. On la peint ordinairement un flambeau d'une main, et répandant de l'autre des parfums sur le feu sacré, *fig.* 4. Ce tableau vous représente l'intérieur de son temple ; vous voyez l'autel sur lequel brûle le feu sacré. Ces sept filles qui environnent l'autel, sont les prêtresses de la déesse, qui étoient appelées *Vestales :* elles furent instituées par Numa-Pompilius, et on les choisissoit dans les familles les plus distinguées de Rome. Elles étoient chargées d'entretenir jour et nuit le feu sacré ; car on se croyoit menacé des plus grands malheurs, s'il venoit à s'éteindre : on interrompoit tous les exercices publics, jusqu'à ce qu'on eût rallumé ce feu, ou avec celui du ciel, ou aux rayons du soleil, et l'on enterroit toute vive la Vestale dont la négligence avoit causé cette calamité. On faisoit subir le même supplice à celles qui violoient le vœu de chasteté, qu'elles formoient toutes en entrant dans le sacerdoce. Elles étoient dix ans à apprendre les fonctions de leur ministère, dix ans en exercice, et dix ans à instruire les novices ; après quoi elles pouvoient se retirer. On leur rendoit les plus grands honneurs, et jamais on n'osoit leur refuser une grâce qu'elles demandoient. Cette statue que vous apercevez sur le dôme du temple, est Vesta elle-même, qui tient entre ses bras Jupiter, pour insinuer qu'elle le sauva de la voracité de Saturne, son époux.

Eug. Quittons Vesta, quittons ses prêtresses et son temple : voici un petit enfant qui nous intéressera pour le moins autant qu'elle.

Er. C'est celui qu'on appelle le père des dieux et des hommes, le grand *Jupiter*. Vous le voyez ici dans l'île de Crète, au milieu des *Corybantes*, auxquels Cybèle, sa mère, l'avoit secrètement confié pour le soustraire à l'avidité de Saturne : les prêtres de la déesse dansent en frappant sur des bassins d'airain, afin d'empêcher que les cris de l'auguste enfant ne parviennent aux oreilles de son père. Cette chèvre qui l'alaite, se nomme *Amalthée*. Dans la suite, le dieu la changea en constellation, et la plaça dans le ciel avec ses deux chevreaux, et il donna aux Nymphes que vous remarquez autour de son berceau, l'une des cornes de cette chèvre, avec la vertu de produire tout ce qu'elles désireroient; c'est ce qu'on nomme la *Corne d'Abondance*.

Après avoir chassé son père du ciel, Jupiter s'empara de l'empire du monde, qu'il partagea avec ses deux frères, Neptune et Pluton. Le premier eut la mer; les enfers échurent au second, et Jupiter se réserva le ciel, avec le droit de présider à l'univers.

Le diadême appartenoit à Titan, comme je vous l'ai dit. Ce dieu, désespéré de voir la postérité de Saturne sur un trône qu'il regardoit comme le bien de ses enfans, suscita contre l'usurpateur les Titans ou Géans, fils de la Terre: c'étoient des hommes d'une force prodigieuse, et d'une taille qui égaloit leur singulière vigueur. Vous les voyez assemblés en foule dans les champs de Thessalie. Celui qui surpasse de beaucoup tous les autres, et dont vous remarquez les yeux pleins de fureur, est *Encelade*, le plus terrible des enfans de la Terre; cet autre qui a cent bras et cinquante têtes, est *Briarée*, appelé encore *Egéon*; ce troisième qui est moitié homme et moitié serpent, et dont le corps paroit un colosse, est le géant *Typhon*, qui de sa tête atteignoit le ciel. Enfin, ces deux autres monstres sont *Othus* et *Ephialte*, nommés communément les *Aloïdes*, parce qu'ils étoient fils du géant *Aloeus*, qui, étant trop vieux pour partager l'entreprise, s'étoit fait suppléer par ses deux fils. Ces frères croissoient de neuf pouces chaque mois. Remarquez avec quelle fureur ils s'empressent tous d'escalader l'Olympe; ceux-ci entassent les monts Ossa et Pélion, et tous les rochers de Thessalie; ceux-là montent sur les épaules de leurs compagnons, et sont près d'entrer dans les cieux. Tous les dieux, effrayés à l'approche de ces monstrueux ennemis, prirent la fuite; et se cachèrent en Egypte sous les formes d'animaux, d'arbres, de plantes. Bacchus seul resta auprès de Jupiter qui, s'étant rendu maître de la foudre, écrasa les Titans sous les montagnes même qu'ils avoient accumulées. Les poëtes ont prétendu que Typhon étoit enseveli sous l'Ethna, montagne de Sicile, qui vomit des tourbillons de flammes et de fumée. Ils disent encore qu'il y eut plusieurs de ces géans qui ne furent point abimés par le tonnerre; mais qui demeurèrent attachés au ciel, et que ce sont les astres que nous y voyons.

Jupiter avoit épousé *Junon*, sa sœur, dont il eut plusieurs enfans qui peuplèrent le ciel. Mais il ne s'en tint pas à sa femme; et l'on peut remarquer que le premier dieu des païens étoit en même temps plus dissolu que les hommes même les plus effrénés. Il se montroit aux déesses qu'il vouloit séduire dans tout l'éclat de sa gloire ; mais, pour tromper les simples mortelles, il n'y a point de forme sous laquelle il ne se déguisât. La Mythologie est pleine de ses métamorphoses. Sous la figure d'un Satyre, il surprit la belle Antiope ; sous celle d'un taureau, il enleva Europe, fille d'Agénor, roi de Phénicie, et la transporta sur son dos, au travers des mers, dans cette partie du monde à laquelle cette princesse donne son nom. Déguisé en cygne, il trompa Léda, fille de Tyndare. Il prit la forme de Diane, pour séduire la nymphe Calysto : il se glissa dans la tour de Danaé, métamorphosé en pluie d'or ; il prit la figure d'Amphitryon, roi de Thèbes, pour tromper la sage et vertueuse Alcmène, épouse de ce monarque, et il en eut le fameux Hercule. Enfin il se transforma en aigle, pour enlever le jeune et beau *Ganimède*, fils de Tros, roi de Troie, et donna à ce tendre enfant la charge d'échanson, qu'il avoit ôtée à *Hébé*, fille de Junon et déesse de la jeunesse, que l'on représente avec un vase et un aiguière. Elle a aussi une massue, parce qu'elle épousa dans la suite Hercule, fameux héros dont je vous raconterai l'histoire , *fig.* 5. Hébé perdit son emploi, parce qu'en versant le nectar, cette divinité s'étoit laissé tomber, et avoit fait rire tous les dieux. Il n'y avoit point au ciel d'autre table que celle de Jupiter : on y servoit l'ambroisie, mets exquis, dont il suffisoit de goûter une fois pour participer à l'immortalité, et le nectar, boisson ordinaire des dieux, dont la privation étoit leur plus grand supplice.

Malgré les énormes foiblesses de Jupiter, les païens attribuoient à ce dieu toutes ces sublimes prérogatives qui ne conviennent qu'au Maître absolu de la nature. Les poëtes et les peintres le représentent assis sur les nues ou sur un trône éclatant, et plus élevé que ceux des autres immortels, ébranlant tout l'Olympe d'un seul signe de sa tête, tenant dans sa main la foudre qui effraie les coupables, et porté sur un aigle qui autrefois étoit un homme appelé *Périphas*, *fig.* 6. Ce Périphas, roi d'Athènes, s'étoit fait tellement aimer de son peuple, qu'il en fut adoré comme Jupiter, ce qui irrita si fort le maître des dieux, qu'il vouloit le foudroyer ; mais bientôt prenant des sentimens plus doux, il se contenta de le changer en aigle, et mit cet oiseau sous sa protection. Le chêne lui étoit consacré, parce qu'à l'exemple de Saturne, il apprit aux hommes à se nourrir de glands.

Jupiter avoit à Olympie en Elide un temple fameux, dans lequel on remarquoit sa statue, ouvrage de Phydias, et qui passoit pour une des merveilles du monde. Elle étoit d'ivoire, enrichie d'or et de pierreries. Quoiqu'assise, elle avoit 212 pieds de hauteur, *fig.* 7.

Eug. Je voudrois bien savoir quel est cet infortuné que cette belle sculpture nous représente enchaîné sur un rocher, et dont le foie est devoré par ce vilain oiseau ?

Er. C'est *Prométhée*, fils de Japet, l'un des Titans. Quand Jupiter eut vaincu ses ennemis, il s'occupa du soin de créer des hommes. Prométhée voulut égaler le maître du monde. Il forma quelques statues avec de la terre et de l'eau; et pour les animer, il monta au ciel par le secours de Pallas, et déroba du feu au char du Soleil. Jupiter, irrité de cette orgueilleuse audace, le fit attacher par Vulcain sur le mont Caucase, où un vautour lui rongeoit le foie, qui en renaissant chaque jour, éternisoit son supplice.

Eud. Que cette femme est belle ! que sa parure et riche ! Est-ce aussi une divinité ?

Er. Les dieux, jaloux de ce que Jupiter prétendoit seul avoir le droit de créer des hommes, firent fabriquer par Vulcain une femme que ce Dieu anima. Tous les autres immortels, voulant la rendre parfaite, lui firent chacun leur présent; ce qui la fit nommer *Pandore*, nom tiré des deux mots grecs, et qui peut se rendre par *douée de tous les dons possibles*. Vous voyez tous les dieux et toutes les déesses qui l'environnent. Vénus lui a donné la beauté, Pallas la sagesse, Mercure l'éloquence, Apollon la connoissance de la musique, etc. Jupiter, feignant de vouloir aussi combler Pandore de ses dons, lui présente une boîte, avec ordre de la porter à Epiméthée, frère de Prométhée. Cette boîte, qu'on appelle la *boîte de Pandore*, fut ouverte, et aussitôt tous les maux de la nature, qui y étoient renfermés, se répandirent sur la terre : l'espérance seule resta au fond.

Eug. Oh ! oh ! voici encore une figure singulière, un homme avec une tête de loup !

Er. *Lycaon*, prince d'Arcadie, étoit si cruel, qu'il faisoit mourir tous ceux qui passoient dans ses états. Jupiter étant allé loger chez lui, ce prince affecta de ne le pas connoître, et lui fit servir les membres d'un de ses hôtes, qu'il avoit mis à mort. Le dieu, pénétré d'horreur à la vue de ce mets sacrilége, foudroya le palais de ce prince inhumain, et le changea lui-même en loup.

Eug. Quel attelage ! Quoi ! les paons font ici les fonctions des chevaux ! Ah ! pour le coup, voilà de la sublime Mythologie !

Er. Ne riez pas, ma chère Eudoxie, vous voyez la reine des dieux, la sœur et l'épouse de Jupiter, la redoutable *Junon*, fille de Saturne et de Cybèle; elle présidoit aux royaumes. Son frère se métamorphosa en coucou pour la tromper; mais la déesse ayant aperçu l'artifice, ne consentit à l'écouter qu'à condition qu'il l'épouseroit. Jupiter lui donna donc sa main, et peut-être eut-il lieu de s'en repentir. Junon étoit d'un orgueil et d'une fierté insupportables ; naturellement méchante, implacable dans ses haines et dans ses vengeances ; ajoutez à ces défauts, la jalousie la plus furieuse.

Jupiter ayant aimé la Nymphe Io, l'avoit métamorphosée en vache, afin de dérober à son épouse la passion qu'il avoit pour cette fille d'Inachus, souverain de la Carie. Junon lui demanda cette vache, et la confia au vigilant Argus qui avoit cent yeux, dont la moitié veilloit et l'autre dormoit tour-à-tour. Mercure tua ce gardien incommode, par l'ordre du maître des dieux, Junon le métamorphosa en paon ; mais pour pour punir Io de la mort de son favori, elle envoya un taon, qui, par ses piqûres continuelles, la fit errer jusqu'en Egypte, où Jupiter lui rendit sa première forme, et en eut Epaphus, que l'on croit être le fondateur de la fameuse ville de Memphis.

Junon, voyant qu'elle faisoit d'inutiles efforts pour regagner le cœur de son infidèle mari, entra dans une ligue que les dieux avoient formée contre lui pour le chasser du trône. Jupiter après avoir terrassé les rebelles, résolut de punir la trahison de sa femme. Il chargea Vulcain, son fils, de la suspendre en l'air par le moyen de deux pierres d'aiman, et de lui lier les mains derrière le dos avec une chaîne d'or. Aucun dieu ne put la délivrer de ces entraves, et il falloit avoir recours à Vulcain qui les avoit forgées, ce qu'il ne fit qu'après qu'on lui eut promis de lui donner Vénus pour épouse.

Junon présidoit aux mariages, et c'est ce que vous désignent ces deux époux qui se donnent la main derrière le char de la déesse. Elle présidoit aussi aux accouchemens, et alors on l'invoquoit sous le nom de *Lucine*. Le paon que la déesse tient à côté d'elle, est Argus dont je vous ai parlé ; et les taches brillantes que vous voyez sur la queue de l'animal, sont les cent yeux de cet espion. Ces nuages qui marchent devant la reine des dieux, marquent qu'elle étoit la souveraine de l'air : le sceptre qu'elle tient à la main, annonce sa puissance absolue, *fig.* 8. Ces trois filles qui dans le fond du tableau, paroissent courir çà et là, d'un air égaré, sont *Lysipe*, *Ipponée* et *Cyrianesse*, fille de *Pétus*, roi d'Argos. S'étant vantées d'être plus belles que Junon, la déesse, pour châtier leur orgueil, les frappa d'un genre de folie qui leur fit croire qu'elles étoient changées en vaches. Enfin, cet arc-en-ciel qui brille au-dessus de la déesse, est Iris, sa messagère, qu'elle changea ainsi, pour la récompenser de ce qu'elle ne lui annonçoit jamais que d'heureuses nouvelles.

Eug. Je n'aime pas Junon ; je l'abandonne, pour connoître cet élégant musicien qui joue de la lyre au milieu d'une troupe de vierges attentives à l'harmonie de ses accens.

Er. C'est *Apollon*, le dieu de la poésie, de la musique et des arts : aussi en voyez-vous les attributs à ses pieds. Ces agréables collines qui environnent le vallon riant où est le

dieu, sont les monts Parnasse, Hélicon, Piérus et le Pinde, où il étoit particulièrement honoré. Ces-deux fontaines qui sortent du pied des collines du milieu, sont l'Hippocrène et Castalie; et ce fleuve qui coule vis-à-vis, est le Permesse : il suffisoit de boire de leurs eaux, pour être tout-à-coup saisi d'enthousiasme poétique.

Le dieu est environné des neuf Muses, filles de Jupiter et de Mnémosyne, déesse de la mémoire. Apollon est leur chef, et partage avec elles les hommages qu'on lui rend. Celle qui a l'air si majestueux, qui est couronnée de lauriers et parée de guirlandes de fleurs, qui tient dans la main droite une trompette, est *Calliope*, *fig*. 9. Elle préside à l'éloquence et à la poésie héroïque; et aussi voyez-vous auprès d'elle des trophées d'armes. On y joint aussi les poëmes d'Homère et de Virgile, les deux plus grands poëtes qui aient existé.

Celle qui tient d'une main une massue, et dans l'autre un poignard, est *Melpomène*, Muse de la tragédie. La chaussure que vous lui voyez s'appelle *cothurne*, et la robe superbe qui la pare, désigne la gravité du poëme qui est sous sa protection, *fig*. 10.

Eug. Sa voisine a l'air plus agréable, et la gaîté maligne peinte dans sa figure, contraste admirablement avec les regards sévères de sa triste compagne.

Er. Aussi est-ce *Thalie*, Muse de la comédie. Elle est couronnée de lierre, et chaussée de brodequins. Ce masque qu'elle tient de la main droite, indique la comédie de caractère, *fig*. 11; c'est-à-dire, celle où l'on représente les passions humaines, ou les mœurs déréglées, dans l'intention de les corriger en les ridiculisant; on la peint aussi avec un bâton courbé, qui est la houlette des anciens, et qui désigne la comédie pastorale, où l'on imite la vie paisible et l'innocence des bergers.

Cette autre est *Polymnie*, qui préside à la rhétorique. Elle est vêtue de blanc, pour marquer la pureté du langage, et couronnée de perles, pour signifier les grâces et les figures qui doivent orner les discours. Elle a la main droite en action pour haranguer, parce qu'elle est en même temps la déesse de la déclamation ou de l'éloquence, des gestes et du maintien, qui quelquefois est aussi forte, aussi touchante que celle de la parole; enfin elle tient un sceptre dans la main gauche, parce que l'éloquence est la reine des cœurs, qu'elle dompte à son gré. On la représente encore jouant de la lyre, dont on lui attribue l'invention, *planche* 2, *fig*. 12.

Auprès d'elle, cette vierge enjouée, couronnée de myrte et de rose, est *Erato*. Elle tient une lyre, parce qu'elle préside à la poésie lyrique. On lui met quelquefois un flambeau à la main, *fig*. 13.

Euterpe, déesse de la musique et de la poésie pastorale, tient, comme vous voyez, un livre de musique et une houlette. Elle est couronnée de fleurs, pour marquer la beauté des campagnes ; à ses pieds vous voyez une lyre, elle joue des flûtes et des hautbois, parce qu'elle inventa, dit-on, ces instrumens, *fig.* 14.

Eud. Pour cet autre, elle m'a toujours frappée. Son air pensif et sa couronne d'étoiles, ainsi que sa belle robe couleur d'azur, me l'ont fait d'abord distinguer du milieu de ses compagnes.

Er. C'est *Uranie*, Muse de l'astronomie. Elle mesure un globe céleste d'une main, et de l'autre elle paroît démontrer ce qui est tracé sur le globe. Toutes ces figures qui sont à ses pieds, sont les instrumens de mathématiques, *fig.* 15.

Celle qui est couronnée de laurier, et qui d'un air inspiré écrit sur un livre est *Clio* qui préside à l'histoire, et qui raconte aux races futures les actions célèbres et les événemens mémorables, *fig.* 16.

Enfin, cette dernière, qui paroît si légère, qui est couronnée de fleurs, et qui a une harpe entre les mains, avec tous ces instrumens de musique autour d'elle, c'est *Therpsicore*, qui préside à la danse, *fig.* 17.

Eud. J'ai quelquefois entendu parler d'un certain *Pégase* : ne seroit-il pas de la cour d'Apollon ?

Er. Comment donc ! il y tient un rang très-honorable. Vous voyez sur cette montagne ce cheval ailé, qui paroît prêt à s'élancer dans les plaines de l'air ; c'est Pégase lui-même.

Eud. Bon ! ce n'est qu'un cheval ! Aux respects que les poëtes lui prodiguent, à ce que l'on dit, je l'aurois pris au moins pour le premier ministre d'Apollon et des Muses.

Er. Mais ne le méprisez pas, ma chère amie ; cet animal est aussi merveilleux par sa naissance que par ses fonctions, et les nourrissons des Muses ont raison de le chérir, puisqu'il a le glorieux emploi de porter le dieu des vers et les neuf doctes sœurs ; et de plus, il est aux ordres des bons poëtes. Pégase naquit du sang de Méduse, lorsque Persée, que vous connoîtrez dans la suite, coupa la tête à cette Gorgone. C'est lui qui fit saillir, d'un coup de pied, la fontaine d'Hippocrène.

Apollon est fils de Jupiter et de *Latone*, à laquelle ce maître des dieux, dégoûté de Junon, s'étoit attaché. Junon, pour punir Latone de l'inconstance de son époux, suscita contre elle un serpent que la terre engendra de son limon après le déluge, et qu'on appelle le *serpent Python*. Ce monstre horrible servit si bien le courroux de la déesse, que l'infortunée Latone fut obligée de se précipiter dans les flots, pour se soustraire à sa dent cruelle. Elle y auroit trouvé la mort, si Neptune n'eût tout-à-coup fait paroître l'île de Délos, qui lui servit de retraite, et où elle mit au monde Apollon et Diane.

ENTRETIEN II.

Dans la suite, Apollon tua Python à coups de flèches, et cette victoire fit instituer les jeux appelés *Pythiens*. On représente très-souvent ce Dieu armé de l'arc, *fig.* 18.

Latone, durant sa fuite, n'eut pas moins à souffrir de la part des hommes; car étant fort altérée, et passant par un marais où des paysans travailloient à la terre, elle leur demanda un peu d'eau pour se rafraîchir : elle n'en reçut qu'un refus insultant; mais Jupiter, pour la venger, les changea en grenouilles.

Apollon fut le dieu le plus fêté de l'Olympe, on lui bâtissoit des temples dans toutes les contrées de l'univers. C'étoit aussi celui qui pouvoit accorder aux mortels le plus grand nombre d'avantages. Non-seulement il étoit poëte et musicien, mais encore médecin et prophète : qualités qui ne pouvoient manquer de lui attirer une grande vogue. On alloit le consulter à Délos, lieu de sa naissance ; à Claros, ville d'Ionie ; à Ténédos, île de la mer Égée ; à Cyrrha, ville située au pied du Parnasse, et dans presque tous les lieux où le paganisme lui avoit érigé des autels. Mais l'endroit où ses oracles étoient plus révérés, étoit Delphes, ville de la Phocide, qui passoit pour être le milieu de la terre. La prêtresse qui les rendoit, s'appeloit *Pythonisse*, parce que le trépied sacré sur lequel elle se plaçoit, étoit couvert de la peau du serpent Python. C'étoient toujours des prêtres ou des prêtresses qui répondoient pour le dieu. Ils l'invoquoient avec des hurlemens horribles; ils entroient en fureur, et donnoient leurs oracles en vers, d'une voix qu'on avoit peine à entendre.

Il faut que je vous parle en passant du Colosse de Rhodes, statue en bronze de 205 pieds de hauteur, qui étoit dédiée à Apollon. Elevée à l'entrée d'un port de mer, les navires passoient à pleine voiles entre ses jambes. Elle tenoit dans sa main droite un fanal qu'on éclairoit la nuit pour indiquer l'entrée du port aux vaisseaux. On y montoit par un escalier intérieur. Elle fut élevée l'an 388 avant J. C., et fut renversée par un tremblement de terre 66 ans après son élévation, *fig.* 19.

Apollon n'étoit pas le seul qui eût le talent de pénétrer l'obscurité de l'avenir. Il y avoit auprès de Dodone, ville d'Epire, une forêt consacrée à Jupiter, dont les chênes prophétisoient.

Le dieu des vers fut aussi volage, aussi dissolu que son père. Il aima Coronis, dont il eut *Esculape*, qu'il mit sous la conduite du centaure Chiron. Ce centaure avoit acquis une telle connoissance des plantes et des simples, en parcourant continuellement les montagnes, les bois et les campagnes, qu'il étoit devenu le premier médecin de l'univers. Il enseigna son art au fils d'Apollon. Esculape surpassa son maître, et trouva même le moyen de ressusciter Hippolyte, fils de Thésée. Jupiter l'ayant appris, le frappa de la foudre. Il fut honoré d'un culte particulier à Epidaure, ville du Péloponèse;

où on lui éleva un temple superbe ; et à Rome, où on le représentoit sous la figure d'un serpent, ou sous celle d'un vieillard vénérable appuyé sur un bâton autour duquel est un serpent, *fig.* 20.

La mort d'Esculape affligea tellement Apollon, que ce dieu, pour venger son cher fils, décocha sur les Cyclopes qui avoient forgé la foudre du maître du tonnerre, quelques-unes de ses flèches qui jamais ne manquoient la proie. Jupiter, irrité de son audace, le chassa du ciel. Cet illustre exilé se retira chez Admète, roi de Thessalie, dont il garda les troupeaux ; ce qui l'a fait honorer comme le dieu des bergers. Cette contrée devint ce qu'avoit été l'Italie durant le séjour de Saturne.

En jouant au palet avec son ami Hyacinthe, il eut le malheur de le tuer : il le métamorphosa en une fleur qui porte le même nom. Les parens de ce jeune homme poursuivirent le dieu homicide : il fut obligé, pour éviter leur persécution, de se réfugier à Troie, où le roi Laomédon l'employa à bâtir cette ville. Il y rencontra Neptune, qui, comme lui banni du ciel par une révolte contre son frère, s'étoit vu contraint de se mettre maçon. Pour comble de malheur, Laomédon ne les paya point ; mais ils s'en vengèrent, Neptune en inondant les travaux, et Apollon en envoyant la peste dans tous ce pays. Jupiter, touché de la triste condition de son fils, le rappela dans l'Olympe, et lui confia le soin d'éclairer l'univers. Là, monté sur un char éclatant de pierreries, et tiré par quatre chevaux fougueux, appelés *Ethon*, *Pyroïs*, *Eoüs* et *Plégon*, il faisoit le tour du monde sous le nom de *Phébus*, ou *de père du jour*, et distribuoit la lumière à tous les hommes, *fig.* 21. Le soir, lorsqu'il étoit fatigué de sa course, il se précipitoit dans les eaux, et alloit se reposer auprès de Thétis, déesse de la mer.

Outre Esculape, Apollon eut encore plusieurs enfans, dont un, entr'autres, appelé *Phaéton*, pensa détruire l'univers. Ce jeune homme, pour prouver qu'il étoit fils du Soleil, supplie son père de lui permettre de conduire son char durant un jour. En vain Apollon lui fait sentir la témérité de sa demande : l'imprudent Phaéton le presse, et l'obtient. A peine est-il sur l'horizon, que les chevaux, dirigés par une main novice, prenant le mors aux dents, tantôt le soleil embrase le ciel, tantôt il menace la terre d'une combustion prochaine. Jupiter, surpris de ce désordre, foudroie Phaéton, et le précipite dans le Pô, fleuve d'Italie, que les poëtes appellent ordinairement l'*Eridan*. Cygnus, ami de cet infortuné, fut si touché de sa fin déplorable, que Jupiter le changea en cygne : enfin, ses trois sœurs, Lampétuse, Lampétie et Phaétuse, que l'on nomme communément les *Héliades*, le pleurèrent avec tant de sincérité, qu'elles furent métamorphosées en peupliers, et leurs larmes en ambre.

ENTRETIEN II.

Le laurier étoit consacré à Apollon, parce que, poursuivant Daphné qu'il aimoit, et qui se déroboit à ses instances, cette Nymphe, ne pouvant plus lui échapper, pria le fleuve Penée, son père, de la changer en laurier.

Eug. En voilà, ce me semble, assez sur le dieu du jour, passons à cette chasseuse assise dans un char traîné par des biches blanches, et qui a un croissant sur le front, qui porte d'un air si martial son arc et son carquois, et qui surpasse en majesté et en grâces cette troupe de nymphes qui l'environnent.

Er. C'est *Diane*, sœur d'Apollon, déesse des forêts. Une austérité farouche, une humeur fière et vindicative; tel est le caractère qu'on lui donne. Elle préféra le séjour des bois à celui de l'Olympe. Un carquois, un arc, des flèches, tels étoient les ornemens qui formoient sa parure, *pl.* 3, *fig.* 22. Elle garda une virginité perpétuelle, et voulut que ses Nymphes fissent avec elle ce vœu unique parmi les habitans du céleste séjour. Ses amours avec Endymion, berger de la Carie, et petit-fils de Jupiter, sont sur le compte de la lune, et non de la déesse des bois ; car Diane, avec trois fonctions différentes, avoit trois noms et trois caractères différens. Lorsque dans le ciel elle réfléchissoit durant la nuit la lumière du soleil, on l'appeloit *Phébé* ou *la Lune*: elle étoit alors quinteuse, capricieuse et dissolue. Lorsqu'elle faisoit retentir les enfers de ses hurlemens, on la nommoit *Hécate ;* elle étoit alors cruelle, sanguinaire, impitoyable. Mais lorsque sur la terre elle poursuivoit les timides chevreuils, elle étoit alors chaste, et tout à la fois hautaine, vindicative, et d'une délicatesse extrême sur l'honneur.

Un roi de Calydon, ville d'Etolie, ayant régalé tous les dieux, à la réserve de Diane, cette déesse se vengea de cet affront, en envoyant sur les terres de ce prince un énorme sanglier qui y fit d'affreux ravages. Agamemnon, roi d'Argos et de Mycènes, ayant tué par hasard une biche consacrée à la reine des forêts, c'en fut assez pour allumer la colère de cette implacable divinité. Elle retint les Grecs dans le port d'Aulide, et demanda le sang d'Iphigénie, fille d'Agamemnon. Le chasseur Actéon ayant eu la témérité de la regarder dans le bain, fut changé en cerf, et dévoré par ses propres chiens qui ne reconnurent plus leur maître. Enfin, elle chassa de sa compagnie la nymphe Calisto, qui s'étoit laissé surprendre par Jupiter. Aréthuse, un autre de ces Nymphes, étant poursuivie par le chasseur Alphée, fut changée en fontaine, et le chasseur, en punition de sa témérité, fut métamorphosé en fleuve.

Le temple de Diane à Éphèse et qu'un fou nommé Erostrate brûla pour rendre son nom fameux, étoit compté parmi les merveilles du monde. Il étoit orné de 127 colonnes de marbre, hautes de 60 pieds. 36 de ces colonnes étoient ciselées et ornées de bas-reliefs de la plus grande beauté, *fig.* 23.

Dans le tableau qui suit, vous voyez *Bacchus* et les adorateurs de ce dieu du vin.

On le représente en jeune homme, avec un teint vermeil et un air de gaieté, pour marquer que le vin rend la vivacité de la jeunesse. Il tient un thyrse à la main, c'est-à-dire, une baguette entourée de pampres, de lierre, et surmontée d'une pomme de pin, *fig.* 24. Sa tête, qui est toujours couronnée de pampres, est quelquefois couverte de deux cornes, parce que, dans tous ses voyages, il se revêtoit de la peau d'un bouc. Son char est traîné par des tigres, des lynx et des panthères, pour montrer que le vin inspire souvent la fureur et la brutalité. Vous voyez autour du dieu, des tonneaux, des vignes, des cuves pleines, parce qu'on lui attribue aussi la gloire d'avoir planté la vigne.

Bacchus, qui portoit encore plusieurs autres noms, étoit fils de Jupiter et de Sémelé, fille de Cadmus, roi d'Athènes. Junon, toujours vindicative, persuada à cette princesse abusée d'exiger du maître des dieux qu'il se fît voir à elle dans toute sa gloire, et la foudre à la main. Jupiter résista long-temps, mais enfin il céda. L'éclat et la majesté qui environnoit le dieu, effrayèrent une simple mortelle; le feu du tonnerre embrasa son palais; elle fut elle-même réduite en cendres, et Bacchus, dont elle étoit enceinte, fut sauvé par Jupiter, qui l'enferma dans sa cuisse, jusqu'au terme de neuf mois : alors il le confia à sa tante Ino, qui l'éleva secrètement avec le secours des Nymphes. Le vieux Silène, satyre plein de gaieté et buveur infatigable, lui fut donné pour précepteur.

Bacchus, devenu grand, éprouva les plus violentes persécutions de la part de Junon; mais il en triompha par son courage, et ses exploits héroïques le firent regarder comme le plus puissant des dieux après Jupiter. Il fut le seul qui osa rester dans le ciel, pendant la guerre des Géants : on dit qu'il s'étoit changé en lion pour les combattre. Ensuite il leva de nombreuses troupes d'hommes et de femmes, qu'il arma de tambours et de thyrses, au lieu de boucliers et de lances, fit la conquête des Indes, et revint en Egypte où il étoit né, et dont il forma les habitans à l'art de cultiver la terre. On lui érigea des autels dans toutes les contrées du monde, excepté la Scythie, où l'on croyoit ridicule d'adorer une divinité qui faisoit perdre la raison; on lui faisoit des libations de vin, on lui immoloit une pie, parce que le jus de la treille fait parler avec indiscrétion; ou un bouc, parce que cet animal détruit les bourgeons de la vigne. Ses fêtes, qui s'appeloient *Orgies* ou *Bacchanales*, se célébroient en automne, avec une licence qui tenoit de la fureur. Ses prêtresses, que l'on nommoit *Bacchantes* ou *Ménades*, couroient alors sur les montagnes, et mettoient en pièces tous les hommes qu'elles rencontroient. Elles étoient habillées de peaux de tigres, et avoient les cheveux épars ; chacune tenoit à la main un thyrse et une torche ardente. Les paysans de l'Attique étoient moins furieux et moins cruels, et les Bacchanales étoient chez eux plutôt une fête de plaisir, qu'un acte de frénésie. Ils sautoient, un pied en l'air, sur des peaux enflées en forme de ballons, et frottées d'huile. Ceux qui se laissoient tomber, faisoit tout l'amusement de l'assemblée.

Bacchus punissoit sévèrement ceux qui n'étoient pas fidèles à son culte, ou qui méprisoient sa puissance. Penthée, roi de Thèbes, empêchoit ses sujets de célébrer les fêtes du dieu des raisins : sa mère fut tout-à-coup saisie d'une fureur sanguinaire, dans l'accès de laquelle elle le mit en pièces sans le connoître. Les trois filles de Minée, Thébaines, peu touchées de cet exemple, affectèrent, par mépris, de travailler à la tapisserie, pour ne point partager les folies des Bacchanales : Bacchus, pour les punir, les changea en chauve-souris. Enfin, Lycurgue, roi de Thrace, voulant arracher les vignes qui étoient dans ses Etats, fut livré à un tel excès de rage, qu'il se coupa lui-même les jambes.

Ce dieu qui a des ailes à la tête et aux talons, et qui paroît planer dans les airs, est *Mercure*, fils de Jupiter et de Maïa, *fig.* 25. Il étoit le messager des habitans de l'Olympe, leur confident, leur procureur, menoit leurs intrigues, traitoit les affaires de guerre et de paix, présidoit aux jeux et aux assemblées, répondoit aux harangues publiques, et pour cette raison étoit regardé comme le dieu de l'éloquence : aussi le représente-t-on quelquefois avec des chaînes d'or qui lui sortent de la bouche, et par lesquelles il semble enchaîner ses auditeurs. Il avoit encore l'emploi de conduire les âmes aux enfers, avec le pouvoir de les en tirer. Ayant trouvé une tortue morte, il la vida, y fit plusieurs trous, l'entoura de cuir, y mit deux cordes, la monta de neuf cordes de fil de lin, en l'honneur des neuf Muses, et en fit une lyre, instrument qu'il donna à Apollon. Ce dieu, par reconnoissance, lui fit présent du caducée ; cette baguette qu'il tient à la main, et qui est surmontée de deux ailerons. Un jour ayant aperçu deux serpens qui se battoient, il les sépara avec ce caducée ; aussitôt ces reptiles s'entortillèrent à l'entour, de telle façon que leurs corps formoient un arc. Mercure voulut depuis porter son caducée avec la figure de ces deux serpens, comme un symbole de paix et d'union, *fig.* 25. Il inventa l'art de vendre par poids et par mesures, ce qui porta les marchands à le prendre pour patron. Il fut aimé de Vénus, et en eut un fils nommé *Hermaphrodite*. La nymphe Salmacis, qui aimoit éperdument cet Hermaphrodite, le voyant un jour dans un bain, pria les dieux que leurs corps fussent toujours unis : elle obtint cette grâce ; et l'on appela ce couple *Androgyne*, c'est-à-dire, homme et femme.

Enfin, Mercure étoit le dieu des voleurs, parce qu'il aidoit à voler, et qu'il avoit donné en ce genre des preuves de son talent. Un jour qu'Apollon faisoit paître les troupeaux d'Admète, Mercure, encore fort jeune, lui déroba quelques-uns de ses bœufs et sa lyre, dont il se servit pour endormir Argus qui gardoit la vache Io. Il n'avoit été aperçu que d'un seul berger nommé *Battus*. Mercure craignant qu'il ne le décélât, lui donna la plus belle des vaches qu'il avoit prises ; mais ne se fiant point à ce pâtre, il reparut sous une autre forme, et lui offrit une vache et un bœuf, s'il vouloit découvrir en quel lieu le larcin avoit été caché. Battus, séduit par l'appât du gain, dit tout ce qu'il savoit. Alors Mercure se fit connoître, et le changea en pierre qui découvre la nature du métal qu'on lui fait toucher, et que, pour cette raison, on appelle *pierre-de-touche*.

Eug. Quelle est cette déesse dont le char est traîné par des colombes, *fig.* 26.

Er. C'est *Vénus* ou *Cypris*, déesse de la beauté. Les sentimens sont partagés sur son origine : les uns disent qu'elle est fille du ciel et de la terre ; les autres, qu'elle doit le jour à Jupiter et à la nymphe Dionée. La plupart prétendent qu'elle est sortie du sein de la mer. Dès qu'elle fut née, Zéphyre la porta dans l'île de Chypre, où les Heures se chargèrent de la nourrir, et bientôt après, elles la conduisirent avec pompe dans le séjour des dieux, qui la trouvèrent si belle, que chacun d'eux voulut l'épouser ; mais comme vous savez, Vulcain eut la préférence. Vénus fut très-mécontente d'un choix qui lui donnoit pour époux le plus difforme des immortels ; aussi cette impudique déesse eut-elle une foule de courtisans. Elle s'attacha tour-à-tour à Mars, à Bacchus, à Anchise, prince Troyen, et à Adonis, jeune chasseur d'une grande beauté, qu'elle changea en anémone, après qu'il eut été tué par un sanglier. Le sang de cet Adonis étant tombé sur la rose qui étoit blanche auparavant, cette fleur demeura rouge, et fut consacrée à la déesse.

Vénus eut une infinité d'enfans : vous voyez dans ce tableau les plus célèbres. Ces petits génies ailés, qui folâtrent entre eux en regardant leur mère, sont les Ris, les Jeux et les Plaisirs. Ce beau jeune homme au regard malin, qui a des ailes, qui tient d'une main un arc, et de l'autre un flambeau, *fig.* 27, c'est Cupidon ou l'Amour. Jupiter, voyant que ce petit dieu causeroit de grands troubles, voulut contraindre sa mère à s'en défaire ; mais elle le cacha dans les bois, où il suça le lait des bêtes sauvages. Enfin ces trois filles, jeunes, riantes, et qui se tiennent par la main, sont les trois Grâces, Aglaïa, Thalie et Euphrosine, *fig.* 28. Compagnes inséparables de leur mère, elles présidoient à tous les arts de goût et d'agrément. Cette ceinture dont vous voyez que Vénus est parée, est ce qu'on appeloit le ceste ; tissu merveilleux qui renfermoit tous les attraits, tout ce que les Grâces ont de plus séduisant, et qu'il suffisoit de porter pour se faire aimer.

La déesse des Amours avoit des temples dans tous les pays du monde. Les plus connus étoient à Amathonte, à Lesbos, à Paphos, à Gnide, à Cythère, et dans l'île de Chypre. On l'honoroit par des jeux, des chants, des danses, et souvent par des débauches infames : les femmes lui consacroient leurs cheveux. Bérénice, reine de Syrie et d'Egypte, avoit fait attacher les siens dans un temple de Vénus, afin d'obtenir un succès favorable pour les armes de son mari. La chevelure disparut, et pour flatter le monarque, on fit croire qu'elle étoit placée au nombre des constellations.

Eud. Ah ! qu'elle affreuse figure ! Quoi ! cet homme tout contrefait, et qui, avec son marteau et son bonnet, a l'air d'un forgeron, est-il aussi un dieu, *fig.* 29.

Er. Sans doute ; c'est *Vulcain*, l'époux de Vénus. Il étoit fils de Junon et de Jupiter, qui le précipita du ciel au moment de sa naissance à cause de sa difformité. Vulcain se cassa la jambe en tombant, et demeura boiteux. Pour le consoler de cette disgrâce, son père lui donna l'intendance de ses foudres. Ces hommes d'une taille gigantesque, et qui n'ont qu'un œil au milieu du front, sont les Cyclopes : ce fut par leur moyen que Vulcain, dont ils étoient les ouvriers, fit le palais du Soleil ; les armes d'Achille, celles d'Enée, et le fameux chien d'airain, qu'il anima ensuite. Vous les voyez actuellement occupés à forger, pour le maître des dieux, une de ces foudres qu'il lance en grand nombre sur la terre. La foudre étoit composée de trois rayons de grêle, de trois rayons de pluie, de trois autres de feu, enfin de trois rayons de vent : on y mêloit aussi des éclairs, de la frayeur, du bruit et de la colère. Les forges du dieu du feu étoient dans les îles de Lemnos, de Lypare, et dans le mont Ethna. Les fêtes de Vulcain se nommoient *Lampadomphores*, ou *Porte-flambeau :* c'étoit une course où les acteurs tenoient une torche allumée, qu'ils étoient obligés de porter jusqu'au bout de la carrière, sans l'éteindre. Le vainqueur recevoit pour prix les flambeaux de ses antagonistes.

Eud. Hâtons-nous de quitter ces hommes hideux, et contemplons plutôt cette femme douce et majestueuse, qui tient à la main une branche d'olivier, et qui est environnée des attributs des beaux arts.

Er. Il faut envisager cette divinité sous deux rapports ; ou comme la déesse de la guerre, et alors on l'appelle *Pallas ;* ou comme la déesse de la sagesse et des beaux-arts, et on la nomme alors *Minerve*. Quand on la peint comme la déesse des combats, elle est armée d'une cuirasse, avec un casque sur la tête, une lance à la main, et l'égide au bras, *fig.* 30, comme déesse des arts, elle est entourée de leurs attributs.

Jupiter, sentant de grands maux de tête, s'y fit donner un coup de hache par Vulcain ; et Minerve sortit aussitôt de son cerveau, armée de pied en cap. Son père lui donna l'égide : c'étoit un bouclier couvert de la peau de la chèvre Amalthée. Minerve le rendit plus redoutable, en y ajoutant la tête de Méduse, l'une des trois Gorgones, qui avoit la vertu de pétrifier ceux qui la regardoient. Cette déesse eut un différend avec Neptune, pour donner le nom à la ville d'Athènes : cet honneur étoit destiné à celui qui produiroit la chose la plus belle et la plus utile. Minerve fit sortir un olivier tout fleuri, et Neptune un cheval. On jugea en faveur de la déesse, et, dès ce moment, la ville d'Athènes et l'olivier lui furent consacrés.

Arachné, habile ouvrière en tapisserie, se crut en état d'égaler Minerve, et osa la défier. Effectivement, son ouvrage ne cédoit en rien à celui de la déesse : ce qui l'irrita si fort, qu'elle déchira la tapisserie de sa rivale, et la frappa au visage. Arachné s'alla pendre de désespoir, et Minerve la changea en araignée.

Eug. Quelle est cette autre guerrière les yeux étincelans, tenant l'épée d'une main et de l'autre la foudre, *fig.* 31.

Er. C'est *Bellone* qui présidoit à la guerre et dont les prêtres célébroient la fête en courant les uns sur les autres, armés de sabres et jusqu'à l'effusion du sang ; mais cette cruauté n'étoit que simulée.

Eug. Je crois que nous en sommes aux divinités guerrières ; car voyez encore cet homme armé de toutes pièces, et qui a un coq auprès de lui : qu'il a l'air terrible ! On diroit en montant sur son char qu'il ne respire que le carnage, *fig.* 32.

Er. C'est *Mars*, le dieu des combats et le frère de Bellone ; celle-ci lui préparoit son char et ses chevaux lorsqu'il alloit à la guerre. Junon, jalouse de ce que Jupiter avoit tiré Pallas de son cerveau, donna seule le jour à Mars, et voulut qu'il fût le dieu des guerriers. Rome lui étoit particulièrement consacrée, et les Romains prétendoient que leur fondateur avoit eu ce dieu pour père. On appeloit ses prêtres Saliens, parce qu'ils célébroient sa fête en dansant et en sautant dans les rues. Numa en institua douze, auxquels il donna de petits boucliers exactement semblables, pour empêcher qu'on ne pût reconnoître celui des douze qui étoit, dit-on, tombé du ciel, et qui assuroit à Rome l'empire de la terre, tant qu'il resteroit ignoré. Le coq étoit l'oiseau favori de Mars, pour montrer la vigilance que demande le métier de la guerre.

Eug. Je vous avoue, monsieur, que ces dieux-là me font

trembler ; j'aime la paix, et cette femme couronnée d'épis, qui tient d'une main une faucille, et de l'autre une poignée d'épis mêlés de pavots, paroît en être la compagne, *pl.* 4, *fig.* 33.

E<small>R</small>. C'est *Cérès*, déesse des moissons. Elle doit le jour à Saturne et à Cybèle : elle enseigna l'agriculture aux mortels.

Ici, vous voyez *Pluton* et son empire. Il commande en maître, sa tête est ornée d'une couronne d'ébène, et il tient à la main un trident ou fourche, *fig.* 34. Fils de Saturne et de Cybèle, ce dieu, qui eut en partage le royaume des morts, étoit si laid, qu'aucune déesse ne voulut l'épouser. Désespéré de ne point trouver de femme, il prit le parti d'enlever *Proserpine*, fille de Cérès, lorsqu'elle s'amusoit à cueillir des fleurs avec ses compagnes. Vous voyez ici cette déesse, devenue reine des enfers, elle y est assise comme dans son palais, portant le sceptre et donnant ses ordres, *fig.* 35.

Cet aveugle que vous apercevez derrière les deux divinités, et qui tient une bourse remplie d'argent dans ses mains, est *Plutus*, dieu des richesses, fils de Cérès et de Jasion : il étoit le ministre du souverain des ombres.

L'empire de Pluton contenoit l'Elysée, ou le séjour des hommes vertueux ; le Ténare ou le Tartare, lieu destiné aux supplices des scélérats, et les frontières en étoient rendues inaccessibles par cinq fleuves, qui sont le Styx, le Cocyte, l'Achéron, le Léthé et le Phlégéton.

Le Styx, le plus célèbre de ces fleuves, faisoit sept fois le tour des enfers. Quand les dieux avoient juré par ses eaux, ils n'osoient point être parjures ; et si quelqu'un d'eux violoit ce serment : *J'en jure par le Styx* ; il étoit privé de la divinité durant cent ans.

Le Cocyte environnoit le Tartare, et ne grossissoit que des larmes des méchans. L'Achéron, fils du Soleil et de la Terre, ayant fourni de l'eau aux Titans, lorsqu'ils faisoient la guerre au maître des dieux, fut précipité dans les enfers, et changé en un fleuve dont les eaux étoient bourbeuses et amères. Des flammes liquides composoient les eaux du Phlégéton ; et celles du Léthé faisoient perdre aux morts le souvenir du passé.

On met l'Erèbe, fils du Chaos et de la Nuit, au nombre de ces fleuves ; mais alors on le confond avec l'Achéron, ou avec quelqu'autre ; ou bien on le prend pour la Nuit même, ou pour le dieu qui préside à cette nuit éternelle dont les affreuses ténèbres rendent si effrayant le séjour des morts.

En arrivant aux enfers, des âmes appelées communément *Ombres* ou *Mânes*, trouvoient Caron, vieillard dur et inflexible, fils de l'Erèbe et de la Nuit, dont l'emploi étoit de leur faire passer les cinq fleuves dans une barque où l'on n'entroit point sans payer : aussi avoit-on grand soin de mettre une obole dans la tombe des morts, afin qu'ils pussent satisfaire l'avide nautonnier.

Lorsqu'on étoit débarqué, on rencontroit un chien à trois têtes et à trois queues, nommé *Cerbère*, animal terrible, chargé de garder les enfers et le palais de Pluton., *fig.* 34. Il caressoit tout ceux qui entroient, et dévoroit tout ceux qui vouloient sortir, ou qui se présentoient pour entrer avant leur mort.

Enfin, les Manes, paroissoient devant les trois juges, Minos, Eaque et Rhadamante, dont les arrêts s'exécutoient sur-le-champ. Minos, fils de Jupiter et d'Europe, étoit le chef de ces juges: il tenoit une urne dans laquelle les destinées des hommes étoient renfermées. Eaque, fils de Jupiter et d'Egine, ayant perdu tous ses sujets par la peste, obtint que les fourmis de son royaume fussent changées en hommes, et les appela *Mirmidons*. Rhadamante, aussi fils de Jupiter, avoit rendu ses peuples si heureux, qu'on lui érigea des autels, et que le sort le nomma pour aider Minos et Eaque à juger les Ombres. Ces trois princes avoient été sur la terre des monarques équitables, et voilà pourquoi on feignit qu'ils étoient juges de tous les mortels.

Le Tartare étoit rempli d'horreur et de tristesse: les scélérats, les méchans, les impies y étoient précipités. On y voyoit les Titans, et surtout Typhon, le plus redoutable d'entr'eux. On y remarquoit encore d'autres malheureux, dont les plus célèbres sont Sisyphe, Tantale, Ixion, Tithius, Phlégias, Salmonée, et les Danaïdes.

Sisyphe, fils d'Eole, étoit un brigand fameux, qui désola la Grèce, et qui fut tué par Thésée. Il fut condamné à rouler au haut d'une montagne escarpée un rocher qui retomboit sans cesse.

Tantale, fils de Jupiter et de la nymphe Plota, voulant éprouver les dieux, leur avoit servi les membres de Pélops, son fils. Pour punir son parricide, il fut condamné à une faim et une soif éternelles. Il étoit plongé dans l'eau jusqu'au menton, et une branche chargée de fruits exquis paroissoit auprès de sa bouche; mais l'eau se retiroit lorsqu'il vouloit boire; et la branche se redressoit lorsqu'il vouloit y toucher.

Ixion, roi des Lapithes, étoit attaché avec des serpens à une roue qui tournoit sans cesse. Il avoit prétendu se faire aimer de Junon; et, par le moyen d'une trape, il avoit fait tomber Déionée, son beau-père, dans un brasier ardent.

Tithius, géant dont le corps couvroit un espace de neuf arpens, fut tué par Apollon et Diane, pour avoir insulté Latone. Jupiter le fit enchaîner aux enfers, où un vautour lui déchiroit le foie, qui renaissoit toujours.

Phlégyas, père d'Ixion, ayant brûlé un temple d'Apollon, ce dieu le tua, et le précipita dans le Tartare, où il fut condamné à demeurer éternellement sous un énorme rocher, qui paroissant toujours près de tomber, lui causoit une frayeur affreuse.

ENTRETIEN II.

Salmonée, prince d'Elide, avoit osé s'égaler à Jupiter, et imiter son tonnerre, en faisant rouler sur un pont d'airain son char éclairé de flambeaux : il fut foudroyé, et jeté dans les flammes.

Les Danaïdes étoient condamnées à remplir d'eau un tonneau percé. Elles étoient cinquante, toutes filles de Danaüs, roi d'Argos, et elles épousèrent les cinquante fils d'Egyptus, leur oncle. Danaüs avoit appris de l'Oracle que ses gendres le détrôneroient. Pour prévenir ce malheur, il ordonna à ses filles d'égorger leurs maris la première nuit de leurs noces. Hypermnestre fut la seule qui refusa d'obéir, en sauvant la vie à Lincée; elle fut aussi la seule qui ne partagea pas le châtiment de ses cruelles sœurs.

Toutes les Ombres condamnées à habiter le Tartare, étoient la proie du feu et des serpens, dévorées par la douleur, la rage, le désespoir, les remords, et tourmentées sans relâche par mille monstres affreux.

Les Furies ou les Euménides, présidoient à leurs supplices. Elles étoient trois, filles de l'Achéron et de la Nuit. On les appeloit *Alecton*, *Mégère* et *Tisiphone*. Leur aspect, faisoit trembler; les yeux livides et pleins de fureur, le teint enflammé, l'horreur de leur figure étoit encore augmentée par les couleuvres qui couronnoient leurs têtes, par les serpens et les torches ardentes qui armoient leur mains vengeresses.

Trois autres sœurs appelées *Parques*, savoir Clotho, Lachésis et Atropos, filles de la Nécessité, filoient la vie des hommes. La première tenoit la quenouille, la seconde tournoit le fuseau, et la troisième coupoit le fil avec des ciseaux, *fig.* 36. On dit qu'elles employoient de la laine blanche, mélée d'or et de soie, pour exprimer les jours heureux, et de la laine noire, pour exprimer les jours malheureux.

Les Champs-Elysées, séjour des hommes de bien, renfermoient tout ce que les païens pouvoient concevoir de plus délicieux : aussi n'en accordoit-on l'entrée qu'aux vertus véritables ; à ceux qui s'étoient signalés ou par des exploits héroïques, ou par des actions utiles à l'humanité.

Eud. Ah ! voici des prodiges de la première espèce : un char qui vole sur le sein de l'onde; une multitude d'hommes et de femmes qui se jouent, comme des poissons, au milieu des flots.

Er. Vous voyez dans cette magnifique peinture, toutes les divinités de la mer.

Celui que vous remarquez debout sur son char, et qui a pour sceptre un trident, est *Neptune*, fils de Saturne et de Cybèle, et souverain des ondes. Son char, qui paroît effleurer à peine la surface des eaux paisibles, est une conque, espèce de coquille d'une blancheur plus éclatante que l'ivoire, soutenue sur des roues d'or. Les chevaux marins qui le traînent, plus blancs que la neige, fendent l'onde salée, et laissent loin derrière eux un vaste sillon dans la mer : leurs yeux sont enflammés, et leur bouches fumantes , *fig.* 37. A côté de ce char ; vous voyez celui d'*Amphitrite*, son épouse, fille de l'Océan ; il est traîné par deux Dauphins, *fig.* 38.

L'Océan, fils du ciel et de Vesta, étoit regardé comme le père des fleuves, des rivières et des fontaines. Il épousa Thétis, sa sœur, dont il eut Nérée et Doris, qui se marièrent ensemble, et qui eurent un grand nombre de filles que l'on appelle *Nymphes*, et qui ont des noms différens, selon la différence de leurs emplois. Les Néréides sont les nymphes de la mer : vous les voyez couronnées de fleurs, nager en foule derrière le char ; leurs beaux cheveux pendent sur leurs épaules, et flottent au gré des vents. Les Nayades sont les Nymphes des fleuves, des rivières et des fontaines ; les Dryades, celle des campagnes ; les Hamadriades, celles des forêts ; les Napées, celles des bocages et des prairies, et les Oréades, celles des montagnes.

Ces personnages, moitié hommes et moitié poissons, sont les Tritons, enfans de Neptune et d'Amphitrite. Ils composent la garde de leurs parens. Les uns font retentir leurs conques recourbées, qui leur servent de trompettes ; les autres conduisent les chevaux, et tiennent les rênes dorées. Ces petits génies qui voltigent autour de cette grande voile de pourpre qui flotte au-dessus du char, sont les Zéphyres ; ils s'efforcent à l'envi de la pousser par leurs haleines, et vous la voyez à demi-enflée par leur souffle officieux.

Ce rocher que vous apercevez dans le fond du tableau, est le palais d'Eole, fils de Jupiter et dieu des vents. Vous le voyez lui-même au milieu des airs, tenant à la main un tourbillon. Son visage ridé et chagrin, sa voix menaçante, ses sourcils épais et pendans, ses yeux pleins d'un feu sombre et austère, tiennent en silence les Aquilons furieux, et repoussent tous les nuages : il est suivi des quatre vents principaux, Borée, Eurus, Notus et Zéphyre, qu'il a enchaînés, afin qu'ils ne troublent point l'empire du dieu des mers, *fig.* 39.

Ces monstres qui ont une tête de femme, des oreilles d'ours, le corps d'un vautour, les ailes de chauve-souris, et des griffes aux pieds et aux mains, sont les Harpies, filles de Neptune et d'Amphitrite. Elles infectoient tout ce qu'elles touchoient ; les plus connues s'appeloient *Aello*, *Ocipète* et *Celæno*.

A côté des Tritons, cet homme que vous distinguez par la longueur de sa barbe, est Glaucus. C'étoit un bon pêcheur, qui voyant les poissons qu'il posoit sur une certaine herbe, reprendre de la force et sauter dans l'eau, s'avisa de manger de cette herbe : aussitôt il se précipita dans la mer. Neptune le changea en dieu marin, et lui donna l'intendance des rivages.

Enfin cette espèce de berger qui conduit les troupeaux de

Neptune, est Prothée, fils de l'Océan. Il avoit une connoissance parfaite de l'avenir, sur lequel il ne s'expliquoit jamais que par force. Quand on vouloit l'y contraindre, il se changeoit en eau, en feu, en bête féroce, et sous toutes les formes qu'il pouvoit imaginer, pour échapper des mains qui le retenoient.

Ces personnages qui sont couronnés de joncs, et appuyés sur une urne d'où coulent les eaux, sont les dieux et les déesses des fleuves, des rivières et des fontaines, qui viennent apporter à Neptune le tribut de leurs ondes.

Ce dieu étoit particulièrement honoré dans la Lybie et à Corinthe. Il avoit dans l'île Atlantique un temple magnifique, où il étoit représenté sur un char traîné par des chevaux ailés, et toutes les figures de cette représentation étoient d'or. Le cheval et le taureau étoient les victimes ordinaires que l'on sacrifioit à Neptune. Les Aruspices, c'est-à-dire, les prêtres qui se mêloient d'annoncer l'avenir, lui présentoient ordinairement le fiel des victimes, parce que l'amertume de ce viscère avoit du rapport avec celle de la mer. Les oiseaux appelés *Alcyons*, et qui ont, à ce que prétendent les poëtes, le singulier privilége de faire leur nid sur les flots de la mer, lui étoient particulièrement consacrés, et voici pourquoi. Alcyone, fille d'Eole, inconsolable de la mort de Ceyx, son époux, qu'elle aperçut flotter sur les eaux, s'élança dans la mer pour l'embrasser. Alors les dieux, touchés de compassion, récompensèrent leur fidélité en les métamorphosant l'un et l'autre en Alcyons.

Outre les divinités maritimes dont je viens de vous parler, il y en avoit encore quelques autres qui ne sont pas dans ce tableau. On remarquoit surtout Mélicerte, les Syrènes, Carybde et Scylla.

Athamas, roi de Thèbes, épousa Ino, fille de Cadmus et d'Hermione, dont il eut Léarque et Mélicerte. Il la répudia pour donner sa main à Thémisto, dont il eut aussi deux fils. Cette femme ne pensoit qu'aux moyens de faire tomber la couronne à l'aîné de ses enfans, au préjudice de ceux d'Ino, et prit pour confidente Ino elle-même, qu'elle ne connoissoit pas. Elle la chargea de donner des habits blancs aux deux plus jeunes enfans d'Athamas, et d'habiller les autres en noir. Ino fit tout le contraire, et Themisto tua ses autres enfans. Elle reconnut son erreur, et se perça de désespoir, en chargeant Athamas d'imprécations. Elles ne furent pas vaines. Athamas, dans un accès de fureur, jeta contre un rocher Léarque, son fils aîné. Ino et Mélicerte prirent la fuite, et se précipitèrent dans la mer. Neptune en eut pitié, les changea en dieux marins, donna à Ino le nom de *Leucotoé*, en la plaçant parmi les Nymphes, et celui de *Palémon*, à Mélicerte, qu'il fit dieu des ports. Pour Athamas, il fut métamorphosé en fleuve; et au dernier quartier de la lune, on pouvoit, dit-on, allumer une torche dans ces eaux.

Les Syrènes étoient des filles dont la beauté et le chant ravissoient. Elles étoient trois, et accompagnoient Proserpine lorsque Pluton l'enleva. Cet accident les affligea tellement, qu'elles prièrent les dieux de les changer en poissons pour aller la chercher; leur prière ne fut exaucée qu'à moitié, les dieux leur laissèrent leur visage et leur voix, et ne leur donnèrent que la queue de poisson, *fig*. 40. Si l'on avoit le malheur de rencontrer des Syrènes en mer, on devoit s'attendre à faire naufrage, parce qu'il étoit impossible de résister à leur mélodie. Orphée, qui accompagnoit les Argonautes, pour empêcher ses compagnons d'être séduits par leurs chants, prit son luth, et chanta si divinement les louanges des immortels, que de rage elles devinrent muettes, et se précipitèrent avec leurs instrumens, dans la mer, où elles furent changées en rochers.

Scylla, fille de Phorcys, étoit une belle fille que Neptune aima; mais la jalousie d'Amphitrite la fit périr, en empoisonnant la fontaine où elle alloit se baigner. Cette Nymphe y fut changée en un monstre effroyable, dont la partie supérieure ressembloit à un chien : elle eut tant d'horreur d'elle-même, à la vue de cette métamorphose, qu'elle se précipita dans un gouffre de la mer de Sicile, où l'on entend ses aboiemens et ses hurlemens.

Carybde étoit une femme qui tuoit les passans et les pilloit : Hercule la tua elle-même, parce qu'elle lui avoit dérobé quelques bœufs, et elle fut précipitée dans la même mer de Sicile, ou plutôt changée en un gouffre très-dangereux. Comme ces deux écueils étoient très-voisins l'un de l'autre, et qu'il n'étoit guère possible de franchir le premier sans se jeter dans le second, de-là est venu le proverbe : *Il tombe dans Scylla pour éviter Carybde.*

ENTRETIEN III.

Des Dieux de la seconde, de la troisième et de la quatrième Classes.

ERASTE. CE grand tableau, qui de ce côté s'offre à vos regards, vous représente les divinités champêtres et terrestres. *Pan* étoit leur chef. Fils de Mercure, ce dieu vint au monde avec des cornes sur la tête, des pieds et une barbe de chèvre, *fig*. 41. Les Satyres qui étoient des monstres semblables à lui, et dont on dit qu'il étoit le père, l'accompagnoient ordinairement. Il étoit aussi suivi du dieu Faune, qui donna aux hommes quelques connoissances d'agriculture, et d'une autre dieu des forêts, nommé *Silvain*, qui portoit toujours une branche de cyprès, parce que la nymphe Cyparis qu'il aimoit, avoit été changée en cet arbre par Apollon.

ENTRETIEN III.

Pan avoit un domaine souverain sur l'univers dans lequel les hommes sont confondus avec les animaux, et c'est pour cette raison qu'on lui donne la figure que vous lui voyez. L'espèce de flûte qu'il tient à la main, et qui est composée de plusieurs morceaux de roseaux joints ensemble avec de la cire, représente l'ordre, l'arrangement et la liaison des parties du monde. On nommoit cette flûte *Syrinx*, d'une Nymphe de ce nom, que Pan aimoit, et qui fut métamorphosée en roseau en fuyant ses poursuites. On lui rendoit un culte particulier en Arcadie; et les Romains célébroient ses fêtes au mois de février, sous le nom de *Lupercales*.

On raconte que *Brennus*, général Gaulois, ayant voulu piller le fameux temple de Delphes, Pan jeta l'épouvante parmi ses soldats qui furent taillés en pièces, de-là vient l'expression de *terreur panique*, pour signifier une frayeur dont on est saisi sans raison.

Pan aima encore la Nymphe Echo, qui avoit l'esprit fort agréable : Junon se plaisoit à sa conversation ; mais s'étant aperçue qu'elle étoit dans les intérêts de Jupiter, elle lui ôta l'usage de la langue et la condamna à ne répéter que les dernières syllabes des mots.

Echo devint amoureuse de Narcisse, qu'elle suivit en vain dans les forêts : elle en sécha de douleur, et ses os furent changés en pierres.

Narcisse étoit aimé de toutes les Nymphes. Il devoit parvenir à une extrême vieillesse, s'il eût pu s'abstenir de se voir. Un jour revenant de la chasse, il courut à une fontaine, où contemplant son image, il fut tellement épris de sa figure, qu'il mourut de cette passion. Il fut changé en la fleur qu'on nomme *Narcisse*.

Fauna, épouse du dieu Faune, fut mise au nombre des immortelles, parce qu'aussitôt que son mari fut mort, elle lui garda une fidélité si exacte, qu'elle ne sortit point de sa chambre le reste de sa vie, et qu'elle ne parla depuis à aucun homme. Les dames Romaines instituèrent une fête nocturne en son honneur, et l'imitoient en gardant une retraite austère durant ses solennités.

Cette femme ornée de guirlandes, et qui répand des fleurs, est Flore, déesse du printemps, *fig.* 42, épouse de Zéphyre. Ses fêtes, qui s'appeloient *Jeux floraux*, étoient célébrées par des femmes qui sautoient et dansoient, un jour et une nuit, au son des trompettes. Celles qui remportoient le prix à la course, recevoient une couronne de fleurs.

Cette autre qui tient une boulette, est Palès, déesse des pâturages et des bergers. On célébroit ses fêtes en pleine campagne : on la prioit d'écarter les loups ; les bergers allumoient, en son honneur, des feux de paille, et sautoient par-dessus l'un après l'autre.

Cette déesse assise, ayant des fruits sur sa tête et à ses côtés, est Pomone. Elle épousa Vertumne, ils présidoient aux fruits de l'automne, *fig*. 43. Féronie, déesse des bois et des vergers, accompagne ordinairement Vertumne et Pomone.

Plus loin, cet homme, dont la barbe et la chevelure sont si négligées, et qui tient une faucille à la main, est Priape, fils de Vénus et de Bacchus, et dieu des jardins.

Vous apercevez à côté de lui le dieu des festins et des parures, et la coupe qu'il s'apprête à vider, vous annonce Comus, *pl.* 5, *fig.* 44.

Cet homme au souris malin est Momus, dieu de la raillerie, fils du Sommeil et de la Nuit. Il se fit chasser du ciel par ses satyres perpétuelles. Il eut la hardiesse de critiquer le taureau que Neptune avoit fait, disant qu'il auroit dû lui placer les cornes plus près des yeux, afin de mieux diriger ses coups. Il critiqua de même l'homme que Vulcain avoit forgé, prétendant qu'il auroit fallu lui ménager une petite fenêtre au cœur, pour voir ses pensées les plus secrètes. Enfin il blâma la maison que Minerve avoit inventée, et dit qu'elle étoit trop pesante pour être enlevée, lorsqu'elle auroit un mauvais voisin. Cette marotte qu'il tient à la main, et son bonnet garni de grelots, désignent son caractère satyrique, *fig.* 45.

Eudoxie. Sont-ce là toutes les divinités qui habitoient au milieu des mortels.

Er. Non assurément; il en est encore une foule d'autres qu'il seroit impossible de vous détailler; car, comme je vous l'ai dit, il n'y avoit rien dans la nature qui n'eût sa divinité particulière. Je me contenterai de vous faire connoître les principales.

Le dieu Terme, sous la figure d'une tuile, d'une pierre et d'un pieu fiché dans la terre, ou sous celle d'un homme sans bras et sans pieds, afin qu'il ne pût point passer d'un lieu dans un autre, étoit placé aux extrémités d'un terrain pour en marquer les limites, *fig.* 46.

On plaçoit dans les villes, dans les chemins, dans les foyers de chaque maison, et même de chaque chambre, de petites statues qu'on adoroit très-dévotement sous le nom de *Dieux Pénates* ou *Dieux Lares*. Ils étoient fils de Mercure et de la Naïade Lara, ou Larunde, et leur nombre, ainsi que leur pouvoir, dépendoit uniquement du caprice des villes, ou de la superstition des particuliers. On leur attribuoit la prospérité des états et des affaires domestiques de chaque famille; on leur consacroit des lampes; on leur immoloit des chiens, symbole de la vigilance et de la fidélité. C'étoit en usage à Rome de suspendre dans les chemins quelques petites figures d'hommes, faites de cire ou de laine, et de prier les Lares de lâcher toute leur colère sur ces images. Lorsque les enfans quittoient l'ornement qu'on leur pendoit au cou jusqu'à quatorze ans, et

qui étoit fait en forme de cœur, ils étoient obligés de le déposer aux pieds de ces dieux domestiques.

Chaque homme avoit sa divinité particulière qui naissoit et mouroit avec lui ; on l'appeloit *Génie*. Il y avoit des génies blancs et des génies noirs. Les blancs présidoient aux jours heureux, et les noirs aux malheureux. Ils se faisoient une guerre perpétuelle, et le plus fort l'emportoit. On les représentoit sous la figure de jeunes hommes, tenant d'une main un vase à boire, et de l'autre une corne d'abondance.

Toutes les vertus, tous les vices, toutes les passions étoient encore autant de divinités allégoriques, que les païens honoroient, et que les poëtes faisoient entrer dans leurs vers.

La Nuit, fille du Ciel et de la Terre, est la déesse des ténèbres. On la représente en long habit de deuil, parsemé d'étoiles. Elle épousa Erèbe, dont elle eut Morphée, dieu du Sommeil.

Ce dieu n'est quelquefois considéré que comme le principal ministre du Sommeil, et chargé d'endormir les hommes en les touchant avec un bouquet de pavot, et de leur présenter les songes sous différentes figures.

Le Sommeil a son palais dans un antre inconnu, où les rayons du Soleil ne peuvent pénétrer. La porte est garnie de pavots et d'herbes assoupissantes. Le fleuve d'oubli roule doucement ses eaux autour de ce palais. Le dieu repose sur un lit fermé de rideaux noirs, et environné par les Songes, divinités infernales qui lui sont subordonnées, et que l'on représente avec des ailes de chauve-souris, *fig.* 47. Les songes que l'on envoyoit aux hommes, passoient par deux portes différentes, l'une de corne et l'autre d'ivoire. La première étoit pour ceux qui présidoient aux visions véritables ; ceux qui ne formoient que de vaines illusions, sortoient par la seconde.

Le Silence, que les Egyptiens nommoient *Harpocrates*, et les Grecs *Sigalio*, étoit représenté, tantôt comme une femme, et tantôt comme un homme qui tient un doigt sur la bouche, *fig.* 48. Sa statue se trouvoit à l'entrée de la plupart des temples ; ce qui vouloit dire qu'il falloit honorer les dieux par le silence, et que les hommes, qui avoit une connoissance si imparfaite de la divinité, n'en devoient pas parler témérairement.

On adoroit la Paresse sous le nom de *Vacuna* ; on lui immoloit le limaçon et la tortue. Agenoria, ou Strenua, déesse de l'industrie, lui étoit opposée.

Thémis, fille du Ciel et de la Terre, étoit la déesse de la justice. Elle eut deux enfans de Jupiter : la Loi et la Paix. On la peint quelquefois avec un bandeau sur les yeux, tenant ordinairement une balance d'une main, et de l'autre une épée, *fig.* 49.

La Paix est représentée couronnée de lauriers, portant d'une main une petite statue de Plutus, et de l'autre une branche d'olivier. D'autres fois avec une corne d'abondance, les attri-

Tome II.

buts des arts et du commerce, *fig.* 50. Elle se réfugia dans le ciel, quand la guerre vint la chasser du séjour des mortels.

La Renommée, dont la fonction est d'annoncer à l'univers toutes les nouvelles bonnes ou mauvaises, vraies ou fausses, est une espèce de monstre tout couvert d'yeux et d'oreilles, qui a cent bouches et des ailes, et qui sonne perpétuellement de la trompette.

La Fortune est représentée debout ou assise sur une roue qui tourne sans cesse, et qui est le symbole de son inconstance, et répand au hasard des richesses. Les poëtes disent qu'elle est chauve, aveugle, et la regardent comme l'arbitre souverain de tous les événemens humains, *fig.* 51.

La Nécessité, sa mère, est désignée par de longues chevilles et des coins qu'elle tient dans ses mains de bronze. Toute la terre l'adoroit; et sa puissance étoit telle, que Jupiter ne put point se dispenser de lui obéir.

Némésis, fille de Jupiter et de la Nécessité, étoit la déesse de la vengeance. Sa tête étoit ornée d'une couronne faite en forme de bois de cerf; elle avoit des ailes, pour signifier qu'ordinairement la peine suit de près le crime, et elle étoit armée de serpens et de torches ardentes; sa fonction étoit de punir, ou de récompenser selon le mérite. Ses châtimens les plus sévères étoient pour les ingrats, et pour ceux qui abusoient des dons de la fortune, ou qui se laissoient séduire par la flatterie.

La Liberté étoit souvent représentée avec un chapeau à la main, car le chapeau en étoit le symbole. On la voit encore appuyée sur une table des lois, et tenant une épée pour les défendre, *fig.* 52. Les Romains, qui furent ses plus fervens adorateurs, lui bâtirent plusieurs temples, et lui érigèrent un grand nombre de statues.

La Victoire, ou Nicé, étoit fille de la déesse Styx, qui présidoit au fleuve du même nom, et du géant Pallas. Elle présidoit aux triomphes, et protégeoit les grands capitaines. On la peint sous la figure d'une jeune fille toujours gaie, avec des ailes, tenant d'une main une couronne d'olivier et de laurier, et de l'autre une branche de palmier. Les médailles où on la représentoit sur une proue de vaisseau, désignoient une victoire navale.

L'Envie, fille de la Nuit, est représentée sous la figure la plus hideuse: un front ridé, un teint livide, un air sombre et sinistre, des yeux enfoncés, le regard inquiet, des vipères au lieu de cheveux, trois serpens d'une main, une hydre de l'autre, et un serpent monstrueux sur son sein, qui la déchire et lui inspire son poison.

La Discorde, que Jupiter chassa du ciel, est venue exciter sur la terre plus de troubles qu'elle n'en causoit parmi les dieux. Ce monstre, qui ne respire que la fureur et les com-

bats, n'est pas moins hideux que l'Envie. Elle est coiffée de serpens, son teint est livide; ses yeux sont égarés; sa bouche est écumante; et ses mains, armées, l'une d'une torche ardente et d'un poignard, l'autre d'une couleuvre et d'une coupe de poison, sont tout ensanglantées, *fig.* 53.

L'Occasion préside au moment le plus favorable pour réussir dans une entreprise. On la représentoit sous la figure d'une femme nue, ou d'un jeune homme, chauve par derrière, un pied en l'air, tenant un rasoir d'une main et un voile de l'autre, et quelquefois marchant avec vîtesse sur le tranchant d'un rasoir, sans se blesser, *fig.* 54.

Les Grecs et les Romains honoroient la Félicité, et lui élevèrent des temples. On la représente comme une reine assise sur son trône tenant une corne d'abondance, *fig.* 55.

L'Espérance qui fut aussi honorée par les Grecs et les Romains, est représentée avec une corne d'abondance, des fruits, des fleurs et une ancre à la main, *pl.* 6, *fig.* 56.

La Vérité passoit pour être la fille de Saturne ou du temps. On la représentoit comme une jeune vierge, couverte d'un habit dont la blancheur égaloit celle de la neige, un miroir à la main, quelquefois se cachant au fonds d'un puits, tant elle est difficile à découvrir, *fig.* 57.

La Fidélité présidoit à la bonne foi dans les traités et dans le commerce; le serment qu'on faisoit par elle étoit réputé le plus inviolable. La figure de deux femmes qui se donnent la main, représente ordinairement cette déesse, *fig.* 58.

La Pudeur avoit des temples. On la représentoit sous la figure d'une femme voilée, ou d'une femme qui montre son front avec son doigt pour annoncer qu'il est sans trouble et sans tache, *fig.* 59.

La Providence étoit représentée par une femme appuyée sur une colonne, tenant de la main gauche une corne d'abondance, et montrant un globe avec sa main droite, pour apprendre qu'elle étend ses soins sur tout l'univers et qu'elle dispense tous les biens, *fig.* 60.

Les hommes frappés à la vue des événemens dont ils ne connoissoient pas la cause et qui leur inspiroient de la frayeur, firent une divinité du trouble qui les agitoient; de-là, le culte qu'ils rendoient à la pâleur et à la peur. On représentoit celle-ci, avec des cheveux hérissés et des oreilles d'âne, la bouche ouverte et le regard troublé. Elle est précédée par un lièvre. La pâleur étoit représentée par une figure maigre et allongée, les cheveux et le regard abattus, *fig.* 61.

Les Grecs et les Romains honoroient l'amitié, la peignoient sous la forme d'une femme, la tête découverte et vêtue d'un habit très-simple. Une de ses mains appuyée sur son cœur exprime qu'elle n'a rien de caché pour un ami. Elle tient une légende sur laquelle est écrit *de loin et de près ;* elle tient de l'autre main le symbole des saisons, pour montrer qu'elle est égale en tout temps, pendant l'absence comme pendant la présence, à la vie et à la mort, *fig.* 62.

Il seroit aussi long qu'inutile de vous nommer toutes les autres divinités particulières et allégoriques. En général, les Romains et les Grecs avant eux, adoroient comme nous l'avons dit, les passions, les vices et jusqu'aux événemens imprévus, chacun pouvant, pour ainsi dire, créer à son gré quelque dieu nouveau. Il sera facile de suppléer à la liste que nous supprimons. Les poëtes et les anciens, en nommant ces divnités dans leurs ouvrages, s'attachent surtout à peindre leur influence et leurs effets ; on les reconnoîtra donc toujours très-aisément.

Eugène. Ce guerrier m'intéresse : son air martial et sa fière contenance annoncent sûrement un héros d'un grand mérite.

Er. Vous ne vous trompez pas, mon ami : vous voyez *Persée*, l'un de ceux qui tiennent le premier rang parmi les héros ou demi-dieux. Acrise, roi des Argiens, père de Danaé, ayant appris de l'oracle, qu'il périroit de la main de son petit-fils, fit renfermer Danaé, sa fille unique, dans une tour d'airain, avec résolution de ne jamais la marier. Jupiter descendit dans cette tour en pluie d'or. Acrise, ayant appris que Danaé étoit enceinte, la fit exposer sur la mer. Elle se sauva, et chercha un asile dans les états de Polydecte, roi de Sériphe, qui l'accueillit avec honneur, et prit soin de son enfant qui fut nommé *Persée*.

Persée, étant devenu grand, obtint le bouclier de Minerve, avec lequel il fit une foule de belles actions. Il alla essayer sa valeur contre trois sœurs Gorgones, qui régnoient dans les îles Gorgades ; on les appeloit *Méduse*, *Euriale* et *Stenyo*. C'étoient des filles qui n'avoient qu'un œil, qu'une dent et qu'une corne, qu'elles se prêtoient tour-à-tour : elles étoient coiffées de couleuvres, avoient de grandes ailes, et des griffes de lion aux pieds et aux mains. Elles ravageoient les campagnes, et tourmentoient les voyageurs. Persée commença par leur enlever leur œil et leur dent, les tua ensuite, et, couvert de l'égide, trancha la tête de Méduse, *fig.* 63. Cette tête avoit la vertu de changer en pierres tous ceux qui la regardoient.

Atlas, fils de Jupiter et de Climène, ayant refusé de lui donner l'hospitalité, Persée la lui montra, et le changea en une haute montagne qui, dit-on, soutient le ciel sur ses épaules, soit parce que le mont Atlas est fort élevé, soit parce qu'il y eut un fameux astronome de ce nom.

Du sang de Méduse étoit né le cheval Pégase, sur lequel Persée monta pour sauver Andromède, fille de Céphée, roi d'Egypte, que l'on avoit attachée à un rocher, pour être dévorée par un monstre marin, parce qu'elle avoit eu la témérité de se croire plus belle que Junon. Ce héros pétrifia une partie du monstre, et combattit l'autre l'épée à la main, *fig.* 64 : la princesse fut délivrée et rendue à son père, qui, par reconnoissance, la donna pour épouse à son libérateur. Persée se disposoit à de nouveaux exploits, quand il eut le malheur de tuer Acrise dans des jeux publics. Ayant appris que c'étoit son aïeul, il se condamna à l'exil, et fut placé, après sa mort, parmi les constellations, avec Andromède son épouse, et Cassiope mère d'Andromède.

A côté, vous voyez *Bellérophon* qui combat la Chimère, monstre qui désoloit la Lycie, et remplissoit de crainte tous ses habitans, *fig.* 65. Ce héros, fils de Glaucus, roi de Corinthe, fut redevable à son adresse, autant qu'à sa valeur du succès qu'il eut dans ses entreprises, malgré les obstacles qui s'opposoient à sa gloire. Après avoir vaincu la Chimère, il fit sentir aux Amazones les redoutables efforts de son bras, et ses triomphes multipliés lui méritèrent la main de Philonée, fille d'Iobates, roi de Lycie.

Eud. Quel est, je vous prie, cet homme terrible, armé d'une massue, et couvert d'une peau de lion, *fig.* 66.

Er. C'est le grand Hercule, fils de Jupiter et d'Alcmène, épouse d'Amphitryon, roi de Thèbes. Junon épuisa sur ce héros tous les traits de sa vengeance. Elle fit naître Eurystée avant lui, afin qu'en qualité d'aîné, il eût une sorte d'empire sur son frère. Elle envoya deux horribles serpens, qui, se glissant dans le berceau d'Hercule, alloient le dévorer; mais il les mit en pièces de ses propres mains. Ce premier acte d'intrépidité frappa peut-être Junon, et l'adoucit un instant en faveur de l'héroïque enfant, puisqu'elle lui donna de son lait, et qu'Hercule en laissa tomber assez pour former cette tache blanche que l'on voit au ciel, et qu'on appelle *la voie lactée.* Mais l'implacable déesse revint bientôt à ses emportemens. Elle excita Eurystée à exiger de lui des travaux aussi difficiles que dangereux, et dans lesquels elle espéroit de le voir périr. On en compte douze principaux, appelés communément *les travaux d'Hercule;* nom que l'on donne souvent aux entreprises qui demandent autant de patience que de force et de courage.

D'abord il falloit tuer le lion de la forêt de Némée, qui ravageoit tout le pays. Hercule l'attaqua; et l'ayant forcé de se réfugier dans un antre d'où il ne pouvoit trouver le moyen d'échapper, il le prit à la gorge et l'étouffa. Hercule porta toujours la peau de ce lion, comme un monument de sa première victoire.

Un monstre plus épouvantable encore étoit dans le marais de Lerne, près d'Argos, ville du Péloponèse; c'étoit une hydre effroyable qui avoit sept têtes; et, quand on lui en coupoit une, il en naissoit aussitôt plusieurs autres : Hercule les abattit toutes d'un seul coup de sa massue.

Un sanglier non moins terrible étoit sur le mont Erimanthe, et ravageoit les champs de l'Arcadie : le héros le prit, et le présenta tout vivant à son frère Eurystée.

Une biche qui avoit les pieds d'airain et des cornes d'or, ne nuisoit pas moins aux campagnes voisines du mont Ménale, qui est en Arcadie : Hercule la poursuivit pendant une année entière, et la perça de flèches.

Des oiseaux d'une grandeur et d'une force prodigieuse habitoient les bords du Stymphale, en Arcadie, et déchiroient les passans : Hercule les fatigua à la course, et les chassa pour jamais du pays.

Il acquit encore plus de gloire par la défaite des Amazones, qu'il attaqua auprès du fleuve Thermodoon. Les Amazones étoient des femmes guerrières, qui habitoient la Scythie : elles élevoient leurs filles dans l'exercice des armes, et estropioient ou tuoient leurs enfans mâles.

Hercule délivra la terre de deux tyrans très-cruels. Le premier, nommé *Diomède*, roi de Thrace, faisoit dévorer par des chevaux furieux tous les étrangers qui abordoient dans ses états. Le second, appelé *Busiris*, étoit roi d'Egypte, fils de Neptune et de Lybie ; il immoloit à Jupiter tous les étrangers, et préparoit à Hercule le même sort.

Hercule signala encore sa force et son adresse en nettoyant les écuries d'Augias, roi d'Elide, et fils du Soleil. Elles répandoient l'infection dans toute la Grèce.

Neptune, dans sa colère, avoit produit un taureau qui menaçoit la Crète d'une destruction totale : Hercule le dompta.

Enfin, il soutint le ciel sur ses épaules, à la place d'Atlas qui lui cueilloit les pommes d'or du jardin des Hespérides. Ces douze travaux heureusement terminés, Hercule, que l'on appelle souvent *Alcide*, parcourut l'Univers pour le purger des monstres et des tyrans, et pour soulager les malheureux. Il délivra l'Italie de Cacus, voleur insigne, fils de Vulcain ; il détacha Prométhée, et tua le vautour qui lui déchiroit le foie : il attaqua Antée, fils de Neptune et de la Terre, qui habitoit les déserts de la Lycie, où il massacroit les passans, pour accomplir le vœu qu'il avoit fait à Neptune de lui bâtir un temple avec des crânes d'hommes. Le grand Alcide s'apercevant qu'il le terrassoit en vain, parce que la Terre lui donnoit de nouvelles forces, l'enleva en l'air et l'étouffa.

Il entreprit ensuite la jonction de l'Océan avec la Méditerranée, ce qu'il exécuta, en séparant les deux montagnes Calpée et Abyla, pour former un détroit, qui est celui de Gibraltar : ces deux montagnes, dont la première est dans l'Andalousie, et la seconde sur la côte d'Afrique, s'appellent *les colonnes d'Hercule*. Ce héros voulant les faire servir de monumens à sa gloire, y grava cette inscription ; *Non plus ultrà* : « On ne peut aller au-delà. »

L'oracle avoit ordonné, que pour apaiser Apollon et Neptune irrités contre Laomédon, roi de Troie, on exposeroit tous les ans une jeune Troyenne au monstre qui désoloit la Troade. Le sort tomba sur Hésione, fille de Laomédon. Hercule convint avec ce prince de la délivrance d'Hésione; ce qu'il exécuta en tuant le monstre. Mais le parjure Laomédon refusant de donner les chevaux qu'il avoit promis, fut tué et les murs de Troie furent renversés par la main d'Hercule.

La peste ravageoit la Thessalie, où régnoit Admète, et la foudre avoit ouvert un abîme dans lequel on précipitoit chaque année celui que le sort désignoit, ou qui se dévouoit lui-même à la mort. Alceste, ayant appris que le sort étoit tombé sur Admète, son époux, se présenta pour accomplir l'oracle, et malgré l'opposition de son mari, se précipita dans l'abîme. Hercule, qui vint alors, fut touché de la douleur de son ami, et voulant la faire cesser, il se jette dans l'abîme, arrive sur les bords du Styx, force Caron de le recevoir dans sa barque, enchaîne Cerbère, enlève Alceste malgré Pluton, et la rend à son époux.

Cependant Junon nourrissoit toujours dans son cœur la haine qu'elle avoit jurée au grand Alcide. Voyant que les dangers ne servoient qu'à augmenter sa gloire, elle s'adressa au dieu de l'amour. Cupidon triompha de celui dont le bras redoutable avoit opéré tant d'exploits héroïques. Hercule laissa amollir son courage; et bientôt on le vit filer aux pieds d'Omphale, reine des Lydiens, qui se plaisoit à voir le vainqueur de l'univers, armé d'une quenouille, habillé en femme, et confondu parmi ses suivantes. Cependant elle ne put l'emporter sur Déjanire, fille d'OEnée, roi de Calidon, et sœur de Méléagre, que le fleuve Achéloüs vouloit épouser. Hercule vainquit ce rival, et obtint Déjanire, qu'il emmena chez lui. Il fut arrêté sur les bords du fleuve Evène : le centaure Nessus s'offrit de passer la princesse; son projet étoit de l'enlever. Hercule s'en aperçut, et le tua à coups de flèches. Nessus, en mourant, fit un présent à Déjanire d'une robe teinte de son sang, qui étoit un poison très-subtil. En la lui donnant, il l'assura que si Hercule s'en couvroit, il n'en aimeroit jamais d'autre qu'elle. Elle lui envoya donc cette robe fatale, lorsqu'il faisoit un sacrifice sur le mont Oéta. A peine le héros l'eut-il mise, que se sentant tout-à-coup embrasé d'un feu intérieur, il se précipita dans le bûcher en présence de Philoctète, auquel il ordonna d'y mettre le feu. Il y fut consumé, et alla prendre place parmi les dieux, qui lui donnèrent pour épouse Hébé déesse de la jeunesse. Le peuplier étoit consacré à ce dieu, parce qu'il se servit de ses branches pour se faire une couronne en descendant aux enfers.

Philoctète étoit le compagnon et l'ami d'Hercule. Ce héros

le fit, en mourant, l'héritier de ses armes teintes du sang de l'hydre, à condition qu'il enfermeroit ses flèches dans sa tombe, et qu'il ne révéleroit jamais le lieu de sa sépulture. Mais comme l'oracle avoit appris aux Grecs qu'ils ne prendroient jamais Troie sans les flèches du grand Alcide, Philoctète, pour n'être point parjure, frappa du pied à l'endroit du tombeau où elles étoient enfermées. La punition suivit de près le crime; il laissa tomber une de ses flèches sur celui de ses pieds dont il avoit frappé la terre. L'infection de la plaie devint en peu de temps si grande, que les Grecs ne pouvant plus la supporter, l'abandonnèrent dans l'île de Lemnos. Philoctète y languit misérablement, jusqu'à ce qu'enfin Machaon, fils d'Esculape, vint le guérir de sa blessure.

Eug. Voici un héros qui paroît être aussi redoutable qu'Hercule. La valeur et la majesté sont peintes dans tous ses traits.

Er. Vous avez raison; c'est Thésée, ami, parent, et digne imitateur du grand Alcide. Pitthée, son aïeul, se chargea de son éducation, et le fit passer pour le fils de Neptune. Lorsqu'il fut grand, Ethra, sa mère, lui apprit qu'il devoit le jour à Egée, roi d'Athènes. Il partit pour se rendre auprès de son père, et tua en chemin Périphètes, géant d'Epidaure, qui assassinoit les passans, et se nourrissoit de chair humaine. Il lui ôta la massue de cuivre qu'il portoit, et la conserva toujours comme un monument de sa première victoire. Egée le reconnut pour son fils et son successeur, et Thésée voulut montrer qu'il étoit digne de sa naissance et du rang suprême qui l'attendoit. Il tua d'abord un horrible taureau qui faisoit de grands dégats dans les campagnes de Marathon. Ensuite il extermina le sanglier de Calidon, que Diane avoit envoyé pour ravager l'Etolie.

Minos, roi de Crète, pour punir les Athéniens du meurtre d'Androgée, son fils, les avoit condamnés à lui envoyer tous les ans sept jeunes garçons et autant de filles, choisis par le sort. Ces infortunées victimes étoient livrées à la voracité du Minotaure, monstre moitié homme et moitié taureau, enfermé dans le labyrinthe, et qui n'étoit nourri que de chair humaine. Thésée entreprit de délivrer ses compatriotes de ce cruel tribut : il se fit mettre au nombre des infortunés dont Minos exigeoit la mort, et entra avec eux dans le funeste labyrinthe.

Ce labyrinthe étoit un assemblage de bâtimens et de bosquets disposés avec tant d'art, qu'il n'étoit pas possible d'en sortir, dès qu'une fois on y étoit entré. Dédale, excellent artiste, dont l'intelligence et l'adresse alloient jusqu'à faire des statues mouvantes, et qui inventa la coignée, le niveau et les voiles de navire, en étoit l'auteur, et lui avoit donné son nom. Ayant excité contre lui le courroux de Minos, ce prince l'y enferma avec son fils Icare. Mais Dédale ne s'oublia pas dans ce danger extrême, et son génie créateur lui tint lieu de ressource. Il attacha des ailes à ses épaules et à celles de son fils, et s'évada du labyrinthe. Comme les plumes de ces ailes étoient attachées avec de la cire, il avoit recommandé à Icare de ne voler ni trop haut ni trop bas, de peur que le soleil ne fondît la cire, ou que les vapeurs de la mer ne rendissent les plumes trop humides ; mais cet imprudent jeune homme, par une aveugle témérité, voulut voir de près l'astre du jour ; il s'éleva malgré les sages avis de son père, vers les régions du feu ; ses ailes se fondirent, il tomba, et donna son nom à la mer Icarienne.

Eud. Voilà une grande leçon pour la jeunesse.... Mais Thésée prit-il aussi des ailes pour sortir du labyrinthe de Crète ?

Er. Non. Ariane, fille de Minos, lui donna un peloton de fil, par le moyen duquel il lui fut aisé de revenir sur ses pas, après avoir tué le Minotaure, *fig.* 67.

Le vaisseau sur lequel Thésée étoit parti, étoit appareillé de voiles noires ; il avoit promis à son père d'en substituer de blanches, s'il revenoit vainqueur ; mais la joie dont il étoit transporté lui fit oublier sa promesse : de sorte qu'Egée ayant un jour aperçu le vaisseau encore orné de deuil, crut que son fils étoit mort ; alors succombant à sa douleur, il se précipita dans la mer, qui prit de lui le nom de *mer Egée*.

Thésée se signala encore par d'autres exploits. Il tua Syrrhon et Procustes, fameux brigands. Le premier précipitoit tous les passans dans la mer : le second faisoit étendre les étrangers sur un lit de fer, et leur coupoit la partie des jambes qui en excédoit la longueur ; quelquefois il se contentoit de les écarteler.

Un autre monstre, nommé *Cercyon*, attachoit les voyageurs à de gros arbres qu'il courboit, il les laissoit ensuite se redresser, et ces malheureux étoient mis en pièces : Thésée lui fit subir le même supplice.

Pirithoüs, roi de Thessalie, jaloux de la gloire du héros Athénien, voulut se mesurer avec lui, et ravagea une de ses provinces, pour l'attirer à un combat singulier, qui fut accepté. Mais au milieu du combat, ils conçurent l'un pour l'autre une estime si parfaite, qu'ils unirent leurs cœurs et leurs armes par une alliance indissoluble.

Ils allèrent ensemble combattre les Centaures, qui avoient tué un grand nombre de Lapithes aux noces de Pirithoüs et d'Hippodamie. Les Centaures étoient de si bons cavaliers, qu'ils sembloient ne faire qu'un même corps avec leurs chevaux ; ce qui a donné lieu aux poëtes de feindre qu'ils étoient moitié hommes et moitié chevaux.

Les Lapithes habitoient la Thessalie, et tiroient leur nom de Lapithe, fille d'Apollon : ces géans étoient si vains, que leur orgueil étoit passé en proverbe. On disoit : *Il est plus vain qu'un Lapithe.*

Thésée et Pirithoüs entreprirent aussi d'enlever Proserpine. Ils pénétrèrent dans le séjour des morts ; et Pluton les ayant fait arrêter, fit dévorer Pirithoüs par le Cerbère, et condamna Thésée à être attaché à une pierre, où il resta jusqu'à ce qu'Hercule l'en délivra.

Il suivit ce héros dans la guerre qu'il fit aux Amazones, et épousa Hippolyte, reine de ses femmes guerrières : il en eut un fils, qui porta le nom de sa mère. Phèdre, autre femme de Thésée, ayant conçu une passion infâme pour ce jeune homme, et n'ayant pu le séduire, l'accusa auprès de son mari d'avoir voulu la déshonorer. Thésée, irrité contre son fils, pria Neptune de venger ce crime; et lorsqu'Hippolyte, monté sur son char, s'approchoit de la mer, il sortit du sein de l'onde un monstre affreux, qui épouvanta tellement ses chevaux, qu'ils prirent la fuite au milieu des rochers, où le char se fracassa. Le prince fut brisé, et périt misérablement. Esculape, à la prière de Diane, lui rendit la vie, et Phèdre, rongée de remords, se tua de désespoir, après avoir révélé son crime à son trop crédule époux.

EUD. Ceux qui montent ce vaisseau paroissent bien joyeux ; reviennent-ils de quelque expédition heureuse ?

ER. Vous voyez les Argonautes, ainsi appelés du nom de leur vaisseau, qui, sous la conduite de Jason, fils d'Eson et d'Alcimède, reviennent de la conquête de la Toison d'or. Eson en mourant laissa Jason sous la tutèle de Pélias, son frère, qui confia son éducation au centaure Chiron. A l'école d'un tel maître, le jeune prince montra bientôt ce qu'il devoit être un jour. Son affabilité, son courage lui acquirent tellement l'affection des peuples, que son oncle, pour s'assurer des états qu'il gouvernoit en son nom, chercha tous les moyens de le perdre. Il persuada à Jason que, pour signaler sa jeunesse, il devoit entreprendre la conquête de la Toison d'or, espérant qu'il n'en reviendroit pas. Jason, qui ne soupçonnoit point les perfides desseins de son oncle, n'écoutant que sa bravoure, applaudit à ses projets, et se prépara à les exécuter. Le bruit de cette expédition s'étant répandu partout, les princes Grecs voulurent en partager la gloire, et partirent sous les drapeaux de Jason, pour la Colchide, où cette Toison étoit pendue à un arbre, et défendue par un dragon monstrueux qui dévoroit tous ceux qui se présentoient pour l'enlever.

Arrivé en Colchide, Jason se fit aimer de Médée, fille du roi de Colchos. C'étoit une célèbre magicienne, qui lui donna le secret d'endormir le dragon, et de vaincre les obstacles qui s'opposoient à son entreprise. Lorsqu'il eut enlevé la toison, il emmena Médée, pour la soustraire à la vengeance de son père qui suivoit ses traces, et dont elle retarda la poursuite en dispersant le long du chemin les membres de son frère, qu'elle avoit coupés par morceaux. Elle ressuscita Eson, et lui rendit toute la force et la vigueur de la jeunesse. Pour se venger de Pélias, qui avoit fait assassiner la mère et les frères de Jason, elle persuada à ses filles de le couper en pièces, et de faire bouillir ses membres dans une chaudière, leur assurant qu'il rajeuniroit. Ces cruelles filles suivirent le conseil de Médée; mais elles virent avec douleur qu'elles avoient été trompées.

Jason indigné, abandonna cette femme détestable, et épousa Creüse, fille de Créon, roi de Corinthe. Médée se livra alors à toute l'impétuosité de sa rage, et envoya à sa rivale, par les deux enfans qu'elle avoit eus de Jason, une robe magnifique, qu'elle avoit imprégnée des poisons les plus subtils. Cette princesse ne l'eut pas plutôt mise, qu'elle sentit des feux qui la consumèrent, et mourut aux yeux de son époux. Jason, voulant punir Médée, accourut pour la percer; mais elle se sauva dans les airs sur un char entraîné par des dragons ailés, après avoir poignardé ses deux enfans, et empoisonné toute la famille de son volage époux. Jason s'empara d'Iochos, capitale de la Thessalie, où il étoit né : il y eut un règne tranquille, et jouit long-temps de la gloire qu'il avoit méritée par ses exploits.

Eud. Ah! voici un vaillant homme, que ce vilain dragon va mettre en pièces.

Er. Ne craignez rien, ma chère Eudoxie, ce héros saura bien triompher de ce monstre. Après que Jupiter eut enlevé Europe, sous la forme d'un taureau blanc, Cadmus, frère de la princesse, fut chargé par Agénor, son père, d'aller la chercher partout, avec défense de revenir sans elle. Cadmus consulta l'oracle de Delphes, qui, sans répondre à se demande, lui ordonna de bâtir une ville à l'endroit où un bœuf le conduiroit. Etant arrivé en Béotie, il offrit un sacrifice aux dieux, et comme il avoit envoyé ses compagnons à la fontaine de Dircé, pour y puiser de l'eau, ils furent dévorés par le dragon que vous voyez. Minerve lui ordonna de le combattre : il obéit, et le tua : ensuite il arracha les dents de ce formidable animal; et les ayant semées, il en naquit aussitôt des hommes tout armés, qui s'entr'égorgèrent sur-le-champ, à l'exception de cinq, qui l'aidèrent à bâtir la ville de Thèbes, dans l'endroit où le bœuf, dont l'oracle lui avoit parlé, le conduisit. Ayant de nouveau consulté l'oracle sur la destinée de sa ville, on ne lui annonça que des malheurs, ce qui lui fit prendre la résolution de s'en éloigner, avec Hermione, fille de Vénus et de Mars, son épouse; et tous deux furent dans la suite changés en serpens. C'est ainsi que les poëtes racontent la fondation de la fameuse ville de Thèbes. Ils disent encore qu'Amphion, fils de Jupiter et d'Antiope, reine de Béotie, l'environna de murailles par les accords de sa lyre, et que les pierres et les autres matériaux sensibles à cette mélodie, vinrent d'eux-mêmes se ranger à leur place. Ils ajoutent que, quand on voulut les démolir, il fallut avoir recours aux instrumens de musique, et jouer des airs lugubres.

Eug. Ces fictions sont sans doute imaginées pour faire l'éloge de la musique.

Er. On lui prête encore bien d'autres merveilles. Vous voyez cet homme qui tient une lyre, et dont l'air est mélancolique : c'est Orphée, fils d'Apollon et de Clio. Il jouoit de la lyre avec tant d'harmonie, qu'aux accens qui naissoient sous ses doigts mélodieux, les arbres et les rochers marchoient en cadence, les fleuves suspendoient leurs cours, les animaux les plus sauvages s'attroupoient pour l'entendre. Sa femme Euridice étant morte de la piqûre d'un serpent le jour de ses noces, il descendit aux enfers, et causa tant d'admiration aux divinités du Tartare, que Pluton lui permit d'emmener son épouse, à condition qu'il ne se détourneroit point pour la regarder, jusqu'à ce qu'il fût sortir de son royaume. Orphée apercevoit déjà la lumière, il se retourne avec impatience : Euridice lui est ravie pour toujours. Alors accablé de douleur, cet époux infortuné se retira dans les forêts, qu'il faisoit retentir du nom, du triste nom de sa chère Euridice ; ce qui indigna tellement les Bacchantes, qu'elles le mirent en pièces. Sa lyre fut placée au ciel.

On raconte d'un autre musicien, nommé *Arion*, qu'étant près d'être précipité dans la mer par des matelots qui vouloient le voler, il obtint d'eux qu'il joueroit encore une fois de son luth, avant de mourir; et que des dauphins s'étant assemblés autour du vaisseau pour l'écouter, il fut reçu sur le dos de l'un d'entr'eux, qui le porta à bord.

Eud. Ces deux jeunes héros qui se tiennent par la main, paroissent s'aimer bien tendrement.

Er. Voilà, mes chers enfans, le plus beau modèle que l'antiquité nous ait donné de l'amour fraternel. Ces deux héros sont Castor et Pollux, frères jumeaux, enfans de Jupiter et de Léda. Le premier perdit la vie dans un duel; et Pollux fut si touché de cette mort, qu'il tua l'ennemi de son frère, et supplia Jupiter, qui lui avoit donné l'immortalité, de lui permettre de la partager avec Castor. Le maître des dieux y consentit; et depuis ce moment, ils vécurent et moururent alternativement. Enfin leur tendresse sans exemple leur mérita l'honneur d'être placés dans les cieux sous le titre de *Gemeaux*, qui sont deux étoiles qui ne paroissent que l'une après l'autre. Ils avoient purgé la mer des pirates.

On leur sacrifioit des agneaux blancs, pour obtenir un bon vent et une heureuse navigation.

Eug. Voici un spectacle bien touchant : quel est cet homme mort, et cette femme qui se jette sur une épée ?

ENTRETIEN III.

Er. C'est Pyrame et Thisbé. Le premier étoit un jeune homme accompli, et la seconde une fille parfaite.

Ils demeuroient à Babylone, dans deux maisons voisines, où une fente dans une muraille facilitoit leurs entretiens ; car leurs parens avoient des intérêts particuliers qui les divisoient. Ils se donnèrent un rendez-vous hors de la ville, près du tombeau de Ninus, sous un mûrier blanc. Thisbé, couverte d'un voile, s'y rendit la première, lorsqu'une lionne, qui avoit la gueule ensanglantée, l'obligea de fuir avec tant de précipitation, qu'elle laissa tomber son voile. La lionne le déchira, et y laissa des traces de sang. Pyrame, arrivé au rendez-vous, trouva le voile ensanglanté : il ne douta point que Thisbé n'eût été dévorée par quelque bête féroce, et sans autre examen, il se perça de son épée. Il respiroit encore, lorsque Thisbé sortit du lieu qui la cachoit : elle voit un corps palpitant et baigné de sang, elle reconnoît aussitôt Pyrame, et comprend que le voile déchiré a causé l'erreur de son amant. Elle saisit la même épée qui avoit tranché le cours de la vie de son cher Pyrame, se la passe dans le cœur, et expire sur le corps de celui qui devoit être son époux. Le mûrier fut teint de leur sang, et, depuis ce moment, changea ses mûres en une couleur de noir pourpre. Je vais vous expliquer de suite les sujets de ces huit autres tableaux.

Le premier représente l'histoire de Philémon et de Baucis. Jupiter et Mercure, ayant voulu visiter la Phrygie, sous la figure humaine, furent rebutés de tous les habitans du bourg auprès duquel demeuroient ces deux époux, qui seuls offrirent l'hospitalité aux dieux. Le souverain de l'Olympe, touché de leur humanité, leur ordonna de le suivre sur le haut d'une montagne ; et lorsqu'ils regardèrent derrière eux ; ils virent le bourg et les environs submergés, excepté leur petite cabane qui fut changée en un temple. Jupiter leur promit de leur accorder ce qu'ils demanderoient. Ces bonnes gens souhaitoient seulement d'être les ministres de ce temple, et de ne point mourir l'un sans l'autre. Leurs vœux furent exaucés. Lorsqu'ils furent parvenus à la plus grande vieillesse, et qu'ils furent las de vivre, un jour, causant ensemble à la porte du temple, Philémon s'aperçut que Baucis devenoit tilleul, et Baucis fut étonnée de voir que Philémon se changeoit en chêne ; ils se dirent alors tendrement adieu.

Les dieux, voyant que les hommes avoient porté le crime à son comble, résolurent de les exterminer tous par un déluge universel. Deucalion, fils de Prométhée, et Pyrrha, sa femme, en furent seuls préservés, à cause de leur vertu. Après le déluge, ces deux époux consultèrent l'oracle de Thémis sur les moyens de repeupler la terre, et la déesse leur conseilla de jeter des pierres derrière eux par-dessus leur tête. Les pierres que Deucalion jetoit, se métamorphosoient en hommes, et celles de son épouse se changoient en femmes. C'est ce que vous voyez dans ce second tableau.

Le troisième vous expose l'histoire d'Atalante, fille de Schénée, roi de Scyros. L'exercice de la chasse avoit rendu cette princesse très-habile à la course. Sa beauté la faisoit rechercher de toutes parts, et pour se débarrasser de ses amans, elle leur proposa de courir sans armes, tandis qu'armée d'un javelot, elle perceroit ceux qui ne pourroient la vaincre. Plusieurs avoient déjà perdu la vie lorsqu'Hypomène, prince Grec, se mit sur les rangs. Vénus lui fit présent de trois pommes d'or du jardin des Hespérides, qu'il jeta dans la carrière à différentes distances. Atalante, séduite par la beauté de ces fruits précieux, s'amusa à les ramasser : elle fut vaincue et devint le prix de la victoire. Quelque temps après, ayant profané avec son mari un temple de Cybéle, elle fut changée en lionne, et lui en lion.

Le tableau suivant représente Méléagre, fils d'OEnée et d'Althée. Lorsque sa mère le mettoit au monde, elle vit auprès du feu les trois Parques qui y jetoient un tison, en disant: « Cet enfant vivra tant que ce tison durera. » Althée alla promptement se saisir du tison, l'éteignit, et le garda avec le plus grand soin. Diane, méprisée par le père de Méléagre, avoit envoyé dans ses terres un sanglier destructeur, qui ravageoit toute la Calydonie dont il étoit roi. Les princes Grecs s'assemblèrent pour tuer ce monstre, et Méléagre, à leur tête, fit paroître beaucoup de courage. Atalante, fille du roi d'Arcadie, blessa la première le sanglier, et le jeune héros lui en offrit la hure, comme la plus considérable dépouille. Les frères d'Althée, mécontens de cette préférence, prétendirent l'avoir; mais Méléagre les tua, et épousa Atalante. Althée vengea la mort de ses frères en jetant au feu le tison fatal, et à mesure qu'il brûloit, Méléagre sentit ses entrailles dévorées par des flammes intérieures qui le consumoient. Alors Althée reconnut, mais trop tard, toute l'atrocité de sa vengeance : ne pouvant plus rappeler à la vie ce fils qu'elle aimoit, elle se donna la mort.

Cet homme à qui vous voyez de si grandes oreilles, est Midas, roi de Phrygie. Bacchus vint lui rendre visite, accompagné du bon homme Silène et des Satyres. Ces derniers s'arrêtent en route vers une fontaine où Midas avoit fait venir du vin. Silène s'enivra; on le porta à Midas, paré de guirlandes et de fleurs : Bacchus, ravi de voir son père nourricier en cet état, permit au roi de lui demander ce qu'il souhaiteroit; Midas demanda que tout ce qu'il toucheroit devint or; mais il s'en repentit bientôt : tous ces alimens se changeoient en ce précieux métal. Pauvre et riche tout-à-la-fois, il déteste ce funeste présent, et supplie le dieu de le délivrer d'un état qui n'a que l'apparence du bien : Bacchus l'envoie se laver dans le Pactole ; Midas obéit, et communique sa vertu à ce fleuve, qui depuis ce temps, roule un sable d'or.

Ce prince fut arbitre entre Apollon et Pan. Le dernier prétendoit que sa flûte devoit l'emporter sur la lyre du dieu du Parnasse. Midas jugea en riche ignorant, et sans goût : il donna la préférence à Pan. Apollon lui fit présent, en conséquence, d'une belle paire d'oreilles d'âne. Son barbier les aperçut ; le roi demanda le secret avec menaces : le barbier fit un trou en terre, et y cacha ce secret ; mais il crût des roseaux en cet endroit ; et ces roseaux, agités par le vent, firent entendre ces mots : *Midas, le roi Midas, a des oreilles d'âne.*

Ces deux époux qui sont à côté du roi de Phrygie, sont Céphale et Procris. Unis par l'amour le plus tendre, ils vivoient heureux et contens, lorsque l'Aurore, éprise de la beauté de Céphale, l'enleva. Mais Céphale conserva son cœur à sa chère épouse ; et la déesse le rendit à Procris, en jetant dans l'esprit de l'un et de l'autre les tristes soupçons de la jalousie. Céphale reparut chez lui sans se faire reconnoître, employa mille stratagêmes, et parvint à se faire écouter. Procris, honteuse de sa foiblesse, court dans les bois, se met à la suite de Diane : Céphale l'accuse d'imprudence, va la consoler, et l'engagea à revenir. Procris à son tour devient jalouse. Un jour que son époux étoit à la chasse, et que, fatigué de tuer du gibier, il se reposoit à l'ombre, elle l'entendit adresser au Zéphir ces paroles : « Viens, Zéphir, viens éteindre le feu qui » me consume ; viens, Zéphir, à mon secours ! » Le Zéphir fut pris pour une Nymphe ; l'infidélité ne parut plus douteuse. Procris, qui étoit cachée dans les broussailles, poussa des soupirs, et fit un mouvement ; Céphale crut que c'étoit quelque animal, Il lança son dard, et courut : quel fut son désespoir, lorsqu'il vit son épouse expirante ! Il se donna la mort, et Jupiter les métamorphosa en astres.

Cette histoire est triste ; mais celle que cet autre tableau vous présente, l'est davantage encore. Térée, roi de Thrace, épousa Progné, fille de Pandion, roi d'Athènes. Progné, fâchée de se voir séparée de sa sœur Philomèle, engagea son mari de l'aller chercher pour la conduire en Thrace. Térée, revenant avec Philomèle, ne songea qu'à satisfaire sa passion. Il la conduisit dans un vieux château, où désespéré des reproches qu'elle lui faisoit, il lui coupa la langue. Quand il fut arrivé dans son palais, il se présenta à son épouse avec un air triste, et l'assura que Philomèle étoit morte dans le voyage. Mais cette princesse infortunée traça, dans sa prison, sur une toile, l'attentat de Térée, et l'envoya à sa sœur. Progné vint à la tête d'une troupe de femmes, le jour de la fête des Orgies, délivrer Philomèle de sa prison ; tua Itys, son fils qu'elle avoit eu de Térée, fit cuire ses membres, et les servit dans un festin à son mari. Philomèle parut dans ce repas, et jeta sur la table la tête de l'enfant. Térée demanda des armes pour immoler les deux sœurs à sa vengeance ; mais lorsqu'il étoit près de les frapper, il fut changé en épervier ; les deux sœurs furent métamorphosées, l'une en hirondelle, l'autre en rossignol, et Itys fut changé en faisan.

Ce dernier tableau nous représente la tragique histoire du malheureux OEdipe. C'est un des traits les plus terribles de la Mythologie. Un roi de Thèbes, nommé *Laïus*, ayant appris de l'Oracle qu'il périroit de la main d'un fils qu'il venoit d'avoir, ordonna à Jocaste, son épouse, d'égorger cet enfant. La mère ayant horreur de ce crime, en remit l'exécution à un soldat. Celui-ci, touché des pleurs et de l'innocence de l'enfant, se contenta de lui percer les pieds de part en part, et de l'attacher à un arbre sur le mont Cithéron. Un des bergers de Polybe, roi de Corinthe, trouve cet enfant, le détache, et le présente à la reine, qui, n'ayant point d'enfant, le fit élever, comme son fils, et lui donne le nom d'*Œdipe*, à cause de l'enflure de ses pieds. OEdipe, ayant découvert dans la suite qu'il n'étoit pas fils de Polybe, alla consulter l'Oracle, et apprit qu'il trouveroit son père dans la Phocide, province de la Grèce. Il se mit en route en conséquence, et ayant rencontré Laïus dans un passage étroit de la Phocide, il se battit avec lui, et le tua, parce que ce prince, fier de son rang, lui ordonne avec hauteur de lui céder le pas.

Thèbes étoit alors désolée par un monstre appelé *Sphinx* : il avoit la tête d'une femme, le corps d'un chien, les ailes et la queue d'un dragon, les pieds et les ongles d'un lion. Il proposoit un énigne aux passans, et les dévoroit, s'ils ne la devinoient pas. Créon, frère de Jocaste, offroit les états de ce prince et la main de la reine, sa veuve, à celui qui satisferoit à ce monstre. Il demandoit : *Quel est l'animal qui, le matin, marche à quatre pieds, à deux sur le milieu du jour, le soir à trois !* OEdipe répondit que cet animal est l'homme, qui, dans l'enfance, se traîne sur ses pieds et ses mains ; dans l'âge viril se soutient sur deux pieds, et dans la vieillesse s'appuie sur un bâton qui lui sert de troisième pied. Le Sphynx, après cette explication, se précipita de désespoir, et se tua ; et OEdipe, sans le savoir, épousa sa mère, et monta sur le trône de son père, qu'il avoit tué sans le connoître.

Les premiers momens du règne du nouveau monarque parurent heureux ; et les Thébains se félicitoient que le sort leur eût donné un prince si vertueux et si sage. Ce bonheur fut même augmenté par la naissance de deux fils, qu'il nomma *Etéocle* et *Polinice*. Mais bientôt une peste affreuse désola le

territoire

territoire de Thèbes. On consulta l'Oracle, ressource ordinaire de toutes les occasions où l'on vouloit connoître la volonté des dieux. L'Oracle répondit que, pour faire cesser ce fléau, il falloit bannir le meurtier de Laïus. OEdipe ayant fait faire des perquisitions très-exactes pour le trouver, le berger qui l'avoit détaché de l'arbre, vint l'instruire de sa naissance. L'infortuné prince se reconnut coupable. Jocaste à cette nouvelle se pendit de désespoir. OEdipe se creva les yeux, et se condamnant à un exil perpétuel, il se retira sur le mont Colonos, près d'Athènes, après avoir cédé ses états à ses deux fils, à condition qu'ils régneroient alternativement chacun leur année.

Ces deux princes avoient montré, dès leur plus tendre enfance, une haine mutuelle, que jamais leur père n'avoit pu étouffer. Elle parut bientôt dans toute sa fureur. Etéocle, en qualité d'aîné, monta le premier sur le trône, et l'année étant révolue, il n'en voulut point descendre. Polinice arma les Grecs contre son frère. Les chefs les plus illustres de son armée étoient Adraste, roi d'Argos ; Tydée, fils d'Enée, roi de Calydon ; Capanée, Hippomédon, Amphiaraüs et Parthénopus : on les appelle *les sept preux*, ou les sept braves devant Thèbes. Mais leur courage ne fit point triompher la cause de Polinice : tous y périrent, à l'exception d'Adraste ; leurs troupes furent taillées en pièces, et cette guerre se termina par un combat singulier entre les deux frères. La rage avec laquelle ils se précipitèrent l'un sur l'autre, ne leur permettant point de remarquer où ils frappoient, ils se poignardèrent tous deux. On mit leurs corps sur un même bûcher, pour y être brûlés, suivant la coutume de ce temps-là : on vit aussitôt la flamme se diviser d'elle-même, et faire connoître que la mort n'avoit pu éteindre une haine dont on n'avoit point encore d'exemple.

Eud. Quelle est je vous prie, cette ville que les flammes dévorent, et dont les habitans fuient de toute parts ?

Er. C'est la ville de Troie, que les Grecs viennent de prendre, et à laquelle ils ont mis le feu. Rendez-vous attentifs, mes chers enfans, à ce grand événement ; c'est le plus mémorable de la Fable.

Troie étoit la capitale de la Troade, pays situé dans la partie de la Phrygie la plus voisine du Bosphore de Thrace, que nous appelons *le détroit de Constantinople*. Le premier prince qui y ait régné s'appeloit *Teucer*. Il eut pour gendre Dardanus, qui jeta les premiers fondemens de la ville de Troie. Dardanus eut pour successeur Érictonius, qui laissa le trône à Tros, son fils. Tros donna son nom à la ville et à la nation ; il eut trois enfans. Ganimède, que Jupiter enleva à cause de sa beauté, et qui devint l'échanson des dieux à la place d'Hébé, déesse de la jeunesse, fille de Junon ; Assaracus, qui ne fit rien de mémorable ; et Illus, qui tint le sceptre après lui, et voulut que Troie s'appelât *Ilion*. Ilus transmit la couronne à Laomédon, père de Priam ; et, sous ce dernier, l'empire des Troyens devint le plus florissant de l'univers. Ce prince releva les murs de sa capitale, qu'Hercule avoit détruits, et l'environna de fortes tours. Il épousa Hécube, fille du roi de Thrace, qui lui donna plusieurs fils et plusieurs filles. Mais sa tendresse aveugle pour ses enfans fut la source de tous les malheurs que l'un d'eux, nommé *Pâris*, attira sur sa tête.

Hécube, en mettant ce jeune prince au monde, s'imagina qu'on tiroit de son sein une torche ardente. Priam, ayant appris par l'Oracle que cet enfant causeroit un jour la ruine de sa patrie et de sa famille, donna ordre de le tuer ; mais la reine le fit élever secrètement par des bergers. Pâris, qui ne connoissoit point encore sa naissance, vint disputer un prix que le monarque Troyen avoit proposé à la jeune noblesse de ses états, et triompha de tous ceux qui étoient entrés en lice. Hector, fils aîné de Priam, poursuivant cet athlète inconnu, découvre qu'il étoit son frère. Priam l'embrassa, et le retint à sa cour dans le rang qui lui étoit dû. Quelque temps après, Pâris ayant été à Sparte pour y reprendre sa tante Hésione, qui y étoit prisonnière, il descendit chez Ménélas, roi de cette ville, lui enleva Hélène sa femme, et jura de ne point la rendre qu'on ne lui eût rendu auparavant Hésione qu'il redemandoit. Les princes Grecs qui vouloient ravoir l'une sans relâcher l'autre, s'assemblèrent de toutes parts, et s'engagèrent tous par serment à ne point quitter les armes qu'ils n'eussent renversé la ville de Troie.

Leur armée étoit conduite par quatre-vingt-quinze capitaines, rois, princes, ou héros déjà célèbres par de grands exploits ; et Agamemnon, roi d'Argos et de Mycène, en fut déclaré généralissime.

Ce prince étoit issu d'une famille où le crime sembloit être héréditaire. Tantale, l'un de ses ancêtres, servit aux dieux son fils Pélops ; et ce monstre, comme je vous l'ai déjà dit, fut condamné à une soif et à une faim que rien ne pouvoit satisfaire. Jupiter rassembla les membres de l'infortuné Pélops, les ranima, et lui mit une épaule d'ivoire à la place de celle que Cérès avoit mangée. Pélops épousa Hippodamie, fille d'OEnomaüs, roi d'Elide ; il falloit vaincre à la course pour obtenir cette princesse, ou périr si l'on avoit le malheur d'être vaincu. Neptune donna à Pélops des chevaux dont la vitesse lui procura la victoire. De ce mariage naquirent Atrée et Thyeste. Le premier épousa Europe, que son frère lui enleva. Atrée ne pouvant punir cet attentat, sa colère se changea en une haine et une fureur implacable, qui le rendit ingénieux à chercher une vengeance éclatante, ou plutôt à tramer la perfidie la plus détestable. Il feignit de vouloir se réconcilier avec son frère ; et après avoir fait égorger secrètement les deux fils de Thyeste, il lui en présenta le sang dans une coupe dont leurs ancêtres ne s'étoient jamais servi que dans les sacrifices. On dit que le soleil ne parut point ce jour-là, pour n'être pas témoins d'une action si noire. Toute la famille d'Atrée porta la peine du crime qu'il avoit commis. Plistène, son fils, fut père d'Agamemnon et de Ménélas, que l'on appelle souvent *les Atrides*, du nom de leur aïeul.

Agamemnon épousa Clytemnestre dont il eut Oreste, Electre et Iphigénie.

Ménélas étoit roi de Sparte : il épousa Hélène, fille de Tyndare et de Léda : cette princesse étoit la plus belle femme de son siècle.

Après ces deux princes, les héros Grecs qui méritoient le plus d'admiration, étoient Nestor, Achille, Patrocle, son ami ; Ajax, fils de Télamon, roi de Salamine ; Ajax, surnommé l'impie, fils de d'Oilée, et roi des Locriens ; Idoménée, Diomède, Ulysse, Palamède, Calchas, Machaon et Podalire, fils d'Esculape.

Nestor, fils de Nélée et de Cloris, avoit seul échappé au massacre qu'Hercule avoit fait de la famille de Nélée, qui lui refusoit le passage dans ses états. Les Grecs l'engagèrent à venir avec eux au siége de Troie : ils comptoient beaucoup sur la prudence de ses conseils ; et il se rendit aisément à leur invitation, dans l'espérance de leur être utile. Apollon le fit vivre trois cents ans, ce que les poëtes appellent trois âges d'hommes ; et quand ils offrent à quelqu'un des vœux pour une longue vie, ils lui souhaitent les années de Nestor.

Achille étoit fils de Thétis et de Pélée. Sa mère le plongea dans l'eau du Styx, afin de le rendre invulnérable. Il n'y eut que le talon, par lequel elle le tenoit, qui n'y fut pas trempé ; aussi ne pouvoit-il être blessé qu'à cet endroit. Son éducation fut confiée au fameux Centaure Chiron, qui ne le nourrit que de moëlle de lion. Il étoit encore enfant, lorsque la déesse sa mère lui proposa le choix de vivre long-temps sans gloire, ou de mourir jeune tout couvert de lauriers. Il préféra la gloire aux années. Le destin avoit résolu qu'Achille périroit devant Troie, et que cette ville ne seroit jamais prise que par la présence et la valeur de ce héros. Thétis, voyant que les princes Grecs cherchoient son fils pour cette expédition, voulut prévenir le décret du destin. Elle envoya le jeune Achille sous des habits de femme, dans l'île de Scyros, à la cour de Lycomède. Ulysse, roi d'Ithaque, entreprit de le découvrir dans sa retraite. Il se déguise en marchant, arrive au palais du roi de Scyros, et présente aux princesses, filles de ce monarque, des ornemens et des bijoux, parmi lesquels il y avoit des armes.

Achille s'en saisit, les manie avec beaucoup d'adresse, et se fait connoître. Ulysse l'engagea à le suivre; et le héros, qui ne respiroit que la gloire, abandonne Deïdamie, fille de Lycomède, qu'il avoit épousée, et dont il avoit eu un fils nommé *Pyrrhus*, que nous verrons marcher sur les traces de son père. Achille contracta l'amitié la plus étroite avec Patrocle, fils de Ménœtius et de Sthénélée, qui, par sa bravoure, étoit digne de l'affection du fils de Thétis.

Ajax, fils de Télamon, étoit un prince d'une valeur qui souvent dégénéroit en rage. Lorsqu'Achille fut mort, il disputa à Ulysse les armes de ce héros; et n'ayant pu les obtenir, il entra dans un accès de fureur si aveugle, qu'il se perça de son épée.

Ajax, fils d'Oilée, passoit pour le plus vaillant des Grecs, après Achille; mais il étoit le plus impie des hommes. Les dieux le firent périr dans les eaux, pour le punir de ses blasphèmes.

Idoménée, petit-fils de Minos, étoit roi de Crète. Après la prise de Troie, comme il reprenoit le chemin de ses états, il fut accueilli d'une tempête si violente, que pour l'apaiser il promit aux dieux de leur sacrifier la première personne qui se présenteroit sur le rivage. Les vagues se calmèrent aussitôt, et le premier objet qui frappa ses regards, fut son fils : il l'immola au souverain des ondes. Mais bientôt ce sacrifice humain fut puni par une peste qui désola la Crète, jusqu'au temps où son roi se retira dans la Calabre pour y fonder un nouvel empire.

Diomède, fils de Tydée, et le plus vaillant des Grecs après Achille et Ajax, se rendit immortel par mille exploits, et surtout en blessant Mars et Vénus.

Ulysse, fils de Laërte et roi d'Itaque, avoit contrefait l'insensé pour se dispenser d'entrer dans la ligue des princes Grecs. Un jour qu'il labouroit follement le rivage de la mer, Palamède plaça Télémaque, encore enfant, devant le soc de la charrue. Ulysse la détourna avec adresse, pour ne point blesser son fils, et prouva par-là que sa folie n'étoit qu'une feinte. La rare prudence qu'il avoit reçue de Minerve, fut très-utile aux Grecs durant tout le siége.

Palamède, fils de Nauplius, roi de l'île Eubée, étoit un prince aussi brave que fertile en ressources. Il inventa, dit-on, les jeux d'échecs et de dés, pendant le siége, aussi bien que les poids et mesures. Ulysse, qui ne pouvoit lui pardonner d'avoir découvert sa prétendue folie, cacha dans la tente de ce héros une somme d'argent, l'accusant de la lui avoir volée, et le fit lapider.

Calchas étoit un devin fameux, qui fut l'oracle des Grecs, durant tout le siége. La destinée de cet homme étoit de cesser de vivre quand il trouveroit un devin plus habile que lui. En effet, après la prise de Troie, s'étant retiré à Colophon,

ENTRETIEN III.

il y mourut de chagrin, pour n'avoir pu deviner ce que Mopsus, autre devin, avoit deviné.

Machaon et Podalire, tous deux fils d'Esculape, avoient succédé à leur père dans la science de guérir les hommes. Ils étoient les médecins des Grecs devant Troie ; ils y moururent l'un et l'autre avant la fin du siége.

Tels étoient les principaux capitaines de l'armée des Grecs. Leur flotte, composée de mille deux cent quatre-vingt-dix vaisseaux, s'assembla au port d'Aulide, ville de la Béotie. Les vents contraires empêchèrent long-temps de mettre à la voile. On consulte Calchas. Ce devin répond que les vents ne deviendront favorables que lorsqu'Agamemnon aura immolé sa fille Iphigénie à Diane, dont il a encouru la disgrâce en tuant une biche consacrée à cette déesse. En vain le roi d'Argos voulut répliquer : il fallut obéir à l'oracle ; mais lorsque le prêtre alloit frapper la princesse, Diane substitua une biche à la place d'Iphigénie, qu'elle emporta dans la Chersonèse-Taurique, où elle la fit grande prêtresse de son temple. Après ce sacrifice, on cingla vers les rivages de Troie, et l'on y aborda bientôt heureusement.

Cette superbe ville étoit défendue par toutes les forces de l'Asie, qui, pour balancer la puissance des Grecs, avoit rassemblé d'innombrables armées. Elles étoient commandées par des princes pleins de bravoure, et par cinquante fils que Priam avoit eus de plusieurs femmes, et dont l'aîné qui se nommoit *Hector*, eût seul soutenu et repoussé tous les efforts des ennemis, si le destin ne lui avoit pas été contraire. Tous les dieux prirent part à cette guerre, et s'intéressèrent les uns pour les Grecs et les autres pour les Troyens. Junon surtout signala dans cette occasion la haine qu'elle portoit aux derniers, soit parce qu'un de leurs rois étoit fils de Jupiter, soit parce que Pâris ne lui avoit point adjugé la pomme que la Discorde avoit jetée sur la table aux noces de Thétis et de Pélée, avec cette inscription, *à la plus belle* ; soit enfin, parce que Jupiter avoit substitué Ganimède à la déesse de la jeunesse.

Tout réussit d'abord aux Grecs ; mais Achille s'étant brouillé avec Agamemnon, qui lui avoit enlevé sa captive Briséis, fille de Brisés, prêtre de Jupiter, et ne voulant plus mener ses troupes au combat, les choses changèrent de face. Les Troyens sont partout vainqueurs sous la conduite d'Hector ; tous les jours ce héros remporte de nouveaux avantages ; tantôt il chasse les Grecs de tous les postes qu'ils occupoient ; tantôt il brûle leur flotte : tous se repentoient déjà de cette expédition. Dans cet abattement général, Patrocle voulut essayer de ramener la fortune. Il prend les armes d'Achille, se met à la tête des troupes, repousse les Troyens, et défie Hector au combat. Hector se montre, et Patrocle expire sous ses coups. Achille, désespéré de la mort de son ami, oublie l'injure d'Agamemnon, et court venger son cher Patrocle. Il attaque le héros Troyen, le tue, l'attache par les pieds à son char, et le traîne trois fois autour des murs de Troie et du tombeau de Patrocle. Il le rendit aux larmes de Priam. Ayant ensuite conçu de la passion pour Polixène, fille du monarque Troyen, il la demanda en mariage, et lorsqu'il alloit l'épouser, Pâris lui décocha une flèche empoisonnée qui vint le frapper au talon, et lui donna la mort. Apollon lui-même avoit dirigé ce trait fatal.

Pyrrhus, fils d'Achille et de Déidamie, vint avec un renfort considérable, se joindre aux Grecs, et venger la mort de son père. Son courage fit souvent oublier la perte du fils de Thétis. Mais l'oracle avoit annoncé que jamais Troie ne seroit prise, tant qu'elle posséderoit le *Palladium*, statue de Minerve, qui étoit descendue du ciel, et s'étoit placée d'elle-même sur l'autel. On dit qu'elle rouloit toujours les yeux, et remuoit de temps en temps une lance qu'elle tenoit à la main. Diomède et Ulysse se chargèrent de l'enlever; ce qu'ils exécutèrent avec adresse.

Cependant les Grecs, ne pouvant encore se rendre maîtres de la ville par la force, entreprennent de la surprendre. Ils feignent que Minerve les punit de l'enlèvement du Palladium; et après dix années d'un siége qui a coûté tant de héros, ils ont recours à ce stratagême. Ils construisent un cheval de bois, dans lequel ils renferment un grand nombre de soldats armés, et vont se cacher dans l'île de Ténédos. Ils publient que ce cheval est une réparation qu'ils font à Minerve. Le peuple sort en foule, transporté de joie, séduit par une vaine espérance, et plus encore par les discours d'un fourbe nommé *Sinon*, que les Grecs avoient laissé exprès sur le rivage : ce scélérat leur fit accroire, que si le cheval entroit dans leur ville, Troie seroit imprenable. Chacun s'empresse de faire une brèche aux murs, pour introduire cette fatale machine. Ce jour qui devoit être le dernier des Troyens, devient un jour de fête, dans lequel on s'abandonne aux aveugles transports de l'alégresse la plus folle. La nuit vint : tout le peuple plongé dans une sécurité funeste, se livre aux douceurs du repos. Durant le calme qui régnoit dans la ville, les soldats Grecs sortent des flancs du cheval de bois, et à la faveur des ténèbres, se répandent dans tous les quartiers de la ville. Ils y mettent le feu, et la flamme qui s'élève jusqu'aux nues, sert de signal à l'armée ennemie. Elle accourt, elle entre par la brèche; le sang coule de toutes parts. Les Troyens se défendent en désespérés, et ne cèdent qu'au nombre qui les accable. Pyrrhus surtout exerce des cruautés inouies. Il pénètre au palais de Priam; il égorge ce prince, avec toute sa famille, au pied d'un autel où il s'étoit réfugié. On regardoit Polixène comme la cause de la mort d'Achille : Pyrrhus l'immola sur le tombeau que les Grecs avoient élevé à ce héros au promontoire de Sigée. Andromaque, fille d'Eëtion, roi de Thèbes, épouse d'Hector, avoit caché son fils Astyanax dans le tombeau de ce héros : Ulysse l'en retira par adresse, et le fit précipiter du haut d'une tour. Pyrrhus emmena Andromaque en Epire, et l'épousa.

Hélène, qui étoit cause de cette guerre, se cacha dans le temple de Minerve, et regagna les bonnes grâces de Ménélas, son ancien époux, en lui livrant Déiphobe, fils de Priam, avec lequel elle s'étoit mariée après la mort de Pâris. Tel fut le triste sort qu'éprouva la superbe ville de Troie. Elle vit périr devant ses murs huit cent quatre-vingt-six mille Grecs, et dans son sein six cent soixante-dix mille citoyens. Après l'avoir réduite en cendres, et s'être chargés des richesses immenses qu'ils y avoient trouvées, les Grecs reprirent le chemin de leur patrie. Leur flotte vint donner contre le promontoire de Gapharée, voisin de l'île Eubée ; et leurs vaisseaux y furent brisés pour la plupart. Mais ce n'étoit que le présage des malheurs qui les attendoient, soit pendant leur navigation, soit à leur arrivée dans la Grèce. Le vieux Nestor fut le seul qui regagna heureusement ses états.

Agamemnon, entrant dans son palais en vainqueur, fut assassiné par Egiste, que Clytemnestre avoit épousé pendant la guerre de Troie ; et cette femme parricide mit la couronne d'Argos sur la tête de l'assassin. Electre, fille d'Agamemnon, voyant que l'usurpateur vouloit éteindre la postérité de ce prince, et que son indigne mère favorisoit les fureurs du monstre à qui elle avoit donné sa main, fit porter son frère Oreste, encore enfant, à la cour de Strophius, son oncle, roi de la Phocide, qui l'éleva secrètement. Lorsque le jeune prince fut grand, il forma la résolution de venger la mort de son père ; il vint à Argos, où il apprit que la tendre Electre, après avoir long-temps langui dans les fers, avoit été donnée en mariage à un homme de la lie du peuple, afin d'ôter à ses enfans le droit de monter sur le trône. Oreste immole Egiste et Clytemnestre aux mânes de son père, et tombe tout-à-coup dans des accès de fureur, pendant lesquels il s'imagine voir l'ombre de sa mère accompagnée de furies. Il consulta l'oracle, qui lui ordonna d'aller dans la Tauride pour s'y purifier. Il s'y rendit avec Pylade, son ami fidèle. Tous deux furent arrêtés par ordre de Thoas, roi de cette contrée, qui faisoit immoler à Diane les étrangers qui abordoient dans ses états. Oreste étoit le seul dont le tyran désirât la mort. Pylade vouloit être sacrifié à sa place, et tous deux se disputèrent long-temps la gloire de sauver la vie à un ami. Iphigénie reconnut son frère au moment qu'elle alloit l'immoler. Les deux amis tuèrent Thoas, pour le punir de ses cruautés, enlevèrent la statue de Diane, et revinrent dans la Grèce avec Iphigénie. Tel fut le terme des malheurs qui affligèrent la famille d'Agamemnon.

Ulysse erra durant dix ans sur toutes les mers, et n'échappa aux dangers qu'il courut que par la protection de Minerve qui l'accompagnoit partout. Les Lestrigons, peuple de Cyclopes, firent périr tous ses vaisseaux, excepté celui qu'il montoit. Après avoir évité les dangereux écueils de Carybde et Scylla, il tomba entre les mains de Polyphême, qui l'enferma dans un antre avec ses compagnons, pour le dévorer. Ce Cyclope fils de Neptune et de Thoosa, étoit si grand, que l'eau de la mer ne lui venoit qu'à la ceinture. Ulysse l'enivra en l'amusant par le récit du siége de Troie, et lui creva, avec un gros pieux, le seul œil qu'il avoit au milieu du front : puis s'étant attaché, ainsi que ses compagnons, sous les moutons du Cyclope, ils sortirent de la caverne, et s'embarquèrent. Le roi d'Ithaque n'avoit pas couru de moindres périls dans l'Ile de Circé, fille du Soleil et de la Lune, où son vaisseau avoit fait naufrage. Cette magicienne, pour retenir le héros, changea ses compagnons en bêtes sauvages, par le moyen d'une liqueur qu'elle leur présenta. Minerve fit connoître à Ulysse une plante dont il se servit pour finir cette métamorphose, et remit aussitôt à la voile. Mais il n'étoit pas encore à la fin de ses disgrâces; il alla échouer dans l'île de Calypso. Cette nymphe voulut en vain se l'attacher par l'espoir de l'immortalité : Ulysse méprisa ces offres flatteuses; il partit, et évita, en se bouchant les oreilles, les chants séducteurs des Syrènes.

Pendant que ce prince luttoit contre le sort qui lui fermoit l'entrée de sa patrie, Pénélope, son épouse, avoit à se délivrer des importunités de plusieurs princes qui vouloient l'épouser, et publioient que le roi d'Ithaque étoit mort au siége de Troie. La princesse promettoit de se décider quand elle auroit achevé une toile qu'elle travailloit. Mais elle défaisoit la nuit ce qu'elle avoit fait durant le jour.

Enfin Ulysse, étant arrivé à Ithaque dans un état affreux, sans être reconnu de personne, se mit au nombre des amans de Pénélope, pour tendre l'arc qu'on avoit proposé, et dont la princesse devoit être le prix. Il en vint à bout, se fit connoître, rentra dans sa famille, et tua tous ses rivaux. Il se démit ensuite de ses états en faveur de son fils Télémaque, et périt par la main de Télégone, qu'il avoit eu de Circé. Ainsi s'accomplit l'oracle qui lui avoit prédit qu'il tomberoit sous les coups de son fils. Ainsi disparurent tour à tour ces Grecs fameux qui avoient répandu dans l'univers le bruit de leurs exploits, et qui s'étoient immortalisés par la ruine du plus florissant empire qui fût alors.

La destinée des Troyens fut dans uns sens moins déplorable que celle des Grecs. Enée, prince du sang royal, fils d'Anchise et de Vénus, échappa aux débris de sa patrie, sous les auspices de la déesse qui lui avoit donné le jour. Après avoir perdu sa femme qui s'égara, il chargea son père sur ses épaules, prit son fils Iole ou Ascagne, par la main, et emporta les dieux tutélaires de sa patrie. Il étoit destiné à fonder un empire qui s'étendroit et sur les vainqueurs des Troyens, et dans toutes les contrées de la terre. Il rassemble tous ceux qui avoient échappés à la fureur des Grecs ; s'embarque avec eux, erre pendant sept ans de mers en mers, exposé aux effets de la haine que l'implacable Junon conservoit encore contre le nom Troyen. Ce prince vertueux apaise la colère de la reine des dieux, aborde à Carthage, dans le temps que Didon, fille de Bélus, roi de Tyr, en bâtissoit les murs. Il y est retenu durant quelque temps par l'amour qu'il conçoit pour Didon ; mais bientôt se rappelant ses glorieuses destinées, il abandonne le séjour de Carthage par l'ordre de Jupiter. La reine, qui apprend la fuite du héros, en est au désespoir : elle se perce d'un poignard, et expire, après avoir demandé aux dieux qu'une haine éternelle divise Rome et Carthage. Enée aborde en Italie, soutient la guerre contre Turnus, roi des Rutules, et le tue dans un combat. Ensuite, il épouse Lavinie, fille de Latinus, roi du pays Latin ; et après sa mort, il fut enlevé dans le ciel par Vénus. On l'honoroit à Rome, sous le nom de *Jupiter Indigète*.

C'est ainsi que la Fable nous conduit jusqu'au temps où l'histoire ancienne commença à se fixer par l'époque de la fondation de Rome. Nous nous arrêtons là, mes chers amis, pour nous occuper, dans les entretiens qui vont suivre, de la Physique, de l'Histoire naturelle, de la Géographie, et de l'Histoire de France.

ENTRETIEN IV.

Sur la Physique, et premièrement des Propriétés générales des Corps.

ERASTE. APRÈS l'étude de la Religion et de la Morale, il n'en est point de plus utile et de plus nécessaire à l'homme que celle de la Physique, puisque son objet est de nous rendre attentifs à tant de merveilles qui nous environnent, et dont nos plaisirs et nos besoins dépendent. Elle nous conduit comme par la main dans toutes les parties de la nature, pour nous en montrer la destination, et pour nous faire observer avec quel ordre, quelle symétrie, quelle proportion tout y est placé. Enfin, en présentant à nos regards cette foule de prodiges dont l'univers est rempli, elle nous oblige de reconnoître qu'ils ne sont point l'ouvrage d'une cause aveugle et fortuite; mais que chaque trait de ce grand tableau annonce une puissance infinie qui étonne, une sagesse profonde qu'on ne peut assez admirer, des intentions et une bonté qui méritent les plus humbles actions de grâces.

Je ne vous exposerai pas, mes chers amis, par quelles révolutions la Physique est arrivée au point où elle est de nos jours, car mon dessein est de vous apprendre moins ce qu'on a pensé, que ce qu'il faut savoir. Il me suffira de vous dire que jusqu'au siècle dernier, cette science si belle et si digne de l'homme n'étoit qu'un jargon barbare, un amas de systèmes absurdes, plus propres à rebuter qu'à éclairer l'esprit. Enfin Descartes parut comme un astre qui venoit éclairer le genre-humain, et ce génie créateur dissipa les ténèbres épaisses dont une longue ignorance avoit obscurci la raison. Il apprit à ses semblables le grand art de penser, et ce fut alors qu'au lieu de deviner la nature, en lui prêtant autant de vertus particulières qu'il se présentoit de phénomènes à expliquer, on s'accoutuma à l'interroger par l'expérience, à épier et à étudier son secret par des observations assidues et mûrement méditées, à n'admettre, en un mot, au rang de connoissances, que ce qui paroissoit évidemment vrai. Si Descartes s'est trompé en plusieurs choses, c'est qu'il étoit homme et qu'il n'est pas donné à un seul homme ni à un seul siècle de tout connoître. Ceux qui sont venus après lui, les Newtons, les Leibnitz, par exemple, l'ont, ou corrigé ou surpassé, j'en conviens; mais, sans lui, ces grands hommes se seroient-ils avancés aussi loin qu'ils ont fait avec le secours des premières lumières que nous lui devons? Nous ne nous élevons à la connoissance de la vérité que comme ces géans qui escaladoient les cieux en montant sur les épaules les uns des autres.

Héritiers des travaux que ces philosophes immortels ont entrepris, il seroit honteux pour nous de ne point connoître une partie des richesses immenses qu'ils nous ont laissées. Mettons-nous donc en état de profiter de leurs succès; et si nous ne pouvons les atteindre, considérons du moins la noble carrière qu'ils ont fournie avec tant de gloire. C'est le but que je me propose, mes chers amis, en vous donnant ces foibles élémens, qui vous serviront d'introduction à une étude plus étendue de la physique. Hâtons-nous d'entrer en matière, et prêtez-moi toute l'attention dont vous êtes capables.

La *Physique* est la science des corps naturels; et son nom est dérivé d'un mot grec qui signifie *nature*, parce que dans la nature, l'objet le plus frappant pour l'homme, c'est le corps.

On appelle *corps naturels*, toutes les substances matérielles dont l'assemblage compose l'univers.

ENTRETIEN IV.

Tout ce qui existe dans les corps de manière à affecter quelqu'un de nos sens, et à exciter aussitôt dans notre âme l'idée de leur présence, s'appelle *qualité* ou *propriété*. Par exemple, la dureté que vous sentez quand vous pressez une pierre, le froid que vous éprouvez quand vous posez la main sur un morceau de glace, sont autant de propriétés de ces corps.

Lorsque nous examinons les corps, et que nous rassemblons les propriétés que nous leur connoissons, nous en remarquons plusieurs qui conviennent à tous, et qui les accompagnent constamment dans les différens états par lesquels ils peuvent passer; on appelle ces propriétés *générales* ou *universelles*, ou simplement *attributs*.

Mais nous observons aussi qu'il y a des propriétés qui ne conviennent aux corps que dans certaines circonstances ou qui conviennent aux uns, et nullement aux autres; on donne à ces derniers le nom de *propriétés secondaires*, ou celui d'*accidens*, ou bien on les appelle *qualités*.

Tout ce que nous découvrons dans les corps, à l'aide des sens, s'appelle *Phénomène*; et il y en a de plusieurs espèces, dont chacune reçoit un nom particulier. Par exemple, lorsque nous observons un certain ordre, une combinaison respective entre plusieurs corps, par rapport à la place qu'ils occupent dans l'univers, c'est un *phénomène de situation*. Le lever du soleil, son midi et son coucher nous offrent un *phénomène de mouvement*. Les diverses révolutions que la lune éprouve dans son accroissance et sa décroissance, nous présentent un *phénomène de changement*; et l'action d'un corps sur un autre, nous donne un *phénomène d'effet*.

La première propriété générale que nous apercevons dans tous les corps qui peuvent frapper nos sens, c'est leur *extension* ou leur *étendue*, c'est-à-dire, une grandeur limitée, à laquelle on conçoit des parties unies entr'elles pour en former un tout.

Cette étendue a trois dimensions qui sont inséparables en Physique; savoir, la *longueur*, la *largeur*, la *profondeur* ou l'*épaisseur*. Ainsi, le plus petit corps que l'on puisse se figurer a, comme le plus grand, ces trois dimensions, c'est-à-dire, qu'il est nécessairement long, large et épais.

La vertu par laquelle les parties constituantes d'un corps sont unies entr'elles et s'opposent à leur mutuelle séparation, s'appelle *adhérence*, *cohésion*, *cohérence* ou *fermeté*; car tous ces mots signifient la même chose.

Puisque l'étendue résulte d'une certaine quantité de parties posées les unes auprès des autres, et liées entr'elles par une vertu particulière, il suit naturellement qu'on peut la diviser, si l'on vient à bout de rompre les liens qui unissent toutes les particules qui composent cet assemblage.

La *divisibilité* sera donc aussi une propriété générale de la matière.

Il y a deux sortes de divisibilité, l'une idéale, et l'autre réelle. La première consiste dans la facilité de concevoir toujours comme divisible un corps, quelque divisé qu'il soit. La divisibilité réelle consiste dans la possibilité de séparer effectivement toutes les parties de la matière.

Tout corps est mentalement divisible à l'infini ; car l'esprit peut toujours imaginer deux moitiés dans la plus petite particule de ce corps, les séparer l'une de l'autre, et les soumettre à des divisions et à des subdivisions sans bornes.

Il n'en est pas de même de la divisibilité physique ou réelle des corps, il est un terme au-delà duquel il n'est plus possible de séparer effectiment les parties qui les composent : mais quel est ce terme ? C'est ce que l'Auteur de la nature ne nous a pas permis de découvrir. Tout ce que nous pouvons assurer d'après l'expérience, c'est que la matière peut se diviser en des particules si délicates et si foibles, que leur ténuité les dérobe aux organes les plus subtils, quelque secours qu'on emprunte pour tâcher de les apercevoir.

Les vapeurs qui s'échappent d'une liqueur qu'on fait chauffer ou bouillir, les odeurs que nous respirons à l'approche des fleurs, des plantes et de tous les corps odorans, sont autant de corpuscules qui s'en détachent par l'action du feu, ou par celle de cette chaleur que la nature entretient sans cesse sur notre globe, et qui met tout en mouvement.

Un grain de musc se fait sentir d'une manière incommode pendant vingt ans dans un appartement où l'air se renouvelle tous les jours ; et toutefois il n'éprouve aucune altération sensible dans son volume durant ce long intervalle.

Un chien poursuit un cerf pendant six heures quelquefois, sans avoir le plus souvent d'autre guide que l'odeur que l'animal fugitif répand après lui. Combien donc de corpuscules cet animal laisse-t-il échapper, pour tracer si long-temps sa route à quarante autres animaux qui le poursuivent en même-temps, et à la vue desquels il se dérobe souvent ?

Un grain de carmin suffit pour colorer très-sensiblement dix pintes d'eau, dans lesquelles on l'a fait dissoudre, c'est-à-dire, que ce grain est divisé en un million huit cent quarante-trois mille deux cent parties sensibles ; car dix pintes de liquide contiennent vingt livres, ou cent quatre-vingt-quatre mille deux cent seize grains d'eau, parce qu'il faut neuf mille deux cent seize grains pour faire une livre ; il faut au moins dix particules de carmin pour colorer uniformément chaque grain d'eau.

Un seul grain d'or s'étend sous le marteau, de façon à pouvoir être divisé en treize millions deux cent mille parties sensibles ; et quand on l'emploie à fabriquer ces fils d'argent doré qui servent à embellir nos parures, il se divise en un milliard trois cent quatre-ving-dix-neuf millions six cent quatre-vingt mille parties sensibles.

Wolf, philosophe célèbre de nos jours, a observé dans l'espace d'un grain de poussière, cinq cents œufs dont il est éclos des animaux semblables à des poissons, et dans lesquels on remarquoit, à l'aide du microscope, une infinité de parties, comme dans les plus grands animaux de la mer.

Le même auteur fait voir que le moindre grain de sable peut servir de demeure à deux cent quatre-vingt-quatorze millions d'animaux qui sont organisés, qui propagent leur espèce, qui ont des nerfs, des artères, des veines et quantité d'autres vaisseaux dans lesquels différentes liqueurs circulent continuellement.

Lorsqu'en divisant une matière autant qu'il nous est possible, nous n'apercevons rien que d'uniforme dans toutes les molécules ou petites masses qui la composent, nous lui donnons le nom de *simple*, nous supposons que ses parties sont toutes d'une même nature, et nous les appelons *homogènes*. Nous nommons, au contraire, *corps mixtes*, ceux dont les parties mises à part ne se ressemblent point, comme les plantes, les animaux, etc., dans lesquels on voit que plusieurs matières *hétérogènes*, c'est-à-dire, essentiellement différentes, concourent à la composition du tout.

La grandeur, ou, ce qui est la même chose, l'étendue plus ou moins grande d'un corps, est toujours limitée par des surfaces qui renferment la quantité de matière qui lui est propre. Cette quantité de matière se nomme sa *masse*; et le plus ou moins de surface non interrompue qui limite sa grandeur apparente, s'appelle son *volume*. L'ordre ou l'arrangement que prennent entr'elles les surfaces qui terminent les volumes, est ce qu'on désigne par le mot de *figure*.

Depuis le plus grand corps jusqu'au plus petit, il n'y en a point qui ne soit figuré, parce qu'il n'y en a point qui ne soit limité. Il n'y a pas même de corps dans la nature, qui ne puisse se prêter au changement de sa première figure, soit par l'addition de quelques parties qu'il n'avoit pas auparavant, soit par la division; et cette disposition s'appelle *figurabilité*.

Quoiqu'au premier coup-d'œil plusieurs corps paroissent semblables en figure, un examen plus détaillé découvre bientôt entr'eux une infinité de différences; en sorte que l'on pourroit dire avec raison, que dans toute la nature il n'y a pas deux êtres parfaitement semblables, surtout si l'on joint à la variété de figure, celle de la couleur et du volume.... Mais je ne sais, mais chers amis, si toutes ces notions vous plaisent.

Eugène. Pourriez-vous en douter, respectable Eraste? et l'attention que nous prêtons à vos discours ne vous montret-elle pas assez l'intérêt qu'ils nous inspirent? Vos paroles sont pour mon esprit ce que seroit la lumière du jour pour un aveugle à qui l'on rendroit tout-à-coup la vue.

EUDOXIE. Pour moi, monsieur, je suis si frappée de tout ce que vous dites, qu'il me semble que j'entre pour la première fois dans le monde. Quoiqu'il faille un peu d'application et de réflexion pour vous suivre, je commence toutefois à voir combien l'étude de la nature a de charmes, et je puis vous assurer que ces nouvelles leçons m'amusent autant qu'elles m'instruisent.

ER. Je ferai tout mon possible, mes chers enfans, pour les rendre toujours propres à produire sur vous cet heureux effet ; et je ne négligerai rien pour entretenir votre ardeur, et pour y répondre....

Non-seulement les corps sont étendus, divisibles et figurés ; ils sont encore solides, poreux et mobiles ; attributs qu'il faut vous expliquer les uns après les autres.

La *solidité*, que l'on appelle aussi *impénétrabilité*, est une propriété par laquelle un corps résiste à tout autre corps, et l'empêche de s'emparer de l'espace dont il est en possession, pour l'occuper en même-temps et avec lui. Cette propriété convient à tous les corps, et à ceux qui sont durs, et à ceux qui ne le sont pas, et que l'on appelle fluides, pour les distinguer des autres que l'on nomme solides. Ainsi, l'eau que vous pressez dans un vase vous fait éprouver de la résistance, aussi-bien qu'un morceau de fer que vous frappez avec un marteau. L'air lui-même, tout mou qu'il est, produit le même effet : un tonneau plein de vin, quoiqu'ouvert par un trou de vrille, trompe encore l'attente de celui qui l'a percé, s'il oublie de lui donner, par le haut, de l'air qui contrebalance celui qui s'oppose à la sortie de la liqueur.

On ne peut mieux se représenter la façon dont les corps en général sont composés, qu'en imaginant plusieurs cribles posés les uns sur les autres : il en résultera une masse qui se trouvera de tous côtés percée d'outre en outre de plusieurs trous ; et c'est ainsi que tous les corps paroissent au microscope. Ce n'est pas que tous ces trous soient absolument vides ; car de même que la poussière passe par un crible, lorsqu'elle est plus petite que les trous qui s'y trouvent, de même aussi les interstices que l'on remarque dans les corps peuvent être pénétrés par des matières assez déliées pour y loger. Mais comme ces matières ne font point partie du corps qu'elles pénètrent, on regarde les ouvertures que l'on aperçoit dans les corps, comme si elles étoient réellement vides, et on les appelle *pores* ou *passages*.

La *porosité* convient à tout ce qui est composé de parties matérielles ; aux solides aussi-bien qu'aux fluides, aux corps

ENTRETIEN IV.

organisés comme à ceux qui ne le sont pas ; et s'il y a quelques différences dans les uns et dans les autres, ce n'est que par la grandeur, par le nombre, par la figure ou par l'arrangement des pores. Mais autant nous sommes certains que la porosité est une propriété commune à tous les corps, autant nous ignorons le degré absolu de cette propriété. L'or est de tous les êtres matériels que nous connoissons, celui qui est le plus compact, et qui renferme le plus de matière sous un volume déterminé ; cependant ce précieux métal est si poreux, qu'on y découvre au moins autant de vide que de plein. Quelle idée aurons-nous donc de la porosité des autres corps ; de l'eau commune, par exemple, qui pèse environ dix-neuf fois moins que l'or ; ou de l'air, qui est huit cents fois plus léger que l'eau ?

Tout corps, de quelque espèce qu'il soit, grand ou petit, peut passer d'un lieu dans un autre : cet attribut s'appelle *mobilité*, qu'il ne faut pas confondre avec ce que l'on nomme *mouvement*.

Le mouvement est une action par laquelle les corps s'éloignent ou s'approchent les uns des autres, c'est-à-dire, augmentent ou diminuent l'intervalle qui les séparoit.

Il n'y a point de mouvement sans une force qui l'imprime ; et c'est cette force que l'on appelle *puissance* ou *force motrice*. Son effet, quand elle n'éprouve pas une résistance invincible, est de faire parcourir au corps un certain espace et un certain temps, et de lui faire surmonter une partie des obstacles qu'ils rencontrent.

On appelle *obstacle* tout ce qui s'oppose au mouvement d'un corps, et qui consume sa force en tout ou en partie.

Dans quelque endroit et de quelque manière qu'on fasse mouvoir un corps, il se trouve toujours dans quelque fluide qu'il est obligé de pousser sans cesse devant lui pour se faire un passage, et contre lequel il déploie à chaque instant une partie de son mouvement, pour vaincre la résistance qu'il lui oppose : ce fluide s'appelle *milieu*.

Plus la masse du fluide est considérable, plus il oppose de résistance, et plus il faut de force au corps qui doit la vaincre. Ainsi les milieux résistent à proportion de la quantité qu'on en déplace ; et cette quantité doit être mesurée par la surface intérieure du corps qui s'y meut. Si je divise l'eau avec le plat de la main, j'éprouve beaucoup plus d'opposition que si je la divisois seulement avec le tranchant de cette même main. Le batelier fait agir sa rame par le plat, quand il cherche un point d'appui dans la résistance de l'eau ; mais il la relève par le tranchant, pour se moins fatiguer, quand il veut se mettre en état de recommencer.

Outre cette résistance qui vient de l'inertie du fluide qu'il faut déplacer, il en est un autre qui naît de sa viscosité et de sa tenacité, c'est-à-dire, de la difficulté qu'il y a à séparer les molécules qui le composent, et à vaincre leur cohésion mutuelle.

Si le milieu est agité, sa résistance sera augmentée ou diminuée par le mouvement qui l'agite. Le poisson qui remonte le courant d'une rivière a trois résistances à vaincre : l'une est le mouvement de l'eau dont la direction est contraire à la sienne; l'autre est l'inertie du volume auquel il répond, et qu'il doit déplacer; et la troisième est la viscosité du fluide.

Si le mobile, c'est-à-dire, le corps mis en mouvement et le fluide qui lui sert de milieu, se meuvent tous deux dans la même direction : ou ils ont des vitesses égales, ou l'un des deux en a plus que l'autre. Dans le premier cas, la résistance du milieu est nulle; tel est le mouvement d'un poisson qui suit précisément le courant de l'eau : dans le dernier cas, celui des deux qui a le plus de vitesse en communique à l'autre, aux dépens de celle qu'il a. Un boulet de canon qui part dans la direction du vent, ne trouve pas autant de résistance dans l'air, qu'il en éprouveroit dans un temps calme; mais comme il va plus vite que le vent, il faut toujours qu'il s'ouvre un passage dans le milieu qui fuit devant lui avec trop de lenteur.

La résistance du milieu n'est pas le seul obstacle que les corps aient à vaincre pour se mouvoir; ils ont encore à surmonter celui qui naît des *frottemens*. Pour s'en faire une juste idée, il faut observer que la surface d'un corps quelconque n'est jamais parfaitement unie; en sorte que quand on pose ce corps sur un autre, les petites éminences de l'un entrent dans les petites cavités que les pores forment dans l'autre; ils se retiennent et s'accrochent mutuellement; et celui des deux qui est en repos, doit faire effort pour arrêter celui qui est en mouvement.

Il y a deux sortes de frottemens : dans l'un, les mêmes parties d'un corps sont appliquées successivement aux différentes parties de celui sur lequel on le fait mouvoir, comme quand on fait glisser un livre sur une table; dans l'autre on fait toucher successivement différentes parties d'une surface à différentes parties d'une autre surface, comme lorsqu'on fait rouler une boule sur une table ou sur la terre.

L'usage où l'on est d'arrêter les roues des voitures dans les descentes rapides, nous fournit un exemple familier des différens effets que produisent ces deux espèces de frottemens. Quand on craint qu'un carrosse ou une charrette ne se précipite en descendant trop vite, on empêche les roues de tourner sur leur axe; alors le même point de la circonférence traîne successivement sur une suite de points pris sur le terrain : c'est un frottement de la première espèce, qui résiste considérablement au mouvement de la voiture. Il n'en est pas de même quand

quand chaque roue tourne sur son essieu; son frottement, qui est de la seconde espèce, est moins propre à arrêter son mouvement, parce que toutes ses parties, après s'être engagées dans celle du plan qu'elle parcourt, les quittent avec liberté, ou du moins sans un grand effort.

Rien n'est si commun que les effets du frottement; puisqu'il est la principale cause des altérations et du dépérissement que nous remarquons dans tous les ouvrages de l'art, et surtout dans ceux dont nous faisons un fréquent usage. Les habits, les meubles, les instrumens, etc. ne durent qu'un certain temps, parce que les frottemens auxquels ils sont continuellement exposés changent insensiblement les surfaces et les formes, diminuent les masses dont ils détachent à chaque instant quelques parties, et leur font perdre les qualités qui leur étoient propres..

On diminue la résistance des frottemens, en enduisant les surfaces de quelque fluide ou de quelque matière grasse. On frotte de savon les bords d'une boîte dont le couvercle tient trop; on met de l'huile au charnières pour en faciliter le jeu; on graisse les moyeux des roues en dedans : ce sont autant de moyens par lesquels on remplit les inégalités les plus grossières des surfaces, et qui par conséquent les rendent plus lisses, et plus propres à glisser l'une sur l'autre.

Voici quelques règles qu'il faut retenir pour bien juger du mouvement des corps.

Un corps persévère dans l'état où il se trouve, soit de repos, soit de mouvement, à moins que quelque cause ne le tire de son mouvement ou de son repos.

En effet, tout corps, soit en repos, soit en mouvement, a une force de résistance par laquelle il tend à rester dans l'état où il est, et par laquelle il lutte contre toutes les autres forces qui viennent à sa rencontre. C'est ce qu'on appelle sa *force d'inertie.*

La force d'inertie d'un corps est proportionnelle à la masse de ce corps : par conséquent elle est double dans une masse double, triple dans une masse triple, etc.; et tant que la masse d'un corps reste constamment la même, la force d'inertie demeure pareillement égale, soit que ce corps soit solide; soit qu'il passe de l'état de solidité à celui de liquidité.

Dans quelque état que soit un corps, il exerce sa force d'inertie selon toutes les directions par lesquelles on peut concevoir qu'un autre corps peut les frapper; car cette propriété convient à toutes les parties de ce corps, auxquelles elle est également distribuée. La propriété par laquelle un corps mis en mouvement peut passer au repos, se nomme *quiescibilité.*

Un corps mis en mouvement décrit une ligne droite, tant que d'autres corps ne le contraignent point de s'en écarter.

Cette loi est une connoissance naturelle de la force d'inertie; car si tout corps tend à rester dans l'état où il est, comme

Tome II. E

la force motrice ne peut lui imprimer qu'un mouvement en ligne droite, il conservera cette direction, si la résistance du milieu, ou celle des frottemens, ou la rencontre et le choc de quelqu'autre corps, ne lui en font pas prendre une nouvelle.

Tout corps mu circulairement, tend à s'éloigner du centre de son mouvement par une ligne droite.

Pour vous convaincre de la vérité de cette loi, qui est une suite de la précédente, prenez une fronde, mettez-y une pierre, et faites-la tourner vivement. Aussitôt la corde se tendra, parce que la pierre qu'elle soutient cherchera à chaque instant à s'échapper du centre de son mouvement, qui est votre main; et quand enfin vous l'aurez lancée, vous lui verrez décrire une ligne droite dans le milieu des airs : on donne à cette ligne le nom de *tangente*, parce qu'elle est censée toucher le cercle que vous avez décrit en tournant la fronde. L'effort que faisoit la pierre pour s'éloigner, s'appelle force *centrifuge*. Il faut, mes chers amis, retenir tous ces mots, qui forment une partie du langage de la Physique.

La réaction est contraire et égale à l'action. C'est-à-dire, aucun corps ne peut exercer son action contre un autre, qu'il n'éprouve une résistance égale à son action, et l'action et la résistance se dirigent toujours en sens contraire.

Si l'effort de la puissance s'exerce de gauche à droite, l'obstacle résiste de droite à gauche. C'est à cette égalité d'action et de réaction, qu'un navire doit le mouvement que lui communiquent les rames. Les rames poussent l'eau vers le côté opposé, et l'eau réagit contre les rames, les repousse avec le bateau auquel elles tiennent, et cela avec une force égale à celle avec laquelle les rames l'ont fendue. Ainsi le vaisseau va d'autant plus vîte, qu'il y a plus de rames, que les rames sont plus grandes, et qu'elles sont remuées avec plus de promptitude et de force.

C'est par cet artifice qu'on se soutient dans l'eau en nageant; car les pieds et les mains servent alors de rames. Il en est de même des oiseaux quand ils volent; ils font dans l'air avec leurs ailes, ce que les hommes qui nagent font dans l'eau avec leurs pieds et leurs mains.

Lorsqu'un corps qui se meut n'obéit qu'à une seule puissance qui le dirige vers un seul point, ce corps se meut par un *mouvement simple.*

Le mouvement simple se divise en *mouvement direct*, en *mouvement réfléchi* et en *mouvement réfracté.* Le mouvement direct est celui d'un corps qui se meut en ligne droite; tel seroit le mouvement d'une boule qui iroit, sans se détourner, d'un point de cette table à l'autre. Le mouvement réfléchi est celui par lequel le mobile étant porté d'un point à l'autre, retourne de ce dernier vers le premier d'où il étoit parti, décrivant toujours une ligne droite. Le mouvement réfracté est celui d'un corps qui change de direction, en passant d'un milieu dans un autre ; c'est ainsi que les rayons de la lumière se courbent en passant de l'air dans l'eau.

Eud. Vous parlez de mouvement simple ; est-ce qu'il y a un mouvement composé ?

Er. Sans doute ; et c'est celui dans lequel un corps obéit à la fois à plusieurs puissances.

Si ces puissances agissent dans la même direction, le mobile se meut plus vite.

Si elles sont égales et opposées entr'elles, elles se détruisent mutuellement, et le mobile demeure en *équilibre* ; car l'équilibre, en général, est l'état d'un corps qui est sollicité de se mouvoir en deux sens opposés avec des forces égales.

Mais si les puissances sont inégales, elles ne se détruisent qu'en partie ; et le mouvement qui en résulte est l'effet du restant de ces deux forces.

Enfin, si les puissances sont dirigées de manière qu'elles fassent angle, ou, ce qui est la même chose, qu'elles se croisent au mobile, ce dernier, qui obéit également à l'une et à l'autre, prendra une direction mitoyenne, et s'avancera en ligne droite.

Eug. De tout ce que vous nous avez dit jusqu'ici, il suit que l'étendue, la divisibilité, la figurabilité, la solidité, la porosité et la mobilité appartiennent à tous les corps. Sont-ce là toutes leurs propriétés générales ?

Er. Il y faut joindre la *gravité* ou la *pesanteur*, force par laquelle tout corps, étant abandonné à lui-même, tombe vers un point de la surface de la terre. Comme ce point répond au centre de notre globe, on donne à cet attribut le nom de *force centripède*.

Cette même force qui fait tomber les corps lorsqu'ils ne sont soutenus par rien, leur fait presser les obstacles qui les retiennent et qui les empêchent de tomber : ainsi une pierre pèse sur la main qui la soutient, ou s'efforce d'entraîner l'obstacle qui la retient suspendue, si on l'attache à une corde.

Voilà à-peu-près tout ce que j'avois à vous exposer, mes chers amis, pour vous donner quelque idée des attributs des corps ; dans l'entretien qui va suivre, nous parlerons de leurs accidens.

ENTRETIEN V.

Des propriétés secondaires, ou des Accidens des Corps. De l'Attraction, de l'Electricité et de la Vertu magnétique.

Eraste. Tout ce que nous avons dit de la porosité a dû vous faire connoître, mes chers amis, que la grandeur apparente d'un corps excède toujours la quantité réelle de sa matière propre. Quand tous les corpuscules qui composent une masse quelconque, sont serrés les uns contre les autres, de manière que les pores qu'il forment sont très-petits, cette masse s'appelle *dense*; quand, au contraire, ces corpuscules sont éloignés les uns des autres, de manière qu'ils ne se touchent que par quelques points, et laissent entr'eux de grands intervalles, la masse se nomme *rare*.

Plus les parties qui constituent une masse se rapprochent les unes des autres, et occupent conséquemment un moindre espace, plus la densité de cette masse augmente, et on la nomme *plus dense*. Plus les pores d'une masse de même volume sont multipliés, plus ils sont étendus, plus la rareté de cette masse augmente, et on l'appelle *plus rare*. Un corps rare peut devenir dense, et un corps dense peut devenir plus dense, quand on rassemble leurs parties solides dans un plus petit espace que celui qu'elles occupoient, soit en supprimant la cause interne qui les tenoit écartées, ce qu'on appelle *condensation*, soit en appliquant extérieurement une force qui les oblige de se rapprocher mutuellement, ce que l'on nomme *compression*. Ainsi, serrer de la neige dans les mains pour en faire une pelote, c'est la comprimer; faire refroidir une liqueur ou diminuer la chaleur qui dilate ses parties, c'est la condenser. Dans l'un et dans l'autre cas, le volume diminue quoique la masse reste toujours la même. Une barre de fer que l'on a fait rougir devient plus menue à mesure qu'elle se refroidit, parce que ses parties se rapprochent peu-à-peu, en perdant le mouvement qu'elles avoient acquis dans le feu. Une éponge mouillée et dilatée par l'eau qu'elle contient, se place dans un espace beaucoup moindre, quand on exprime le fluide qui remplit ses pores.

Un corps dense peut devenir rare, et un corps rare peut devenir plus rare, en multipliant leurs pores, en les rendant plus spacieux; et cet effet s'appelle *raréfaction*: alors le volume est augmenté quoique la masse ne le soit point. Quand on éloigne tellement les parties constituantes d'un corps, qu'elles ne se touchent plus que par de très-petits points, la raréfaction est à son plus grand degré; et alors ces parties commencent à se séparer les unes des autres.

Si les parties d'une masse cèdent difficilement, en sorte que l'on sente la résistance qu'elles font quand on veut les séparer, on appelle cette masse un *corps dur*.

Nous ne connoissons point de corps parfaitement durs. Tous ceux qu'on a examinés jusqu'à présent peuvent être brisés, réduits en parties, et lorsqu'on les presse ils changent de figure, sans excepter même les diamans les plus durs. La raison de cela est que tous les corps que nous connoissons sont poreux, et que leurs parties ne se touchant pas exactement en toutes sortes de sens, offrent toujours des moyens de les séparer.

On donne le nom de *corps fragile* à tout corps dur dont les parties se brisent par une légère percussion, comme il arrive lorsqu'on choque, par exemple, de l'acier trempé, du verre, de la porcelaine. Les parties de ces différens corps ont néanmoins une sorte d'adhérence les unes avec les autres ; mais elles sont tellement constituées, que si l'on parvient à diminuer légèrement leur contact et à les séparer un peu, elles se brisent alors, et ne se rétablissent point dans leur premier état.

On appelle *corps fissile*, ou propre à être fendu, celui qui est composé de plusieurs lames appliquées les unes sur les autres. Les parties qui composent chaque lame ont entr'elles une adhérence plus forte que celle qui unit ces lames les unes aux autres. Les corps de cette espèce se fendent par copeaux, ou se divisent en plusieurs lames ; telle est l'ardoise.

Quand les parties d'un corps cèdent facilement, ou font très-peu de résistance à l'agent qui veut les séparer, on lui donne le nom de *corps mou*.

Il arrive souvent que les corps mous passent de l'état de mollesse à celui de dureté, et que ceux qui sont durs deviennent mous. Il est impossible d'assigner les bornes qui divisent ces deux états, parce qu'ils sont toujours relatifs à la disposition de nos organes et à nos forces actuelles. Un homme fort et robuste regarde comme mou ce qui paroît dur à un enfant ; la terre sera molle pour un éléphant, et elle sera très-dure par rapport à une mouche, à une fourmi.

Les corps mous sont très-poreux, et lorsqu'on les presse, ils cèdent à l'effort qu'on déploie contr'eux, et leurs parties se retranchent aisément dans les pores qui les avoisinent. On amollit les corps durs, lorsqu'on parvient à introduire d'autres corps entre leurs parties, et que ces corpuscules qu'on introduit viennent à bout de diminuer la cohésion des parties solides qui se touchoient.

On trouve plusieurs corps mous qui peuvent prendre différentes formes, et conserver néanmoins leur même cohérence : on les appelle *ductiles*. Ces corps doivent être constitués de manière que leurs parties aient entr'elles quelque degré d'affinité et de liaison ; et lorsqu'on leur donne une autre situation, lorsqu'on leur fait changer la place qu'elles occupent, elles doivent s'assimiler aussi-bien avec les nouvelles parties avec lesquelles elles deviennent en contact, qu'avec celles qu'elles touchoient auparavant.

Les métaux qui sont ductiles et malléables, doivent cet avantage à l'huile qui est interposée entre leurs parties ; et ces corps, de ductiles qu'ils étoient, deviennent fragiles lorsqu'on les dépouille de leur *gluten* : c'est ainsi qu'on appelle la matière qui rend les parties des corps ductiles propres à adhérer les unes aux autres.

Tout corps dont on peut changer la figure, qu'on peut alonger ou raccourcir sans que sa masse en soit altérée, et par conséquent sans que ses parties perdent de leur union et de leur adhérence, s'appelle *corps flexible*. Si on alonge un corps flexible, il devient plus menu, et en même temps plus dense ; si on le courbe il devient plus dense dans son contour intérieur, et plus rare dans son contour extérieur ; mais, si on le courbe alternativement en sens contraire et à plusieurs fois, il se brise enfin, parce que dans chaque inflexion qu'il éprouve, certaines parties se trouvent éloignées les unes des autres ; elles ne se touchent plus, et la masse enfin se divise. Plusieurs corps flexibles perdent cette propriété, quand en se desséchant ils perdent le gluten qui unissoit leurs parties : c'est pour cela que l'on entretien quelquefois la flexibilité de ces corps, en les humectant avec de l'eau, ou en les frottant légèrement avec de l'huile.

On donne le nom de *corps tenace*, à celui qui est tellement constitué, que ses parties peuvent s'éloigner les unes des-autres considérablement, sans se séparer pour cela, étant fortement unies entr'elles. C'est pour cette raison que ces espèces de corps peuvent supporter des poids énormes sans briser.

De tous les corps qui se compriment, les uns demeurent, ou à peu près, dans l'état que la compression leur a fait prendre, c'est-à-dire, qu'ayant changé de grandeur et de figure, ils persévèrent dans ce changement lorsque la compression vient à cesser : les autres reprennent, après la compression, les mêmes dimensions et la même figure qu'ils avoient auparavant. Ces derniers se nomment *corps à ressorts* ou *élastiques* ; car l'*élasticité* n'est autre chose que l'effort par lequel les corps comprimés tendent à se rétablir dans leur premier état.

La plus grande partie des corps que nous connoissons est élastique ; mais on n'en a pas encore vu qui le soit parfaitement. Les degrés d'élasticité paroissent varier suivant la densité des corps ; cependant quelques observations qu'on ait faites jusqu'ici, on n'a pu encore assigner les bornes de ces différences. Tout ce que l'on sait, c'est que plus les corps deviennent froids, plus ils sont élastiques, parce qu'alors ils sont plus denses, et que leur texture est plus serrée ; plus ils s'échauffent, moins ils sont élastiques, et surtout ceux qui peuvent tomber en fusion, parce qu'alors ils sont plus rares. Il faut toutefois excepter de cette règle l'air, et toute autre fluide analogue à l'air, dont l'élasticité augmente par la chaleur.

Quand un corps résiste à l'action de l'air ou à celle du feu, sans rien perdre de sa substance, on l'appelle *fixe* ; on lui donne le nom de *volatil*, quand ses parties, exposées à l'action de l'un de ces deux élémens, se séparent et s'élèvent sous la forme de vapeurs. Il paroît qu'il n'y a point de corps terrestre connu qui soit absolument fixe, quelque solide, quelque compacte qu'on le suppose, puisque tout corps quelconque, exposé au foyer d'un miroir ardent ou d'un verre brûlant, s'y décompose et s'y volatilise.

Eugène. Voilà donc, monsieur, quels sont les accidens des corps : la densité, la rareté, la dureté, la fragilité, la mollesse, la ductilité, la flexibilité, la tenacité et l'élasticité ?

Er. On peut encore mettre de ce nombre l'*électricité*, la *vertu magnétique* et l'*attraction*.

Eud. Vous allez sans doute nous apprendre ce que vous entendez par l'électricité ?

Er. C'est une propriété par laquelle les corps frottés, forcés, exposés à l'action du soleil, à celle du feu, ou échauffés par du sable chaud, attirent à eux d'autres corps placés à une certaine distance, les repoussent après les avoir attirés, et jettent souvent une lumière assez sensible.

Les corps qui ont la propriété d'attirer à eux d'autres corps, s'appellent *électriques par eux-mêmes*, ou *idioélectriques*.

L'expérience a découvert un grand nombre de corps qui sont idioélectriques, lorsqu'on les frotte. Telles sont presque toutes les pierres précieuses, et plusieurs pierres communes, comme le plâtre, les crystaux ; tels sont les verres de toute espèce, colorés ou non colorés ; tels sont les végétaux desséchés, et quantité des parties animales, comme les plumes, les poils, les cornes, les os, etc.

On appelle corps *non électriques*, et *anélectriques*, ceux qui étant frottés, battus, forgés, échauffés, ne donnent aucun signe d'électricité : tels sont plusieurs animaux sans poils ou sans plumes ; les métaux, les cailloux, les corps qui se ramollissent ou qui se fondent lorsqu'ils sont exposés à l'action du feu, comme la glace, les substances humides de quelque espèce qu'elles soient ; et enfin tous les liquides, qu'on ne peut frotter comme il conviendroit.

Les corps anélectriques peuvent devenir électriques par communication, et alors on les nomme *sympériélectriques*.

Voici comment on s'y prend pour électriser un corps qui est anélectrique. On emploie ordinairement une machine qui est composée d'un globe de verre, que l'on fait tourner vivement au moyen d'une roue avec laquelle il communique par une corde. Tandis que ce globe tourne, on ne cesse de le frotter avec la main bien sèche, ou remplie de différentes poudres ou de craie, ou bien on met un coussinet couvert de peau, sur lequel il frotte en tournant. On suspend avec des cordons de soie une barre de fer ou un tuyau de fer-blanc, qui aboutit de fort près au globe de verre, ou qui y communique par une petite chaîne de métal, ou par tout autre corps anélectrique. Cette barre de fer ou ce tuyau de fer-blanc s'appelle *conducteur*.

Enfin, on *isole* tous les corps qu'on veut électriser par communication, c'est-à-dire, qu'on les place sur des corps idio-électriques; car plus les corps sont électriques par eux-mêmes, plus il est difficile de leur communiquer l'électricité. Ceux qu'on emploie le plus ordinairement pour cette opération, sont la cire à cacheter, le soufre, la poix mêlée avec la colophane, la soie, surtout celle qui est teinte en bleu, etc.

Eud. Je voudrois bien savoir quels effets on peut produire avec une pareille machine ?

Er. Si vous faites passer le revers de votre main le long du conducteur, à une petite distance de la surface, tandis que l'on continue à frotter le globe, vous sentirez sur la peau une légère impression, à-peu-près semblable à celle de ces fils d'araignée que l'on rencontre flottans en l'air.

Si vous approchez le bout du doigt de ce même conducteur à une distance de cinq ou six lignes, vous éprouverez une piqûre très-sensible, qui sera accompagnée d'un petit éclat pareil à celui d'un grain de sel commun que l'on jette dans le feu; et si vous êtes dans l'obscurité, vous observerez que ces piqûres sont accompagnées ou suivies d'étincelles très-brillantes. Vous remarquerez encore dans l'obscurité une très-belle aigrette des rayons lumineux et bruyans, à celui des bouts du conducteur qui est le plus éloigné du globe, et quelquefois à tous les deux.

Si entre ce même bout du conducteur et le doigt que vous en approchez pour en tirer une étincelle, vous mettez le lumignon d'une chandelle nouvellement éteinte, vous verrez presque toujours la chandelle se rallumer.

Si vous suspendez à cette même extrémité du conducteur une cage de fer-blanc composée de cinq à six tablettes plus ou moins, sur chacune desquelles on place des corps de toute espèce, de la viande crue, des œufs, des oiseaux vivans, des pommes, du pain, des morceaux de bois, des plantes, des fleurs, des fruits, etc. vous tirerez de chacun de ce corps, en leur présentant le doigt, des marques d'électricité plus ou moins vives, selon qu'ils seront plus ou moins électriques par communication.

Qu'on électrise fortement un homme isolé sur un gâteau de résine, ou autrement, et attaché à la chaîne du conducteur, ses cheveux se hérisseront; et si vous êtes dans l'obscurité vous apercevrez à l'extrémité de ces cheveux de petites houppes lumineuses.

Qu'un homme électrisé passe légèrement la main sur une personne qui ne l'est pas, et qui soit vêtue de quelque étoffe d'or ou d'argent, il la fera étinceler de toutes parts, non-seulement elle, mais encore toutes les personnes qui sont habillées de pareilles étoffes, et qui la touchent ; et ces étincelles se feront sentir à ceux sur qui elles paroîtront, par des picotemens que l'on aura peine à souffrir long-temps.

Si vous faites frotter le globe de verre par un homme isolé, il deviendra électrique comme un conducteur ordinaire, et en donnera des signes par toutes les parties de son corps ; il attirera et repoussera les corps légers ; il paroîtra une petite aigrette lumineuse à la pointe de son épée, s'il en a une ; les corps non isolés tireront de lui des étincelles, etc...

Tenez dans une main un vase de terre ou de porcelaine, en partie plein d'eau, et dans lequel soit plongé le bout d'un fil de métal électrisé ; approchez l'autre main de ce fil pour en tirer une étincelle : vous sentirez une commotion violente dans les deux bras, dans la poitrine, dans les entrailles et dans tout le corps.

Formez une chaîne de cinquante personnes, ou même de vingt fois autant, qui se tiennent toutes par les mains ; que le premier de la bande tienne le vase dont je viens de parler, et que le dernier tire l'étincelle du fil de métal électrisé, tous ceux qui participeront à cette expérience ressentiront en même temps la commotion.

Eud. Ces phénomènes sont très-surprenans, et je vous avoue que je désire d'en connoître la cause.

Er. Ils sont l'effet d'un fluide subtil qui se meut autour du corps que l'on a électrisé, et qui étend son action à une distance plus ou moins grande, selon le degré de force qu'on lui communique.

Ce fluide forme deux courans de matières prodigieusement pénétrante ; l'un qui sort avec rapidité du corps électrisé, et se porte aux environs jusqu'à un certain degré : on l'appelle *matière effluente* ; l'autre, que l'on nomme *matière affluente*, vient au corps électrisé non-seulement de l'air qui l'entoure, mais aussi de tous les autres corps qui peuvent être dans son voisinage.

La matière effluente en sortant du corps électrisé, chasse devant elle les corps légers qu'elle rencontre ; et c'est la cause des phénomènes de répulsion : la matière affluente, en se précipitant vers le corps électrisé, pour réparer la perte qu'il éprouve par l'émission du fluide électrique, amène avec elle, vers la surface de ce corps, les matières légères et mobiles qu'elle trouve sur son passage, et c'est la cause des phénomènes d'attraction.

Quand ces deux courans se rencontrent et se choquent avec impétuosité, ils mettent en mouvement, et font éclater à nos yeux la matière ignée qui est répandue partout ; et plus ces courans sont forts et rapides, plus ils doivent enflammer cette matière qu'ils rencontrent ; c'est ainsi que deux cailloux transparens, frappés l'un contre l'autre, produisent des étincelles dont la clarté est plus ou moins vive, selon que le choc est plus ou moins violent.

Le souffle léger que l'on sent sur la peau, quand on présente le visage ou le revers de la main aux bouquets lumineux, est l'effet naturel et ordinaire d'un fluide qui a un courant déterminé, et qui se meut avec une vitesse sensible.

Le bruit que l'on entend, et les piqûres que l'on ressent lorsqu'on s'approche du corps électrisé, sont encore produits par le choc des deux courans; et ce bruit et ces piqûres sont d'autant plus sensibles que l'on se présente plus près du corps électrisé. Il est si vrai que ces phénomènes sont produits par la violence de ce choc, que si vous placez votre doigt tout auprès de la main d'un homme électrisé, vous éprouverez tous deux, et en même temps, une douleur égale, parce que les deux courans s'efforcent d'entrer et de sortir avec une égale impétuosité. Comme l'électricité est plus forte, c'est-à-dire, que les deux courans sont plus abondans et plus rapides, lorsqu'on emploie un vase de verre ou de porcelaine, en partie plein d'eau, il n'est pas étonnant qu'ils fassent éprouver une commotion plus douloureuse aux corps animés qu'ils pénètrent, et dans lesquels ils se rencontrent et se choquent. Telle est à-peu-près, mes chers amis, l'explication la plus plausible des effets merveilleux de l'électricité. Mais quelle est précisément la nature de ce fluide ? C'est ce qu'il n'est pas possible encore de bien déterminer. Ce n'est point la matière propre du corps électrisé, puisque ce corps ne perd rien de sa masse, ni de son volume, après la plus forte et la plus longue électrisation. Ce n'est point l'air que nous respirons, puisqu'il ne peut passer aux travers des pores du verre, au lieu que la matière électrique les pénètre sans peine.

Il est vraisemblable qu'on ne doit pas la confondre avec le feu ordinaire que tout le monde connoît. Car le feu ne s'insinue que très-lentement dans la substance des métaux, par exemple; au lieu que la matière électrique pénètre, dans l'espace d'une seconde, un fil de métal de douze mille deux cent soixante et seize pieds de longueur. Le feu ordinaire ne s'échappe que très-lentement des corps dont il s'est emparé; la matière électrique abandonne à l'instant les plus grandes masses qui ne sont pas idioélectriques. Le feu, quelque peu abondant qu'il soit, a la propriété d'échauffer les corps qu'il touche; le fluide électrique ne nous fait éprouver aucun sentiment de chaleur par son contact; et il n'échauffe point les corps qu'il pénètre abondamment. Tout les corps huileux et résineux servent d'aliment au feu d'ordinaire; il les divise, il les décompose, il les pénètre aisément : au contraire, la matière électrique éprouve une très-grande résistance pour se jeter dans

ENTRETIEN V.

les corps de cette espèce ; elle ne les pénètre que difficilement. Enfin, il n'est pas probable non plus qu'on doive la confondre avec la lumière du soleil. La lumière du soleil se propage en lignes droites ; la matière électrique forme des jets, dont les rayons sont divergens, c'est-à-dire, qui s'écartent les uns des autres à l'extrémité la plus éloignée du corps qui les lance. On peut fléchir les rayons électriques, et leur faire décrire des lignes courbes, c'est-à-dire, à-peu-près semblables à la moitié d'un cerceau ; ce qu'on n'a pu faire jusqu'à présent aux rayons du soleil. La lumière du soleil ne pénètre point à travers les corps opaques, mais glissant sur leurs surfaces, elle les échauffe insensiblement : au contraire, l'électricité pénètre sur-le-champ tous les corps qui ne sont point idioélectriques. La lumière du soleil s'insinue rapidement aux travers des corps qui contiennent une grande quantité d'huile, tels que le papier, linge, etc. les huiles opposent une telle résistance à la matière électrique, qu'elle ne peut les pénétrer, ou qu'elle ne les pénètre que très-foiblement. Un diamant qui brille, lorsqu'il est frotté, est électrique ; mais, si on le plonge dans l'eau, il conserve sa lumière, et perd son électricité.

Ces différences ne peuvent donc, jusqu'à un certain point, nous engager à conclure que le fluide électrique est une matière particulière, composée de parties extrêmement tenues et plus pénétrantes que celles des autres matières, avec lesquelles elle paroît avoir le plus d'analogie ; ou plutôt nous devons suspendre notre jugement, jusqu'à ce qu'un plus grand nombre de découvertes et d'expériences nous mettent en état de prononcer avec moins d'incertitude.

Eud. Maintenant, monsieur, qu'est-ce, s'il vous plaît, que la vertu magnétique ?

Er. C'est la propriété qu'a une pierre que l'on appelle *aimant*, d'attirer une autre pierre de la même espèce, ou du fer, soit qu'elle les touche, soit qu'elle en soit à une petite distance.

Cette pierre que l'on trouve dans presque toutes les mines de fer, est ordinairement dure et brune ; il y en a cependant de blanches, de bleues, de noires ; et l'on en voit qui sont tellement tendres, qu'on peut les entamer avec l'ongle.

Cette pierre est un mixte naturellement composé de fer ou de la matière du fer ; de pierre, d'huile et de sel, ou de quelqu'autre substance métallique ; mais la partie lapidifique n'est pas celle qui jouit de cette vertu attractive que l'on remarque dans l'aimant.

L'aimant attire le fer, c'est-à-dire, que ces deux matières se portent l'une vers l'autre, ou tendent à se joindre, et que lorsqu'elles se touchent, on ne peut les séparer sans effort. Faites flotter dans une cuvette pleine d'eau un petit cygne d'émail qui soit creux, ou de toute autre matière légère, et mettez dans le bec du petit animal un bout de fil de fer plié en plusieurs sens, comme une petite aiguille : en présentant l'aimant à la tête du cygne, la petite aiguille de fer sera attirée, et l'animal fera dans la cuvette tout le chemin que vous voudrez, pourvu toutefois que vous reculiez la main à mesure que le cygne approche ; car si le fer et l'animal se joignent, il faudra employer quelque violence pour les séparer.

On augmente beaucoup cette propriété qu'a l'aimant d'attirer le fer, et tous les corps dans lesquels la matière ferrugineuse abonde, lorsqu'on le garnit aux deux bouts de lames de fer. La différence qui se remarque entre l'aimant préparé de cette sorte, et que l'on appelle *armé*, et l'aimant qui est sans armure, est telle, qu'un morceau de pierre capable à peine de soutenir une demi-livre de fer lorsqu'il est nu, peut porter facilement un poids de plus de vingt-sept livres quand il est armé.

Au reste, toutes les pierres d'aimant n'ont point une égale force ; et il n'y a guère que l'expérience qui puisse montrer ce que chaque aimant peut faire. La vertu magnétique agit à travers toutes sortes de matières. Si vous mettez une petite lame de fer en équilibre sur un pivot, au fond d'un vase de verre rempli d'eau ou de toute autre liqueur, l'aimant, ou le fer-aimanté qu'on promène autour du verre, exerce son action sur la petite lame, et vous la voyez tourner d'une manière parallèle à l'aimant, malgré l'interposition du verre et de la liqueur.

L'aimant communique ses propriétés au fer, de sorte qu'une lame de ce métal, étant touchée à plusieurs reprises et du même sens, sur une pierre d'aimant, montre la même vertu, la même force que cette pierre, et produit les mêmes phénomènes.

L'aimant ou le fer aimanté a deux pôles ; l'un dirigé vers le nord, et l'autre vers le sud, et c'est de toutes ses propriétés celle qui nous a été la plus utile jusqu'à présent, puisqu'on lui doit l'invention de la boussole, instrument si nécessaire à la navigation.

La boussole, que l'on appelle aussi *compas de mer*, est ordinairement composée d'un cercle de carton fin, dont la circonférence est divisée en trois cent soixante degrés, et sur laquelle on voit les noms des différens vents, avec ceux des quatre principaux points de la mer : l'Orient, le Couchant, le Sud ou Midi, le Nord ou Septentrion. Ce cercle est suspendu dans une boîte et il porte une aiguille d'acier bien aimantée. Dans quelques pays que l'on soit, l'aiguille tourne une de ces pointes vers le nord, ou à-peu-près. Je dis à-peu-près, car on a remarqué que cette aiguille ne désigne pas toujours le vrai nord ; qu'elle a un peu de déclinaison, tantôt vers l'orient, tantôt vers l'occident, et que cette déclinaison change en divers temps et en divers lieux. Mais on a tellement

ENTRETIEN V.

étudié ces variations, en observant le soleil et les étoiles, qu'au milieu des mers même les plus vastes et les plus inconnues, dans le temps le plus couvert et le plus orageux, on vient à bout de trouver les régions du ciel, par le moyen de la boussole; aussi n'est-ce que depuis qu'on a découvert cet instrument qu'on a entrepris des voyages de long cours, avant on osoit à peine perdre de vue la terre, on cotoyoit timidement les rivages.

Eud. On connoît sans doute la nature de la matière magnétique, et vraisemblablement il ne faut pas la confondre avec l'électricité.

Er. Nous n'avons encore que des probabilités très-vagues sur la nature du magnétisme. On peut croire que c'est un fluide subtil et invisible, qui circule d'un pôle à l'autre, et qui dépend d'une cause universelle, mais ignorée jusqu'à présent: que ce fluide est très-pénétrant, puisqu'il agit au travers de tous les corps; que son mouvement est très-rapide, et sa détermination bien constante, puisque les effets qui en résultent se font en un instant, et que rien n'y peut mettre d'obstacle; enfin, qu'il est toujours présent autour de chaque aimant, en tout temps et en tout lieu, puisque son action se manifeste dans toutes les circonstances.

Au reste, vous avez bien rencontré, ma chère Eudoxie, en pensant qu'il y a de la différence entre le magnétisme, et la vertu électrique, quoique leurs opérations ressemblent quelquefois les unes aux autres.

La vertu électrique est produite par des écoulemens sensibles; il n'y a rien dans la vertu magnétique qui puisse affecter nos sens. Cette dernière demeure constamment la même pendant plusieurs siècles, dans la pierre ou le fer qui en est imprégné; la première, excitée dans un corps idioélectrique, ne persévère pas long-temps dans le même état, et se dissipe peu-à-peu dans un court intervalle. Soit que l'aimant soit imprégné d'humidité ou qu'on le plonge dans l'eau, soit qu'on le frotte avec de l'huile, de suif ou avec toute autre matière quelconque, il attire toujours le fer avec la même force; tandis que la vertu électrique périt, ou cesse de se manifester dans tous ces cas. La vertu magnétique n'agit que sur le fer; mais la vertu électrique exerce son action sur toutes sortes de corps. Enfin la vertu magnétique agit sur les corps qu'on placeroit au milieu des flammes; on n'a jamais observé que l'électricité pût produire le même effet. Mais toutes ces différences nous apprennent ce que le magnétisme n'est pas, sans nous faire connoître ce qu'il est.

Eud. Il faut donc nous borner à ces notions, et nous dire, si vous voulez bien, ce que vous entendez par l'attraction.

Er. C'est une vertu secrète par laquelle les corps s'approchent et s'attirent mutuellement, dans certaines circonstances, pour ne former qu'une seule masse. La plupart des philosophes estiment que c'est une gravitation mutuelle des corps les uns vers les autres, semblable à celle qui chasse les corps vers le centre de la terre.

Quoique la cause de l'attraction nous soit inconnue, nous en voyons cependant une multitute d'effets, et nous pouvons même assurer qu'elle est répandue dans toute la nature. C'est par elle que toutes les parties d'un corps, solide ou liquide, adhèrent les unes aux autres ; c'est par elle que deux surfaces planes, tirées des métaux ou des demi-métaux, tels que l'argent, le cuivre, le similor, le plomb, l'étain, etc. ou deux pierres dont les côtés sont exactement polis, s'attachent et se retiennent mutuellement, lorsqu'on les pose l'une sur l'autre. En un mot, un million d'expériences prouvent que la vertu attractive des corps n'est point une chimère; que les phénomènes que cette vertu cachée produit ne sont point l'effet de la pression de l'air extérieur, comme l'ont prétendu plusieurs physiciens, puisqu'on les opère lors-même que l'on a fait disparoître l'air par le moyen de la machine pneumatique; que cette vertu est différente de l'électricité, puisqu'elle ne se manifeste ni par le souffle, ni par le bruit, ni par les étincelles, ni par l'odeur, et que le mouvement ni la chaleur ne peuvent l'exciter ; enfin, que cette vertu ne doit pas être confondue avec le magnétisme, puisque ce dernier n'appartient qu'à quelques corps : on peut l'affoiblir, et ses effets sont assez palpables ; au lieu que l'attraction appartient à tous les corps; on ne peut ni la détruire, ni la changer, et son opération est moins sensible.

Dans les corps denses, dans ceux qui ont une plus grande surface, dans ceux qui portent avec eux un certain poids; la force attractive est plus grande que dans les corps rares, que dans ceux qui sont petits ou moins pesans.

Plus les corps qui sont propres à s'attirer mutuellement sont éloignés les uns des autres, moins l'attraction a de puissance; et très-souvent même elle est nulle dans ce cas. Moins la distance qui sépare ces corps est grande, plus la vertu attractive agit : elle a toute la force possible dans le contact immédiat des corps.

Non-seulement on voit des corps s'attirer mutuellement; mais on en remarque aussi qui se repoussent et qui se fuient, comme s'il y avoit entr'eux une haine secrète. On appelle cette vertu *répulsion* ou *force répulsive*. On en ignore la cause et les degrés, et c'est encore un secret que la nature ne nous a pas permis de lui dérober. C'est peut-être par cette vertu, que l'eau et les huiles épaisses se repoussent, qu'elles ne se mêlent point, et qu'elles se tiennent toujours séparées, quelque effort qu'on fasse pour les unir.

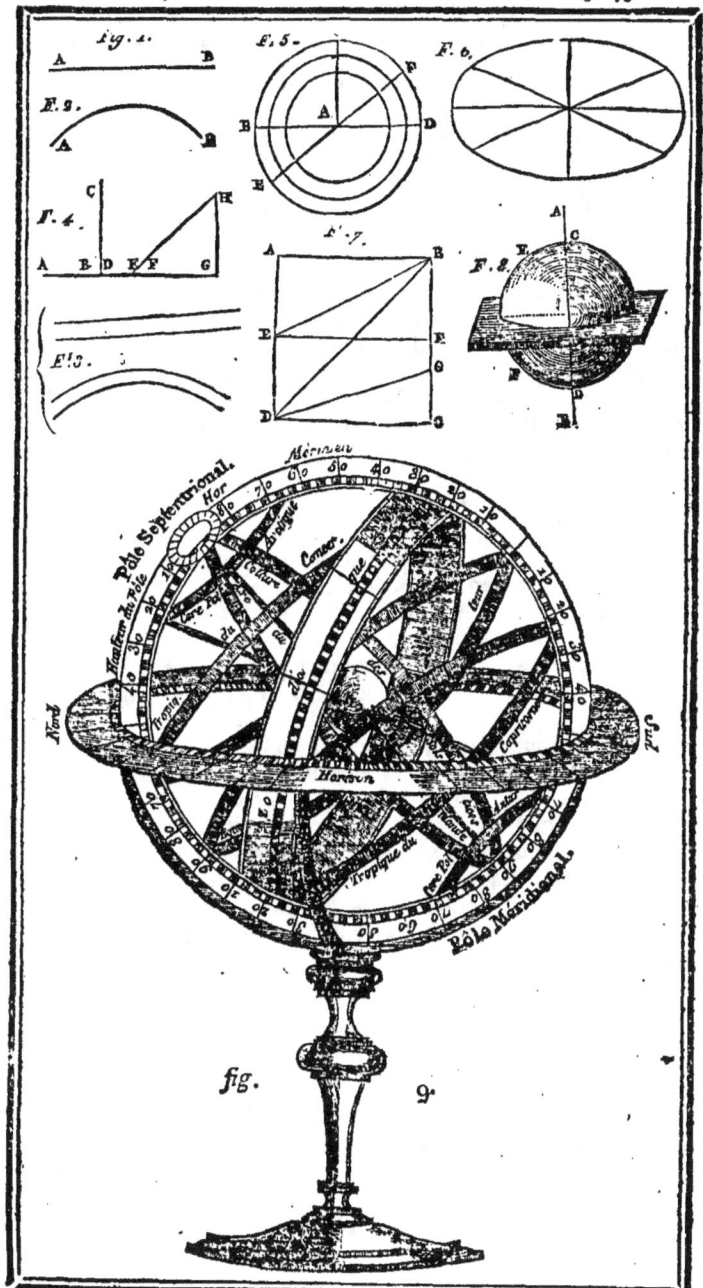

ENTRETIEN VI.

De la Sphère, du mouvement des Astres, et des Phénomènes qui en résultent.

Eraste. Ce que je vous ai dit dans nos deux derniers entretiens, a dû vous donner une idée suffisante des propriétés générales et particulières des corps : maintenant, mes chers amis, nous allons quitter pour un moment la terre, afin de contempler la grandeur majestueuse du firmament, la magnificence et l'harmonie qui règnent dans toutes ses parties ; la variété, les positions, les distances, les mouvemens de tous ces vastes luminaires que Dieu y a placés, pour être comme les prédicateurs de la nature, et qui semblent nous répéter sans cesse : *Nous sommes l'ouvrage de l'Eternel, et nous publions sa gloire.*

Les premiers hommes qui ont observé le ciel, ou, ce qui est la même chose, les premiers astronomes, pour ne point confondre leurs idées, et afin de mettre de l'ordre dans leurs découvertes, sont convenus de distribuer cette surface immense, étendue sur nos têtes, en différentes parties, par des points, des lignes et des cercles, dont la réunion a formé cet instrument qui, parce qu'il est exactement rond, a reçu le nom de *sphère*, qui veut dire boule. Ainsi la sphère est une machine composée de *points*, de *lignes* et de *cercles* imaginaires, dont on s'est servi pour partager la terre, en les appliquant aux lieux qui paroissent répondre aux cercles marqués dans le ciel.

Eudoxie. Je ne comprends pas bien ce que vous voulez désigner par ces mots, *points*, *lignes* et *cercles*.

Eraste. L'étude du globe et de la sphère exige quelques notions géométriques dont ces termes font partie. Je commencerai donc par entrer dans quelques détails à cet égard ; vous me comprendrez facilement j'espère, au moyen des figures qui accompagneront la définition de chaque objet.

1. La *Ligne droite*, est la plus courte entre deux points donnés AB, *planche* 7, *fig.* 1.

2. Une *ligne courbe*, est une ligne continue qui, tirée entre les deux mêmes points, est plus longue que la ligne droite, AB, *fig.* 2.

3. Deux *lignes parallèles* sont deux lignes *droites* ou *courbes*, toujours également éloignées l'un de l'autre, *fig.* 3.

4. Deux lignes qui se rencontrent forment un *angle*, C, *fig.* 4.

5. Si une ligne tombe sur une autre perpendiculairement, elle forme avec elle deux *angles droits*, un de chaque côté, CD, *fig.* 4.

6. Si elle tombe obliquement, elle produit deux angles, un de chaque côté, dont l'un est plus grand, l'autre plus petit que l'angle droit EF, *fig.* 4.

7. L'angle plus petit que l'angle droit, s'appelle *angle aigu*; celui qui est plus grand, s'appelle *angle obtus*, EF, *fig.* 4.

8. Un *cercle* est une ligne courbe engendrée par un point, tournant à égale distance d'un autre point qu'on appelle *centre*; le chemin qu'il parcourt, s'appelle *circonférence*.

9. Une ligne droite tirée du centre à la circonférence du cercle, s'appelle *rayon* AC, *fig.* 5.

10. Une ligne droite passant par le centre d'un cercle, et prolongée de chaque côté jusqu'à la circonférence, s'appelle *diamètre*; elle est double du rayon BD, *fig.* 5.

11. Le diamètre partage la circonférence en deux demi-cercles, *fig.* 5.

12. Des cercles qui ont le même centre, et dont les circonférences sont par conséquent toujours également éloignées les unes des autres dans tous leurs points, sont appelées *parallèles* ou *concentriques*, *fig.* 5.

13. La circonférence de tout cercle se partage en 360 parties égales, qu'on appelle *degré*. Chaque degré a 60 *minutes*, chaque minute a 60 *secondes*. Une nouvelle division partage la circonférence en 400 *degrés*, le degré en 100 minutes, et la minute en 100 secondes. Nous suivrons la première division dans cet ouvrage.

14. On mesure la grandeur d'un angle par le nombre de degrés de la circonférence d'un cercle, compris entre les extrémités de deux lignes tirées du centre à deux points de la circonférence; ce nombre de degrés s'appelle l'*ouverture de l'angle*, dont la pointe est au centre du cercle CD, *fig.* 5.

15. Un angle droit (Art. 5.), a nécessairement 90 degrés, car le diamètre coupant la circonférence en deux demi-cercles (Art. 10.) de 180 degrés, une ligne droite passant par le centre et tombant perpendiculairement sur le diamètre, coupera le demi-cercle en deux quarts de cercles de 90 degrés chacun, (Art. 13.)

16. Si une ligne droite, passant par le centre, tombe obliquement sur le diamètre, elle coupera le demi-cercle en deux parties inégales, dont les arcs seront la mesure des angles qu'elle aura produits, et dont l'un sera aigu et l'autre obtus, (Art. 6.) EF, *fig.* 5.

17. Les deux angles produits à droite et à gauche de la ligne perpendiculaire, sont *deux angles droits*, puisqu'ils comprennent ensemble une demi-circonférence BC—CD, *fig.* 5.

18. Les deux angles à droite et à gauche de la ligne oblique, *équivalent ensemble* à deux angles droits, puisqu'ils comprennent aussi une demi-circonférence ; mais l'un étant plus grand
et

ENTRETIEN VI.

et l'autre plus petit (Art. 6.), l'un est toujours le supplément de l'autre BE—ED, *fig.* 5.

19. L'espace compris entre les lignes courbes ou droites qui circonscrivent la forme d'une figure, sans avoir égard à son épaisseur, s'appelle *surface* ou *aire*.

20. Une figure circonscrite par une ligne courbe, et dont tous les diamètres sont égaux, est un cercle (Art. 8.), *fig.* 5.

21. Une figure circonscrite par une ligne courbe, dont les diamètres sont inégaux, est une *ellipse* ; mais il peut y avoir autant de formes d'ellipses qu'il peut se trouver de différences entre ces diamètres, *fig.* 6.

22. Une figure circonscrite par trois lignes droites est un *triangle*, ainsi nommé, parce qu'il a nécessairement trois angles ; il peut avoir autant de formes qu'il peut y avoir d'inégalités entre les trois lignes FGH, *fig.* 4.

23. Une figure circonscrite par quatre lignes, est un *carré* ABCD, *fig.* 7 ; si les quatre lignes sont égales et se coupent à angles droits, c'est un *rectangle* ABFE, *fig.* 7 ; si deux de ses côtés parallèles (Art. 3.) sont égaux, les deux autres de même, et ses angles droits ; c'est un *quadrilatère* EBGD, *fig.* 7, si ses côtés ou ses angles sont inégaux.

24. Les quatre angles d'un carré sont droits ABCD, *fig.* 7, et ceux d'un quadrilatère toujours équivalens à quatre angles droits EBCD, *fig.* 7.

25. Les trois angles d'un triangle ABD, *fig.* 7, équivalent à deux angles droits, car le triangle peut être considéré comme la *moitié* d'un carré coupé par sa diagonale, et le carré comme le *double* d'un triangle.

26. Une *sphère*, ou *globe*, ou *boule* est un corps solide ou creux, qui a tous les points de sa surface également éloigné de son centre. C'est le produit de la circonférence d'un cercle tournant autour de son diamètre comme axe, *fig.* 8.

27. On appelle *axe*, une ligne qui passe par le centre de la sphère, et se prolonge de chaque côté jusqu'à sa circonférence AB, *fig.* 8.

28. On appelle *pôle* ou *pivot*, chacun des deux points par lesquels l'axe touche la circonférence de la sphère, et sur lesquels elle pourroit tourner si l'axe étoit prolongé par chacune de ses extrémités CD, *fig.* 8.

29. Si l'on suppose un plan passant par le centre d'un globe ou d'une sphère, entre ses deux pôles, il le divise en deux parties égales appelées *hémisphères* EF, *fig.* 8.

Je reprends la description de la *sphère artificielle*, dont ces explications géométriques m'ont un peu écarté ; je crains qu'elles ne vous aient paru longues, mais vous ne tarderez pas à reconnoître leur utilité.

La sphère est composée de dix cercles ; six grands, qui

sont l'*Equateur*, le *Zodiaque*, l'*Horizon*, le *Méridien*, et les *deux Colures*, et quatre petits, qui sont les *deux Tropiques* et les *deux Cercles Polaires*. Les premiers sont appelés *grands*, parce qu'ils coupent la sphère en deux parties égales ; et les autres sont nommés *petits*, parce qu'ils la coupent en parties inégales, *fig.* 9.

L'équateur est un grand cercle qui coupe la sphère en deux parties égales, on le nomme encore *ligne équinoxiale*, parce que quand le soleil se trouve dans ce cercle, il y a *équinoxe*, c'est-à-dire, égalité de jour et de nuits par toute la terre, *même figure* et *pl. 8, fig.* 1. L'équateur est éloigné de quatre-vingt-dix degrés des pôles du monde.

Les pôles du monde sont les deux extrémités d'une ligne que nous supposons passer par le centre de l'équateur et de tous les cercles qui lui sont parallèles, et sur laquelle tous ces cercles et toute la machine du monde paroissent tourner, comme une roue sur son essieu. Cette ligne s'appelle : *axe* : telle est cette verge de fer, qui dans la sphère que vous voyez, *pl. 7, fig.* 9, soutient le globe terrestre ; seulement, il faut vous imaginer qu'elle est continuée depuis un bout de la sphère jusqu'à l'autre. Les deux points qui la terminent sont appelés *pôles*, mot grec qui signifie tourner. Celui de ces deux points qui est dans la partie du ciel que nous voyons, se nomme *pôle Septentrional*, ou *pôle Arctique*, parce qu'il a dans son voisinage une constellation, c'est-à-dire, un amas d'étoiles, appelé *Arctos*, ou la *grande Ourse;* et celui qui est dans la partie du ciel que la terre dérobe à nos yeux, s'appelle *pôle Méridional*, parce qu'il est au midi, ou *pôle Antarctique*, c'est-à-dire, opposé à l'Ourse, *même figure*.

Ce cercle qui est bien plus large que les autres, s'appelle *Zodiaque*. Vous voyez que l'équateur le divise en deux parties égales, l'une septentrionale, l'autre méridionale. Il a seize degrés de largeur, huit au septentrion, huit au midi, pour pouvoir renfermer dans cet espace le cours des planètes qui n'en sortent jamais. Les douze signes ou constellations que le soleil paroît décrire tous les ans, sont contenus dans ce cercle, qui n'a reçu le nom de *Zodiaque*, dérivé d'un mot grec qui signifie *animal*, que parce que tous ces signes portent des noms d'animaux. Vous remarquez de plus au milieu du Zodiaque une ligne qui divise sa largeur en deux parties : c'est ce qu'on appelle l'*Ecliptique*, parce que le soleil ne paroissant jamais hors de cette ligne, ce n'est que là que peuvent se faire les éclipses., *même figure*.

Cet autre cercle, remarquable aussi par sa largeur, s'appelle *Horizon*, nom qui vient d'un mot grec qui signifie borner, parce qu'en effet l'horizon borne la vue. Vous voyez que ce cercle divise la sphère en deux parties égales, qu'on nomme

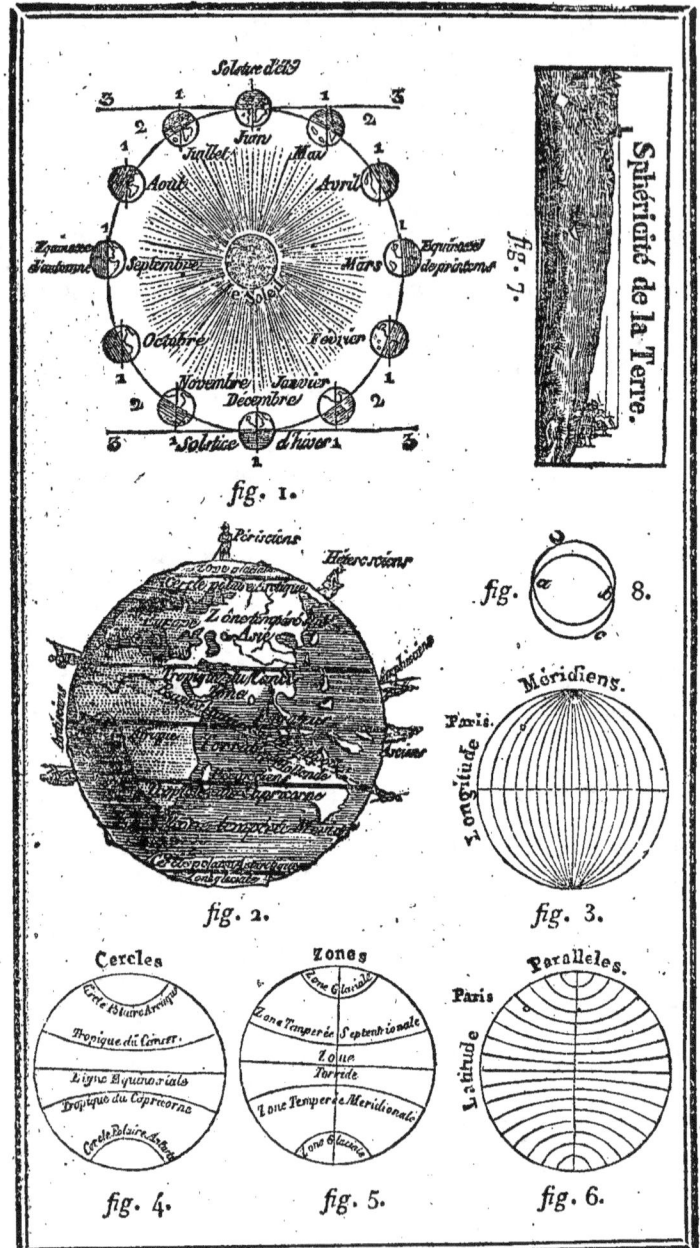

hémisphères, ou moitié de sphère, dont l'une est appelée *supérieure* ou *visible*, et l'autre *inférieure* ou *invisible*. L'horizon est différent, selon les différens points de la terre où l'on peut se trouver. Il a pour pôles deux points, l'un au-dessus de notre tête, appelé *Vertical* ou *Zénith*, l'autre directement opposé, que l'on nomme *Nadir*.

Il y a deux sortes d'horizons ; l'un rationel ou intelligible : c'est un grand cercle qu'on ne peut concevoir par l'entendement, et qui a le même centre que la terre ; l'autre visuel ou sensible : c'est celui qui termine notre vue lorsque dans une vaste campagne, nous portons nos regards autour de nous, jusqu'à l'extrémité où la terre semble finir, et le ciel commencer.

On dit que la *sphère est droite*, quand on place l'équateur et l'horizon rationel de manière que le premier de ces cercles est perpendiculaire à l'autre. Les peuples pour qui la sphère est droite, ont leur zénith dans l'équateur céleste ; le soleil les éclaire toute l'année durant douze heures ; ils aperçoivent successivement toutes les étoiles du ciel, et voient les deux pôles du monde à leur horizon.

On dit que la *sphère est parallèle*, quand l'équateur est parallèle à l'horizon. Les peuples pour qui la sphère est parallèle, ont leur zénith dans l'un des deux pôles célestes ; ils jouissent durant six mois de la lumière du soleil, et en sont privés durant six autres mois : ils n'aperçoivent jamais que les étoiles qui se trouvent entre l'équateur et le pôle, qu'ils habitent ; et ils les voient tourner, comme le soleil et la lune, parallèlement à l'horizon, dans l'espace de vingt-quatre heures.

Enfin, on dit que la *sphère est oblique*, lorsque l'équateur coupe obliquement l'horizon. Tous les peuples de la terre, excepté ceux qui habitent sous l'équateur et sous les pôles, ont la sphère oblique. Ils voient le soleil tantôt plus, tantôt moins de douze heures, à moins que cet astre ne soit au point des équinoxes, car alors leurs jours sont égaux à leurs nuits, *pl.* 8, *figure* 1.

Le contraste des saisons dans les deux hémisphères, a fait donner aux peuples qui les habitent des noms particuliers. On appelle *Périsciens*, ceux qui habitent les zones froides. *Hétérosciens*, ceux qui habitent les zones tempérées ; *Amphisciens*, ceux qui habitent la zone torride ; *Asciens*, qui veut dire sans ombre, indique les habitans des zones torrides, qui ayant quelque temps le soleil perpendiculairement sur leurs têtes, sont alors sans ombre ; les *Antisciens*, habitent de différens côtés de l'équateur ; leurs ombres ont à midi des directions contraires, *fig.* 2.

EUGÈNE. Mais comment marcher autour d'une boule, puisque la terre n'est dans le fait autre chose ; cela se conçoit difficilement. N'y a-t-il pas plusieurs points où l'on a la tête en bas, ou ce qui est la même chose, n'a-t-on pas des peuples sous ses pieds ?

Eraste. Oui, il y a des peuples qui se trouvent dans une direction contraire à la nôtre, qui ont leurs pieds sous les nôtres et on les nomme *antipodes*, mais ils ne sont point sous terre comme vous l'entendez; car la terre est un globe, et un globe n'a pas lui-même ni dessus ni dessous; ils n'ont pas la tête en bas, car avoir la tête en bas, c'est l'avoir plus proche de la terre que les pieds : on ne peut craindre qu'ils tombent, puisque tomber c'est s'approcher de la terre. Les peuples *antipodes* ont les jours, les mois, les heures, les saisons absolument opposés aux nôtres. Quand nous avons le matin, ils ont le soir; quand nous avons l'été, ils ont l'hiver, ainsi de suite, *même figure*. Je vais continuer à vous parler des cercles de la sphère, *même figure*.

Ce grand cercle qui passe par les deux pôles et qui partage la sphère en *hémisphère oriental* et en *hémisphère occidental*, ce qui forme les mappemondes ordinaires, s'appelle *Méridien*, parce qu'il est midi, lorsque le soleil est parvenu à ce cercle, *pl.* 7, *fig.* 9. Un homme qui iroit d'un pôle à l'autre par une ligne droite, ne changeroit pas de méridien; au lieu qu'il en changeroit à chaque pas, s'il alloit par une ligne droite d'orient en occident, ou d'occident en orient. On peut donc imaginer autant de méridiens qu'il y a de points dans le ciel, à prendre ces points d'orient en occident ; et tous ces méridiens seront de grands cercles passant par le point du ciel qui répond sur notre tête, et par les deux pôles de la machine céleste, *pl.* 8, *fig.* 3.

Les deux *colures* sont deux grands cercles qui passent par les deux pôles, et qui s'y coupent. L'un deux coupe aussi l'équateur aux deux points où il est déjà coupé par l'écliptique, et se sont les points des équinoxes ; aussi le nomme-t-on *colure des équinoxes* : l'autre passe par les deux points de l'écliptique les plus éloignés de l'équateur, qui sont les points de solstices ; et c'est pour cette raison qu'on appelle *colure des solstices*. Ces deux cercles ne doivent pas vous embarrasser, puisque ce sont deux véritables méridiens, qui ne sont introduits dans la sphère que pour plus de commodité, *pl.* 7, *fig.* 9.

Eug. Vous venez de faire mention des solstices, je vous assure que j'ignore ce que c'est.

Er. On a observé que le soleil, pendant six mois, paroît s'élever de plus en plus dans le ciel, et descendre de plus en plus pendant six autres mois. Mais on a remarqué en même temps qu'il y a un point au-delà duquel il ne descend plus, et un point au-delà duquel il ne monte plus. On a donné à ces deux points le nom de *solstices*, parce que, quand cet astre y est parvenu, il paroît s'y arrêter durant quelques jours, *sol stare videtur*, *pl.* 8, *fig.* 1, Le mouvement annuel du soleil est compris entre ces deux points. Pour les indiquer sur la sphère, on a imaginé deux petits cercles que l'on a appelés *tropiques*, d'un mot grec qui signifie tourner, et qui indique la marche apparente du soleil. Le premier de ces cercles, qui est vers le septentrion, se nomme *Tropique du Cancer*, à cause de la constellation ainsi appelée ; le soleil paroît le décrire le 21 Juin, et alors nous avons l'été : l'autre, qui est vers le midi, et qui passe par la constellation du Capricorne, porte le nom de *Tropique du Capricorne* ; le soleil semble y arriver le 22 décembre, et alors nous avons l'hiver, *pl.* 8, *fig.* 4.

Les autres petits cercles qui sont au-dessus de ces derniers, sont appelés polaires, *même figure*, parce qu'ils sont très-voisins des pôles du monde. Celui qui est au septentrion, se nomme *cercle polaire arctique*, et celui qui est au midi, s'appelle *cercle polaire antarctique*.

Les quatre petits cercles servent particulièrement à partager toute la surface du ciel en cinq portions, ou bandes circulaires parallèles à l'équateur, et que l'on a nommés *zones*, mot grec qui signifie *ceintures*. On distingue chacune de ces zones par des épithètes qui leur viennent de ce que l'action du soleil se fait plus ou moins sentir dans les pays qui sont situés au-dessous d'elle. Ainsi l'on appelle *zone torride*, celle qui est brûlée par la chaleur du soleil ; cet astre la traverse deux fois par an. Elle est comprise entre les deux tropiques, et contient quarante-sept degrés, qui sont coupés en deux parties égales par l'équateur, vingt-trois et demi au septentrion, et autant au midi.

L'espace compris entre chaque tropique et les cercles polaires, s'appelle *zone tempérée*, parce que l'action du soleil y est moins vive. Il y en a deux, l'une dans la partie septentrionale, l'autre dans la partie méridionale du globe, et chacune a quarante-trois degrés.

Enfin, l'espace compris entre les cercles polaires et les pôles, se nomme *zone froide* ou *glaciale*, à cause du froid excessif qu'il fait en ces contrées. Il y en a deux aussi, parce qu'il y a deux pôles et deux cercles polaires : l'une est septentrionale, et l'autre méridionale, et chacune est de vingt-trois degrés et demi, *fig.* 5.

On nomme climat un espace de terre compris entre deux cercles parallèles à l'équateur. Les climats se partagent en climats d'heures et en climats de mois. Un climat d'heure est celui dont le jour est plus long d'une demi-heure en sa fin qu'en son commencement. Le climat de mois est celui dont le plus grand jour est plus long d'un mois en sa fin que dans son commencement, *fig.* 6.

Remarquez aussi sur la sphère une *rosette*, *pl.* 7, *fig.* 9, qui est un cadran divisé en 24 heures ; il sert à résoudre différens problèmes. Un peu au-dessous on voit le soleil et la lune portés sur deux bras, qui tournent l'un autour du pôle de l'écliptique, et l'autre autour d'un point qui en diffère de cinq degrés.

Vous concevez, mes chers enfans, que par le moyen de ces divisions, il est bien plus aisé de contempler l'immensité des cieux, et de suivre les révolutions de ces vastes corps qui y sont répandus avec tant de profusion, et que nous désignons tous par le nom d'*astres*, à cause de l'éclat qu'ils répandent. Il seroit trop long, et même inutile, de vous détailler les divers systèmes que l'on a imaginés en différens temps, pour expliquer l'ordre et la structure des cieux ; je me contenterai de vous dire un mot des hypothèses de Ptolomée et de Copernic.

Ptolomée, qui florissoit en Egypte, vers l'an 138 de Jésus-Christ, prenant toutes les apparences pour des réalités, prétendoit que la terre étoit immobile au centre de l'univers, et qu'elle voyoit circuler autour d'elle en vingt-quatre heures, d'orient en occident, le soleil, tous les astres et tous les cieux. Cette opinion parut si plausible, qu'elle fut embrassée et soutenue, durant plus de douze siècles, par tous les astronomes : tant il est difficile d'abandonner l'erreur dès qu'une fois on s'est déclaré pour elle ! Cependant il ne falloit qu'une observation bien simple pour détruire cette longue illusion, pour démontrer la mobilité et le mouvement de la terre, pour renverser, par conséquent, les chimériques idées du philosophe Egyptien.

Eudoxie. Pour moi, monsieur, je ne vois pas comment on peut prouver que Ptolomée a tort, et si l'on s'en rapporte au jugement de mes yeux, assurément sa cause est gagnée et son système triomphe.

Eraste. Mais, ma chère Eudoxie, vos yeux vous trompent. Quand on voyage sur l'eau, d'occident en orient, et qu'on fixe les yeux sur les bords de la rivière, ne diroit-on pas que le rivage s'avance d'orient en occident, tandis que c'est le bateau qui chemine en sens contraire avec tout ce qu'il porte ? Le mouvement que nous croyons remarquer dans les cieux, n'est pas plus réel que celui du rivage : c'est notre bateau qui s'avance ; c'est le lieu que nous habitons sur la terre qui, nous transportant avec lui circulairement d'occident en orient, nous fait apercevoir, dans un sens contraire, tout ce qu'il y a de visible à la voûte céleste.

Copernic, mathématicien fameux, né à Thorn, dans la Prusse royale, s'aperçut de la foiblesse du système de Ptolomée, et en chercha un autre au commencement du seizième siècle. Il plaça le soleil au centre du monde, et fit circuler la terre autour de cet astre. Au lieu de dire, comme Ptolomée, que tous les cieux, que tous les corps qui les illumi-

Planche 9. Page 87

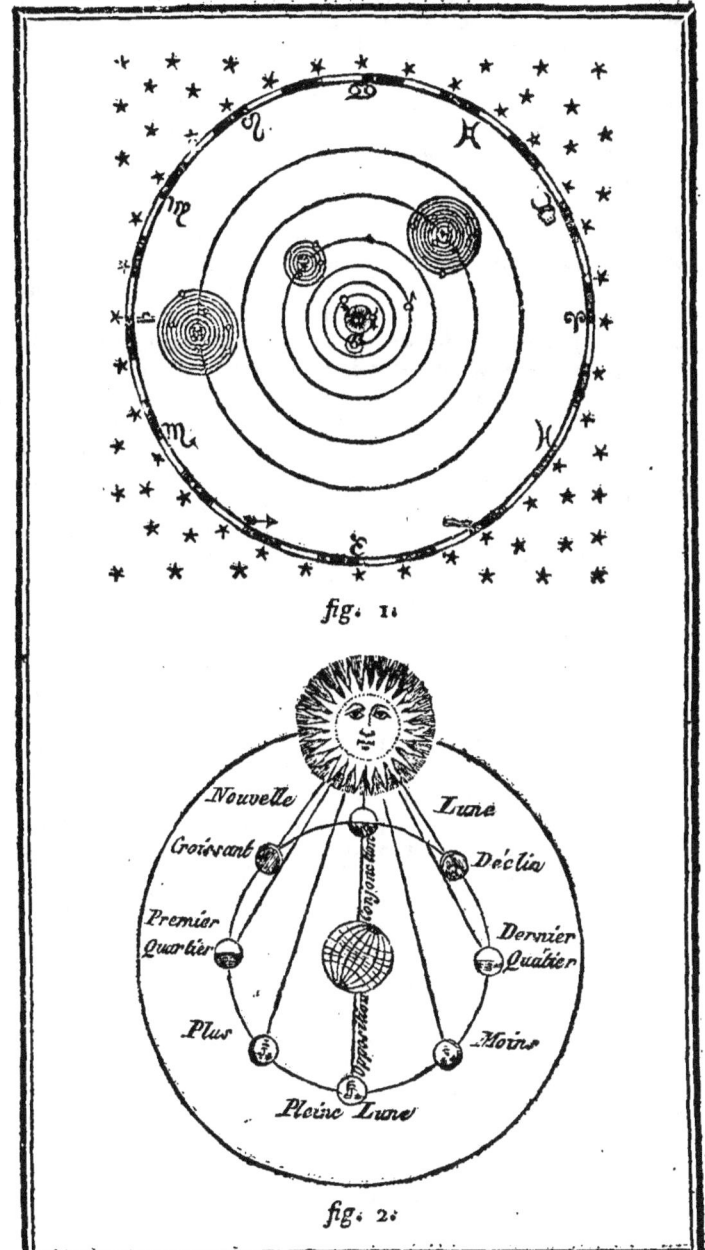

fig. 1.

fig. 2.

nent, cheminoient en vingt-quatre heures, d'orient en occident autour de notre globe, il supposa que c'étoit la terre qui tournoit ainsi sur son axe, et que de ce dernier mouvement, qu'il appeloit *diurne*, résultoient les jours et les nuits, *pl.* 8, *fig.* 1, comme les diverses saisons naissoient du premier, auquel il donnoit le nom d'*annuel*. Cette nouvelle hypothèse frappa tous les esprits, et à peine eut-elle vu le jour, qu'elle fut adoptée avec ardeur : *Kepler*, astronome Allemand; *Galilée*, philosophe Italien, le célèbre Newton, et une foule d'autres grands hommes la développèrent, la perfectionnèrent, la portèrent au dernier point d'évidence ; en sorte que c'est aujourd'hui la seule qu'on puisse raisonnablement soutenir, la seule par laquelle on puisse expliquer d'une manière satisfaisante, les phénomènes célestes ; on prouve par ce système, non-seulement le mouvement de la terre autour du soleil, mais encore que la lune tourne autour de la terre dans un orbite, qui est emportée avec la terre dans son mouvement annuel autour du soleil ; que les autres astres errans que nous appelons *planètes*, et qui font partie de notre système solaire, tournent de même avec leurs satellites en plus ou moins de temps autour du soleil, et que le tout est terminé par le ciel des étoiles fixes, *pl.* 9, *fig.* 1. Les marques qu'on a jointes au cours des planètes, sont les signes qui servent à les représenter ; nous les rappelerons et les expliquerons bientôt en parlant de leur mouvement de révolution autour du soleil. Ce système sera donc le seul que je suivrai dans ces foibles notions, quoiqu'en vous parlant de la sphère, je me sois rapproché, pour plus de commodité, de l'hypothèse de Ptolomée, en consultant un peu les apparences, et en laissant, comme lui, le globe terrestre au centre de la machine du monde.

Tous les astres ne sont pas de la même espèce. Les uns, fixes et immobiles, ou du moins paroissant garder constamment la même position les uns à l'égard des autres, brillent de leurs propres feux, et communiquent leur éclat à tout ce qui les environne : on les appelle *étoiles fixes*. Les autres sont des corps opaques, des masses de ténèbres, comme cette terre que nous foulons aux pieds, et ne jouissent que d'une lumière qui n'est point à eux ; ils errent dans les régions célestes et changent continuellement de position entr'eux.

Nous ne connoissons ni la nature, ni la distance, ni le juste nombre des étoiles fixes : tout ce que nous pouvons dire, c'est que chacune d'elles est un soleil, et qu'il y a lieu de croire qu'elles ne sont pas d'un moindre volume que celui qui nous éclaire. On prétend qu'un boulet de canon qui tomberoit de l'étoile qui semble la moins éloignée de nous, emploieroit plus de six cent mille ans à se précipiter dans notre soleil. Or un boulet de canon parcourt cent toises ou six cents pieds en une seconde ; et supposé qu'il conservât toujours la même vitesse avec laquelle il fait les cent premières toises au sortir du canon, il feroit en une heure cent quatre-vingts lieues. Il parcourroit donc, en six cents mille ans, pour arriver de l'étoile au soleil, un intervalle de plus de neuf cent quarante-six milliards quatre-vingt millions de lieues de deux mille toises chacune. Mais cette supposition, quelque énorme qu'elle paroisse, est encore beaucoup au-dessous de la réalité, et ne peut nous donner qu'une bien foible idée du prodigieux espace que le Créateur a mis entre l'atôme que nous habitons, et tous ces globes de lumière.

Toutes les étoiles ne nous paroissent point également grosses, et cette différence peut venir de leurs différens degrés d'éloignement : il est possible aussi qu'elles diffèrent réellement de grandeur entr'elles ; mais c'est encore ce que nous ne savons pas, et ce que peut-être nous ignorerons toujours.

L'éclat plus ou moins vif que nous remarquons dans les étoiles, les a fait distribuer en six classes. Les plus brillantes, celles que nous apercevons le mieux à la vue simple, s'appellent *étoiles de la première grandeur*. Celles dont la lumière paroît avoir un degré de moins, se nomment *étoiles de la seconde grandeur* ; et ainsi des autres progressivement. Celles qu'on ne peut entrevoir que par le moyen de ces lunettes qu'on appelle *télescopes*, et qui grossissent et rapprochent singulièrement les objets, composent une septième classe, à laquelle on donne le nom d'*étoiles télescopiques*.

S'il n'y avoit qu'un petit nombre d'étoiles, on auroit pu les distinguer toutes par des noms propres ; mais leur multitude étant infinie, il a fallu les partager en plusieurs grouppes ou assemblage, que l'on appelle *constellations*, et à qui l'on attribue les noms et figures des différens personnages célèbres, et même de plusieurs animaux, instrumens ou machines que la Fable avoit transportés au ciel. Il y en a trente-cinq au septentrion, douze au milieu, c'est-à-dire, depuis un tropique jusqu'à l'autre, et trente-quatre au midi.

Les douze constellations du milieu sont les seules qui nous intéressent. Elles entourent l'écliptique et remplissent cette zone du ciel, que l'on nomme Zodiaque. On les appelle ordinairement les *douze signes*, ou les *douze maisons du soleil*, parce que cet astre semble répondre à chacune d'elles durant chaque mois de l'année. Voici leurs noms, avec les marques par lesquelles on les désigne souvent, et les noms auxquels elles ont rapport.

1.º Le *Bélier* ♈, Mars ; 2.º le *Taureau* ♉, Avril ; 3.º les *Gémeaux* ♊, Mai ; 4.º l'*Ecrevisse* ♋, Juin ; 5.º le *Lion* ♌, Juillet ; 6.º la *Vierge* ♍, Août ; 7.º la *Balance* ♎, Septembre ; 8.º le *Scorpion* ♏, Octobre ; 9.º le *Sagittaire* ♐,

Novembre ; 10.° le *Capricorne* ♑ , Décembre ; 11.° le *Verseau* ♒ , Janvier ; 12.° les *Poissons* ♓ , Février , *pl.* 9, *fig.* 1.

Outre toutes ces constellations , on découvre encore au ciel certaines petites taches blanchâtres, qu'on appelle *étoiles nébuleuses* , et une grande tache de lumière , qui s'étend presque du midi au septentrion , à laquelle on a donné le nom de *voie lactée.* On a cru long-temps que c'étoient des amas d'étoiles trop petites et trop nombreuses pour être aperçues chacune en particulier ; mais , par des observations plus récentes on prétend avoir découvert que l'on étoit dans l'erreur à cet égard, sans toutefois nous instruire de la véritable nature de ces traces lumineuses.

Les planètes , le soleil et notre terre , qui ne sont que comme un point au milieu de tant de vastes corps , n'occupent, en comparaison , qu'une très-petite partie des cieux ; et c'est ce que nous appelons *notre Univers.*

On distingue les planètes en *principales* et en *secondaires* , et presque toutes nous paroissent aussi éloignées que les étoiles ; de là l'erreur qui nous les fait confondre avec elles , quand on ne nous a pas appris à les discerner. Pour ne s'y point tromper , il faut observer qu'une étoile brille par élancement , ce qu'on appelle *mouvement de scintillation ;* au lieu que la lumière d'une planète est plus uniforme et plus tranquille.

Les planètes principales , qui diffèrent entr'elles et par la place qu'elles occupent dans les cieux , et par leur volume , et par la durée de leurs mouvemens , sont au nombre de onze , savoir ; *Mercure* ☿ , *Vénus* ♀ , la *Terre* ♁ , *Mars* ♂ , *Jupiter* ♃ , *Saturne* ♄ , *Uranus* * ou *Herschel* ♅ , *Cérès* ou *Piazzi* ⚳ , *Pallas* ou *Olbers* ⚴ , *Junon* et *Vesta* V.

Les planètes secondaires que l'on appelle encore *Satellites* ou *Lunes*, sont au nombre de dix ; une qui appartient à la terre , et qui porte spécialement le nom de *Lune ;* quatre qui accompagnent Jupiter , et cinq qui environnent Saturne. *Voyez fig.* 1 , *pl.* 9, où elles sont indiquées par de petits points blancs , placés sur des cercles qui marquent leur révolution autour de leur planète.

Les planètes du premier ordre , placées à différentes distances , circulent toutes d'occident en orient autour du soleil, dans des temps réglés et proportionnés aux degrés d'éloignement où elles sont de cet astre , et les planètes de la seconde

---

* Cette planète fut découverte à Londres en 1781 , par Herschel ; Piazzi découvrit Cérès à Naples , le premier janvier 1801 ; Olbers découvrit Pallas à Bremen , le 28 mars 1802 , et Vesta en mars 1807. En novembre 1804 , M. Harding découvrit à l'observatoire de Lilienthal une nouvelle étoile mobile dans le signe des *Poissons* , à laquelle il donna le nom de Junon.

classe ont le même mouvement autour de la planète principale qu'elles accompagnent : c'est ce qu'on appelle *révolution périodique*.

Mercure fait cette révolution en trois mois ; Vénus en met près de huit pour la sienne ; la durée de celle de la Terre est ce que nous appelons l'année ; Mars achève la sienne en deux ans, Jupiter en douze ; Saturne en trente, Herschel en 84, Cérès en 4 ans 7 mois, et Pallas en 4 ans 8 mois. La révolution de Junon et sa distance au Soleil, sont à-peu-près les mêmes que pour Cérès, Pallas et Vesta.

La révolution de la lune autour de la terre, se fait en vingt-sept jours et un tiers à-peu-près ; c'est ce que l'on nomme *mois lunaire*. Le premier satellite de Jupiter, c'est-à-dire, celui qui se trouve le plus près de cette planète, fait sa révolution en un jour et dix-huit heures ; le second, en trois jours et treize heures ; le troisième, en sept jours et près de quatre heures, et le quatrième, en seize jours et seize heures et demie.

La révolution du premier satellite de Saturne autour de sa planète, est d'un jour vingt et une heures un quart ; celle du second, de deux jours dix-sept heures trois quarts ; celle du troisième, de quatre jours treize heures trois quarts ; celle du quatrième, de quinze jours vingt-deux heures trois quarts ; celle du cinquième, de soixante-dix-neuf jours et huit heures ; celle du sixième, d'un jour huit heures cinquante-trois minutes ; enfin celle du septième est de vingt-deux heures trente-sept minutes. Outre ces sept satellites, Saturne a encore un anneau ou cercle lumineux, qui l'entoure sans le toucher, et dont on ignore la nature et les usages. La planète de Herschel, découverte en 1781, a aussi deux satellites, la révolution synodique du premier est de huit jours 17 heures 1 minute 19 secondes ; et sa distance de 33 secondes ; la révolution du second, est de 13 jours 11 heures 5 minutes 1 seconde, et sa distance de 44 secondes.

Puisque chaque planète a sa marche particulière, et que les unes mettent plus de temps que les autres à faire leurs révolutions, vous devez comprendre que tous ces astres changent continuellement de positions respectives : tels qui se trouvent aujourd'hui sur la même ligne avec le soleil, figureront tout autrement avec lui dans une autre temps ; d'autres qui répondent ensemble à la même constellation dans le ciel, en auront ensuite trois ou quatre entr'eux ; ce sont ces différentes positions des planètes que l'on appelle *aspects*, et qu'on distingue par des noms propres.

Quand deux planètes répondent au même point du Zodiaque, cet aspect s'appelle *conjonction*.

Quand elles sont opposées l'une à l'autre de la moitié du Zodiaque ou de six signes, cela s'appelle *opposition*.

ENTRETIEN VI.

Et lorsqu'elles répondent à différens points du Zodiaque, qui comprennent entr'eux, deux, trois, quatre signes, etc. on fait connoître leur aspect, par le mot *opposition*, en ajoutant le nombre des signes du Zodiaque, qui sont interceptés entre les deux lieux du ciel auxquels elles répondent.

Quand une planète paroît s'avancer selon l'ordre des signes, toujours d'occident en orient, on dit qu'elle est *directe*; quand elle paroît aller dans le sens contraire, on dit qu'elle est *rétrograde*; quand elle semble séjourner vers le même point du ciel, on dit qu'elle est *stationnaire*. Toutes ces irrégularités que l'on croit remarquer dans la marche de chaque planète, ne sont que des apparences qui viennent de ce que la terre, d'où nous les observons, n'est pas fixe, et de ce qu'elle n'est point au centre de la révolution que fait la planète.

Les planètes sont placées à différentes distances du Soleil. La plus voisine de cet astre est Mercure ; les autres en sont plus éloignées suivant cet ordre : Vénus, la Terre avec la Lune ; Mars, Cérès, Pallas, Jupiter avec ses satellites ; Saturne avec les siens et son anneau, et Herschel. De-là vient la distribution qu'on en a fait, par rapport à la terre, en *planètes supérieures*, et *planètes inférieures*. On donne le premier nom à celles qui sont au-dessus de notre globe, savoir ; Herschel, la plus éloignée de toutes; Saturne, Jupiter, Mars ; et le second, à celles qui sont entre la Terre et le Soleil, savoir ; Cérès, Pallas, Vénus et Mercure.

Il en est des planètes du second ordre, comme de celles du premier ; chacune est placée à une distance plus ou moins grande de la planète principale autour de laquelle elle circule.

Chaque planète de la première ou de la seconde classe, en faisant sa révolution autour de son astre central, décrit une espèce de cercle que l'on appelle *Orbite*. Mais comme l'astre n'est pas précisément au centre de cette orbite, il s'ensuit que la distance de la planète à son astre n'est pas toujours la même ; qu'elle est tantôt plus petite, et tantôt plus grande, dans le cours d'une même révolution.

Le point de l'orbite où une planète principale se trouve le plus loin qu'elle puisse être du soleil, s'appelle *Aphélie*, mot grec qui signifie éloignement du soleil : et celui où elle est le plus près, se nomme *Périhélie*, mot grec encore qui veut dire voisinage du Soleil. Les deux points de l'orbite, qui sont justes au milieu de l'aphélie et du périhélie, s'appellent *distance moyenne*.

La distance est une chose commune aux deux termes qu'elle sépare : ainsi, quand la terre, par exemple, est dans son aphélie, le soleil est le plus loin d'elle qu'il puisse être, et c'est ce qu'on appelle l'*apogée* de cet astre ; quand elle est dans son périhélie, le soleil est le plus près d'elle qu'elle puisse être, et c'est ce que l'on nomme le *périgée* du soleil.

Dans son aphélie, *Mercure* est éloigné du soleil de 14,722,642 lieues, et de 9,678,482 lieues dans son périhélie. L'aphélie de *Vénus* est de 22,950,928 lieues; et son périhélie, de 22,635,668 lieues. L'aphélie de la *Terre* est de 32,051,942 lieues, et son périhélie, de 30,990,058 lieues. L'aphélie de *Mars* est de 62,488,790 lieues, et son périhélie, de 43,600,458 lieues. L'aphélie de *Jupiter* est de 171,816,700 lieues, et son périhélie, de 156,053,700 lieues. L'aphélie de *Saturne* est de 317,939,610 lieues, et son périhélie, de 223,450,166 lieues. L'aphélie de *Herschel*, est de 659,100,760 lieues; celle de *Cérès*, de 95,028,000 lieues; et enfin celle de *Pallas*, de 95,890,000 lieues. L'aphélie de *Junon* et de *Vesta* sont encore inconnus.

Une planète ne se meut pas toujours avec la même vitesse dans toutes les parties de son orbite; plus elle se trouve près de l'astre autour duquel elle chemine, plus son mouvement est rapide; et au contraire, on remarque qu'elle ralentit sa marche, à mesure qu'elle s'en éloigne davantage. La terre, par exemple, est plus long-temps à atteindre et à quitter son aphélie, qu'elle ne l'est à se rendre au point opposé, et à remonter vers l'autre; et comme l'aphélie de la Terre répond aux signes méridionaux, le soleil qui paroît toujours dans un point opposé, doit séjourner plus long-temps dans les signes septentrionaux, que dans les signes méridionaux, et c'est, en effet, ce qui arrive.

Outre la révolution que chaque planète du premier ou du second ordre fait autour de son astre central, il est à présumer que toutes ont encore un mouvement de rotation sur leurs axes d'occident en orient, ce qui fait qu'elles ont, comme la terre, toutes les parties de leurs surfaces successivement exposées à l'action du soleil, *pl.* 8, *fig.* 1. La plupart ont des taches qui ont donné lieu d'observer ce mouvement, et d'en déterminer la durée. Celui de Vénus est de vingt-trois jours huit heures; celui de la Terre, de vingt-quatre heures; celui de Mars, de près de vingt-cinq; et celui de Jupiter, de près de dix heures. Mercure, parce qu'il est très-près du soleil, est si fort illuminé, et Saturne, à cause de son grand éloignement, l'est si peu, que leurs taches, s'ils en ont, échappent aux observateurs, ou ne se montrent point assez pour les mettre en état de vérifier leur mouvement de rotation; mais on peut conclure, par analogie, qu'ils en ont un.

Toutes les planètes sont des corps sphériques comme la terre; et pour s'en convaincre, il suffit de considérer que les différentes parties de leurs surfaces ne reçoivent que successivement la lumière du soleil; car si elles étoient planes, tous les points de ses surfaces recevroient en même temps les rayons de l'astre qui les éclaire, comme une chandelle allumée

ENTRETIEN VI.

qu'on élève au bord d'une table, devient visible aussitôt d'un bout à l'autre. La sphéricité de la terre vous paroîtra bien démontrée par les faits suivans : 1.º Si l'on est sur le bord de la mer sa sphéricité s'aperçoit à l'œil. 2.º Si un vaisseau quitte le rivage, le corps du bâtiment disparoît le premier, puis la partie inférieure des mats, puis leur sommet. 3.º Les voyageurs qui ont fait le tour du monde sont revenus par un point opposé, *fig. 7.* Observez cependant que la sphéricité des planètes n'est point parfaite, puisque ce sont des globes un peu applatis vers leurs pôles. Cette figure s'appelle *sphéroïde*.

Si l'on étoit placé au centre de notre univers, à l'endroit même qu'occupe le soleil, pour observer les planètes, on les verroit toujours comme des disques lumineux et bien arrondis, parce qu'on découvriroit tout l'hémisphère illuminé de chacune d'elles, comme nous voyons la pleine lune; mais si nous supposons le spectateur placé sur la terre, il pourra arriver que les hémisphères éclairés par le soleil, ne soient pas entièrement tournés vers lui ; et alors, n'en apercevant qu'une partie, il verra la planète sous la figure d'un croissant, ou d'un quartier de lune. Ces différentes figures sous lesquelles nous apercevons les planètes, s'appellent *phases* ou *apparitions*.

Ces phases des planètes prouvent bien qu'elles sont toutes des corps opaques, incapables d'éclairer par eux-mêmes, et qui ne nous renvoient que la lumière qu'ils reçoivent du soleil ; mais rien ne le démontre mieux que leurs *éclipses*, c'est-à-dire, cette obscurité passagère dans laquelle elles tombent, toutes les fois que quelque corps leur intercepte les rayons de l'astre qui leur prête son éclat. Quant à la nature de ces planètes, les montagnes et les vallées profondes qu'on croit observer dans la lune, semblent nous dire qu'elle est la même que celle de la terre.

Eug. Puisque les planètes sont des corps opaques, et qu'elles changent continuellement d'aspect entr'elles, leurs oppositions et leurs conjonctions doivent causer de fréquentes éclipses.

Er. Votre remarque est très-judicieuse, mon cher Eugène. Les éclipses en effet, seroient très-fréquentes dans ces circonstances, si toutes les orbites étoient dans un seul et même plan ; car alors, les planètes, en les parcourant, passeroient à coup sûr les unes devant les autres, et la plus voisine du soleil déroberoit la lumière de cet astre à toutes les planètes qui seroient au-dessus d'elle. Mais la sagesse du Créateur y a pourvu : de toutes les orbites, il n'y en a pas deux qui soient en même plan. Elles sont toutes plus ou moins inclinées les unes aux autres ; de manière que quand deux planètes passent l'une devant l'autre, il arrive presque toujours que la plus éloignée reçoit les rayons du soleil, qui viennent par-dessus ou par-dessous celle qui passe entre cet astre et elle.

De toutes les planètes, la Terre est la seule dont l'orbite soit précisément semblable à l'écliptique, c'est-à-dire, la seule qui se meuve dans le plan de cette ligne. Les autres, durant leur révolution périodique, s'abaissent plus ou moins au-dessous de cette ligne, pour remonter ensuite d'autant au-dessus. Ce sont ces écartemens ou déclinaisons de part et d'autre, que l'on appelle *latitude* des planètes. La déclinaison que l'orbite de la planète fait vers les signes septentrionaux du Zodiaque, se nomme *latitude septentrionale ;* et celle qu'elle forme vers les signes méridionaux, s'appelle *latitude méridionale.*

Quoique les orbites soient diversement inclinées entr'elles, et au plan de l'écliptique, elles ont cela de commun, que chacune d'elles coupe cette ligne circulaire en deux points diamétralement opposés. Pour vous faire une idée de ceci, figurez-vous deux cercles de tonneaux passés l'un dans l'autre, et qui s'éloignent de trois ou quatre doigts, plus ou moins, *fig.* 8. L'un de ces cercles représentera l'écliptique ; l'autre, l'orbite de Mars, par exemple ; les deux endroits où ces deux cercles se coupent, sont ce qu'on appelle *les nœuds.* Celui de ces deux points que la planète décrit en passant des signes méridionaux aux signes septentrionaux, s'appelle *nœud ascendant ;* on donne à l'autre le nom de *nœud descendant.* Toutes les planètes, à l'exception de la Lune, ont des orbites fixes, c'est-à-dire, que chacun de ces astres, en faisant sa révolution périodique, coupe toujours l'écliptique aux mêmes points, en montant et en descendant, et que ses plus grandes latitudes septentrionales et méridionales sont constamment aux mêmes endroits du Zodiaque ; ou si ces quatre points sont sujets à quelques variations, elles sont si peu considérables, qu'on peut les négliger.

Outre les planètes primitives qui circulent autour du soleil, et que nous ne perdons point de vue, pour ainsi dire, il en est d'autres, en beaucoup plus grand nombre, qui se montrent de temps en temps dans les régions célestes ; mais la brièveté de leurs apparitions nous a empêchés jusqu'ici de les bien connoître ; on soupçonne seulement qu'elles sont de la même nature que les autres planètes.

Ces astres, qui ont été long-temps l'effroi des peuples, sont appelés *comètes,* c'est-à-dire, *astres chevelus,* parce que leur partie la plus radieuse est ordinairement enveloppée d'une espèce d'atmosphère moins brillante, que l'on appelle *chevelure* ou *barbe,* pour la distinguer de cette partie à laquelle on donne le nom de *noyau.* Les comètes traînent encore d'ordinaire après elles une queue lumineuse, qui est quelquefois très-longue ; toujours opposée au soleil, et qu'on croit être une vapeur occasionnée par la chaleur de cet astre ; car on remarque que cette queue augmente et diminue, suivant que la co-

mète qu'elle accompagne se trouve plus ou moins près de lui, *pl.* 10, *fig.* 3.

Il n'en est pas des orbites des comètes comme de celles des planètes; celles-ci ne s'écartent pas de l'écliptique au-delà de sept à huit degrés; la largeur du Zodiaque les contient toutes, et suffit à leur plus grande latitude ; au lieu que les orbites que décrivent les comètes par leurs révolutions périodiques, se portent vers des parties du ciel fort différentes les unes des autres, soit dans l'hémisphère septentrional, soit dans l'hémisphère méridional.

Elles diffèrent encore des planètes, en ce qu'elles ne marchent pas toujours comme elles, selon l'orde des signes, c'est-à-dire, d'occident en orient ; mais souvent on leur voit tenir une route toute opposée : au lieu du mouvement direct, elles ont celui qu'on nomme *rétrograde*.

Elles n'ont même rien de commun entr'elles, que la circulation autour du soleil; du reste, chacune est plus ou moins éloignée de cet astre, et décrit une orbite plus ou moins alongée, que les unes par conséquent sont plusieurs années, et les autres des siècles à parcourir. Il y en a qui, dans leur périhélie, éprouvent une chaleur mille fois plus vive que celle du brasier le plus ardent, tant elles s'approchent du soleil ; et dans leur aphélie, un froid mille fois plus piquant que celui de la glace, tant elles s'éloignent ensuite de cet astre central. Cependant, malgré ces aberrations immenses, la précision avec laquelle les Astronomes sont enfin parvenus à prédire leurs retours, prouve qu'elles sont toutes soumises à des lois constantes.

Quoiqu'il en soit, les comètes, à cause de ces vicissitudes étrangères, de ces alternatives prodigieuses de chaleur et de froid auxquelles elles sont sujettes par les inégalités de leur marche, peuvent être regardées comme des mondes en désordre, en comparaison des planètes, dont les orbites étant plus régulières, les mouvemens plus égaux, la température toujours la même, semblent être des lieux de repos, où, tout étant constant, la nature peut établir un plan, agir uniformément, se développer successivement dans toute son étendue.

Parmi ces globes choisis entre les astres errans, celui que nous habitons paroît encore être privilégié : moins froid, moins éloigné que Saturne, Jupiter et Mars, il est aussi moins brillant que Vénus et Mercure, qui paroissent trop voisin du soleil.

Ce dernier, tournant sur lui-même, mais au reste, immobile au milieu des vastes corps qu'il éclaire, sert en même-temps de flambeau, de foyer, et comme de pivot à toutes les parties de la machine du monde.

Sa figure est sphérique, et s'il paroît à nos yeux comme un disque circulaire, c'est que, dans l'éloignement où nous sommes de lui, rien ne nous fait sentir que les parties du milieu sont plus avancées vers nous que celles des bords. Mais si nous connoissons sa forme, nous ignorons sa nature : on soupçonne seulement que c'est un amas de matières embrasées depuis la création, puisqu'il échauffe et qu'il éclaire, mais qu'il brûle apparemment sans se dissiper et sans s'obscurcir, puisque son activité et sa splendeur sont inaltérables ; son action, qui s'étend autour de lui à une distance inconcevable, et qu'il est impossible de mesurer, se fait d'autant plus sentir aux corps sur lesquels il l'exerce, qu'ils sont plus près de lui.

Une preuve qu'il a un mouvement de rotation sur son axe, c'est qu'on aperçoit sur sa surface des taches, qui, à la vérité, ne durent pas toujours, mais qui, tant qu'elles subsistent, cheminent du bord oriental vers le bord occidental, disparoissent alors, et après un certain temps, se montrent de nouveau pour recommencer la même route. C'est par le moyen de ces taches, qui prouveroient presque que le feu élémentaire n'entre pas seul dans la composition du soleil, qu'on a remarqué que cet astre met vingt-cinq jours et six heures, à faire ses révolutions sur lui-même.

Il est incomparablement plus grand qu'aucune des comètes, et il contient près de mille fois plus de matière que la plus grande planète : mais pour mieux juger de son énorme volume, il est nécessaire de connoître les grosseurs respectives des corps principaux qui l'environnent.

Saturne, qui est un peu plus petit que Jupiter, est quatre mille neuf cents fois plus gros que Mars, neuf cent quatre-vingt fois plus gros que la Terre ; et Vénus, que l'on croit d'un volume égal, est vingt-six mille quatre cent soixante fois plus gros que Mercure.

Jupiter est cinq mille huit cent cinquante-quatre fois plus gros que Mars, onze cent soixante-dix fois plus gros que la Terre et Vénus, et trente-un mille cinq cent quatre-vingt-dix fois plus gros que Mercure.

Mars, qui est cinq fois moins gros que la Terre et Vénus, est un peu plus de cinq fois plus gros que Mercure.

La Terre et Vénus sont vingt-sept fois plus grosses que Mercure, qui, par conséquent, est la plus petite des six planètes du premier ordre, comme Jupiter est la plus grosse.

Or, le Soleil est plus de mille vingt fois plus gros que Saturne, plus de huit cent cinquante-quatre fois plus gros que Jupiter : il est cinq millions de fois plus gros que Mars, un million de fois plus gros que la Terre et Vénus, et vingt-sept-millions de fois plus gros que Mercure. En un mot, on a calculé que toutes les planètes avec leurs satellites, ne faisoient que la six cent cinquantième partie de la masse de ce globe immense qui semble régir tous les autres.

Eug.

Eug. Tout ce que vous dites est surprenant. Eh ! mon Dieu ! qu'est-ce donc qu'un homme ? qu'est-ce qu'une ville, un royaume, la terre elle-même dans toute son étendue, par rapport à tant de vastes corps ? Que je reconnois bien à présent que toutes les nations ne sont devant l'Etre suprême que comme une goutte d'eau, et le globe qu'elles habitent, que comme un grain de poussière !.... Mais, monsieur, apprenez-moi, je vous prie, comment toutes ces masses énormes peuvent demeurer suspendues, et se mouvoir avec tant de vitesse, sans se précipiter les unes sur les autres ?

Er. Vous me demandez-là, mon cher ami, un de ces secrets que l'auteur de la nature couvre d'un voile impénétrable ; et tout ce que la curiosité humaine peut faire, c'est de le deviner. Le sentiment le plus généralement goûté, est celui qui suppose aux astres qui circulent autour du soleil, deux forces primitives, qui, agissant l'une et l'autre à chaque instant, et combinant leurs efforts, agitent ces grandes masses, les roulent, les transportent, les animent, et leur établissent, au milieu des espaces célestes, des lieux fixes et des routes déterminées.

Par la première de ces forces, que l'on appelle *centrifuge*, les astres tendent à s'éloigner de leur centre, qui est le soleil ; et par la seconde, que l'on nomme *centripète*, ils sont retenus et attirés vers l'astre central, qui les rappelle à lui, et empêche qu'ils ne s'éloignent par la tangente. Mais de quelle nature sont ces deux forces, pour faire subsister tous ces mouvemens sans altération sensible durant un si grand nombre de siècles ? Voilà ce qu'il est impossible de bien expliquer, et ce qui fait la matière d'une grande discussion parmi les philosophes partisans de Newton et de Descartes. Attendons qu'ils se soient accordés, pour nous décider nous-mêmes.

Eud. Voudriez-vous bien nous expliquer plus particulièrement comment se fait la révolution du jour et de la nuit, celle des saisons et de l'année, et quelle est la mesure du temps que l'on a tirée des mouvemens apparens du soleil et de la lune !

Er. Le temps se divise en siècles, en années, en mois, en semaines, en jours, en heures, en minutes, en secondes, en tierces, etc.

Chaque révolution de la terre sur son axe occasionne, comme vous savez, une révolution apparente du soleil autour de la terre ; cette quantité de temps qui s'écoule entre l'instant où l'astre de la lumière quitte le méridien, et celui où il y revient le lendemain, est ce qu'on appelle *jour naturel* ou *astronomique*. Mais comme à chaque révolution le soleil revient un peu plus tard au méridien, il arrive de-là que les jours naturels, dans les différens temps de l'année, ne sont point égaux entr'eux. Pour les rappeler à l'égalité, les astronomes ont

Tome II. G

divisé le temps que le soleil paroît mettre à fournir sa carrière annuelle, en autant de parties qu'il en faut pour en assigner vingt-quatre à chaque jour.

Au moyen de cette équation, nous avons deux sortes d'heures à distinguer : les unes qui sont toujours égales entr'elles, c'est ce que l'on appelle *temps moyen ;* les autres qui sont affectées des inégalités qui se trouvent dans le mouvement diurne du soleil, c'est ce qu'on nomme le *temps vrai.* Un bon cadran solaire montre les heures du temps vrai; une montre, une pendule bien réglée, montre celles du temps moyen : il y en a dont le rouage est tellement construit, qu'elles marquent l'un et l'autre temps par différentes aiguilles; ce qui fait qu'on les appelle *pendules* ou *horloges à équation.*

En astronomie, on est dans l'usage de compter les vingt-quatre heures de suite d'un midi à l'autre, mais, chez presque tous les peuples, on divise le jour naturel en deux parties égales, de douze heures chacune. Les douze heures durant lesquelles ou une partie desquelles le soleil nous éclaire, s'appellent *jour artificiel ;* les douze autres, durant lesquelles ou une partie desquelles nous sommes privés de sa lumière, ont reçu le nom de *nuit.* L'éclat que cet astre répand, commence toujours avant qu'il ne soit élevé sur notre horizon ; et cet éclat subsiste encore quelque temps après qu'il a disparu à nos yeux : c'est ce que l'on appelle les *crépuscules ;* celui du matin se distingue de celui du soir par le nom d'*aurore*, et le commencement de l'aurore est *le point du jour.* On a observé que le crépuscule commence le matin, lorsque le soleil est encore à dix-huit degrés au-dessous de l'horizon, et qu'il ne finit le soir, que quand cet astre est descendu de la même quantité au-dessous. Or, comme le soleil parcourt par heure quinze degrés de l'équateur ou d'un de ses parallèles, il faut conclure 1.º que dans la sphère droite au temps des équinoxes, les crépuscules doivent durer chacun une heure et douze minutes ; et que le jour qui n'y devroit être que de douze heures, eu égard seulement à la présence du soleil, se trouve augmenté par-là de deux heures vingt-quatre minutes ; et dans les autres temps de l'année, cela varie à proportion de la distance du soleil à l'équateur. 2.º Il faut conclure que dans la sphère oblique, les crépuscules en été sont d'autant plus longs, que le pôle est plus élevé ; en sorte que si la latitude du lieu est telle que le soleil, à minuit, ne soit pas tout-à-fait de dix-huit degrés au-dessous de l'horizon, comme cela est dans le climat de Paris, il n'y a point de nuit close pendant tout le mois de Juin et une partie de Juillet. 3.º Enfin, il faut conclure que, dans la sphère parallèle, l'aurore doit y durer encore deux mois, et qu'elle y doit faire encore autant de temps après le coucher du soleil; en sorte que les peuples qui habitent sous les pôles, si toutefois il y en a, n'ont durant l'année que deux mois de nuit profonde, qui n'est interrompue que par la lumière de la lune.

Sept jours naturels ou astronomiques composent une semaine, et se distinguent par des noms que les anciens astronomes ont tirés des principales planètes auxquelles ils avoient consacré tous les jours de la semaine : le premier au Soleil, *dies Solis*; les Chrétiens l'ont appelé le jour du Seigneur, *dies Dominica*, ou Dimanche : le deuxième à la Lune, *Lunæ dies*, Lundi; le troisième à Mars, *Martis dies*, Mardi; le quatrième à Mercure, *Mercurii dies*, Mercredi; le cinquième à Jupiter, *Jovis dies*, Jeudi; le sixième à Vénus, *Venus dies*, Vendredi; et enfin le septième à Saturne, *Saturni dies*; nous l'avons appelé Samedi, *Sabbati dies*, en mémoire du jour du Sabbat chez les Juifs.

Il y a dans chaque mois la valeur de quatre semaines, et quelques jours de plus dans le mois solaire ; car il y en a communément trente ou trente et un pour répondre à-peu-près au temps que le soleil met à parcourir un signe ou la douzième partie du Zodiaque. Avril, Juin, Septembre et Novembre ont trente jours ; Février n'en a que vingt-huit; tous les autres en ont trente-un.

Tandis que la terre fait une révolution entière dans son orbite, elle tourne sur son axe trois cent soixante-cinq fois et un quart à-peu-près : cela veut dire, selon les mouvemens apparens et les expressions usitées, que l'année solaire est de trois cent soixante-cinq jours et près de six heures. En prenant ces six heures excédentes pour complètes, on convint de les réunir, et de donner à chaque quatrième année un jour de plus qu'aux autres. Ce jour fut placé immédiatement après le 23 de Février, qui suivant la manière de compter des Romains, étoit appelé le sixième avant les calendes de Mars : ainsi, parce qu'on disoit deux fois cette année-là, *sextus calendas Martii*, le jour intercalé fut nommé *bis-sexte*, et l'année où il avoit lieu, *bis-sextile*. Cet arrangement, qui se fit sous Jules-César, supposoit que les six heures excédentes de l'année commune étoient complètes, mais elles ne le sont pas, et quoiqu'il n'y manque que quelques minutes, cette petite quantité, répétée durant un grand nombre d'années, devint cependant si considérable, qu'à la fin du seizième siècle, les équinoxes étoient dérangés de dix jours. Le pape Grégoire XIII, ordonna par une bulle du 24 Février 1582, que ces dix jours de trop seroient retranchés, et que le 5 Octobre suivant seroit le 15 du même mois. La plupart des Etats Catholiques reçurent cette réforme ; mais l'Angleterre et quelques autres nations, ne voulant point se conformer à cette correction, continuèrent de dater leurs actes selon l'ancien calendrier; et c'est ce qui a donné lieu à la distinction du *vieux* et du *nouveau style*, que l'on désigne souvent par ces lettres, V. S. et N. S. dans les écrits qui doivent passer d'une nation à l'autre. Ce ne fut qu'en 1752 que les Anglais, par un acte émané du parlement, adoptèrent la réforme de Grégoire XIII.

Le bissexte ajoute en quatre ans quarante minutes de plus que le soleil n'emploie à retourner au même point du Zodiaque. Ces minutes rassemblées composent un jour entier au bout de cent trente-trois ans. Pour empêcher que cet excédent ne cause quelque dérangement nouveau, on omet trois bissextes dans le cours de quatre cents ans. Les années 1700 et 1800, pour cette raison, ne furent point bissextiles; 1900 ne le sera point non plus; mais 2000, 2400, 2800 le seront.

Les trois cent soixante-cinq jours dont l'année commune est composée, forment cinquante-deux semaines et un jour; en sorte que s'il n'y avoit pas d'année bissextile, les quantièmes des mois et les jours de la semaine se retrouveroient les mêmes de sept ans en sept ans; mais l'intercalation du bissexte fait que ce n'est qu'au bout de vingt-huit ans que le même quantième peut se retrouver au même jour de la semaine, après avoir parcouru tous les autres : on donne à cet intervalle le nom de *cycle solaire*. Il s'est écoulé soixante-quatre cycles solaires depuis la naissance de Jésus-Christ jusqu'à l'année 1792; et nous sommes actuellement, en 1818, dans la vingt-sixième année du soixante-cinquième qui finira par conséquent en 1820.

Dans le calendrier de chaque année, il y a une lettre qui désigne le dimanche, et qu'on nomme, pour cette raison, *lettre Dominicale*; c'est toujours une des initiales des mots latins que voici : *Dei, Cœlum, Bonus, Accipe, Gratis, Filius, Esto*. Pour trouver la lettre Dominicale d'une année, il faut compter les cycles solaires de cette année circulairement sur quatre doigts, et prononcer de suite les mots précédens, en observant d'en exprimer en même temps deux toutes les fois qu'on tombe sur le premier doigt, et un sur chacun des autres. La lettre que l'on cherche est la première du mot que l'on articule le dernier. Ainsi, voulez-vous trouver la lettre dominicale de cette année 1818, par exemple? Comme le cycle solaire est sept, vous compterez sur vos quatre doigts jusqu'à la concurrence de ce nombre, en prononçant les mots de la manière que j'indique; et le mot *Dei*, en tombant sur le troisième doigt du second tour, vous marquera que c'est la lettre *D* que vous cherchez. Comme l'année bissextile a deux lettres Dominicales, dont l'une sert jusqu'au vingt-quatre de Février, et l'autre pendant le reste de l'année, si le cas se rencontroit vous prendriez la lettre suivante. Observez, comme nous venons de le dire plus haut, que l'année 1800 n'a pas été bissextile.

ENTRETIEN VI.

L'année se partage en quatre saisons ; le Printemps, l'Eté, l'Automne et l'Hiver. Chacune d'elles dure autant de temps que le soleil en met à parcourir trois signes du Zodiaque ; ce qui comprend l'espace de trois mois. Pour les climats qui sont entre l'équateur et le pôle arctique, le printemps commence lorsque le soleil entre au signe du Belier, qui arrive le 20 de Mars ou environ, et finit quand cet astre parvient au signe de l'Ecrevisse, le 21 de Juin ; alors l'été commence, et dure jusqu'au 22 de Septembre, jour auquel le soleil entre au signe de la Balance ; l'automne commence ce jour-là, et finit quand le soleil se trouve au premier degré du Capricorne, c'est-à-dire, au 21 Décembre : l'hiver commence alors, et dure jusqu'au 28 Mars. Quand les régions septentrionales ont l'hiver, l'été règne dans celles du midi qui leur correspondent, il en est de même pour l'automne et pour le printemps.

Le froid qui se fait sentir en hiver, et la chaleur qu'on éprouve en été, ne viennent point de ce que le soleil est plus ou moins éloigné de la terre, puisque c'est dans la dernière de ces deux saisons que l'astre du jour est dans son apogée. La cause principale de ces deux effets si contraires, c'est qu'en été, les rayons solaires tombent moins obliquement qu'en hiver sur la partie du globe où nous sommes placés, et l'horizon, par conséquent, en reçoit un plus grand nombre. Ajoutez que les jours d'été sont plus longs que ceux d'hiver : le soleil restant plus long-temps sur l'horizon, l'échauffe davantage ; et les nuits qui sont proportionnellement plus courtes, causent moins de refroidissement.

La lune, qui est cinquante fois plus petite que notre globe, nous paroît cependant plus grande que toutes les autres planètes ; c'est qu'elle est plus près de nous ; puisque dans son apogée, elle n'est éloignée de la terre que de quatre-vingt-onze mille lieues ; et de quatre-vingt mille dans son périgée.

Elle a trois mouvemens ; l'un qui l'entraîne avec la terre autour du soleil ; l'autre qui l'a fait circuler autour de notre globe, et le dernier par lequel elle fait une révolution sur son axe.

Le premier de ces trois mouvemens est annuel. Elle met vingt-sept jours sept heures et environ quarante-trois minutes à faire le second : elle emploie précisément le même temps pour le troisième ; ce qui fait qu'elle nous montre toujours le même hémisphère.

Les vingt-sept jours sept heures et quarante-trois minutes que la lune emploie à parcourir son orbite, est ce qu'on appelle son *mois périodique* : ainsi elle fait en moins d'un mois, ce que le soleil paroît n'achever qu'en un an, c'est-à-dire, que dans ce petit espace de temps, on la voit répondre successivement à tous les signes du Zodiaque, aller et revenir d'un tropique à l'autre, passer, par conséquent, deux fois sur l'équateur, et décrire par ses révolutions diurnes, des cercles qui lui sont sensiblement parallèles.

En parcourant ainsi son orbite, la lune doit rencontrer deux fois le soleil sur sa route ; mais comme cet astre s'avance de vingt-sept degrés dans l'écliptique, tandis qu'elle circule autour de la terre, il lui faut quelques jours de plus pour se retrouver en conjonction avec lui. Ainsi le temps qui s'écoule entre les deux conjonctions est de vingt-neuf jours et demi, et s'appelle *mois synodique* de la lune, ou *lunaison*.

La lune étant un corps opaque et sphérique, ne peut jamais avoir que la moitié de sa surface illuminée par le soleil ; et comme l'hémisphère éclairé se présente diversement à nos regards, dans le cours d'une même lunaison, ces phases particulières sont comme autant de points de divisions pour le mois synodique.

Quand la lune est en conjonction avec le soleil, alors se trouvant entre cet astre et la terre, sa surface éclairée regarde le globe lumineux, et ne peut nous transmettre aucun des rayons qu'elle en reçoit ; c'est ce qu'on appelle *nouvelle lune*, *planche* 9, *fig.* 2.

Après quelques jours de marche dans son orbite, elle nous laisse apercevoir une petite portion de la surface illuminée sous la forme d'un *croissant*, dont les deux pointes sont tournées vers l'orient, parce que le soleil est alors à l'occident de la lune, *même fig*.

Peu-à-peu nous voyons la concavité de ce croissant se remplir ; en sorte que sept jours, ou un peu plus, après la nouvelle lune, nous remarquons la moitié de la partie éclairée sous la forme d'un demi-cercle ; et c'est ce que l'on nomme *le premier quartier* de lune : elle est alors parvenue au quart de sa révolution, *même fig*.

A mesure qu'elle s'éloigne du soleil, nous apercevons une plus grande portion éclairée, jusqu'à ce qu'enfin, au quatorzième jour et demi de sa route, étant arrivée au milieu de son orbite, et se trouvant en opposition avec le soleil, elle nous offre toute la partie que cet astre embellit de ses feux ; c'est ce qu'on appelle *la pleine lune*, *même fig*.

A compter de cette phase, la partie lumineuse va toujours en diminuant pour nous, de sorte qu'au 22, nous ne voyons plus qu'une portion de la lune semblable à celle du 7, avec cette différence qu'elle a sa convexité apparente, tournée vers l'orient, d'où lui vient alors la lumière du soleil : c'est *le dernier quartier* : elle est alors aux trois quarts de sa route. Ce quartier diminue de jour en jour, et se termine enfin par un croissant semblable au premier, mais dont les pointes sont tournées vers l'occident. Lorsque le croissant est encore fort étroit, on voit assez distinctement le reste du corps de la lune. Ce qui produit ce phénomène, c'est la lumière du soleil réfléchie par la surface de la terre : car notre globe fait, à cet égard, pour son satellite, ce que ce satellite fait pour lui, *même fig.*

Le retour de la lune au soleil se faisant après vingt-neuf jours douze heures quarante-quatre minutes, les douze lunaisons, au lieu de former une année commune, ne font que trois cent cinquante-quatre jours ; en sorte que si la lune est nouvelle au commencement de l'année, elle ne le sera pas au commencement de la suivante ; elle sera alors âgée de onze jours. Au bout de trois ans, il y aura trente-sept lunaisons, et environ trois jours de plus ; mais au bout de dix-neuf ans, les nouvelles et pleines lunes se retrouvent aux mêmes quantièmes, parce que dix-neuf ans, ou deux cent vingt-huit de nos mois, répondent à un nombre exact de lunaisons, savoir ; à deux cent trente-cinq. Cette révolution de dix-neuf ans est ce qu'on nomme *cycle lunaire* ou *nombre d'or*, parce qu'à Athènes, on marquoit ce nombre dans la place publique avec des chiffres en or. Il s'est passé quatre-vingt-quinze cycles lunaires depuis la naissance de Jésus-Christ jusqu'à l'année 1805 ; et par conséquent, nous sommes actuellement en 1818, dans la quatorzième année du quatre-vingt-seizième, qui finira en 1823.

Les lunaisons ne reviennent pas précisément à la même heure tous les dix-neuf ans ; la différence monte à un jour dans l'espace de trois cent quatre ans. Voilà ce qui a fait imaginer, depuis la découverte du nombre d'or, une autre espèce de nombre que l'on appelle *épactes*, dont l'objet est d'exprimer, pour chaque année, l'âge qu'avoit la lune à la fin de l'année précédente. A la fin de 1818, par exemple, la lune sera âgée de quatre jours, c'est-à-dire, qu'il y aura quatre jours écoulés depuis la nouvelle lune : ces quatre jours sont ce qu'on appelle *épacte* pour l'année 1819.

Par ce que je vous ai dit de la marche de la lune, vous avez vu que dans l'espace d'un mois, cette planète se trouve une fois en conjonction et une fois en opposition avec le soleil. Ces deux positions ou passages, que les astronomes appellent *syzygies*, sembleroient devoir occasionner autant d'éclipses, car la lune, étant un corps opaque, est bien capable de faire ombre sur la terre, en passant entr'elle et le soleil dans les nouvelles lunes, et de lui dérober pour un temps la vue de cet astre ; et la terre à son tour, se trouvant entre les deux astres, au temps de leur opposition, ou, ce qui est la même chose, dans la pleine lune, pourroit bien, par la même raison, empêcher la lumière de l'un de parvenir jusqu'à l'autre. Cependant les pleines lunes se passent très-souvent sans être éclipsées, ainsi que les nouvelles lunes, sans que le soleil le soit ; quand l'un ou l'autre de ces deux astres s'éclipse, ce n'est pas toujours de la même quantité, ni par le même bord du disque. Or, cela arrive pour deux raisons ; la première, c'est que l'orbite de la lune est inclinée d'environ cinq degrés au plan de l'écliptique ; rappelez-vous l'image des deux cercles de tonneau, *pl.* 8, *fig.* 8 : la seconde, c'est que les nœuds de l'orbite lunaire ont un mouvement progressif qui les fait changer de place à chaque lunaison. Le nœud ascendant de l'orbite lunaire s'appelle *tête de dragon*, et le nœud descendant se nomme *queue de dragon*. De ce que l'orbite de la lune est inclinée à l'écliptique, il arrive très-souvent qu'au temps de la conjonction et de l'opposition, la planète a assez de latitude, c'est-à-dire, est assez élevée au-dessus ou assez abaissée au-dessous du plan de l'écliptique, pour que la lumière du soleil parvienne, sans obstacle, jusqu'à elle dans le second cas, et jusqu'à la terre dans le premier ; et alors, comme vous voyez, il n'y a point d'éclipse ; mais parce que les nœuds, au lieu d'être fixés, parcourent successivement les différens points de l'écliptique, il peut arriver, et il arrive en effet de temps en temps qu'ils se rencontrent avec les syzygies, c'est-à-dire, que la lune se trouve, ou dans le plan même ou fort près du plan de l'écliptique, lorsqu'elle entre en opposition ou en conjonction avec le soleil ; dans le premier cas, l'ombre de la terre la couvre en tout ou en partie, et c'est une éclipse de lune, *pl.* 10, *fig.* 2 : dans le second, c'est elle qui nous cache plus ou moins le soleil, et c'est une éclipse de soleil, *fig.* 1.

Quand l'ombre de la terre ne couvre qu'une partie du disque de la lune, l'éclipse et *partielle* ; quand elle en couvre plus de deux tiers, l'éclipse est presque *totale* : enfin, quand elle le couvre tout entier, ce qui arrive lorsque l'opposition entre la lune et le soleil se trouve justement sur le nœud de l'orbite lunaire, l'éclipse et non-seulement *totale*, mais *centrale*. La lune, totalement éclipsée, ne cesse pas pour cela d'être visible : elle paroît sous une couleur de cuivre rouge, ou d'un fer ardent qui commenceroit à s'éteindre. Cet effet vient des rayons solaires qui se réfractent dans l'atmosphère terrestre, et qui, se croisant après, vont illuminer foiblement l'astre qui ne reçoit plus les rayons directs.

De même quand la lune ne couvre, en passant, qu'une partie plus ou moins grande du soleil, l'éclipse de cet astre est *partielle* ; et quand la conjonction se fait précisément au nœud, elle est centrale, mais non pas totale, parce que le disque de la planète n'étant point assez grand pour couvrir entièrement celui du soleil, cet astre le déborde tout autour, comme un anneau lumineux ; ce qui fait qu'on appelle cette éclipse *annulaire*.

On distingue deux choses dans une éclipse, s'avoir l'*immersion*, et l'*émersion*. L'immersion est l'entrée d'un astre dans l'ombre de celui qui doit l'éclipser : il faut en saisir le commencement ; et la fin qui se nomme l'*immersion totale*. L'émersion est la sortie hors de l'ombre : on s'attache aussi à en observer le commencement, et la fin qui s'appelle *émersion totale*.

Il faut remarquer qu'une éclipse de soleil, fût-elle centrale, n'est pas visible pour toutes les parties de la terre qui doivent être éclairées par cet astre, et que celles-là même qui l'aperçoivent, ne voient pas le soleil éclipsé de la même quantité : cela vient de ce que la lune est beaucoup plus petite que le soleil et la terre. Par la raison contraire, une éclipse de lune s'aperçoit partout où cette planète seroit visible, si le globe qu'elle accompagne ne lui déroboit point la lumière.

Je termine par deux réflexions, mes chers amis, tout ce que j'avois à vous dire sur les astres. Premièrement, l'éclipse de soleil, arrivée à la mort de Jésus-Christ, n'a pu être que miraculeuse, puisque la fête de Pâque se célébroit chez les Juifs au commencement de la pleine lune, c'est-à-dire, dans le temps où cette planète entre en opposition avec le soleil. En second lieu, gardez-vous bien de croire que les astres ont d'autres influences sur nous, que celle de nous éclairer ou de nous échauffer. Ainsi, ne vous figurez pas, avec le vulgaire imbécille et l'antiquité crédule, que les phénomènes célestes, les éclipses, les apparitions des comètes, annoncent à la terre des malheurs, des catastrophes : défiez-vous de tout ce que ces imposteurs que l'on nomme astrologues, attribuent aux corps célestes ; et soyez bien convaincus que tout ce que nous remarquons dans les voûtes immenses qui sont suspendues sur nos têtes, est la suite naturelle des lois sages, et d'autant plus invariables, que les hommes sont venus à bout d'en prévoir les effets plusieurs siècles avant qu'ils n'arrivent.

ENTRETIEN VII.

De l'Air, du Feu et de la Lumière.

EUGÈNE. Ce que vous nous avez dit du Ciel, me rend curieux de connoître les merveilles qui sont plus près de nous. Par exemple, qu'est-ce que l'air ?

ERASTE. C'est un fluide élastique et pesant.

La fluidité de l'air est très-grande, parce qu'il est composé de parties extrêmement rares, sphériques, très-petites, très-mobiles, peu pesantes, qui bien loin de s'attirer, se repoussent, et qui, par conséquent, peuvent être facilement séparées les unes des autres.

On a remarqué jusqu'à présent qu'une masse d'air d'une certaine étendue conservoit toujours sa fluidité ; et l'on n'a jamais observé qu'on pût lui faire perdre cette qualité, soit en la gardant durant plusieurs années dans des vases exactement bouchés, soit en l'exposant au froid le plus piquant, soit en lui faisant subir les plus fortes et les plus longues compressions.

L'air est élastique, puisqu'on peut le comprimer, et que, dans la compression, il fait effort pour se rétablir; comme il se rétablit en effet, dès que la cause qui pressoit son volume cesse de l'enchaîner. C'est par le moyen de cette propriété, que l'air renfermé dans un fusil à vent, chasse une balle qui peut porter la mort à soixante et dix pas.

L'air se comprime lui-même par son propre poids; de sorte que celui que nous respirons dans la plaine, est plus dense que celui qu'on trouve sur une montagne, parce que celui-ci est chargé d'une colonne moins longue que celui-là.

Pour vous convaincre de la pesanteur de l'air, prenez une bouteille de verre mince, plate et pleine d'air; ajustez-la sur une platine de la machine pneumatique ; de sorte que l'orifice de la bouteille corresponde à celui de la platine : pompez l'air renfermé dans la bouteille ; vous la verrez éclater en des millions de parties, parce que l'air extérieur n'étant plus en équilibre avec l'air renfermé dans la bouteille, doit en pousser les parois l'un contre l'autre avec toute la force que lui donnent sa pesanteur et son ressort.

Eudoxie. Apprenez-nous, je vous prie, ce que c'est que la la machine pneumatique ?

Er. C'est un instrument composé d'une pompe de cuivre avec son piston, d'une platine de cuivre couverte d'un cuir mouillé, sur laquelle on pose un vase de verre fait en forme de voûte, et d'un robinet placé dans un petit canal qui sépare la pompe d'avec la platine. Ce robinet est tellement percé, que tantôt il ouvre une communication entre le récipient et le corps de la pompe, et tantôt entre le corps de la pompe et l'air extérieur. Lorsqu'on veut faire le vide, on ouvre la communication entre l'intérieur du récipient, et l'intérieur de la pompe; on abaisse le piston, et alors une partie de l'air contenu dans le récipient descend dans le corps de la pompe, d'où il est aisé de le faire sortir, en relevant le piston, et en faisant communiquer l'intérieur de la pompe avec l'air extérieur. On recommence la même opération, jusqu'à ce qu'on ait fait le vide, qui n'est jamais absolu, mais seulement relatif. C'est dans ce récipient ainsi purgé d'air, que l'on fait une infinité d'expériences qui jettent le plus grand jour sur les connoissances physiques.

L'air forme une espèce d'enveloppe à notre globe; et cette

masse, avec les vapeurs et les exhalaisons qui y nagent, est appelée *atmosphère terrestre*.

Cette atmosphère est composée d'air, de vapeurs, de différens sels très-fins et très-subtils, on y remarque un fluide électrique, on y découvre aussi la matière magnétique universelle.

De toutes les vapeurs, de toutes les exhalaisons qui s'élèvent des corps que l'action du feu met en mouvement, il n'y a qu'une très-foible partie qui s'établisse dans l'atmosphère : les autres, après avoir voltigé quelque temps, retombent par leur propre poids, sur la surface du globe.

L'air exposé à l'action du feu se raréfie ; d'où il suit que l'élasticité de cet élément augmente et acquiert une plus grande intensité, lorsque le feu déploie son action contre lui ; au contraire, l'air exposé au froid se condense et se réduit en un moindre volume, de même que s'il perdoit une partie de son ressort.

L'air se glisse et pénètre dans les pores de plusieurs corps solides ; il s'y cache et y réside, et pour l'ordinaire il s'y meut librement. Il exerce la même action à l'égard d'un grand nombre de fluides.

Il est la cause de la vie et de la santé. Pour s'en convaincre, il suffit de faire une ou deux expériences.

Mettez un animal, un oiseau, par exemple, sous le récipient de la machine pneumatique, et pompez l'air : vous verrez l'oiseau tomber en convulsion ; et si vous ne lui rendez l'air, vous le verrez périr par le défaut de respiration, et par la dilatation de l'air renfermé dans son corps. Le défaut de respiration empêche le sang de circuler. L'air qui se trouve enfermé dans le corps, n'étant plus pressé par l'air extérieur, se dilate considérablement : dilaté, il rompt les prisons où il est retenu, et il cause à l'animal une mort précédée des plus violentes convulsions. Si, au lieu d'un oiseau, vous mettez dans un verre plein d'eau un petit poisson, à mesure que vous pomperez, vous verrez sortir des bulles d'air de dessous les écailles du poisson, par les ouïes et par la bouche ; l'animal, devenu par la dilatation de l'air intérieur respectivement plus léger qu'un pareil volume d'eau, se tiendra à la surface de l'eau, sans pouvoir aller au fond ; mais il ne mourra qu'après plusieurs heures, parce que l'air est moins nécessaire aux poissons qu'aux animaux terrestres.

On doit aussi regarder l'air comme la première cause de la végétation des plantes ; car elles ont, ainsi que les animaux, des pores inhalans, par lesquels l'air s'insinue pour y faire circuler les sucs nourriciers.

En un mot, l'air est un des principaux agens de la nature ; c'est lui qui anime le feu, ou qui tempère son action par la propriété qu'il a de s'échauffer et de se refroidir en très-peu de temps ; c'est par lui que la nature transporte et qu'elle distribue les sources de la fécondité aux différentes parties de la terre. L'air agité est, pour ainsi dire, l'âme de la navigation : par le moyen du vent, des vaisseaux, qu'on pourroit regarder comme autant de villes flottantes, passent d'un hémisphère à l'autre, et l'on voit tous les jours en commerce des nations que l'Océan sembloit avoir éternellement séparées par ses vastes barrières. Il est vrai que l'air n'est pas toujours également propre à la respiration; comme il est spongieux, compressible, et rarescible à un point qui surpasse toute imagination ; il se charge, il s'imprègne non-seulement de toutes les vapeurs et de toutes les exhalaisons extérieures, mais encore de celles qu'il trouve dans l'intérieur des corps ; ou bien il se comprime et se condense jusqu'à paroître stagnant ; ou bien enfin, il s'étend et se raréfie jusqu'à n'avoir plus qu'une foible pesanteur; dans ces trois cas, il cesse d'être salubre, et quelquefois même il devient dangereux et mortel, de-là, ces maladies épidémiques, ces pestes affreuses qui désolent et qui détruisent de temps en temps des villes entières.

C'est donc agir prudemment, que de ne se point exposer dans un air que l'on soupçonne d'être infecté d'une grande quantité d'exhalaisons, surtout de celles qui sont sulfureuses. Les cloaques qui ont été long-temps renfermés, les souterrains qui avoisinent les minières, les lieux clos où l'on a tenu du charbon allumé, les celliers même dans lesquels fermentent les vins nouveaux ou la bière, sont très-dangereux. L'usage des poiles peut être très-pernicieux par cette même raison, surtout dans les commencemens, lorsqu'ils sont de fer ou de cuivre, et qu'on les chauffe fortement. Ceux qui restent long-temps au lit devroient avoir attention de n'y être point enveloppés de rideaux fort épais, et trop exactement fermés.

Mais si l'air se corrompt aisément, il n'est pas difficile aussi de le purifier, soit en le renouvelant, soit en lui imprimant un mouvement rapide qui réveille et ranime son ressort, soit même en brûlant de parfums, ou des corps odorans qui, par leur suavité, chassent les vapeurs malignes dont il est chargé. Les parties qui s'élèvent de ces corps peuvent être plus spongieuses que les molécules de l'air : elles s'imbibent par conséquent de ces vapeurs, et alors leur poids augmentant, elles se précipitent avec elles vers la terre ; et l'air, qui en est dégagé, reprend sa première activité. Mais, de tous ces moyens, le plus simple et le plus sûr est celui de le renouveler.

Puisque l'air est un fluide, il presse dans toutes sortes de directions avec la même force, c'est-à-dire, de haut en bas, de bas en haut, latéralement, en avant, en arrière, obliquement ; et c'est l'uniformité de cette pression, et la parfaite élasticité du fluide, qui empêchent que les corps n'en soient abîmés.

On a essayé de calculer le poids de l'atmosphère, et l'on a trouvé qu'il étoit d'environ six quatrillons six cent quatre-vingt-sept trillons trois cent soixante billons de livres ; mais ce total, quelque prodigieux qu'il paroisse, est sans doute bien au-dessous de la réalité ; ce n'est qu'une foible approximation ; car il ne paroît pas possible de déterminer avec exactitude ni la hauteur, ni la pesanteur du fluide dans lequel nous vivons.

On a imaginé des instrumens qui nous indiquent le poids ou l'élasticité de l'air, sa sécheresse ou son humidité ; et il est bon de le connoître.

Eud. Vous voulez sans doute parler des baromètres et des hygromètres.

Er. Justement : le baromètre sert à marquer la pesanteur de l'air ; il nous avertit que le fluide dans lequel Dieu nous a placés agit plus ou moins fortement sur nos corps, et nous annonce les changemens de temps, surtout quand ils doivent être considérables ; car il pourroit être en défaut, si la variation n'étoit que momentanée, comme il arrive quelquefois.

Le plus exact, et par conséquent le meilleur des baromètres, est celui qu'on appelle simple. Il est composé d'un tube de verre bien net, exactement purgé d'air, et d'environ deux lignes de diamètre. L'extrémité supérieure de ce tube doit être fermée hermétiquement ; et son extrémité inférieure doit être plongée dans un petit vase rempli de mercure, sur la surface duquel l'air que nous respirons ait la facilité de graviter. C'est l'action de l'air extérieur sur la surface du mercure contenu dans ce vase, qui fait monter et qui soutient dans le cube du baromètre la colonne du vif argent, suivant les différens points gradués sur l'échelle qui l'accompagne.

Quand la colonne du mercure est à vingt-quatre pouces de hauteur, on supporte une pression d'air d'environ vingt-cinq mille sept cent quatre-vingt-cinq livres ; si elle s'élève à trente pouces, la pression et d'environ trente-deux mille deux cent trente et une livres, poids qui n'excède pas les forces de l'homme, puisque les plongeurs qu'on descend en mer, sous une cloche, supportent aisément, mais non pas long-temps, une pression de trois cent vingt-deux mille trois cent dix livres.

La hauteur moyenne du mercure dans le baromètre, en France, est de vingt-sept pouces et demi : son plus grand abaissement ne va pas tout-à-fait à vingt-six pouces, ni sa plus grande élévation à vingt-neuf pouces.

Quand le mercure baisse au-dessous de vingt-sept pouces et demi, il annonce de la pluie ou du vent, ou en général ce qu'on appelle mauvais temps, et quand il excède sa hauteur moyenne, il annonce le calme, le sec, le beau temps.

Nous devons donc regarder le baromètre comme un *moniteur* presque toujours fidèle, et qui, par l'utilité dont il peut être pour les travaux de la campagne, ou pour les voyages, mérite bien d'être préféré à tant de meubles superflus ou inutiles qui remplissent quelquefois nos appartemens.

Il n'en est pas de même des hygromètres, c'est-à-dire, des instrumens dont l'objet est d'indiquer la sécheresse ou l'humidité de l'air. On en fait de plusieurs façons : le plus simple est composé d'une corde de dix ou douze pieds, que l'on tend foiblement dans une situation horizontale, et dans un endroit à couvert de la pluie, quoique exposé à l'air libre : on attache au milieu un fil de laiton, au bout duquel on attache un petit poids qui sert d'index, et qui marque, sur une échelle divisée en pouces et en lignes, les degrés d'humidité en montant, et ceux de la sécheresse en descendant. L'humidité, en pénétrant la corde, la raccourcit : la sécheresse, en la dilatant, la fait baisser.

Assez souvent, on fait des hygromètres avec un bout de corde de boyaux, que l'on fixe d'un côté à quelque chose de solide, et que l'on attache par l'autre perpendiculairement à une petite traverse, qui tourne à mesure que la corde se tord ou se détord, et qui marque, comme une aiguille sur la circonférence d'un cadran, les degrés de sécheresse et d'humidité; ou bien on place sur les extrémités de la petite barre deux figures humaines de carton ou d'émail, dont l'une rentre, et l'autre sort d'une petite maison qui a deux portiques; lorsque le temps va à l'humidité, l'une d'elles porte ordinairement un petit parapluie.

Mais le meilleur des hygromètres n'apprend presque rien autre chose, sinon que la corde est mouillée, ou qu'elle est sèche ; car l'humidité qui l'a une fois pénétré en sort peu-à-peu, et selon l'exposition du lieu, le calme ou le vent qui règne; et bien souvent il arrive que l'atmosphère a déjà perdu une grande partie de son humidité, avant que la corde en puisse donner aucun signe. Tout ce que peut apprendre un hygromètre à corde, se borne donc à savoir s'il y a plus ou moins d'humidité dans l'air, par comparaison au jour précédent ; mais on connoît cela par tant d'autres signes, qu'il est assez inutile de faire une machine qui ne nous indique rien de plus.

Eug. Actuellement, monsieur, voudriez-vous bien nous apprendre ce que c'est que le son ?

Er. Le son est l'effet ordinaire du choc ou de la collision de deux corps, dont les parties ébranlées font frémir comme elles, et de toutes parts, jusqu'à une certaine distance, le fluide qui les environne ; et ce frémissement se communique aux autres corps qui en sont susceptibles, et qui se rencontrent dans cette sphère d'activité.

On appelle proprement *corps sonores*, ceux dont les sons, après le choc ou le frottement qui les fait naître, sont distincts, comparables entr'eux, et de quelque durée ; car on ne doit pas nommer ainsi ceux dont la chute ou l'ébranlement ne fait entendre qu'un bruit confus ou subit; tels qu'un tombereau que l'on décharge, le murmure d'une eau courante, ou le mugissement des flots irrités. Or, on remarque qu'il n'y a que les corps élastiques qui soient véritablement sonores, parce qu'ils sont plus propres que tous les autres à être ébranlés dans leurs parties, et à conserver les ébranlemens qu'on leur procure.

Ce n'est que par le moyen de l'air que le son se fait entendre, et qu'il vient frapper notre oreille. En effet, mettez sous le récipient de la machine pneumatique une ou plusieurs sonnettes, pompez l'air et faites frapper les sonnettes, dès que l'air aura disparu, vous n'entendrez aucun son ; rendez l'air, et les sonnettes recommenceront à se faire entendre. On peut conclure de cette expérience que plus l'air est condensé, plus le son augmente et s'étend au loin ; parce qu'alors le fluide a plus de ressort et par la raison contraire, plus il est raréfié, plus le son est foible, plus la sphère qu'il décrit est étroite.

Le son se propage circulairement de tous côtés par des vibrations rapides et successives de l'air et du corps sonore, à-peu-près de la même manière que l'on voit se former des ondulations circulaires sur la surface de l'eau, lorsqu'on y jette un caillou : ces ondulations sont d'autant plus fortes et plus étendues, que le coup a été plus violent.

Chaque son a ses bornes, au-delà desquelles il ne se fait plus entendre ; mais il est impossible de les déterminer parce qu'elles dépendent de la force et de l'intensité du son, et de l'élasticité plus ou moins grande du corps sonore, de la constitution du terrain, du vent, et qui peut être favorable ou contraire ; de la pureté de l'air, de la pluie, de la neige, des nuées, et surtout de la finesse de l'organe destiné à la fonction de l'ouïe. Cependant on peut dire que le son peut s'étendre quelquefois à une distance prodigieuse. Durant le siége de Bergen, en 1747, on entendoit très-distinctement le bruit du canon à Leyde, qui en est éloigné de quinze milles de Hollande. Durant celui de Gênes, on entendoit le bruit du canon de Livourne, qui en est éloigné de quatre-vingt milles d'Italie.

Comme le son parcourt près de deux cents toises en une seconde, on peut, par son moyen, juger à-peu-près de la distance où l'on est du lieu d'où il part ; et cette connoissance peut être utile, par exemple, à un général qui fait le siége d'une ville, et qui veut calculer par-là s'il est près ou éloigné des murs qu'il veut attaquer : il lui suffit de comparer le temps où il aperçoit la lumière, avec celui où il entend le bruit du canon. Si l'intervalle qui sépare ses deux instans est de quatre secondes, il est éloigné de près de huit cent toises, etc.

Un son plus fort en absorbe un plus foible : ainsi vous n'entendez point votre voisin qui vous parle, si vous êtes auprès d'une grosse cloche que l'on fait sonner. Mais si l'on produit dans un petit endroit différens sons qui ne soient point trop bruyans, ils ne se confondront point entr'eux, et l'oreille pourra fort bien les distinguer, les comparer, et juger de leur effet total ; c'est ce qui arrive dans les concerts.

Le son a non-seulement la propriété de se propager au loin, mais encore celle de se réfléchir, de retourner, pour ainsi dire, sur lui-même, lorsqu'il rencontre des corps durs : au lieu qu'il s'amortit et s'éteint, lorsqu'il vient frapper des corps mous et sans réaction. C'est par cette raison que la voix se fait mieux entendre dans les rues d'une ville qu'en rase campagne, et mieux encore dans une chambre close que dans la rue ; dans une chambre sans meubles, que dans celle qui est meublée ; dans un lieu où il y a peu de monde, que dans celui où s'est assemblé un nombreux auditoire.

Une montagne, un bâtiment, une muraille réfléchissent le son quelquefois si parfaitement, qu'on diroit qu'il vient réellement du côté opposé. Le son qui est ainsi rapporté, et qu'on peut distinguer du premier, est appelé *écho*, *son réciproque*, ou *son réfléchi*.

L'écho est plus parfait et plus distinct, si les corps durs contre lesquels le son va frapper ont des concavités sur leurs surfaces, ou s'ils ont une figure régulièrement concave. C'est par le moyen de cette répercussion que, dans certaines salles faites en voûte, la voix la plus basse se fait entendre d'un angle à l'autre de la salle, sans que les assistans, qui sont placés partout ailleurs, puissent entendre un seul mot de ce qu'on dit. Il y a à trois lieues de Verdun, deux grosses tours éloignées l'une de l'autre de trente-six toises : lorsqu'on parle un peu haut dans la ligne qui joint ces deux édifices, la voix se répète douze ou treize fois, toujours en s'affoiblissant : les deux tours se renvoient le son alternativement, comme deux miroirs qui se regardent, multiplient l'image d'une bougie placée entr'eux.

L'espace de temps qui sépare le son direct d'avec le son réfléchi, est d'autant plus petit, que l'obstacle qui forme l'écho est plus proche du corps sonore ; mais si l'obstacle est éloigné de ce corps à la distance de cinq cent trente-cinq pieds, il y aura une seconde entre les deux sons.

On peut conserver et recueillir le son, en l'empêchant de se répandre circulairement à une très-grande distance : pour cela, on le fait passer par de long tuyaux dont les parois le réfléchissent : c'est ce qui a fait imaginer ces cornets que l'on appelle

appelle *acoustiques*, parce que les sourds peuvent s'en servir pour entendre, et les porte-voix, dont la bonté doit se mesurer sur le degré d'élasticité de la matière qui le compose. Plus un porte-voix est long, plus il porte loin le son qu'on lui confie. Avec un porte-voix de quatre pieds de longueur, on peut se faire entendre à cinq cents pas géométriques; à dix-huit cents, s'il a seize pieds ; et à plus de deux mille cinq cents, s'il en a vingt-quatre : mais il faut avoir soin de bien articuler et de prononcer lentement les syllabes les unes après les autres, si l'on veut se faire entendre distinctement. On dit qu'Alexandre-le-Grand avoit un porte-voix à l'aide duquel il rassembloit son armée, quoique nombreuse et quelque dispersée qu'elle fût, et lui donnoit ses ordres, comme s'il eût parlé à chaque soldat en particulier.

Eud. Tout ce que vous avez eu la bonté de nous dire de l'air, me fait soupçonner qu'il a quelque rapport avec les vents.

Er. En effet, ma chère Eudoxie, le vent n'est autre chose qu'un air agité, une portion de l'atmosphère qui se meut comme un courant, avec une certaine vîtesse, et avec une direction déterminée. Comme il est souvent très-nécessaire de connoître cette direction, on a distribué les vents en plusieurs classes, à chacun desquels on a donné un nom, suivant les différens points de l'horizon d'où il paroît s'échapper. D'abord on les a distingués en quatre principaux : le vent du sud ou du midi, et celui du nord ou du septentrion, qui sont opposés; le vent d'est ou d'orient, et celui d'ouest ou d'occident, qui sont aussi contraires, *pl.* 10, *fig.* 4. Ces quatre vents cardinaux ont été subdivisés en trente-deux, et ceux-ci en soixante-quatre, tous désignés par un nom particulier.

De plus, on a distingué plusieurs espèces de vents; ceux qui soufflent sans cesse dans une partie de l'atmosphère, ont été appelés *généraux* ou *constans ;* on a donné le nom de *périodiques* à ceux qui commencent et finissent toujours dans certains temps de l'année, ou à certaines heures du jour; enfin on a nommé *variables*, ceux dont la direction, la vîtesse, la naissance et la durée n'ont rien de déterminé.

On sait en général que les vents viennent immédiatement d'un défaut d'équilibre dans l'air, parce que toutes les fois que certaines portions de l'atmosphère deviennent plus denses, plus élevées ou plus pressées que les autres, étant alors plus pesantes, elles doivent s'échapper et s'écouler par où il y a moins de résistance ; elles doivent pousser devant elles les autres parties qui sont plus foibles, à-peu-près comme l'eau d'un canal, soulevée dans un endroit par une pierre qu'on jette, se meut par ondes d'un bout à l'autre. Mais qui est-ce qui a jeté la pierre, quand nous voyons l'atmosphère s'agiter? Voilà ce qu'on ne sait que fort imparfaitement, et ce qu'il est impossible, en effet, de bien déterminer. Tout ce qu'on peut dire, c'est qu'entre les principales causes des vents, il faut compter le froid qui condense l'air, le chaud qui le raréfie, et qui, par conséquent, lorsqu'ils ne règnent que dans une partie de l'atmosphère, doivent changer le mouvement et souvent la direction de cette partie. La portion d'air qui est condensée, pousse et pénètre celle qui est rare : de même une portion d'air qui est rare, laisse un libre passage à celle qui est plus dense.

Des exhalaisons qui s'amassent et qui fermentent ensemble dans la moyenne région de l'air, peuvent encore occasionner des mouvemens dans l'atmosphère, et comme ces fermentations ne peuvent être que des explosions subites et intermittentes, on ne doit pas être surpris de voir les vents qu'elles produisent souffler par secousses et par bouffées. Ces fermentations arrivent très-fréquemment dans les grottes souterraines, par le mélange des matières grasses, sulfureuses et salines qui s'y trouvent : aussi plusieurs auteurs ont-ils attribué les vents accidentels à ces sortes d'éruptions vaporeuses. On cite encore l'abaissement des nuages, leurs jonctions et les grosses pluies, comme autant de causes qui font naître ou qui augmentent le vent ; et en effet une nuée est souvent prête à fondre par un temps calme, lorsqu'il s'élève tout-à-coup un vent impétueux; la nuée presse l'air entr'elle et la terre, et l'oblige à s'écouler promptement.

La force du vent, comme celle des autres corps, dépend de sa vitesse et de sa masse, c'est-à-dire, de la quantité d'air qui se meut ; ainsi le même vent fait d'autant plus d'effort, que l'obstacle sur lequel il agit lui présente directement plus de surface : c'est pour cette raison, qu'on déploie plus ou moins les voiles d'un vaisseau, qu'on habille plus ou moins les ailes d'un moulin à vent, et que les arbres sont moins sujets l'hiver que l'été à être rompus par la violence des vents, parce que dans la première de ces deux saisons, n'étant point garnis de feuilles, ils leur donnent moins de prise.

Si les vents par leur vitesse, par leur masse et par leur direction, causent quelquefois de grands ravages; s'ils enlèvent des montagnes de sables, s'ils soulèvent des flots, s'ils contribuent à exciter les tempêtes et les ouragans, s'ils renversent des maisons, déracinent des arbres, etc. il nous procurent aussi des avantages bien capables de nous faire oublier ces tristes et terribles effets. Ce sont eux qui transportent les nuages pour arroser et fertiliser les différentes parties de la terre; ce sont eux qui les dissipent pour faire succéder le calme à l'orage ; c'est par ces mouvemens et ces agitations que l'air se renouvelle et se purifie, et que le chaud et le froid se transmettent d'un pays à l'autre. Il arrive aussi quelquefois que nous

ENTRETIEN VII.

perdons au change : car si le vent vient d'un lieu mal-sain, il en apporte les mauvaises qualités, et sert de véhicule à la contagion ; mais ce sont des cas particuliers et assez rares. Lorsque l'été règne dans notre hémisphère, le vent du nord vient de temps en temps modérer l'excès de la chaleur, comme durant l'hiver le vent du midi vient tempérer l'excès du froid. Sans les vents, que feroit la navigation ? Quels services ne tirons-nous pas des moulins à vent pour moudre le grain, extraire l'huile des semences, fouler les draps, scier les planches, broyer les couleurs ou autres matières, etc. ? En un mot, le secours du vent est si commode, son utilité nous est si bien connue, que quand il n'en fait pas, nous nous en procurons artificiellement : on agite l'air avec un éventail, ou autrement, pour se donner du frais ; le forgeron se sert d'un soufflet pour animer son feu, et le boulanger nettoie son blé, en le faisant passer devant une espèce de roue garnie de quatre volans qu'il fait tourner pour jeter l'air dessus, et emporter la poussière.

De temps en temps on observe dans l'atmosphère des phénomènes surprenans, que l'on appelle *météores;* mais avant de vous en parler, mes chers amis, il est nécessaire de vous dire un mot du feu et de la lumière.

La nature du feu se dérobe à notre connoissance ; et tout ce qu'on peut dire de cet élément, ne concerne guère que les effets qu'il produit sur les corps. On conjecture, avec beaucoup de fondement, que le feu est un fluide, mais un fluide qui ne cesse jamais de l'être, et qui probablement est la principale cause de toute fluidité ; puisque c'est par son action que les parties des corps se soulèvent, qu'elles se détachent les unes des autres, et qu'elles jouissent de cette mobilité respective qui distingue les corps fluides d'avec ceux que l'on appelle solides.

Les parties du feu doivent être extrêmement subtiles, puisqu'il est impossible de les apercevoir et de les saisir solidement ; elles doivent être extrêmement rares, puisqu'il est impossible de les condenser, et que d'ailleurs elles détruisent toute espèce de condensation : elles doivent être extrêmement subtiles et prodigieusement dures, puisqu'elles pénètrent tous les corps, que rien ne leur résiste, et qu'elles résistent à tout.

Le feu est un corps, puisqu'il occupe un espace, qu'il se porte en tout sens, et qu'en se développant il se meut. Sa mobilité doit être prodigieuse, puisqu'il imprime un mouvement rapide aux parties des corps sur lesquels il agit. La réflexion de ce fluide, produite par les miroirs ardens, est une preuve de sa solidité. Il est pesant, puisque quand il s'unit en grande quantité aux corps, et qu'il sallie avec eux, il augmente leur poids, quoiqu'à la vérité cette augmentation puisse venir aussi des particules alimentaires du feu, qui pénètrent avec lui dans les pores des corps.

Quand par l'action du feu, les corps perdent leur solidité et se liquéfient, on dit qu'ils tombent en *fusion*, ou en *résolution*. Lorsque les corps sont en fusion, ils ont absorbé toute la quantité de matière ignée qu'ils peuvent recevoir, et ils ne deviennent pas plus chauds, quoiqu'on les expose plus long-temps à la violence du feu. Mais alors les parties les plus subtiles de ces corps, telles que les parties aqueuses et oléagineuses, se volatilisent, et en se dissipant dans l'atmosphère, produisent des vapeurs qu'on appelle *exhalaisons*. Ces parties, en s'évaporant, emportent avec elles un peu de feu, et forment une autre espèce de fluide sensible et élastique, que nous connoissons sous le nom de *fumée*. Lorsque les molécules de ce dernier fluide se sont rassemblées, elles forment une masse légère et rare que l'on appelle *suie*. Mais lorsque ces parties deviennent plus volatiles, qu'elles s'élèvent en grande abondance, qu'elles emportent avec elles une plus grande quantité de particules ignées, elles forment ce que nous appelons la flamme; à une atmosphère composée, surtout des parties aqueuses qu'elles repousse de son sein, et qui s'élèvent en fumée, la flamme s'élève elle-même; parce qu'elle est plus légère que l'air : elle a la forme d'un cône, c'est-à-dire, qu'elle finit en pointe, dont la base qui est sa partie la plus large, repose sur ce qui lui sert de nourriture ; et ce cône est vraisemblablement formé d'un côté par la pression de l'air qui environne la flamme, de l'autre par l'effort que fait la flamme pour fendre la masse d'air qui s'oppose à son expansion.

Lorsque les parties subtiles des corps se sont évaporées, les plus grossières, qui sont pour l'ordinaire composées de terres, de sels et de plusieurs autres matières hétérogènes, sont à la vérité propres à recevoir et à conserver la matière ignée; mais elles ne peuvent lui fournir aucune subsistance. On les appelle *cendres*, ou *chaux* : elles se touchent à peine les unes et les autres ; c'est une poussière très-tenue, dont toutes les parties n'ont aucune adhérence, ou ne s'attirent que très-foiblement.

Quoique le feu soit capable de tout détruire et de tout dissoudre, il est répandu partout; dans l'air que nous respirons, dans la terre sur laquelle nous marchons, dans toutes les substances que nous touchons ou qui passent dans nos corps par forme d'aliment; il est au-dedans de nous-mêmes, et nous n'avons pas un grain pesant de chair ou d'os, qui n'en soit intimement pénétré. Quelquefois il paroît comme enchaîné et comme engourdi dans les corps; mais il est facile de le réveiller et de l'exciter par un mouvement rapide, ou ce qui est à-peu-près la même chose, par le frottement des corps. Une corde que l'on fait aller et venir avec violence autour d'un arbre, s'échauffe, s'enflamme. On éprouve une chaleur quelquefois très-vive quand on s'est frotté fortement les mains ; les ouvriers qui travaillent en plein air, dans une saison froide, raniment leur chaleur en se battant le corps avec les bras.

Le feu le plus pur que nous connoissons jusqu'à présent est celui du soleil : le feu terrestre a besoin de nourriture, et il s'éteint aussitôt qu'elle lui manque.

La matière ignée raréfie tous les corps qu'elle pénètre, et par conséquent augmente leur volume ; mais dès que l'action de cet élément commence à se ralentir et à tendre au repos, ces corps se refroidissent, se condensent, diminuent de volume par degrés. Or, comme le soleil échauffe tous les jours notre hémisphère, et que la terre devient plus froide lorsque cet astre a disparu, il suit naturellement que tous les corps qui se rencontrent sur la surface de notre globe, ont un plus grand volume le jour que la nuit.

Nous éprouvons que les corps sont froids quand ils contiennent moins de feu que les nerfs qui appartiennent à l'organe du tact.

Le froid absolu seroit la privation de toute matière ignée ; mais nous ne connoissons point de froid absolu, parce que nous ne connoissons aucun corps qui soit privé de matière ignée.

Pour découvrir les différens degrés de la chaleur et du froid, on a imaginé un instrument fort utile, que M. de Réaumur, Physicien fameux, a singulièrement perfectionné, et qu'on appelle *thermomètre*. C'est une tube de verre rempli de mercure ou de tout autre fluide susceptible d'une dilatation et d'une condensation sensibles. Ce tube qui est fermé hermétiquement et terminé par une boule de la même matière, est placé sur une planche où sont marqués les différens degrés et les variations de la chaleur et du froid. Plus il fait chaud, plus le mercure monte, parce que son volume augmente par la dilatation ; plus il fait froid, plus il descend, parce que son volume diminue par la condensation, suites naturelles de la présence où de l'abandon des particules ignées.

Le thermomètre a enrichi la physique d'un grand nombre de découvertes. Il nous a appris, par exemple, que dans les caves profondes, comme dans les autres souterrains, il ne fait ni plus chaud en hiver, ni plus froid en été que dans toutes les autres saisons de l'année ; que l'eau qui bout long-temps ne devient pas plus chaude qu'elle ne l'étoit après les premiers bouillons ; que dans les pays les plus chauds, sous la ligne équinoxiale, la plus grande chaleur n'excède pas celle que nous éprouvons quelquefois dans nos climats tempérés, etc.

Les thermomètres que l'on place dans les endroits renfermés, ne peuvent indiquer que la température du lieu où ils sont, ce qui est quelquefois nécessaire pour donner à la chambre d'un malade, à une serre, etc. le degré convenable de chaleur; on peut connoître la différence qu'il y a, quant au fond, entre l'air du lieu qu'on habite et celui qu'on doit respirer en sortant. Il faut observer qu'en regardant la liqueur pour savoir au juste à quel degré d'élévation elle est, il est nécessaire de placer l'œil à la même hauteur; car s'il est plus haut, on jugera la liqueur moins élevée qu'elle ne l'est en effet; s'il est plus bas, cette même liqueur paroîtra trop haute.

On appelle *lumière* tout ce qui procure à l'âme la faculté de voir par le moyen des yeux. Quoique le feu éclaire lorsqu'il est enflammé, on ne sait cependant si cet élément et la lumière sont une même et unique chose. Tout ce qu'on peut dire, c'est que la lumière est un véritable corps, qui jouit des propriétés qui conviennent au corps, un fluide très-subtil, dont par conséquent les parties n'ont qu'une foible cohésion entr'elles ; et sa mobilité doit être prodigieuse, puisqu'elle parcourt en une minute plus de quatre millions de lieues, en partant du soleil. Elle doit être bien pénétrante, puisqu'elle se fait jour à travers les diamans, les perles, les verres, dont les pores sont si petits, qu'on ne peut les distinguer à l'aide des meilleurs microscopes. La rapidité avec laquelle elle se meut, nous empêche d'apercevoir son mouvement progressif. Elle s'échappe de tout corps lumineux par des lignes droites qu'on appelle *rayons;* mais ces rayons se courbent et s'écartent un peu en passant dans l'air, ce qu'ils ne feroient pas, si l'espace qu'il parcourent étoit vide dans toute sa longueur, ou qu'il fut homogène et de même densité dans toute son étendue.

Il y a un grand nombre de corps qui s'imbibent pendant le jour de la lumière qui les éclaire, et qui luisent ensuite dans l'obscurité, sans qu'on les allume par le moyen d'un feu étranger : on les appelle, pour cette raison, *phosphores*, c'est-à-dire, *porte-lumière*.

On a vu quelquefois toute la viande d'une boucherie se couvrir de taches lumineuses. On voit souvent des restes de poissons briller au coin des rues ou dans les cloaques qui servent de décharge aux grandes cuisines : le poil des chats et celui de plusieurs autres animaux étincellent sous la main, surtout quand il fait froid : quantité de personnes ne peuvent se peigner dans l'obscurité, sans faire voir, sans entendre même sortir du feu de leurs chevelures. Ce sont des lueurs de cette espèce qui effraient les valets d'écurie, et qui leur font dire que certains chevaux sont pansés par des *esprits follets*. On a vu même de tout temps certaines vapeurs grasses ou spiritueuses, exhalées des corps vivans, s'enflammer comme d'elles-mêmes, et produire un feu si léger, qu'il n'étoit sensible que par sa lumière : on l'appelle *ignis lambens*. Il en est de même des bois tendres et morts, lorsqu'ils sont pourris en un certain point; et si l'on en croit quelques auteurs, ce phénomène est si puissant et si commun dans le Nord, que les voyageurs, pour marcher d'un pas sûr durant la nuit, font porter devant eux par leurs guides des morceaux de ces bois lumineux qui les éclaire suffisamment. De tous les phosphores, le plus remarquable, parce qu'il est le plus inflammable et le plus lumineux, est celui que l'on fait avec de l'urine.

Toutes les fois que la lumière rencontre un corps opaque, elle se réfléchit. Les corps les plus durs, les plus compactes, ceux qui sont susceptibles du poli le plus parfait et dont la couleur approche le plus du blanc sont les plus propres à cet effet.

Quand la lumière va frapper un corps opaque, solide ou fluide, on peut dire qu'elle se partage en trois parties, dont une se réfléchit régulièrement, affectant, après qu'elle a touché la surface réfléchissante, une direction qui a un rapport constant avec celle qu'elle avoit auparavant; un autre partie se réfléchit irrégulièrement en s'éparpillant de tous les côtés, à cause des inégalités qui se rencontrent indispensablement à la surface qui la renvoie, car il n'y en a aucune qui soit parfaitement polie; enfin une troisième portion s'éteint dans le contact, soit que les parties propres du corps qu'elle touche ne sont pas capables de lui rendre ou de lui laisser reprendre la force qu'elle perd en les heurtant, soit que son action pénètre dans les pores et s'y anéantisse. Suivant que ces trois parties de lumière l'emportent l'une sur l'autre par leurs quantités, les surfaces sur lesquelles les rayons tombent prennent différens noms. Nous appelons *sombres* ou *obscures*, celles qui absorbent beaucoup de lumière et qui en renvoient peu. Nous nommons *claires* ou *resplendissantes*, celles qui en réfléchissent de toutes parts et en grande quantité; et nous donnons le nom de *miroirs* à celle dont la plupart des rayons reviennent avec un certain ordre. Celles-ci se font à peine apercevoir, mais elles nous représentent distinctement les objets qui les éclairent; celles de la seconde espèce sont très-visibles, et ne font voir qu'elles-mêmes, les autres ne se font guère plus voir que les miroirs, mais elles n'ont pas comme eux la propriété de représenter les objets éclairés qu'on leur oppose.

Mon dessein n'est pas de vous parler de toutes les espèces de miroirs qu'on a imaginés, soit pour recueillir les rayons de la lumière, soit pour représenter les objets; des miroirs plans, par exemple, dont les meilleurs sont composés de glaces enduites par derrière d'un amalgame d'étain et de mercure, et qui retracent avec tant de fidélité les images des objets, leurs couleurs, leur grandeur, leurs distances et leurs mouvemens; je ne vous dirai rien non plus des télescopes, dont l'effet est de représenter les objets éloignés plus gros et plus distincts que dans leur situation naturelle ; ni des microscopes, qui prêtent un volume prodigieux aux objets les plus insensibles : l'intelligence des phénomènes que ces instrumens opèrent, exigeroit des notions que la multiplicité des matières sur lesquelles nous avons encore à nous entretenir, ne me permet pas de vous donner. Nous allons examiner en peu de mots les météores.

On peut distinguer trois sortes de météores : les uns qui brillent et qui éclatent à nos yeux, et que pour cette raison, on appelle *enflammés* ; les autres qui sont produits par les vapeurs que le soleil enlève, ou que la chaleur intérieure de la terre pousse dans l'atmosphère après que l'astre du jour s'est retiré, et que l'on nomme *météores aqueux* ; ceux enfin qui résultent des vapeurs et des exhalaisons combinées avec la lumière, et qui ont reçu le nom de *météores lumineux*.

Ces petites flammes connues sous le nom de *feux-follets*, parce qu'elles voltigent çà et là à quelques pieds de la terre, et que l'on voit assez communément, surtout à la fin de l'été, dans les endroits marécageux, dans les lieux où l'on a ramassé les cadavres, ou bien dans lesquels les matières sulfureuses et inflammables abondent ; ces autres flammes à-peu-près de la même grosseur et d'une pareille légèreté, et que l'on appelle *Castor et Pollux*, ou *feu Saint-Elme*, et que l'on voit particulièrement après un temps orageux s'élancer comme de petits oiseaux sur toutes les parties d'un navire qui est en mer, sans cependant rien embraser ; ces traces de lumières, qui se jettent d'un point du ciel à l'autre, ou qui se précipitent vers la terre, et que l'on appelle *étoiles tombantes*, parce que le vulgaire s'imagine que ce sont ces astres qui abandonnent les voûtes célestes pour s'élancer sur notre globe, ou pour changer de place ; ces nuées lumineuses qui brillent et éclatent quelquefois durant plusieurs nuits de suite du côté du Nord, et que pour cette raison on nomme *aurores boréales* ; ces globes d'une grosseur énorme, et d'un éclat souvent plus vif que celui de la lune, auxquels on donne le nom de *bolides*, et qui paroissent de temps en temps dans l'atmosphère, se brisent ensuite avec un terrible fracas, et répandent au loin une fumée épaisse, presque toujours accompagnée d'une odeur sulfureuse ; ces tourbillons de flamme que l'on aperçoit quelquefois dans l'air ; les éclairs que la chaleur occasionne pour l'ordinaire, et dont l'éclat se répand en un instant de tous côtés ; la foudre et le tonnerre lui-même, c'est-à-dire, cette flamme brillante et vive qui se fait voir tout-à-coup dans le ciel, et qui est accompagnée d'un bruit éclatant, sont des météores ignées ; et c'est sans doute à la matière électrique mise en mouvement par la chaleur, et à l'inflammabilité des exhalaisons qui se sont amassées dans l'atmosphère, qu'il faut principalement attribuer ces terribles phénomènes, bien capables d'é-

ENTRETIEN VII.

pouvanter le peuple ignorant, mais qui sont pour les savans des objets d'une louable curiosité.

Ce qu'on appelle foudre et tonnerre, est donc un phénomène d'électricité. Un nuage rempli de matière électrique mise en action, en rencontre un autre qui n'en est point ou presque point chargé ; aussitôt il se forme deux courans, l'un effluant et l'autre affluant, qui se rencontrent, qui se choquent, qui allument toutes les matières inflammables qui se trouvent sur leur passage : leur impétuosité, jointe à l'action de la flamme, produit dans l'air environnant une agitation rapide ; et de là naît une forte explosion ; un bruit, que tous les nuages voisins, que tous les échos répètent, se fait entendre ; un vent impétueux s'élève, et dure peu ; les vapeurs se ramassent, et tombent en pluie dont les gouttes sont très-larges ; et si la foudre prend son origine dans la plus haute région glaciale de l'atmosphère, ses vapeurs se changent en grêle de différente grosseur.

Pour l'ordinaire, la foudre tombe sur les endroits élevés, comme sur les tours qui sont fort hautes, sur lesquelles on plante des verges de fer pour y arborer des pavillons ; sur les églises élevées, qui sont ornées de plusieurs croix ou qui sont couvertes de métal ; sur les grands arbres : ainsi, il est beaucoup plus sûr de se tenir en pleine campagne pour se mettre à l'abri de l'orage.

Comme le son ne se transmet pas avec autant de promptitude que la lumière, on peut juger de l'éloignement ou de la proximité du tonnerre, par les momens qui s'écoulent entre celui où l'éclair vient éblouir notre vue, et celui où le bruit vient frapper notre oreille. S'il se passe une seconde entre l'un et l'autre, le tonnerre est à cent toises de nous ; à six cents toises, s'il y a six secondes : il est très-près, et il est permis de craindre, si le bruit et l'éclair se font sentir en même temps.

On a quelquefois recours au son des cloches pour écarter le tonnerre ; mais ce moyen est plus dangereux qu'utile : car des cloches de métal frappées par des battans de fer, et mises en vibration, sont plus exposées aux effets de l'électricité de l'air, que lorsqu'elles restent en repos : de sorte que la matière électrique est plutôt attirée que repoussée par le son des cloches. En 1718, le tonnerre tomba dans la Basse-Bretagne, le long des côtes qui s'étendent depuis Landernau jusqu'à St-Paul-de-Léon ; il se précipita sur vingt-quatre églises, et précisément sur celles où l'on sonnoit les cloches, tandis que les églises où l'on ne sonnoit point furent à l'abri de cet accident. *

---

* Cette catastrophe s'est renouvelée le 14 Juillet 1806, à *Carmagnole*, ville du département du Pô, où la foudre est tombée trois fois en deux minutes. Elle a frappé principalement l'hospice civil dont elle a percé

Le tonnerre a quelquefois des effets terribles ; mais aussi il nous procure de grands avantages. Il ébranle l'air, il le meut, il condense certaines nuées, il les réduit en eau, et fait tomber sur la terre une pluie qui porte la fécondité aux plantes, et qui contribue à la végétation ; il tempère la chaleur de l'atmosphère.

Nous savons par expérience, qu'il fait mourir les poulets renfermés dans les œufs que les poules couvent alors : peut-être produit-il le même effet sur les œufs de plusieurs insectes qui pourroient en fournir une trop grande quantité, et qui deviendroient nuisibles aux plantes et aux hommes.

Quand le soleil a cessé d'échauffer la terre et les eaux, l'air devient plus froid qu'elles. Alors la matière du feu, qui tend à se rejoindre toujours uniformément à la matière des autres fluides, passe de la terre dans l'air, et emporte avec elle les parties les plus subtiles des corps terrestres, qu'elle détache et qu'elle anime de son mouvement.

Si ces vapeurs sont encore voisines de la terre, elles se font sentir le soir, et on les désigne par le nom de *serein*. Le serein dure toute la nuit, dans les saisons et dans les climats où la terre s'échauffe suffisamment pendant le jour. Mais au soleil levant la chaleur commençant à renaître, l'air se dilate, se désaisit du serein, qui retombe en partie sur la terre, et reçoit le nom de *rosée*. Si le temps est froid, ce serein et cette rosée se glacent, et produisent sur les toits des maisons, sur les plantes et sur la terre, ce que l'on appelle la *gélée blanche*. Si les vapeurs ne s'élèvent ou ne retombent que lentement et en grande quantité, elles obscurcissent l'air, et produisent ce que nous nommons *brouillard*. Le brouillard est quelquefois chargé d'exhalaisons puantes et insalubres, qui deviennent la cause de différentes maladies, ou qui portent la contagion parmi les plantes. En hiver, les brouillards sont plus fréquens qu'en été, parce que le froid qui règne dans l'air condense promptement les vapeurs, et ne leur donne pas le temps de s'élever beaucoup ; si le froid augmente, le brouillard se gèle et s'attache aux branches des arbres, aux plantes sèches, aux cheveux des voyageurs, aux crins des chevaux, et généralement à tout ce qui s'y trouve exposé : c'est ce qu'on appelle *givre* ou *frimat*.

Quand les brouillards, ou les vapeurs qui sont propres à les former, peuvent s'élever assez haut, il s'en fait des amas qui flottent au gré des vents dans l'atmosphère : ce sont ces *nuées* que nous voyons suspendues de côté et d'autre au-dessus de nous ; et qui sont si variées par leurs figures, par leurs gran-

---

les toits, les voûtes et les murs, brisé les vitres et les boiseries, tué un malade dans son lit et blessé plusieurs autres. Il est à remarquer que pendant la durée de l'orage on avoit sonné les cloches d'une église voisine.

deurs, par leur vitesse, et même par leurs hauteurs ; car elles ne sont point toutes également élevées. Les unes vont se fondre sur les hautes montagnes, et contribuent beaucoup à entretenir les torrens et les fontaines ; les autres s'épaississent soit par l'action des vents qui les poussent les unes contre les autres, soit par la condensation de l'air qui les porte ; alors leurs parties réunies en gouttes deviennent trop pesantes, et font, en tombant, ce qu'on appelle la *pluie*. Quand les gouttes sont très-petites, la pluie qu'elles forment est très-fine, et s'appelle communément *bruine*. Les refroidissemens qui surviennent dans la région des nuages, sont souvent assez considérables pour geler les vapeurs : alors elles tombent en *neige* ou en *grêle*; en neige, si la congélation saisit les vapeurs avant qu'elles se soient réunies en grosses gouttes ; en grêle, si les particules d'eau ont le temps de se joindre avant que d'être prises par la gelée.

On a vu, quoiqu'assez rarement, tomber en forme de pluie ou de grêle, des matières qui n'étoient point de l'eau : on a vu, par exemple, des pluies de soufre, des pluies de sables, etc. C'étoit le vent qui enlevoit ces matières, et les laissoit tomber à une certaine distance du lieu où il les avoit prises. Mais il faut se défier de tout ce qu'on dit des pluies de crapauds, de sang, de grains, de pierre, etc. Toutes ces substances sont trop pesantes pour s'élever et se soutenir comme les vapeurs au milieu de l'atmosphère.

La pluie lave et purge l'air, en précipitant avec elle toutes les exhalaisons qui s'y amassent, et qui pourroient devenir très-dangereuses. Elle rafraîchit l'atmosphère, et modère la chaleur, qui nous incommode souvent dans certaines saisons. C'est à elle surtout que la terre doit sa fertilité : si elle manque et que rien n'y supplée, tout devient aride dans les champs, et leur culture demeure sans succès ; mais lorsqu'elle les arrose modérément, elle amollit la terre, elle développe les germes, elle réunit les principes de la sève, et lui sert de véhicule pour l'introduire dans les racines, et pour la distribuer à la tige et aux branches. Comme les vapeurs qui doivent retomber en pluie, élèvent avec elles, ou rencontrent dans l'atmosphère les parties les plus subtiles de toutes ces substances que la nature fait entrer dans la composition des mixtes, les sels, les soufres, les huiles, etc. les nuages agités par les vents, transportent tous ces principes d'un lieu dans une autre, et les distribuent de manière qu'ils ne tarissent jamais.

Cependant les pluies ont quelquefois de très-mauvais effets. Lorsqu'elles sont trop abondantes, trop durables, ou chargées d'exhalaisons malignes ; lorsqu'elles tombent hors de saison, elles retardent les progrès de la végétation et la maturité des fruits ; elles pourrissent les moissons, et font germer le grain sur les champs ; elles font périr le gibier ; elle gâtent les chemins ; elles rendent impraticable la navigation des rivières , par les débordemens et les inondations qu'elles causent, et tous ces accidens incommodent le commerce et occasionnent la disette.

De tous les météores aqueux , le plus surprenant et le plus dangereux peut-être, est celui qu'on appelle *trombe*. On le voit assez souvent sur mer , et beaucoup plus rarement sur terre. C'est une nuée épaisse qui s'alonge de haut en bas , jette autour d'elle beaucoup de pluie ou de grêle, et fait entendre un bruit semblable à celui d'une mer violemment agitée. Elle renverse les arbres et les maisons partout où elle passe ; et lorsqu'elle s'abaisse sur un vaisseau , elle ne manque guère de le submerger. On croit , avec assez de vraisemblance , que c'est une nuée, qui, déterminée à tourner par la double impulsion de deux vents contraires, et dont les directions sont parallèles , prend la forme d'un tourbillon d'eau qui s'allonge et s'élargit plus ou moins, suivant la vitesse avec laquelle il tourne.

Pour bien entendre la raison des météores lumineux, il faut savoir d'abord que la lumière est composée de sept rayons différens, dont chacun est le principe d'une couleur particulière et qui n'appartient qu'à lui. Les sept couleurs qui naissent des sept rayons de la lumière, sont le *rouge*, l'*orange*, le *jaune*, le *vert*, le *bleu*, l'*indigo*, et le *violet*, et ces couleurs s'appellent *primitives* ; parce que c'est de leur mélange qu'on forme toutes les autres. Les couleurs n'appartiennent pas proprement aux objets qui frappent nos regards, mais à la lumière, puisque dès qu'elle cesse de briller, les objets n'ont plus de couleur. Ainsi un corps qui a la propriété de réfléchir tous les rayons de lumière, sans les décomposer, sans les séparer les uns des autres, paroît *blanc*; il paroît *noir*, s'il les absorbe tous sans en réfléchir aucun ; s'il réfléchit les rayons rouges plus copieusement que les autres, il paroîtra *rouge*. Raisonnez de même sur les autres couleurs, et ne les attribuez jamais aux corps qui paroissent colorés, mais toujours aux rayons de la lumière, qui seuls peuvent les produire.

Observez en second lieu , que les nuages qui sont suspendus dans l'atmosphère , peuvent être regardés tantôt comme des miroirs qui ont la propriété de retracer l'image des objets qui se rencontrent vis-à-vis d'eux ; tantôt comme un assemblage de corps dont les uns réfléchissent tel ou tel rayon plus abondamment que les autres , et par conséquent doivent paroître plus colorés par ce rayon que les autres corps qui les avoisinent, et qui n'ont pas la même propriété.

Par le moyen de ces notions, vous trouverez sans peine la raison de tous les phénomènes lumineux. Si vous apercevez autour du soleil, de la lune et des autres astres , une espèce d'anneau plus ou moins lumineux, plus ou moins coloré, que l'on appelle *couronne*, et que les anciens nommoient *halo*, comme ce météore ne paroît jamais dans un temps parfaitement serein, vous verrez qu'il est produit par des vapeurs, qui se rassemblant les unes avec les autres, font subir aux rayons de la lumière qui les frappent, une réfraction ou une répulsion qui souvent les divise et les sépare en leurs couleurs.

Si quelquefois vous remarquez dans le ciel de ces faux soleils que l'on appelle *parhélies*, ou de ces fausses lunes que l'on peut nommer *paraselènes*, et qui se montrent de temps en temps au nombre de trois ou de quatre, souvent durent plusieurs heures, vous reconnoîtrez aussitôt que ce sont autant d'images du soleil ou de la lune, que réfléchissent des nuages ou des vapeurs situés vis-à-vis de ces deux astres.

Enfin, si lorsqu'ayant le dos tourné au soleil, et regardant une nuée, qui fond en pluie, tandis que cet astre, élevé à une certaine hauteur sur l'horizon, porte son éclat contre elle, vous découvrez un ou plusieurs de ces cercles brillans que l'on appelle *iris* ou *arc-en-ciel*, les sept couleurs dont vous les verrez décoré vous feront connoître aussitôt que ce phénomène naît de la décomposition des rayons de la lumière.

ENTRETIEN VIII.

Idée générale du globe terrestre, et de tout ce qu'on y remarque.

Eugène. Après avoir contemplé tout ce qui se passe au-dessus de nos têtes, ne seroit-il pas temps de fixer nos regards sur le globe que nous habitons? Qu'est-ce que la terre? Qu'est-ce que la mer? D'où viennent ces ruisseaux limpides qui serpentent dans les prairies? Pourquoi ces énormes montagnes dont la cime se perd dans les nues?

Eraste. Voilà bien des questions, mon cher ami; je vais tâcher d'y répondre; et comme les eaux couvrent la plus grande partie de notre globe, c'est par elles que nous allons commencer.

L'eau en général, est un corps fluide, liquide, humide, insipide et sans odeur, du moins quand il ne contient pas des parties hétérogènes; limpide, diaphane, sans couleur, très-volatil, qui ne peut brûler dans le feu, mais au contraire qui l'éteint ordinairement.

L'eau peut perdre sa fluidité; ce qui arrive lorsqu'un grand froid s'empare de toutes ses molécules, et alors elles forment un corps transparent que l'on appelle *glace*.

Tandis que l'eau est pure, elle est partout la même; mais

comme elle a la propriété de s'unir à un très-grand nombre de substances différentes, on ne la trouve jamais dans cet état, elle est toujours mêlée de parties hétérogènes qui lui donnent des propriétés particulières. Il y a des fontaines dont les eaux sont chaudes, ce qui vient des feux souterrains au-dessus ou auprès desquels elles se trouvent; il y en a dont les eaux s'enflamment, et qui peuvent allumer des flambeaux lorsqu'on les approche de leur surface; il y en a dont l'eau change la couleur des cheveux de ceux qui en boivent; il y en a dont l'eau ébranle et fait tomber les dents; et l'on en voit qui produisent un effet contraire : on en trouve dont les eaux sont des poisons mortels; il y en a qui changent le fer en cuivre; on en voit dont l'eau se durcit lorsqu'on la tient dans des vases, et l'on prétend que les murs de la ville de Lima, capitale du Pérou, sont bâtis de ces sortes de pierres. Dans ce même royaume, on trouve auprès d'une ville appelée *Guancavelica*, une espèce d'eau qui se change en une pierre un peu jaune, qui devient transparente lorsqu'on la polit. Il est très-commun de trouver des fontaines et des rivières qui pétrifient plus ou moins promptement les divers corps qu'on y fait séjourner; mais ce n'est pas l'eau, en tant qu'eau, qui produit tous ces effets : on doit les attribuer aux substances étrangères qu'elle amasse en filtrant au travers des terres, et qui se combinent avec elle.

Il n'est pas nécessaire de vous dire combien l'eau est utile: elle sert de boisson à tous les animaux; elle délaie et dissout les alimens; elle est la cause du goût; car il nous est impossible de goûter ce qui est sec; elle est le véhicule de toute partie nutritive qu'elle charrie dans toute l'habitude du corps; elle entretien la vie animale, en rendant le sang fluide et propre à la circulation; elle est la cause de la végétation des plantes, il n'y auroit ni pierres, ni cailloux, ni perles, si l'eau, en se mêlant avec certaines terres, ne se changeoit en un suc pierreux, qui, s'insinuant en d'autres terres, s'y arrête et se convertit avec elle en une seule masse, d'où naissent les cailloux, les pierres, les marbres et les rochers, dont les figures sont si variées. L'eau nous sert à nettoyer quantité de corps; elle nous fournit des bains salutaires, non-seulement parce qu'ils lavent le corps et emportent toutes les ordures qui s'attachent à sa surface, mais encore parce que l'eau, en pénétrant dans les roues de la circulation, ramollit les fibres, et détruit leur trop grande rigidité; elle soulage ceux qui sont attaqués de la goutte; elle guérit les rhumatismes et une multitude d'autres maladies. Elle forme les pluies qui arrosent, fertilisent et rafraîchissent notre globe : les pluies et les neiges qui s'arrêtent et se fondent sur le sommet des hautes montagnes, ou qui tombent dans les plaines et les vallées, pénètrent au travers des terres, coulent sur des lits de sable ou de glaise, s'amassent dans les lieux propres à la retenir, et donnent naissance à la plus grande partie des fontaines.

Je dis la plus grande partie ; car il est certain qu'il y a des rivières, des sources qui tirent leur origine des eaux de la mer qui se filtrent, comme les pluies et les neiges fondues, au travers des terres; il y en a aussi qui naissent en même temps de toutes ces causes. Enfin c'est l'eau qui porte ces vaisseaux chargés de marchandises qui nous font entrer en commerce avec les nations les plus éloignées, et qui nous font jouir des trésors que la nature sembloit avoir cachés aux extrémités de la terre ; c'est l'eau qui met en mouvement les roues des moulins et une multitude de machines si utiles à la société; elle est l'élément d'un nombre prodigieux d'animaux de toute espèce qui fournissent à l'homme, par le moyen de la pêche, une nourriture saine et facile.

EUDOXIE. Voudriez-vous bien nous apprendre quelque chose de plus particulier sur la mer et sur les poissons qui l'habitent ?

ER. La mer occupe presque la moitié de notre globe, et contient assez d'eau pour couvrir toute la surface de la terre à la hauteur de six cents pieds. Elle est si profonde, qu'il y a des endroits où il n'a pas été possible jusqu'ici de la sonder. Le sel dont ses eaux sont imprégnées, fait à-peu-près la quarantième partie de son volume; elles sont encore remplies d'une huile bitumineuse, et d'une quantité d'autres matières amères ou corrosives, qui lui donnent un goût désagréable, et qui la rendent mal saine.

On trouve dans son fond une multitude de plantes, du sable, du gravier, souvent de la vase, quelquefois de la terre ferme, des coquillages, des rochers, des sources d'eaux douces, des fontaines d'eaux chaudes, des vallées, des montagnes ; en un mot, le lit immense dans lequel elle repose, ressemble en tout à la terre que nous habitons.

La mer voit éclore à chaque saison plus d'animaux que la terre n'en nourrit. Quand on examine les poissons, il semble qu'ils n'ont qu'une tête et une queue : on ne leur voit ni pieds ni bras. Leur tête même n'a point de mouvement libre, et on les croiroit privés de tout ce qui est nécessaire à la conservation de leur vie. Mais avec si peu d'organes extérieurs, ils sont plus agiles, plus prompts, plus remplis d'artifices, que s'ils avoient plusieurs mains et plusieurs pieds ; et l'usage qu'ils font de leur queue et de leurs nageoires les pousse comme des traits, et semble les faire voler.

Comme le fond de la mer ne produit pas autant de plantes que la terre, le peuple innombrable qu'elle renferme dans son sein est contraint de se dévorer mutuellement pour subsister ; et bientôt ils seroient détruits, si la fécondité prodigieuse ne surpassoit infiniment ses besoins. D'ailleurs, la plupart des poissons, lorsqu'ils sont petits, sont plus alertes et plus prompts à la course que les grands ; et pour échapper à leur poursuite, par une espèce de prévoyance admirable, ils se réfugient dans des lieux où l'eau basse ne laisse aucun accès à leurs persécuteurs affamés.

En considérant les poissons de la mer, (car je ne vous parlerai point de ceux que nous fournissent les rivières et les étangs, tels que la truite, la carpe, le brochet, la tanche, la perche, etc.) on peut se demander comment il arrive qu'au milieu d'un élément si chargé de sel et d'autres matières aussi pénétrantes, ils jouissent d'une vigueur et d'une santé parfaites, sans contracter aucune qualité malfaisante, aucune saveur désagréable ?

Une chose non moins étonnante, c'est que les poissons les plus propres à l'usage de l'homme, sont précisément ceux qui s'approchent le plus des côtes, comme pour s'offrir à lui ; tandis que beaucoup d'autres qui seroient inutiles ou dangereux, affectent de s'éloigner. Il y en a qui, après s'être long-temps cachés pour multiplier et pour croître, accourent en foule, lorsqu'ils ont acquis une certaine grandeur ; et se précipitent à l'envi dans les filets et dans les barques des pêcheurs. Enfin on en voit qui se jettent dans l'embouchure des fleuves, et qui les remontent jusqu'à leur source, comme pour communiquer les avantages de la mer aux pays qui en sont éloignés.

Les principaux poissons que la mer nous fournit et que nous recherchons le plus, sont la morue et ses espèces, savoir ; le cabillou, le dorsch et la langue, le hareng, le maquereau, la baleine, le walrus, les sardines, les anchois, l'esturgeon, le saumon, les marsouins, le veau de mer, le thon, etc. et un grand nombre de ceux qui vivent dans les écailles, comme les huîtres, les moules, les bomars et les tortues. Tous ces poissons forment une branche de commerce très-importante.

La morue et ses espèces se trouvent dans la mer du Nord, sur les côtes orientales et occidentales de l'Ecosse, au nord de l'Irlande, et particulièrement dans l'Amérique septentrionale, au grand banc de Terre-Neuve. On peut juger de l'utilité de ce poisson et du produit que procure la pêche qu'on en fait, quand on saura que la Bretagne seule consomme six mille quintaux de morue sèche, et douze cents milliers de morue fraîche, et qu'on vend à l'Espagne plus de quatre millions huit cent soixante-quinze mille quintaux de morues. Malgré cette consommation prodigieuse, on ne doit pas craindre que la morue manque, puisqu'on a trouvé dans un seul de ces poissons plus de neuf millions trois cent quarante-quatre mille œufs.

Le hareng n'est vil que par sa prodigieuse abondance. Il parcourt les mers qui environnent l'Angleterre, l'Ecosse et l'Irlande, l'Irlande, les côte de Norwége, et la grande pêche se fait aux environs des îles de Schetland. La Norwége fournit trois ou quatre cents mille barils de harengs, dont chacun en contient douze cents, et qui, évalués à un écu pièce, font un revenu de près d'un million. Mais la pêche des Hollandais est infiniment plus considérable ; puisqu'elle leur produit au moins tous les ans trente millions d'écus ; aussi l'appellent-ils l'âme et le nerf de leur république.

Le maquereau, dont la pêche n'est pas lucrative, parce qu'elle est moins abondante, se trouve dans différens endroits de l'Océan, mais particulièrement vers les côtes de France et d'Angleterre : on le pêche depuis le mois d'Avril jusqu'à celui de Juillet ; et comme les précédens, on le mange *frais* ou *salé*.

La baleine est un poisson d'une énorme grandeur et d'une singulière utilité. Il n'y a que sa langue qu'on puisse manger. Le reste du corps produit cent et quelquefois cent vingt-huit barriques d'huile, qui sert à brûler, à faire le savon, à préparer la laine des drapiers, à adoucir les cuirs, délayer les couleurs, etc. Les barbes ou fanons qui sont à ses mâchoires, sont employées à faires des corps de femmes, des buscs, des parasols, et beaucoup d'autres menus ouvrages. Il n'y a pas jusqu'à son excrément dont on ne fasse usage pour teindre en rouge. Il y a une autre espèce de baleine, que l'on appelle *cachalot*, et qui fournit cette drogue que l'on appelle *blanc de baleine*, dont on se sert dans la médecine, et que la coquetterie emploie quelquefois pour se donner des attraits imposteurs, ou pour prêter à un visage suranné le coloris et la fraîcheur de la jeunesse.

La pêche de la baleine est la plus difficile et la plus périlleuse ; elle se fait sur les côtes de Groenland, d'Islande, de Norwége, de Finlande et dans le détroit de Davis. Les navires, chargés de trente ou quarante hommes d'équipage, et accompagnés de trois ou six chaloupes, attendent le passage de ces monstrueux animaux : un matelot placé au haut d'un mât, épie le moment où ils paroissent, et dès qu'il aperçoit la baleine, il avertit les hommes armés de harpons, qui sont des fers pointus à deux tranchans, recourbés comme un dard : ils partent à l'instant dans des chaloupes, et jettent leurs instrumens sur le monstre. L'animal blessé descend, et on lâche les cordes qui retiennent les harpons jusqu'à ce qu'il vienne sur l'eau. Alors la baleine est morte, et les pêcheurs s'en saisisssent.

Le walrus ou narval, que l'on appelle encore *la licorne*, est est un gros poisson qui habite, comme la baleine, dans les mers glaciales : la pêche s'en fait dans le même temps et de la même manière. La corne de cet animal, qui a depuis cinq jusqu'à quinze pieds, et ses dents, dont quelques-unes pèsent jusqu'à quatre livres, servent aux mêmes usages que l'ivoire.

Tome II. L

On tire de sa graisse, de l'huile qui sert à brûler, et qu'on emploie à beaucoup d'autres choses. Il y en a qui ont confondu ce poisson avec celui qu'on nomme *belunga*, et dont on tire cette colle de poisson qui nous vient en quantité de Russie, et surtout' d'Archangel.

La sardine se pêche dans l'Océan, et particulièrement sur les côtes de France. L'huile qu'on en ramasse, lorsqu'on les presse, sert à brûler et à graisser. La Bretagne en tire un grand profit : on prétend que cette pêche lui vaut plus de deux millions de livres.

La pêche des anchois se fait principalement sur les côtes de Catalogne et de Provence : on les sale, et on en remplit de petit barils depuis six jusqu'à vingt-cinq livres pesant.

L'esturgeon est un poisson de mer et de rivière, qu'on ne recherche que pour les œufs ; il y a tel esturgeon qui en fournit une centaine de livres. La plus grande pêche qui s'en fait est celle des Russes, à l'embouchure du Wolga, dans la mer Caspienne, principalement à dix milles au-dessous d'Astracan.

Le saumon est un poisson que l'on trouve en abondance sur les côtes d'Angleterre, d'Ecosse et d'Irlande, et aux environs de Terre-Neuve. Sa femelle s'appelle *beccard*. Il passe de la mer dans les rivières. Le Rhin et l'Elbe en ont beaucoup. On le mange frais, et on le conserve salé.

Le marsouin est un poisson fort gros, qui se pêche sur les côtes de France. On en mange la chair, quoiqu'elle ne soit pas fort bonne ; et l'huile qu'on en tire sert à différens usages.

Le thon est un grand poisson de passage, dont on trouve une quantité prodigieuse sur les côtes de Provence, aux mois de Septembre et d'Octobre.

La plupart des poissons à écailles ou à coquilles sont amphibies, c'est-à-dire, qu'ils vivent également sur la terre et dans l'eau. Telle est la tortue, qui donne quelquefois jusqu'à deux cents livres de chair bonne à manger, et dont la graisse, qui se conserve et peut suppléer au beurre, produit jusqu'à trente pintes d'huile. Cet animal est encore très-utile par rapport à ses œufs qu'il dépose dans le sable, quelquefois au nombre de plus de deux cent cinquante. Ces œufs sont fort gros, et on peut les garder.

Je ne finirois pas mes chers amis, si je voulois vous parler de tous les poissons qui peuplent les mers ; ainsi je ne vous dirai rien de l'espadon, que l'on appelle la *scie* ou l'*épée de mer*, parce qu'il porte au bout de la tête un grand os plat, assez semblable à une scie double, avec lequel il attaque et combat la baleine qui prend la fuite dès qu'elle l'aperçoit, ni du requin qui livre une guerre cruelle aux autres poissons, et qui peut dévorer une homme entier ; ni du poisson rouge, ainsi nommé, parce que ses écailles sont de cette couleur ; ni du poisson d'or, que l'on appelle de la sorte, parce qu'on diroit qu'on l'a chargé de ce précieux métal ; ni de ceux qu'on nomme *poissons volans*, parce qu'en effet il s'élèvent de l'eau et voltigent quelques instans dans les airs pour échapper à l'ennemi qui les poursuit ; ni de celui qui porte le nom de *galère*, parce que sa peau est arrangée de manière qu'elle lui sert de voile, et semble le faire voguer au gré des vents ; ni de la torpille, qui engourdit tout-à-coup la main de celui qui la touche ; ni enfin de cette espèce d'huîtres qui est connue sous le nom de *mère-perle*, parce qu'elles produisent les perles : chacune en donne dix à douze, dont les moindres pèsent dix grains ; on en trouvent qui pèsent jusqu'à cinquante grains. Je ne vous parlerai pas non plus de ces coquillages dont la figure, les couleurs et la grandeur sont si variées, dont le nombre est si prodigieux, et qui sont autant d'habitations pour une partie du peuple aquatique ; mais en terminant ce qui concerne l'élément qui nous fournit tant de richesses ; je ne dois pas oublier de vous dire un mot sur un phénomène qu'il nous présente.

Tous les jours les eaux de la mer sont portées deux fois de l'équateur vers les pôles, et reviennent deux fois des pôles vers l'équateur : c'est ce que l'on appelle le *flux* et le *reflux*, ou les *marées*. Ce mouvement est tellement lié avec celui de la lune, que tous les philosophes, à l'exception d'un petit nombre, l'ont toujours regardé comme un effet de l'action de cet astre sur la terre. Les marées croissent quand la lune s'approche de nous ; elles diminuent quand la lune s'en éloigne : tous les jours elles retardent de la même quantité que le passage de la lune par le méridien ; le même accord règne généralement entre toutes les variations du mouvement de la lune et celle de la marée ; cet astre est donc la principale cause du flux et du reflux de la mer. Mais comment l'action physique de la lune s'exerce-t-elle sur les eaux de la mer ? C'est ce qui partage encore aujourd'hui les disciples de Descartes et de Newton.

Les premiers, qui supposent que la terre, ainsi que toutes les autres planètes, est environnée d'un fluide très-subtil et très-actif qu'ils appellent tourbillon, attribuent l'effort de la lune sur les eaux de la mer, à la pression qu'elle exerce sur le tourbillon terrestre dans lequel elle nage, selon eux. La lune, disent-ils, est un corps d'une masse considérable, lorsqu'elle se trouve perpendiculaire aux eaux de la mer, elle rétrécit le canal du tourbillon, presse la matière qui le compose ; celle-ci fait effort, réagit en tout sens, et ne trouvant qu'un foible obstacle du côté des eaux de la mer, très-mobiles de leur nature, elle les oblige de s'abaisser au-dessous de la lune, et de s'élever vers les rivages. Lorsque l'astre comprimant est éloigné du méridien, les eaux reprennent leur équilibre, et quittent les rivages pour occuper leur première place. Tel est en général le système des Cartésiens; c'est d'après cette idée qu'ils rendent raison des autres phénomènes qui accompagnent les marées. On ne peut refuser à leur explication d'être fort ingénieuse; mais elle est contraire à l'expérience. Car, suivant eux, la mer doit s'étendre sur les rivages, et occuper un plus grand bassin; ou, ce qui est la même chose, le reflux doit arriver quand la lune est au méridien d'une plage de la mer : tandis que c'est alors que la mer abandonne ses riveges, s'accumule pour ainsi dire sur elle-même, rétrécit son bassin, et forme, en un mot, ce qu'on appelle le *reflux.*

Les Newtoniens raisonnent d'une manière qui paroît bien plus conforme à ce que l'on voit tous les jours. L'action de la lune sur les eaux n'est, selon eux, que l'effet de cette force attractive dont ils prétendent que sont doués tous les corps. Lorsque la lune est perpendiculairement au-dessus des eaux de la mer, elle les attire à soi, elle les oblige de s'élever jusqu'à une certaine hauteur, et de former une éminence dont le sommet répond au point du ciel qu'elle occupe en ce moment : mais les eaux qui sont sous la lune ne peuvent s'élever, que celles des rivages ne s'abaissent et ne se précipitent vers l'endroit de l'élévation, afin de rétablir l'équilibre, et c'est ce qui produit le flux.

Après ce passage de la lune, les eaux que cet astre tenoit suspendues, n'étant plus attirées doivent retomber par leur propre poids, et former, en retournant vers les rivages, ce qu'on appelle le reflux. Telle est en abrégé la manière dont les disciples de Newton expliquent l'action principale de la lune sur les eaux de la mer, et il faut avouer que ce système est si naturel, que sans lui, le mécanisme des marées est inconcevable; au lieu qu'avec lui on rend sans peine les raisons les plus plausibles de tous les phénomènes que nous offre cet admirable mouvement.

Outre ce que nous venons de dire, il y a encore dans les marées trois phénomènes principaux très-remarquables : le premier revient deux fois le jour, le second deux fois le mois, le troisième deux fois l'année. Tous les jours au passage de la lune par le méridien, ou peu de temps après, on voit les eaux de l'Océan s'élever sur nos rivages; à Saint-Malo cette hauteur va jusqu'à 49 pieds. * Parvenues à cette auteur, les eaux se retirent peu-à-peu; environ 6 heures après leur plus grande élévation, elles sont à leur plus grand abaissement; après quoi elles remontent de nouveau lorsque la lune passe à la partie

---

* La situation de cette ville dans un golfe, et l'obstacle que les côtes d'Angleterre opposent à l'écoulement des eaux, produisent cette prodigieuse élévation.

ENTRETIEN VIII.

inférieure du méridien ; en sorte que la haute et basse mer s'observent deux fois le jour, et retardent chaque jour de 50 minutes et demi, plus ou moins, comme le passage de la lune au méridien. Le second consiste en ce que les marées augmentent sensiblement aux temps des nouvelles et des pleines lunes, ou un jour et demi après, et l'augmentation et surtout très-sensible quand la lune est périgée. Enfin le troisième, est l'augmentation qui arrive vers les deux équinoxes ; en sorte que le cas où les marées sont les plus fortes de toutes, est celui d'une syzygie périgée qui arrive dans le temps de l'équinoxe, surtout à cause des vents.

Passons actuellement aux productions de la terre. Les philosophes les ont distribuées en trois grandes familles ; auxquelles ils ont donné le nom de *règne* : la première s'appelle *règne animal*; la seconde, *règne végétal* ; et la troisième, *règne fossile* ou *minéral*.

Les *animaux* sont des corps organisés, qui tirent leur aliment des trois règnes de la nature : ils ont la faculté de se mouvoir où bon leur semble ; ils sont doués de sentiment ; ils reçoivent différentes impressions des corps extérieurs ; différentes humeurs circulent dans toute l'habitude de leurs corps ; les unes servent à la nutrition des parties où elles abordent ; les autres, qui n'ont pas cet objet à remplir, s'échappent et se dissipent : l'animal vit tant que cette circulation a lieu.

Les *végétaux* sont des corps organisés, vivans, munis de vaisseaux, de valvules, d'enveloppes, de glandes ; ils s'attachent à la terre, comme à la source de leur subsistance, et en tirent une liqueur qu'on appelle *sève*. Tant que cette sève s'élève dans leurs canaux, ils végètent, ils poussent; ils vivent; ils périssent, dès qu'elle cesse de circuler ou qu'elle s'épanche.

Les corps qui font partie du règne *fossile*, sont composés de parties hétérogènes, du concours desquelles différens fluides, différentes masses solides de différentes figures, grandeurs et fermeté, prennent naissance. Tous ces corps n'ont ni organes, ni vaisseaux ; ils sont dépourvus de mouvement et de vie.

Eug. Ce que vous nous allez dire des animaux sera sans doute bien intéressant.

Er. Le règne animal se divise en six grandes familles : l'*homme*, les *quadrupèdes*, les *oiseaux*, les *poissons*, dont je vous ai parlé, et dont par conséquent je ne dirai plus rien ; les *amphibies* et les *insectes*.

L'homme est le seul de tous les êtres capables de connoître, et digne d'admirer. Dieu l'a fait spectateur de l'univers, et témoin de ses merveilles. Le souffle divin dont il est animé le rend participant des sublimes secrets de son Créateur ; et c'est par ce souffle sacré qu'il pense et réfléchit ; c'est par lui qu'il voit et lit dans le livre du monde, comme dans un exemplaire de la Divinité. Fait pour adorer celui qui l'a tiré du néant, il commande à toutes les créatures; vassal du ciel, roi de la terre, il ennoblit, il peuple, il enrichit, il embellit même l'empire que l'Eternel lui a donné. Tout en lui marque sa supériorité sur tous les êtres vivans; il se soutient droit et élevé; son front regarde le ciel : il présente une face auguste, sur laquelle est imprimé le caractère de sa puissance. Son port majestueux, sa démarche fière et hardie, annoncent la noblesse de son rang : il ne voit que de loin la terre, et semble la dédaigner; tandis que presque tous les autres animaux tristement courbés vers le globe, y cherchent une humble subsistance. Chez lui, le bras et la main ne sont point faits pour servir de piliers d'appui à la masse de son corps, mais pour exécuter les ordres de sa volonté, saisir les choses éloignées, écarter les obstacles, prévenir la rencontre et le choc de ce qui pourroit nuire, embrasser et retenir ce qui peut plaire, et l'offrir aux autres sens. En un mot, l'excellence de sa nature perce à travers toutes les parties de l'admirable machine qu'il anime. Tel est l'homme si on le considère du côté de sa destination primitive; mais qu'est-ce que ce roi si grand, si respecté, si l'on jette les yeux sur ce qu'il est devenu ? Mélange bizarre de bonté et de malice, de grandeur et de pusillanité, il ne nous présente que misère et que douleur dans son enfance; plus foible qu'aucun des animaux, il ne commence à vivre que pour commencer à gémir; sa vie incertaine et chancelante paroît devoir finir à chaque instant; il ne peut ni se soutenir ni se mouvoir. A peine est-il sorti de cet état précaire, que l'ignorance lui présente de nouveaux obstacles à vaincre : bientôt les passions surviennent; il frémit sous leur tyrannie; il les abhorre en les flattant; il se jette dans le crime en applaudissant à la vertu. Cette triste effervescence est-elle passée, l'âge viril lui suggère de vastes projets : l'ambition avide l'occupe et le tourmente; enfin la vieillesse s'approche, précédée et suivie d'une foule d'infirmités qui le dévorent tour-à-tour : il n'a pas vécu pour lui, que déjà la mort l'a précipité dans le tombeau.

Eud. Il y a un animal qui ressemble beaucoup à l'homme; c'est le singe : voudriez-vous bien nous en dire un mot ?

Er. On a entassé sous le nom de singes une multitude d'animaux d'espèce très-différens; mais on ne doit appeler ainsi que l'animal qui n'a point de queue, dont la face est applatie, dont les dents, les mains, les doigts et les ongles ressemblent à ceux de l'homme, et qui comme lui marche debout sur deux pieds. Or, il n'y a que trois sortes d'animaux qui aient ces propriétés, savoir; l'orang-outang, le pithèque et le gibbon.

Si on ne faisoit attention qu'à la figure, on pourroit également regarder l'orang-outang comme le premier des singes et

le dernier des hommes. Il y en a de deux espèces, le grand que l'on appelle *Pongo*, et le petit que l'on nomme *Jocko*. Ces animaux ont l'instinct de s'asseoir à table comme les hommes, de manger de tout sans distinction, de se servir du couteau, de la cuiller et de la fourchette pour couper et prendre ce qu'on leur sert sur l'assiette ; ils boivent du vin et d'autres liqueurs. On en a vu qui se faisoient entendre lorsqu'ils avoient besoin de quelque chose, qui se faisoient saigner lorsqu'ils étoient malades, et qui, ayant été saignés, montroient leur bras toutes les fois qu'ils se trouvoient incommodés, afin qu'on leur ouvrît la veine. On en a vu qui présentoient la main pour reconduire les gens qui venoient les visiter, qui se promenoient gravement avec eux et comme de compagnie, versoient eux-mêmes leur boisson dans un verre, et le choquoient lorsqu'ils y étoient invités, *pl.* 11, *fig.* 1 et 2.

Le pithèque n'a pas un pied et demi de hauteur, c'est le plus docile des singes. Le gibbon est bien plus grand ; mais ses bras sont aussi longs que son corps, en sorte que sans se courber il peut toucher la terre.

En disséquant ces trois espèces d'animaux, on trouve qu'ils ont une singulière conformité avec l'homme, et c'est une extrême ressemblance qui les a fait appeler *hommes sauvages* ou *satyres*, par les anciens. Mais quoique ces singes aient tant de rapport avec le roi de la terre, ils ont néanmoins une si forte teinture d'animalité pure et simple, qu'elle se reconnoît en chacun d'eux, et au moment de la naissance, et dans tout le cours de la vie. Ils n'ont ni la parole, ni la pensée, on ne leur trouve aucune intelligence, de quelque côté qu'on les envisage : ils imitent l'homme, non parce qu'ils le veulent, mais parce que, sans le vouloir, ils le peuvent ; en sorte qu'il n'y a rien de libre, rien de volontaire dans cette espèce d'imitation. Le corps de l'homme et celui du singe sont deux machines organisées de la même manière, et qui, par nécessité de nature, se meuvent à-peu-près de la même façon ; mais se mouvoir de même n'est pas agir pour imiter.

Il y a plusieurs autres familles de singes, comme les magots, les papions ou babouins, les mandrilles, les guenons ou singes à longue queue, etc. etc. Mais toutes ces espèces s'écartent plus ou moins de la ressemblance humaine, et d'ailleurs il vaut mieux vous parler d'animaux plus utiles et plus agréables. Commençons par ceux dont l'homme a changé l'état naturel, en le forçant à lui obéir ; qu'il fait servir à son usage, qui vivent en quelque sorte avec lui dans une même maison ; qui partagent, pour ainsi dire, sa société et ses travaux, ou fournissent à ses besoins, et que l'on appelle *animaux domestiques*.

Le *cheval* est de tous les animaux le plus utile et le plus beau. Plein de fierté et de courage, il supporte avec l'homme les fatigues de la guerre, et recherche avec lui la gloire des combats. Aussi intrépide que son maître, il voit le péril et l'affronte : il se fait au bruit des armes, il l'aime et se pénètre de l'ardeur qu'il inspire ; mais docile autant qu'impétueux, il ne se laisse point emporter au noble feu qui l'anime, il sait réprimer ses mouvemens ; il fléchit sous la main qui le guide ; et obéissant toujours aux impressions qu'il en reçoit, il se précipite, se modère ou s'arrête ; et n'agit que pour satisfaire celui qui le monte : c'est une créature qui renonce à son être, pour n'exister que par la volonté d'une autre ; qui sait même la prévenir ; qui, par la célérité et la précision de ses mouvemens, l'exprime et l'éxécute ; qui sent autant qu'on le désire, et ne rend qu'autant que l'on veut ; qui, se livrant sans réserve, ne se refuse rien, consacre toutes ses forces, s'excède, et meurt même plutôt que de cesser d'obéir. Son utilité ne se borne point au combat : il nous porte à la chasse, dans les courses, dans les voyages ; il fait voler ces chars brillans, que la vanité, le luxe et la mollesse ont mis au rang des choses nécessaires ; il traîne ces voitures qui transportent dans les différens pays les richesses du commerce ; il aide le laborieux cultivateur, soit en portant aux villes les fruits de ses travaux, soit en tirant la charrue : sa peau même, après sa mort, sert à différens usages, *fig.* 3.

Quels secours ne tirons-nous pas de l'âne ! Il vit de peu, et supporte long-temps la fatigue ; il dort moins, et, dans les pays chauds, il est meilleur et plus fort que le cheval : aussi mérite-t-il bien peu le mépris qu'on lui porte, *fig.* 4.

Après avoir servi au labour et au voiturage, le bœuf nous procure par sa chair un aliment très-nourrissant ; sa peau sert à faire des cuirs, ses os sont employés à fabriquer divers meubles ; du poil de sa queue, on fait le crin, et du poil court qui le couvre, on fait la bourre, et ces tapisseries qu'on nomme bergame ; sa corne sert à fabriquer des peignes, des lanternes, des tabatières, etc. Sa graisse donne du suif, ses boyaux servent à faire des moules pour battre l'or et l'argent, et les tendons de son cou servent à faire des soupentes de voitures. Cet animal précieux rend à la terre tout autant qu'il en tire : et même il améliore le fonds sur lequel il vit : il engraisse son pâturage ; au lieu que le cheval et la plupart des animaux amaigrissent en peu d'années les meilleures prairies, *fig.* 5.

La vache, qui nous sert presqu'aux mêmes usages que le bœuf, nous donne encore cette nourriture délicieuse et salutaire qu'on appelle lait, et dont on fait le beurre et le fromage.

Que ne pourrais-je pas vous dire de la brebis et du mouton qui nous fournissent de la laine ; de la chèvre qui nous donne le lait, et dont le poil est si utile ! *fig.* 6.

Eug. De tous les animaux domestiques, le chien est celui qui me plaît davantage.

Er. C'est le plus digne en effet d'entrer en société avec l'homme, puisqu'indépendamment de la beauté de sa forme, de la vivacité, de la force, de la légèreté, il a par excellence toutes les qualités intérieures qui peuvent fixer son estime. Il sacrifie tout ce qu'il a reçu de la nature au plaisir de s'attacher et au désir de plaire; il vient en rampant mettre aux pieds de son maître son courage, son industrie, ses talens; il attend ses ordres pour les exécuter; il le consulte, il l'interroge, il le supplie; un coup-d'œil lui suffit; il entend les signes de la volonté. Plus fidèle que l'homme, plus constant dans ses affections, nulle ambition, nul intérêt, nul désir de vengeance ne le tourmente; sa seule crainte est de déplaire: il est tout zèle, tout ardeur, tout obéissance. Plus sensible au souvenir des bienfaits qu'à celui des outrages, il ne se rebute pas par les mauvais traitemens, il les subit, les oublie, ou ne s'en souvient que pour s'attacher davantage; loin de s'irriter, ou de fuir, il s'expose de lui-même à de nouvelles épreuves; il lèche cette main, instrument de douleur qui vient de le frapper; il ne lui oppose que la plainte, et le désarme enfin par la patience et la soumission. Plus souple qu'aucun des animaux, dit le célèbre M. de Buffon, que je copie dans ce portrait du chien, non-seulement il s'instruit en peu de temps, mais même il se conforme aux mouvemens, aux manières, à toutes les habitudes de ceux qui lui commandent: il prend le ton de la maison qu'il habite! comme les autres domestiques, il est dédaigneux chez les grands, et rustre à la campagne; toujours empressé pour son maître et prévenant pour ses seuls amis, il ne fait aucune attention aux gens indifférens, et se déclare contre ceux qui par état ne sont faits que pour importuner: il les connoît aux vêtemens, à la voix, à leurs gestes, et les empêche d'approcher. Lorsqu'on lui a confié pendant la nuit, la garde de la maison, il devient plus fier, et quelquefois féroce; il veille, il fait la ronde, il sent de loin les étrangers; et, pour peu qu'ils s'arrêtent ou tentent de franchir les barrières, il s'élance, s'oppose, et par des aboiemens réitérés, des efforts et des cris de colère, il donne l'alarme, avertit et combat. Aussi furieux contre les hommes de proie que contre les animaux carnassiers, il se précipite sur eux, les blesse, les déchire, leur ôte ce qu'ils s'efforçoient d'enlever; mais content d'avoir vaincu, il se repose sur ses dépouilles, n'y touche pas, et donne en même temps des exemples de courage, de tempérance et de fidélité, *fig.* 7.

Eug. Voilà, je vous avoue, un portrait bien flatteur. Je voudrois bien savoir ce que vous pensez du chat?

Er. Le chat, dit encore M. de Buffon, est un domestique

infidèle, qu'on ne garde que par nécessité, pour l'opposer à un autre ennemi domestique encore plus incommode, et qu'on ne peut chasser ; et quoique cet animal, surtout quand il est jeune, ait de la gentillesse, il a en même temps une malice innée, un caractère faux, un naturel pervers que l'âge augmente encore, et que l'éducation ne fait que masquer. De voleur déterminé, il devient seulement, lorsqu'il est bien élevé, souple et flatteur comme les frippons ; il a la même adresse, la même subtilité, le même goût pour faire le mal, le même penchant à la petite rapine; comme eux, il sait couvrir sa marche, dissimuler son dessein, épier les occasions, attendre, choisir, saisir l'instant de faire son coup, se dérober ensuite au châtiment, fuir et demeurer éloigné jusqu'à ce qu'on le rappelle. Il prend aisément des habitudes de société, mais jamais des mœurs, il n'a que l'apparence de l'attachement ; on le voit à ses mouvemens obliques, à ses yeux équivoques : il ne regarde jamais en face la personne aimée ; soit défiance ou fausseté, il prend des détours pour en approcher, pour chercher des caresses auxquelles il n'est sensible que pour le plaisir qu'elles lui font. Bien différent de cet animal fidèle, dont tous les sentimens se rapportent à la personne de son maître, le chat paroît ne sentir que pour soi, n'aimer que sous condition, ne se prêter au commerce que pour en abuser, et, par cette convenance du naturel, il est moins incompatible avec l'homme qu'avec le chien, dans lequel tout est sincère, *pl.* 12., *fig.* 1.

Eug. Le nombre des animaux quadrupèdes doit être bien considérable ?

Er. Aussi me seroit-il impossible, mes chers amis, de m'étendre beaucoup sur chacun d'eux, à moins que vous ne voulussiez vous arrêter sur ce sujet durant plusieurs semaines.

Eug. Cette matière seroit bien digne d'une attention sérieuse : ne convient-il pas à un roi de reconnoître ses sujets ?

Er. Si je ne puis vous expliquer leurs qualités, leurs habitudes, leur propriétés, je puis au moins vous apprendre leurs noms : c'est ce que je vais faire, après quoi nous parlerons des oiseaux.

Outre le plaisir de la chasse que procurent le cerf, le daim, le chevreuil, le lièvre et le lapin, il nous fournissent ou des peaux très-utiles, ou des alimens délicats.

L'élan, qui participe du cheval et du cerf, donne une peau fort estimée, dont on fait un cuir très-fin et très-fort.

Les rennes, qu'on trouve dans les pays du Nord, courent avec une vitesse extraordinaire. On vient à bout de les apprivoiser, et on leur fait tirer des petits traîneaux. Leur peau sert à faire des habits et des couvertures, et leurs nerfs se filent, *fig.* 2.

Le loup, qui ressemble beaucoup au chien, quoiqu'il y ait entre ces deux animaux une mortelle antipathie, n'a rien de

bon que sa peau, dont on fait des fourrures grossières qui sont chaudes et durables. Du reste, désagréable en tout, ayant la mine basse, l'aspect sauvage, la voix effrayante, l'odeur insupportable, le naturel pervers, les mœurs féroces ; il est odieux, nuisible de son vivant, inutile après sa mort, *fig.* 3.

Le renard est fameux par ses ruses. Celui dont la peau est noire est le plus rare et le plus estimé ; sa graisse est bonne contre les engelures, *fig.* 4.

La loutre, dont la peau sert à faire de très-bonnes fourrures, est un animal vorace, de la grosseur du chat, et plus avide de poisson que de chair : aussi quitte-t-il peu le bord des rivières ou des lacs ; il dépeuple quelquefois les étangs, *fig.* 5.

La fouine a la physionomie très-fine, l'œil vif, le saut léger, les membres souples, le corps flexible, tous les mouvemens très-rapides ; elle saute et bondit plutôt qu'elle ne marche ; elle grimpe aisément contre les murailles qui ne sont pas bien enduites ; entre dans les colombiers, les poulaillers, etc.; mange les œufs, les pigeons, les poules, etc. ; en tue quelquefois un grand nombre, et les porte à ses petits. Elle prend aussi les souris, les rats, les taupes et les oiseaux dans leurs nids.

La marte, et surtout la marte zibeline qui ne se trouve guère qu'en Sibérie, donne une peau très-estimée. La commune est brune et jaune, la précieuse est noire.

Le furet poursuit les lapins, dont il est l'ennemi mortel, et sur lesquels il se jette avec fureur, quoique le moindre d'entr'eux soit quelquefois quatre ou cinq fois plus gros que lui, *fig.* 6.

La belette, malgré sa petitesse, est un animal redoutable aux poulaillers, aux colombiers, aux couleuvres, aux rats d'eau, aux taupes, aux rats et souris. L'espèce de belette, que l'on appelle *hermine*, donne une très-riche fourrure qui est blanche, excepté le bout de la queue qui est noir.

Je ne vous dis rien de l'écureuil, dont la jolie figure et la finesse sont encore rehaussées par une belle queue en forme de panache, qu'il relève jusque dessus sa tête, et sous laquelle il se met à l'ombre ; ni du rat et de la souris qui pénètrent dans une maison, et y apportent quelquefois le dégât ; ni du mulot, espèce de rat qui ravage les campagnes : il vaut mieux nous occuper d'animaux plus immortans, *fig.* 7.

La peau de l'ours est de toutes les fourrures grossières celle qui a le plus de prix, et la quantité d'huile que l'on tire d'un seul ours est fort considérable. Cet animal aime la solitude ; il est très-susceptible de colère, et sa colère tient toujours de la fureur et du caprice. Il ne se détourne pas de son chemin ; il ne fuit pas l'aspect de l'homme. Il a le sens de la vue, celui de l'ouïe et du toucher très-bons, quoiqu'il ait l'œil très-petit relativement au volume de son corps ; les oreilles courtes, la peau épaisse et le poil fort touffu ; enfin il a l'odorat excellent, et peut-être plus exquis qu'aucun autre animal, *fig.* 8.

Le castor, dont la peau sert à tant d'usages, habite de préférence sur les bords des lacs, des rivières et des autres eaux douces. Il se sert de ses pieds de devant comme des mains, et ceux de derrière lui servent de nageoires. Il nage beaucoup mieux qu'il ne court ; il aime la propreté et fuit les mauvaises odeurs, *pl.* 13, *fig.* 1.

Les castors se rassemblent en grand nombre sur les bords des rivières ou des lacs, pour former une espèce de république ; ils se construisent des cabanes et des digues, avec tant d'art et solidité, qu'on diroit que ces édifices sont l'ouvrage des hommes les plus industrieux et les plus habiles. Leur queue leur sert de truelle, pour appliquer une sorte de mortier qu'ils gâchent avec leurs pieds ; comme leurs dents sont très-dures et très-tranchantes, ils s'en servent pour abattre des arbres fort gros dont ils font les fondemens de leurs habitations.

Le lion est regardé comme le roi des quadrupèdes. Il n'est cruel que par nécessité, ne détruit qu'autant qu'il consomme ; il dédaigne souvent les petits ennemis, méprise leurs insultes et leur pardonne des libertés offensantes : on l'a vu donner quelquefois la vie à ceux qu'on avoit dévoués à la mort, en les lui jettant pour proie ; et, comme s'il se les fût attachés par cet acte généreux, leur continuer la même protection, vivre tranquillement avec eux, leur faire part de sa subsistance, se la laisser même enlever toute entière, et souffrir plutôt la faim que de perdre le fruit de son premier bienfait. Sa figure est imposante ; il a le regard assuré et la démarche fière. Il attaque tous les animaux, et est très-redouté de tous. Son rugissement est si fort, que quand il se fait entendre par échos, la nuit, dans les déserts, il ressemble au bruit du tonnerre. Le cri qu'il fait lorsqu'il est en colère, est encore plus terrible que le rugissement ; alors il se bat les flancs avec sa queue, il en frappe la terre, il agite sa crinière, qui est un long poil qui couvre toute la partie antérieure de son corps, et que la lionne n'a point ; il fait mouvoir sa face, remue ses gros sourcils, montre des dens menaçantes, et tire une langue armée de pointes si dures, qu'elle suffit seule pour écorcher la peau et entamer la chair, sans le secours des dents ni des ongles, qui sont après les dents, ses armes les plus cruelles. L'éléphant, le rhinocéros, le tigre et l'hippopotame sont les seuls animaux qui puissent lui résister, *fig.* 2.

Si nous voulons ne nous pas compter, l'éléphant est l'être le plus considérable de la nature. Il surpasse tous les animaux terrestres en grandeur. Au moyen de sa trompe qui lui sert de bras et de main, il peut enlever et saisir les plus petites choses comme les plus grandes, les porter à sa bouche, les poser sur son dos, les tenir embrassées, ou les lancer au loin. Plein

de docilité, susceptible de reconnoissance, capable d'un fort attachement, il s'accoutume aisément à l'homme, se soumet moins par la force que par les bons traitemens ; le sert avec zèle, avec fidélité, avec intelligence. Il vit long-temps, et jouit d'une force incroyable. Avec ses défenses, qui sont ce qu'on appelle l'ivoire, et dont plusieurs pèsent plus de cent vingt livres, il perce et terrasse le lion ; il fait trembler la terre sous ses pas : de sa trompe, il arrache les arbres ; d'un coup de son corps, il fait brêche dans un mur. Il est invincible par la seule résistance de sa masse, par l'épaisseur du cuir qui la couvre ; il peut porter sur son dos une tour armée en guerre, et chargée de plusieurs hommes ; seul, il fait mouvoir des machines et transporte des fardeaux que six chevaux ne pourroient remuer. Il a une adresse extrême : il ne casse ni n'endommage rien de tout ce qu'on lui confie ; il pose et arrange doucement des ballots, il essaye avec sa trompe, s'ils sont bien situés, et quand c'est un tonneau qu'il roule, il va de lui-même chercher des pierres pour le caller et l'établir solidement, *fig.* 3.

Après l'éléphant, le rhinocéros est le plus puissant des quadrupèdes. Le tigre est un animal terrible, qui n'est jamais rassasié de sang, et qui, remarquable par la variété de ses couleurs, donne une belle peau, dont on fait des housses, *fig.* 4. L'hippopotame est un gros animal amphibie, qui marche lentement et nage très-vite. Sa gueule est prodigieusement ouverte ; et d'un coup de dent, il brise les bateaux les plus forts ; souvent il les soulève, et les tient sur son dos, malgré leur poids énorme. Sa peau très-épaisse et très-dure est presque impénétrable.

Terminons cet article des quadrupèdes, par dire un mot du chameau et du dromadaire, qui sont des races de la même espèce, dont toute la différence consiste en ce que le chameau porte deux bosses sur le dos, au lieu que le dromadaire n'en a qu'une. En réunissant sous un seul point de vue toutes les qualités du chameau et tous les avantages que l'on en tire, on ne pourra s'empêcher de le reconnoître pour la plus utile et la plus précieuse de toutes les créatures subordonnées à l'homme. Il vaut mieux que l'éléphant, et peut-être vaut-il autant que le cheval, l'âne et le bœuf, tous réunis ensemble. Il porte seul autant que deux mulets : il mange aussi peu que l'âne, et se nourrit d'herbes aussi grossières : sa femelle fournit du lait pendant plus de temps que la vache ; la chair des jeunes chameaux est bonne et saine, comme celle du veau ; leur poil est plus beau et plus recherché que la plus belle laine : il n'y a pas jusqu'à leurs excrémens dont on ne tire des choses utiles, car le sel ammoniac se fait de leur urine ; et leur fiente, desséchée et mise en poudre leur sert de litière ; on en fait aussi des mottes qui brûlent aisément, et produisent une flamme aussi claire et presque aussi vive que celle du bois sec, *fig.* 5.

Eug. Il me tarde de voir si les oiseaux et les insectes nous offriront autant de particularités que les quadrupèdes.

Er. Les oiseaux ont le corps couvert de plumes : ils ont deux pieds qui leur servent à marcher, deux ailes avec lesquelles ils se soutiennent dans les airs, et, au lieu des mâchoires des quadrupèdes, on leur voit un bec avec lequel ils broient tous les alimens dont ils se nourrissent. Tous les oiseaux sont ovipares, c'est-à-dire, qu'au lieu de mettre au monde leurs petits tous formés, ils ne les produisent qu'ébauchés et renfermés dans une masse assez ordinairement de figure ovale, ce qui lui a fait donner le nom d'*œuf*.

Ce qui étonne le plus dans la plupart des oiseaux, c'est l'adresse avec laquelle ils déposent leurs œufs. La fragilité de ses œufs les porte à les poser sur des matières molles et délicates, telles que le duvet et le coton; et quand ces matières leur manquent, par une ingénieuse charité, ils s'arrachent avec le bec autant de plumes de l'estomac, qu'il en faut pour préparer un berceau commode à leurs petits.

Chaque espèce à une manière particulière d'édifier les nids ; et, à cet égard, l'hirondelle semble l'emporter sur tous les autres. Ce n'est point avec de petits branchages et du foin qu'elle bâtit : elle emploie le ciment et le mortier d'une matière si solide qu'il faut une espèce d'effort pour démolir son ouvrage : elle n'a cependant que le bec pour tout instrument. Réduisez, s'il est possible, le plus habile architecte au petit volume de cette hirondelle : conservez-lui toutes ses connoissances ; mais donnez-lui aussi peu de moyens; et voyez s'il aura plus d'industrie, plus de succès, *fig.* 6.

Mais, ce qui me surprend davantage encore, c'est leur conduite après avoir pondu leurs œufs. Qui leur a fait comprendre à tous qu'ils ne pouvoient les faire éclore qu'en les couvant ? Qui leur a dit que le père et la mère ne pouvoient quitter en même temps, et que si l'un alloit chercher la nourriture, l'autre devoit attendre son retour? Qui leur a marqué le nombre précis de jours de cette rigoureuse assiduité? Qui les a avertis d'aider aux petits déjà formés à sortir de l'œuf, en rompant la première coque? et qui les a si exactement instruits du moment, qu'ils ne le préviennent jamais? Enfin, qui a enseigné à plusieurs d'entr'eux cette merveilleuse industrie, de tenir dans leur gorge ou l'aliment, ou l'eau, sans avaler ni l'un ni l'autre, et de les conserver pour leurs petits, à qui cette première préparation tient lieu de lait ?

Il y a des oiseaux farouches et cruels, qui exercent sur les autres une tyrannie barbare, et qui cherchent dans leurs membres déchirés et palpitans une nourriture sanglante ; on les appelle oiseaux de proie. Tel est l'aigle, que son courage et sa force prodigieuse ont fait appeler le roi des oiseaux; tels

Planche 14. Page 143

1. L'Epervier. 2. L'Aigle.
3. Le Perroquet. 4. Le Paon.
5. Le Cigne. 6. L'Oie.
7. Le Dinde. 8. La Caille.

sont le vautour, le faucon, l'épervier, que l'on a trouvé moyen d'apprivoiser pour les employer à la chasse; tels sont encore le hibou, la chouette, l'ulote, etc. et même le perroquet; cet oiseau si recherché par la beauté de son plumage, et plus encore pour le talent qu'il a d'imiter le langage de l'homme. Tous ces oiseaux ont le bec croclu, et très-propre à mettre en pièces les foibles victimes de leur voracité, *fig.* 7, 8, et *pl.* 14, *fig.* 1, 2, 3.

Il y a des oiseaux qui, par leur mélodieux ramage, forment d'admirables concerts, que les hommes ont mal imités. Dans cette foule de musiciens, une voix plus forte et plus moelleuse se fait entendre, et je trouve, en cherchant de quelle part elle vient, que c'est un très-petit oiseau, le rossignol, qui en est l'organe. Cela me fait considérer tous les autres qui savent le chant, le pinçon, le chardonneret, le serin, lalinotte, etc. et ils sont tous aussi petits : les grands, ou ignorent la musique, ou ont la voix discordante.

Quelques-uns de ces petits oiseaux ont une grande beauté, et rien n'est plus riche ni mieux diversifié que leur plumage. Mais il faut avouer que toute leur parure doit céder à celle du paon, sur qui Dieu a versé, comme à pleines mains, toute la magnificence, toutes les richesses qui embellissent les autres, et auquel il a prodigué avec l'or et l'azur, toutes les nuances de toutes les couleurs ; cet oiseau paroît sentir son avantage, et c'est ce semble, pour étaler à nos yeux toutes ses beautés, qu'il fait cette pompeuse roue qui les met en évidence. Mais le plus magnifique de tous les oiseaux, n'a qu'un cri désagréable; preuve frappante qu'avec un extérieur très-brillant, on peut n'avoir qu'un mauvais fond, peu de mérite et beaucoup de vanité, *fig.* 4.

Plusieurs oiseaux ont les plumes à l'épreuve de l'eau, et leurs pieds sont garnis d'une membrane qui leur sert de nageoire, et marque distinctement leur destination; tels sont le cygne, l'oie, le canard, le plongeon, le pélican, l'hirondelle de mer, etc. Mais qui a fait connoître à ces animaux qu'ils n'ont rien à risquer en se précipitant dans l'eau tandis que les autres à qui Dieu n'a donné ni des plumes ni des pieds semblables, n'ont jamais la témérité de s'y exposer ? On fait quelquefois couver des œufs de cane à une poule qui, trompée ensuite par son affection, prend pour sa famille naturelle des enfans étrangers qui courent à l'eau au sortir de la coque, sans que leur prétendue mère puisse les en empêcher par ses avis. Elle demeure sur le bord, très-étonnée de leur témérité, et plus encore de ce qu'elle leur réussit. Elle se sent violemment tentée de les suivre : elle en témoigne sa vive impatience, mais rien n'est capable de la porter à une indiscrétion que le Créateur lui a défendue : grande leçon bien capable de nous apprendre qu'il faut être destiné par la Providence aux fonctions d'un état dangereux, et avoir reçu d'elle tout ce qui peut mettre le salut en sûreté, et que c'est une témérité funeste pour les autres, qui n'ont ni la vocation, ni les mêmes qualités.

Que ne peut-on pas dire de ces oiseaux voyageurs qui changent de climats, qui s'en vont, et qui reviennent suivant les saisons ? Ils ont leur temps marqué, et ne le passent jamais ; mais ce temps n'est pas le même pour chaque espèce : les uns attendent l'hiver, les autres le printemps : ceux-ci, l'été ; ceux-là, l'automne. Il y a dans chaque peuple une police publique et générale, qui règle et qui tient dans le devoir tous les particuliers. Avant l'édit général, aucun ne pense à partir; depuis sa publication, aucun ne demeure. Une espèce de conseil décide du jour, et il accorde un intervalle pour s'y préparer ; après quoi, tout déloge, et il ne paroît le lendemain ni traîneurs ni déserteurs, tant la discipline est exacte ! Qui a dit à ces oiseaux que dans les contrées où ils se rendent en troupe, ils trouveront toutes choses préparées ? pourquoi ne s'attachent-ils pas, comme tant d'autres, au pays où ils ont élevé leur famille ? Par quel esprit de voyages cette nouvelle famille, qui ne connoît que son pays natal, conspire-t-elle toute entière à le quitter ? En quel langage se publie l'ordonnance qui défend à tous, soit anciens, soit nouveaux sujets de la république, de demeurer par-delà un certain jour ? Enfin, à quels signes les principaux magistrats connoissent-ils que ce seroit trop risquer, que de s'exposer à être prévenus par une saison rigoureuse ? Quelle autre réponse peut-on faire à toutes ces questions que celle d'un prophète : que vos ouvrages, Seigneur, sont grands et merveilleux ! vous les avez tous formés avec sagesse.

Quels secours ne tirons-nous pas des oiseaux ? Les uns, tels que le faisan, la perdrix, l'ortolan, la becasse, la grive, la caille, fournissent à nos tables un aliment délicat et sain : le plumage des autres s'emploie à plusieurs usages ; les plumes de l'autruche, qui a jusqu'à sept pieds de hauteur, et dont on mange les œufs, servent d'ornement aux chapeaux, aux dais, aux lits, etc. Le duvet fin sert à la fabrique des chapeaux et le poil grossier est employé dans des étoffes de laine. Les grandes plumes des cygnes et des oies servent à écrire, et leur duvet sert à bourrer des oreillers, des matelats, etc. : leur peau garnie de ce duvet fait une fourrure très-chaude. On fait de magnifique manchons avec les plumes de grèbes, qui sont des des oiseaux aquatiques connus en Suisse, et qui ne paroissent que l'hiver. Les plumes des aigrettes, qui est une espèce de héron tout-à-fait blanc, servent à faire cet ornement qui porte le même nom. L'édredon, qui est le plus précieux de tous les duvets, est la dépouille de l'autour, espèce de canard sauvage qu'on trouve en Islande. De quelle ressource ne sont pas tous les oiseaux domestiques que nous nommons volailles, tels que
les

les poules, les pigeons, les coqs-d'inde, etc. Leur chair nous nourrit; nous mangeons leurs œufs, et nous employons utilement les plumes de la plupart d'entr'eux.

La sagesse de la bonté divine ne se fait pas moins admirer dans les insectes. Qui pourroit compter leur nombre, et faire l'histoire de leurs métamorphoses? Ils n'ont de commun avec les animaux dont nous avons parlé jusqu'ici, que les rapports qui caractérisent proprement l'animal; ils se meuvent, se nourrissent, se multiplient: du reste, leurs organes sont si différens, qu'ils n'ont presque que le nom et les usages de ceux des autres animaux. Ils sont assez généralement ovipares; mais la plupart ne sortent pas de leurs œufs dans l'état de perfection où ils doivent parvenir un jour. Ils prennent d'abord la forme d'un ver, sous laquelle ils vivent, se nourrissent et croissent, durant un certain temps; ils se métamorphosent ensuite, et s'enveloppent d'une espèce de masque, sous lequel ils passent un temps plus ou moins considérable, sans prendre de nourriture, sans mouvement, et comme privés de vie. Enfin, ils sortent de cet état pour prendre leur dernière forme, qui est ordinairement la plus brillante et sous laquelle ils se multiplient. Qui pourroit assez admirer l'industrie de plusieurs de ses insectes, qui filent avec un art et une délicatesse inimitables? Qui a enseigné à l'araignée, animal si méprisable d'ailleurs; à former des fils si déliés, si égaux, si étroitement suspendus? Qui lui a appris à commencer par les attacher à des points fixes, à les réunir tous dans un centre commun, à les tirer d'abord en droite ligne; et à les affermir ensuite par des cercles exactement parallèles? Qui lui a dit que ces filets seroient les piéges où se prendroient d'autres animaux qui ont des ailes, et qu'elles ne sauroient atteindre que par ruse? Qui lui a marqué la place dans le centre où aboutissent toutes les lignes et où elle est nécessairement avertie, par le plus léger ébranlement, que quelque proie est tombée dans ses filets? Enfin, qui lui a dit que son premier soin devoit être alors d'embarrasser les ailes de cette imprudente proie par de nouveaux fils, de peur qu'elle ne conservât quelque liberté, ou pour se dégager, ou pour se défendre?

Tout le monde a vu le travail des vers à soie. Les plus habiles ouvriers ont-ils pu jusqu'ici l'imiter? Ont-ils trouvé le secret de former un fil si fin, si ferme, si égal, si brillant, si continu? Ont-ils une matière plus précieuse que ce fil pour faire les plus riches étoffes? Savent-ils comment ce ver convertit le suc d'une feuille en des filets d'or? Peuvent-ils rendre raison de ce qu'une matière liquide, avant qu'elle ait pris l'air, s'affermit et s'allonge à l'infini, dès qu'elle l'a senti? Aucun d'eux peut-il expliquer comment ce ver est averti de former une retraite sous les contours sans nombre de la soie dont il est le principe, et comment il trouve dans ce riche tombeau une espèce de résurrection qui lui donne des ailes, que sa première naissance lui avoit refusées.

Tout ce qui est ver et qui a rampé, devient une espèce de mouche, de moucheron, de papillon, et tout ce qui vole a rampé dans sa première origine et a été une espèce de ver, de chenille, d'insecte avant que d'avoir eu des ailes ; et l'état mitoyen entre ces deux extrémités d'élévation et de bassesse, est le temps où l'animal devient fève ou cocon ; ce qui se fait en une infinité de manières, mais toujours les mêmes pour chaque espèce.

Un grand nombre d'insectes ont le talent de filer comme les araignées et les vers à soie. Les chenilles de pins, par exemple, donnent un fil très-fort, et en abondance, qu'il seroit à souhaiter qu'on employât, parce que les pays du Nord le recueilleroient très-aisément. Les pinnes marines, qui sont une espèce de moules, donnent aussi un fil précieux dont ont fait des étoffes ; et les gants de Palerme, fabriqués avec ce fil, sont d'une très-grande beauté.

Eud. Si ce qu'on dit de l'abeille est vrai, cet animal est peut-être le plus admirable des insectes.

Er. Il est au moins un des plus utiles à l'homme, puisqu'il lui fournit de la cire et du miel. La cire est un objet important pour le commerce ; et le miel, outre qu'il est un assaisonnement délicieux, sert encore à faire une boisson agréable, que l'on nomme hydromel. Au lieu de se contenter de sucer le miel, qui se conserve mieux dans le calice des fleurs que partout ailleurs, et de s'en nourrir au jour la journée, l'abeille en fait provision pour toute l'année, particulièrement pour l'hiver. Elle charge les petits crochets dont ses jambes sont garnies, de tout ce qu'elle peut emporter de cire et de gomme ; mais en pompant le miel avec la trompe qui est à l'extrémité de sa tête, elle évite d'engluer ses ailes dont elle a besoin pour voltiger çà et là, et pour le retour. Si l'on n'a pas pris soin de lui préparer une ruche, elle s'en fait une elle-même dans le creux de quelque arbre ou de quelque rocher. Là, son premier soin et d'apporter de la cire, dont elle compose de petites cellules égales, et à plusieurs angles, afin qu'elles puissent s'unir et ne laisser aucun intervalle ; puis elle fait couler dans ces petits réservoirs le miel pur et sans mélange ; et de quelque abondance qu'elle voie ses magasins remplis, elle ne se repose que lorsque le temps du travail et de la récolte est passé. On ne connoît dans cette république, ni la paresse, ni l'avarice, ni l'amour-propre : tout y est commun. Le nécessaire y accordé à tous : le superflu n'est à personne ; et c'est pour le bien public qu'il est conservé. Les colonies nouvelles, qui chargeroient l'état, sont mises dehors. Elles savent travailler, et on les y oblige en les congédiant.

ENTRETIEN VIII.

Quelle surprenante industrie que celle du formicaléo ? Sa figure est laide, son inclination est cruelle, car il ne vit que du sang de sa proie, et son occupation unique est de lui tendre des piéges. Pour admirer son artifice, il faut le mettre dans un vase de verre plein d'un sable assez menu. Il s'y cache aussitôt ; bientôt il forme dans ce sable la figure d'un cône renversé avec les proportions les plus exactes ; et il va se loger dans le sommet du cône qui tient lieu de centre, mais en demeurant couvert. Si quelque fourmi ou quelque mouche à qui l'on ôte les ailes, est placée à l'entrée du cône, ce petit animal, qu'on ne jugeroit pas capable du moindre effort, jette avec sa tête, à coups redoublés, du sable sur la proie qu'il a sentie, afin de l'étourdir et de l'entraîner dans le fond où il se tient caché. Alors il sort de sa retraite ; et après s'être désaltéré du sang, il rejette le cadavre qui pourroit faire soupçonner sa cruauté. Si vous voulez vous procurer le plaisir de le voir travailler une seconde fois, comblez le cône en agitant le vase, et vous serez étonné avec quelle diligence cette petite bête rétablit une nouvelle figure aussi vaste, aussi régulière que la première. Qui lui a donc appris la figure du cône, celle du sable, celle des mouvemens, et leur ressentiment du centre à toutes les parties de la circonférence ? Le formicaléo se change en une grande et belle mouche, appelée demoiselle, et ne se souvient plus de son humeur sanguinaire, quand il a quitté son ancienne dépouille.

C'est dans les végétaux que presque tous les animaux trouvent le principal fond de leur subsistance. Ils sont pour l'homme une source inépuisable d'alimens, et un vaste sujet de réflexions utiles. En effet, il y a dans la plante la plus méprisable en apparence, de quoi étonner les plus sublimes esprits ; qui n'en sauroient voir néanmoins que les organes les plus grossiers, et à qui tout le secret de la vie, de la nourriture et de la multiplication, demeure inconnu. Aucune feuille n'y est négligée ; l'ordre et la symétrie y sont sensibles en tout, et cela avec une si prodigieuse fécondité de découpures, d'ornemens, de beautés, qu'aucune ne ressemble parfaitement à l'autre.

Y a-t-il rien de plus digne de notre admiration, que le choix que Dieu fait de la couleur générale qui embellit toutes les plantes ? S'il eût teint en blanc ou en rouge toutes les plantes, s'il eût teint en blanc ou en rouge toutes les campagnes, qui auroit pu en soutenir l'éclat ? S'il les eût obscurcies par des couleurs plus sombres, qui auroit pu faire ses délices d'une vue si triste et si lugubre ? Une agréable verdure tient le milieu entre ces deux extrémités, et elle a un tel rapport avec la structure de l'œil, qu'elle le délasse, au lieu de le tendre, et qu'elle le soutient, qu'elle le nourrit en quelque sorte, au lieu de l'épuiser. Mais ce qu'on croyoit d'abord n'être qu'une couleur, est une suprenante variété de teintures. C'est du vert partout; mais ce n'est nulle part le même. Aucune plante n'est colorée comme une autre; et cette prodigieuse diversité, qu'aucun art ne peut imiter, reçoit encore différentes nuances dans chaque plante, qui dans son origine, dans son progrès, dans sa maturité, est d'une espèce de vert particulier. On en peut dire autant de la figure, de l'odeur, du goût, des usages des plantes, ou pour la nourriture, ou pour les remèdes. Si Dieu n'avoit donné à du foin, même séché, et gardé depuis long-temps, la force de nourrir les chevaux, les bœufs et les autres animaux de service, comment eût fait le laboureur, ou même l'homme le plus riche, pour rassasier des animaux d'une si grande taille, et qui ne sont utiles qu'autant qu'ils ont de force? Cette même herbe sèche suffit à plusieurs d'entr'eux pour leur fournir deux fois chaque jour une source de lait, qui peut tenir lieu à une famille entière de toute autre nourriture.

Quel spectacle que celui d'une campagne fleurie! quel émail! quelle couleur! quelles richesses! quelle magnifique profusion! mais en même temps quelle harmonie, quelle douceur dans leur mélange et dans les nuances qui les tempèrent! Quel tableau et quel maître! De quelle source intarissable tant de beautés sont-elles parties! Quel est en lui-même le principe de tant d'éclat, et d'une parure si somptueuse et si diversifiée? Mais passons de cette vue générale, à la considération de quelques fleurs en particulier, et cueillons au hasard la première qui nous tombera sous la main, sans nous mettre en peine du choix.... Elle ne vient que d'éclore, et elle a déjà toute sa fraîcheur, toute la vivacité de son coloris. Y a-t-il parmi les hommes des teintures si vives et tout-à-la-fois si douces? L'art a-t-il pu inventer des étoffes aussi déliées et d'un tissu si uni est si délicat? Approchez des feuilles que je tiens, la pourpre même de Salomon? quel cilice grossier en comparaison! quelle rudesse, quelle interruption dans le tissu, quelle différence dans la composition et dans l'application des couleurs! Mais quand cette fleur seroit moins belle dans chaque partie, peut-on imaginer, une plus aimable symétrie dans son tout, une plus régulière ordonnance dans ses feuilles, une plus grande justesse dans ses proportions! On croiroit à n'examiner que la sagesse, et si j'ose le dire, la complaisance de Dieu dans une fleur si parfaite, on croiroit qu'elle doit durer toujours. Mais du matin au soir elle sera flétrie; le lendemain elle sera rôtie du soleil, et un autre jour on la coupera. Que devons-nous donc penser de l'immense océan de beautés, qui en répand si abondamment sur une herbe qu'il ne conserve que quelques heures? Que fera-t-il, quand il embellira les esprits, lui qui fait briller si noblement le foin destiné aux animaux? Et quel est l'aveuglement du monde, qui compte la beauté, la jeunesse,

ENTRETIEN VIII.

l'autorité, la gloire humaine, pour des biens solides, sans se souvenir qu'elles ne sont que la fleur passagère d'une herbe qui ne sera plus le lendemain.

Les végétaux nous sont bien plus nécessaires encore que les animaux ; car non-seulement il nous procurent de quoi nous nourrir, comme les grains, les fruits, les légumes ; de quoi nous éclairer, comme les graines et les amandes dont on extrait de l'huile ; de quoi nous vêtir comme le lin et le chanvre, avec les filamens desquels on fait des différentes toiles ; ou le cotonier, qui produit ce duvet précieux avec lequel on fabrique tant d'étoffes ; mais de plus un grand nombre d'entr'eux entrent dans la construction de nos maisons, nous fournissent une quantité de machines infiniment utiles, et la matière de la plupart des arts.

Je ne m'étendrai pas beaucoup sur le règne minéral, et je me contenterai de vous dire qu'on le divise en sept classes, qui sont les bitumes, les eaux, dont je vous ai parlé, les terres, les pierres, les sels, le soufre et les substances métalliques.

Les bitumes sont des corps tantôt durs, et tantôt mous, tantôt liquides, ordinairement plus légers que l'eau, et qui, exposés à l'action du feu, y brûlent plus ou moins rapidement, répandent une odeur forte et désagréable avec une fumée noire et suffocante. Les principaux sont : le charbon fossile, qui se divise en charbon de pierre et en charbon de terre, et qui fournit l'aliment le plus ordinaire du feu qu'on emploie dans les manufactures ; l'asphalte, dont on fait des parfums propres à soulager les douleurs de rhumatisme et à purifier les écuries du mauvais air ; le succin qu'on appelle aussi *karabé* ou *ambre* jaune ; l'ambre gris, la poix minérale, la naphte, l'huile de pétrole, etc.

Les terres sont des substances peu compactes, et composées de parties qui n'ont entr'elles qu'une foible cohérence. On en distingue de quatre espèces : 1.º celles qu'on peut facilement réduire en poussière, comme les différentes sortes de craies ; le terreau, ou terre de jardins, la tourbe, la marne, etc.; 2.º celles qui sont glutineuses et tenaces, comme les diverses espèces d'argiles, la terre à porcelaine, la terre à pipe, le tripoli ou la terre à polir, etc. ; 3.º celles qui sont imprégnées de parties salines, sulphureuses ou métalliques ; 4.º celles qui sont de la nature du caillou, comme les sables.

Les pierres sont des corps durs, dont les parties sont étroitement liées les unes aux autres : elles sont aigres et cassantes, et ne sont ni ductiles, ni malléables. On les divise en quatre classes. La première contient les pierres calcaires, c'est-à-dire, qu'on peut aisément dissoudre, et dont les principales sont : la pierre à chaux qu'on appelle *vive*, lorsqu'elle est calcinée au four, et *éteinte*, lorsqu'après la calcination, on la fait tremper dans l'eau ; le gypse, dont on fait le plâtre en le faisant calciner, et en le laissant durcir à l'air, après l'avoir trempé dans l'eau ; le marbre, dont les couleurs sont si variées, et qui sert à décorer si magnifiquement les temples et les palais ; l'albâtre, qui est ordinairement blanc, quoiqu'il y en ait de différemment coloré ; la pierre de Boulogne, qui est phosphorique lorsqu'elle est calcinée. La seconde classe renferme les pierres vitriscibles, c'est-à-dire, que le feu change en verre ; telles sont les ardoises, les grès ou les pierres sablonneuses, les cailloux, comme la pierre à feu, l'agathe, le jaspe, les cristaux. La troisième classe contient les pierres fines, savoir : 1.° le diamant, qui est blanc ou coloré ; le vert est le plus rare de tous ; le couleur de rose, le bleu et le jaune le sont aussi. Le plus beau diamant que l'on connoisse est celui du roi du Portugal ; il pèse douze onces et demie, et on l'estime deux cent vingt-quatre millions de livres sterling : or, la livre sterling vaut vingt-deux livres seize sous de notre monnoie. Que de malheureux on tireroit de l'indigence avec cette seule petite pierre de douze onze et demie ! 2.° le rubis, dont la couleur est rouge ; 3.° le zaphir, qui est d'un bleu céleste ; 4.° la topaze, qui est d'un jaune d'or ; 5.° l'émeraude, qui est verte: on dit qu'il s'en trouve une au couvent des Bénédictins de Reicheneau en Suisse, qui a un pied de long, sur sept pouces de large et trois d'épaisseur ; 6.° la chrysolite : elle est d'un vert mêlé de jaune ; 7.° l'améthyste, qui est d'un violet pourpré ; 8.° le grenat, qui est d'un rouge foncé ; 9.° l'hyacinthe, qui imite la couleur de la fleur qui porte le même nom ; 10.° le béril, qui est d'un vert tirant sur le jaune. A ces pierres que l'opinion et le luxe ont rendu précieuses, il faut ajouter le verre de Russie, qui ne se casse pas comme le verre ordinaire, et qu'on emploie aux vitrages, et l'amiante, qui est composée de fils qui se détachent aisément, et dont on peut faire un tissu semblable à la toile, qu'on blanchit en le jetant dans le feu. Les fils de cette pierre incombustible peuvent encore servir à faire du papier, des mèches de bougie et chandelle. Sur les Pyrénées, on en fabrique des cordons, des jarretières, des ceintures, etc. La quatrième classe des pierres est composée de pierres ordinaires, qui sont un mélange de toutes les autres.

Les sels sont des substances sollubles dans l'eau, et qui portées sur la langue ont de la saveur. De tous les sels, le plus utile et le plus nécessaire est celui qu'on appelle commun. Il y en a de trois espèces, savoir : 1.° le sel gemme, qui porte le nom de sel fossile, lorsqu'on le tire de la terre tout mêlé de parties terrestres, et qui est nommé sel de montagne, lorsqu'on le taille en gros morceaux semblables au cristal ; 2.° le sel marin tiré des eaux de la mer, que l'on fait épaissir et cristalliser, soit par le moyen du feu, soit en le laissant exposé à l'action du soleil et du vent dans des fosses creusées près des bords de la mer; 3.º le sel de fontaine ou de puits salé, qu'on tire des eaux de fontaine ou de puits par le moyen du feu. Ce sel est le plus pur, mais le moins salant.

Le soufre est un corps solide quoique tendre, qui brûle dans le feu, et produit une flamme bleue accompagnée d'une odeur acide, pénétrante et suffocante.

Les substances métalliques sont des corps pesans, fusibles au feu où ils prennent de l'éclat, et se durcissent ensuite à l'air. On les range sous deux classes particulières ; car les unes sont ductiles et malléables, les autres ne le sont pas. On donne aux premières le nom de métaux, et aux secondes celui de demi-métaux.

Les demi-métaux sont, 1.º le vif argent ou le mercure ; il est fluide, opaque, d'une couleur blanche, éclatante comme celle de l'argent, et c'est, après l'or, la substance métallique la plus pesante ; 2.º l'arsenic, il est aigre et cassant ; il s'enflamme lorsqu'on l'expose à un certain degré de feu, et répand une odeur d'ail ; 3.º l'antimoine, il est aigre et cassant, il se réduit aisément en poudre, il se volatilise entièrement au feu, et entraîne avec lui les autres métaux, excepté l'or, ce qui le rend propre à purifier ce précieux métal ; 4.º le cobalt, il est dur, mais friable, c'est-à-dire, qu'on peut le réduire en poussière ; 5.º le bismuth ou étain de glace, il approche beaucoup de l'antimoine, seulement il est un peu moins cassant ; 6.º le zinc, c'est le plus ductile des demi-métaux, et il n'est pas possible de le réduire en poudre.

Les métaux se divisent en métaux parfaits et en métaux imparfaits. Les métaux parfaits sont, l'or et l'argent. L'or, qu'on regarde avec raison comme le plus précieux de tous les métaux, est aussi le plus ductile, le plus malléable, le plus pesant, le plus fixe : il est mou, peu sonore, entre en fusion dès qu'il a été rougi. Après l'or, l'argent est le plus ductile des substances métalliques, la couleur est blanche, pure et brillante. On a trouvé depuis quelque temps un nouveau métal, que l'on appelle or blanc ou platine : il est plus pesant que l'or, et mêlé avec ce dernier, il est presque impossible de découvrir la fraude. On a remarqué aussi qu'il résiste à la rouille plus qu'aucune autre substance métallique.

Les métaux imparfaits, sont : 1.º le plomb, le plus vil de tous, il est mou, pesant, livide, il noircit les mains, et rend un son fort obscur : il se fond au feu, n'y rougit point ; mais se change en verre ou se dissipe en fumée ; 2.º l'étain, il est blanc, très-flexible et le plus léger des métaux ; 3.º le fer ; c'est de tous les métaux le plus dur, le plus élastique, le plus utile et le plus commun. On en trouve partout, même en Amérique, où l'on a cru long-temps qu'il n'y en avoit point. L'acier est un fer purifié ou affiné. Le fer-blanc est un fer couvert d'étain ; 4.° le cuivre ; il est plus ductile et plus malléable que le fer, mais il est moins élastique et moins dur ; il est rouge, ou d'un jaune tirant sur le rouge.

Telles sont en général, les productions de la terre. Actuellement je vais vous tracer une courte description des divers états que les hommes ont établis sur la surface de ce globe ; ou, ce qui est la même chose, je vais vous donner les principales notions de cette science que l'on appelle Géographie.

ENTRETIEN IX.

Sur les Connoissances préliminaires de la Géographie.

Eraste. L'objet de la Géographie est de nous faire connoître les différentes parties de la terre, les divers empires que les hommes ont formés, les noms et la situation des pays qu'ils habitent.

Pour rendre cette connoissance plus facile et plus méthodique, on a appliqué sur le globe terrestre, que l'on suppose parfaitement rond, ou, ce qui est la même chose, sur la mappemonde, qui est une représentation plate de ce globe, qu'on auroit coupé en deux d'un pôle à l'autre dans l'épaisseur du méridien, tous les cercles, tous les points, toutes les lignes de la sphère. Ainsi, vous y voyez un pôle arctique, un pôle antarctique ; vous y trouverez l'équateur; le méridien, qui est cette circonférence plus grosse qui termine la mappemonde que vous avez sous les yeux ; le tropique du cancer; le tropique du capricorne; le cercle polaire arctique, et le cercle polaire antarctique. Vous y remarquez aussi les cinq zones ; zone glaciale septentrionale, zone glaciale méridionale, zone tempérée septentrionale, zone tempérée méridionale, zone torride ou brûlante. Par ce moyen, la terre se trouve partagée en plusieurs grandes portions.

Mais ces divisions étant encore trop générales, les Géographes l'ont distribuée en parties plus petites, qu'ils ont appelés *climats*. Ces climats sont des tranches de terre qui forment des cercles tous parallèles à l'équateur. Il y en a de deux sortes : les uns sont nommés *climats de demi-heure*, parce qu'à la fin de chacun d'eux, le jour est plus long d'une demi-heure que dans celui qui le précède. Ils sont au nombre de vingt-quatre, et se comptent depuis l'équateur jusqu'aux cercles polaires. Les autres sont appelés *climats de mois*, parce qu'à la fin de chacun de ces climats, le mois est plus long d'un jour que dans le précédent. Ils sont au nombre de six, et se comptent depuis les cercles polaires jusqu'aux pôles.

De tous les cercles qui sont tracés sur la mappemonde ou sur le globe, il n'en est point qui soient plus utiles en géographie que le méridien et l'équateur, puisqu'ils servent à compter ce que l'on appelle la *longitude* et la *latitude* d'un lieu.

La *latitude* est la distance qu'il y a depuis l'équateur jusqu'à l'un ou l'autre des pôles. La *longitude* est la distance qu'il y a d'un lieu au premier méridien, *pl.* 8, *fig.* 6.

Dans les globes et les mappemondes, on marque les degrés de latitude sur l'équateur, et ceux de longitude sur le grand méridien. Dans les cartes particulières, les longitudes sont marquées en haut et en bas, et les latitudes sur les côtés à droite et à gauche.

Toutes ces lignes déliées qui, parallèles à l'équateur, vont d'occident en orient, sont des cercles de longitude. Toutes celles qui vont d'un pôle à l'autre, et qui, parallèles au grand méridien, coupent les premières, sont des cercles de latitude.

On auroit pu tracer autant de cercles de latitude et de longitude, qu'il y a de degrés sur l'équateur et sur le méridien ; mais pour ne point rendre les cartes trop confuses, les Géographes n'en ont marqué que trente-six des uns et des autres, qui se coupent mutuellement de dix degrés en dix degrés.

Pour avoir la suite de tous les méridiens, et par conséquent la longitude des différens lieux de la terre, on en établit un qui est le premier, et duquel on compte tous les autres. Les Astronomes le placent ordinairement au lieu où ils font leurs observations. Le nôtre, par une ordonnance de Louis XIII, est placé à l'île de *Fer*, l'une des Canaries, la plus avancée vers l'occident. Quand on veut savoir à quelle distance est une ville, Paris par exemple, est de l'équateur, on fait tourner le globe, jusqu'à ce que Paris se trouve sous le grand méridien, et l'on voit que cette ville répond à-peu-près au quarante-huitième degré de ce cercle ; et si l'on veut savoir à quelle distance la même ville est du premier méridien jusqu'au degré qui répond à Paris, on trouve le vingtième ; on dit alors : Paris est au quarante-huitième degré de latitude, et au vingtième de longitude, *pl.* 8, *fig.* 6.

Tirez une ligne du quarante-huitième degré du méridien sur Paris, et une autre ligne du vingtième degré de l'équateur aussi sur Paris ; le point de rencontre des deux lignes sera précisément le lieu où cette ville est située. Comme les degrés de latitude se comptent de l'équateur à l'un des deux pôles, il faut, en énonçant la latitude d'un lieu, dire si elle est septentrionale ou méridionale.

Il est aisé de réduire chacun des degrés en lieues communes de France, puisqu'un degré est estimé vingt-cinq lieues.

Les mesures itinéraires ne sont pas les mêmes partout. Pour les entendre, il faut vous rappeler que le degré se divise en soixante minutes; et que la minute a mille parties qu'on appelle *pas géométriques*, parce qu'ils servent à mesurer la terre. Le pas géométrique est composé de cinq pieds.

Chez les Grecs, la *stade* est de cent vingt-cinq pas géométriques. Le *mille* des Romains est de mille pas, la *lieue* des anciens Gaulois, de quinze cents; le *schène* des Egyptiens, de cinq mille.

En Allemagne, en Pologne, en Hongrie, en Italie, dans les îles Britanniques et en Hollande, on compte par *milles*. Le mille d'Allemagne est communément de quatre mille pas géométriques; celui de Pologne, de trois mille; celui de Hongrie, de six mille; celui d'Italie, de mille; celui d'Angleterre, de douze cent cinquante; celui d'Ecosse et d'Irlande, de quinze cents; celui de Hollande, d'environ trois mille cinq cents.

En France, en Espagne, en Suède, en Danemarck et en Suisse, on compte par *lieues*. Celle de France vaut communément deux mille quatre cents pas géométriques; celle d'Espagne, trois mille quatre cent vingt-huit; celle de Suède, de Danemarck et de Suisse, cinq mille.

On voit par ce que nous venons de dire que le mot *lieue* avoit ci-devant une acception très-vague; la distance exprimée par ce mot varioit du double au simple, selon les localités; il n'y avoit de bien déterminées que la lieue de 25 au degré, celle de 20, la petite lieue de 2000 toises, et quelquefois une lieue moyenne de 2400 ou 2500 toises. Désormais les distances itinéraires se mesureront partout en myriamètres ou lieues nouvelles, et kilomètres ou milles. Le myriamètres ou lieue nouvelle est de 5130 toises, et le kilomètre ou mille en est le dixième ou 513 toises; ce qui revient à un petit quart de lieue. Le myriamètre est la 1000.e partie du quart du méridien, ou la 10.e partie d'un degré décimal. Cette mesure itinéraire est donc en même temps une mesure très-commode pour la géographie et la navigation.

En Moscovie, on mesure par *verstes* de sept cent cinquante pas; en Perse, par *parasanges* de trois mille pas; dans l'Inde, pas *cosses* de deux mille quatre cents pas, ou pas *gos* de quatre mille huit cents; dans la Chine, on compte par *pu* de deux mille quatre cents pas, ou par *ly*, qui n'en valent que deux cent quarante; dans l'Arabie, la Tartarie, et dans une grande partie de l'Afrique, on mesure par *station* de vingt mille pas, et aussi par *journées* ou *diètes communes*, qui valent trente mille.

Dans l'Afrique et dans plusieurs endroits des autres parties du monde, on compte aussi par *journée de chemin* ou *diètes* de trente mille pas, et par *heure* de trois mille pas.

Voulez-vous mesurer sur le globe la distance d'un lieu à un autre? posez les deux points d'un compas sur les lieux proposés; portez le compas ainsi ouvert sur l'équateur ou sur le pre-

ENTRETINE IX.

mier méridien; comptez les degrés compris entre les deux pointes, et réduisez-les en lieues communes de vingt-cinq au degré.

Mais il faut observer que les degrés du méridien ou de latitude sont tous égaux, et par conséquent tous de vingt-cinq lieues communes, au lieu qu'il n'en est pas de même des degrés des cercles parallèles ou de longitude. Comme ils vont toujours en diminuant de l'équateur aux pôles, leurs degrés deviennent plus petits, le nombre de trois cent soixante restant toujours le même. Vers le 30.e degré de latitude, chaque degré ne vaut plus que vingt-deux lieues; vers le 49.e, seize lieues; vers le 61.e, douze lieues; vers le 70.e, huit lieues; vers les 80.e, quatre lieues; vers le 89.e, ils ne sont plus que d'un quart de lieue.

Quand on veut bien connoître la situation d'un pays, il faut savoir ce qu'on appelle s'*orienter*, c'est-à-dire, indiquer la *position terrestre* et la *position céleste* de ce pays. La position terrestre consiste à indiquer tous les pays qui bornent ou qui environnent celui que vous voulez parcourir. La position céleste consiste à indiquer la place que tiendroit dans le ciel le lieu que vous voulez connoître, si vous pouviez l'y transporter par imagination.

La Géographie, comme toutes les autres sciences, a certains termes qui lui sont propres, et qu'il est nécessaire de vous expliquer avant de passer à un examen plus détaillé du globe : les uns regardent la terre, et les autres l'eau. Commençons par ceux de la première espèce.

Continent ou *Terre-Ferme*; c'est une grande portion de terre qui comprend plusieurs régions qui ne sont pas séparées par des mers. *Ile*; c'est une portion de terre qui est entièrement environnée d'eau. *Presqu'île*, *Péninsule* ou *Chersonèse*; c'est une terre presque entourée d'eau, et qui ne tient au continent que par une langue de terre. *Isthme*; c'est une portion de terre resserrée entre deux mers, qui unit un continent ou une presqu'île à la terre-ferme.

La surface des continens, des îles et des presqu'îles n'est pas unie et égale dans toute son étendue : on y trouve des élévations plus ou moins considérables, que l'on appelle *Montagnes* et *Collines*, et des plaines plus ou moins profondes, que l'on nomme *Vallées*.

La plupart des montagnes forment des chaînes qui traversent des pays très-étendus, et dont la direction est assez constamment du septentrion au midi, ou de l'orient à l'occident. Toutes se sont formées par le mouvement et le sédiment des eaux qui ont couvert successivement toutes les parties de notre globe; ou du moins il est très-probable que la plupart de ces élévations ne doivent point leur origine aux tremblemens de terre, comme l'ont prétendu quelques physiciens. Elles s'abaissent continuellement par les pluies, qui en détachent les terres et les entraînent dans les vallées. C'est dans les montagnes que les fleuves et les rivières prennent leurs sources, et de là ils sont portés par une pente plus ou moins douce jusqu'à la mer, où ils vont déposer leurs eaux. Les sommets des hautes montagnes sont ordinairement couverts de neige et de glace durant toute l'année, et l'air y est beaucoup plus raréfié que dans les plaines ; aussi sont-elles d'une grande utilité pour les pays chauds, auxquels elles procurent un air frais qui tempère la chaleur qu'ils éprouvent ; elles ne sont pas moins nécessaires aux pays froids, qu'elles garantissent des grands vents, en opposant leurs flancs à leur impétuosité. De toutes les montagnes du monde, les plus élevées sont celles du Pérou, puisqu'elles ont plus de trois mille toises au-dessus du niveau de la mer. Plusieurs montagnes renferment dans leur sein une quantité de soufre, de bitume, et d'autres matières, qui servent d'aliment à un feu souterrain, dont l'effet plus violent que celui de la poudre à canon ou du tonnerre, a de tout temps étonné, effrayé les hommes et désolé la terre : ces montagnes s'appellent *Volcans*. Elles sont presque toujours isolées, leur forme approche beaucoup de celle d'un pain de sucre ; on remarque à leur sommet une espèce de bassin qui renferme ordinairement la bouche par où ils vomissent leurs feux. On trouve autour des volcans, des cendres, du soufre pur, du sel ammoniac, de l'alun, des pierres à demi-vitrifiées qu'on nomme *laves*, des pierres calcinées, connues sous le nom de *pierreponce* : ils ont communément dans leur voisinage des eaux chaudes : et des bitumes fluides.

La bouche des volcans a quelquefois plus d'une demi-lieue d'ouverture ; et c'est par-là qu'ils vomissent des torrens de fumée et de flammes ; qu'ils lancent à plusieurs lieues de distance des masses de rochers que toutes les forces humaines réunies ne pourroient mettre en mouvement. L'embrasement de ces montagnes est si terrible, et la quantité des matières ardentes, fondues, calcinées, vitrifiées qu'elles rejettent, est si abondante, qu'elles enterrent les villes, les forêts, couvrent les campagnes de cent et de deux cents pieds d'épaisseur, et forment quelquefois des collines qui ne sont que des monceaux de ces matières entassées. L'action de ce feu est si grande, la force de l'explosion est si violente, qu'elle produit par sa réaction des secousses assez fortes pour ébranler et faire trembler la terre, agiter la mer, renverser les monts les plus élevés, détruire les villes et les édifices les plus solides, à des distances même très-considérables. Il y a en Europe trois fameux volcans ; le mont Etna en Sicile, le mont Hécla en Islande, et le mont Vésuve en Italie, près de Naples. Il y en a un grand nombre en Asie, surtout dans les îles de l'Océan Indien. On en trouve plusieurs en Afrique, et une multitude en Amérique,

ENTRETIEN IX.

surtout dans les montagnes du Pérou et du Mexique. En 1749, la ville de Lima, capitale du Pérou, fut abîmée par un tremblement de terre, causé par les volcans qui se rencontrent dans ce royaume.

Les passages étroits qui se trouvent dans les montagnes s'appellent *Pas* ou *Cols*. Quand une portion de terre s'avance dans la mer, on le nomme *Promontoire :* elle reçoit le nom de *Cap*, si elle s'élève comme une montagne ; on lui donne celui de *Pointe*, si elle a peu d'élévation. Les *Dunes* sont de petites collines de sables, et les *Falaises* sont des montagnes escarpées qui sont situées sur le bord de la mer.

Actuellement, voici les termes qui ont rapport à l'*Hydrographie*, c'est-à-dire, à cette partie de la Géographie dont l'objet est de décrire les eaux.

Archipel ; c'est un endroit de la mer où il y a beaucoup d'îles. *Golfe ;* c'est une portion considérable de mer qui avance dans la terre ; les plus grands golfes portent le nom de *Mer*. *Baie ;* elle ne diffère du golfe que parce qu'elle est beaucoup plus petite, et qu'elle est plus étroite à son entrée que dans son intérieur. *Anse ;* c'est une petite avance de mer dans la terre. *Rade ;* c'est un endroit propre à mouiller l'ancre, et où les vaisseaux sont à l'abri du vent. *Sèches*, *Hauts-fonds*, *Bancs de sable*, ce sont des endroits de la mer où il y a peu d'eau. *Détroit ;* c'est une mer resserrée entre deux terres. *Lac ;* c'est une grande étendue d'eau qui ne tarit jamais, et qui n'a aucune communication sensible avec la mer. *Rivière ;* c'est une eau de source qui coule toujours, jusqu'à ce qu'elle se décharge dans quelqu'autre rivière ou dans la mer : si elle est considérable, et qu'elle se décharge dans la mer, elle reçoit le nom de *Fleuve*, autrement, elle garde celui de rivière. *Confluent ;* c'est l'endroit où une rivière se joint à une autre. *Bouche* ou *Embouchure ;* c'est l'endroit où un fleuve sort de son lit pour se jeter dans un lac ou dans la mer. La plupart de ces objets sont représentés dans la planche 10, *figure* 5.

On appelle la *droite* ou la *gauche* d'une rivière, le côté de son lit qui est à la droite ou à la gauche d'une personne qui la descend, et la voit couler devant elle : ainsi, à Paris, le Louvre est à la droite de la Seine, et le collége de Mazarin à la gauche.

La mer se divise en mers extérieures, c'est-à-dire, qui environnent le continent ; et mers intérieures, c'est-à-dire, qui se trouvent renfermées dans le continent.

La mer extérieure de notre continent a quatre noms différens, suivant les quatre points cardinaux du monde. Celle qui est au nord, s'appelle *Océan septentrional* ou *glacial ;* celle qui est à l'Orient, se nomme *Océan oriental* ou *Indien ;* celle qui est au midi, porte le nom d'*Océan méridional* ou *Ethiopien ;* et celle qui est à l'occident, et connue sous le nom d'*Océan occidental* ou *Atlantique*.

La mer extérieure de l'autre continent conserve le titre général de mer, et porte deux noms différens. La portion qui baigne la partie orientale de l'Amérique, se nomme *mer du Nord*; et celle qui est à l'occident, entre l'Amérique et l'Asie, s'appelle *mer du Sud* ou *mer Pacifique*.

Les mers intérieures de notre continent sont, à commencer par le nord de l'Europe : 1.º la mer Baltique ; 2.º la mer Blanche ou golphe de Russie ; 3.º la mer Méditerranée, dont la partie qui s'avance dans les terres d'Asie, s'appelle *mer du Levant*.

(Les quatre suivantes communiquent avec la mer Méditerranée, et en sont comme une extension.)

4.º L'Archipel, qu'on appelle aussi *mer Blanche*, et qui est plus fameuse que celle dont on a déjà parlé. 5.º La mer de Marmara, autrefois nommée *Propontide*. 6.º La mer Noire, appelée anciennement le *Pont-Euxin*. 7.º La mer de Zabache ou mer d'Azoph, qui portoit autrefois le nom de *Palus Méotides*, tout près du Pont-Euxin, ou mer Noire.

8.º La mer Caspienne, qui est au nord de la Perse. 9.º Le golfe Persique, qui est entre l'Arabie et la Perse ; et enfin la mer Rouge ou golfe Arabique, qui est entre l'Asie et l'Afrique.

Les mers intérieures du nouveau continent, c'est-à-dire, l'Amérique, sont : 1.º La mer Vermeille, près la Californie ; 2.º La mer Christiane ou baie d'Hudson, tout au nord de l'Amérique ; 3.º le golfe de Saint-Laurent, près de l'île de Terre-Neuve ; 4.º enfin, le golfe du Mexique, entre l'Amérique septentrionale et la méridionale.

ENTRETIEN X.

Description générale de l'Europe.

Eraste. La Terre se divise en deux continens, l'ancien et le nouveau. L'ancien renferme l'Europe, l'Asie et l'Afrique, le nouveau contient l'Amérique. Examinons chacune de ces parties, et commençons par celle que nous habitons.

De l'Europe.

L'Europe est une des quatre parties du monde. C'est la plus petite quant à l'étendue ; mais elle est la plus considérable, tant par le nombre de ses habitans, que parce qu'elle est le centre des lumières, des arts, de la civilisation et du commerce. Elle est bornée à l'occident et au nord par l'Océan ; à l'orient, par l'Asie, la mer d'Azof et la mer Noire ; et au midi par la mer Méditerranée qui la sépare de l'Afrique.

On divise l'Europe en quinze parties : quatre vers le nord, les îles Britanniques, les Etats de Danemarck, la Suède et la

Long-temps ce pays fortuné n'eut aucune célébrité; on ignoroit en quelque sorte son existence, et on se persuadoit qu'elle n'étoit, comme l'Archipel, qu'une réunion d'îles : et lorsque la navigation apprit aux habitans des autres parties du monde que l'EUROPE étoit un continent moins considérable, il est vrai, que l'Afrique et l'Asie, mais dont la situation devoit être précieuse par la température du climat, ils la trouvèrent tellement couverte de bois et de marais, et ses habitans si féroces, qu'il eût été bien difficile alors de penser que ce seroit dans cette partie du monde que les sciences et les arts fixeroient leur empire. Depuis trois mille ans ils y règnent, et on distingue un Européen de tous les autres peuples de la terre, à son amour pour eux et à son urbanité. La Grèce fut le premier berceau des lettres et des arts; elles passèrent avec la domination de la terre à Rome, furent conservées comme par miracle par les Arabes. Les Maures les reportèrent en Espagne, d'où elles s'exilèrent pour venir fixer leurs demeures immortelles en France. L'Europe renferme tout ce qui peut rendre la vie commode et agréable; ses habitans sont les plus policés du monde et les plus spirituels; la religion chrétienne y domine, et c'est à son heureuse influence que l'on peut attribuer la douceur des mœurs des habitans de l'Europe.

Cette partie du monde, quoique la moins étendue, est cependant la plus considérable par sa fertilité, par l'industrie de ses habitans, par leur connoissance, leur goût pour les lettres, les sciences, les arts agréables et utiles, leur esprit inventif et leur industrie; elle est aussi la plus puissante par sa population et sa force guerrière; elle a étendu ses conquêtes dans tout l'univers, porté son commerce et fondé des colonies dans tous les points du globe. Partout on trouve ses comptoirs, ses facteurs, ses magasins et ses vaisseaux.

ENTRETIEN X.

Russie ou Moscovie ; sept au milieu, la France, l'Italie, les Etats de la Confédération Germanique, la Suisse, l'Allemagne, l'Empire d'Autriche, le royaume de Prusse; quatre au midi, le Portugal, l'Espagne, le royaume de Naples et la Turquie d'Europe.

Il y a trois sortes de gouvernemens en Europe; savoir : 1.º le démocratique ou représentatif; 2.º le despotique; 3.º le monarchique. Le gouvernement démocratique est celui où le peuple nomme ses représentans et ses magistrats, comme la Suisse, dite autrement la république Helvétique. Le gouvernement despotique, est celui où le souverain gouverne selon son caprice, sans s'embarrasser des lois, comme en Turquie et en Russie. Le gouvernement monarchique, est celui où le souverain gouverne, mais d'après les lois, comme en France, en Espagne, en Portugal, etc.

ARTICLE I.er DE LA FRANCE.

La France est un royaume, dont les limites sont : au nord, la Manche et le royaume de Hollande ; à l'ouest, l'Océan atlantique ; au sud, l'Espagne et la Méditerranée ; à l'est, le Rhin, la Suisse et les Alpes. Son gouvernement est monarchique. C'est le plus ancien royaume de l'Europe. Le roi porte le titre de *Roi Très-Chrétien.* La France, après avoir été gouvernée par des rois pendant quatorze cents ans, s'étoit constituée en république au mois de septembre 1792 ; en 1804 la forme du gouvernement avoit changé de nouveau, et Napoléon Bonaparte avoit usurpé la couronne ; enfin une nouvelle révolution vient de rendre à la France ses anciens rois, sous lesquels elle a été si long-temps heureuse.

Les principaux corps de l'Etat sont, la chambre des pairs, et la chambre des députés des départemens, qui, réunies avec le roi, forment le pouvoir législatif ; le conseil d'état, la cour de cassation. La justice est rendue par des cours royales, qui connoissent des matières civiles et des matières criminelles. Il y a vingt-sept cours royales, dont le siége est dans les villes suivantes : Agen, Aix, Ajacio, Amiens, Angers, Besançon, Bordeaux, Bourges, Caen, Colmar, Dijon, Douai, Grenoble, Limoges, Lyon, Metz, Montpellier, Nanci, Nimes, Orléans, Paris, Pau, Poitiers, Rennes, Riom, Rouen et Toulouse. Chacune de ces cours a un ressort qui s'étend sur plusieurs départemens. Dans les départemens où ne siégent pas les cours royales, la justice y est rendue par les cours d'assises ; qui sont convoquées quand le besoin l'exige, et présidées par un membre de la cour royale. Il y a encore des tribunaux de première instance et de commerce, et des justices de paix. Les premiers connoissent des matières civiles ; il y en a un à-peu-près dans chaque arrondissement de sous-préfecture. Les seconds ont été institués pour le jugement des affaires de commerce, tant de terre que de mer; enfin il y a dans chaque canton un juge de paix, dont les fonctions sont entr'autres, de concilier les parties, et de les inviter, en cas de non-conciliation, à se faire juger par des arbitres.

Les principaux fleuves de la France sont; la Seine, la Loire, le Rhône, la Garonne. La Seine, a sa source près Saint-Seine, dans le département de la Côte-d'Or, arrose les villes de Troyes, Melun, Paris et Rouen, et a son embouchure près du Hâvre-de-Grâce. La Loire, prend sa source dans le département de l'Ardèche, passe à Roanne, où elle commence à porter bateau, à Nevers, à Orléans, à Blois, à Tours, à Saumur, à Nantes, et se jette dans l'Océan. Le Rhône, prend sa source au mont Saint-Gothard, en Suisse, traverse le lac de Genève, passe à Génève, à Lyon, où il reçoit la Saône; à Vienne, à Valence, à Avignon, à Tarascon et à Arles, et se jette dans la Méditerranée. La Garonne prend sa source dans les Pyrénées, passe à Toulouse, à Agen, à Bordeaux, et après avoir reçu la Dordogne, elle prend le nom de Gironde, qu'elle conserve jusqu'à son embouchure dans l'Océan.

Les plus hautes montagnes de la France sont : les Alpes qui la séparent de la Suisse; les Pyrénées qui la séparent de l'Espagne; le Cantal, le Jura, les Vosges, etc. ; qui donnent leurs noms à divers départemens.

Division de la France.

En 1789 on divisoit la France en trente-deux grands gouvernemens, dont huit au nord, treize dans le milieu et onze au midi. Il y avoit en outre huit petits gouvernemens qui ne renfermoient pour la plupart qu'une ville. Les huit grands gouvernemens du nord étoient :

Provinces.	Capitales.	*Provinces.*	Capitales.
1. La Flandre française;	Lille.	5. L'Isle-de-France,	Paris.
2. L'Artois,	Arras.	6. La Champagne,	Troyes.
3. La Picardie,	Amiens.	7. La Lorraine,	Nanci.
4. La Normandie,	Rouen.	8. L'Alsace,	Strasbourg.

Les treize grands gouvernemens du milieu avec leurs capitales, étoient :

1. La Bretagne,	Rennes.	8. La Bourgogne,	Dijon.
2. Le Maine,	Le Mans.	9. La Franche-Comté,	Besançon.
3. L'Anjou,	Angers.	10. Le Poitou,	Poitiers.
4. La Tourraine,	Tours.	11. L'Aunis,	La Rochelle.
5. L'Orléanais,	Orléans.	12. La Marche,	Gueret.
6. Le Berri.	Bourges.	13. Le Bourbonnais,	Moulins.
7. Le Nivernais,	Nevers.		

Les onze grands gouvernemens du midi avec leurs capitales, étoient :

Cette contrée justement célèbre est au premier rang parmi les états de l'Europe, elle est aussi la plus avantageusement située ; de quelque côté qu'on tourne ses regards, un vaste champ est ouvert aux spéculations de ses négocians ; placée, d'un côté, entre l'Angleterre, l'Espagne, l'Allemagne et l'Italie, elle peut facilement se procurer les marchandises de ces divers pays et fournir les siennes propres ; d'un autre côté, l'Océan, la Méditerranée, la Manche, sur lesquels elle a des ports aussi nombreux que sûrs et commodes, la mettent à même de tirer de tous les pays du monde les productions que son sol lui refuse, et d'exporter les objets de son industrie.

Si l'on considère ensuite que la France jouit d'un air pur et sain, sous un ciel presque toujours beau, qu'elle est située dans le climat le plus tempéré de l'Europe, également à l'abri et des chaleurs excessives qui énervent l'homme et nuisent aux travaux, et des froids rigoureux qui s'opposent à l'agriculture ; que son terroir enfin produit non-seulement tout ce qui est essentiel à la vie, mais encore tout ce qui la rend commode ; on conviendra sans peine qu'il n'est point de pays au monde plus favorisé de la nature.

On a si souvent décrit les mœurs des Français, que c'est un sujet usé. Le caractère des Français est encore aujourd'hui tel que César a peint les Gaulois ; il est prompt à se résoudre, ardent à combattre, impétueux dans l'attaque, se rébutant aisément, poli, mais léger ; gai, enjoué, humain, généreux, magnanime, confiant et spirituel.

Les Français sont en général bien proportionnés, actifs et dispos ; les femmes y sont célèbres par leur beauté, et plus encore par leur vivacité et leurs grâces. La langue française est la plus universellement répandue en Europe. Elle ne le cède à aucune langue moderne en vérité, en clarté, en précision. Aucune aussi n'exprime mieux tout ce qui a rapport au commerce de la vie, aux affaires, aux plaisirs. La langue française est un latin corrompu, mêlé de mots prix de l'idiome des Celtes et dans celui des Goths. Jusqu'au 10ᵉ siècle on l'appela langue Romance, d'où vient le nom de Romans donné aux contes de chevalerie qui d'abord furent écris dans cet idiome. Ce n'est que depuis le commencement du règne glorieux de Louis XIV que le français a été fixé. Il n'a pas tenu aux révolutionnaires de bouleverser aussi le langage. Ils tentèrent d'y introduire une si grande quantité de mots nouveaux, qu'ils suffiroient pour composer un volume. Heureusement aujourd'hui on fait à ces mots une guerre à mort, et il y a lieu d'espérer que la langue française sera préservée de la corruption dont elle étoit menacée.

ENTRETIEN X.

Provinces.	Capitales.	Provinces.	Capitales.
1. La Saintonge et l'Angoumois,	Saintes.	7. Le Béarn,	Pau.
2. Le Limousin,	Limoges.	8. Le Comté de Foix,	Foix.
3. L'Auvergne,	Clermont.	9. Le Roussillon,	Perpignan.
4. Le Lyonnais,	Lyon.	10. Le Languedoc,	Toulouse.
5. Le Dauphiné,	Grenoble.	11. La Provence,	Aix.
6. La Guyenne,	Bordeaux.		

Les huit petits gouvernemens étoient : 1. Paris, dans l'Isle-de-France. 2. Le Boulonnais en Picardie. 3. Le Hâvre-de-Grâce, en Normandie. 4. Saumur avec le Saumurois, entre l'Anjou et le Poitou. 5. Metz et le Messin. 6. Verdun et le Verdunois. 7. Toul et le Toulois. Ces trois départemens étoient en Lorraine. 8. Sédan, entre la Lorraine et la Champagne.

La France possède en outre des colonies hors de l'Europe, dans les trois autres parties du monde : ces colonies avoient été prises en grande partie par les Anglais, qui les ont rendues au roi de France, en vertu des traités de paix.

Les colonies d'Amérique sont : Saint-Domingue, la Martinique, la Guadeloupe, Cayenne. Les colonies d'Afrique sont : Gorée et le Sénégal, l'Isle de Bourbon. Celles d'Asie sont : Pondichéry, Chandernagor. On trouvera la description de ces colonies dans la partie du monde où elles sont situées.

Le territoire de la France est actuellement divisé en portions de territoire à-peu-près égales qu'on nomme départemens. Chaque département se subdivise en arrondissement de sous-préfectures ; chaque arrondissement, en cantons ou justices de paix ; chaque canton, en communes. Il y a quatre-vingt-six départemens, dont chacun est confié à un préfet, chaque arrondissement à un sous-préfet ; il y a pour chaque commune un maire, un ou plusieurs adjoints, un conseil municipal. Les quatre-vingt-six départemens ont été encore distribués en divisions militaires, en cohortes de la Légion-d'Honneur. Il y a en outre, comme nous l'avons déjà dit, vingt-sept cours royales, dont chacune a plusieurs départemens dans son ressort. Enfin, il y a des archevêchés et évêchés ; dont chacun a des portions de département, un département, ou même plusieurs départemens dans sa circonscription.

Je vais vous nommer les quatre-vingt-six départemens, suivant leurs différentes situations, et pour plus de facilité, je les divise en trois parties ; celle du nord, du milieu, du midi.

Voici leurs noms en commençant par la partie du nord.

La partie du nord contient les départemens suivans :

Nord.	Aisne.	Meurthe.	Côtes-du-Nord.
Pas-de-Calais.	Ardennes.	Bas-Rhin.	Orne.
Somme.	Moselle.	Manche.	Seine-et-Oise.
Seine-Inférieure.	Marne.	Calvados.	Seine.
Oise.	Meuse.	Eure.	Seine-et-Marne.

La partie du milieu contient les départemens suivans :

Finistère.	Eure-et-Loir.	Vosges.	Haute-Vienne.
Haute-Saône.	Loir-et-Cher.	Doubs.	Creuse,
Morbihan.	Loiret.	Haut-Rhin.	Allier.
Ille-et-Vilaine.	Cher.	Vendée.	Puy-de-Dôme.
Loire-Inférieure.	Aube.	Deux-Sèvres.	Saône-et-Loire.
Mayenne.	Yonne.	Vienne.	Jura.
Maine-et-Loire.	Nièvre.	Charente-Infér.	Loire.
Sarthe.	Haute-Marne.	Charente.	Rhône.
Indre-et-Loire.	Côte-d'Or.	Indre.	Ain.

La partie du midi contient les départemens suivans :

Dordogne.	Lot-et-Garonne.	Hérault.	Hautes-Pyrénées,
Corrèze.	Lot.	Gard.	Haute-Garonne.
Cantal.	Aveyron.	Vaucluse.	Arriège.
Haute-Loire.	Lozère.	Bouches-du-Rhôn.	Aude.
Ardèche.	Landes.	Hautes-Alpes.	Pyrénées-Orientales.
Drôme.	Gers.	Basses-Alpes.	
Isère.	Tarn-et-Garonne.	Var.	Corse.
Gironde.	Tarn.	Basses-Pyrénées.	

1. Le département de l'AIN, situé dans la partie du milieu, est borné par ceux de Saône-et-Loire, du Jura, de l'Isère et du Rhône; BOURG en est le chef-lieu. Il renferme quatre arrondissemens de sous-préfectures, dont les chefs-lieux sont: BOURG, *chef-lieu de préfecture, tribunal de première instance*, à 43 myriamètres (110 lieues) de Paris. NANTUA, *trib. de prem. inst.*; BELLAY, *trib. de pr. inst.*; TRÉVOUX, *trib. de prem. inst.*

Ce département produit du bois, des grains, du maïs ou blé de Turquie: population 297,000 habitans. Il est formé des provinces de la Bresse, du Bugey, du Valromey et de la principauté de Dombes.

Ce département fait partie du diocèse, et est du ressort de la cour royale de Lyon : il est compris dans la sixième division militaire, et dans la septième cohorte de la légion d'honneur.

2. Le département de l'AISNE, situé dans la partie du nord, est borné par ceux du Nord, des Ardennes, de la Marne, de Seine-et-Marne, de l'Oise et de la Somme; il a 5 arrondissemens de sous-préfectures, dont les chefs-lieux sont: LAON, *chef-lieu de préfecture*, *tr.** ; à 13 myriamètres (33 lieues de Paris.) SOISSONS, sur l'Aisne, *évêché*, *tr.* CHATEAU-THIERRI, *tr.* SAINT-QUENTIN, *place forte*, sur l'Oise, *tr.* VERVINS, *tr.*

Ce département produit beaucoup de grains et de fruits : pop. 432,237 habitans. Il est formé du Soissonnais, du Beauvaisis et du Vexin français.

Ce département est du ressort de la cour royale d'Amiens : il est compris dans la première division militaire, et dans la seconde cohorte de la légion d'honneur.

---

* Les lettres *tr.* indiquent qu'il y a tribunal de première instance.

ENTRETIEN X.

3. Le département de l'ALLIER, situé dans la partie du milieu, est borné par ceux du Cher, de la Nièvre, de Saône-et-Loire, de la Loire, du Puy-de-Dôme et de la Creuse; il a 4 arrond. de sous-préfectures, dont les chefs-lieux sont : MOULINS, sur l'Allier, *chef-lieu de préfecture*, *collége royal*, à 29 myriamètres (75 lieues) de Paris, *tr.* MONTLUÇON, *tr.* GANNAT, LA PALISSE, *tr.*

Ce département est fertile en grains, en vins et en bois; on y fait commerce de bœufs, porcs et poissons; il y a des forges et des filatures de lin et chanvre : pop. 254,558 habitans.(Partie du Bourbonnais.)

Il est du diocèse de Clermont-Ferrand, du ressort de la cour royale de Riom : il est compris dans la vingt-unième division militaire, et dans la septième cohorte de la légion d'honneur.

4. Le département des ALPES (BASSES), situé dans la partie du midi, est borné par le département des Hautes-Alpes, par les Alpes et par les départemens du Var, de Vaucluse, et de la Drôme; il a 5 arrond. de sous-préfectures, dont les chefs-lieux sont : DIGNE, *chef-lieu de préfecture*, *évêché*, *tr.*, à 75 myriamètres et demi (193 lieues) de Paris. BARCELONNETTE, *tr.* CASTELLANE, *tr.* SISTERON, *tr.* FORCALQUIER, *tr.*

Ce département produit du blé, des fruits, et même du vin: pop. 144,440 habitans. (Partie de la Provence.)

Il est du ressort de la cour royale d'Aix : il est compris dans la huitième division militaire, et dans la huitième cohorte de la légion d'honneur.

5. Le département des ALPES (HAUTES), situé dans la partie du midi, est borné par ceux de l'Isère, des Basses-Alpes et de la Drôme. Il a 3 arrond. de sous-préfectures, dont les chefs-lieux sont : GAP, *chef-lieu de préfecture*, à 66 myriamètres et demi (169 lieues) de Paris. BRIANÇON, *tr.* EMBRUN, *tr.*

Ce département est fertile en bois et en pâturages, mais il produit peu de blé; il y a quelques mines de fer, de cuivre et de plomb : pop. 121,523 habitans. (Partie du Dauphiné.)

Il est du diocèse de Digne, du ressort de la cour royale de Grenoble : il est compris dans la septième division militaire, et dans la huitième cohorte de la légion d'honneur.

6. Le département de l'ARDÈCHE, situé dans la partie du midi, est borné par ceux de la Loire, de l'Isère, de la Drôme, du Gard, de la Lozère et de la Haute-Loire. Il a trois arrond. de sous-préfectures, dont les chefs-lieux sont : PRIVAS, *préfecture*, *tr.*, à 61 myriamètres et demi (155 lieues) de Paris : pop. 3,000 habitans. TOURNON, *fameux collége*, dirigé par des Oratoriens, *tr.* l'ARGENTIÈRE, *tr.*

Ce département produit de bons vins : pop. 284,743 habitans. (Partie du Languedoc et du Vivarais.)

Il est du diocèse de Mende, et du ressort de la cour royale de Nîmes : il est compris dans la neuvième division militaire, et dans la neuvième cohorte de la légion d'honneur.

7. Le département des ARDENNES, situé dans la partie du

nord, est borné par ceux de la Meuse, de la Marne et de l'Aisne. Il a 5 arrond. de sous-préfectures, dont les chefs-lieux sont: Mézières, *préfect.*, *tr.*, à 23 myriamètres et demi (59 lieues) de Paris : pop. 3,387 habitans. Rocroy, *tr.* Rethel, *tr.* Sedan, renommée pour ses draps, *tr.* Vouziers, *tr.*

Ce département est fertile en bois, en blé et en pâturages ; il y a des mines de fer ; on y fait commerce de clous et autres objets de ferronnerie : pop. 268,556 habitans. (Partie de la Champagne et pays adjacens.)

Il est du diocèse de Metz, et du ressort de la cour royale de cette même ville ; il est compris dans la seconde division militaire, et dans la seconde cohorte de la légion d'honneur.

8. Le département de l'Arriège, situé dans la partie du midi, est borné par ceux de la Haute-Garonne, de l'Aude, des Pyrénées-Orientales, et par les Pyrénées. Il est divisé en 3 arrondis. de sous-préfectures, dont les chefs-lieux sont : Foix, *préfecture*, *tr.*, à 75 myriamètres et demi (193 lieues) de Paris : pop. 3,600 habitans. Pamiers, *tr.* Saint-Girons, *tr.*

Ce département ne produit guère que des pâturages et des mulets assez estimés : pop. 220,274 habitans. (Partie du Languedoc, Conserans et pays de Foix.)

Il fait partie de l'archevêché de Toulouse, et est du ressort de la cour royale de cette même ville : il est compris dans la dixième division militaire, et dans la dixième cohorte de la légion d'honneur.

9. Le département de l'Aube, situé dans la partie du milieu, est borné par ceux de l'Aisne, de la Marne, de la Haute-Marne, de la Côte-d'Or, de l'Yonne et de Seine-et-Marne. Il est divisé en 5 arrondis. de sous-préfectures, dont les chefs-lieux sont : Troyes, *préfecture*, *évêché*, *tr.*, à 16 myriamètres (40 lieues) de Paris : pop. 26,700 habitans. (Bonne ville.) Arcis-sur-Aube, *tr.* Bar-sur-Aube, *tr.* Bar-sur-Seine, *tr.* Nogent-sur-Seine, *tr.*

Ce département produit des grains et des vins. (Partie de la Champagne.)

Il est du ressort de la cour royale de Paris : il est compris dans la dix-huitième division militaire, et dans la première cohorte de la légion d'honneur.

10. Le département de l'Aude, situé dans la partie du midi, est borné par ceux du Tarn et de l'Hérault, par la Méditerranée, par les départemens des Pyrénées-Orientales, de l'Arriége et de la Haute-Garonne, est divisé en 4 arrond. de sous-préfectures, dont les chefs-lieux sont : Carcassonne, *préfecture*, *évêché*, *tr.*, à 86 myriamètres et demi (196 lieues) de Paris : pop. 15,178 habit. Narbonne, *tr.* Castelnaudary, *tr.* Limoux, *tr.*

Ce département est fertile en grains, en vins, en olives et en mûriers. Il s'y fait un grand commerce : pop. 237,813 habitans. (Partie du Languedoc.)

Il est du ressort de la cour royale de Montpellier : il est compris dans la dixième division militaire, et dans la dixième cohorte de la légion d'honneur.

11. Le département de l'AVEYRON, situé dans la partie du midi, est borné par ceux du Cantal, de la Lozère, du Gard, de l'Hérault, du Tarn, de Tarn-et-Garonne et du Lot. Il est divisé en 5 arrond. de sous-préfectures, dont les chefs-lieux sont : RODEZ, sur l'Aveyron, *préfecture*, *tr.*, *collége royal*, à 69 myriamètres (177 lieues) de Paris : pop. 6,613 hab. ESPALION, *tr.* MILHAU, *tr.* SAINT-AFFRIQUE, *tr.* VILLE-FRANCHE, *tr.*

Ce départem. abonde en pâturages, en fruits et en bestiaux. On y trouve du fer, du cuivre rouge, du vitriol, du soufre, de l'alun et des marbres : popul. 243,856 habit. (Le Rouergue.)

Il est du diocèse de Cahors, et du ressort de la cour royale de Montpellier : il est compris dans la neuvième division militaire, et dans la neuvième cohorte de la légion d'honneur.

12. Le département des BOUCHES-DU-RHÔNE, situé dans la partie du midi, est borné par ceux du Gard, de Vaucluse et du Var, et par la Méditerranée. Il est divisé en 3 arrond. de sous-préfectures, dont les chefs-lieux sont : MARSEILLE, avec un très-beau *port*, *préfecture*, *collége royal*, *tr.*, à 81 myriamètres (208 lieues) de Paris : popul. 102,217 habit. (Bonne ville.) AIX, *archevêché*, *cour royale*, *tr.* TARASCON, *tr.*

Ce département produit l'olivier, le figuier, l'amandier, l'oranger, le citronier, le grenadier, etc. Il y a des fabriques de savon, des manufactures de tapisseries et des tanneries : on y travaille le corail : pop. 288,603 hab. (Partie de la Provence.)

Il est compris dans la huitième division militaire, et dans la huitième cohorte de la légion d'honneur.

13. Le département du CALVADOS, situé dans la partie du nord, est borné par la Manche et par les départemens de l'Eure, de l'Orne et de la Manche. Il est divisé en 6 arr. de sous-préfectures, dont les chefs-lieux sont : CAEN, *préfecture*, *cour royale*, *collége royal*, *tr.*, à 26 myriam. et demi (67 lieues) de Paris : pop. 35,638 hab. (Bonne ville.) BAYEUX, *évêché*, *tr.* PONT-L'ÉVÊQUE, *tr.* LISIEUX, *tr.* FALAISE, *tr.* VIRE, *tr.*

Ce département abonde surtout en pâturages, il produit beaucoup de pommes : pop. 497,561 hab. (Partie de la Normandie.)

Il est compris dans la quatorzième division militaire, et dans la quatorzième cohorte de la légion d'honneur.

14. Le département du Cantal, situé dans la partie du midi, est borné par ceux du Puy-de-Dôme, de la Haute-Loire, de la Lozère, de l'Aveyron, du Lot et de la Corrèze. Il est divisé en 4 arrond. de sous-préfectures, dont les chefs-lieux sont : AURILLAC, *préfecture*, *tr.*, à 54 myriamètres (133 lieues) de Paris : pop. 10,332 habitans. SAINT-FLOUR, *évêché*, *tr.* MAURIAC, *tr.* MURAT, *tr.*

Ce département ne produit que du bétail et d'excellens pâturages ; il est d'ailleurs fort pauvre : popul. 247,824 habitans. (Auvergne.)

Il est du ressort de la cour royale de Riom, est compris dans la dix-neuvième division militaire, et dans la neuvième cohorte de la légion d'honneur.

15. Le département de la CHARENTE, situé dans la partie du milieu, est borné par ceux des Deux-Sèvres, de la Vienne, de la Haute-Vienne, de la Dordogne et de la Charente-Inférieure. Il est divisé en 5 arrond. de sous-préfectures, dont les chefs-lieux sont : ANGOULÊME, *préfecture*, *évêché*, *tr.*, à 45 myriamètres et demi (116 lieues) de Paris : pop. 14,744 hab. RUFFEC, *tr.* CONFOLENS, *tr.* BARBEZIEUX, *tr.* COGNAC, sur la Charente, *tr.* Il s'y fait un commerce considérable d'eau-de-vie.

Ce département produit du grain, du vin, et beaucoup de gibier ; on y fabrique de gros draps, des serges et du papier : pop. 319,667 hab. (Angoumois et partie de la Saintonge.)

Il est du ressort de la cour royale de Bordeaux, est compris dans la vingtième division militaire, et dans la douzième cohorte de la légion d'honneur.

16. Le département de la CHARENTE-INFÉRIEURE, situé dans la partie du milieu, est borné par ceux de la Vendée, des Deux-Sèvres, de la Charente, de la Dordogne, de la Gironde, et par l'Océan. Il est divisé en 6 arrond. de sous-préfectures, dont les chefs-lieux sont : LA ROCHELLE, *préfecture*, *port de mer*, *évêché*, *tr.*, (à 47 myriamètres (120 lieues) de Paris : popul. 18,346 hab. (Bonne ville.) SAINTES, *collége royal*, *tr.* ROCHEFORT, *port* célèbre par son arsenal, *tr.* SAINT-JEAN d'ANGELY, *tr.* JONSAC, *tr.* MARENNES, *tr.* Les îles de *Rhé* et d'*Oleron* sont vers les côtes de ce département ; la première au nord et la seconde au sud.

Ce département produit du vin, du chanvre et du lin ; il s'y fait un grand commerce d'eau-de-vie : pop. 393,011 habitans. (L'Aunis et partie de la Saintonge.)

Il est du ressort de la cour royale de Poitiers, est compris dans la douzième division militaire, et dans la douzième cohorte de la légion d'honneur.

17. Le département du CHER, situé dans la partie du milieu, est borné par ceux du Loiret, de la Nièvre, de l'Allier, de l'Indre, d'Indre-et-Loire. Il est divisé en 3 arrond. de sous-préfectures, dont les chefs-lieux sont : BOURGES, *préfecture*, *archevêché*, *cour royale*, *collége royal*, *tr.*, à 23 myriamètres et demi (59 lieues) de Paris : pop. 16,352 habit. (Bonne ville.) SANCERRE, *tr.* SAINT-AMAND, *tr.*

Ce département produit du chanvre, du lin, des bestiaux, du bois, des châtaigniers : pop. 220,721 h. (Partie du Berry.)

Il est compris dans la vingt-unième division militaire, et dans la quinzième cohorte de la légion d'honneur.

18. Le département de la CORRÈZE, situé dans la partie du midi, est borné par ceux de la Haute-Vienne, de la Creuse, du Puy-de-Dôme, du Cantal, du Lot et de la Dordogne. Il est divisé en 3 arrond. de sous-préfectures, dont les chefs-lieux sont : TULLE, *préfecture*, *tr.*, à 49 myriamètres (118

lieues) de Paris : pop. 9,051 habitans. Ussel, *tr.* Brives, *tr.*

Ce département produit du vin, du marbre, de l'ardoise : pop. 350,384 habit. (Partie du Limousin.)

Il fait partie du diocèse de Limoges, et est du ressort de la cour royale de cette même ville : il est compris dans la vingtième division militaire, et dans la onzième cohorte de la légion d'honneur.

19. Le département de la Corse est formé de l'île de ce nom, située dans la mer Méditerranée. Il est divisé en 5 arrond. de sous-préfectures, dont voici les chefs-lieux : Ajaccio, *préfecture*, *évêché*, *cour royale*, *tr.* : pop. 6,845 hab. Sartène, *tr.* Bastia, *tr.* Calvi, *tr.* Corté, *tr.*

L'air dans ce département, est grossier et mal-sain, le terroir plein de montagnes, peu fertile et mal cultivé : cependant il produit du blé, du vin, des fruits et des amandes. (L'île de Corse.)

Ce département est compris dans la vingt-troisième division militaire, et dans la huitième cohorte de la légion d'honneur.

20. Le département de la Côte-d'Or, situé dans la partie du milieu, est borné par ceux de l'Aube, de la Haute-Marne, de la Haute-Saône, du Jura, de Saône-Loire, de la Nièvre et de l'Yonne. Il est divisé en 4 arrond. de sous-préfectures, dont les chefs-lieux sont : Dijon, *préfecture*, *évêché*, *cour royale*, *collége royal*, *tr.*, à 30 myriamètres et demi (78 lieues) de Paris : pop. 21,612 habit. (Bonne ville.) Chatillon, *tr.* Beaune, d'où l'on tire de très-bon vin, *tr.* Sémur, *tr.*

Ce département produit d'excellent vin, des grains, des fruits; on y trouve des mines de fer. (Partie de la Bourgogne.)

Il est compris dans le diocèse d'Autun, dans la dix-huitième division militaire, et dans la sixième cohorte de la légion d'honneur.

21. Le département des Côtes-du-Nord, situé dans la partie du nord, est borné par l'Océan et par les départemens d'Ille-et-Vilaine, du Morbihan et du Finistère. Il est divisé en 5 arrond. de sous-préfectures, dont les chefs-lieux sont : Saint-Brieuc, *préfecture*, *évêché*, *tr.*, à 44 myriamèt. et demi (114 lieues) de Paris : pop. 8,750 hab. Lannion, *tr.* Dinan, *tr.* Loudéac, *tr.* Guingamp, *tr.*

Ce département est fertile en grains, chanvre, lin, miel, et en excellent pâturages: pop. 509,232 h. (Partie de la Bretagne.)

Il est du ressort de la cour royale de Rennes : il est compris dans la treizième division militaire, et dans la treizième cohorte de la légion d'honneur.

22. Le département de la Creuse, situé dans la partie du milieu, est borné par ceux de l'Indre, de l'Allier, du Puy-de-Dôme, de la Corrèze et de la Haute-Vienne. Il est divisé en 4 arrondissem. de sous-préfectures, dont les chefs lieux sont : Guéret, *préfecture*, *tr.*, à 43 myriamètres (110 lieues) de Paris : pop. 3,358 habitans. Boussac, le trib. de 1re inst. est à Chambon. Bourganeuf, *tr.* Aubusson, célèbre par ses manufactures de tapisseries, *tr.* Chambon, *tr.*

Ce département est peu fertile ; on n'y trouve que de bons pâturages : pop. 220,407 habitans. (Haute-Marche et pays circonvoisins.)

Il fait partie du diocèse de Limoges, et est du ressort de la cour royale de cette ville : il est compris dans la vingt-unième division militaire, et dans la quinzième cohorte de la légion d'honneur.

23. Le département de la DORDOGNE, situé dans la partie du midi, est borné par les départemens de la Charente, de la Haute-Vienne, de la Corrèze, du Lot, de Lot-et-Garonne, de la Gironde et de la Charente-Inférieure. Il est divisé en 5 arrond. de sous-préfectures, dont les chefs-lieux sont : PÉRIGUEUX, *préfecture*, *tr.*, à 47 myriamètres un quart (121 lieues) de Paris : pop. 5,733 hab. NONTRON, *tr.* SARLAT, *tr.* BERGERAC, *tr.* RIBERAC, *tr.*

Ce département a des mines de fer et de cuivre, et produit d'assez bons vins ; on y trouve des châtaignes, des noix, et des truffes qui sont fort estimées. (Périgord.)

Il est du diocèse d'Angoulême, et du ressort de la cour royale de Bordeaux : il est compris dans la vingtième division militaire, et dans la onzième cohorte de la légion d'honneur.

24. Le département du DOUBS, situé dans la partie du milieu, est borné par ceux de la Haute-Saône, du Haut-Rhin, par la Suisse et le département du Jura. Il est divisé en 4 arrond. de sous-préfectures, dont les chefs-lieux sont : BESANÇON, *préfecture*, *archevêché*, *cour royale*, *collége royal*, *tr.*, à 39 myriamètres et demi (101 lieues) de Paris : pop. 28,172 h. (Bonneville.) BEAUME, *tr.* MONTBÉLIARD, *tr.* PONTARLIER, *tr.*

Ce département est peu fertile en grains ; il produit des bois de bonne qualité ; il y a des mines de fer et des forges. (La Franche-Comté.)

Il est compris dans la sixième division militaire, et dans la sixième cohorte de la légion d'honneur.

25. Le département de la DRÔME, situé dans la partie du midi, est borné par ceux de l'Isère, des Hautes-Alpes, des Basses-Alpes, de Vaucluse et de l'Ardèche. Il est divisé en 4 arrond. de sous-préfectures, dont les chefs-lieux sont : VALENCE, sur le Rhône, *préfecture*, *évêché*, *tr.*, 56 myriamètres (144 lieues) de Paris : pop. 8,057 hab. DIE, *tr.* NIONS, *tr.* MONTÉLIMART, *tr.*

Ce département produit des grains et de bons pâturages ; on y fabrique des serges et des ratines ; il y a des manufactures de savon. (Partie du Dauphiné.)

Il est du ressort de la cour royale de Grenoble ; il est compris dans la septième division militaire, et dans la huitième cohorte de la légion d'honneur.

26. Le département de l'EURE, situé dans la partie du nord, est borné par ceux de la Seine-Inférieure, de l'Oise, de Seine-et-Oise, d'Eure-et-Loir, de l'Orne et du Calvados. Il est divisé en 5 arrond. de sous-préfectures, dont les chefs-lieux sont :

ENTRETIEN X.

EVREUX, *préfecture*, *évêché*, *tr.*, à 10 myriamètres et demi (26 lieues) de Paris : pop. 9,238 hab. PONT-AUDEMER, *tr.* LOUVIERS, célèbre par ses manufactures de draps, *tr.* LES ANDELYS, *tr.* BERNAY, *tr.*

Ce département abonde en grains, en bois et en fruits, en poires et en pommes ; on y fait un grand commerce : populat. 414,401 hab. (Partie de la Normandie.)

Il est du ressort de la cour royale de Rouen, est compris dans la quinzième division militaire, et dans la quatorzième cohorte de la légion d'honneur.

27. Le département d'EURE-ET-LOIR, situé dans la partie du milieu, est borné par ceux de l'Eure, de Seine-et-Oise, du Loiret, de Loir-et-Cher, de la Sarthe et de l'Orne. Il est divisé en 4 arrond. de sous-préfectures, dont les chefs-lieux sont : CHARTRES, sur l'Eure, *préfecture*, *tr.*, à 9 myriamètres un quart (24 lieues) de Paris : pop. 13,000 habitans. NOGENT-LE-ROTROU, *tr.* CHATEAUDUN, sur le Loir, *tr.* DREUX, *tr.*

Ce département est fertile en grains, en pâturages et en fruits ; on y fait commerce de bestiaux : pop. 259,898 habit. (Les pays Chartrain.)

Il fait partie du diocèse de Versailles, et est du ressort de la cour royale de Paris : il est compris dans la première division militaire, et dans la quatorzième cohorte de la légion d'honneur.

28. Le département du FINISTÈRE, situé dans la partie du milieu, est borné par l'Océan, et par les départemens des Côtes-du-Nord et du Morbihan. Il est divisé en 5 arr. de sous-préfectures, dont les chef-lieux sont : QUIMPER, *préfecture*, *évêché*, *tr.*, à 62 myriamètres un quart (159 lieues) de Paris : pop. 6,640 hab. BREST, *port de mer*, célèbre par son arsenal, *tr.* MORLAIX, *tr.* CHATEAULIN, *tr.* QUIMPERLÉ, *tr.*

Ce département produit du blé, du lin, du chanvre et des légumes, des ardoises et du plomb : pop. 46,895 hab. (Partie de la Bretagne.)

Il est du ressort de la cour royale de Rennes, est compris dans la treizième division militaire, et dans la treizième cohorte de la légion d'honneur.

29. Le département du GARD, situé dans la partie du midi, est borné par ceux de la Lozère, de l'Ardèche, de Vaucluse, des Bouches-du-Rhône, la mer Méditerranée, les départemens de l'Hérault et de l'Aveyron. Il est divisé en 4 arrond. de sous-préfectures, dont les chefs-lieux sont : NIMES *préfecture*, *collège royal*, *cour royale*, *tr.*, à 70 myriamètres un quart (180 lieues) de Paris : populat. 38,955 hab. (Bonne ville.) ALAIS, *tr.* UZÈS, *tr.* LE VIGAN, *tr.*

Ce département produit des oliviers en abondance ; on y fait des huiles ; on y recueille aussi de bons vins : pop. 315,778 habit. (Partie du Languedoc.)

Il fait partie du diocèse d'Avignon : il est compris dans la neuvième division militaire, et dans la neuvième cohorte de la légion d'honneur.

30. Le département de la HAUTE-GARONNE, situé dans la

partie du midi, est borné par ceux de Tarn-et-Garonne, Tarn, Aude, Arriége, les Pyrénées, les départemens des Hautes-Pyrénées et du Gers. Il est divisé en 4 arrond. de sous-préfectures, dont les chefs-lieux sont: TOULOUSE, sur la Garonne, *préfecture*, *archevêché*, *cour royale*, *collége royal*, *tr.*, à 67 myriamètres (172 lieues) de Paris : pop. 48,170 habitans. (Bonne ville.) VILLEFRANCHE, *tr.* MURET, *tr.* ST-GAUDENS, *tr.*

Ce département produit des grains, des vins et de bons pâturages; il s'y fait commerce de draperies, de couvertures de laine, merceries, etc.: pop. 366,716 h. (Partie du Languedoc.)

Il est compris dans la dixième division militaire, et dans la dixième cohorte de la légion d'honneur.

31. Le département du GERS, situé dans la partie du midi, est borné par ceux de Lot-et-Garonne, Tarn-et-Garonne, Haute-Garonne, Hautes-Pyrénées, Basses-Pyrénées, Landes. Il est divisé en 5 arrond. de sous-préfectures, dont les chefs-lieux sont : AUCH, *préfecture*, *tr.*, à 74 myriam. (190 lieues) de Paris : pop. 8,798 habit. CONDOM, *tr.* LECTOURE, *tr.* LOMBÈS, *tr.* MIRANDE, *tr.*

Ce département produit de beaux fruits et d'assez bons vins; on y fabrique de bonnes eaux-de-vie: pop. 282,014 hab. (Partie de la Guyenne.)

Il fait partie du diocèse d'Agen, et est du ressort de la cour royale de cette même ville : il est compris dans la dixième division militaire, et dans la dixième cohorte de la légion d'honneur.

32. Le département de la GIRONDE, situé dans la partie du midi, est borné par ceux de la Charente-Inférieure, de la Dordogne, de Lot-et-Garonne et des Landes. Il est divisé en 6 arrondissem. de sous-préfectures, dont les chefs-lieux sont : BORDEAUX, sur la Garonne, *avec un bon port*, *préfecture*, *archevêché*, *cour royale*, *collége royal*, *tr.*, à 57 myriamèt. et demi (147 lieues) de Paris : pop. 92,374 hab. (Bonne ville.) BLAYE, *tr.* LIBOURNE, *tr.* LA RÉOLE, *tr.* BAZAS, *tr.* LESPARE, *tr.*

Ce département est fertile en grains, en fruits, et en bons vins; il s'y fabrique d'excellentes liqueurs : pop. 506,244 hab. (Partie de la Guyenne.)

Il est compris dans la onzième division militaire, et dans la onzième cohorte de la légion d'honneur.

33. Le département de l'HÉRAULT, situé dans la partie du du midi, est borné par ceux de l'Aveyron et du Gard, par la mer méditerranée, par les départemens de l'Aude et du Tarn. Il est divisé en 4 arr. de sous-préfectures, dont les chefs-lieux sont : MONTPELLIER, *préfecture*, *évêché*, *cour royale*, *collége royal*, *tr.*, à 75 myriamètres un quart (193 lieues) de Paris : pop. 32,814 habit. (Bonne ville.) LODÈVE, *tr.* BÉZIERS, *tr.* SAINT-PONS, *tr.*

Ce département est fertile en grains et fruits; la vigne, les oliviers, les mûriers y viennent bien; on y fait un grand commerce d'eau-de-vie, bestiaux, laines, huiles, soiries, etc. : pop. 296,450 hab. (Partie du Languedoc.)

Il est compris dans la neuvième division militaire, et dans la neuvième cohorte de la légion d'honneur.

34. Le département d'ILLE-ET-VILAINE, situé dans la partie du milieu, est borné par la mer, et par les départemens de la Manche, de Mayenne, de la Loire-Inférieure, du Morbihan et des Côtes-du-Nord. Il est divisé en 6 arrond. de sous-préfectures, dont les chefs-lieux sont : RENNES; *préfecture, évêché, cour royale, collége royal*, *tr.*, à 34 myriamètres deux tiers (88 lieues) de Paris : pop. 28,600 hab. (Bonne ville.) SAINT-MALO, *port de mer*, *tr.* FOUGÈRE, *tr.* VITRÉ, *tr.* REDON, MONFORT, *tr.*

Ce département produit du lin, du chanvre, de bons pâturages, des légumes et du fruit ; on en tire d'excellent beurre : pop. 501,668 hab. (Partie de la Bretagne.)

Il est compris dans la treizième division militaire, et dans la treizième cohorte de la légion d'honneur.

35. Le département de l'INDRE, situé dans la partie du milieu, est borné par ceux d'Indre-et-Loire, de Loir-et-Cher, du Cher, de la Creuze, de la Haute Vienne et de la Vienne. Il est divisé en 4 arrond. de sous-préfectures, dont les chefs-lieux sont : CHATEAUROUX, *préfecture*, *tr.*, à 26 myriamètres (64 lieues) de Paris : pop. 8,423 hab. ISSOUDUN, *tr.* LA CHATRE, *tr.* LE BLANC, *tr.*

Il y a dans ce département d'excellentes prairies et beaucoup de bois : pop. 201,533 hab. (Partie du Berry.)

Il fait partie du diocèse de Bourges, et est du ressort de la cour royale de cette même ville; il est compris dans la vingt-unième division militaire, et dans la quinzième cohorte de la légion d'honneur.

36. Le département d'INDRE-ET-LOIRE, situé dans la partie du milieu, est boné par ceux de la Sarthe, de Loir-et-Cher, de l'Indre, de la Vienne et de Maine-et-Loire. Il est divisé en 3 arr. de sous-préfectures, dont les chefs-lieux sont : TOURS, *préfect.*, *archevêché*, *tr.*, à 24 myr. un quart (62 lieues) de Paris : pop. 270,106 hab. (Bonne ville.) LOCHES, *tr.* CHINON, *tr.*

Ce département est fertile en blé, en vin, légumes, pâturages, fruits, miel, gomme, huiles, etc. : pop. 270,106 habit. (La Touraine.)

Il est du ressort de la cour royale d'Orléans : il est compris dans la vingt-deuxième division militaire, et dans la quinzième cohorte de la légion d'honneur.

37. Le département de l'ISÈRE, situé dans la partie du midi, est borné par ceux de l'Ain, des Hautes-Alpes, de la Drôme, de l'Ardèche, de la Loire et du Rhône. Il est divisé en 4 arrondissem. de sous-préfectures, dont les chefs-lieux sont : GRENOBLE, sur l'Isère, *préfecture, évêché, cour royale, collége royal*, *tr.*, à 56 myriamèt. 3 quarts (145 lieues) de Paris : pop. 21,350 hab. (Bonne ville.) VIENNE, sur le Rhône, *tr.* SAINT-

Marcellin, *tr.* La Tour-du-Pin ; le *tr.* est à Bourgoin.

Ce département produit du bois, du fer, du charbon de terre, d'excellens vins : pop. 462,266 habit. (Partie du Dauphiné.)

Il est compris dans la septième division militaire, et dans la septième cohorte de la légion d'honneur.

38. Le département du Jura, situé dans la partie du milieu, est borné par ceux de la Haute-Saône et du Doubs, par la Suisse, et par les départemens de l'Ain, de Saône-et-Loire et de la Côte-d'Or. Il est divisé en 4 arrond. de sous-préfectures, dont les chefs-lieux sont : Lons-le-Saulnier, *préfecture*, *tr.*, à 41 myriamètres (105 lieues) de Paris : pop. 7,074 habitans. Dôle, *tr.* Saint-Claude, *tr.* Poligny; le *tr.* est à Arbois.

Ce département produit du blé, des vins, des fruits, des légumes, du maïs ou blé de turquie : pop. 292,883 habitans. (Partie de la Franche-Comté.)

Il fait partie du diocèse de Besançon, et est du ressort de la cour royale de cette ville : il est compris dans la sixième division militaire, et dans la sixième cohorte de la légion d'honneur.

39. Le département des Landes, situé dans la partie du midi, est borné par ceux de la Gironde, de Lot-et-Garonne, du Gers, des Basses-Pyrénées et par la mer. Il est divisé en 3 arrond. de sous-préfectures, dont les chefs-lieux sont : Mont-de-Marsan, *préfecture*, *tr.*, à 70 miriam. un quart (180 lieues) de Paris. Saint-Sever, *tr.* Dax, *tr.*

Ce département produit, dans quelques endroits, du grain et du vin : on y trouve aussi des sapins et des chênes ; sur la côte il ne présente absolument que des sables, des pins et des bruyères : pop. 234,782 habit. (Partie de la Guyenne.)

Il fait partie du diocèse de Bayonne, et est du ressort de la cour royale de Pau : il est compris dans la onzième division militaire et dans la onzième cohorte de la légion d'honneur.

40. Le département de Loir-et-Cher, situé dans la partie du milieu, est borné par ceux d'Eure-et-Loir, du Loiret, du Cher, de l'Indre et d'Indre-et-Loire. Il est divisé en 3 arrond. de sous-préfectures, dont les chefs-lieux sont : Blois sur la Loire, *préfecture*, *tr.*, à 18 myriamèt. (46 lieues) de Paris : pop. 13,054 hab. Vendôme, sur le Loir, *fameux collége*, dirigé par des Oratoriens; *collége royal*, *tr.* Romorantin, *tr.*

Ce département fait commerce de ganterie, bonneterie, coutellerie, etc. : pop. 208,200 habit.) Partie de l'Orléanais, le Blaisois.)

Il fait partie du diocèse d'Orléans, et est du ressort de la cour royale de cette même ville : il est compris dans la vingt-deuxième division militaire, et dans la quinzième cohorte de la légion d'honneur.

41. Le département de la Loire, situé dans la partie du milieu, est borné par ceux de l'Allier, de Saône-et-Loire, du Rhône, de l'Isère, de l'Ardèche, de la Haute-Loire et du Puy-de-Dôme. Il est divisé en 3 arrond. de sous-préfectures, dont les chefs-lieux sont : Mont-Brison, *préfecture*, *tr.*, à 44 my-

riamèt. un tiers (113 lieues) de Paris : pop. 5,218 habitans. ROANNE, sur la LOIRE, *tr.* SAINT-ETIENNE, *tr.*

Ce département produit du blé et du vin : popul. 310,754. hab. (Le Forez.)

Il fait partie du diocèse de Lyon, et est du ressort de la cour royale de cette même ville : il est compris dans la dix-neuvième division militaire, et dans la septième cohorte de la légion d'honneur.

42. Le département de la HAUTE-LOIRE, situé dans la partie du midi, est borné par ceux du Puy-de-Dôme, de la Loire, de l'Ardèche, de la Lozère et du Cantal. Il est divisé en 3 arr. de sous-préfectures, dont les chefs-lieux sont : LE PUY, *préfecture*, *tr.*, à 50 myriamètres et demi (129 lieues) de Paris : pop. 12,000 hab. BRIOUDE, *tr.* YSSINGEAUX, *tr.*

Ce département produit des pâturages et du bois : on en tire ces beaux marrons, connus sous le nom de marrons de Lyon : pop. 263,565 habit. (Le Vélai.)

Il fait partie du diocèse de Saint-Flour, et du ressort de la cour royale de Riom : il est compris dans la dix-neuvième division militaire, et dans la septième cohorte de la légion d'honneur.

43. Le département de la LOIRE-INFÉRIEURE, situé dans la partie du milieu, est borné par ceux du Morbihan, d'Ile-et-Vilaine, de Maine-et-Loire, de la Vendée, et par l'Océan. Il est divisé en 5 arrond. de sous-préfectures, dont les chefs-lieux sont : NANTES, sur la Loire, *port, préfecture, évêché, collége royal*, *tr.*, à 39 myriamètres (99 lieues) de Paris : populat. 75,000 hab. (Bonne ville.) SAVENAY, *tr.* CHATEAUBRIANT, *tr.* ANCENIS, *tr.* PAIMBOEUF, *tr.*

Ce département produit du charbon de terre minéral ou fossille; on y fabrique des cotonnades, des basins, des coutils, des serges, etc. : pop. 394,790 hab. (Partie de la Bretagne.)

Il est du ressort de la cour royale de Rennes : il est compris dans la douzième division militaire, et dans la douzième cohorte de la légion d'honneur.

44. Le département du LOIRET, situé dans la partie du milieu, est borné par ceux d'Eure-et-Loir, Seine-et-Oise, Seine-et-Marne, Yonne, Nièvre, Cher, Loir-et-Cher. Il est divisé en 4 arrond. de sous-préfectures, dont les chefs-lieux sont : ORLÉANS, sur la Loire, *préfecture, évêché, cour royale, collége royal*, *tr.*, à 12 myriamètres un tiers (31 lieues) de Paris : pop. 41,948 hab. (Bonne ville.) PITHIVIERS, *tr.* MONTARGIS, célèbre par ses manufactures de papier, *tr.* GIEN, *tr.*

Ce département est fertile en grains, en fruits, en safran : pop. 280,000 habit. (Partie de l'Orléanais et Gâtinois.)

Il est compris dans la première division militaire, et dans la quinzième cohorte de la légion d'honneur.

45. Le département du LOT, situé dans la partie du midi, est borné par ceux de la Dordogne, de la Corrèze, du Cantal, de l'Aveyron, de Tarn-et-Garonne et de Lot-et-Garonne. Il est divisé en 3 arrond. de sous-préfectures, dont les chefs-lieux

sont : Cahors, sur le Lot, *préfecture*, *évêché*, *collége royal*, *tr.*, à 56 myriamètres (143 lieues) de Paris : pop. 12,446 hab. Figeac, *tr.* Gourdon , *tr.*

Ce département est fertile en blé, en vins et en fruits : pop. 261,347 hab. (Le Quercy.)

Il est du ressort de la cour royale d'Agen : il est compris dans la vingtième division militaire, et dans la onzième cohorte de la légion d'honneur.

46. Le département de Lot-et-Garonne , situé dans la partie du midi, est borné par ceux de la Dordogne , du Lot, de Tarn-et-Garonne, du Gers, des Landes et de la Gironde. Il est divisé en 4 arr. de sous-préfectures , dont les chefs-lieux sont : Agen, *préfecture*, *évêché*, *cour royale*, *collége royal*, *tr.*, à 71 myriamètres et demi (183 lieues) de Paris. Marmande , *tr.* Nérac, *tr.* Villeneuve d'Agen, *tr.*

Ce département produit du blé, du vin et des fruits : pop. 320,327 hab. (L'Agénois et partie de la Guyenne.)

Il est compris dans la vingtième division militaire et dans la onzième cohorte de la légion d'honneur.

47. Le département de la Lozère, situé dans la partie du midi, est borné par ceux du Cantal, de la Haute-Loire, de l'Ardèche, du Gard et de l'Aveyron. Il est divisé en 3 arrond. de sous-préfectures, dont les chefs-lieux sont : Mende , *préfecture*, *évêché*, *tr.*, à 56 myriamètres et demi (145 lieues) de Paris : pop. 5,750 habit. Marvejols , *tr.* Florac, *tr.*

Ce département est montueux, froid et peu fertile : popul. 141,322 hab. (Partie du Languedoc.)

Il est du ressort de la cour royale de Nîmes ; il est compris dans la neuvième division militaire , et dans la neuvième cohorte de la légion d'honneur.

48. Le département de Maine-et-Loire, situé dans la partie du milieu, est borné par ceux de la Mayenne , de la Sarthe, d'Indre-et-Loire , de la Vienne, des deux Sèvres, de la Vendée et de la Loire-Inférieure. Il est divisé en 5 arrondis. de sous-préfectures, dont les chefs-lieux sont : Angers, *préfecture*, *évêché*, *cour royale*, *collége royal*, *tr.*, à 30 myriamètres (76 lieues) de Paris : pop. 28,927 hab. (Bonne ville.) Segré, *tr.* Beaugé, *tr.* Saumur, *tr.* Beaupréau, *tr.*

Ce département produit du grain, du vin, du chanvre, du lin, du bois, des fruits ; il s'y fait un grand commerce de bestiaux et d'ardoises : pop. 401,223 habit. (L'Anjou et le Saumurois.)

Il est compris dans la vingt-deuxième division militaire, et dans la treizième cohorte de la légion d'honneur.

49. Le département de la Manche, situé dans la partie du nord, est borné par la mer, et par les départemens du Calvados, de l'Orne, de la Mayenne et d'Ille-et-Vilaine. Il est divisé en 6 arr. de sous-préfectures , dont les chefs-lieux sont : Saint-Lô, *préfecture*, *tr.*, à 32 myriamètres et demi (83 lieues) de Paris : pop. 7,387 habit. Coutances, *évêché*,

ENTRETIEN X. 175

tr. VALOGNES, *tr.* CHERBOURG, *port de mer.* MORTAIN, *tr.* AVRANCHES, *tr.*

Ce département produit beaucoup de pâturages ; on y récolte aussi du grain et des légumes : population 566,726 hab. (Partie de la Normandie.)

Il est du ressort de la cour royale de Caen : il est compris dans la quatorzième division militaire, et dans la quatorzième cohorte de la légion d'honneur.

50. Le département de la MARNE, situé dans la partie du nord, est borné par ceux de l'Aisne, des Ardennes, de la Meuse, de la Haute-Marne, de l'Aube et de Seine-et-Marne. Il est divisé en 5 arr. de sous-préfectures, dont les chefs-lieux sont : CHALONS, sur la Marne, *préfecture*, *tr.*, à 16 myriamètres et demi (42 lieues) de Paris : pop. 10,784 habit. REIMS, *collége royal*, *tr.* (Bonne ville.) SAINTE-MENEHOULD, *tr.* VITRY-SUR-MARNE, *tr.* EPERNAY, *tr.*

Ce département produit une grande quantité d'excellens vins. Le pain-d'épice et les biscuits de Reims sont très-estimés : pop. du département 303,132 habit. (Partie de la Champagne.)

Il fait partie du diocèse de Meaux, et est du ressort de la cour royale de Paris : il est compris dans la deuxième division militaire, et dans la première cohorte de la légion d'honneur.

51. Le département de la HAUTE-MARNE, situé dans la partie du milieu, est borné par ceux de la Marne, de la Meuse, des Vosges, de la Haute-Saône, de la Côte-d'Or et de l'Aube. Il est divisé en 3 arrond. de sous-préfectures, dont les chefs-lieux sont : CHAUMONT, *préfecture*, *tr.*, à 25 myriamètres (63 lieues) de Paris : pop. 5,872 hab. VASSY, *tr.* LANGRES, *collége royal*, *tr.*

Ce département est fertile en grains ; il produit aussi de fort bons vins : pop. 231,455 hab. (Partie de la Champagne.)

Il fait partie du diocèse de Dijon, et est du ressort de la cour royale de cette même ville : il est compris dans la dix-huitième division militaire, et dans la cinquième cohorte de la légion d'honneur.

52. Le département de la MAYENNE, situé dans la partie du milieu, est borné par ceux de la Manche, de l'Orne, de la Sarthe, de Maine-et-Loire et d'Ille-et-Vilaine. Il est divisé en 3 arr. de sous-préfectures, dont les chefs-lieux sont : LAVAL, *préfecture*, *tr.*, à 28 myriamètres (72 lieues) de Paris : pop. 15,000 hab. MAYENNE, *tr.* CHATEAU-GONTIER, *tr.*

Ce département produit des grains, du lin, du chanvre : pop. 330,000 hab. (Partie du Maine et de l'Anjou.)

Il fait partie du diocèse du Mans, et est du ressort de la cour royale d'Angers : il est compris dans la vingt-deuxième division militaire, et dans la treizième cohorte de la légion d'honneur.

53. Le département de la MEURTHE, situé dans la partie du nord, est borné par ceux du Bas-Rhin, des Vosges et de la Meuse. Il est divisé en 5 arrond. de sous-préfectures, dont les chefs-lieux sont : NANCY, *préfecture*, *évêché*, *cour royale*, *col-*

lége royal, *tr.*, à 33 myriamètres et demi (85 lieues) de Paris: pop. 29,628 hab. (Bonne ville.) Toul, *tr.* Chateau-Salins, *tr.* Sarrebourg, *tr.* Lunéville, *tr.*

Ce département est fertile en blé, en vin, en lin et en chanvre : pop. 355,535 hab. (Partie de la Lorraine.)

Il est compris dans la quatrième division militaire ; et dans la cinquième cohorte de la légion d'honneur.

54. Le département de la Meuse, situé dans la partie du nord, est borné par ceux des Ardennes, de la Meurthe, des Vosges, de la Haute-Marne et de la Marne. Il est divisé en 4 arrond. de sous-préfectures, dont les chefs-lieux sont : Bar-sur-Ornain, *préfecture*, *tr.*, à 25 myriamètres (64 lieues) de Paris : pop. 9,800 habit. Verdun, *tr.* Montmédy, *tr.* Commercy ; le *tr.* est à Saint-Mihiel.

Ce département produit, comme le précédent, du vin, du blé et du lin : pop. 276,600 habitans. (Le Barroi, partie de la Lorraine.)

Il fait partie du diocèse de Nancy, et est du ressort de la cour royale de cette même ville : il est compris dans la deuxième division militaire, et dans la cinquième cohorte de la légion d'honneur.

55. Le département du Morbihan, situé dans la partie du milieu, est borné par les départemens du Finistère, des Côtes-du-Nord, d'Ille-et-Vilaine, de la Loire-Inférieure et par l'Océan. Il se divise en 4 arrond. de sous-préfectures, dont les chefs-lieux sont : Vannes, *préfecture*, *évêché*, *tr.*, à 50 myriamètres (128 lieues) de Paris : pop. 10,605 hab. Ploermel, *tr.* Lorient, *port de mer*, *tr.*, Pontivy, *collége royal*, *tr.*

Ce département produit du blé et des bestiaux ; on en tire d'excellent beurre : pop. 393,368 hab. (Partie de la Bretagne.)

Il est du ressort de la cour royale de Rennes : il est compris dans la treizième division militaire, et dans la treizième cohorte de la légion d'honneur.

56. Le département de la Moselle, situé dans la partie du nord, est borné par ceux du Bas-Rhin, de la Meurthe et de la Meuse. Il est divisé en 4 arrond. de sous-préfectures, dont les chefs-lieux sont : Metz, sur la Moselle, *ville forte*, *préfecture*, *évêché*, *cour royale*, *collége royal*, *tr.*, à 31 myriamètres (79 lieues) de Paris : pop. 37,272 hab. (Bonne ville.) Briey, *tr.* Thionville, *tr.* Sarreguemines, *tr.*

Ce département produit du blé, de l'orge, du lin et du vin : pop. 376,261 h. (Partie de la Lorraine et les Trois-Evêchés.)

Il est compris dans la troisième division militaire, et dans la cinquième cohorte de la légion d'honneur.

57. Le département de la Nièvre, situé dans la partie du milieu, est borné par ceux du Loiret, de l'Yonne, de la Côte-d'Or, de Saône-et-Loire, de l'Allier et du Cher. Il est divisé en 4 arrond. de sous préfectures, dont les chefs-lieux sont : Nevers, au confluent de l'Allier avec la Loire, *préfecture*, *tr.*, à 23 myriamètres et demi (60 lieues) de Paris : popul. 11,878

11,878 hab. Cosne, *tr.* Clamecy, *tr.* Chateau-Chinon, *tr.*

Ce département produit du blé, des vins, du bois, du charbon de terre, etc.; on y trouve des mines de fer, et même des mines d'argent : pop. 236,958 hab. (Le Nivernais.)

Il fait partie du diocèse d'Autun, et est du ressort de la cour royale de Bourges : il est compris dans la vingt-unième division militaire, et dans la sixième cohorte de la légion d'honneur.

58. Le département du Nord, situé dans la partie du nord, est borné par la mer et par les départemens de l'Aisne et du Pas-de-Calais. Il est divisé en 6 arrond. de sous-préfectures, dont les chefs-lieux sont : Lille, *place forte, préfect. collège royal, tr.*, à 23 myr. et demi (60 lieues) de Paris : populat. 59,724 hab. (Bonne ville.) Douay, *place forte, cour royale, collège royal, tr.* Cambrai, *évêché, tr.* Dunkerque, *tr.* Avesnes, *tr.* Hazebrouck, *tr.*

Ce département est fertile en blé, houblon, lin, chanvre, légumes et colza : pop. 820,522 hab. (Partie de la Flandre, le Hainaut.)

Il est compris dans la seizième division militaire, et dans la deuxième cohorte de la légion d'honneur.

59. Le département de l'Oise, situé dans la partie du nord, est borné par ceux de la Somme, de l'Aisne, de Seine-et-Marne, de Seine-et-Oise, de l'Eure et de la Seine-Inférieure. Il est divisé en 4 arrond. de sous-préfectures, dont les chefs-lieux sont : Beauvais, *préfecture, tr.*, à 8 myr. 3 quarts (22 lieues) de Paris : pop. 12,791 hab. Clermont, *tr.* Compiègne, *tr.* Senlis, *tr.*

Ce département produit du blé, du chanvre, du lin, des légumes, du bois, des pommes; on en tire des volailles, des bestiaux et de la laine : pop. 372,130 hab. (Partie de l'Ile-de-France, le Beauvaisis, etc.)

Il fait partie du diocèse d'Amiens, et est du ressort de la cour royale de cette même ville : il est compris dans la première division militaire, et dans la première cohorte de la légion d'honneur.

60. Le département de l'Orne, situé dans la partie du nord, est borné par ceux du Calvados, de l'Eure, d'Eure-et-Loir, de la Sarthe, de la Mayenne et de la Manche. Il est divisé en 4 arrond. de sous-préfectures, dont les chefs-lieux sont : Alençon, *préfecture, tr.*, à 19 myriamètr. un quart (49 lieues) de Paris : pop. 13,234 habitans. Domfront, *tr.* Argentan, *tr.* Mortagne, *tr.* Séez, *évêché.*

Ce département produit d'excellent pâturages; les dentelles, dites points d'Alençon, sont très-estimées : pop. du département 405,767 habitans. (Partie de la Normandie, et partie septentrionale du Perche.)

Il est du ressort de la cour royale de Caen : il est compris dans la quatorzième division militaire, et dans la quatorzième cohorte de la légion d'honneur.

61. Le département du Pas-de-Calais, situé dans la par-

tie du nord, est borné par la mer et par les départemens du Nord et de la Somme. Il est divisé en 6 arrond. de sous-préfectures, dont les chefs-lieux sont : ARRAS, sur la Scarpe, *préfecture*, *évêché*, *tr.* : pop. 18,872 habitans. BOULOGNE, *port de mer*, *tr.* SAINT-OMER, *place forte*, sur l'Aa, *collége royal*, *tr.* MONTREUIL, *port de mer*, *tr.* BÉTHUNE, *tr.* SAINT-POL, *tr.*

Ce département produit du blé, du chanvre, du lin, du colza, des pâturages : pop. 559,984 hab. (L'Artois, etc.)

Il est du ressort de la cour royale de Douai : il est compris dans la seizième division militaire, et dans la deuxième cohorte de la légion d'honneur.

62. Le département du PUY-DE-DÔME, situé dans la partie du milieu, est borné par ceux de l'Allier, de la Loire, de la Haute-Loire, du Cantal, de la Corrèze et de la Creuze. Il est divisé en 5 arrondissem. de sous-préfectures, dont les chefs-lieux sont : CLERMONT-FERRANT, *préfecture*, *évêché*, *collége royal*, *tr.*, à 33 myriam. et demi (98 lieues) de Paris : pop. 30,379 hab. (Bonne ville.) RIOM, *cour royale*, *tr.* THIERS, *tr.* AMBERT, *tr.* ISSOIRE, *tr.*

Ce département produit des pâturages, du beurre, des fromages et des plantes aromatiques : populat. 533,722 habitans. (Partie de l'Auvergne.)

Il est compris dans la dix-neuvième division militaire, et dans la septième cohorte de la légion d'honneur.

63. Le département de BASSES-PYRÉNÉES, situé dans la partie du midi, est borné par les départemens des Landes, du Gers, des Hautes-Pyrénées, par les Monts-Pyrénées et par la mer. Il est divisé en 5 arrond. de sous-préfectures, dont les chefs-lieux sont : PAU : *préfecture*, *cour royale*, *collége royal*, *tr.* à 78 myriamètres un quart (200 lieues) de Paris : populat. 9,000 habit. BAÏONNE, *port de mer*, *évêché*, *tr.* OLÉRON, *tr.* ORTHÈS, *tr.* MAULÉON.

Ce département produit du vin, du millet, de l'avoine, des fruits. Les jambons de Baïonne sont très-estimés : pop. 379,223 hab. (Le Béarn, la Navarre.)

Il est compris dans la onzième division militaire, et dans la dixième cohorte de la légion d'honneur.

64. Le département des HAUTES-PYRÉNÉES, situé dans la partie du midi, est borné par ceux des Basses-Pyrénées, du Gers, de la Haute-Garonne et par les Monts-Pyrénées. Il est divisé en 3. arrond. de sous-préfectures, dont les chefs-lieux sont : TARBES, *préfecture*, *tr.*, à 81 myriamètres et demi (208 lieues) de Paris : pop. 7,939 hab. BAGNÈRES, *tr.* ARGELÈS, *tr.*

Ce département produit du seigle, du millet et du blé d'Espagne ; on y trouve des mines de fer, de plomb, de cuivre ; il fournit d'excellens chevaux : les eaux minérales de Bagnères et de Barège y attirent beaucoup de monde : pop. 196,466 hab. (Le Bigorre, les Quatre-Vallées.)

Il fait partie du diocèse de Baïonne, et est du ressort de la cour roy. de Pau : il est compris dans la dixième division militaire, et dans la dixième cohorte de la légion d'honneur.

65. Le département des PYRÉNÉES-ORIENTALES, situé dans la partie du midi, est borné par ceux de l'Arriège et de l'Aude, par la mer Méditerranée, et par les Monts-Pyrénées. Il est divisé en 3 arrond. de sous-préfectures, dont les chefs-lieux sont : PERPIGNAN, *préfecture*, *tr.*, à 89 myriam. (227 lieues) de Paris : pop. 12,500 habitans. CÉRET, *tr.* PRADES, *tr.*

Ce département n'est fertile qu'en vins et en pâturages : 125,230 hab. (Le Roussillon, la Cerdagne.)

Il fait partie du diocèse de Carcassonne, et est du ressort de la cour royale de Montpellier : il est compris dans la dixième division militaire, et dans la dixième cohorte de la légion d'honneur.

66. Le département du BAS-RHIN, situé dans la partie du nord, est borné par le Rhin, par les départemens du Haut-Rhin, des Vosges, de la Meurthe et de la Moselle. Il est divisé en 4 arr. de sous-préfectures, dont les chefs-lieux sont : STRASBOURG, ville très-forte sur l'Ille, près du Rhin, *évêché*, *préfecture*, *collége royal*, *tr.*, à 46 myriamètres et demi (119 lieues) de Paris : popul. 49,000 hab. (Bonne ville.) WISSEMBOURG, *ville forte*, *tr.* SAVERNE, *tr.* SCHELESTAT, *tr.*

Ce département produit du vin très-estimé, du chanvre, du tabac ; on y trouve des mines de plomb, de cuivre et d'argent : pop. 488,660 habitans. (Partie de l'Alsace.)

Il est du ressort de la cour royale de Colmar : il est compris dans la cinquième division militaire, et dans la cinquième cohorte de la légion d'honneur.

67. Le département du HAUT-RHIN, situé dans la partie du milieu, est borné par le département du Bas-Rhin, par le Rhin, la Suisse, les départ. du Doubs, de la Haute-Saône, et des Voges. Il est divisé en 3 arrond. de sous-préfectures, dont les chefs-lieux sont : COLMAR, *préfecture*, *cour royale*, *collége royal*, *tr.*, à 48 myriamètres un quart (123 lieues) de Paris : pop. 41,115 habitans. ALTKIRCH, *tr.* BÉFORT, *tr.*

Ce département produit du fer, du vin, du blé et de la garance : pop. 404,018 hab. (Partie de l'Alsace.)

Il fait partie du diocèse de Strasbourg : il est compris dans la cinquième division militaire, et dans la cinquième cohorte de la légion d'honneur.

68. Le département du RHÔNE, situé dans la partie du milieu, est borné par ceux de Saône-et-Loire, de l'Ain, de l'Isère et de la Loire. Il est divisé en 2 arrond. de sous-préfectures, dont les chefs-lieux sont : LYON, *préfecture*, *archevêché*, *cour royale*, *collége royal*, *tr.*, à 47 myriamètres (119 lieues) de Paris : pop. 100,000 hab. (Bonne ville.) VILLEFRANCHE, *tr.*

Ce département produit de bon blé, du vin et des fruits ; les manufactures de soieries y sont un grand objet de commerce : pop. 335,113 hab. (Lyonnais, Baujolais.)

Il est compris dans la dix-neuvième division militaire, et dans la septième cohorte de la légion d'honneur.

69. Le département de la HAUTE-SAÔNE, situé dans la partie du milieu, est borné par ceux de la Haute-Marne, des Vosges, du Haut-Rhin, du Doubs, du Jura et de la Côte-d'Or. Il est divisé en 3 arrond. de sous-préfectures, dont les chefs-lieux sont : VESOUL, *préfecture, tr.*, à 35 myriamètres et demi (90 lieues) de Paris : pop. 5,448 hab. GRAY, *tr.* LURE, *tr.*

Ce département produit du blé, du vin, des fruits, des légumes, des pâturages, etc. : pop. 292,122 hab. (Partie de la Franche-Comté.)

Il fait partie du diocèse de Besançon, et est du ressort de la cour royale de cette même ville : il est compris dans la sixième division militaire, et dans la sixième cohorte de la légion d'honneur.

70. Le département de SAÔNE-ET-LOIRE, situé dans la partie du milieu, est borné par ceux de la Nièvre, de la Côte-d'Or, du Jura, de l'Ain, du Rhône, de la Loire et de l'Allier. Il est divisé en 5 arrond. de sous-préfectures, dont les chefs-lieux sont : MACON, sur la Saône, *préfecture, tr.*, à 40 myriamèt. (102 lieues) de Paris : pop. 10,438 hab. AUTUN, *évêché, collége royal, tr.* CHALONS-SUR-SAÔNE, *tr.* CHAROLLES, *tr.* LOUHANS, *tr.*

Ce département produit tout ce qui est nécessaire à la vie, et surtout d'excellent vin : pop. 463,782 habitans. (Partie de la Bourgogne.)

Il est du ressort de la cour royale de Dijon : il est compris dans la dix-huitième division militaire, et dans la sixième cohorte de la légion d'honneur.

71. Le département de la SARTHE, situé dans la partie du milieu, est borné par ceux de la Mayenne, de l'Orne, d'Eure-et-Loir, de Loir-et-Cher, d'Indre-et-Loire et de Maine-et-Loire. Il est divisé en 4 arr. de sous-préfectures, dont les chefs-lieux sont : LE MANS, *évêché, préfecture, collége royal, tr.*, à 21 myriamètres un quart (54 lieues) de Paris : population 18,533 hab. MAMERS, *tr.* SAINT-CALAIS, *tr.* LA FLÈCHE.

Ce département produit du blé, du chanvre, des pâturages; les volailles du Mans sont fort estimées : pop. 404,847 habit. (Partie de l'Anjou, le Maine.)

Il est du ressort de la cour royale d'Angers : il est compris dans la vingt-deuxième division militaire, et dans la quinzième cohorte de la légion d'honneur.

72. Le département de la SEINE, situé dans la partie du nord, est enclavé dans celui de Seine-et-Oise. Il est divisé en 3 arr. de sous-préfectures, dont les chefs-lieux sont : PARIS, *capitale de la France, siége du gouvernement et des deux Chambres, archevêché, préfecture, cour de cassation, cour royale, tr., colléges royaux :* pop. 580,600 habit. (Bonne ville.) SAINT-DENIS, *sépulture de la famille royale.* SCEAUX.

Ce département fait un commerce considérable en tout gen-

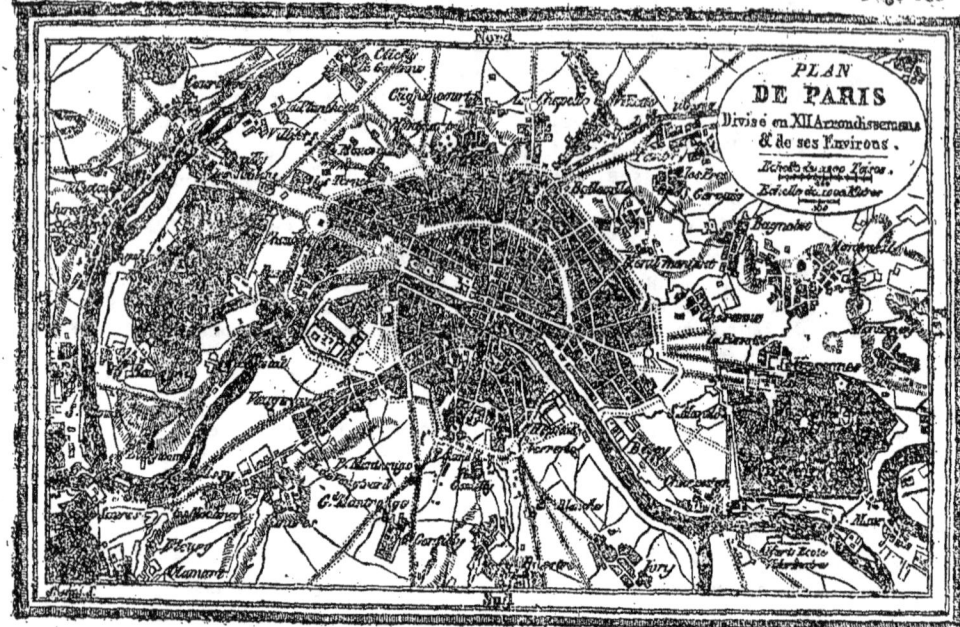

PARIS est une des plus grandes villes, des plus belles et des plus peuplées de l'Univers. Elle est bien supérieure maintenant à ce qu'elle étoit, lorsque Charles-Quint disoit : qu'en la voyant il avoit vu un monde. La Seine la divise en trois parties ; la ville au nord, la cité dans le milieu, et le quartier qu'on appelle l'*Université*, au sud. Paris étoit déjà célèbre sous Jules-César, qui soumit les Gaules environ 50 ans avant l'ère chrétienne.

On compte dans cette ville 580,600 habitans, 40,000 maisons, 5 superbes palais, qui sont celui des Tuileries, où le Roi réside, le palais du Louvre, qui semble ne faire qu'un seul édifice avec celui des Tuileries, auquel il est joint par une longue galerie qui renferme la plus riche collection de tableaux qu'on ait jamais vu dans le monde ; le Palais-Royal, le palais du Luxembourg, où siége la chambre des Pairs, et le palais Bourbon ; 9 jardins et promenades publiques, un grand nombre d'hôtels magnifiques, plusieurs quais très-beaux le long de la Seine, plusieurs places, dont quelques-unes sont très-vastes, et étoient ornées de statues excellentes ; les fontaines publiques y sont en grand nombre. Il s'y trouve plusieurs ponts magnifiques : les autres monumens qui décorent Paris sont l'hôtel des Invalides, le palais de Justice, l'hôtel des Monnoies, l'école de Chirurgie, l'ancienne École Militaire, les colonnades de la place Louis XVI, les portes S.t Denis et S.t Martin, et la halle au blé, remarquable par la coupole qui attire l'attention des voyageurs. On y trouve encore le jardin des Plantes, vaste local où l'on voit réunies presque toutes les plantes connues, avec une ménagerie et un superbe cabinet d'histoire naturelle, un Muséum de monumens Français, où l'on a recueilli un très-grand nombre de tombeaux, statues, et autres monumens qui décoroient les édifices et les églises de plusieurs villes de France. Il y a un Observatoire dont le méridien est le premier pour les géographes Français et un Conservatoire de musique.

Parmi les églises de cette ville, on remarque la Cathédrale ; l'église de S.t Eustache, modèle de hardiesse et de légèreté ; les églises de S.t Roch et de S.t Sulpice, construites vers le 18e siècle, et l'église de S.te Geneviève, commencée en 1760, par Soufflot : elle est d'une architecture magnifique, très-riche en sculpture et pas encore achevée.

Grégoire III érigea, en 1622, l'évêché de Paris en archevêché, et Louis XIV éleva, en 1674, ses archevêques au rang de ducs et pairs, sous le titre de S.t Cloud, village à deux lieues de Paris. Il y avoit 41 paroisses, 11 chapitres ou collégiales, 53 couvens ou communautés d'hommes, 70 de filles et plusieurs chapelles. Il n'y a plus à présent à Paris que 12 paroisses et 36 succursales.

re : les environs de Paris sont délicieux, et répondent à la magnificence de cette ville : popul. du département 671,937 habit. (Partie de l'Isle-de-France.)

Il est compris dans la première division militaire, et dans la première cohorte de la légion d'honneur.

73. Le département de la SEINE-INFÉRIEURE, situé dans la partie du nord, est borné par la mer et par les départemens de la Somme, de l'Oise et de l'Eure. Il est divisé en 5 arr. de sous-préfectures, dont les chefs-lieux sont : ROUEN, *préfecture, archevêché, cour royale, collége royal, tr.*, à 14 myriamètres (35 lieues) de Paris : pop. 81,098 hab. (Bonne ville.) LE HAVRE, *port de mer, tr.* DIEPPE, *port de mer, tr.* YVETOT, *tr.* NEUFCHATEL, *tr.*

Ce département fournit abondamment du blé, du lin, du colza, des pommes et des poires, dont on fait de fort bons cidres et poirés : les fromages dits de Neufchâtel sont fort estimés. Le commerce y est très-considérable : pop. 625,521 habitans. (Partie de la Normandie.)

Il est compris dans la quinzième division militaire, et dans la quatorzième cohorte de la légion d'honneur.

74. Le département de SEINE-ET-MARNE, situé dans la partie du nord, est borné par ceux de l'Oise, de la Marne, de l'Aube, de l'Yonne, du Loiret et de Seine-et-Oise. Il est divisé en 5 arrond. de sous-préfectures, dont les chefs-lieux sont : MELUN, sur la Seine, *préfecture, tr.*, à 4 myriam. (11 lieues) de Paris : pop. 6,680 habit. MEAUX, *évêché, tr.* FONTAINEBLEAU, *château royal, tr.* COULOMMIERS, *tr.* PROVINS, *tr.* JUILLY, *collége royal.*

Ce départ. est fertile en blé, en pâturages, et même en vin d'une médiocre qualité ; ses forêts approvisionnent Paris de bois et de charbons : pop. 295,613 h.(La Brie et le Gâtinais.)

Il est du ressort de la cour royale de Paris : il est compris dans la première division militaire, et dans la première cohorte de la légion d'honneur.

75. Le département de SEINE-ET-OISE, situé dans la partie du nord, est borné par ceux de l'Oise, de Seine-et-Marne, du Loiret, d'Eure-et-Loir et de l'Eure : il entoure de toutes parts le département de la Seine, et est divisé en 6 arrond. de sous-préfectures, dont les chefs-lieux sont : VERSAILLES, *préfecture, évêché, collége royal, tr.*, à deux myriamèt. (5 lieues) de Paris : pop. 26,037 hab. (Bonne ville.) MANTES, *tr.* PONTOISE, *tr.* RAMBOUILLET, *tr.* CORBEIL, *tr.* ETAMPES, *tr.*

Ce département abonde en blé, grain, vin et bois ; le château et le parc y attirent un grand concours d'étrangers : pop. 419,980 habit. (Partie de l'Isle-de-France.)

Il est du ressort de la cour royale de Paris : il est compris dans la première division milit., et dans la première cohorte de la légion d'honneur.

76. Le département des DEUX-SÈVRES, situé dans la partie du milieu, est borné par ceux de Maine-et-Loire, de la Vienne,

de la Charente, de la Charente-Inférieure et de la Vendée. Il est divisé en 4 arr. de sous-préfectures, dont les chefs-lieux sont : NIORT, *préfecture*, *collége royal*, *tr.*, à 41 myriam. et demi (106 lieues) de Paris: pop. 14,516 hab. MELLE, *tr.* PARTENAY, *tr.* BRESSUIRE, *tr.*

Ce département produit du seigle, de l'avoine, des graines grasses, des fèves et du bois; on y élève des bestiaux, et l'on y commerce en laine : pop. 250,633 hab. (Partie du Poitou.)

Il fait partie du diocèse de Poitiers, et est du ressort de la cour royale de cette même ville : il est compris dans la deuxième division militaire, et dans la douzième cohorte de la légion d'honneur.

77. Le département de la SOMME, situé dans la partie du nord, est borné par ceux du Pas-de-Calais, de l'Aisne, de l'Oise, de la Seine-Inférieure et par la mer. Il est divisé en 5 arrond. de sous-préfectures, dont les chefs-lieux sont : AMIENS, sur la Somme, *évêché*, *préfecture*, *cour royale*, *collége royal*, *tr.*, à 13 myr. (33 lieues) de Paris : pop. 39,344 hab. (Bonne vill.) ABBEVILLE, *tr.* DOULENS, *tr.* PERONNE, *tr.* MONTDIDIER, *tr.*

Ce département produit du blé, du chanvre, du lin, des légumes, du colza; il s'y fait un grand commerce d'épiceries : pop. 486,313 hab. (Partie de la Picardie.)

Il est compris dans la quinzième division militaire, et dans la seconde cohorte de la légion d'honneur.

78. Le département du TARN, situé dans la partie du midi, est borné par ceux de Tarn-et-Garonne, de l'Aveyron, de l'Hérault, de l'Aude et de la Haute-Garonne. Il est divisé en 4 arr. de sous-préfectures, dont les chefs-lieux sont : ALBI, sur le Tarn, *préfecture*, *tr.*, à 65 myriamètres et demi (168 lieues) de Paris : pop. 9,800 hab. CASTRES, *tr.* GAILLAC, *tr.* LAVAUR, *tr.* SORRÈZE, *collége royal.*

Ce département est fertile en vins et en grains ; il produit du lin, du chanvre, du pastel, du safran : on y fabrique des toiles, des futaines, des ratines, des flanelles et des tricots : pop. 291,194 hab. (Partie du Languedoc.)

Il fait partie du diocèse de Montpellier, et est du ressort de la cour royale de Toulouse : il est compris dans la neuvième division militaire, et dans la neuvième cohorte de la légion d'honneur.

79. Le département de TARN-ET-GARONNE, situé dans la partie du midi, est borné par ceux de Lot-et-Garonne, du Lot, de l'Aveyron, du Tarn, de la Haute-Garonne et du Gers. Il est divisé en 3 arr. de sous-préfectures, dont les chefs-lieux sont : MONTAUBAN, *évêché*, *préfecture*, *tr.*, à 70 myriamètres deux tiers (170 lieues) de Paris : pop. 24,591 hab. (Bonne ville.) MOISSAC, *tr.* CASTEL-SARRASIN, *tr.*

Ce département produit du blé et du vin : pop. 238,059 hab. (Partie du Languedoc.)

Il est du ressort de la cour royale de Toulouse : il est compris dans la dixième division militaire, et dans la dixième cohorte de la légion d'honneur.

ENTRETIEN X.

80. Le département du VAR, situé dans la partie du midi, est borné par ceux des Bouches-du-Rhône, de Vaucluse, des Basses-Alpes, par le comté de Nice et par la mer Méditerranée. Il est divisé en 4 arrond. de sous-préfectures, dont les chefs-lieux sont : DRAGUIGNAN, *préfecture*, *tr.*, à 89 myriam. (222 lieues) de Paris : pop. 7,862 hab. TOULON, *port de mer, préfecture maritime*, *tr.* BRIGNOLES, *tr.* GRASSE, *tr.*

Ce département produit de bons vins, des figues, des olives, des oranges, des citrons, etc. pop. 277,930 hab. (Partie de la Provence.)

Il fait partie du diocèse d'Aix, et est du ressort de la cour royale de cette même ville : il est compris dans la huitième division militaire, et dans la huitième cohorte de la légion d'honneur.

81. Le département de VAUCLUSE, situé dans la partie du midi, est borné par ceux de la Drôme, des Basses-Alpes, du Var, des Bouches-du-Rhône et du Gard. Il est divisé en 4 arr. de sous-préfectures, dont les chefs-lieux sont : AVIGNON, sur le Rhône, *préfecture*, *évêché*, *collége royal*, *tr.* à 71 myriam. (181 lieues) de Paris : popul. 23,211 habitans (bonne ville.) ORANGE, *tr.* CARPENTRAS, *tr.* APT, *tr.*

Ce département produit de bons vins ; on y cultive les mûriers, les oliviers et la garance : pop. 202,216 hab. (Le comtat Venaissin, Orange.)

Il est du ressort de la cour royale de Nîmes : il est compris dans la huitième division militaire, et dans la huitième cohorte de la légion d'honneur.

82. Le département de la VENDÉE, situé dans la partie du milieu, est borné par ceux de la Loire-Inférieure, de Maine-et-Loire, des deux-Sèvres, de la Charente-Inférieure et par l'Océan. Il est divisé en 3 arrond. de sous-préfectures, dont les chefs-lieux sont : BOURBON-VENDÉE, *préfecture*, *tr.* à 47 myriamètres (118 lieues) de Paris. FONTENAY, *tr.* LES SABLES D'OLONNES, *tr.*

Ce département produit du blé, on y élève des chevaux et des mulets : pop. 266,851 hab. (Partie du Poitou.)

Il fait partie du diocèse de la Rochelle, et est du ressort de la cour roy. de Poitiers : il est compris dans la douzième division militaire, et dans la douzième cohorte de la légion d'honneur.

83. Le département de la VIENNE, situé dans la partie du milieu, est borné par ceux de Maine-et-Loire, d'Indre-et-Loire, de l'Indre, de la Haute-Vienne, de la Charente et des Deux-Sèvres. Il est divisé en 5 arr. de sous-préfectures, dont les chefs-lieux sont : POITIERS, *préfecture*, *évêché*, *cour royale*, *collége royal*, *tr.*, à 34 myriamèt. un tiers (88 lieues) de Paris : popul. 21,124 hab. LOUDUN, *tr.* CHATELLERAULT, *tr.* MONTMORILLON, *tr.* CIVRAY, *tr.*

Ce département produit du bois, du blé, du vin, du lin, du chanvre, des fruits et du miel : populat. 248,580 habitans. (Partie du Poitou.)

Il est compris dans la douzième division militaire, et dans la douzième cohorte de la légion d'honneur.

84. Le département de la HAUTE-VIENNE, situé dans la partie du milieu, est borné par ceux de la Vienne, de l'Indre, de la Creuze, de la Corrèze, de la Dordogne et de la Charente. Il est divisé en 4 arrond. de sous-préfectures, dont les chefs-lieux sont : LIMOGES, sur la Vienne, *préfecture*, *évêché*, *cour royale*, *collége royal*, *tr.*, à 38 myriamètres (97 lieues) de Paris : pop. 21,025 hab. BELLIAC, *tr.* SAINT-YRIEIX, *tr.* ROCHECHOUART, *tr.*

Ce département produit du seigle, de l'avoine, des châtaignes, du bois et des pâturages; on y élève des chevaux : pop. 236,255 hab. (Partie du Poitou et du Limousin.)

Il est compris dans la vingt-unième division militaire, et dans la quinzième cohorte de la légion d'honneur.

85. Le département des VOSGES, situé dans la partie du milieu, est borné par ceux de la Meuse, de la Meurthe, du Bas-Rhin, du Haut-Rhin, de la Haute-Saône et de la Haute-Marne. Il est divisé en 5 arrond. de sous-préfectures, dont les chefs-lieux sont : EPINAL, *préfecture*, *collége royal*, *tr.* à 38 myr. un quart (97 lieues) de Paris : pop. 7,520 hab. NEUFCHATEAU, *tr.* MIRECOURT, *tr.* SAINT-DIÉ, *tr.* REMIREMONT, *tr.*

Ce département produit du blé et du vin ; il y a des mines de fer, de plomb et même d'argent : pop. 235,883 hab. (Partie de la Lorraine, des Trois-Evêchés.)

Il fait partie du diocèse de Nancy, et est du ressort de la cour royale de cette même ville : il est compris dans la quatrième division militaire, et dans la cinquième cohorte de la légion d'honneur.

86. Le département de l'YONNE, situé dans la partie du milieu, est borné par ceux de Seine-et-Marne, de l'Aube, de la Côte-d'Or, de la Nièvre et du Loiret. Il est divisé en cinq arr. de sous-préfectures, dont les chefs-lieux sont : AUXERRE, *préfecture*, *tr.*, à 17 myriamètres (43 lieues) de Paris, populat. 11,300 hab. SENS, *tr.* JOIGNY, *tr.* TONNERRE, *tr.* AVALLON, *tr.*

Ce département est fertile en blé, avoine, chanvre et bois ; il produit d'excellent vin : pop. 318,584 hab. (Partie de la Bourgogne.)

Il fait partie du diocèse de Troyes, et est du ressort de la cour royale de Paris : il est compris dans la dix-huitième division militaire, et dans la sixième cohorte de la légion d'honneur.

ARTICLE II. DE L'ITALIE.

L'Italie est une grande presqu'île qui a la forme d'une botte; c'est un des pays les plus beaux et les plus fertiles de l'Europe.

Elle est bornée au nord et à l'ouest par les Alpes, et de tous les autres côtés par la mer. On divise l'Italie en partie septentrionale et en partie méridionale.

La partie septentrionale contient, 1.º les états du roi de Sardaigne en Italie; 2.º ceux de l'empereur d'Autriche, ou le royaume d'Italie; 3.º le duché de Parme et de Plaisance; 4.º le grand-duché de Toscane, le duché de Modène; 5.º les états de l'Eglise. La partie méridionale, ne contient que le royaume de Naples, qui, réuni à la Sicile, s'appelle roy. des Deux-Siciles.

Les principales rivières de l'Italie sont : le Pô, qui prend sa source au mont Viso, passe à Turin, à Casal, à Plaisance, à Crémone, et se rend dans le golfe de Venise par plusieurs embouchures; l'Adige, qui a son embouchure dans le même golfe; l'Adda et le Tésin qui se jettent dans le Pô ; l'Arno et le Tibre qui se jettent dans la Méditerranée.

PARTIE SEPTENTRIONALE.
ÉTATS DU ROI DE SARDAIGNE.

Les états du roi de Sardaigne en Italie sont, 1.º la Savoie; 2.º le comté de Nice ; 3.º le Piémont ; 4.º l'état de Gênes.

SAVOIE.

La Savoie est un duché qui est borné à l'occident par la France ; au nord, par la Suisse; à l'orient, par le Tésin et le Pô; au sud, par l'état de Gênes. Les Français s'en étoient emparés et en avoient fait un département, sous le nom du Mont-Blanc : mais elle a été rendue au roi de Sardaigne en 1815. Les principales villes de la Savoie sont : CHAMBÉRY, *capitale* : populat. 11,768 habit. SAINT-JEAN-DE-MAURIENNE. ANNECY. Ce pays est peu fertile, excepté en quelques endroits où l'on recueille du blé et du vin.

COMTÉ DE NICE.

Il est situé entre le Piémont, la Méditerranée et la France. Il a formé un département français sous le nom d'Alpes-Maritimes, il a été rendu au roi de Sardaigne en 1814. Les principales villes du comté de Nice sont : NICE, qui en est la capitale, et qui est située sur un rocher, a près de 20,000 hab. PUGET-THÉNIERS. SAN-REMO. MONACO, qui est enclavé dans le comté, mais qui en est indépendant, et qui a son prince particulier.

PIÉMONT.

Le Piémont est une principauté ainsi nommée, parce qu'elle est au pied des monts ou des Alpes, qui la séparent de la France et de la Savoie. Le fils aîné du roi de Sardaigne portoit anciennement le nom de Prince de Piémont; depuis, il a porté celui de duc de Savoie. Le Piémont a environ soixante-dix lieues du nord au sud, et trente-six de l'est à l'ouest. Il est divisé en *Piémont propre*, dans le milieu ; duché d'Aoste, au au nord ; seigneurie de Verceil , à l'orient; et marquisat de Saluce, à l'occident. Le comté de Nice fait aussi partie du Piémont. Il a été réuni à la France pendant quelques années, et formoit alors cinq départem. Il a été restitué au roi de Sardaigne en 1814. Le Piémont, quoique montagneux en plusieurs endroits, est fort peuplé, et fertile en vins, en blé et en fruits.

Les principales villes du Piémont sont : IVRÉE, sur la *Doire:* pop. 7,794 hab. AOSTE, *capitale* du duché de ce nom. CHIVAS. VERCEIL, *capitale* de la seigneurie de ce nom : pop. 15,870 hab. BIELLE, au nord-ouest de Verceil. SANTHIA. TURIN, *capitale* de tout le Piémont, sur le Pô, *ville fortifiée* : pop. 65,000 habit. SUZE, *marquisat.* PIGNEROL. ALEXANDRIE, sur le Tanaro, *place forte* : pop. 30,000 hab. ASTI, *ville forte et ancienne* : pop. 18,000 hab. CASAL, *capitale* du Mont-Ferrat, près de 14,000 habit. CONI, belle ville, *bien fortifiée*, sur une montagne : pop. 16,724 habit. ALBA. MONDOVI, pop. 15,000 hab. SALUCES, *capitale* du marquisat de ce nom. BOBBIO, a titre de comté. NOVI. TORTONE, *ville assez forte*, avec un beau château. VOCHERA, *ville fortifiée.*

ÉTAT DE GÊNES.

L'état de Gênes étoit une ancienne république qui a formé, pendant plusieurs années, trois départemens français, et a été réunie, par l'acte du congrès de Vienne, du 9 juin 1815, aux états du roi de Sardaigne. Le pays quoique plein de montagnes, ne laisse pas d'être fertile, et de produire d'excellens vins, de très-bons fruits, et surtout quantité d'olives. Les principales villes de l'état de Gênes sont : GÊNES, *capitale*, grande et belle ville, qui s'élève en amphithéâtre, sur le bord de la mer. On la nomme *Gênes la superbe* : popul. 75,800 habitans. SAVONE, grande ville, à l'occident de Gênes, peuplée, et fort marchande : pop. 10,600 hab. ACQUI, ville médiocre, mais peuplée, célèbre par ses eaux chaudes. CEVA. PORT-MAURICE. CHIAVARI : popul. 7,960 habit. SARZANA, *ville forte*, avec un bon port. PONTREMOLI. SPEZIA.

DUCHÉ DE PARME.

Le duché de Parme est borné au midi par l'état de Gênes; au nord par le Pô; à l'orient, par le Modénois; à l'occident, par le Piémont. Il se divise, 1.° en duché de *Parme*, à l'orient ; 2.° duché de *Plaisance*, à l'occident ; 3.° marquisat de *Busseto*, au nord ; 4.° duché de *Guastalla*, au nord-est. Ce duché, après avoir formé un département français, sous le nom du *Taro*, a été détaché de la France en 1814, et donné, par l'acte du congrès de Vienne, à son Altesse Impériale Marie-Louise, fille de S. M. l'Empereur d'Autriche. Ce duché est fertile en blé, en vins, en excellens pâturages, en bestiaux et en soie. Les principales villes sont : PARME, *capitale* de tout le duché, sur le *Parma*, grande et belle ville : populat. 28,000 hab. PLAISANCE, au confluent du *Pô* et de la *Trebia*, ville bien bâtie, plus grande, mais moins peuplée que Parme. BORGOSAN DONINO. BUSSETO, *capitale* du marquisat de ce nom. GUASTALLA, *capitale* du duché de ce nom.

GRAND-DUCHÉ DE TOSCANE.

Il est situé entre la Méditerranée et l'Etat de l'Eglise. Il est divisé en trois états : 1.º le Florentin; 2.º le Pisan; 3º. le Siennois. Le grand duché de Toscane formoit dans ces dernières années trois départemens français. Détaché de la France en 1814, il a été rendu, par l'acte du congrès de Vienne, à S. A. R. l'archiduc Ferdinand d'Autriche. La Toscane est une des plus belles et des plus fertiles contrées de l'Italie. On y trouve des carrières de beau marbre, des mines d'alun et même d'argent. Les principales villes du grand-duché de Toscane sont : FLORENCE, *capitale* du grand duché, sur l'*Arno* ; on la surnomme la belle : pop. 75,000 hab. C'est la ville d'Italie où l'on parle le mieux la langue italienne. PISTOIE, ville située au pied de l'Appennin. AREZZO, grande Ville, bâtie sur une montagne. LIVOURNE, grande et belle ville, port célèbre qui attire beaucoup d'étrangers. PISE, *capitale* du Pisan, sur l'*Arno ;* elle a un bon port : pop. 20,000 hab. VOLTERA, au sud-est de Livourne. SIENNE, *capitale* du Siennois : pop. 17,000 habitans. MONTEPULCIANO. GROSSETO.

ETAT DE L'EGLISE.

L'état de l'Eglise est une partie de l'Italie, bornée au nord par le Modénois; au nord-est, par le golfe de Venise ; à l'orient, par le royaume de Naples ; au midi, par la Méditerranée. On l'appelle état de l'Eglise, parce que c'est le Pape qui en est le souverain. Cet état, dont le Pape avoit été dépouillé, étoit dans ces dernières années réuni partie à la France, partie au royaume d'Italie ; mais il a été rendu en 1814 à son souverain légitime. On divise l'Etat de l'Eglise en onze provinces, qui sont du midi au nord-ouest, la *Campagne de Rome*, le *Patrimoine de Saint-Pierre*, l'*Orviétan*, la *Terre de Sabine*, le *Pérougin*, l'*Ombrie*, la *Marche d'Ancône*, le duché d'*Urbin*, la *Romagne*, le *Bolonais* et le *Ferrarais*.

Les principales villes de l'état de l'Eglise sont: ROME, sur le *Tibre*, *capitale* : popul. 144,000 habit. Elle est surnommée *la Sainte*, parce qu'elle est le centre de la vraie Religion, et qu'un grand nombre de Martyrs y sont morts pour la foi. VELLETRI, ville agréable : pop. 9,500 hab. VITERBE, grande et belle ville. TIVOLI. FROSINONE. RIETI, SPOLETO, *capitale* de l'Ombrie, ville ancienne. FOLIGNO. PERUGIA, sur le *Tibre*. TODI, sur une colline, près du *Tibre*. FERMO. ANCÔNE, *port* : pop. 17,330 h. URBINO. PEZARO. SINIGAGLIA. RAVENNE. COMACHIO. FERRARE, grande et belle ville : pop. près de 24,000 hab. BOLOGNE, l'une des plus belles villes de l'Italie ; elle a 64,000 habit. FORLI, 12,900 habit. BÉNÉVENT, est enclavé dans le royaume de Naples.

DUCHÉ DE MODÈNE.

Le duché de Modène est situé à l'est du duché de Parme. Il renferme les duchés de *Modène et de Reggio ;* celui de *Mirandole* en dépend. Les principales villes du duché de Modène sont : Modène, *capitale* de tout le duché. La Mirandole, au nord de Modène. Reggio, *capitale* du duché de ce nom : pop. 14,000 habit.

ROYAUME D'ITALIE,
OU ÉTATS ITALIENS DE L'EMPEREUR D'AUTRICHE.

Les possessions italiennes de l'empereur d'Autriche consistent, 1.º dans l'état de Venise, les duchés de Milan et de Mantoue.

ÉTAT DE VENISE.

Venise étoit la plus ancienne république de l'Europe. Elle fut cédée par le traité de Lunéville à l'empereur d'Autriche, fit depuis partie du royaume d'Italie, et vient d'être rendue à l'empereur d'Autriche, par l'acte du congrès de Vienne. Les limites de l'état de Venise sont : au nord, le pays des Grisons, un des cantons Suisses ; le Trentin et le Tyrol, qui appartient aussi à l'empereur d'Autriche ; à l'orient, le golfe de Venise ; au midi, les duchés de Ferrare, de Mantoue ; à l'occident, le Milanais, ou le duché de Milan. Les productions de l'état de Venise sont, les blés, les pâturages ; les fruits de toute espèce y abondent ; on y trouve des bois de construction et des eaux minérales.

Les principales villes sont : Venise, *capitale*, une des plus peuplées et des plus marchandes de l'Europe : popul. 150,000 hab. On la surnomme *la Riche*. Elle est bâtie sur soixante-douze îles, qui communiquent les unes avec les autres, au moyen d'un grand nombre de ponts. Chiozza, ville qui est au milieu des eaux, comme Venise. S. Dona, Adria. Vicence, *place forte*, ville grande, et peuplée de 24,600 habitans. Schio, Bassano, Asiago, Castelfranco. Trevise, 10,000 hab. Conegliano, Ceneda, Pordenone, Spilenberg. Padoue, a 31,457 hab. Este, Piave, Campo-San-Piero. Udine. Tolmezzo, Cividale, Gradisca. Bellune. La Pieve de Cadore, Feltre. Brescia, *place forte* ; elle a 34,000 habit. Crème, *place forte*, sur le *Serio*. Véronne, sur l'*Adige* ; elle renferme 41,000 hab.

DUCHÉ DE MILAN.

On divise le duché de Milan en six parties : le Milanais propre, le Comasc ; le comté d'Anghiera, le Pavesan, le Lodesun, et le Crémonais. Les principales villes du duché de Milan sont : Novare, *ville forte et ancienne*, peuplée de 7,258 habit. Vigevano, Domo-Dossola, Varallo et Arona. Côme, belle ville, qui compte 7,230 hab. Varese, Menaggio, Lecco. Fondrio, sur l'Adda ; elle a 5,000 habit. Chiavennea, Bormio. Milan, *capitale* de tout le duché : la population est de 124,800 hab. Bergame, *place forte*, a 19,000 hab. Pavie, Monza, Gallerato. Crémone, *place forte*, grande et belle ville : population, 23,000 habit. Lopi, sur l'*Adda*.

ENTRETIEN X.
DUCHÉ DE MANTOUE.

Le duché de Mantoue ou le Mantouan, est un pays situé au nord du Modénois, et fertile en blés, en pâturages, en fruits et en vins excellens. Les principales villes sont : MANTOUE, *place forte*, située au milieu d'un lac que forme la rivière de *Mincio*. Elle a près de 30,000 habitans. REVERO, CASTIGLIONE-DELLE-STIVIERE.

PARTIE MÉRIDIONALE.
ROYAUME DE NAPLES.

Le royaume de Naples, situé à l'extrémité inférieure de l'Italie, est un pays que son extrême fertilité a fait nommer le *paradis de l'Italie*. Ce royaume est borné au nord-ouest par l'Etat de l'Eglise, et de tous les autres côtés, par la mer. On partage ce pays en quatre grandes provinces, dont chacune se subdivise en trois. Les quatre premières sont : 1. La Terre de Labour, au sud. 2. L'Abruzze, 3. La Pouille, au nord, sur le golfe de Venise. 4. La Calabre, au sud-est. Les principales villes de la Terre de Labour sont : NAPLES, *archevêché*, *port*, *capitale* de tout le royaume et de la Terre de Labour propre. Elle est surnommée la *Noble* et la *Gentille*. CAPOUE, *archevêché*. BÉNÉVENT, *archevêché* de la principauté ultérieure. CONZA, *archevêché*. SALERNE, AMALFI, *archevêchés*, dans la principauté citérieure. On remarque auprès de Naples, le Mont-Vésuve, qui jette ordinairement une fumée fort épaisse, et quelquefois des flammes et des torrens de matières métalliques fondues et ardentes.

Les principales villes de l'Abruzze sont : MOLISE, dans le comtat de Molise, qui fait partie de l'Abruzze. CHIETTI, LANCIANO, *archevêchés*, dans l'Abruzze citérieure. AQUILA, *évêché*, dans l'Abruzze ultérieure. Les principales villes de la Pouille sont: MANFREDONIA, *archevêché*, dans la Capitanate, qui est dans la Pouille. TRANI, BARI, *archevêchés*, dans la terre de Bari, aussi de la Pouille. BRINDISI, OTRANTE, TARENTE, MATERA, *archevêchés*, dans la terre d'Otrante, qui est la troisième partie de la Pouille. Les villes principales de la Calabre sont : CIRENZA, *archevêché*, dans la Basilicate, qui est de la Calabre. ROSSANO, COSENZA, *archevêchés*, dans la Calabre citérieure. SAN-SEVERINA, REGGIO, *archevêchés*, dans la Calabre ultérieure.

DES PRINCIPALES ÎLES D'ITALIE.

Elles sont au nombre de quatre, savoir : 1. La Sicile, qui se divise en trois parties ou vallées. 2. Malte, au midi de la Sicile. 3. La Sardaigne, qu'on partage en deux caps. 4. La Corse, au nord de celle de Sardaigne, et qui, comme il a été dit, forme un département de la France.

ÎLE DE SICILE.

La Sicile est située au sud-ouest du royaume de Naples, dont elle est séparée par un détroit, nommé détroit de *Messine*. Les villes principales de la Sicile sont: MESSINE, *archevêché*, sur le phare de son nom, dans la vallée de Demona, qui est une des trois parties de la Sicile. SYRACUSE, *évêché*, NOTO, dans la vallée de Noto. PALERME, *archevêché*, capitale de toute la Sicile. MONTRÉAL, *archevêché*, MAZARA, *évêché*, dans la vallée de Mazara. On remarque, au sud-ouest de Messine, le mont Gibel, autrefois mont Etna, beaucoup plus considérable que le mont Vésuve, et qui, comme lui, jette du feu.

ÎLE DE MALTE.

L'île de Malte est un rocher fortifié, et presque stérile, qui ne produit que quelques fruits. Elle est située au midi de la Sicile. La capitale de cette île, est MALTE, *évêché* ; elle a appartenu aux chevaliers du même nom, appelés autrefois de St-Jean-de-Jérusalem, jusqu'en 1797. Elle est divisée en trois parties, 1.º la Cité-Valette, 2.º la Cité-Victorieuse, 3.º l'île de Saint-Michel.

ÎLE DE SARDAIGNE.

La Sardaigne est une grande île qui a le titre de royaume, et dont l'air est très-mal-sain, le sol assez fertile, et le peuple fort grossier. Elle est à l'occident de l'Italie et au sud de la Corse, dont elle n'est séparée que par un détroit de trois lieues.

Les principales villes sont : CAGLIARI, *archevêché*, *capitale* de l'île et de la partie nommée *cap de Cagliari*. ORISTAGNI, *archevêché*; SASSARI, *archevêché*, dans la partie du nord, nommée *Cap-Lugodori*. Pour l'île de Corse, *voyez* France.

ART. III. ILES IONIENNES.

Ce sont sept îles de différentes grandeurs, situées le long des côtes dans la mer Ionienne. On les nomme : 1.º Corfou, près de l'entrée du golfe de Venise ; 2.º Laxo, à quatre lieues de Corfou ; 3.º Sainte-Maure, très-voisine du continent ; 4.º Theachi, au sud de Sainte-Maure ; 5.º Céphalonie, la plus grande de ces îles, au sud de Theachi ; 6.º Zante, séparée de Céphalonie par un canal de quatre lieues ; 7.º Cérigo, à une grande distance de Zante, au sud de la Morée, grande presqu'île qui appartient à la Turquie.

ART. IV. DE L'ESPAGNE.

L'Espagne est un grand pays, borné au nord-est par les Pyrénées, qui la séparent de la France, à l'orient et au midi par la Méditerranée, à l'occident par le Portugal, et au nord-ouest par l'Océan. L'air y est chaud, mais pur ; le sol seroit fertile s'il étoit bien cultivé : l'Espagne produit des vins délicieux, de belles laines, de la soie et des chevaux. Le gouvernement est monarchique, et le roi porte le titre de *catholique*.

L'Espagne se divise en treize provinces, qui ont presque toutes le titre de royaume. Trois au nord, sur l'Océan. 1. La Biscaye. 2. Les Asturies. 3. La Galice. Une, au sud-est, aussi sur l'Océan. L'Andalousie. Quatre du sud au nord-est sur la Méditerranée. 1. Grenade. 2. Murcie. 3. Valence. 4. Catalogne. Cinq au milieu. 1. Navarre. 2. Aragon. 3. Castille vieille. 4. Royaume de Léon. 5. Castille nouvelle.

Les principaux fleuves de l'Espagne, sont du nord au sud. Le Minho, le Douro, le Tage, la Guadiana, le Guadalquivir, qui se jettent dans l'Océan, et l'Ebre, qui se jette dans la Méditerranée.

PROVINCE DU NORD.

Les principales villes des provinces du nord sont, pour la Biscaye : BILBAO, *évêché*, *capitale* de la Biscaye, et de la Biscaye propre. FONTARABIE, *capitale* du Guipuscoa. VITTORIA, *capitale* de l'Alava. Pour les Asturies : OVIÉDO, *évêché*, *capitale* des Asturies. SANTILLANA, *capitale* des Asturies de ce nom. Pour la Galice : COMPOSTELLE, *archevêché*, *capitale* de la Galice. MONDONEDO, *évêché*, au nord. LUGO, TUY, ORENCÉ, *évêchés*, sur le Micho. LA COROGNE, FERROL, *ports*, au nord-ouest.

PROVINCES DU SUD, SUR L'OCÉAN.

Les principales villes de l'Andalousie sont : SÉVILLE, *archevêché*, *capitale* de l'Andalousie; CORDOUE, *évêché*; ANDUXAR, BAECA, sur le Gualdaquivir. JAEN, *évêché*, au sud de Baeça. CADIX, *évêché*, dans l'île de ce nom, au sud-ouest de cette province. GIBRALTAR, *port*, qui appartient aux Anglais.

PROVINCES DU SUD AU NORD-EST.

Les principales villes des provinces du sud au nord-est sont, pour le royaume de Grenade : GRENADE, *archevêché*, *capitale* du royaume de ce nom, fameuse par ses soies. GUADIX, *évêché*, ALMÉRIE, MALAGA, *évêchés*, *ports*, au sud sur la Méditerranée. Pour le royaume de Murcie : MURCIE, *capitale* du royaume de Murcie. CARTAGÈNE, *évêché*, *port*. Pour le royaume de Valence : VALENCE, *archevêché*, capitale du royaume de ce nom. SEGORBE, *évêché*, au nord-ouest de Valence. ALICANTE, *port*. ORIHUELLA, *évêché*, au sud. Pour la Catalogne : BARCELONE, *évêché*, *port*, *cap.* de la Catalogne. VICH, GIRONE, URGEL, *évêchés*, près les Pyrénées. SOLSONE, *évêché*, au sud d'Urgel. LÉRIDA, *évêché*, sur la Sègre. TARRAGONE, *archevêché*, sur la Méditerranée. TORTOSE, *évêché*, presqu'à l'embouchure de l'Ebre.

PROVINCE DU MILIEU.

Les principales villes des provinces du milieu sont, pour la Navarre : PAMPELUNE, *évêché*, *capitale* de la Navarre. ESTELLA, sur l'Ega. OLITE, SANGUESA, sur l'Aragon. TUDELA, sur l'Ebre. Pour l'Aragon : SARAGOSSE, *archevêché*, sur l'Ebre, *capitale* du royaume d'Aragon. ALBARASIN, TÉRUEL, *évêchés*, sur le Gualdalaviar, au sud-ouest de l'Aragon. JACCA, *évêché*, au nord, sur l'Aragon. TARAÇONA, *évêché*, à l'occident. Huesca, *évêché*, à l'orient de Taraçona. Pour la Castille vieille : Burgos, *archevêché*, *cap.* de la Castille vieille. Valladolid, *évêché*, à l'ouest. Osma, *évêché*, sur le Douro. Siguença, *évêché*, au sud-est d'Osma. Ségovie, *évêché*, au sud, célèbre par ses laines. Avila, *évêché*, au sud-ouest de Ségovie. Pour le royaume de Léon : Léon, *évêché*, *capitale* du royaume de ce nom. Astorga, Palencia, Zamora, sur le Douro; Salamanque, célèbre université, *évêchés*, du nord au sud. Ciudad-Rodrigo, et pour la Castille nouvelle : Madrid, *cap.* de toute l'Espagne, et de la Castille nouvelle, et en particulier de l'Algarie, résidence ordinaire du roi d'Espagne. Tolède, *archevêché*, primat d'Espagne, sur le Tage, au midi de Madrid. L'Escurial, magnifique couvent et palais royal, au nord-ouest de Madrid. Cuença, *évêché*, *capitale* de la Sierra. Calatrava, *chef-lieu* d'un ordre de chevaliers, *capitale* de la Manche. Badajoz, *évêché*, *capitale* de l'Estramadure, sur la Guadiana.

Les principales îles d'Espagne sont : Majorque, dont la capitale porte le même nom, et est *évêché*. Minorque, sa capitale et Citadella. Port Mahon, Le fort Saint-Philippe, ci-devant aux Anglais, et pris par le maréchal de Richelieu, au mois de juin 1756. Iviça, qui a un fort du même nom.

Art. V. DU PORTUGAL.

Le Portugal est un royaume qui est borné au nord et à l'est par l'Espagne, au sud et à l'ouest par l'Océan. L'air y est pur, sain et tempéré, cependant plus chaud que froid. Le sol produit de bons vins et des fruits excellens. Les principaux fleuves du Portugal sont : le Tage, dans le milieu ; le Douro, au nord ; et la Guadiana, au sud-ouest. Ces trois fleuves ont leur source en Espagne, dont ils parcourent une partie, avant d'entrer en Portugal. On divise le Portugal en six provinces, qui sont du nord au sud. 1. Entre-Minho-e-Douro. 2. Tra-los-Montes. 3. Béïra. 4. Estramadure portugaise. 5. Alentejo. 6. Algarve.

Les villes principales de la province d'Entre-Minho-e-Douro sont : Brague, *archevêché, capitale*. Porto, *évêché*, à l'embouchure du Douro, *port*. Celles de la province de Tra-los-Montes. Miranda-de-Douro, *évêché, capitale*. Bragance, *duché*. Les villes principales de la province de Béïra sont : Coimbre, *évêché, capitale, université*. La Guarda, Lamego, sur le Douro ; Viseu, *évêchés*. Les villes principales de l'Estramadure portugaise sont : Lisbonne, *archevêché, port*, à l'embouchure du Tage, *capitale* de tout le royaume et de l'Estramadure portugaise. Leria, *évêché*. Celles de l'Alentejo sont : Evora *archevêché, capitale*. Elvas, Portalègre, *évêchés*. Les villes principales de l'Algarve sont : Tavira, *capitale*. Faro, *évêché*.

ENTRETIEN X.

Art. VI. DE LA SUISSE.

La Suisse est une république formée de plusieurs cantons : elle est bornée au nord, par le grand-duché de Bade ; à l'orient, par le lac de Constance, et les royaumes de Bavière et d'Italie ; au midi et à l'occident, par le royaume d'Italie et la France. Le pays est élevé et rempli de montagnes. Les principales rivières de la Suisse sont : Le Rhin et le Rhône, dont on a déjà parlé, le Tésin, qui va en Italie et se jette dans le Pô, y prennent leur source, aussi bien que l'Aar, le Reuss et l'Inn.

On divisoit la Suisse en dix-neuf cantons ; il en a été ajouté trois par l'acte du Congrès de Vienne, lesquels sont formés du Valais, du territoire de Genève, et de la principauté de Neufchâtel. Voici leurs noms par ordre alphabétique, ainsi que ceux des chefs-lieux.

CANTONS.	CHEFS-LIEUX.	CANTONS.	CHEFS-LIEUX.
1. Appenzel.	Appenzel.	11. Schwitz,	Schwitz.
2. Argovie,	Arau.	12. Soleure,	Soleure.
3. Bale,	Bâle.	13. Tésin,	Bellinzona.
4. Berne,	Berne.	14. Turgovie,	Frawenfeld.
5. Fribourg,	Fribourg.	15. Underwald,	Stantz.
6. Glaris,	Claris.	16. Uri,	Altdorff.
7. Grisons,	Coire.	17. Vaud,	Lausanne.
8. Lucerne,	Lucerne.	18. Zug,	Zug.
9. Saint-Gall,	Saint-Gall.	19. Zurich,	Zurich.
10. Schaffhouse,	Schaffhouse.		

Cantons ajoutés par l'acte du Congrès de Vienne.

20. Valais, Sion. 21. Genève, Genève. 22. Neufchatel, Nevfchâtel.

Les principales villes de la Suisse sont : Zurich, Bale, Berne, Lucerne, Fribourg, Soleure, Lausanne, Schaffhouse et Genève.

Art. VII. ROYAUME DES PAYS-BAS.

Le royaume des Pays-Bas est un nouveau royaume qui a été créé par le Congrès de Vienne en 1815. Il est formé d'une partie de la Belgique ou Pays-Bas autrichiens, et des Provinces-Unies de Hollande. On comprend sous ce nom de Pays-Bas, toute cette étendue de pays qui est entre la France, l'Allemagne et l'Océan. On les nomme ainsi, parce qu'ils sont vers la mer, et que plusieurs fleuves y ont leur embouchure.

Les principales rivières des Pays-Bas sont : La Meuse, l'Escaut et la Sambre.

La Meuse, qui prend sa source en France, près de Meusé et de Montigny, département de la Haute-Marne, passe à Verdun, à Sedan, à Dinan, à Liége, à Maestricht, se réunit au Rhin, s'en sépare, s'y réunit une seconde fois, et se jette dans la mer au-dessous de Dordrecht. L'Escaut prend sa source en France, près de Catelet, département de l'Aisne, passe à Cambrai, à Valenciennes, à Tournay, à Oudenarde, reçoit le

Tome II. N

Lys à Gand, passe à Anvers, et se partage en deux branches, avant de se rendre dans la mer du Nord. La Sambre a sa source en France, dans le départ. de l'Aisne, passe à Landrecies, à Maubeuge, à Charleroi, et se jette dans la Meuse à Namur.

Les Pays-Bas autrichiens ou la Belgique, se divisent en huit provinces, savoir : au milieu, le duché de Brabant, à l'orient : le grand-duché de Luxembourg, le duché de Gueldre, le comté de Flandre, à l'occ. ; et ceux de Hainaut et de Namur, au midi.

Les principales villes du duché de Brabant sont : BRUXELLES, *capitale*, sur la *Senne*, grande et belle ville : pop. 72,280 hab. NIVELLE, au midi de Bruxelles, jolie ville, située dans un pays agréable. LOUVAIN, à l'orient de Bruxelles, sur la Dyle, grande ville, mal peuplée. MALINES, sur la *Dyle*, jolie ville, quoique ancienne. ANVERS, sur l'*Escaut*, grande ville, *forte* et bien bâtie : pop. 50,000 habitans.

La principale ville du grand-duché de Luxembourg, est LUXEMBOURG, *capitale*, sur l'*Else* : c'est une des plus fortes villes de l'Europe : popul. 9,300 hab. Conformément à l'acte du Congrès de Vienne, le grand-duché de Luxembourg fait partie de la Confédération Germanique, et le prince, roi des Pays-Bas, qui ajoute à ces titres celui de grand-duc de Luxembourg, entre en cette qualité dans le système de cette Confédération.

La principale ville du duché de Gueldre, est RUREMONDE, au confluent de la *Roer* et de la *Meuse*, ville riche, marchande et bien fortifiée. Les principales villes du comté de Flandres sont : GAND, *cap.*, ville riche, grande et très-peuplée : pop. 57,000 hab. TERMONDE, au confluent de la *Dendre* et de l'*Escaut*. AUDENAERDE, sur l'*Escaut*, *ville forte* et riche. COURTRAI, sur la *Lys*. BRUGES, grande ville, à l'ouest de Gand : pop. 33,000. hab. OSTENDE, *port*, et *ville très-forte*. YPRES, grande et belle ville, sur l'*Yperle*. FURNES, *place forte*. TOURNAI, *place forte*. La principale ville du comté de Hainaut est MONS, *capitale* : pop, 19,000 habit. Les principales villes du comté de Namur sont : NAMUR, *capit.*, ville médiocre, au confluent de la *Sambre* et de la *Meuse*. CHARLEROY, *ville forte*, sur la *Sambre*.

La Hollande ou les Provinces-Unies, est un pays qui fait partie du nouveau royaume des Pays-Bas, et qui est borné à l'orient par l'Allemagne ; au midi, par les Pays-Bas autrichiens ; à l'occident et au nord, par l'Océan.

On divise les Provinces-Unies en sept provinces, et le pays de la Généralité ; savoir : la Gueldre hollandaise ou septentrionale, au sud-est ; la Hollande à l'occident ; la Zélande, au sud-ouest ; la province d'Utrecht, au milieu ; la Frise, au nord ; l'Overyssel, et la province de Groningue, au nord-ouest ; les pays de la Généralité est au nord.

Les principales villes de la Gueldre hollandaise ou septentrionale sont : NIMÈGUE, *capitale*, sur le *Vahal*, *ville forte et marchande*. ARNHEIM, *ville fortifiée*. ZUTPHEN, sur l'*Yssel*, *ville ancienne et forte*.

Les principales villes de la Hollande sont : AMSTERDAM, *capitale*, *port*, la plus grande ville des Provinces-Unies, et du royaume des Pays-Bas : popul. 210,000 hab. ALKMAER, la plus ancienne ville de la Hollande. HARLEM, sur le lac du même nom. LEYDE, sur le *Rhin*. LA HAYE ; comme ce lieu n'a pas de murailles, il peut passer pour un bourg ou pour un village ; mais c'est le plus beau qui soit au monde : il a 42,000 hab. ROTTERDAM, *port*, sur la *Meuse*, près de l'embouchure de ce fleuve. DORDRECHT, sur la *Meuse*, au midi. GORCUM, *ville forte* sur la *Meuse*, à l'orient de Dordrecht. BRIEL, *port*, dans l'île de *Vorn*.

Les principales villes de la Zélande sont : MIDDELBOURG, *capit.*; dans l'île de Walcheren, ville belle et très-marchande : popul. 7,000 hab. GOËS, *ville forte* et riche. ZIERICKZÉE, petite ville, avec un bon *port*, dans l'île de Schowen.

Les principales villes de la prov. d'Utrecht sont : UTRECHT, *capitale*, sur le *Rhin*. AMERSFORT, sur l'*Ems*, au nord-est d'Utrecht. La principale ville de la Frise, LEUWARDEN, *capitale*, au nord : popul. 15,000 habit.

Les principales villes de la prov. d'Overyssel sont : DEWENTER, *capitale*, sur l'*Yssel*, *ville forte* et bien bâtie. SWOLLE, *place forte*.

La principale ville de la province de Groningue est, GRONINGUE, *capitale*, *ville forte*, et peuplée de 23,000 habit.

Les principales villes du pays de la Généralité sont : BREDA, *ville forte* et marchande. BOIS-LE-DUC, sur le *Dommel*. MAESTRICHT, *ville forte*, sur la *Meuse*.

Les Pays-Bas autrichiens ont fait pendant vingt ans partie de la France ; et la Hollande, gouvernée anciennement par un Stathouder, après avoir changé plusieurs fois de constitutions, avoit été réunie à la France en 1810, et en a été détachée par le traité de Paris, du 31 mai 1814.

ART. VIII. DE L'ALLEMAGNE,

OU DE LA CONFÉDÉRATION GERMANIQUE.

L'Allemagne étoit un vaste état, composé d'un grand nombre de souveraineté ecclésiastiques et séculières, de plusieurs villes impériales, et autres qu'on nommoit anséatiques. Le chef de l'Allemagne, portoit le titre d'Empereur. L'Empereur d'Allemagne étoit élu par neuf princes, trois ecclésiastiques et six séculiers, qu'on appeloit, à cause de cela, électeurs. Les trois électeurs ecclésiastiques étoient des archevêques de Mayence, de Cologne et de Trèves. Les six autres électeurs étoient, le roi de Bohême, le duc de Bavière, le comte Palatin, le duc de Saxe, le marquis de Brandebourg et le duc d'Hanovre.

On appeloit villes impériales des villes libres qui ne dépendoient que de l'Empereur. Il y en avoit anciennement cinquante-une en Allemagne ; mais il y a quelques années on en avoit supprimé la plus grande partie ; et il n'en restoit plus que six, lorsque l'empire d'Allemagne s'est détruit en 1806, savoir : Augsbourg, Nuremberg, Francfort, Brême, Hambourg et Lubeck. Ces trois dernières étoient aussi anséatiques. On nommoit villes anséatiques, des villes qui s'étoient unies ensemble pour soutenir leur commerce : il y en avoit six : cinq en Allemagne : les trois qui viennent d'être nommées, Cologne et Rostock, et une en Pologne, Dantzick.

L'Allemagne étoit divisée en neuf cercles ou grandes provinces, qui comprenoient chacune plusieurs états, dont les chefs s'assembloient pour leurs affaires communes. Il y avoit quatre cercles dans la haute Allemagne, au midi, et cinq dans la basse, au nord. Les quatre cercles de la haute Allemagne étoient, d'orient en occident, ceux d'Autriche, de Bavière, de Souabe ; et au nord de ces deux derniers, celui de Franconie. Les cinq cercles de la basse Allemagne étoient, le long de l'Océan et de la mer Baltique, ceux de haute Saxe, de basse Saxe et de Westphalie ; et au sud de ce dernier, ceux du haut-Rhin et du bas-Rhin ou cercle électoral.

1. Le cercle d'Autriche étoit, à l'orient et au midi de l'Allemagne, borné au nord par la Bohême et la Moravie, à l'orient par la Hongrie, au midi par la seigneurie de Venise, et à l'occident, par la Bavière et le pays des Grisons. Le cercle d'Autriche renfermoit cinq pays : quatre du nord au sud, l'archiduché d'Autriche (aujourd'hui à l'Autriche), l'électorat de Saltzbourg (au roi de Bavière), les duchés de Styrie, de Carinthie et de Carniole (à l'Autriche) ; le cinquième étoit le comté de Tyrol (partie au roi de Bavière, partie au roy. d'Italie).

2. Ce cercle étoit borné au nord par la Franconie et la Bohême, à l'orient et au midi par le cercle d'Autriche, et à l'occident par la Souabe. Le cercle de Bavière renfermoit cinq états principaux, deux séculiers et trois ci-devant ecclésiastiques ; ce sont, 1.º le duché de Bavière au midi du Danube, et le Palatinat de Bavière au nord ; 2.º le duché de Neubourg, à l'ouest du cercle de Bavière ; 3.º l'évêché de Freysingen, au milieu du duché de Bavière ; 4.º l'évêché de Ratisbonne, et 5.º l'évêché de Passaw, l'un et l'autre le long du Danube (tous ces pays font partie du royaume de Bavière.)

3. Le cercle de Souabe étoit borné au nord par le cercle électoral du Rhin et de la Franconie, à l'orient par la Bavière, au midi par la Suisse, et à l'occident par le Rhin, qui la séparoit de l'Alsace ou de la France. Ce cercle avoit trente-une

villes impériales, et grand nombre d'états ecclésiastiques et séculiers. Les principaux étoient au nombre de six, 1.º le duché de Wurtemberg, au nord (au roi de Wurtemberg); 2.º la principauté et comté de Furstemberg (au grand-duc de Bade), à l'ouest et au sud du duché de Wurtemberg; 3.º le marquisat de Bade (au grand-duc de Bade); 4.º l'évêché d'Augsbourg, à l'orient (au roi de Bavière); 5.º l'abbaye de Kempten, au sud-est (au roi de Bavière); 6.º l'évêché de Constance, au midi (au grand-duc de Bade.)

4. Le cercle de Franconie étoit situé au milieu de l'Allemagne, étoit borné au midi par la Souabe, à l'orient par la Bavière et la Bohême, au nord par le cercle de la Haute-Saxe, et à l'occident par celui du Haut-Rhin. Les principaux états de ce cercle étoient les évêchés de Bamberg (au royaume de Bavière), et de Wurtzbourg au milieu (au grand-duc de Wurtzbourg); l'évêché d'Aichstat au sud-est (au roi de Bavière); le marquisat d'Anspach et de Culembach, au midi et au nord-est (au royaume de Bavière.) Il y avoit en Franconie cinq villes impériales et libres.

5. Le cercle de la Haute-Saxe se divisoit en trois parties : 1.º la Saxe (au roi de Saxe); 2.º l'électorat de Brandebourg (au roi de Prusse); 3.º le duché de Poméranie (partie au roi de Prusse, partie au roi de Suède.) Il n'y avoit que deux villes impériales, Mulhausen et Northausen vers l'occident.

6. Le cercle de Basse-Saxe comprenoit huit principales parties : 1.º le duché de Brunswick; 2.º l'évêché de Hildesheim; 3.º la principauté de Halberstat; 4.º le duché de Magdebourg; 5.º les états de Brunswick-Hanover, ou de l'électeur d'Hanovre (tous ces pays faisoient partie du royaume de Westphalie, qui n'existe plus); 6.º le duché de Meckelbourg (au duc de Meckelbourg); 7.º le duché de Holsthein (au roi de Danemarck); 8.º l'évêché de Lubeck (au duc de Holstein-Oldembourg.) Il y avoit dans ce cercle 4 villes impériales, savoir : Goslard (au roi de Prusse), Brême, Hambourg et Lubeck, villes libres.

7. Le cercle de Westphalie avoit au nord, l'Océan; à l'orient, la Basse-Saxe; au midi, le cercle du Haut-Rhin; à l'occident, les Pays-Bas. Il renfermoit treize états principaux, savoir : le ci-devant évêché de Liége; 2.º le ci-devant duché de Juliers; 3.º le duché de Berg, à l'orient (au roi de Prusse); 4.º le duché de Westphalie ou le Saureland, au nord-ouest de celui de Berg (au grand duc de Hesse-Darmstadt); 5.º le duché de Clèves et le comté de la Marck (au roi de Prusse); 6.º l'évêché de Munster; 7.º l'évêché de Paderborn; 8.º l'évêché d'Osnabruck; 9.º la principauté de Minden, et le comté de Ravensberg; 10.º le comté d'Hoye; 11.º le duché de Verden au nord-est du même évêché; 12.º le comté d'Oldem-

bourg; et 13.º la principauté d'Oost-Frise. Il y avoit en Westphalie deux villes libres et impériales : Aix-la-Chapelle dans le duché de Juliers, et Dortmond dans le comté de la Marck.

8. Le cercle du Bas-Rhin qui coupoit celui du Haut-Rhin, se nommoit aussi *Cercle Electoral*, parce qu'il comprenoit quatre électorats, savoir : 1.º Mayence, 2.º Trèves, 3.º Cologne, 4.º le Palatinat du Rhin. Il renfermoit encore une ville impériale, qui étoit Cologne, et quelques petits états peu considérables.

9. Ce cercle renfermoit huit principaux états, savoir : 1.º l'évêché de Worms, et 2.º celui de Spire ; 3.º l'évêché de Bâle (partie à la Suisse, partie au grand-duché de Bade) ; 4.º le duché de Deux-Ponts ; 5.º le duché de Simmeren ; 6.º le landgraviat de Hesse et le landgraviat de Darmstadt (au grand-duc de Hesse-Darmstadt) ; 7.º le comté de Nassau (au prince de Nassau) ; 8.º la principauté de l'abbaye et évêché de Fulde.

La constitution de l'Allemagne a éprouvé des changemens dans ces dernières années. Dès le commencement de la révolution française, plusieurs villes et portions de territoire avoient été détachées de l'Allemagne et réunies à la France. En 1806, l'Empire d'Allemagne s'écroula entièrement, et de ses débris, il se forma une Confédération des princes Allemands, sous le titre de Confédération du Rhin : elle vient de se dissoudre à son tour, et a été remplacée par une autre, que l'on désigne sous le nom de Confédération Germanique. Quelques princes d'Allemagne avoient aussi changé de titres. Les électeurs de Saxe et de Bavière, et le duc de Wurtemberg ont pris, lorsque la Confédération du Rhin s'est formée, le titre de Roi, qu'ils ont conservé ; et d'autres, celui de Grand-Duc, etc. Un nouveau royaume, qui n'existe plus, s'étoit formé d'une partie du cercle de Westphalie et du Hanovre, sous le nom du royaume de Westphalie.

Les états qui composoient la Confédération du Rhin étoient, le duché de Berg, le duché de Mecklembourg, le royaume de Westphalie, le royaume de Saxe, le grand-duché de Varsovie, qui a passé, avec le titre de royaume, sous la domination de l'empereur de Russie ; le royaume de Bavière, le royaume de Wurtemberg, le grand-duché de Bade, le grand-duché de Hesse-Darmstadt, le duché de Nassau, le grand-duché de Francfort, le grand-duché de Wurtzbourg, et plusieurs autres principautés d'Allemagne.

Les principaux états qui composent la Confédération Germanique sont : l'Autriche et la Prusse, pour leurs états d'Allemagne ; le roi de Danemarck, pour le Holstein ; le roi des Pays-Bas, pour le grand-duché de Luxembourg ; le roi d'Angleterre, en qualité de roi d'Hanovre ; les rois de Bavière, de Saxe, de Wurtemberg ; le duché de Bade ; la Hesse-Electorale ; le grand-duc de Hesse ; les villes libres de Lubeck, Francfort, Brême et Hambourg. Le but de la Confédération Germanique, est de maintenir la sûreté extérieure et intérieure de l'Allemagne, l'indépendance et l'inviolabilité des états confédérés. Les affaires de la Confédération, se règlent dans une diète qui siégera à Francfort, et présidée par l'Autriche.

Les principales rivières qui traversent l'Allemagne sont : 1.º l'Elbe, qui prend sa source en Bohême, traverse le royaume de Saxe, et se jette dans la mer du nord ; 2.º le Weser, qui se jette dans la même mer; 3.º le Danube, qui prend sa source près de la forêt noire, passe à Ulm, traverse le royaume de Bavière, l'empire d'Autriche, la Turquie d'Europe, et se jette dans la mer Noire.

Les principales villes de l'Allemagne sont : DUSSELDORF, *capitale* du grand-duché de Berg, (au roi de Prusse.) CASSEL, (à l'électeur de Hesse.) MAGDEBOURG. HANOVRE , *capitale* du royaume d'Hanovre. DRESDE , *capitale* du royaume de Saxe ; LEIPSICK , (au roi de Saxe.) MUNICH , *capitale* du royaume de Bavière ; RATISBONNE, SALTZBOURG, INSPRUCK, (au roi de Bavière.) STUTTGARD, *capitale* du royaume de Wurtemberg ; ULM , (au roi de Wurtemberg.) CARLSRUHE , BADE, MANHEIM, (au grand duc de Bade.) FRANCFORT, sur le *Mein*, ville libre, siége da la Confédération Germanique. VIENNE, *capitale* de l'Autriche et de toute la monarchie Autrichienne ; GRATZ , *capitale* du duché de Styrie ; LAYBACH , *capitale* du duché de Carniole ; CLAGENFURT, *capitale* de la Carinthie ; TRIESTE , *capitale* de l'Istrie ; TRENTE , (à l'empereur d'Autriche.) BERLIN, *capitale* du Brandebourg et de toute la monarchie Prussienne ; FRANCFORT, sur l'*Oder*; BRANDEBOURG, STETTIN , *capitale* de la Poméranie prussienne, (au roi de Prusse.) L'empereur d'Autriche et le roi de Prusse viennent en outre de se partager la partie de l'Allemagne en-deçà du Rhin, qui avoit été réunie à la France, et qui formoit les quatre départemens dits de la rive gauche du Rhin. GLUCKSTADT, *port*, principale ville du Holstein ; KIEL, (au roi de Danemarck.)

ART. IX. EMPIRE D'AUTRICHE.

Les autres états de l'empereur d'Autriche sont, outre le royaume d'Italie et l'empire d'Autriche : 1.º le royaume de Bohême, le marquisat de Moravie, la Silésie autrichienne, le royaume de Hongrie, l'Esclavonie, la Transylvanie, la Gallicie orientale.

Le royaume de Bohême est situé au nord de l'archiduc d'Autriche. Sa capitale est PRAGUE , sur la Muldaw, *archevêché*, *université* : elle a 80,000 habit. Le marquisat de Moravie , est situé à l'est du royaume de Bohême. La capitale est OLMUTZ, sur la Moravie , *évêché* : elle renferme 11,000 hab.

La Silésie autrichienne est située au nord-est de la Moravie. La ville principale est Jegersdorf, jolie ville, sur l'Oppa.

Le royaume de Hongrie est un état assez étendu qui occupe le centre de la monarchie Autrichienne. Il est borné à l'occident par la Styrie, l'Autriche et la Moravie; au nord par la Silésie et la Gallicie; à l'orient et au midi par la Turquie d'Europe. On le divise en trois parties; 1°. la Hongrie occidentale; 2.° la Hongrie orientale; 3.° le Bannat de Temeswar. Les principales villes de la Hongrie sont : Presbourg, sur le Danube, *capitale* de la Hongrie occidentale. Cette ville, qui est située sur les frontières de l'Autriche, a 27,000 habitans. Tokai, fameuse pour ses vins. Agria, *place forte*. Bude, sur le Danube, *capitale* de la Hongrie orientale, et de tout le royaume. Gran ou Strigonie, sur le Danube, *archevêché*. Temeswar, *capitale* du Bannat de ce nom, *place forte*.

L'Esclavonie est située au sud-ouest de la Hongrie. Les villes principales de l'Esclavonie sont : Agram, sur la Save. Peterwaradin, *place forte*, près du Danube. La Transylvanie est au sud-est de la Hongrie. La capitale de ce pays est, Hermanstadt, *place forte*. On y compte 15,000 hab. La Galicie orientale est située au nord-est de la Hongrie, dont elle est séparée par les monts Krapackes. Sa capitale est Lemberg, *archevêché*, grande ville, peuplée de 20,000 âmes.

Art. X. ROYAUME DE PRUSSE.

Les autres possessions du royaume de Prusse sont : la Silésie prussienne, et la Prusse proprement dite, qui donne son nom à la monarchie. Les principales rivières du royaume de Prusse sont : 1.° l'Oder, qui prend sa source à l'extrémité de la Silésie, traverse cette province dans toute sa longueur, puis le Brandebourg et la Poméranie, et va se jeter dans la mer Baltique; 2.° la Vistule, qui prend sa source en Silésie, traverse la Prusse et la Pologne, et se jette dans la mer Baltique.

Silésie Prussienne.

La Silésie est un duché d'une grande étendue, qui est situé à l'est des royaumes de Saxe et de Bavière. On la divise en Silésie prussienne et Silésie autrichienne. La première est incomparablement la plus grande, et est au nord-ouest de l'autre; elle coupe les états du roi de Saxe, en séparant le royaume de Saxe du duché de Varsovie. Les principales villes de la Silésie prussienne sont, Breslaw, sur l'Oder, *capitale* de toute la Silésie, *évêché*. Cette ville renferme 66,000 habitans. Glogaw, sur l'Oder. Schweidnitz, *place forte*. Glatz, Oppelen et Ratibor.

Prusse.

La Prusse est un royaume d'une médiocre étendue, et qui est situé à l'est de la Poméranie. On la divise en deux parties :

la Prusse orientale et la Prusse occidentale. Les principales villes de la Prusse orientale sont : Koenisberg, *capitale* de la province et de tout le royaume, *port*, *université*, un peu au-dessus de l'embouchure du Prégel : c'est une grande et belle ville, où l'on compte 52,000 âmes. Pillau, sur la mer Baltique, *port et place forte*. Memel, sur la même mer, *port et place forte*. Les principales villes de la Prusse occidentale sont : Marienbourg, *place forte*. Elbing, au nord, *place forte*, ville commerçante. Dantzick, sur la Vistule, *place forte*, *port*. Cette ville, qui est une des principales de l'Europe par son commerce, et qui compte 36,000 habit., appartient au roi de Prusse, en vertu de l'acte du congrès de Vienne.

Art. XI. DES ÎLES BRITANNIQUES.

Les îles Britanniques consistent en deux grandes îles et plusieurs petites. Les deux grandes sont : 1. La Grande-Bretagne, qui comprend le royaume d'Angleterre et celui d'Ecosse. 2. L'Irlande, qui est aussi un royaume. Ces trois royaumes appartiennent au même roi, qui porte le titre de *Roi de la Grande-Bretagne*. Les îles Britanniques sont situées au nord de la partie occidentale de la France.

§. I.er *De l'Angleterre.*

L'Angleterre est un des trois royaumes formés par les îles Britanniques. Ses bornes sont au nord, l'Ecosse ; à l'est, la mer du Nord ; au sud, le Pas-de-Calais et la Manche, qui la séparent de la France ; à l'ouest, le détroit qui la sépare de l'Irlande. Ce pays ne produit point de vins, non plus que tous les autres du nord ; mais il est très-fertile en blés, et nourrit beaucoup de bestiaux, dont la laine est très-estimée. Ses principales rivières sont : la Tamise, l'Humbert, à l'orient ; la Saverne, à l'occident. On ce divise ce royaume, en Angleterre à l'orient, et principauté de Galles à l'occident. La première contient quarante comtés, et la seconde, douze, qui portent presque tous le même nom que leur capitale.

Les villes principales de l'Angleterre sont : Yorck, *archevêché*, sur l'Ouse, *cap.* du comté d'Yorck ; la deuxième ville d'Angleterre, au nord-est. Lancastre, à l'occident d'Yorck, *capitale* du comté de Lancastre. Bristol, *évêché*, vers l'embouchure de la Saverne, la troisième ville d'Angleterre : 68,645 habit. Oxfort, sur la Tamise, *évêché*, *université* célèbre, *capitale* du comté d'Oxfort. Londres, *évêché*, *capitale* de tout le royaume et du comté de Middlesex, sur la Tamise, *port* célèbre : 864,845 habitans. Cambridge, *évêché*, *université*, *capitale* du duché de Cambridge, au nord de Londres. Cantorbéry, au sud-ouest de Londres, *archevêché*, primat du royaume, *capitale* du comté de Kent. Douvres, *port* vis-à-vis Calais. Les principales villes de la principauté de Galles sont :

Carnarvan, au nord-ouest. Cardigan, au sud-ouest, vers le canal Saint-Georges, qui sépare cette principauté de l'Irlande. Les principales îles qui dépendent de l'Angleterre sont: l'île de Man, au nord-ouest, *capitale* Douglas. L'île de Wicht, au midi, *capitale* Nieuport. Les îles de Guernesey et de Jersey, sur les côtes de France, *capitales* St-Pierre, St-Hélier.

§. II. *De l'Ecosse.*

L'Ecosse est un des trois royaumes formés par les îles Britanniques. Ce royaume est situé au nord de l'Angleterre : il est plus froid est moins fertile que ce dernier. Les rivières les plus considérables de l'Ecosse sont: le Tay, qui la traverse d'occident en orient, et la divise en Ecosse septentrionale et Ecosse méridionale. La Spey, qui se jette dans la mer, au nord-est. La Clyde, à l'ouest. La Nith, au sud. Les principales villes de l'Ecosse septentrionale sont : Old-Aberdin, *évêché, université*, sur la côte orientale. New-Aberdin, *port, capitale* de la province de Marr, sur la côte orientale. Celles de l'Ecosse méridionale sont: Saint-André, *archevêché, université, capitale* de la province de Fife. Edimbourg, *évêché, université, capitale* de toute l'Ecosse et du Lothian. Glascow, *archevêché*, sur la Clyde, *capitale* de la province de Clydesdale. Les principales îles de l'Ecosse sont : l'île d'Arran, à l'occident, *capitale* Brodwich. L'île de Lewis, une des Hébrides, *capitale* Sovardel. L'île d'Eust, la deuxième des Hébrides. L'île de Mainland, la principale des Orcades, au nord de l'Ecosse, *capitale* Kirkwal.

§. III. *De l'Irlande.*

L'Irlande est une des deux grandes îles Britanniques, et l'un des trois royaumes : elle est située à l'occident de la Grande-Bretagne. On y recueille du blé, du miel; le gibier et le poisson y sont commun; le sol est très-abondant en pâturages. On divise l'Irlande en quatre parties, suivant les quatre points cardinaux. 1. L'Uster, ou Ultonie, au nord, qui renferme dix comtés. 2. Le Leinster, ou Lagénie, à l'est, qui a onze comtés. 3. Le Munster, ou Momonie, au sud, six comtés. 4. Le Connaught, ou Connacie, à l'ouest, cinq comtés. Les principales rivières de l'Irlande sont : La Banne, qui se jette dans l'Océan, au nord. La Boyne, qui se jette dans l'Océan, à l'est. Le Blackwater, au sud. Le Shannon, à l'ouest. La principale ville de l'Ultonie est Armach, *archevêché, capitale* du comté d'Armagh. Celle de la Lagénie est Dublin, *archevêché, université, capitale* de tout le royaume, et en particulier du comté du Dublin, résidence du vice-roi. Celle de la Momonie est Cashel, ou Cassel, *archevêché, capitale* du comté de Tipperary. Les principales villes de la Connacie sont: Galloway, *capitale* du comté de ce nom. Toam, *archevêché*, dans le comté de Galloway.

ENTRETIEN X.

Art. XII. ÉTATS DU ROI DE DANÉMARCK.

Les états du roi de Danemarck, consistent principalement dans le Danemarck, au sud. L'Islande, à l'ouest. Le Holstein, qui fait partie de l'Allemagne.

§. I.er *Du Danemarck.*

Le Danemarck est un royaume peu considérable, mais fort peuplé, dont les bornes sont, à l'occident et au nord l'Océan, à l'orient la mer Baltique. Le Danemarck se divise en terre-ferme et en îles. La terre-ferme est une presqu'île qu'on nomme le Jutland, qui se partage en Nord-Jutland, Sud-Jutland, ou duché de Sleswick, et duché de Holstein. Le terroir, quoique entouré de mers, n'est pas marécageux: on y nourrit beaucoup de chevaux et de bœufs; la chasse et la pêche y sont abondantes. Les villes principales du Nord-Jutland sont : ALBOURG, *évêché.* WIBOURG, *évêché*, sur le lac Water, *capit.* du Nord-Jutland. RIPEN, *évêché*, *port*, à l'occident. Les villes principales du Sud-Jutland sont : TONTERN, à l'occident. SLESWICK, *capitale* du Sud-Jutland. Les principales îles sont l'île de Seeland et la Fionie, dont les villes capitales sont: COPENHAGUE, *évêché*, *capitale* de tout le royaume, *port*, *université*, dans l'île de Seeland, résidence du roi de Danemarck. ODENSÉE, *évêché*, *capitale* de l'île de Fionie, apanage du fils aîné du roi.

§. II. *De l'Islande.*

L'Islande est une grande île, située au nord-ouest de la Norwége, dont elle est très-éloignée. Elle appartient au roi de Danemarck. Les villes principales sont : SKALHOLT, *évêché*, *capitale*. HOLA, *évêché*, au nord. On remarque dans cette île, le mont Hekla qui est un volcan, c'est-à-dire, une montagne qui jette du feu.

Art. XIII. DE LA SUÈDE.

La Suède est un royaume qui est autour de la mer Baltique: l'air y est froid; ce royaume est assez stérile, mais abondant en troupeaux, et en renards et hermines, qui fournissent de belles fourrures. On divise la Suède en 5 parties, savoir : 1. La Suède propre, à l'ouest de la mer Baltique. 2. La Gothie, au sud. 3. Le territoire de Bahus, à l'occident. 4. La Laponie Suédoise, au nord. 5. La Norwége. Il n'y a de rivière remarquable que la Torn, qui se jette dans la mer Baltique. Les principales villes de la Suède sont : 1.º Dans la Suède propre : STOCKHOLM, *capitale* de toute la Suède, et en particulier de l'Uplande, *port.* UPSAL, *archevêché.* 2.º Dans la Gothie : GOTHEBOURG, *port*, à l'ouest, *capitale* du Westrogothland propre. LUNDEN, *évêché*, *capitale* de la Scanie ou Schonen, au sud. CALMAR, à l'est, *port*, *capitale* du Smaland. 3.º Dans le territoire de Bahus : BAHUS, *capitale* du territoire de Bahus, cédée à la Suède par le Danemarck en 1678. La Laponie Suédoise se divise en six marches ou préfectures, qui n'ont pas de villes, excepté la première, et qui prennent le nom des rivières qui les arrosent. Ce sont du sud au nord : Aosalha, lieu principal de la préfecture des Lapons d'Angermanie. Les Lapons d'Uma, de Pitha, de Lula, de Tornea, de Kimi.

De la Norwége.

La Norwége est un royaume assez étendu, qui est situé au nord du Danemarck, dont il est séparé par l'Océan. Il appartenoit au Danemarck, qui vient de le céder à la Suède. On divise la Norwége, en 5 gouvernemens du sud au nord, savoir: 1. Christiansand. 2. Agerrhus. 3. Berghen. 4. Drontheim. 5. Wardus. Les capitales de ces gouvernemens sont : CHRISTIANSAND, *capitale* du gouvernement de ce nom, *évêché*, *port*. CHRISTIANIA, *capitale* de tout le royaume et du gouvernement d'Aggerhus. BERGHEN, *archevêché*, *capitale* du gouvernement de Berghen, *port*. DRONTHEIM, *évêché*, *capitale* du gouvernement de Drontheim, *port*.

ART. XIV. DE LA RUSSIE ou MOSCOVIE.

La Russie est un vaste empire qui s'étend en Asie, et dont le souverain porte le titre d'*Empereur de toutes les Russies, et roi de Pologne*. La Russie confine, du côté de l'Europe, à la Laponie Suédoise, à la Prusse, au royaume de Pologne, qui appartient à l'empereur; à l'empire d'Autriche, à la Turquie d'Europe; et du côté de l'Asie, elle est bornée par la Perse, la Tartarie indépendante, et la Tartarie Chinoise : elle s'étend par le nord-est de l'Asie, jusqu'à l'Amérique, dont elle n'est séparée que par le détroit de Behring. La Russie d'Europe peut se partager en partie septentrionale, partie du centre, partie du sud, partie de l'est, partie du sud-est, et partie de l'ouest. Chacune de ces parties se subdivise en gouvernemens. Les principales rivières de la Russie sont: Le WOLGA, qui traverse la Russie Européenne de l'ouest à l'est, et se jette dans la mer Caspienne, en Asie, et au-dessous d'Astracan. Le Don, qui coule du nord au sud, en faisant un grand circuit, et se décharge dans la mer d'Azof au-dessous d'Azof. La DUNA, qui se forme du concours des rivières de Sulma et du Joug, et se jette dans la mer Blanche, au nord de la Russie. Les principaux lacs de la Russie sont ceux de Ladoga et d'Onéga, vers la Finlande.

La partie septentrionale de la Russie renferme treize gouvernemens, dont voici les noms :

GOUVERN.	CAPITAL.
FINLANDE,	Abo.
WIBOURG,	Wibourg.
OLONEC,	Olonec.
ARCHANGEL,	Archangel.
ESTONIE.	Revel.

ENTRETIEN X.

GOUVERN.		CAPITAL.	
Saint-Pétersbourg,			Saint-Pétersbourg.
Novogorod,			Novogorod-Veliki.
Vologda.,			Vologda.
Livonie,			Riga.
Pskof,			Pskof.
Twer,			Twer.
Jeroslaw,			Jeroslaw.
Kostroma,			Kostroma.

Les principales villes de la partie septentrionale de la Russie sont : Saint-Pétersbourg, *capitale* de toute la Russie, sur le golfe de Finlande, *port*. Revel, *port*, sur le même golfe. Riga, près de l'embouchure de la Duna. Novogorod-Weliki, ou Novogorod la grande, ville commerçante. Arcangel, *archevêché*.

La partie du centre comprend treize gouvernemens, dont voici les noms : Smolensk, Moscow, Wolodomir, Nisnei-Novogorod, Kaluga, Tula, Riazan, Tambow, Orel, Koursk, Worônez, Czernigow, et Ukraine : tous ces noms sont ceux des capitales respectives, à l'exception du gouvernement de l'Ukraine, dont la capitale se nomme Charkow. Les principales villes de cette partie de Russie sont : Moscow, *archevêché, capitale* de la Russie : cette ville vient d'être détruite; on la rebâtit. Smolensk, *ville forte*, sur le Dnieper. Koursk, ville assez peuplée. Niznei Novogorod, ou Novogorod la basse, près du Wolga.

Les gouvernemens de la partie sud, sont au nombre de trois :

GOUVERN.		CAPITAL.	
Kiow,			Kiow.
Catherinoslaw,			Catherinoslaw.
La Tauride,			Caffa.

Le gouvernement de la Tauride est formé de la petite Tartarie, qui n'a pas de villes, et de la Crimée, presqu'île de la mer Noire, dont les principales villes sont : Caffa, *capitale*, au sud-est, sur la mer Noire. Bachaserai.

Il y a sept gouvernemens à l'est, dont voici les noms, qui sont aussi ceux de leurs capitales respectives. Perm, Wiatka, Orenbourg, Kasan, Simbirsk, Penza et Saratow. Les principales villes de cette partie de la Russie sont : Orenbourg, sur la Jaïck; entrepôt de l'Asie pour le commerce. Kasan, *évêché*, sur la rive gauche du Wolga, ville riche et bien peuplée.

La partie sud-est renferme trois gouvernemens, savoir : Le gouvernement des Cosaques du Don et de la mer Noire, *capitale* Tcherkask. D'Astracan, *capit. Astracan*. Du Caucase, *capit. Georgiensk*. Les principales villes de la partie sud-est sont : Tcherkask, sur le Don ; ville qui fait un assez grand commerce. Astracan, *archevêché*, dans l'île de Dolgoï, formée par le Volga, près de son embouchure ; c'est une ville commerçante et très-peuplée.

La partie ouest renferme neuf gouvernemens, dont voici les noms :

GOUVERN.	WITEPSK,	CAPIT.	Witepsk.
	MOHILOW,		Mohilow.
	COURLANDE,		Mittaw.
	WILNENSE,		Wilna.
	GRODNENSE,		Grodno.
	MINSK,		Minski.
	VOLINSK,		Zitomiers.
	PODOLIE,		Kaminieck.
	KERSON,		Kerson.

Les principales villes de cette partie de la Russie sont : KA-MINIECK, *évêché*, *place forte*. WILNA, *évêché* ; ville grande et bien peuplée. GRODNO; sur le bord du Niemen. BRZESCIE, sur le Bog; ville fortifiée. MINSKI, *ville forte*, qui a deux citadelles. WITEPSK, *ville forte* et commerçante, sur la Duna. MITTAW, *ville forte*, bien bâtie, et bien peuplée.

ROYAUME DE POLOGNE.

La Pologne étoit un royaume borné au couchant par l'Allemagne ; au midi par la Hongrie, la Moldavie et la Transylvanie ; à l'orient par la Russie ; et au nord par la Russie, la Prusse et la mer Baltique. Le gouvernement de la Pologne étoit monarchique et aristocratique ; ce royaume étoit électif. Chaque élection donnoit lieu à des troubles qui aboutirent enfin à un démembrement total du royaume fait par les Autrichiens, les Russes et le roi de Prusse. La Pologne avant les partages qu'on en a faits, étoit divisée en trois grandes parties : la grande Pologne au nord-ouest, la petite Pologne au sud, la Lithuanie au nord-est. Chacune de ces parties se subdivisoit en provinces ou palatinats. La grande Pologne renfermoit douze palatinats. Elle en avoit douze, savoir : ceux de Pomérélie, Marienbourg, Culm, Posnanie, Gnesne, Kalish, Lencicza, Siradie, Ploczko, Rava, Mazovie, Podlaquie. La petite Pologne en avoit neuf, ceux de Sandomir, Lublin, Chelm, Cracovie, Belez, Lemberg, Volhinie, Podolie, Ukraine. La Lithuanie se divisoit en dix palatinats : Courlande, Samogitie, Troki, Wilna, Poloczk, Witepsk, Novogrodeck, Minsk, Mcislaw, Polésie.

Il y a eu trois démembremens de la Pologne, le premier a eu lieu en 1772 ; les Russes, les Autrichiens et le roi de Prusse s'emparèrent alors des provinces qui étoient limitrophes à leurs états. En 1793 et en 1795, ils achevèrent de se partager le reste de la Pologne. La Russie s'est emparée du duché de Lithuanie et d'une portion de la petite Pologne ; l'Autriche du reste de la petite Pologne qu'elle a réunie à ses états sous le nom de Gallicie ; enfin le roi de Prusse avoit pour son partage la grande Pologne. Le roi de Prusse a perdu, dans les dernières guerres, presque tout ce qu'il avoit acquis par les partages de la Pologne : ces provinces, jointes à une partie de la Gallicie, ou petite Pologne, cédée par l'Autriche, ont formé depuis le grand duché de Varsovie, et forment aujourd'hui le royaume de Pologne, qui a été donné, par l'acte du Congrès de Vienne, à l'empereur de Russie, à l'exception du département de Posen, qui passe sous la domination du roi Prusse.

Le royaume actuel de Pologne est divisé en six départemens, non compris la Gallicie occidentale, qui en fait partie. Ces départemens portent le nom de leurs chefs-lieux, qui sont Lomzza, Bromberg, Kalish, Varsovie, Plocko ; Posen, qui a été donné au roi de Prusse. Les principales villes du duché de Varsovie sont : VARSOVIE, capitale de tout le duché, sur la Vistule : la population excède 60,000 habit. THORN, sur la Vistule, 10,000 habit. PLOCZKO, sur la Vistule. Les principales villes de la Gallicie occidentale sont : CRACOVIE, sur la Vistule, 24,000 habit., ville qui a été déclarée libre par acte du Congrès de Vienne. OPATOW, SANDOMIR, LUBLIN.

ART. XV. DE LA TURQUIE D'EUROPE.

La Turquie, est un grand empire qui s'étend en Europe, en Asie et en Afrique, et dont le chef s'appelle *Sultan*, *Grand-Turc*, *Grand-Seigneur*. La Turquie d'Europe est bornée au nord par l'empire d'Autriche et la Russie, à l'orient par la mer Noire et l'Archipel, au sud par la mer Méditerranée, et à l'ouest par le golfe de Venise et l'Illyrie. On la divise en septentrionale et méridionale ; celle-ci est la Grèce. Les rivières les plus remarquables sont : le Danube, dont on a déjà parlé ; et le Mariza, en Romanie, lequel passe à Andrinople, et se jette dans l'Archipel.

§. I.er *De la Turquie Septentrionale.*

La Turquie septentrionale d'Europe renferme neuf provinces, savoir : une vers la mer Noire, c'est la *Bessarabie* ; deux vers la Transylvanie, la *Moldavie* et la *Valachie ;* deux sur le golfe de Venise, la *Croatie* et la *Dalmatie ;* trois vers le Danube d'occident en orient, la *Bosnie*, la *Servie*, la *Bulgarie ;* une enfin qui est bornée à l'orient par la mer Noire, la *Romanie*. Les villes principales de la Turquie septentrionale sont : OCZACOW, *cap.* des Tartares de ce nom, à l'embouchure du Dnieper, dans la mer Noire. AKERMAR, sur la mer Noire, à l'embouchure du Niester, *cap.* des Tartares de Budziac, toutes deux dans la Bessarabie. JASSY, *cap.* de la Moldavie. TERCOVISCK, *cap.* de la Valaquie. BUCHAREST, aussi en Valaquie. VIHITZ ou BIHACK, *cap.* de la Croatie turque. MOSTAR, *cap.* de la Dalmatie turque. BANIALUCA, *capitale* de la Bosnie. BELGRADE, sur le Danube, *capitale* de la Servie. SOPHIE, *capitale* de la Bulgarie. CONSTANTINOPLE ou STAMBOL, *capitale* de toute la Turquie, et en particulier de la Romanie, *port*, sur le détroit de son nom, qui joint la mer de Marmara avec la mer Noire. ANDRINOPLE, sur la Mariza, dans la même province. Le

Grand-Seigneur réside ordinairement à Constantinople; dans l'été il va à Antrinople, à cause de la bonté de l'air.

§. II. *De la Turquie méridionale, ou Grèce.*

La Grèce est une grande presqu'île qu'on divise en terre-ferme et en îles. La terre-ferme se divise en quatre provinces, savoir : 1. La Macédoine, au nord. 2. L'Albanie, à l'ouest. 3. La Livadie. 4. La Morée, au sud. Les villes principales de la Turquie méridionale sont : Salonique, au fond du golfe de ce nom, *cap.* de la Macédoine. Janna, aussi dans la Macédoine. Scutari, *capit.* de l'Albanie, *évêché.* La Preveza, sur le golfe de Larta, aussi dans l'Albanie. Atina ou Setine, autrefois Athènes, *archevêché, capit.* de la Livadie. Lépante, à l'entrée du golfe de ce nom, dans la même province. Corinthe, près de l'isthme de ce nom, au nord-est, *capit.* de la Morée. Misitra au midi, autrefois Sparte. Les îles de la Turquie d'Europe, sont situées dans l'Archipel, qui sépare la Grèce de l'Asie mineure. Les plus grandes de ces îles sont : Les îles de Candie et de Negrepont, la première au sud-est de la Morée, la deuxième à l'orient de la Livadie. Les villes principales sont : Candie, *cap.* de l'île de même nom. La Canée, *port*, dans la même île. Negrepont, *capit.* de l'île de ce nom.

ENTRETIEN XI.

De l'Asie.

L'Asie est une des quatre parties du monde; c'est la plus considérable par son étendue et sa population : elle est bornée au nord par la mer Glaciale; à l'est par l'Océan oriental, partie de la mer du Sud, et par le détroit de Behring, qui la sépare de l'Amérique; au sud par la mer des Indes; et à l'ouest par l'Afrique et l'Europe. Les plus grandes chaînes des montagnes de l'Asie sont : 1. Le mont Taurus, qui traverse toute la Natolie et la Perse. 2. Les monts de Pierre, 3. Les monts de Noss, au nord. On divise l'Asie en sept parties principales, savoir : 1. La Turquie d'Asie. 2. L'Arabie. 3. La Perse. 4. L'Inde, qui contient l'Indostan, et les deux presqu'îles en-deçà et au-delà du Gange. 5. La Chine. 6. La Tartarie, qui comprend la Russie d'Asie. La septième partie consiste en un grand nombre d'îles. Les principaux fleuves sont : le Tigre, L'Euphrate, qui se jettent dans la golfe Persique. L'Indus, qui se décharge au sud-ouest dans la mer des Indes. Le Gange, qui se jette au sud dans le golfe du Bengale. Le Hoan et le Kian, qui traversent la Chine de l'ouest à l'est, et se jettent dans l'Océan oriental. L'Oby, le Jéniséa, qui se rendent dans la mer Glaciale. L'Amur, qui se jette dans l'Océan, au nord-est de l'Asie.

Art.

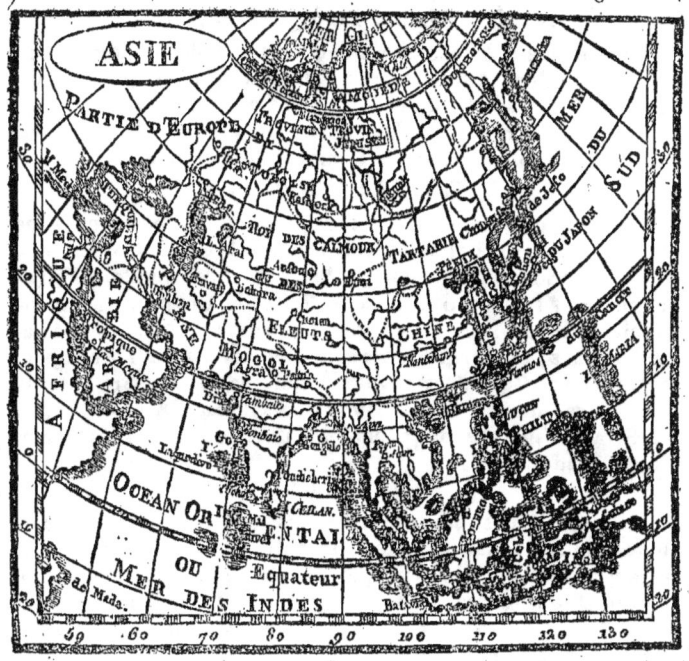

Cette partie du monde est la plus anciennement policée. C'est en ASIE que les historiens sacrés ont placé le berceau de nos pareus, et on trouve encore les traces du Paradis terrestre sous le ciel de l'Inde. De grandes cités fleurirent dans cette partie du monde, avant que l'on parlât de Rome et de Carthage : Ninive, Babylone, si l'on croit les descriptions que l'antiquité nous a conservé, étoient bien supérieures à nos plus grandes villes ; mais peu à peu la gloire de l'Asie a disparu du globe, et il ne lui est resté de sa richesse que la beauté de son climat qui produit, presque sans culture, tout ce qui est nécessaire à la vie : aussi ses heureux habitans furent plus empressés que les autres à se procurer les jouissances du luxe, et la magnificence Asiatique est passée en proverbe. C'est dans les contrées de l'Asie que l'on inventa les porcelaines, les étoffes de soie, les tapis, les parfums exquis ; et si nous avons surpassé dans ce genre les Asiatiques, nous devons toujours les regarder comme nos premiers maîtres dans les arts qui rendent la vie agréable et commode ; aussi tous les peuples du monde désirent de commercer avec eux.

La forme dominante de gouvernement dans cette division du globe, est la monarchie absolue : si quelques peuplades peuvent se vanter de goûter une ombre de liberté, ce sont les tributs Nomades, telles que les Tartares et les Arabes. Plusieurs nations de l'Asie, lorsque les Hollandais parurent la première fois chez elles, ne purent concevoir comment il étoit possible qu'un peuple vécût sous une autre forme de gouvernement que la monarchie despotique.

ENTRETIEN XI.

Art. I.ᵉʳ DE LA TURQUIE D'ASIE.

La Turquie d'Asie se divise en quatre grandes régions, chacune desquelles se subdivise en gouvernemens ou pachalicks. Les quatre grandes régions sont : 1. La Natolie. 2. La Syrie. 3. La Turcomanie. 4. Le Diarbeck, auxquelles il faut joindre les îles qui sont situées dans la mer Méditerranée.

§. I.ᵉʳ *De la Natolie.*

La Natolie est une grande presqu'île qui se divise en sept gouvernemens : on l'appelle aussi le Levant. Les noms des gouvernemens sont : 1. Anadoli. 2. Sivas. 3. Trebisonde. 4. Caramanie. 5. Aladulie. 6. Adana. 7. L'île de Chypre. Les principales villes de la Natolie sont : CHIUTAYÉ, *capit.* de l'Anadoli. BURSE, au nord. SMYRNE, à l'occident, sur l'Archipel, *port* fameux. COGNY, *capit.* de la Caramanie. AMASIE, vers la mer Noire, dans le Sivas. SIVAS, au sud-est d'Amasie, *capit.* du Sivas, résidence du pacha. MALATHIA, près l'Euphrate, dans l'Aladulie.

§. II. *De la Syrie.*

Elle se divise en six gouvernemens, qui portent les noms de leurs capitales, savoir : Alep, Tripoli, Seyde, Damas, Jérusalem, Adgeloun. Les principales villes de la Syrie sont : ALEP, au milieu des terres. DAMAS, vers l'orient, résidence du pacha. TRIPOLI, sur la mer Méditerranée. JÉRUSALEM. GASA, *port*, sur la Méditerranée.

§. III. *De la Turcomanie.*

La principale ville de la Turcomanie est, ERZERUM, près la source de l'Euphrate.

§. IV. *Du Diarbeck.*

Il se divise en Diarbeck propre, à l'ouest. Yrac-Arabi, au sud. Curdistan, à l'est. Les principales villes du Diarbeck sont : DIARBÉKIR, *capit.* du Diarbeck propre, sur le Tigre. MOSUL, sur le Tigre. BAGDAD, sur le Tigre, *capit.* de l'Yrac-Arabi. BETLIS, *capit.* du Curdistan, résidence du plus puissant des émirs des Curdes.

§. V. *Des îles de la Turquie d'Asie.*

Les plus remarquables de ces îles, qui sont dans la Méditerranée sont : 1. Chypre. 2. Rhodes. Les villes principales sont : NICOSIE, *capit.* de l'île de Chypre. FAMAGOUSTE, *port*. RHODES, *capit.* de l'île de ce nom.

Art. II. DE L'ARABIE.

L'Arabie est une grande presqu'île, bornée à l'occident par la mer Rouge et l'isthme de Suez qui la sépare de l'Afrique ; au midi, par la mer des Indes ; à l'orient, par le golfe Persique et l'Yrac-Arabi ; et au nord, par la Syrie et le Diarbeck,

Tome II.   O

dont elle est séparée par l'Euphrate. Ce pays, qui est très-sec, produit de l'encens, du baume et du café excellent. L'Arabie se divise en trois parties, du nord au sud. 1. Arabie Pétrée. 2. Arabie déserte. 3. Arabie heureuse. Les principales villes de l'Arabie sont : TOR, *port*, sur la mer Rouge, principale de l'Arabie Pétrée. MÉDINE. LA MECQUE, *capit.* des états des chérifs de ce nom, dans l'Arabie déserte : la première a le tombeau de Mahomet, et la seconde est le lieu de sa naissance. MOAB, *capit.* du royaume d'Yémen, dans l'Arabie heureuse. MOKA, *port* célèbre par son excellent café. FARTACH, au sud, *capit.* du royaume de ce nom. MASCATE, *port.*, à l'orient : elle dépend d'un prince qui prend le nom de Calife. ELCATIF, *port*, sur le golfe Persique.

ART. III. DE LA PERSE.

La Perse est un royaume fort ancien, qui est borné à l'occident par le Curdistan et l'Yrac-Arabi, qui sont de la Turquie Asiatique; au nord, par la Géorgie, la Circassie, la mer Caspienne et le pays des Usbecks ; à l'orient, par l'Inde ; et au midi, par le golfe Persique et la mer des Indes. La Perse produit d'excellens fruits, du vin, du riz, etc. : on en tire beaucoup de soie. Elle se divise en quinze provinces, savoir: 1. Le Dagestan, 2. La Turcomanie orientale ou l'Iran, 3. L'Aderbijan, au nord-ouest. 4. Le Chirvan, 5. Le Ghilan, 6. Le Massanderan ou Tabristan, au nord et sur la mer Caspienne. 7. Le Khorasan, 8. Le Candahar, aussi au nord, mais au midi du pays des Usbecks. 9. L'Yrac-Agemi, 10. Le Segestan, 11. Le Sablestan, dans le milieu, d'occident en orient. 12. Le Kusistan, 13. Le Farsistan, 14. Le Kerman, 15. Le Mecran, au midi, le long du golfe Persique et de la mer des Indes.

Les villes principales de la Perse sont : TARCOU, *capit.* du Dagestan, sur la mer Caspienne. ERIVAN, *capit.* de la Turcomanie orientale, près de l'Araxe. TAURIS, *capit.* de l'Aderbijan, seconde ville de la Perse. CHAMAKI, *capit.* du Chirvan. RECHT, près la mer Caspienne, *capit.* du Ghilan. FERABAD, près la même mer, *capit.* du Massanderan. HERY ou HERAY, *capit.* du Khorasan. CANDAHAR, *capit.* du Candahar. ISPAHAN, anciennement capitale de l'Yrac-Agemi et de toute la Perse, sur le Zenderouth. TEHERAN, sur le Jageron, *capit.* actuelle de l'Yrac-Agemi et de toute la Perse. ZARAND, *capit.* du Segestan, près l'Inomed. BOST, sur l'Inomed, *capit.* du Sablestan. SUSTER, *capit.* du Khusistan. CHIRAS, *capit.* du Farsistan. KERMAN, *capit.* du Kerman. BANDER-ABASSY ou GOMRAN, sur le golfe Persique. TIS ou MECRAN, *port*, dans le Mecran, au sud.

ART. IV. DE L'INDE.

L'Inde est une vaste contrée, qui a reçu son nom du fleuve Indus, ou Sinde, et qui se divise en trois parties, savoir : 1. L'Indostan, au nord. 2. La presqu'île en-deçà du Gange, ou occidentale. 3. La presqu'île au-delà du Gange, ou orientale. Les trois principales puissances de l'Inde, en n'y comprenant pas la presqu'île au-delà du Gange, sont : la *Compagnie anglaise des Indes*, les *Marattes* et le *Nisam* ou *Soubab du Dékan*. On peut y joindre les *Seiks*, et ce qu'on appelle l'empire *des Afghans*.

L'Empire des Afghans.

Il s'est formé d'usurpations faites sur plusieurs provinces de la Perse et des Indes, il est très-récent. La principale ville est CACHEMIRE, où se fabriquent les schals si connus sous ce nom. Les principales villes des états des Seiks sont : LAHOR, *capitale*, grande et belle ville, où résidoient autrefois les Mogols, dont l'empire est détruit. TATA, vers l'embouchure de l'Indus. CABUL, ville forte et commerçante. On divise les Marattes en occidentaux et orientaux. Les principales villes des Marattes occidentaux sont : DELHI, sur le Gemène ; cette ville est en ruines. ACRA, sur la même rivière, vers le midi ; ville grande, bien bâtie et bien peuplée. AMADABAD, ville peuplée et commerçante. CAMBAYE, SURATE, vers l'entrée du golfe de Cambaye. Les Anglais ayant la citadelle de Surate, on peut les regarder comme maîtres de la ville. Les principales villes des Marattes orientaux sont : NECPOUR, *capit*. VISAPOUR, ville considérable, qui a dans son voisinage des mines de diamans. JAGRENAT, près des bords de la mer.

Possessions anglaises.

Les possessions anglaises peuvent se diviser en quinze provinces; 1.º le Bengale ; 2.º le Bahar ; 3.º le Bénarez ; 4.º les cinq Circars, ou cinq provinces situées entre la côte d'Orixa et celle de Coromandel, dont voici les noms : Ciacole, Raja-Mondry, Ellore, Condapilly et Gountour ; 5.º le Carnate ; 6.º le Tanjaour ; 7.º le Maduré : les provinces suivantes formoient les états de Tippoo-Saëb, qui sont actuellement possédés par les Anglais, savoir : 8.º le Travancor ; 9.º le district de Cochin ; 10.º le Dindigal ; 11.º le Coïmboutour ; 12.º la province des Nayres ; 13.º le Canara ; 14.º le Maïssour ; 15.º enfin le district de Bombay.

Les principales villes des possessions anglaises dans l'Inde sont : CALCUTTA, sur le bras occidental du Gange, ville principale du Bengale et de toutes les possessions anglaises : le gouverneur-général de l'Inde y réside. OUGLY, DACA, CHANDERNAGOR, aussi dans le Bengale. Chandernagor étoit aux Français. MASULIPATAN, ville autrefois très-florissante, mais très-déchue de sa prospérité, dans le Circar de Condapilly. PALIACAT, dans la Carnate, sur la côte orientale de la presqu'île en-deçà du Gange, qu'on nomme côte de Coromandel.

Paliacat étoit aux Hollandais. MADRAS, ville très-grande et très-peuplée, aussi dans le Carnate. GINGI, PONDICHÉRY, TRANQUEBAR, dans la même province. Pondichéry appartenoit aux Français. NEGAPATAN, dans le Tanjaour, *port et place forte*, étoit aux Hollandais. MADURÉ, *capitale* de la province de ce nom. TUTUCURIN, sur la côte, dans la même province, étoit aux Hollandais. COCHIN, dans le district de ce nom, ville considérable qui appartenoit aux Hollandais. GRANGANORE, dans le même district, appartenoit aux Hollandais. CALIKUT, dans la province de Nayres. MANGALOR, capitale du Canara. BARCELORE, ONORE, dans la même province. SERINGAPATAM, dans le Maïssour, étoit la capitale des états de Tippoo-Saëb. BOMBAY, BACIM, dans le district de Bombay. A 40 mille des possessions anglaises, est GOA, *archevêché, port* : elle appartient aux Portugais.

États du Soubab du Dékan.

Les principales villes du Dékan sont : BRAMPOUR, *capitale*, ville commerçante. GOLCONDE, *capitale* d'un ancien état de ce nom, si célèbre par ses diamans. Cette ville est une des plus grandes de l'Inde.

De la presqu'île au-delà du Gange, ou orientale.

On peut partager cette presqu'île en quatre parties principales : 1. La partie septentrionale, qui comprend du nord au sud les royaumes d'Asem, de Tipra, d'Aracan, d'Ava et de Pégu, ces trois derniers formant ce qu'on appelle l'empire des Birmans. 2. La partie du milieu, qui renferme le royaume de Laos. 3. La partie du midi, qui renferme le royaume de Siam et la presqu'île de Malaca, au roi de Siam. 4. La partie orientale, qui comprend les royaumes de Tonquin, de la Cochinchine et de Camboge.

Partie septentrionale.

Les principales villes de la partie septentrionale sont : CHAMDARA, *capitale* du royaume d'Asem, au nord. MARCABAN, *capit.* du royaume de Tipra. ARACAN, *capit.* du royaume de ce nom. AVA, anciennement capitale du royaume du même nom; ville tombée en ruines. UMMERAPOURA, sur la rivière d'Ava, *capit.* actuelle du royaume d'Ava. PÉGU ou PÉGOU, *capit.* du royaume de ce nom. La ville principale de la partie du milieu est, LENG, *cap.* du royaume de Laos, sur le Mecon. Les principales villes de la partie méridionale sont : SIAM, *capit.* du royaume de ce nom. MALACA aux Hollandais, *port*, dans la presqu'île du même nom. Les principales villes de la partie orientale sont : KECHO, *capit.* du royaume de Tonquin. FAIFO, *port*, dans la Cochinchine. CAMBOGE ou LEYECK, *capit.* du royaume de Camboge.

ENTRETIEN XI.

Art. V. DE LA CHINE.

La Chine est un vaste empire dont le gouvernement est despotique. Il est très-peuplé, fertile et bien cultivé; ses habitans sont ingénieux, et sa police admirable. La Chine est bornée au nord par la Tartarie, dont elle est séparée par une muraille qui a cinq cents lieues de long; à l'occident, par de hautes montagnes et des déserts; au midi, par les royaumes de Touquin, de Laos et de Cochinchine, et par l'Océan, qui la borne aussi à l'orient. Les principales rivières de la Chine sont le Hoang, ou rivière jaune, et le Kiang, ou rivière bleue. Le fleuve Kiang divise la Chine en deux parties, septentrionale et méridionale.

La première contient six provinces, de l'ouest à l'est; la seconde contient neuf provinces. Les six provinces de la partie septentrionale sont : 1. Le Chensi. 2. Le Chansi. 3. Le Petcheli. 4. Le Changtong. 5. Le Setchuen, à l'occident. 6. Le Honang, au milieu. Les neuf provinces de la partie méridionale sont : 1. Le Kiangnan, ou Nankin, à l'orient. 2. Le Houquang, au milieu. 3. Le Kiangsi. 4. Le Chekian. 5. Le Fokien, au sud-est. 6. Le Quangtong. 7. Le Quangsi, au sud. 8. Le Queicheou. 9. Le Younan, au sud-ouest. Au nord-est, se trouve le royaume de Corée, qui est tributaire de la Chine.

§. I.er *Des provinces septentrionales.*

Les principales villes de la partie septentrionale sont : SIN-GAN, *capit.* du Chensi. TAYVEN, *capit.* du Chansi. PEKIN, *capit.* de tout l'empire de la Chine et du Petcheli, résidence de l'empereur de la Chine, qui est Tartare d'origine. TSINAN, au sud-est de Pekin, *capit.* du Changtong. TCHINGTON sur le Kiang, *capit.* du Setchuen. CAIFONG, sur le fleuve Honan, *capit.* du Honan.

§. II. *Des provinces méridionales.*

Les principales villes de la partie méridionales sont : NANKIN, *capit.* du Kiangnan, presque à l'embouchure du Kiang, seconde ville de la Chine, *port.* VOUTCHAN, sur le Kiang, *cap.* du Houquang. NANTCHANG, *capit.* du Kiangsi. HANTCHEOU, *capit.* du Chekian. FOUTCHEOU, *capit.* de Fokien. TAIOUAN, *capit.* de l'île de Formose, île vis-à-vis le Fokien. QUANGTCHEOU, *port*, *capit.* du Quangtong, dont dépendent les îles de Hainan, dont la *capit.* est Kuntcheow, et Macao, qui a pour *capit.* Macao, aux Portugais. QUEILING, *capit.* du Quangsi. QUEYAN, *capit.* du Queicheou. YUNNAN, *capit.* de l'Yunnan ou Younan. SIOR, *capit.* du royaume de Corée.

Art. VI. DE LA GRANDE TARTARIE.

La Tartarie est une vaste région de l'Asie, qui s'étend au nord depuis la Turquie d'Asie, la Perse, l'Inde, et la Chine, jusqu'à la mer Glaciale. Elle se divise en trois parties, dont les deux premières sont au midi, savoir : 1. La Tartarie chinoise. 2. La Tartarie indépendante. 3. La Tartarie russe, où la Russie asiatique occupe tout le nord.

§. Ier *De la Tartarie chinoise.*

Elle est située à l'orient de la Tartarie indépendante, et séparée de la Chine par la grande muraille. On la partage en partie orientale et partie occidentale ; à l'occident sont les pays tributaires de la Chine. La partie orientale est appelée le pays des Mantchéoux ou Nyuches, et comprend le Leaoton ; la partie occidentale se nomme pays des Mongols ou Mugales, dont il y a de deux sortes, les Mugales noirs, qui sont tributaires de la Chine, et les Magales jaunes, qui sont sous sa protection. Les seconds n'ont pas de villes remarquables.

Les principales villes de la Tartarie chinoise sont : Mugden, *capit.* des Tartares Manchéoux. Kirin, *capit.* d'un gouvernement de ce nom, sur le Songari ou Singal. Titcicar, *cap.* d'un gouvernement du même nom : ville nouvellement bâtie.

Pays des tributaires de la Chine.

Ces pays qui faisoient autrefois partie de la Tartarie indépendante, sont ; 1.º les Eleuths ou Calmoucks, 2.º le Thibet. Les états des Eleuts, sont situés à l'extrémité occidentale de l'Empire chinois. Les principales villes sont : Cialis, *capit.*, au sud-est. Turfan, *capit.* du pays du même nom. Yarken, Cachar, Cotan, principales villes de la petite Bucharie. Le Thibet est un pays considérable, situé au midi des Eleuts. La principale ville est Lassa, *capitale.*

§. II. *Tartarie indépendante.*

Cette partie de la Tartarie, est bornée au nord par la Tartarie russe, au midi par la Perse et les Indes, à l'occident par la mer Caspienne, à l'orient par la Tartarie russe et l'empire chinois. Les principales villes de la Tartarie indépendante sont : Samarcande, entre le Gihon et le Sirk, *cap.*; Balck, au sud, près du Gihon; Bochara, sur le Gihon, à l'ouest de Samarcande, dans la grande Bucharie. Corcang, *capit.* du royaume de ce nom.

§. III. *De la Tartarie russe, ou Russie asiatique.*

La Tartarie russe est située au nord de l'empire chinois ; elle comprend la Géorgie, la Circassie et la Sibérie : cette dernière se divise en deux gouvernemens ; ceux de Tobolsk et d'Irkutsk. Ses principales villes sont : Teflis, *capit.* de la Géorgie, province située entre le Caucase, la mer Noire et la mer Caspienne. Akalziké, *forteresse*, dans la même province. Terki, près de la mer Caspienne. Cabarta, Besini, Taman, sur le détroit de Caffa, dans la Circassie. Tobolsk, *archevêché*, *capit.* du gouvernement de son nom et de la Sibérie. Cette ville est au confluent du Tobol et de l'Irtis. Iéniséik, sur le Iéniséa, assez grande ville. Irkustsk, sur l'Angara, *capit.* du gouvernement de ce nom. Iacustk, sur la Lena, au nord-ouest. Nersinsk ou Nipchou, sur l'Amur, à l'est. Kamtschatka, *port*, au milieu environ d'une presqu'île de ce nom.

Art. VII. DES ILES DE L'ASIE.

Les îles de l'Asie peuvent se partager en sept corps d'îles, auxquelles on peut joindre l'île de Ceylan. De ces sept corps d'îles, six sont du nord au sud, savoir : 1. Les îles voisines du Kamtschatka. 2. Les îles du Japon. 3. Les îles Mariannes. 4. Les Philippines ou Manilles. 5. Les Moluques. 6. Les îles de la Sonde. Le septième corps d'îles est au sud-ouest de la presqu'île occidentale de l'Inde ; ce sont : les Maldives, Ceylan, au sud-est.

Les principales îles voisines du Kamtschatka sont : l'île de Jezo ; la partie méridionale, qui est peuplée, s'appelle Jezo-Gazima, et dépend du prince de Matssumay. L'île des Etats, à l'est de la précédente. Les îles du Japon forment un empire puissant : les principales îles sont : Niphon. Ximo-Fisen et Bongo. Sikof ou Tonsa. Iedo, *capit.* de l'île de Niphon, et de tout le Japon, *port*, résidence du Kubo, c'est-à-dire, de l'Empereur temporel, idolâtre. Méaco, résidence du Dairo ou Empereur spirituel, aussi idolâtre. Nangasacki, *port*, *capit.* de Ximo-Fisen. Funay, *capitale* de la province de Bongo. Tonsa, au sud, *capit.* de Sikof ou Tonsa.

La principale des îles Mariannes est l'île de Guahan ; elle appartient, ainsi que les autres, aux Espagnols. Les principales îles Philippines ou Manilles sont : Manille ou Luçon, dont la capitale est Manille. Mindanao, dont la capitale est Mindanao, qu'on nomme aussi Tabouc. Les principales îles des Moluques sont : L'île de Célèbes ou Macassar. Amboine et Benda sont à l'est de Macassar ; Amboine est célèbre pour le clou de gérofle, et Benda pour la muscade.

Les principales îles de la Sonde sont : Bornéo. Sumatra. Java. Bornéo, *capit.* du royaume de ce nom. Benjarmassen, au sud, sur la côte des Mahométans, *capit.* du royaume de même nom. Achem, *capit.* du royaume de son nom, à l'extrémité septentrionale de l'île de Sumatra. Batavia, *port*, *capit.* de l'île de Java. Materan, *capit.* du royaume de même nom. Les Maldives forment une espèce de ligne en-deçà et au-delà de l'équateur, et sont au sud-ouest de la presqu'île occidentale de l'Inde. La principale est l'île de Male, laquelle n'a cependant qu'une lieue de tour. L'île de Ceylan est au sud-est de la presqu'île en-deçà du Gange, et sa principale ville est Candy, *capit.* du royaume de ce nom, au milieu de l'île.

ENTRETIEN XII.

DE L'AFRIQUE.

L'Afrique est une des quatre parties du monde. Elle forme une grande presqu'île, qui n'est jointe au continent d'Asie que par une langue de terre, appelée isthme de Suez : elle est séparée de l'Europe par le détroit de Gibraltar et la mer Méditerranée. Elle a trois fameux caps, qui sont : 1. Le Cap-Vert, à l'ouest. 2. Le cap de Bonne-Espérance, au sud. 3. Le cap Guardafui, à l'est. Les principales montagnes de l'Afrique sont : le mont Atlas, au nord, qui traverse toute la Barbarie, de l'ouest à l'est. Le mont Amedée, qui sépare la Nigritie du Sahara, ou désert de Barbarie.

L'Afrique peut se diviser en trois parties générales. 1. La partie du nord, qui contient l'Egypte, à l'Orient ; la Barbarie, à l'occident ; le Sahara, ou grand Désert, au midi de la Barbarie. 2. La partie du milieu, qui renferme de l'ouest à l'est la Guinée ; la Nigritie ; la Nubie ; l'Abyssinie. 3. La partie du midi, qui comprend le Congo, à l'occident ; la Cafrerie pure, qui s'étend jusqu'au cap de Bonne-Espérance ; la Cafrerie mélangée, qui renferme les côtes de Zanguebar et d'Ajan. A ces dix parties, contenues dans les trois parties générales, il faut ajouter les îles.

Les principaux fleuves de l'Afrique sont : le Nil, qui se jette dans la Méditerranée, après avoir traversé l'Egypte ; il fertilise par des débordemens annuels et périodiques les pays qu'il parcourt. Le Sénégal, qui se jette dans l'Océan à l'ouest. Le Niger, qui traverse la Nigritie, de l'ouest à l'est, et se décharge dans un lac aux environs de Bornou. Le Zaïre, qui arrose le Congo, au nord, et se jette dans l'Océan, à l'ouest.

Le Zambèse ou Cuama, qui se décharge à l'orient dans le golfe de Solafa.

Art. I.er DE L'ÉGYPTE.

L'Égypte est un pays très-fertile, quoique sablonneux ; il est situé au nord-est de l'Afrique, et appartient au Grand-Seigneur, empereur de Turquie. On la divise en trois parties : 1. La haute, au sud. 2. Celle du milieu. 3. Et la basse au nord. Les principales villes de l'Egypte sont : Girgé, *capit.* de la Haute-Egypte. Souène, voisine du Tropique du Cancer. Ibrim, dernière place des Turcs, qui en possèdent plusieurs sur la côte d'Abeck, qui est plus au sud. Le Caire, sur le Nil, capitale de l'Egypte du milieu et de toute l'Egypte, résidence du pacha ou gouverneur pour le Grand-Seigneur. Suez, qui donne le nom au fameux isthme qui joint l'Afrique à l'Asie.

Autant les heureux habitans de l'Asie et de l'Europe ont à bénir le ciel de les avoir fait naître sous les douces influences de leur climat tempéré, autant l'Africain, qu'un soleil ardent dévore, a-t-il à gémir d'être destiné à partager le sort des animaux féroces qui habitent les sables brûlans dont presque toute l'AFRIQUE est couverte. Là, la nature pauvre de sa trop grande richesse, donne à cette terre le don de produire de l'or, des pierreries, et lui refuse, excepté sur les bords du Nil et du Niger, le blé, les fruits, les pâturages, et condamne les malheureux habitans de l'Afrique à n'attendre leur subsistance que de la chasse, où ils courent presque toujours le danger de tomber vivans sous la griffe cruelle du lion, du tigre et des autres bêtes carnacières qui peuplent ces déserts.

On ne connoît que très-imparfaitement l'intérieur de cette grande presqu'île ; on ne sait pas encore si ces sables enflammés sont des barrières entre nous et des pays plus tempérés; ou si ces sables, couvrant tout l'intérieur de cette partie du monde, sont en quelque sorte comme une fournaise où les vents du midi prennent la chaleur, qui les apportent dans nos climats après s'être rafraîchis en passant la Méditerranée. Les difficultés qui se présentent en outre pour reconnoître ce pays, sont la hauteur des chaînes de montagnes, les guerres presque continuelles que se font les petites tribus africaines, plus courageuses, plus féroces que celles d'Amérique, et moins aisées à intimider par les armes européennes. Mais ce qui s'est encore opposé plus particulièrement au progrès des découvertes dans l'intérieur, c'est une antipathie naturelle aux Mahométans d'Afrique pour tout ce qui est Européen, héritiers en cela du ressentiment de leurs ancêtres, autrefois chassés de l'Espagne.

ENTRETIEN XII.

ALEXANDRIE, *port* sur la Méditerranée, *capit.* de la Basse-Egypte. ROSETTE, DAMIETTE, aux deux embouchure du Nil.

ART. II. DE LA BARBARIE.

On peut partager la Barbarie en deux parties : la Barbarie propre, au nord. Le Biledulgerid, au sud du mont Atlas.

§. I.er *De la Barbarie propre.*

Elle comprend, de l'est à l'ouest, cinq pays : 1. Le pays de Derne ou de Barca. 2. Le royaume de Tripoli. 3. Le royaume de Tunis. 4. Le royaume d'Alger. Ces trois royaumes sont sous la protection des Turcs. 5. Le royaume de Maroc, de qui dépend celui de Fez. Les principales villes de la Barbarie propre sont : DERNE, *capitale* du pays de ce nom. TRIPOLI, *capit.* du royaume de Tripoli, *port* sur la Méditerranée. TUNIS, *port*, *capit.* du royaume de Tunis. ALGER, *capit.* du royaume de ce nom. ORAN, LA MARA ou MARSALQUIDIR, *port*. FEZ, *capit.* du royaume de ce nom, qui appartient au roi de Maroc. LARACHE, SALÉ, *ports*, sur l'Océan. MAROC, *capit.* du royaume de Maroc.

§. II. *Du Biledulgerid.*

Le Biledulgerid comprend, de l'ouest à l'est, plusieurs pays, dont voici les villes principales : SUS ou TARUDAN, *capit.* du royaume de Sus, au roi de Maroc, qui prend le titre d'empereur d'Afrique. TAFILET, *capit.* du royaume de Tafilet, sur la rivière du même nom, aussi au roi de Maroc. SUGULMESSE, sur le Ziz, *capit.* du royaume de ce nom, qui appartient aux Arabes. Le Tegorarain et le Zab, qui suivent d'occident en orient, n'ont pas de villes remarquables. TOSERA, *capit.* du Biledulgerid propre, ou Geride. TOCORTE, *cap.* du royaume de ce nom, qui dépend de Tunis. GADÈME, *capit.* du royaume de Gadème. Le royaume du FAISAN ou FEZZEN, et le pays pétrifié, n'ont pas de villes. OUGUELA, *capit.* du pays d'Ouguela. SIOUAH, république qui relève de Tripoli.

ART. III. DU SAHARA ou DÉSERT DE BARBARIE.

Le Sahara est divisé en plusieurs déserts, dont la plupart portent le nom de ceux qui y habitent. Ces déserts sont, de l'ouest à l'est, ceux de Zagaha. Zuenziga. Targa. Lempta. Berdoa. Ces déserts n'ont pas de villes; ainsi il est inutile de s'y arrêter davantage.

ART. IV. DE LA GUINÉE.

La Guinée est une vaste contrée qui s'étend le long des côtes occidentales de la partie du milieu de l'Afrique : elle est habitée par des Nègres. La Guinée peut se partager en septentrionale et méridionale. La Guinée septentrionale, qui est entre les rivières de Sénégal et de Gambie, n'a pas de villes considérables : on y remarque seulement les royaumes d'Oua'e ou de Brac, des Foules ou de Galam. Dans le premier, les Français possèdent l'île Saint-Louis, et auprès du Cap-Vert et au sud-ouest, l'île de Gorée. La Guinée méridionale se divise en Malaguette, Guinée propre, et royaume de Benin. La Malaguette a plusieurs petits royaumes ; dans celui de Sanguin on remarque PETIT-DIEPPE, *port*. A l'extrémité septentrionale, est le pays de Serre-Lionne, ainsi nommé des montagnes voisines, où il y a beaucoup de lions. La Guinée propre se divise en Côte-des-Dents, parce qu'on y trouve beaucoup d'ivoire qui vient des dents d'éléphants ; et Côte-d'Or, parce qu'on y ramasse de la poudre d'or. La Côte-des-Dents n'a pas de villes remarquables : celles de la Côte-d'Or sont : LA MINE, au sud, *place forte* et *port*. CABO-CORSO, *port*, aux Anglais. CHRISTIANSBOURG, *port*, aux Danois. Les principales villes du royaume de Benin sont : BENIN, *capit.*, sur la rivière de Benin ; OWÈRE, *capit.* du royaume du même nom ; qui dépend de Benin. JUDA, ARDRES, *cap.* des deux petits royaumes du même nom, à l'ouest de Benin.

ART. V. DE LA NIGRITIE.

La Nigritie, ou pays des Nègres, est à l'orient et au nord de la Guinée. Ce pays se partage en plusieurs royaumes, dont les plus connus sont de l'ouest à l'est, ceux de Mandingues, Tombut, Agadés, Bournou. Les principales villes de la Nigritie sont : BAMBOUC ou SONGO, principales habitations des Mandingues, peuple doux et laborieux. TOMBUT ou TANBOUCTOU, *capit.* du royaume de ce nom. AGADÉS, *capit.* du royaume de ce nom. BOURNOU, *capit.* du royaume de ce nom, appelé Karné par M. Danville.

ART. VI. DE LA NUBIE.

La Nubie est un grand royaume, situé à l'est de la Nigritie. Le Nil le traverse du sud au nord : il abonde en or, en musc, ivoire et en cannes à sucre. Les principales villes de la Nubie sont : SENNAAR, sur le Nil, *cap.* de tout le royaume. DONGOLA, sur le Nil, *cap.* du royaume de son nom, tributaire du roi de Nubie.

ART. VII. DE L'ABYSSINIE.

L'Abyssinie est un pays situé au sud-est de la Nubie ; il se partage en plusieurs royaumes ou provinces ; il n'a pas de villes : l'empereur que l'on nomme le *Grand-Negus*, habite dans un camp qui peut passer pour sa capitale. La côte d'Abeck, qui est le long de la mer Rouge, est partagée entre le Turc, qui a le nord, et le roi de Dancali, qui a la partie du midi. SUAQUEM, *port*, sur la mer Rouge, au nord, est au Turc.

ART. VIII. DU CONGO.

Le Congo se divise en plusieurs royaumes, dont les principaux sont, du nord au sud : Loango, Congo, Angola, Benguela. Les principales villes du Congo sont : LOANGO, *capit.* du royaume de ce nom. SAN-SALVADOR, *évêché*, *capit.* du royaume de Congo et de la province de Bamba ; les autres provinces de ce royaume sont Sogno, Sandy, Pango, Batta et Pemba, dont les capitales portent les mêmes noms. Les Portugais font presque tout le commerce dans ce royaume. SAINT-PAUL-DE-LOANDA, *évêché*, *cap.* du royaume d'Angola. MAPUNGO, résidence du roi d'Oarii, ou de Dongo, royaume situé dans la partie orientale. BENGUELA ou SAINT-PHILIPPE, *cap.* du royaume de Benguela.

ART. IX. DE LA CAFRERIE PURE.

La Cafrerie pure est un vaste pays inculte, et habité par des peuplades fort grossières. On peut la partager en trois parties : La septentrionale, qui contient tous les pays qui sont au milieu de l'Afrique. La méridionale, où est le cap de Bonne-Espérance. L'orientale, qui contient les états de Monomotapa. La partie septentrionale contient plusieurs royaumes, dont on ne connoît guère que les noms ; ce sont ceux de Mujac, Biafara, à l'orient du royaume de Benin. Gingiro ou Gingirbomba, près de l'Abyssinie. Macoco ou Anzico, au nord-est de Congo. Monoémugi ou Niméamaie, et plusieurs autres. La partie méridionale est habitée par divers peuples auxquels on a donné le nom général de *Hottentots*. Dans cette partie de la Cafrerie pure, on trouve LE CAP DE BONNE-ESPÉRANCE, *port* fameux, où abordent presque tous les vaisseaux qui vont aux Indes orientales.

Les états du Monomotapa, qui forment la partie orientale, se divisent en cinq royaumes, du nord au sud. 1. Le royaume de Monomotapa propre. 2. Le royaume de Manica. 3. Le royaume Sofala, ou de Quitevé. 4. Le royaume de Sabia. 5. Le royaume d'Imhambane. Les villes principales du Monomotapa sont : ZAMBACE, résidence du roi du Monomotapa. MANICA, *cap.* du royaume de ce nom. SOFALA, près l'embouchure de la rivière de ce nom, aux Portugais. MANBONÉ, *cap.* du royaume de Sabia, au sud de celui de Sofala, près la mer. TONGE, *cap.* du royaume d'Imhambane, vers l'embouchure de la rivière de Manica, ou du Saint-Esprit. INHAQUA, *fort*, aux Portugais, au midi.

ART. X. DE LA CAFRERIE MÉLANGÉE.

La Cafrerie mélangée est un pays qui occupe toute la côte orientale de l'Afrique, et qui est appelé ainsi parce qu'il est habité par des Cafres, c'est-à-dire, infidèles, mêlés d'Arabes, à la différence de la Cafrerie pure, où il n'y a que des Cafres. On la divise en deux parties : 1. Le Zanguebar, qui s'étend depuis le golfe de Sofala jusqu'à l'équateur. 2. La côte d'Ajan, qui commence à l'équateur, et finit au cap de Guadarfui.

§. I.er *Du Zanguebar.*

Le Zanguebar comprend, du sud au nord, les royaumes de Mozambique, Moruca, Mongale, Quiloa, Monbaze, Melinde. Les principales villes sont : Mozambique, *cap.* de l'île de ce nom, *port*, aux Portugais. Le roi de Mozambique, qui habite dans les terres, est soumis aux Portugais, et est mahométan. Le royaume de Moruca n'a pas de villes : la résidence du roi est vis-à-vis l'île de Mozambique. Mongale, sur la Mona, *cap.* du royaume de ce nom. Quiloa, dans l'île de ce nom, a été abandonné par les Portugais au roi de Quiloa, qui habite sur la côte, dans une autre ville nommée le Vieux Quiloa, pour le distinguer de l'autre. Monbaze, *capit.* du royaume de ce nom, dans l'île de Monbaze. Melinde, *port*, *cap.* du royaume de Melinde. Lamo, Apazé, Paté, îles au nord de Melinde, qui ont des princes tributaires des Portugais.

§. II. *De la côte d'Ajan.*

Les principaux états de la côte d'Ajan, du sud au nord, sont : La république de Brava. Le royaume de Magadoxo. Le royaume d'Adel. Les principales villes sont : Brava, *cap.* de la république de son nom, tributaire des Portugais. Magadoxo, *cap.* du royaume du même nom, *port*, à l'embouchure du Magadoxo. Ançagurelle, *cap.* du royaume d'Adel. Barbora, Peila, *ports*, sur la mer Rouge.

Art. XI. DES ILES DE L'AFRIQUE.

Les unes sont dans la mer des Indes, à l'orient de l'Afrique, et les autres dans l'Océan, à l'occident.

§. I.er *Des îles à l'orient de l'Afrique.*

Les principales îles à l'orient de l'Afrique sont Madagascar, l'île Bourbon, l'île de France, les îles de Comore, Socotora. Madagascar est la plus grande île du monde; elle n'a pas de villes considérables; mais on y voit deux ports principaux. Saint-Vincent, à l'ouest. Le-Port-aux-Prunes, à l'est, et trois caps. Saint-Sébastien, au nord; Saint-Romain, au sud; Saint-André, à l'ouest. L'île Bourbon, l'île de France, qui sont à l'est de Madagascar. Les îles de Comore, qui sont au nord-ouest de Madagascar, ont de petits princes, tributaires des Portugais. Tamarin, *capit.* de l'île de Socotora, qui appartient au roi de Faitac, dans l'Arabie heureuse.

§. II. *Des îles à l'occident de l'Afrique.*

Les plus remarquables de ces îles sont, du nord au sud. Madère, les îles de Canaries, les îles du Cap-Vert, Saint-Thomas, et les îles près de la ligne. Les villes principales sont : FONCHAL, *évêché*, aux Portugais, *ca.* de l'île de Madère. CANARIE, *évêché*, *ca.* de toutes les Canaries, et en particulier de l'île de son nom, fertile en bons vins ; aux Espagnols, ainsi que la suivante. LAGUNA, *ca.* de l'île de Ténériffe, résidence du gouverneur. RIBEIRA, *évêché*, *ca.* de l'île de San-Iago, principale des îles du Cap-Vert, aux Portugais. PROVOACAN, *évêché*, *ca.* de l'île Saint-Thomas, aux Portugais. Les autres îles n'ont pas de villes considérables.

ENTRETIEN XIII.

DE L'AMÉRIQUE.

L'AMÉRIQUE est la quatrième partie du monde. C'est un vaste continent, baigné à l'orient par la mer du Nord, et à l'occident par la mer du Sud. Ce continent, qui a été découvert dans le quinzième siècle par Christophe Colomb, a reçu son nom d'*Améric-Vespuce*, Florentin, à qui on en attribua faussement la découverte ; on l'appelle aussi *Nouveau Monde* et *Indes occidentales*. La nature elle-même semble avoir partagé l'Amérique en deux grandes portions, savoir : 1. L'Amérique septentrionale. 2. L'Amérique méridionale. Ces deux portions sont jointes par l'isthme de Panama. L'Amérique est fertile en tout ce qui est nécessaire à la vie, surtout l'Amérique méridionale : elle produit quantité de plantes, de fruits et d'animaux inconnus en Europe.

Les principaux golfes de l'Amérique, sont ceux de Saint-Laurent et du Mexique : tous les deux sont dans l'Amérique septentrionale, le premier au nord et le second au sud. Les caps les plus célèbres sont au nombre de trois : deux dans l'Amérique septentrionale. 1. Le cap Breton, à l'entrée du golfe Saint-Laurent. 2. Le cap de la Floride, dans le golfe du Mexique, et un dans l'Amérique méridionale, le cap de Saint-Augustin, sur les côtes du Brésil. On compte quatre principaux fleuves considérables, deux dans l'Amérique septrionale. 1. Le fleuve Saint-Laurent, qui se décharge dans le golfe du même nom. 2. Le Mississipi, qui se décharge dans le golfe du Mexique. Et deux dans l'Amérique méridionale. 3. Le fleuve des AMAZONES, qui la traverse d'occident en orient, et se jette dans la mer entre la Guyane et le Brésil ; c'est le plus grand fleuve du monde. 4. Le fleuve de la Plata, qui a son embouchure dans la mer, à Buenos-Aires, au sud-est. Il y a dans l'Amérique septentrionale, cinq grands lacs, qui se rendent les uns dans les autres ; et ensuite dans le fleuve Saint-Laurent, ce sont : 1. Le lac Supérieur. 2. Le lac Michigan. 3. Le lac Huron. 4. Le lac Erié. 5. Le lac Ontario.

Les chaînes de montagnes les plus considérables de l'Amérique sont, dans l'Amérique méridionale, savoir : Les Cordillières ou les Andes, dans le Pérou et le Chili, à l'ouest. Les Cordillières du Brésil, à l'est.

Art. I.er DE L'AMÉRIQUE SEPTENTRIONALE.

L'Amérique septentrionale peut se diviser en six parties. 1. Le Canada et la Louisiane. 2. Les Etats-Unis de l'Amérique, au sud-est et au nord du Canada. 3. La presqu'île de la Floride. 4. Le Mexique, ou Nouvelle-Espagne. 5. Le Nouveau Mexique, au nord de la Nouvelle-Espagne, qui appartient aussi aux Espagnols. 6. Les nouvelles découvertes, à l'ouest du Canada. A ces six parties, il faut ajouter les îles.

§. I.er *Du Canada et de la Louisiane.*

On appelle ainsi deux vastes contrées de l'Amérique, qu'on comprenoit autrefois, sous le nom de *Nouvelle France*, parce qu'elles ont été possédées par les Français. Le Canada a depuis été cédé aux Anglais, et la Louisiane, partie aux Espagnols, partie aux Etats-Unis. Les principales villes du Canada sont : QUEBEC, *ca.*, sur la rivière de Saint-Laurent, résidence du gouverneur. MONTRÉAL, sur la même rivière. La principale ville de la Louisiane est LA NOUVELLE ORLÉANS, *cap.*, vers l'embouchure du Mississipi.

§. II. *Etats-Unis d'Amérique.*

Les Etats-Unis d'Amérique consistent en dix-huit provinces, du nord au sud, dont voici les noms :

PROV.	VILLES PRINCIP.
NEW-HAMPHIRE,	Pormouth.
MASSACHUSSET,	Boston.
RHODE-ISLAND,	Providence.
CONNECTICUT,	Hartfort.
NEW-YORCK,	New-Yorck.
NEW-JERSEY,	Elizabeth-Town.
PENSYLVANIE,	Philadelphie.
DELAWARE,	New-Castle.
MARILAND,	Annapolis.
VIRGINIE,	Richmond.
CAROLINE septentrionale,	New-Berne.
CAROLINE méridionale,	Columbia.
GÉORGIE (la Nouvelle),	Louisville.
VERMONT,	Bennington.
KENTUKEN,	Francfort.
MAIN,	Portland.
TENNESSÉE,	Knoxville.
TERRITOIRE du nord-ouest.	

§. III. *De la Floride.*

La Floride est une presqu'île où les Espagnols possèdent deux forteresses. SAINT-AUGUSTIN, à l'est. PENSACOLA, à l'ouest, sur le golfe du Mexique. Le reste de la presqu'île est habité par des sauvages.

L'AMÉRIQUE étant située sous trois zones différentes, la Torride et les deux Tempérées, la nature du climat y est aussi fort différente. Au milieu, l'air y est très-chaud : aux extrémités septentrionale et méridionale, il est très-froid ; dans le reste du pays il est tempéré, et à peu près semblable à celui de l'Europe, au moins dans la partie septentrionale.

Le terroir n'y est pas non plus le même. En général il est fort fertile, et produit abondamment tout ce qui est nécessaire à la vie. On y recueille quantité d'excellens fruits inconnus en Europe. On y trouve aussi beaucoup d'espèces d'animaux terrestres et volatils différens des nôtres. Mais ce qui a surtout attiré les Européens dans cette région, ce sont ses mines si riches d'or et d'argent.

Les Américains, en général, sont peu basanés, agiles et robustes, assez ingénieux, comme il paroît, en ce qu'on a trouvé parmi eux des républiques et des royaumes bien policés, et plusieurs inventions utiles; mais ils sont la plupart fourbes et vindicatifs. Ils sont idolâtres, excepté ceux qui suivent la religion des nations auxquelles ils ont été obligés de se soumettre. Ceux qui ont quelque commerce avec les Européens se sont un peu humanisés; les autres sont sauvages et cruels, plusieurs mêmes sont anthropophages. Leurs armes ordinaires sont l'arc, la flèche et une espèce de massue. Il s'en trouve parmi eux qui ont appris des Européens à se servir d'armes à feu.

C'est dans l'Amérique septentrionale que se trouvent les États-Unis, démembrement des anciennes possessions anglaises qui prononcèrent leur indépendance en 1776 ; plusieurs puissances européennes les reconnurent en 1778, enfin l'Angleterre elle-même les reconnut souverains, libres et indépendans en 1783. Les habitans des États-Unis sont un mélange d'Anglais et d'autres Européens qui se sont joint à eux, et d'Américains civilisés. Le christianisme domine dans l'Amérique septentrionale ; les possessions espagnoles et les Français du Canada sont catholiques. Le protestantisme sous diverses formes est la religion des États-Unis.

ENTRETIEN XIII.

§. IV. *Du Mexique ou de la Nouvelle-Espagne.*

On partage le Mexique en trois audiences royales, chacune divisée en plusieurs provinces : les trois audiences sont celles de Mexico, Guadalajara et Guatimala, noms de leurs capitales. Les principales villes de l'audience du Mexico sont : MEXICO, *archevêché*, *cap.* de toute la Nouvelle-Espagne, et de la province et de l'audience de Mexico. MECHOACAN, *cap.* de la province du même nom. MÉRIDA, *évêché*, *cap.* de l'Yucatan, presqu'île qui s'avance dans le golfe du Mexique. TABASCO, sur le golfe du Mexique, *cap.* de la province de Tabasco. PANUCO DE GUASTECA, ou PANUCO, au nord-est de Mexico, *cap.* de la province de Guasteca. TLASCALA, à l'est de Mexico, *cap.* de la Province de Tlascala. LA VERA-CRUX, *port.* GUAXACA, au sud-est de Tlascala, *cap.* de la province de Guaxaca.

Les principales villes de l'audience de Guadalajara sont : GUADALAJARA, *évêché*, *cap.* de la deuxième audience et de la province du même nom. CINALOA, près de la mer Vermeille, *cap.* de la province de Cinaloa. CULIACAN, *cap.* de la province de ce nom. COMPOSTELLE, *cap.* de la province de Xalisco. SAINTE-BARBE, *cap.* de la Nouvelle-Biscaye. MONTEREY, *cap.* de la Californie, grande presqu'île le long de la mer Vermeille ; elle dépend de l'audience de Guadalajara.

Les principales villes de l'audience de Guatimala sont : GUATIMALA, *évêché*, *cap.* de la troisième audience et de la province de son nom. CHIAPA, au nord-ouest de Guatimala, *cap.* de la province de Chiapa. VALLADOLID, *évêché*, *cap.* de la province de Honduras, sur le golfe du même nom. SAINT-LÉON-DE-NICARAGUA, *évêché*, *cap.* de la province de Nicaragua. CARTHAGO, *évêché*, *cap.* de la province de Costarica.

§. V. *Du Nouveau Mexique.*

C'est un pays situé au nord de la Nouvelle-Espagne, et qui est peuplé d'idolâtres ou de sauvages sans religion, mais assez dociles. La ville principale est, SANTA-FÉ, au nord, *capit.*, près la rivière de Norte, qui se jette dans le golfe du Mexique, au sud-est. On nomme les parties du Nouveau Mexique qui sont à l'ouest sur la mer Vermeille, La Nouvelle-Navarre et le Sonora ; elles n'ont point de places importantes.

§. VI. *Des nouvelles découvertes à l'ouest du Canada.*

Ces nouvelles découvertes se réduisent à ceci : 1. La mer de l'ouest, que l'on croit être un grand golfe, et dont l'entrée dans la mer du sud, est celle qui fut découverte par Martin d'Aguillard, Espagnol, et qui est marquée dans les cartes d'Amérique, au-dessus du cap Mendocin. 2. Les découvertes des Russes en Amérique, le long du détroit de Berling, dont nous avons déjà parlé plusieurs fois. 3. Celle de l'amiral de Fonte, Espagnol, que l'on peut voir, ainsi que les précédentes, dans la Mappemonde de Buache. 4. Le Groënland, vaste pays encore inconnu, et situé entre l'Europe et l'Amérique, l'air y est si froid que la mer y gèle. Comme tous ces pays n'ont pas de ville, nous ne nous y arrêterons pas davantage.

§. VII. *Des îles de l'Amérique septentrionale.*

Les principales îles de l'Amérique septentrionale sont : Les îles du golfes Saint-Laurent, les Açores, les Lucayes, les Antilles. Les principales îles du golfe Saint-Laurent sont : l'île de Terre-Neuve, *cap.* PLAISANCE; l'île Royale, ou du cap Butin, *cap.* LOUISBOURG. La principale des Açores est Tercères dont la *cap.* est ANGRA. Les principales Lucayes sont Bahama. La Providence. Guanahani ou Saint-Sauveur; elles n'ont pas de villes. On partage les Antilles en grandes et en petites. Les grandes sont : Cuba, aux Espagnols; La Havane, *cap.* SAN-IAGO, *évêché*. La Jamaïque, aux Anglais; SPANIS-TOWN, *cap.* Saint-Domingue; SAINT-DOMINGUE, *cap.* Porto-Rico : SAINT-JEAN-DE-PORTO-RICO, *cap.* Les plus remarquables des petites Antilles sont : La Martinique; le FORT-ROYAL, *cap.* La Guadeloupe, qui n'a pas de villes; Saint-Christophe, La Barbade, aux Anglais. Curaçao ou Curacou, près la Terre-Ferme, aux Hollandais. La Marguerite, la Trinité, aux Espagnols.

ART. II. DE L'AMÉRIQUE MÉRIDIONALE.

L'Amérique méridionale se divise en huit parties principales : 1. La Terre-Ferme ou Castille d'Or, au nord. 2. Le Pérou, 3. Le Chili, à l'ouest. 4. Le pays des Amazones, dans le milieu. 5. Le Brésil, 6. La Guyane, à l'orient. 7. Le Paraguay, ou la province de Rio-de-la-Plata, 8. La Terre Magellanique, au sud.

§. I.er *De la Terre-Ferme.*

La Terre-Ferme occupe la partie nord de l'Amérique méridionale. La Terre-Ferme se divise en neuf provinces ou petits gouvernemens; sept au nord, d'occident en orient, et deux au midi. Les principales villes des provinces du nord de la Terre-Ferme sont : SAN-IAGO-AL-ANGEL, principale de la province de Veragua. PANAMA, *évêché, port, cap.* de la province de ce nom, audience royale. PORTO-BELO, sur le golfe du Mexique, fameux *port* vis-à-vis Panama, dans la même province. CARTHAGÈNE, *évêché, port, cap.* de la province du même nom. SAINTE-MARTHE, *évêché, port, capit.* de la province de Sainte-Marthe. RIO-DE-LA-HACHA, *capit.* de la province de ce nom. VENEZUELA ou CORO, *évêché, cap.* de la province de Venezuela. COMANE, *cap.* de la nouvelle Andalousie. Les principales villes des provinces du midi sont : SANTA-FÉ-DE-BOGOTA, *archevêché, cap.* du nouveau royaume

Ce ne fut que vers la fin du XVe siècle, que *Christophe Colomb*, Génois, cherchant une voie abrégée pour parvenir aux Indes, et encouragé par quelques expériences récentes, crut l'avoir trouvée en faisant route à l'aide de la boussole au travers de l'Océan occidental. Il proposa envain son projet aux Génois ses compatriotes, à Henri VII, roi d'Angleterre, et à Jean II, roi de Portugal : il ne fut écouté que du roi d'Aragon, Ferdinand le Catholique, qui lui donna trois petits vaisseaux pour cette entreprise. *Colomb* découvrit l'AMÉRIQUE qui est la plus grande des quatre parties du monde. On prétend qu'elle n'a pas été connue des anciens. *Americ Vespuce*, qui lui donna son nom, étoit un aventurier : s'étant mis en qualité de marchand, ou de simple passager, sur une flotte qui partit en 1499, et n'ayant guère vu que le pays où Colomb avoit été avant lui, il publia des relations dans lesquelles il prétendoit avoir découvert la terre-ferme, et ravit ainsi à ce grand homme la gloire de donner son nom à l'Amérique. On l'appelle aussi *Nouveau Monde*, parce qu'elle n'a été découverte que depuis 300 ans. On lui donne encore, mais fort improprement, le nom d'*Indes Occidentales*, pour la distinguer des *Indes Orientales*, qui sont à l'E. de l'Europe, au lieu que l'Amérique est à son O. Il paroit que la raison qui lui a fait donner le nom d'*Indes*, est que les Européens y vont chercher de l'or, de l'argent et d'autres choses rares et précieuses, semblables à celles que produisent les véritables Indes.

Une profonde obscurité nous dérobe l'origine de la population de ces grandes contrées, l'opinion la plus probable est qu'elle vient d'Afrique, où l'on a nouvellement découvert des nations couleur de cuivre avec de longs cheveux. Il est assez naturel de penser que les vents alisés qui soufflent constamment de l'est, auront porté quelques malheureux navigateurs Africains sur les côtes de l'Amérique. Cette opinion semble se confirmer par la tradition des Natchez de la Floride, qui disoient que leurs ancêtres étoient venus du soleil levant, et qu'ils étoient sur le point de périr, quand ils découvrirent l'Amérique.

de Grenade et de toute la Terre-Ferme. POPAYAN, au sud, *évêché*, *capitale* du Popayan.

§. II. *Du Pérou.*

Le Pérou est situé au midi du Popayan, et s'étend le long de la mer du Sud. On divise le Pérou en trois gouvernemens ou audiences royales, qui sont du nord au midi. 1. Quito, 2. Los-Reyes ou Lima, 3. Los-Charcas. Les principales villes de l'audience de Quito sont : QUITO, *évêché*, *capit*. de sa province, et de l'audience de son nom. GUAYAQUIL, *port*. Les principales villes de l'audience de Los-Reyes ou Lima sont: LIMA, *archev.*, *cap*. de tout le Pérou, et de la province et de l'audience de Lima. TRUXILLO, *évêché*, au nord-ouest de Lima. CUSCO, au sud-est, GUAMANCA, entre Lima, et Cusco; AREQUIPA, au sud-est de Lima, sur la côte, *évêchés*. Les principales villes de l'audience de Los-Charcas sont : LA PLATA, *arch*. *cap*. de l'audience, de Los-Charcas. POTOSI, près de la Plata, fameux par ses mines inépuisables d'argent.

§. III. *Du Chili.*

Le Chili est situé au midi du Pérou, le long de la mer du Sud. On le divise en trois provinces : 1. Chili propre. 2. Impériale. 3. Chicuito ou Cuyo. Les principales villes du Chili sont : SAN-IAGO, *évêché*, *capit*. de tout le Chili et du Chili propre. LA CONCEPTION, *évé.*, *cap*. de l'Impériale. IMPÉRIALE, *évêché*, *port*. MENDOZA, principale du Chicuito ou Cuyo.

§. IV. *Du pays des Amazones.*

Le pays des Amazones est situé à l'orient du Pérou. Il est appelé ainsi du fleuve des Amazones, qui le traverse. Il n'y a pas de villes dans ce pays, mais des missions espagnoles et portugaises le long du fleuve. Celles des Espagnols sont à l'ouest, et celles des Portugais sont à l'est : ces dernières commencent un peu au-dessous de l'embouchure du Yavari, dans le fleuve des Amazones.

§. V. *Du Brésil.*

On comprend sous le nom de Brésil, la région la plus orientale de l'Amérique méridionale ; il appartient aux Portugais. On le divise en quinze gouvernemens, ou capitaineries. Trois sur la côte septentrionale, et douze sur l'orientale; du nord au sud. Les principales villes des capitaineries de la côte septentrionale sont : PARA, *évêché*, *cap*. de la capitainerie de Pará. MARAGNAN, *évêché*, *cap*. de la capitainerie de ce nom. SIARA, *cap*. de la capitainerie de ce nom.

Les principales villes des capitaineries de la côte orientale sont: NATAL-LOS-REYES, à l'embouchure de Rio-Grande, *cap*. de la capitainerie de Rio-Grande. PARAÏBA, *capit*. de la capitainerie de ce nom. TAMARACA, *cap*. de la capitainerie de

Tamaraca. OLINDE, *évêché*, *capitale* de la capitainerie de Fernambouc. SÉRÉGIPPE, *cap.* de la capitainerie de Sérégippe. SAN-SALVADOR, *arch.*, *cap.* de tout le Brésil, et de la capitainerie de la baie de Tous-les-Saints. VILLA-SAN-GEORGIO, *cap.* de la capitainerie de Rio-dos-Ilheos. PORTO-SEGURO, *cap.* de la capitainerie de ce nom. SPIRITU-SANTO, *cap.* de la capitainerie de ce nom. SAINT-SÉBASTIEN, *évêc. cap.* de la capitainerie de Rio-Janeïro. SAINT-VINCENT, *cap.* de la capitainerie de Saint-Vincent. SAINT-PAUL, *évêché* au nord-ouest de Saint-Vincent, autrefois république de brigands, mais subjuguée depuis par les Portugais, dans la même capitainerie. COLONIA-DO-SACRAMENTO, dans la province del Rey, qui s'étend depuis Saint-Vincent jusqu'à l'embouchure de Rio-de-la-Plata, au nord des îles Saint-Gabriel, qui appartiennent aux Espagnols.

§. VI. *De la Guyane.*

La Guyane est une vaste contrée, située entre la rivière des Amazones et celle de l'Orénoque : cette dernière la sépare de la Castille-d'Or ou Terre-Ferme. La Guyane comprend plusieurs établissemens que les Européens y ont formés. Les principales villes de la Guyane sont : SAINT-THOMAS. CAYENNE, dans l'île de ce nom.

§. VII. *Du Paraguay.*

Le Paraguay est situé à l'orient du Pérou et du Chili. On le divise en sept provinces. Ses villes principales sont : VILLA-RIDA, *cap.* du Paraguay propre, qui occupe les deux côtés de la rivière du même nom. CIUDAD-RÉAL, *cap.* de la province de Guairia, à l'orient de celle du Paraguay. L'ASSOMPTION, *évêché*, *capit.* de la province de Rio-de-la-Plata. BUENOS-AIRES, *évêché*, à l'embouchure du fleuve de Rio-de-la-Plata, dans la même province. SAN-SALVADOR, *cap.* de la province d'Uraguay ou Urvaig, à laquelle la rivière d'Urvaig donne son nom. SAN-JAGO-DEL-ESTERO, *évêché*, *cap.* du Tucuman. Les deux autres provinces, savoir celle de Chaco et de Parana n'ont pas de villes. La province de Parana, le long de la rivière de ce nom, est habitée par des naturels du pays, que les Jésuites ont civilisés et qu'ils ont gouvernés jusqu'à la destruction de leur ordre.

§. VIII. *De la Terre Magellanique.*

On comprend sous le nom de terre Magellanique, la grande région qui est à l'extrémité de l'Amérique méridionale. Elle est appelée ainsi de Magellan, qui l'a découverte en 1520 : elle appartient aux Espagnols, et n'a pas de villes.

ART. III. DES TERRES POLAIRES ET DES TERRES AUSTRALES.

On appelle Terres Polaires Arctiques, celles qui sont

vers le pôle arctique; et celles qui sont vers le pôle antarctique, se nomment Terres Polaires Antarctiques ou Australes. Les anciens géographes appeloient aussi ces parties du globe, Monde inconnu, parce qu'en effet on en connoissoit à peine les côtes. Les Terres Polaires Arctiques sont : le Spitzberg au nord de l'Europe, ainsi nommé, à cause des montagnes dont il est rempli : La nouvelle Zemble, ou nouvelle Terre, au nord de l'Asie. Les Terres Polaires Antarctiques sont : la Terre de Feu, île au sud de l'Amérique : Les îles Sandwich; la Nouvelle Zélande. On appelle Terres Australes plusieurs îles, situées dans la grande mer du sud, et dont on ne connoît guère que les côtes; ce sont : La nouvelle Guinée, qui se trouve vers l'Equateur, à l'est de l'Asie : La nouvelle Bretagne, au nord-est de la nouvelle Guinée; La nouvelle Hollande, qui par son étendue forme un véritable continent. Les principales îles de la mer du sud, dans la partie du milieu, sont : La nouvelle Calédonie; les îles Otaïti; les îles Marquises, etc., etc.

Après ces notions générales de Géographie, parcourons les annales de notre nation, dans une lecture rapide des principaux traits de son histoire. Les faits que je vais vous mettre sous les yeux, sont ceux qui doivent fixer votre attention, ou piquer votre curiosité, lorsque vous entreprendrez de la connoître plus en détail.

ENTRETIEN XIV.

Tableau général de l'histoire de France, sous les Rois de la première Race.

Toutes ces belles provinces qui composent aujourd'hui le royaume de France, portoient autrefois le nom de *Gaules*. Une nation fort ancienne et dont on ignore l'origine, étoit venue s'y établir, et s'étoit rendue fameuse long-temps avant la naissance du Sauveur. Peuple guerrier, les Gaulois ne connoissoient que les armes, et plus d'une fois ils avoient fait trembler les romains dans Rome même. Mais enfin, ils furent contraints de céder, comme tant d'autres nations, à la valeur constante de ces conquérans redoutables. Jules-César, le plus grand capitaine de son siècle, les soumit, et fit des Gaules une province de l'empire, dont il se rendit maître.

Plus de quatre cents ans après la conquête des Gaules, et sous le règne du foible Honorius, fils du grand Théodose, un peuple connu sous le nom de Francs, trop resserré dans les bornes étroites de la Franconie, contrée de l'Allemagne, voulut chercher un établissement plus commode. Sous la conduite de leur roi *Pharamond*, les Francs abandonnèrent leurs marais et leurs bois, passèrent le Rhin, et se jetèrent dans les Gaules ; mais ils ne purent porter leurs armes plus loin que dans la Gaule Belgique, que nous appelons aujourd'hui les Pays-Bas ; et Pharamond quitta la vie sans avoir eu de grands succès. *Clodion*, son fils conserva, augmenta même les pays dont son père s'étoit emparé, malgré la valeur du fameux *Aétius*, qui commandoit les troupes romaines dans ces contrées. *Mérovée*, qui probablement étoit du sang des rois, mais non pas de la branche régnante, parvint au trône, et s'en montra digne par ses vertus guerrières. Ce prince est regardé comme le chef des souverains de la première race, qui de son nom sont appelés *Mérovingiens*. Il laissa la couronne à *Childéric I*, son fils, moins connu par ses actions, que parce qu'il donna le jour au grand *Clovis*, que l'on doit regarder comme le premier de nos rois, et le fondateur de la monarchie Française.

481-493. Clovis n'avoit que quinze ans lorsqu'il ceignit le diadême, et déjà il montroit tout ce qu'il devoit être. Cinq ans après il défait *Syagrius*, gouverneur pour les Romains dans la Gaule, et s'empare de Soissons, qui devient pour un temps le siége de la monarchie nouvelle. Peu content de ce premier triomphe, le jeune conquérant vole à de nouvelles victoires. *Bazin*, roi de Thuringe, est rendu tributaire ; les pays entre la Somme, la Seine et l'Aine sont soumis ; Reims ouvre ses portes par la médiation de saint Remi, son évêque.

494. Le monarque Français suspend ses conquêtes pour contracter une alliance digne de lui : il épouse Clotilde, nièce de Gondebaud, roi des Bourguignons, princesse que sa piété plaça dans la suite au nombre des saints. Elle exhorta long-temps son époux à quitter les vains simulacres du paganisme, pour ouvrir les yeux à la lumière de l'Evangile ; et il penchoit déjà pour la vérité, lorsqu'un événement miraculeux consomma sa conversion.

496. Les Allemands, peuples belliqueux, s'étoient jetés dans la Gaule, à l'exemple des Francs, leurs anciens compatriotes. Clovis l'apprend : il court à leur rencontre, les joint dans les plaines de Tolbiac, près de Cologne, engage le combat. Après une longue résistance, les Français reculent, tout étoit perdu : le monarque le voit, il lève les yeux au ciel : « Dieu de Clotilde, s'écrie-t-il, tu seras le mien, si tu m'accordes la victoire ! » Il dit : tout change ; la terreur passe du côté de l'ennemi : Clovis triomphe. Fidèle à son vœu, il reçoit le baptême des mains de saint Remi ; et ses peuples, et les princes de son sang imitent à l'envi son exemple.

La conversion de Clovis, ne ralentit ni son ambition ni ses victoires. En 498, il subjugue les pays des Armoriques, ou la Bretagne. En 500, il rend la Bourgogne tributaire. En 507, il gagna sur les Visigoths la célèbre bataille de Vouglé, près de Poitiers, et tue de sa propre main Alaric, roi de cette nation puissante. Le bruit de cette victoire alla jusqu'à Constantinople, et l'empereur Anastase I, envoya au prince Français les titres et les ornemens de Patrice, de Consul, et même d'Auguste, qui n'appartenoient qu'aux empereurs.

509. Il ne fut pas aussi heureux contre Théodoric, roi des Goths. L'ayant attaqué devant Arles, il en fut vaincu ; et pour la première fois il se vit contraint de demander la paix. Clovis étoit féroce ; mais les succès adoucissoient son caractère, l'infortune le rendit barbare, et on le vit, jusqu'en 511, flétrir ses anciens lauriers, et souiller la gloire de son règne par des vexations et des cruautés qu'il exerça envers la plupart des princes de sa maison : il mourut à Paris dont il avoit fait sa capitale. Grand capitaine, sage législateur, politique adroit, et toujours attentif aux moyens qui pouvoient assurer ses succès ; plein de respect pour la religion qu'il avoit embrassée, mais d'une ambition qui ne connoissoit point de bornes ; s'il avoit su la modérer, sa gloire eut été plus pure, la fin de sa vie plus innocente, et l'on n'auroit point à blâmer dans Clovis chrétien des cruautés si contraires aux vertus qu'on avoit admirées dans Clovis encore païen.

511. Après le décès de Clovis, ces quatre fils partagèrent ses états : *Thieri I*, fut roi d'Austrasie, dont Metz étoit la capitale ; *Clodomir* fut roi d'Orléans ; le royaume de Paris échut à *Childebert I : Clotaire I* eut celui de Soissons. L'histoire de ces quatre princes ne présente qu'une suite de guerres excitées par l'ambition, la vengeance et la haine, et un affreux tissu de cruautés plus atroces encore que celles dont Clovis leur avoit donné l'exemple. Jamais on n'oubliera la barbarie que Childebert et Clotaire exercèrent à l'égard des trois enfans de Clodomir, leur frère, qui venoit d'être tué dans une bataille, et dont ils vouloient envahir les états. Clotilde s'étoit chargée de l'éducation des jeunes princes ; ils engagent cette vertueuse reine à les leur envoyer : à peine les ont-ils en leur puissance, que Clotaire se saisit de l'aîné, le renverse par terre, et le poignarde. Le second effrayé, se jette aux pieds de Childebert, et lui demande la vie. Le monarque attendri ne peut retenir ses larmes. Clotaire lui reproche sa foiblesse, lui arrache l'enfant, et l'égorge sur le corps de son frère. Le troisième eut le bonheur d'échapper aux fureurs de ce prince inhumain et dénaturé. Il prit dans la suite l'habit monastique et l'honora par la sainteté de sa vie. C'est lui qui est connu et honoré sous le nom de S. Cloud.

558. Clotaire vit mourir tous ses frères, et la monarchie Française fut toute entière réunie sous ses lois. Mais ce fut dans ce haut degré de puissance qu'il éprouva les plus vives

amertumes. *Chramne*, son fils bien-aimé, lève l'étendard de la révolte, et contraint son père et son roi à lui livrer bataille. Le nouvel Absalon est vaincu, et brûlé avec toute sa famille dans une chaumière où il s'étoit réfugié. Clotaire depuis ce funeste triomphe, vécut dans une profonde tristesse qui le précipita enfin dans le tombeau en 562, un an après, le même jour, dit-on, et à la même heure qu'il avoit ordonné la mort de son fils. Son règne, qui fut de cinquante-un an, n'offre que des adultères, des incestes, des meurtres, des horreurs.

Le royaume fut encore partagé, suivant la mauvaise politique de ces temps, entre les enfans du monarque défunt. *Caribert* fut roi de Paris; *Gontran*, d'Orléans et de Bourgogne; *Sigebert I*, d'Austrasie; *Chilperic I*, de Soissons.

563. Sigebert attaque et défait les Arabes qui s'étoient répandus dans ses états; et revient réprimer les entreprises de Chilpéric, qui vouloit envahir ses plus belles provinces: ensuite il épouse Brunehaut, fille d'Athanagilde, roi des Visigoths, qui passoit pour la princesse la plus accomplie de son siècle.

567. Chilpéric, touché de l'exemple de son frère, renonce à la débauche, et partage sa couronne avec Galsuinde, sœur de Brunehaut. Mais cette épouse, aussi vertueuse que belle, ne peut fixer son caractère volage; il laissa bientôt rallumer dans son cœur des feux illégitimes. Galsuinde s'en plaint dans une assemblée des états; et la nation oblige le monarque de jurer qu'il sera fidèle aux engagemens sacrés du mariage. Quelques jours après, l'infortunée reine est trouvée morte dans son lit. Le soupçon de cette mort tomba sur Frédegonde, femme d'une grande beauté, et d'une méchanceté plus grande encore. Il fut pleinement confirmé, lorsqu'on la vit occuper la place et le trône de sa rivale.

Caribert fut un roi modéré, pacifique, zélé pour la justice, d'un esprit si vif et si pénétrant, que les ministres qui formoient son conseil l'écoutoient comme un oracle. Trop ami des plaisirs, il ruina sa santé et mourut à la fleur de l'âge sans postérité.

568. Sigebert et Gontran se liguent pour venger la mort de Galsuinde; bientôt un traité calme cette guerre naissante. Le premier tourne ses armes contre les Arabes : il est vaincu et fait prisonnier ; mais le roi de cette nation barbare, frappé de la noble intrépidité du monarque Français, lui rend la liberté et le comble de présens.

569. Gontran, défait par les Lombards et les Saxons qui ravageoient la Bourgogne, les surprend et les taille en pièces dans une seconde bataille. Mummol, le plus grand homme de guerre qui fût en France, commandoit ses troupes.

575. Sigebert et Chilpéric se font une guerre cruelle. *Théodebert*, fils du second, périt dans un combat : Chilpéric lui-même, abandonné de tous les siens, cherche son salut dans

ENTRETIEN XIV.

la fuite, s'enferme dans Tournai. Le victorieux Sigebert vient l'y assiéger, et déjà, malgré les prières des grands de ses états, il se préparoit à immoler son frère à sa vengeance, lorsque deux scélérats, envoyés par Frédegonde, lui plongent un poignard dans le sein. Malgré de grands défauts, ce prince étoit le monarque le plus parfait qui eût encore paru sur le trône de Clovis.

576. Chilpéric et Frédegonde, échappés du plus grand péril, se hâtent de profiter de la mort de leur ennemi. Brunehaut est arrêtée avec ses enfans; mais un sujet fidèle tire de prison le jeune *Childebert II*, fils du monarque assassiné, et le place sur le trône d'Austrasie. Chilpéric, outré de ces contretemps, relègue Brunehaut à Rouen, où bientôt elle lui donne de vives inquiétudes. Il apprend que *Mérovée* son fils épouse cette princesse; et furieux, il vole à Rouen pour punir la téméraire passion du jeune prince. Les deux époux se réfugient dans une église, et n'en sortent qu'avec l'assurance d'avoir la vie sauve. Mérovée est ordonné prêtre malgré lui, et Brunehaut et renvoyée en Austrasie.

580. Frédegonde avoit juré la perte des enfans du premier lit de Chilpéric. Elle fait assassiner Mérovée, qui lui faisoit encore ombrage. Clovis qui restoit eut le même sort. Enfin, ne trouvant plus d'autre victime à immoler que son époux, à qui sa fidélité étoit justement devenue suspecte, elle le fit poignarder en 584, par Landri qu'elle aimoit. Telle fut la fin de Chilpéric, qui par sa cruauté, par son libertinage et son impiété, mérita d'être rangé parmi ces mauvais princes que le ciel ne donne aux peuples que dans sa colère.

585. Chilpéric ne laissoit qu'un fils âgé de quatre mois, qui lui succéda sous le nom de *Clotaire II* ; Frédegonde, mère du jeune roi, sut regagner la faveur de Gontran, qui la déclara tutrice et régente des Etats de son fils. En vain quelques seigneurs, ennemis de cette princesse, voulurent placer la couronne sur la tête de *Gondebaud*, que l'on croyoit fils de *Clotaire I*. Cet aventurier fut trahi et tué par ceux qui l'avoient proclamé.

593. Le règne de Gontran fut long et sans gloire. Il mourut à Châlons-sur-Saône, âgé de plus de soixante ans. S'il ne montra beaucoup d'habileté ni de vigueur dans le gouvernement, on doit louer la pureté de ses mœurs qui furent irréprochables. Childebert, qu'il avoit adopté, hérita de ses états, et réunit ainsi le royaume d'Austrasie à celui de Bourgogne.

594. La mort de Gontran fut pour Frédegonde et pour Childebert un signal de rupture. Le monarque Austrasien voulut écraser Clotaire. Le courage de la régente augmente avec le danger; elle assemble des troupes, se met à leur tête, accompagnée de son fils, trompe l'ennemi par un stratagème, remporte la victoire, laisse partout des traces de sa fureur, et revient à Soissons chargée de butin.

596. Le monarque vaincu par une femme, se vengea de sa défaite, en exterminant les Varnes, peuples de Germanie, que Frédegonde avoit suscités contre lui. Ce fut le dernier exploit de son règne : il mourut quelques mois après, laissant ses royaumes à ses deux fils, sous la régence de Brunehaut leur aïeule. *Théodebert II*, l'aîné, fut couronné roi d'Austrasie : *Thierri II*, le cadet, eut pour son partage le royaume de Bourgogne.

597. La guerre se rallume entre les deux cours d'Austrasie et de Soissons. Frédegonde, à la tête des troupes s'empare de Paris et de plusieurs autres places. Brunehaut veut arrêter ses conquêtes : sa rivale, plus heureuse ou plus habile, dissipe ses armées, et fait triompher partout les drapeaux de Clotaire. Frédegonde, au plus haut point de sa prospérité, voyoit croître sa gloire avec la puissance de son fils : on oublioit presque que cette femme ambitieuse, vindicative, cruelle, avoit tout sacrifié à sa grandeur et à sa sûreté. Ce fut en ce moment de triomphe que le ciel choisit pour l'enlever de ce monde, et terminer sa carrière : elle fut inhumée auprès de Chilpéric, dans l'église de St-Germain-des-Prés, où l'on voit encore son tombeau.

613. La mort de Frédegonde fut suivie de quelques batailles où Clotaire ne fut pas heureux. La paix reparut de temps en temps ; mais enfin elle fut absolument bannie par les dissentions qui armèrent l'un contre l'autre les petits-fils de Brunehaut. Théodebert exile cette princesse, qui se réfugie auprès de Thiéri, et l'excite à la vengeance. Les deux frères en viennent plusieurs fois aux mains. Théodebert vaincu, est massacré. Thiéri, enflé de ce succès, tourne ses armes contre Clotaire ; mais il meurt à Metz d'une dyssenterie. Clotaire, à son tour, devient usurpateur et féroce : il fait mourir deux fils de Thiéri ; fait raser le troisième ; le quatrième échappa, et ne reparut jamais. La fin tragique de Brunehaut mit le comble à ces atrocités : après l'avoir abandonnée pendant trois jours aux supplices les plus cruels et les plus ignominieux, Clotaire la fit traîner sur les ronces et les cailloux par un cheval indompté.

628. *Clotaire II*, devenu seul maître de la monarchie Française, effaça par des traits de modération et de justice, les barbaries dont il s'étoit rendu coupable. Il dissipa des conjurations, convoqua de nombreuses assemblées de ses états, soumit les Gascons et les Saxons, et mourut regretté des peuples, après avoir associé *Dagobert*, son fils aîné, à sa couronne. Heureux ce prince, s'il n'eût point affoibli son autorité en faveur des grands ! Celles des maires du palais surtout commença sous son règne, à contre-balancer la puissance royale : bientôt nous les verrons l'éclipser entièrement, et s'établir enfin sur ses débris.

629. *Dagobert I*, avoit un frère nommé *Aribert* ou *Charibert* ; il fut contraint de lui donner en souveraineté une partie de l'Aquitaine, qui resta dans la maison de ce prince à titre

de duché héréditaire, jusqu'à Louis d'Armagnac, duc de Nemours, tué à la bataille de Cérignoles en 1503, et qui fut le dernier de cette illustre famille.

Si Dagobert ne s'étoit pas laissé corrompre par les passions, et qu'il eût continué comme il avoit commencé, il eût été un modèle dans l'art de régner. Il fit d'abord fleurir les lois et le bon ordre; mais bientôt l'amour le précipita dans les plus terribles excès. Trois femmes à la fois, décorées du titre de reines, et une foule de maîtresses absorboient ses revenus : il vexa ses peuples, et perdit leur estime.

633. Un marchand Français, nommé *Samson*, étoit devenu roi des Esclavons Vinides, peuples qui habitoient vers le Danube. Il provoqua Dagobert. La guerre s'alluma. Les troupes Françaises furent vaincues par la faute des Austrasiens, irrité de la tyrannie du prince. Dagobert pour les animer à la défense des frontières, leur donna un roi indépendant; ce fut *Sigebert II*, son fils aîné. L'expédient réussit ; les barbares et leur chef, ou n'osèrent rien entreprendre, ou furent toujours repoussés.

634. Le monarque Français, ayant un fils nommé *Clovis II*, voulut lui assurer une couronne après sa mort. En conséquence, il le déclara, du consentement des grands du royaume, son successeur dans ses états de Bourgogne et de Neustrie.

638. Il mourut à l'âge de trente-six ans, peu de temps après avoir réglé ce partage, et fut le premier de nos rois qui ait été inhumé à Saint-Denis qu'il avoit fondé. Le seul bien qu'il fit à la France, ce fut de recueillir et de reviser toutes les lois des peuples soumis à la monarchie. Malgré les scandales de sa conduite, il sut attirer à sa cour des hommes vertueux : on y remarquoit surtout Pépin de Landen, maire du palais, saint et habile ministre; Dadon, connu sous le nom de *S. Ouen*, référendaire ; et *S. Eloi*, qui fut grand trésorier.

639-654. Sigebert fut un saint roi. *Dagobert II*, son fils, n'hérite de sa couronne que pour se la voir arracher par Grimoald, maire du palais, qui le relègue en Irlande, après lui avoir fait couper les cheveux. L'ambitieux ministre place son propre fils sur le trône de ses maîtres et publie partout la mort du jeune Dagobert, pour lequel même il fait célébrer de magnifiques funérailles. Mais les peuples se révoltent contre l'usurpateur, l'arrêtent avec le prétendu roi, et le conduisent à Clovis, auquel ils se soumettent.

660-673. Le règne de ce dernier n'eût rien de brillant. Il mourut à l'âge de vingt-un ans, laissant trois fils, dont le plus jeune, nommé *Thiéri III*, n'eut point alors de partage. L'aîné, appelé *Clotaire III*, fut roi de Neustrie et de Bourgogne ; et le second, qui portoit le nom de *Childéric II*, eut l'Austrasie ; et tous deux furent confiés à la tutelle de la reine Batilde, leur mère. Cette sage princesse gouverna quelque temps avec beaucoup de prudence ; mais bientôt, dégoûtée du monde et des grandeurs, elle se retira à Chelles, monastère qu'elle avoit fondé. Ce fut une calamité pour l'état, parce qu'elle laissa une libre carrière à l'ambition d'Ebroin, maire du palais. Clotaire mourut jeune, sans enfans mâles. Thiéri III, son frère, lui succéda par l'autorité du ministre. Les seigneurs, choqués de cet acte arbitraire, se révoltent. Ebroin est exilé : Thiéri est renversé du trône, on lui coupe les cheveux ; et Childéric, roi d'Austrasie, est reconnu pour unique souverain ; mais l'abus qu'il fit de sa puissance hâta sa perte. Un seigneur nommé Bodillon, lui ayant fait un jour quelque remontrances, fut battu de verges. Cet outrage excita sa vengeance ; il assassina le roi, la reine et l'un de leur fils, dans la forêt de Livri.

674-688. A cette nouvelle, Thiéri quitte l'abbaye de Saint-Denis, où il s'étoit retiré depuis sa disgrâce, et reprend le diadême, tandis que Dagobert II, qui étoit revenu d'Irlande, et à qui Chilpéric avoit cédé une partie de l'Austrasie, se rend maître du reste de ce royaume. Ebroin reparoît, excite des révoltes, intimide Thiéri, recouvre son ancienne puissance, et fait périr S. Léger, évêque d'Autun, son ennemi mortel, parce qu'il étoit vertueux, et qu'il ne donnoit que de sages conseils au monarque. Le despotisme du ministre soulève toute la France, qui toutefois se contente de murmurer : l'Austrasie seule, que la mort de Dagobert assassiné par des séditieux, laissoit sans maître, secoue le joug, et au lieu de reconnoître l'autorité de Thiéri, elle se choisit pour duc Pépin, surnommé Héristel ou d'Héristal. Enfin, un seigneur qu'Ebroin vouloit joindre à tant de victimes qu'il avoit immolées à son ambition, le prévient, lui fend la tête d'un coup d'épée, et délivre l'état d'un bourreau, et son roi d'un tyran.

689-713. Thiéri ne fut point assez habile ou assez heureux pour profiter de cette circonstance. Les mécontens, dont le nombre augmentoit de jour en jour, se réunissoient en foule aux Austrasiens. Le monarque, voulant, mais trop tard, arrêter cette retraite séditieuse, déclare la guerre au duc d'Austrasie : il est vaincu, et cette victoire soumet à Pépin toute la France, qu'il rend heureuse et dont il se fait aimer. Thiéri mourut, et Pépin continua de régner sous le nom de Clovis III, fils de ce prince ; puis Childebert III, enfin Dagobert III. C'est du premier de ces trois princes que commence le règne de ces rois nommés *Fainéans*, c'est-à-dire, qui ne firent rien de mémorable, parce que languissant sous l'autorité du maire du palais, ils n'avoient de roi que le nom, et n'osoient rien exécuter par eux-mêmes.

714. Pépin dompta tous les ennemis du royaume, dont il recula les limites, et termina sa glorieuse carrière après une

ENTRETIEN XIV.

administration de vingt-sept ans. Il déclara en mourant *Théodebalde*, son petit-fils, quoiqu'enfant, maire du palais, sous la tutelle de la veuve. Cette disposition déplut : on se révolta. Charles-Martel, fils naturel de Pépin, que la régente avoit fait arrêter, échappa de sa prison, et chercha un asile chez les Austrasiens qui le reçurent avec transport, et le mirent à leur tête.

717. Cependant Dagobert III, mourut ; et quoiqu'il laissât un fils nommé *Thiéri*, on lui donna pour successeur *Daniel*, fils de Childéric II. Ce nouveau monarque, qui prit le nom de *Chilpéric II*, et qu'il ne faut point confondre avec les rois fainéans, voulut résister à Charles-Martel. Il fut deux fois battu, ensuite livré au vainqueur, qui le traita avec respect, et se contenta des titres et de l'autorité de son père.

721-732. Charles, alors parvenu au comble de la grandeur, n'employa sa puissance que pour le bien des peuples et la gloire de la nation. Sous le règne de Thiéri IV, fils de Dagobert III, et successeur de Chilpéric, il tailla en pièces plus de trois cents mille Sarrasins, qui, après avoir subjugué l'Espagne, étoient venus sous la conduite d'Abdérame, leur chef, essayer de soumettre la France à la loi de Mahomet.

737. Thiéri étant mort, Charles-Martel continua de régner, sous le titre de Duc ou de Prince des Français, sans se mettre en peine de nommer un autre roi. Il conserva cette autorité jusqu'à sa mort, qui arriva en 741. Avant d'expirer, il partagea, du consentement des seigneurs, l'empire Français entre ses deux fils Carloman et Pépin-le-Bref.

742-748. Carloman ne gouverna que quatre années. Après avoir remporté d'éclatantes victoires, et fait quelques établissemens utiles. Touché du désir de son salut, il abandonna ses états à Pépin pour aller s'ensevelir dans une retraite, où il vécut et mourut très-saintement.

Pépin avoit d'autres vues que son frère. La couronne seule manquoit à sa grandeur : il la souhaitoit ardemment, mais il n'osoit la prendre. Telle étoit même la fidélité des Français pour le sang de leurs rois, qu'ils murmuroient depuis long-temps de n'avoir point de monarque. Pépin pour les contenter leur en donna un, aussi propre que ses prédécesseurs, à n'être que le fantôme de l'autorité souveraine ; c'étoit le fils de Childéric II, et il le nomma Childéric III.

749. Le duc des Français n'avoit eu cette condescendance pour la nation, qu'afin de gagner du temps. Aimé des peuples, respecté des grands, estimé du clergé, il ne voyoit plus d'autres barrières jusqu'au trône, que la difficulté de paroître y monter sans injustice. De concert avec les seigneurs, il envoya, dit-on, des députés au pape Zacharie, pour le prier de décider, si, eu égard à la situation présente de l'Europe, il étoit à propos que, dans l'empire Français, la qualité de roi

fût séparée de l'autorité royale. Le pontife, ajoute-t-on, répondit que, vu l'état des choses, celui qui étoit en possession de l'autorité pouvoit y joindre le titre de roi. * La décision de Zacharie (si toutefois il la donna), fut reçue comme un oracle. Pépin fut proclamé roi, et Childéric enfermé dans un monastère.

Ainsi finit la race des Mérovingiens, après trois cent trente-trois ans de règne depuis Pharamond, et deux cent soixante-dix depuis le grand Clovis. Elle a donné trente-six rois à la France, dont vingt-un ont régné sur Paris. Les quatre premiers étoient païens, les autres furent chrétiens, mais la plupart de nom plus que de mœurs. Les dissensions domestiques et les guerres civiles ébranlèrent d'abord leur puissance ; la dissolution et la nonchalance achevèrent de la renverser.

Usages et Coutumes des Français sous les rois de la première Race.

Sidonius, poëte célèbre en son temps, et qui mourut en 480, nous trace ainsi le portrait des Français : « Ils ont la taille haute, la peau fort blanche, les yeux bleus, leur visage est entièrement rasé, excepté la lèvre supérieure, où ils laissent croître de petites moustaches ; leurs cheveux, coupés par derrière, longs par devant, sont d'un blond admirable ; leur habit est si court, qu'il ne leur couvre point le genou ; si serré, qu'il laisse voir toute la forme de leur corps. Ils portent une large ceinture, où pend une épée lourde, mais extrêmement tranchante. C'est de tous les peuples connus, celui qui entend le mieux les mouvemens et les évolutions militaires. Ils sont d'une adresse si singulière, qu'ils frappent toujours où ils visent ; d'une légèreté si prodigieuse, qu'ils tombent sur leur ennemi aussitôt que les traits qu'ils ont lancés contre lui ; enfin d'une intrépidité si grande, que rien ne les étonne : ils peuvent perdre le jour ; jamais ils ne perdent courage. »

Raser un Prince, c'étoit, chez les Francs, le réduire à la classe des

Anecdotes et Faits particuliers arrivés sous les rois de la première race.

Après la défaite de *Syagrius*, comme on se disposoit à partager le butin, Clovis aperçut dans les dépouilles un vase qui appartenoit à l'église de Reims, et que saint Remi avoit redemandé. Il va pour le prendre ; un soldat s'y oppose, et s'écrie que la part du roi doit être tirée au sort comme celle des autres. Clovis dissimule, et rend le vase au saint évêque. Quelques mois après, faisant la revue de ses troupes, il remarqua que les armes de ce soldat étoient mal en ordre : il les lui arrache, les jette à terre ; et, au moment que ce malheureux se baisse pour les ramasser, il lui fend la tête, en lui disant : *Souviens-toi du vase de Soissons.* Cette action inspira plus de respect que d'horreur.

L'évêque Didier ayant rapporté à Théodoret, roi d'Austrasie, une grosse somme que ce prince avoit prêtée aux habitans de Verdun, il ne voulut point la reprendre, et dit au prélat : *Nous sommes trop heureux, vous, de m'avoir procuré l'occasion de faire du bien, et moi de ne l'avoir pas laissé échapper.*

La barbare Frédegonde ne pou-

---

* Cette anecdote n'a d'autre garant que le secrétaire du fils de Pépin ; elle devient encore plus suspecte quand on voit Pépin lui-même, après la mort du roi détrôné, demander au pape et en obtenir l'absolution du crime d'usurpation dont il se reconnoît coupable.

Usages, etc.

sujets : il devenoit inhabile à régner : Clovis voulant s'emparer des états de *Cararic*, son parent, roi des Morins, le fit raser, ainsi que le fils de cet infortuné Prince. Ce fils ayant dit que c'étoient des branches vertes qui repousseroient un jour, puisque le tronc n'étoit pas coupé, l'usurpateur lui fit trancher la tête.

Les maisons de plaisance de nos anciens rois n'étoient que de riches métairies. Un bois, des étangs, des haras, des troupeaux, des esclaves occupés à faire valoir, sous les ordres d'un *domestique* ou intendant, tout annonçoit l'utile plus que l'agréable. On en comptoit plus de cent soixante dans l'étendue du royaume. Nos premiers monarques passoient leur vie à voyager de l'une à l'autre. Les villages, les abbayes, les châteaux qui se trouvoient sur leur route, étoient obligés de leur fournir tout ce qui étoit nécessaire pour le logement et le voyage, et l'on y ajoutoit quelque présent en argenterie.

Anecdotes, etc.

voit souffrir Rigunthe, sa fille; et leurs querelles étoient si violentes, qu'elles en venoient quelquefois jusqu'à se battre. Un jour, la reine feignant de vouloir lui donner ce qui lui revenoit des trésors de Chilpéric son père, Rigunthe pencha la tête dans un des coffres qui les contenoient; aussitôt sa mère le referma brusquement sur elle. C'étoit une nouvelle victime immolée aux fureurs de cette impitoyable femme, si la princesse n'eût été promptement secourue.

S. Eloi, parvenu par ses talens pour l'orfévrerie, à la charge de monétaire ou de trésorier de Dagobert, pour lequel il fit un trône d'or massif, portoit des ceintures d'or garnies de pierreries précieuses. Mais, dans la suite, il se dépouilla de ses immenses richesses en faveur des pauvres et de l'église; et, s'étant consacré à Dieu, il devint évêque de Noyon.

La chasse étoit l'amusement ordinaire de nos rois; mais ce noble exercice n'étoit permis qu'aux princes, ou tout au plus à quelques seigneurs privilégiés, qui toutefois ne pouvoient chasser que sur leurs terres seulement, et jamais sur l'héritage d'autrui qu'avec permission.

Les princesses, filles des rois, portoient le nom de *Reines*, titre qui présageoit leur future alliance avec quelque souverain; car on n'en connoît aucune, sous les rois Mérovingiens, qui n'ait ou gardé le célibat, ou épousé un souverain.

Le maire du palais, qui représentoit ce qu'est aujourd'hui le grand-maître, commandoit dans le palais du roi. Le comte du palais en jugeoit les officiers; le grand référendaire, qui fut appelé chancelier sous le règne des Carlovingiens, signoit les chartres royales, et les scelloit avec l'anneau du prince; le connétable, c'est-à-dire, le comte de l'étable, avoit seulement l'intendance de l'écurie. Toutes ces charges étoient établies à l'imitation des Romains.

Tous les ans, au mois de Mars, les troupes s'assembloient sous les ordres de leurs chefs, et se présentoient aux yeux du roi; c'est ce que l'on appeloit *champ de Mars*. On y régloit les intérêts de la monarchie : le roi, ou le maire de son palais, proposoit les questions qu'on devoit examiner; l'assemblée délibéroit; la pluralité des voix emportoit la décision : ce que la Diète avoit prononcé devenoit loi de l'état.

Clotaire II tenoit souvent des assemblées dans ses châteaux : on les nommoit *placita*, d'où est venu le mot *plaids*. C'étoient des espèces de parlemens ambulatoires, composés des évêques, des grands officiers de la couronne, des ducs, des comtes, et des Faraons qu'on a depuis appelés Barons. Celui de Bonneuil sur la Marne, fut un des plus nombreux du règne de ce prince.

693. *Clovis III* assembla à Valenciennes les états du royaume. Ce prince y présida, revêtu de l'habit royal. C'étoit un manteau carré, quelquefois tout blanc, quelquefois mi-partie de bleu, très-court sur les côtés, long jusqu'aux pieds par-devant, traînant beaucoup par derrière. Le trône ou siège royal sur lequel il étoit assis, étoit une espèce de tabouret sans bras ni dossier, comme pour avertir le monarque qu'il devoit se soutenir par lui-même, et ne s'appuyer sur personne. La couronne qu'il portoit, étoit un cercle d'or enrichi de deux rangs de pierreries. Son sceptre étoit une verge d'or, de cinq à six pieds de hauteur, et courbée comme une crosse.

Les Francs combattoient à pied, avec l'arc et les flèches, l'épée, le javelot et la *francisque*, hache à deux tranchans. Le roi commandoit l'armée, les ducs et les comtes étoient ses lieutenans. Ces ducs et ces comtes étoient les gouverneurs des provinces et des villes, dont ils n'avoient l'administration que par commission et au nom du prince. On ne connoissoit point alors ce que c'étoit que des troupes réglées. Chaque province avoit sa milice, et l'on faisoit marcher d'ordinaire celle qui étoit plus voisine des lieux où l'Etat portoit ses armes. Il y avoit dans les provinces, et particulièrement sur les frontières, des vivres destinés pour l'entretien de ces troupes. Il ne paroît pas qu'elles eussent d'autre solde que le butin. La coutume étoit de l'apporter, et de le partager en commun. La bannière de France n'étoit alors autre chose que la chape de S. Martin. C'étoit un voile de taffetas, qui portoit l'empreinte du Saint, et qu'on alloit prendre en grande pompe sur son tombeau. On la gardoit avec respect sous une tente : on la promenoit en triomphe autour du camp, lorsqu'on étoit près de donner combat.

Clovis rédigea la loi Salique, dans laquelle le droit de succession à la couronne n'est pas expressément réglé, comme on le croit communément. Elle dit seulement que, *par rapport à la terre Salique*, *les femmes n'ont nulle part à l'héritage* : ce qui ne regarde point la Maison Royale en particulier; car on appeloit *terres Saliques* toutes celles qu'on tenoit du droit de conquête. La succession à la couronne n'a été affectée aux seuls mâles que par l'usage, qui est devenu une loi constitutive de l'état.

La législation des Francs se bornoit à fixer certaines sommes pour racheter les crimes. Le vol, l'homicide étoient taxés. Il n'y avoit guère que le crime d'état qui fût puni de mort. On se purgeoit en justice par le duel, soit qu'on se battît en personne, soit qu'on prît un représentant ; et la victoire décidoit de l'innocence du victorieux, ou de la légitimité du droit qu'il défendoit. La religion et la raison ont long-temps fait d'inutiles efforts pour abroger cette barbare coutume, venue du Nord, proscrite par les Bourguignons, adoptée par les François, et qui s'est soutenue pendant près de douze siècles, malgré les anathèmes lancés contr'elle.

Pour constater les choses douteuses, on faisoit prêter serment à un nombre de témoins plus ou moins grand, selon l'importance du sujet, le mérite ou la qualité des personnes. C'est ainsi que Frédegonde prouva au roi Gontran, que Clotaire, son fils, avoit reçu le jour de Chilpéric : elle jura et fit jurer avec elle trois cents témoins. Le juge, pour avertir les témoins de prendre garde au serment qu'ils alloient faire, leur tiroit l'oreille, ou leur donnoit un léger soufflet.

Celui qui blessoit un homme à la tête, payoit une amende de quinze sous d'or. (Le sou d'or valoit environ quinze livres de notre monnoie.) On en payoit trente, si l'on dépouilloit un homme tué.

On ne connoissoit point, sous la première race, ce qu'on appelle aujourd'hui les gens de robe. Les juges laïques rendoient la justice, armés de leur épée, de leur hache et de leur bouclier. Leur commission, qui n'étoit que pour un temps, leur interdisoit toute acquisition dans l'étendue de leur juridiction.

Les juges donnoient audience dans un lieu public, tous les huit ou quinze jours, selon la multitude des affaires. Chaque particulier plaidoit lui-même sa cause ; les veuves et les orphelins, ainsi que les pauvres, étoient sous la protection de l'église, et jamais on ne prononçoit contre eux sans la participation de l'évêque.

Chaque état, chaque profession avoit son tribunal comme ses lois et ses coutumes : l'ecclésiastique étoit jugé par le clergé ; les militaires, par des gens de guerre ; le peuple, par des centeniers dans les bourgs et les villages ; par des comtes dans les villes ; par les ducs dans les métropoles ou capitales. Les Français devoient être jugés suivant la loi Salique ; les Gaulois d'au-delà de la Loire, suivant le droit Romain ; et ceux des pays septentrionaux, suivant le droit coutumier. Il n'y avoit aucun degré de juridiction parmi les divers tribunaux ; on n'appeloit de leurs sentences qu'au roi. Si l'appel étoit fondé, le juge devenoit responsable des dommages et intérêts ; si l'appelant avoit été bien jugé, on le condamnoit à une amende, s'il étoit d'un rang distingué ; au fouet, si c'étoit un homme du peuple. Le prince envoyoit de temps en temps des commissaires dans les provinces, jamais moins de deux, toujours un évêque, un duc ou un comte. Leur emploi étoit d'écouter les plaintes, et d'en faire le rapport au monarque.

Quelquefois le roi rendoit lui-même la justice. L'audience se tenoit toujours à la porte de son palais. Quand il ne pouvoit pas s'y trouver en personne, il commettoit deux officiers pour recevoir les placets, et répondre sur-le-champ à ceux qui ne demandoient pas une longue discussion. Il y avoit, outre ces maîtres de requêtes, un *comte juge*. Il avoit pour conseillers des gens d'épée comme lui, qu'on appeloit *échevins du palais*. Ce tribunal jugeoit de tout ce qui regardoit l'état, le prince et le public. Lorsque le roi y présidoit assisté d'évêques, d'abbés et de ducs, il faisoit rapporter l'affaire par le comte-juge, recueilloit les voix, ensuite prononçoit.

Les enfans ne pouvoient se marier sans le consentement de leurs père et mère. Le futur époux devoit offrir une somme aux parens de la fille. Cette espèce d'achat donnoit un si grand pouvoir au mari, que, s'il venoit à disputer la dot ou les successions échues à sa femme, elle n'étoit point en droit de lui en demander la restitution.

L'adoption étoit permise : elle donnoit tous les droits de fils légitime, et se faisoit devant le roi, qui donnoit ses ordres pour en expédier les lettres.

On distinguoit trois sortes des biens ; les *propres*, dont on avoit la libre disposition ; les *bénéfices*, qu'on tenoit du prince ou de l'église sous certaines redevances ; les *terres Saliques*, qu'on possédoit à condition de service militaire. Les femmes n'héritoient que des propres ; les bénéfices rentroient dans la main du roi par la mort du possesseur ; les terres Saliques n'appartenoient qu'aux mâles. Il est à remarquer que nos rois, à leur entrée dans les Gaules, laissèrent aux Gaulois les deux tiers de leurs terres, en les assujettissant au tribut ; l'autre fut distribué aux troupes victorieuses. La portion du soldat dépendoit de l'officier. Celui-ci ne possédoit qu'avec une certaine subordination à un plus grand, qui lui-même ne jouissoit que sous l'autorité du roi. Ainsi tout relevoit du monarque.

Quand les Francs entrèrent dans les Gaules, les lettres y étoient en honneur ; on y comptoit plusieurs écoles florissantes, et Autun rivalisoit, sur ce point, avec l'Italie et la Grèce. Mais la passion dont les nouveaux dominateurs étoient épris pour la gloire des armes, leur fit dédaigner tout ce qui tenoit aux sciences et aux arts. Les études aux yeux de ces hommes fiers de leurs forces et de leur valeur, étoient l'apanage des cœurs lâches et efféminés. Privées de protection et d'encouragement, elles déclinèrent avec rapidité ; et la France, d'ailleurs déchirée par les dissentions civiles, seroit tombée dans une barbarie complète, si la première race de nos rois se fût perpétuée un siècle de plus.

ENTRETIEN XV.

Tableau général de l'histoire de France, sous les Rois de la seconde Race.

Pépin *dit* le Bref.

751-754. Pépin se fit sacrer à Soissons par S. Boniface, légat du pape, et archevêque de Mayence. Par cet acte de religion jusqu'alors inusité en France, et dont le seul Clovis avoit donné l'exemple, il vouloit rendre sa personne plus auguste, et plus respectable aux yeux de ses peuples. Ensuite le nouveau monarque chassa les Sarrasins des provinces méridionales où ils s'étoient maintenus, et dompta les Saxons qui ne supportoient qu'avec peine le joug de la France.

655-758. Astolphe, roi des Lombards, se rend maître de l'exarchat de Ravenne, qui appartenoit à l'empereur de Constantinople : il entreprend aussi de subjuguer Rome. Le pape Etienne II, trop foible pour lui résister, vient en France implorer le secours de Pépin, qui passe deux fois les monts, reprend l'exarchat, et force Astolphe à renoncer à ses prétentions sur la capitale du monde chrétien. Pépin regardant les villes cédées comme une conquête dont il pouvoit disposer, et sur laquelle l'empereur Grec avoit perdu tout ses droits, en fit une donation solennelle à l'Eglise Romaine.

Tels furent les commencemens de la domination temporelle des papes. Tant que l'empire Romain s'étendit sur la terre, les souverains pontifes partagèrent avec les simples fidèles, les persécutions et les triomphes de la Religion. Mais après que la puissance Romaine eut disparu pour faire place à tant d'autres qui s'élevèrent sur ses débris, et qui se trouvèrent divisées de vues et d'intérêts, dès-lors il entra dans le dessein de la Providence que les papes devinssent indépendans, et qu'ils se trouvassent eux-mêmes revêtus d'un pouvoir qui, sans les rendre redoutables, les mît du moins en état d'exercer librement leur autorité spirituelle, et de ne recevoir l'influence d'aucun des princes qui partageoient le monde chrétien.

Pépin, de retour en France, châtia les Saxons qui avoient insulté ses frontières, et réunit l'Aquitaine à la couronne.

768. Cette conquête fut le dernier événement mémorable du règne de Pépin. Ce prince mourut de la fièvre, à l'âge de cinquante-quatre ans, dont il avoit régné dix-sept. Il fut enterré à la porte de l'église de Saint-Denis, ainsi qu'il l'avoit ordonné, le visage contre terre, et dans la situation d'un pénitent.

Bon roi, bon père, bon ami, guerrier invincible et profond politique

politique, il fit oublier qu'il n'étoit pas né pour le trône ; il eût pu passer pour le plus grand monarque de la terre, s'il n'avoit eu pour père un Charles-Martel, et pour fils un Charlemagne. Son administration fut dirigée par une sagesse si constante, que dans la suite, pour donner la plus haute idée de quelqu'un, on disoit en proverbe : *il est prudent comme Pépin*. On mit sur sa tombe cette épitaphe : *Ci-gît Pépin, père de Charlemagne*, comme s'il avoit été encore plus grand par son fils que par lui-même.

CHARLEMAGNE.

767-773. Les deux fils de Pépin partagent ses états, mais bientôt la mort de Carloman rend Charlemagne son frère, seul maître de la monarchie. Les premiers exploits du nouveau souverain furent contre les Gascons et les Saxons. Il trouva à la tête de ces derniers un homme digne de se mesurer avec lui, le fameux Witikind. Il le battit dans trois batailles sanglantes et désola le pays des Saxons jusqu'à l'Elbe.

774-777. Tandis que Charles triomphoit des Saxons, l'Italie sollicitoit son secours. *Didier*, roi des Lombards, venoit d'envahir, sur le pape *Adrien I*, l'exarchat de Ravenne. Le monarque Français vole contre l'usurpateur, le fait prisonnier, et se fait couronner roi de Lombardie. Le vainqueur renouvelle au pontife la donation du *patrimoine de S. Pierre*; Adrien lui confère, en reconnoissance, le titre de Patrice de Rome. Les Romains, de leur côté, se soumettent à sa puissance.

778-779. Charles passe en Espagne, pour rétablir *Ibilana-rabi* dans Saragosse, d'où la révolte l'avoit chassé. Il assiége Pampelune, et se rend maître du comté de Barcelonne. Mais à son retour, les Gascons battent, dans la vallée de Roncevaux, l'arrière-garde de son armée. *Roland*, que nos premiers romans ont rendu si célèbre, y perdit la vie.

Les Saxons avoient profité de l'absence du prince français pour lever l'étendard de la révolte. Charles accourt, remporte de nouvelles victoires, et soumet enfin à l'état et à la religion l'infatigable Witikind, qui depuis trente-trois ans, luttoit seul contre toutes les forces de la France. Ce grand général devint aussi bon sujet qu'il avoit été ennemi redoutable. Les Saxons furent dispersés pour la plupart, dans la Suisse et dans la Flandre, où ils communiquèrent leur esprit remuant à leur nouveaux compatriotes.

802. L'illustre fils de Pépin parvenu par son courage au comble de la gloire, venoit de délivrer le pape Léon III, d'une cruelle persécution, et il étoit encore à Rome lorsque le souverain pontife, assuré des suffrages des Romains, lui offrit la dignité impériale et le couronna empereur d'Occident. On le déclare *César* et *Auguste* ; on lui décerne les ornemens des

anciens empereurs Romains. Depuis long-temps l'univers lui avoit donné le surnom de *Grand* : il le méritoit, soit par ses faits héroïques, soit par ses conquêtes, soit par ses qualités personnelles, soit enfin par l'immense étendue de ses domaines. Que l'on suive les limites de son empire, on verra qu'il possédoit toute la Gaule, une partie de l'Espagne, le continent de l'Italie, jusqu'à Bénevent; toute l'Allemagne, les Pays-Bas et une partie de la Hongrie. Le calife *Haroun-al-Raschid*, le plus puissant prince d'Orient, lui envoya des ambassadeurs, avec des magnifiques présens, comme pour rendre hommage à sa vaste renommée, et il lui céda la souveraineté de la Terre-Sainte, ne se réservant que le titre de son lieutenant.

801-812. Dès que Charlemagne eut été proclamé empereur, *Irène*, impératrice d'Orient, voulut, dit-on, l'épouser pour réunir les deux monarchies; mais une révolution soudaine, chassant du trône cette princesse, fit évanouir ses espérances. Vainqueur partout, il s'appliqua à policer ses états, rétablit la marine, visita ses ports, fit construire des vaisseaux, forma le projet de joindre le Rhin au Danube par un canal, pour la jonction de l'Océan et du Pont-Euxin. Ses lois sur les matières, tant ecclésiastiques que civiles, sont admirables, surtout pour un temps moins éclairé que le nôtre. Il ordonna que les poids et mesures seroient mis par tout son empire sur un pied égal : il régla le prix des étoffes, et l'habillement de ses sujets sur leur condition et sur leur rang. Il mit un tempérament si sage dans les ordres de l'état, qu'ils furent contrebalancés, et qu'il resta le maître. Tout fut uni par la force de son génie; l'empire se maintint par la grandeur du chef.

813. Ce grand prince, se sentant près de sa fin, associa à l'empire *Louis*, le seul fils qui lui restoit. Il lui laissa tous ses états, à l'exception de l'Italie, qu'il garda pour *Bernard*, bâtard de son fils Pépin. Charlemagne ne vit pas long-temps son fils sur le trône; une pleurésie termina sa longue et glorieuse carrière, le 28 janvier 814, dans la soixante-onzième année de son âge, la quarante-septième de son règne, et la quatorzième de son empire.

Vaste dans ses desseins, simple dans l'exécution, personne n'eut à un plus haut degré l'art de faire les plus grandes choses avec facilité, et les difficiles avec promptitude. Doux et affable envers tout le monde, simple et modeste dans ses manières, il aimoit à vivre avec les gens de sa cour : il gouverna sa maison avec la même sagesse que son empire; il fit valoir ses domaines, et en tira de quoi répandre d'abondantes aumônes, et soulager son peuple. Ce prince étoit l'homme le plus fort, le plus grand et le mieux fait de son royaume; il avoit les yeux grands et vifs, un visage gai et ouvert, et le nez aquilain. Il fut inhumé dans l'église d'Aix-la-Chapelle dont il avoit fait la capitale de son empire.

Aussi étonnant par ses vertus que par ses talens, le zèle qu'il montra pour la propagation de la foi et le maintien de la discipline ecclésiastique, sa piété, ses jeûnes, ses austérités, la justice exacte qu'il faisoit rendre et qu'il rendoit lui-même à ses peuples, les soins paternels qu'il prenoit des pauvres, des veuves et des orphelins, enfin ses bonnes œuvres dans tous les genres, lui ont mérité le nom de saint, comme ses exploits lui ont fait donner le nom de grand.

Louis, *dit* le Débonnaire.

815-819. Louis, surnommé le Débonnaire, en montant sur le trône de Charlemagne, n'y porta point ses qualités héroïques. Il posséda toutes les vertus qui distinguent l'homme de bien, mais il manqua du génie qui fait les grands princes. A force de pardonner il rendit le crime audacieux. A force de déférer aux évêques dont sa cour étoit pleine, il s'attira leur mépris. Plusieurs d'entr'eux étoient des intrigans qu'il avoit tirés de la poussière.

820-822. Louis commença son règne par une faute qui devint la principale source de ses malheurs ; ce fut d'associer à sa puissance trois fils qu'il avoit eus d'un premier mariage. Quelque temps après, sa seconde femme Judith, lui donna un fils, Charles-le-Chauve ; obligé de démembrer les états de ses trois fils, Lothaire, Pépin et Louis, pour former un appanage à Charles, ils se révoltent et se liguent contre leur père ; plusieurs évêques et abbés se joignent à eux. Lothaire se saisit de l'autorité, et n'osant néanmoins enlever à son père le nom d'empereur, il engage des religieux à lui persuader de quitter la couronne. Ces pieux cénobites, plus fidèles sujets que ne prétendoit Lothaire, engagent au contraire les deux autres fils de l'empereur à rentrer dans le devoir. En effet, ils se reconcilient avec leur père, et Lothaire est obligé de venir implorer son pardon, qui lui fut accordé. Comme le plus criminel des trois princes, il fut déchu de son association à l'empire et réduit à la qualité de roi d'Italie, que l'empereur avoit conquis sur son neveu Bernard qui avoit fait marcher ses troupes contre lui. Les complices de la rebellion de Lothaire furent exilés, mais l'empereur étoit incapable de soutenir une conduite sévère. Quelques mois après il rappela les exilés, qui se joignant de nouveau à Lothaire, Pépin et Louis, engagèrent dans cette seconde rebellion une partie des peuples. Pour y entraîner le reste, Lothaire attira dans son camp Grégoire VII, sous prétexte de le faire médiateur entre le père et les enfans. Le prince perfide fit bientôt courir le bruit que le pape étoit dans ses intérêts, et tout disposé à excommunier l'empereur. Il n'en fallut pas davantage pour ôter à Louis tout ce qui lui restoit de serviteurs fidèles. Demeuré presque seul, sa déposition et l'élection de Lothaire furent prononcées par l'assemblée tumultueuse des séditieux et des principaux chefs de l'armée. Le pape extrêmement mortifié d'avoir, contre ses intentions, prêté son nom et son autorité à un parti de factieux, reprit le chemin de Rome.

Le jeune Charles-le-Chauve, prétexte innocent de la guerre, est mis dans un monastère ainsi que la reine Judith. L'empereur étoit dépossédé, mais Lothaire craignoit une révolution. Pour assurer son autorité, il fit accuser Louis de divers crimes dans une assemblée d'évêques, ayant à leur tête Ebbon, archevêque de Rheims, prélat impudique et brutal. On conduit Louis à l'église de Notre-Dame de Soissons; il y paroît devant les évêques et le peuple, sans les ornemens impériaux; et s'avouant coupable de tous les maux qui affligeoient la monarchie, il quitte ses vêtemens et ses armes qu'il pose aux pieds de l'autel, s'étant revêtu d'un habit de pénitent, et prosterné sur son cilice. Alors les prélats lui imposent les mains : on chante les pseaumes, on répète les oraisons prescrites pour cette lugubre cérémonie, ensuite on le transfère de nouveau dans le monastère de Saint-Médard, où il vécut couvert du sac de pénitent, sans domestiques, sans consolation, mort pour le reste du monde.

835. Si Louis n'avoit eu qu'un fils, il étoit perdu pour toujours; mais ces trois enfans se disputant ses dépouilles, leur désunion rendit au père sa liberté et sa couronne. L'empereur ayant été transféré à Saint-Denis, Louis et Pépin vinrent le rétablir, et mettre entre ses bras sa femme et son fils Charles. L'assemblée de Soissons fut anathématisée par une autre à Thionville, le monarque fut réhabilité; *Ebbon*, qui avoit présidé à l'assemblée de Compiègne, et quelques autres évêques non moins séditieux que lui, furent déposés; l'empereur ne put ou n'osa les punir davantage.

836-840. Le calme ne régna pas long-temps. De nouveaux réglemens du monarque excitent de nouvelles tempêtes. Louis se révolte encore; l'empereur marche malgré lui pour le réprimer : mais bientôt succombant au chagrin qui le dévoroit, il meurt auprès de Mayence, en disant : *Je pardonne à Louis; mais qu'il sache qu'il m'arrache la vie.* Ainsi mourut Louis, justement nommé le débonnaire : heureux si sa naissance ne l'eût condamné à porter le sceptre ! il ne lui manqua aucune vertu, si ce n'est la vigueur et la fermeté, ni aucune science, hormis celle du gouvernement. Il avoit régné vingt-six ans, et étoit dans la soixante-deuxième année de son âge. Son corps fut porté à Metz, et inhumé dans l'église de St-Arnoul.

Charles II, *dit* le Chauve.

841-847. Trois fils armés contre leur père venoient de déchirer le vaste empire de Charlemagne ; trois frères divisés entr'eux achevèrent de l'affoiblir. Charles, qui avoit succédé à la couronne de France, et Louis de Bavière s'unissent contre l'empereur Lothaire, et gagnent la fameuse bataille de Fontenai en Bourgogne, bataille qui coûta, dit-on, la vie a plus de cent mille Français. La victoire se déclara pour le parti de la justice. Lothaire désespéré s'enfuit presque seul à Aix-la-Chapelle, et fut contraint de se retirer dans ses états d'Italie. Une autre guerre aussi sanglante, aussi ruineuse pour l'état, vint occuper Charles-le-Chauve. Les Normands, depuis le règne de Charlemagne, menaçoient la France. Sous Louis-le-Débonnaire, ils avoient plus d'une fois dévasté des provinces, ruiné des places fortes, dépouillé des monastères. Sous Charles-le-Chauve, ce peuple brigand et guerrier profita de plus en plus des troubles de l'état, pour étendre et multiplier ses ravages : le foible monarque leur opposa l'or au lieu du fer. Ces ménagemens indignes d'un roi qui auroit dû plutôt combattre que marchander, occasionnèrent de nouvelles courses, et de plus fréquentes déprédations.

875-877. Charles devint empereur par la mort de Lothaire et de son fils décédés sans postérité. Le nouvel empereur, voulant profiter de la mort de Louis-le-Germanique, son frère, pour dépouiller les enfans de ce prince, est battu par Louis, l'un de ces enfans. Le jeune vainqueur ne donne aucun relâche à son oncle, qui, pressé de toutes parts, repasse en Italie, et meurt à Brioud ou Brios, village du Mont-Cenis, empoisonné, dit-on, par le Juif Sédécias, son médecin et son favori. Il étoit dans la seconde année de son empire, la trente-huitième de son règne et la cinquante-quatrième de son âge. Mélange singulier d'ambition et de foiblesse, d'orgueil et de pusillanimité, il tenta bien des entreprises et n'en termina aucune avec honneur. Incapable de gouverner, il ne sut ni se faire craindre, ni se faire aimer de ses sujets. Ce fut sous son règne que les gouvernemens, les duchés, les comtés, les marquisats, qui jusques-là n'avoient été que de simples commissions, devinrent héréditaires, et préparèrent à la France cette multitude de petits souverains, qui en furent pendant plusieurs siècles les tyrans. Telle est l'origine et l'époque des fiefs et de la féodalité.

Successeurs de Charles-le-Chauve.

878. *Louis II*, surnommé *le Bègue*, à cause du défaut de sa langue, monta sur le trône de son père, et ne s'en montra pas plus digne. Il fut contraint de démembrer une grande partie de son domaine en faveur de Boson, comte de Provence, et de plusieurs autres seigneurs mécontens. Il mourut ensuite à Compiègne, à l'âge d'environ trente-trois ans, et après dix mois de règne.

879. *Louis III* et *Carloman*, fils de Louis-le-Bègue, lui succédèrent et régnèrent trop peu. Les deux frères partagèrent le royaume de France, et vécurent dans la plus parfaite union. Louis défit *Hugues-le-Bâtard*, fils de Lothaire et de Valdrade, marcha contre Boson, s'opposa aux courses des Normands sur lesquels il remporta une grande victoire dans le Vimeux, en 882. Il mourut sans enfans, le 4 août suivant. Carloman devint seul roi de France; mais il ne conserva que deux ans une couronne qu'il paroissoit digne de porter: il mourut sans postérité, en 884, d'une blessure qu'un sanglier lui fit à la chasse.

884. Le trône Français appartenoit à *Charles-le-Simple*, fils posthume de Louis-le-Bègue; mais ce prince n'étoit encore qu'un enfant, et il falloit un homme pour résister aux Barbares qui ne cessoient d'inonder la France. On donna donc la couronne à *Charles* surnommé *le Gros*, déjà empereur, proche parent du jeune Charles; et le nouveau monarque vit sous ses lois presqu'autant d'états que Charlemagne; mais il étoit trop foible pour soutenir une si grande fortune: elle l'accabla.

886. Les Normands forment le siége de Paris, dont les habitans commandés par le comte Eudes, se défendent avec une bravoure héroïque. Charles, après de long délais, paroît à la tête de ses troupes, pour secourir ses vaillans et fidèles sujets. Mais au lieu d'exterminer les barbares, il les engage à lever le blocus moyennant sept cents livres pesant d'argent, et leur permet de passer l'hiver dans la Bourgogne qu'il abandonne à leur avidité.

888. Ce honteux traité révolte tous les esprits: Français, Allemands, Italiens, tous se soulèvent, et déposent un prince si peu digne de commander à des nations si guerrières. Il mourut de chagrin et dans la misère peu de temps après sa disgrâce. On ne lui donne pas le nom de *Charles III*, parce qu'on ne le regarde que comme régent de France.

889-898. Les mêmes raisons qui avoient appelé le Gros à la couronne, au préjudice de Charles-le-Simple, déterminèrent les Français à choisir pour maître Eudes, comte de Paris, qui venoit de les défendre avec tant de gloire et de succès. Ce prince aussi modeste que généreux, n'accepta la couronne que pour la conserver au jeune Charles en bas âge. Il vainquit plusieurs fois les Normands, et vouloit poursuivre ses avantages contre eux; mais il fut arrêté par les révoltes continuelles des principaux nobles, jaloux de sa gloire. Il mourut à la Fère en Picardie, après 10 ans de règne, laissant la couronne à Charles-le-Simple.

899. *Charles III*, trop digne du surnom de *Simple*, ne manquoit pas de courage, mais il n'avoit ni prudence ni génie: aussi son règne n'offre-t-il que des revers.

911. Les Normands s'établirent enfin dans le royaume. Le

duc *Rollon*, leur chef, étoit digne de fonder un état. Deux fois vainqueur en Angleterre, il se jette sur la France, prend Rouen et fortifie cette ville. De-là, étendant ses conquêtes, il devient si redoutable, que Charles lui offre sa fille, avec le pays que depuis on appela *Normandie*. Il demande seulement que Rollon se fasse Chrétien, et se reconnoisse son vassal. Le prince Normand y consent, mais exige encore la Bretagne ; Charles conteste : Rollon presse et l'obtient. Un de ses officiers vient en son nom rendre hommage au roi, et après lui avoir baisé les pieds, suivant l'usage, il renverse, en se relevant, le monarque du haut de son trône. On se contente de rire de cette insolence ; on étoit trop foible pour le punir. Rollon devint législateur, après avoir été conquérant : sous son règne, on ne vit aucun vol dans ses domaines ; et la Normandie, changée tout-à-coup de face, étoit aussi florissante que le royaume étoit malheureux.

922. La race de Charlemagne disparoît presque toute entière ; l'Italie et l'empire passent dans d'autres maisons ; Charles-le-Simple oublie les droits de sa naissance ou n'ose les soutenir. Incapable de gouverner par lui-même, ce foible monarque se donne un ministre ou plutôt un maître qui l'obsède ; il s'appeloit *Haganon*, homme d'une origine obscure, mais habile et courageux. La noblesse ne peut plus approcher son roi. Le duc de Saxe arrive pour le voir et sollicite en vain cette grâce. Choqué du refus : *De deux choses l'une*, dit-il, *ou Haganon sera bientôt roi avec Charles, ou Charles sera bientôt simple gentilhomme comme Haganon*. La prédiction se vérifie.

Robert, duc de France, frère du dernier roi Eudes, en vient à une révolte déclarée et prend la couronne. Il est tué à la bataille de Soissons, mais Hugues-le-Grand, son fils, venge la mort de son père, défait Charles, qui est pris et enfermé au château de Péronne, où il mourut. Soit modération, soit timidité, Hugues refusa la couronne et la céda à son beau-frère Raoul, duc de Bourgogne qui l'accepta.

924. Le règne de Raoul, qui fut de douze ans et demi, fut une suite de séditions et de révoltes ; et quoique plein de courage et de rares qualités, ce prince ne changea point la face des affaires. Les petits gouvernemens étoient alors héréditaires, tandis que la couronne sembloit devenir élective. Tandis que les grands seigneurs tourmentoient le souverain, ils étoient eux-mêmes inquiétés par les petits seigneurs leurs vassaux. Ceux-ci étoient néanmoins tenus d'entrer dans les querelles de leurs seigneurs particuliers, et de les servir même contre le monarque. Tous s'étoient donné le droit de prendre les armes quand ils se croyoient lésés ; de-là ces guerres civiles qui désoloient les provinces. Ainsi, un roi que sa prudence, sa fermeté, son génie ne mettoient au-dessus de ces petits tyrans,

en devenoit le jouet. Raoul s'en fit craindre, estimer, et aimer. On blame son usurpation, mais on ne peut s'empêcher de le mettre au rang des princes les plus illustres qui aient jamais gouverné la France.

936. *Hugues-le-Grand*, comte de Paris, duc de France et de Bourgogne, arbitre du trône depuis long-temps, pouvoit y monter : il y place *Louis IV*, fils de Charles-le-Simple, surnommé d'*Outremer;* parce que sa mère l'avoit emmené en Angleterre pendant les troubles. Le jeune roi voulut régner par lui-même; l'empereur Othon se déclara pour lui, et les rebelles rentrèrent dans le devoir.

940-954. Louis veut envahir la Normandie, de concert avec Hugues, et promet à ce seigneur d'en partager avec lui la conquête. Mais il manque à ses engagemens : la guerre s'allume entre les sujets et le monarque, et ne cesse que par la médiation de l'empereur Othon. Louis n'en jouit pas long-temps : il meurt d'une chute de cheval. Grand prince à plusieurs égards, mais qui ne se méfioit pas assez des hommes, et qui, par conséquent, étoit souvent trompé.

955. Louis avoit eu la précaution d'associer au diadême *Lothaire*, son fils aîné. Hugues le lui laissa ceindre, protégea le jeune prince, et régna sous son nom. Il mourut en 956, et laissa ses domaines et son autorité à *Hugues* son fils, surnommé *Capet*, ou de la grosseur de sa tête, ou plutôt à cause de sa prudence et de sa fermeté.

964. Lothaire, avoit des qualités au-dessus du médiocre; mais il en falloit de héroïques qu'il n'avoit pas. Respecté dans ses états, il parvint à contenir dans le devoir les seigneurs, et reprendre sur eux une partie de l'autorité; il formoit peut-être de plus grands projets, lorsqu'il mourut, en 986, âgé d'environ quarante-cinq ans. Monarque digne d'éloges pour sa bravoure, son activité, sa vigilance.

987. *Louis V*, son fils, lui succéda, et ne régna qu'un an. On le surnomma le *Fainéant*, parce que la courte durée de sa domination ne lui donna pas le temps de l'illustrer; car d'ailleurs jamais surnom ne convint moins qu'à un tel prince : inquiet, turbulent, il fit paroître de la valeur; et qui sait l'usage qu'il en auroit fait? Avec lui expira la race des rois Carlovingiens, ainsi nommée de Charlemagne, le plus illustre des princes de cette famille, qui avoient régné deux cent trente-six ans. Après la mort de Louis V, le royaume appartenoit de droit à *Charles*, son oncle, duc de Lorraine, et fils de Louis d'Outremer; mais ce prince s'étant rendu odieux aux François, *Hugues Capet*, le plus puissant seigneur de France, fut placé sur le trône de Clovis et de Charlemagne, et devint chef de la race des rois appelés de son nom *Capétiens;* race illustre, qui a régné avec tant de gloire, et qui pendant près

de 800 ans a été l'amour et l'objet des vœux de la patrie.

Les causes particulières de la chute de cette race, furent d'un côté la puissance excessive des seigneurs, de l'autre la foiblesse et l'imbécillité de la plupart de ses rois. Ceux de la première race avoient abandonné leur autorité à d'ambitieux ministres, ceux de la seconde la laissèrent envahir par leurs vassaux. Sur la fin de la première, les maires du palais disposoient du tout, sous le nom d'un roi qui ne faisoit et ne pouvoit rien : sur la fin de la seconde, les grands seigneurs, devenus plus puissans que le souverain, n'étoient plus ses sujets que de nom, et n'obéissoient à ses ordres qu'autant qu'ils les trouvoient conformes à leurs intérêts ou à leur caprice.

Usages, coutumes des Français sous les Rois de la seconde Race.

Les ambassadeurs de Constantin Copronyme, empereur de Constantinople, parurent dans cette assemblée, et présentèrent au roi de magnifiques présens, entre lesquels on remarquoit un orgue. C'est le premier qui ait paru en France : Pépin en fit don à l'église de S. Corneille de Compiègne.

Pépin est le premier roi de France qui ait employé, dans ses ordonnances, la formule, *Par la grâce de Dieu*, ce qu'il ne faut pas regarder comme une marque de souveraineté, puisque non-seulement les princes, mais des évêques, des abbés et de simples prêtres en faisoient usage, sans autre dessein que d'exprimer leur reconnoissance envers l'Etre-suprême.

Le règne des Carlovingiens (c'est ainsi qu'on nomme les rois descendans de Charles-Martel), fut le règne des Cours plénières. C'étoient des assemblées solennelles, où, sur l'invitation du roi, tous les seigneurs étoient obligés de se trouver. On les tenoit deux fois l'an, à Noël, et à Pâques : elles duroient une semaine. La cérémonie commençoit par une messe, durant laquelle le célébrant mettoit la couronne sur la tête du roi, qui ne la quittoit qu'en se couchant. Pendant tout le temps de la fête, le monarque ne mangeoit qu'en public. Les évêques et les ducs les plus distingués avoient

Anecdotes et Faits particuliers arrivés sous les Rois de la seconde Race.

Le combat des bêtes féroces étoit un divertissement très-ordinaire sous nos anciens rois. Non-seulement ils le donnoient au peuple; mais souvent ils le prenoient en particulier, dans l'enceinte de leur palais. Ce fut dans un de ces jeux que Pépin humilia l'arrogance de quelques seigneurs qui avoient plaisanté sur la petitesse de sa taille, qui le faisoit surnommer le *Bref*. Un lion et un taureau combattoient : déjà le premier avoit renversé son adversaire, lorsque Pépin, se tournant vers les satyriques : « Qui de vous, » leur dit-il, se sent assez de cou- » rage pour aller ou séparer, ou » tuer ces furieux animaux ! « Cha- » cun reste muet. Ce sera donc » moi, » reprend froidement le monarque. Aussitôt il tire son sabre, saute dans l'arène, va droit au lion, lui coupe la gorge, et sans perdre de temps décharge un si rude coup sur le taureau, qu'il lui abat la tête. Toute la cour demeura étonnée de cette force prodigieuse et de cette hardiesse inouie. Les auteurs de la raillerie furent confondus. « David » étoit petit, leur dit le roi avec » une fierté héroïque ; mais il ter- » rassa l'orgueilleux géant qui avoit » osé le mépriser. » Tous s'écrièrent qu'il méritoit l'empire du monde.

Charlemagne scelloit quelquefois ses ordonnances du pommeau de

Usages, etc.

l'honneur d'être admis à sa table. Il y en avoit une seconde pour les abbés, les comtes et autres seigneurs. Chaque service étoit relevé au son des flûtes et des haut-bois. Lorsqu'on servoit l'entremets, vingt hérauts d'armes tenant chacun à la main une riche coupe, crioient trois fois : *Largesse du plus puissant des rois !* et semoient l'or et l'argent, que le peuple ramassoit avec de grandes acclamations. Mille fanfares annonçoient et célébroient cette distribution. Les divertissemens de l'après-dînée étoient la pêche, le jeu, la chasse, les danseurs de corde, les plaisantins ou farceurs, les jongleurs ou villeurs, et les pantomimes. Ces derniers avoient un talent admirable pour instruire des chiens, des ours, des singes. Ils les formoient à imiter toutes sortes de gestes, d'actions, de postures, et leur faisoient jouer une partie de leurs pièces. Chaque fois que le monarque tenoit sa cour plénière, il était obligé non-seulement de subvenir à cette énorme dépense, mais encore d'habiller ses officiers, ceux de la reine et des princes. De-là est venu le mot de *livrée*, parce qu'on *livroit* les habits aux frais du roi. S'il se trouvoit sur le buffet du souverain quelque vase de prix, s'il y avoit à sa couronne quelque diamant rare et curieux, l'usage exigeoit encore qu'il en fît présent à quelqu'un. Une sage économie fit supprimer, sous le règne de Charles VII, ces assemblées plus fastueuses qu'utiles.

Les assemblées générales de la nation, que l'on appeloit quelquefois *Parlemens*, et qui sous la première race, s'étoient tenues au mois de Mars, commencèrent sous Pépin, à se tenir au mois de Mai, parce que l'usage de la cavalerie s'étant introduit dans les armées, il étoit nécessaire de trouver des fourrages. Charlemagne convoquoit ces assemblées deux fois par an. Dans celle d'Heristal, en 776, on régla entre

Anecdotes, etc.

son épée : « Je les soutiendrai, » disoit-il, avec la pointe. »

Ce monarque si puissant, portoit en hiver un pourpoint fait de peau de loutre, sur une tunique de laine, avec un simple bord de soie. Il mettoit sur ses épaules un sayon de couleur bleue, et, pour chaussure et pour brodequins, il se servoit de bandes de diverses couleurs, croisées les unes sur les autres. Il s'enveloppoit ensuite d'un manteau si long par-devant et par-derrière, qu'il touchoit aux pieds : si court par les côtés, qu'à peine approchoit-il des genoux. Il vouloit par cette noble modestie, ramener la nation à la simplicité de ses ancêtres.

L'un de ses exercices les plus ordinaires étoit de nager. Il le prenoit non-seulement avec les rois ses enfans, mais souvent avec les personnes de sa cour, quelquefois même avec les officiers et les soldats de sa garde, et il excelloit par-dessus tous les autres.

Charlemagne prévit avec douleur les maux que les Normands, qui commencèrent à paroître sous son règne, causeroient un jour à la France, « Si, malgré toute ma puis- » sance, disoit-il en soupirant, ils » osent insulter les côtes de mon » empire, que ne feront-ils pas » lorsqu'il sera partagé ? » Il prit cependant toutes les mesures les plus sages pour prévenir ces désastres. Il visita tous ses ports, et fit construire un si prodigieux nombre de vaisseaux, qu'il y en avoit depuis l'embouchure du Tibre, jusqu'à l'extrémité de la Germanie. Tous ces bâtimens devoient rester toujours armés et équipés. Ce fut à Boulogne qu'il établit le principal arsenal de sa marine : il y fit relever un ancien phare, où l'on tenoit toutes les nuits des feux allumés ; c'est ce que l'on appelle encore aujourd'hui la *Tour-d'Ordre*.

Charles-le-Chauve, et Louis de Bavière, son frère, se lièrent ensemble d'une amitié si étroite, que,

Usages, etc.

autres choses, qu'un premier larcin seroit puni de la perte d'un œil; on condamna, pour un second, à avoir le nez coupé : la mort fut décernée pour peine du troisième.

Un des établissemens les plus célèbres et les plus utiles de Charlemagne, est celui des écoles pour enseigner la grammaire, l'arithmétique, et le chant ecclésiastique. Chaque monastère, chaque maison épiscopale en devoit avoir une. *Alcuin*, fameux moine Anglais, étoit inspecteur de toutes les études de France. Il fonda même une espèce d'académie dans le palais du monarque, et ce prince en vouloit être membre sous le nom de *David*. Les académiciens portoient tous un nom emprunté, l'un de l'Ecriture sainte, l'autre de la Fable. Le goût du roi mit la science à la mode, même parmi les femmes.

Charlemagne restraignit le droit d'asile, dont les abus tendoient à l'impunité des crimes ; en défendant de faire violence à ceux qui se réfugioient dans les églises, il ordonna que de gens de bien iroient y prendre les coupables, et les conduiroient aux juges. Il fixa l'âge de vingt-cinq ans pour la profession religieuse, à l'égard des filles; les hommes devoient avoir la permission du prince. Il défendit de toucher de l'argent pour la réception des moines, d'enterrer dans les églises, d'exercer aucune divination, et de faire l'aumône aux mendians qui pouvoient travailler ; chaque canton devoit nourrir ses pauvres; et la mendicité, l'opprobre des nations polies, fut sagement interdite.

La politique de Charlemagne à l'égard des peuples qu'il avoit soumis, fut la même que celle de Clovis à l'égard des Gaulois. Il leur laissa leurs lois et leurs usages ; ainsi les lois Lombardes, continuèrent de régir les Lombards ; et les Romains, comme les Gaulois, conservèrent le droit Romain. Dans les actes, on avoit soin de remarquer sous quelles lois vivoient les contractans ; et il y avoit des tribunaux différens où l'on jugeoit suivant les lois des parties. Les Francs, outre la loi Salique, se régissoient par les capitulaires, ou ordonnances des rois. S'il y avoit quelque article qui regardât une autre

Anecdotes, etc.

se donnant publiquement des bâtons l'un à l'autre, ils recommandèrent leurs femmes et leurs enfans au survivant ; c'étoit une manière solennelle de contracter une alliance.

Le comte d'Anjou aimoit à chanter au lutrin. Ayant appris que Louis d'Outremer en plaisantoit, il lui écrivit très-sérieusement : *Sachez, Sire, qu'un prince non lettré, est un âne couronné.*

L'ignorance étoit si profonde, qu'on ne savoit ni lire, ni écrire. On ne connoissoit plus les possessions que par l'usage ; les traités ne se conservoient que dans la mémoire. Le clergé seul avoit quelque teinture des lettres, et ce fut surtout dans des monastères que se conservèrent les précieuses étincelles, qui se développant après plusieurs siècles, dissipèrent enfin les ténèbres et amenèrent les beaux jours de la littérature moderne.

La longue chevelure cessa d'être la marque distinctive des princes, sous les rois de la seconde race.

On remarque que, durant cette époque de notre histoire, il n'y avoit que très-peu de fêtes. Les seigneurs étoient obligés de venir les célébrer dans la principale cité de leur diocèse : les rois même s'en faisoient un devoir. On n'en trouve le dénombrement dans une constitution de Charlemagne, où l'on voit qu'on les marquoit déjà en lettres rouges. C'étoient Noël, S. Jean l'Evangéliste, les Innocens, l'octave du Seigneur, l'Epiphanie, l'octave de l'Epiphanie, la Purification de la sainte Vierge, huit jours à Pâque, les grandes Litanies, l'Ascension, la Pentecôte, S. Jean-Baptiste, S. Pierre et S. Paul, S. Martin, S. André.

nation, il étoit inséré dans le code de cette nation ; autrement il ne regardoit que la France.

Charlemagne envoyoit dans les provinces des officiers chargés d'éclairer la conduite des gens en place, de veiller à l'administration de la justice, de recevoir les plaintes des peuples, et de les porter jusqu'au trône. Ces officiers qui subsistèrent sous la plupart des rois de la seconde race, étoient appelés envoyés royaux, (*misi dominici.*) Ils avoient chacun leur département, et devoient s'y rendre quatre fois l'année.

Sous le règne de ce prince, le latin cessa d'être la langue vulgaire. Il se forma un jargon mêlé de franc et de mauvais latin, qu'on appela la langue *Romance*, et qui donna naissanse à la langue française.

L'usage des cuirasses et des casques, ainsi que celui de l'arc et des flèches, presque inconnu sous la première race, devint une loi militaire sous la seconde. La chevalerie commença aussi à être connue. Le chevalier, qui se nommoit *Miles*, avoit un rang dans la milice, indépendant de celui que donnoient les charges militaires.

Le titre de Vicomte commença aussi à être connu dans la personne de Civilane, gouverneur de Narbonne, qui jusque-là ne prenoit que le nom de Vidame, *vice-dominus*, c'est-à-dire, vicaire du seigneur ou du maître.

Sous Louis-le-Débonnaire, de même que sous Charlemagne, l'étiquette de la cour étoit que les seigneurs, en abordant le monarque, lui baisassent les pieds. Quelques-uns néanmoins des plus distingués avoient le privilége de lui baiser seulement le genou, comme les cardinaux font aujourd'hui à l'égard du pape. Les reines elles-mêmes baisoient les genoux de leur mari. Les ducs et les comtes portoient alors des couronnes sur la tête, mais différentes de celles des rois.

Vers la fin de la seconde race, un nouveau genre de possession s'établit sous le nom de *fiefs*. Les *ducs* ou gouverneurs des provinces, les *comtes* ou gouverneurs des villes, les officiers d'un ordre inférieur profitant de l'affoiblissement de l'autorité royale, rendirent héréditaires dans leur maison des titres que jusque-là ils n'avoient possédés qu'à vie, en ayant usurpé également et les terres et la *justice*, s'érigèrent eux-mêmes en seigneurs propriétaires des lieux dont ils n'étoient que les magistrats, soit militaires, soit civils, soit tous les deux ensemble.

La noblesse, ignorée en France, jusqu'au temps des fiefs, commença avec cette nouvelle seigneurie, en sorte que ce fut la possession des terres qui fit les nobles, parce qu'elle leur donna des espèces de sujets nommés *vassaux*, qui s'en donnèrent à leur tour par des *sous-inféodations ;* et les droits des seigneurs furent tels, que les vassaux étoient obligés, dans certains cas, de les suivre à la guerre contre le roi même.

Le payement en monnoies n'étoit pas le seul en usage sous nos premiers rois. On affinoit l'or et l'argent qu'on recevoit des peuples ; on le conservoit en masse dans le trésor du prince ; on le donnoit aux poids. Cette coutume, imitée des Romains, fut suivie par les particuliers même, jusqu'au règne de Philippe-le-Bel. Rien de si commun dans les actes de ces temps-là, que les payemens et les amendes à livre ou à marc d'or ou d'argent. On n'avoit donc besoin de monnoies que pour le petit commerce ; aussi en fabriquoit-on fort peu.

Il paroît, par d'anciens monumens, qu'il y avoit alors en France à-peuprès autant d'argent qu'il y en a aujourd'hui. Ce qui trompe, c'est qu'on veut juger de la valeur de l'ancienne monnoie par celle qu'il nous a plu donner à la nôtre. On se récrie sur ce que les vingt-quatre livres de pain ne valoient qu'un denier sous le règne de Charlemagne. Mais ce denier étoit bien différent du nôtre, et vaudroit aujourd'hui trente sous de notre compte. La livre de pain revenoit donc à-peu-près à cinq liards ; ce qui ne s'éloigne pas beaucoup du prix ordinaire dans les bonnes années.

La livre numéraire, sous la première et la seconde race, étoit réputée le poids réel d'une livre de douze onces, qui étoit le seul en usage en France pour peser l'or et l'argent. Sous Pépin, on tailloit vingt-deux sous dans cette livre de poids d'argent. Charlemagne, dont les conquêtes avoient rendu ce métal plus abondant, ordonna qu'on n'en tailleroit plus que vingt, c'est-à-dire, qu'alors le sous étoit précisément à la vingtième partie de douze onces. Telle est la véritable origine du mot de livre, dont on se sert encore aujourd'hui en France, quoique ce ne soit plus que le signe représentatif de vingt sous de cuivre.

Le marc d'argent de huit onces vaut depuis long-temps quarante-neuf francs. La livre qui, du temps de Charlemagne, étoit le signe représentatif de douze onces, vaudroit donc de nos jours soixante-treize livres dix sous ; la valeur du sou, qui en étoit la vingtième partie, seroit de trois livres treize sous six deniers; celle du denier, qui étoit la douzième partie du sou, de six sous un denier une obole ; celle enfin de l'obole, qui étoit la moitié du denier, de trois sous une obole une pitte.

Le droit de faire battre monnoie n'appartenoit qu'au souverain, qui l'accordoit quelquefois à des seigneurs, à condition d'y mettre le buste ou le nom du prince. La plupart de nos anciennes monnoies offrent le portrait du roi, tantôt avec un diadème simple, ou à double rang de perles ; tantôt avec une couronne à pointes ou radiales, quelquefois avec une espèce de casque garni de pierreries, souvent avec une couronne de laurier, surtout sous la seconde race. Le revers est presque toujours une croix simple ou double entre un *Alpha* et un *Oméga*, première et dernière lettres de l'alphabet grec, pour exprimer le nom de Jésus-Christ, qui est le commencement et la fin de tout ; quelquefois c'est un calice à deux anses ; d'autres fois un ange, un saint, une église, quelques instrumens, un vaisseau, quelques caractères inconnus, la figure d'un dragon couché devant une petite croix, ou le nom de la ville où elles ont été frappées. La légende étoit le nom du monétaire, ou celui du prince, souvent seul, souvent avec l'épithète du roi. Théodebert premier, prit le titre de *Dominus noster*, (notre maître); Charlemagne, celui de *gratiâ Dei rex*, (roi par la grâce de Dieu.) Louis-le-Débonnaire fit graver ces mots : *Munus Divinum*, (présent de la Divinité.)

ENTRETIEN XVI.

Tableau général de l'Histoire de France, depuis le règne de Hugues Capet, chef des Rois de la troisième race, jusqu'à celui de S. Louis.

HUGUES CAPET.

987-985. Les quatre premières années du règne de Hugues Capet, ne furent pas tranquilles. Charles duc de la Basse-Lorraine, frère de Lothaire, et oncle du dernier roi, prétendoit ouvertement au trône, et étoit soutenu par quelques seigneurs puissans. Mais ce prince fut enfin vaincu : on le fit prisonnier; on le conduisit à Orléans; on le jeta dans une prison : il y mourut, laissant son rival paisible possesseur du diadème de ses ancêtres.

Aussi aimable par sa douceur et son affabilité, que redoutable par sa puissance, son génie et sa valeur, il n'est pas étonnant que Hugues Capet soit parvenu à monter sur un trône que la foiblesse avoit pour ainsi dire laissé vacant ; qu'il s'y soit maintenu avec gloire et qu'il y ait établi sa postérité. Avant lui, grand nombre de bénéfices ecclésiastiques, d'abbayes, de cures même, étoient possédées par des seigneurs, la plupart gens de guerre ou engagés dans le mariage ; il fit cesser ce scandale en renonçant aux riches abbayes dont il touchoit les revenus. Son exemple fut suivi par les seigneurs de sa cour, et cet acte de justice autant que sa piété, lui mérita le titre de défenseur de l'Eglise.

996. Hugues associa Robert, son fils aîné, à sa puissance, et quitta la vie dans la dixième année de son règne, et la cinquante-cinquième de son âge.

Robert.

998. Le nouveau roi, qui avoit été sacré du vivant de son père, avoit épousé Berthe sa parente, fille de Conrard, duc de Bourgogne. Le pape Grégoire V, ne pouvant obtenir qu'il renonçât à un alliance que réprouvoit les lois de l'église, déclare ce mariage nul, et excommunie le monarque. Cet anathême eut tant d'effet, que tous les courtisans et les serviteurs du prince se séparèrent de lui. Il ne resta que deux domestiques, qui, pleins d'horreur pour tout ce qu'il avoit touché, passoient par le feu, jusqu'aux plats où il avoit mangé, et jusqu'aux vases où il avoit bu. Robert ouvrit enfin les yeux et se sépara de Berthe. Il se remaria avec la fille du comte d'Arles.

1002. Robert fait durant cette année une guerre vive et sanglante au duc *Otto-Guillaume*, pour le duché de Bourgogne, dont le dernier souverain, mort sans enfans, l'avoit déclaré héritier. Il terrasse enfin son ennemi, et donne ce bel apanage à Henri son second fils.

1017. Le roi associe au trône Hugues, son fils aîné, *Flour de Jouvenciaux*, dit un ancien, et le fait couronner à Compiègne, le jour de la Pentecôte. Le jeune prince ne porta le sceptre que durant huit ans ; il mourut, et son père lui donna pour successeur *Henri*, nouveau duc de Bourgogne, qu'il fit sacrer à Reims, en 1027. Robert auquel l'histoire ne reproche rien depuis sa première faute, mérita par sa sagesse, qu'on lui offrît l'empire et le royaume d'Italie; mais il refusa, et mourut en 1031, à l'âge de soixante ans. Son corps fut enterré à Saint-Denis, au milieu des larmes de ses peuples qui rendoient ce glorieux témoignage à sa mémoire, et faisoient pour lui ces souhaits : « Tandis que Robert a été roi, tandis » qu'il nous a gouvernés, nous n'avons craint personne. Dai- » gne, le Seigneur, accorder le salut éternel à ce prince si bon,

» ce père du sénat et de tous les gens de bien ! qu'il daigne
» le faire monter promptement au ciel, et le faire asseoir
» éternellement avec Jésus-Christ le Roi des rois »

Robert fut roi de ses passions comme de ses peuples. Sincèrement pieux, jamais prince ne fut plus assidu aux offices divins ; il chantoit avec le chœur, et portoit la chappe, la courouronne sur la tête et le sceptre à la main, et cette pratique n'avoit rien de bas ou de ridicule dans ces siècles de foi et de simplicité, ou rien n'étoit petit de ce qui appartenoit à la religion. Sa charité n'avoit point de bornes ; il nourrissoit par jour, le plus souvent, jusqu'à mille pauvres : le Jeudi-Saint, il leur lavoit les pieds, et les servoit à genoux, couvert d'un cilice. Dieu lui accorda, dit-on, la grâce de guérir les écrouelles en les touchant, et en faisant sur elles le signe de la croix. Voilà apparemment d'où vient à nos rois l'usage de toucher les écrouelles le jour de leur sacre.

Henri Premier.

1032. Quoique Henri eût été placé sur le trône par son père lui-même, la reine Constance voulut cependant l'en faire descendre, pour y faire asseoir Robert, son troisième fils. Le nouveau monarque, soutenu du duc de Normandie, obligea la turbulente princesse, femme altière et hautaine, et son frère à lui demander la paix : il fit même à Robert une cession du duché de Bourgogne ; et c'est de ce prince qu'est sorti la première race des ducs de Bourgogne du sang royal.

1051. Le monarque Français, ayant perdu sa première femme, en envoie chercher une seconde jusqu'en Russie ; ce fut *Anne*, fille de Joredislas, roi des Moscovites.

1062. Henri fait sacrer à Reims, Philippe son fils aîné, et meurt peu de temps après, dans la trentième année de son règne, et la cinquante-cinquième de son âge, avec la réputation de grand capitaine et de roi juste. Il fut inhumé à Saint-Denis. On place sous le règne de Henri Ier, la plus horrible famine qu'ait essuyé la France. Elle dura trois ans.

Philippe Premier.

1061. Le nouveau souverain n'ayant que huit ans, *Baudoin*, comte de Flandre, fut déclaré régent du royaume, et s'acquitta avec zèle de son emploi de tuteur. Il défit les Gascons qui vouloient se soulever, et mourut laissant le roi à l'âge de quinze ans.

1071-1093. Battu dans quelques guerres qu'il avoit entrepris avec plus de courage que de prudence, il chercha à oublier dans la débauche le malheur de ses armes.

Dégoûté de sa femme *Berthe*, dont il avoit eu quatre enfans, il enlève *Bertrade*, épouse du comte d'Anjou, et lui donne la main. Un évêque de Beauvais, plus ami de la faveur du monarque que de ses propres devoirs, bénit cette alliance scandaleuse ; mais le pape Urbain II, la condamne et l'anathématise dans les propres états du roi, où il étoit venu chercher un asile. Philippe, craignant la rebellion, promet de renvoyer Bertrade ; mais bien loin de tenir sa parole, il continue de vivre avec elle, et la fait solennellement couronner reine de France. Ce nouveau délit fut suivi d'une nouvelle excommunication, et Philippe se trouva dans un grand embarras. Ses désordres lui attiroient l'aversion du peuple ; l'anathème dont il étoit chargé provoquoient les grands à la révolte ; pour la prévenir Philippe associa au trône Louis son fils aîné, et lui remit les rênes du gouvernement. Ce jeune prince doux et sage, mais ferme en même temps, empêcha le bouleversement dont la monarchie étoit menacée. Philippe rompt enfin ses chaînes, et au moyen d'une pénitence publique, obtient l'absolution de ses désordres.

1108. Le voluptueux monarque meurt à Melun, à l'âge de cinquante-sept ans, après avoir été témoin de la première croisade, à laquelle il ne voulut prendre aucune part. Son règne a été le plus long de ceux qui l'avoient précédé, excepté celui de Clotaire, et de tous ceux qui l'ont suivi, excepté celui de Louis XIV. Il fut célèbre par plusieurs grands événemens ; mais Philippe, quoique brave dans les combats et sage dans les conseils, ne joua aucun rôle important. Il parut d'autant plus méprisable à ses sujets, que ce siècle étoit plus fécond en héros ; aussi l'autorité royale s'affoiblit-elle dans ses mains.

Louis VI, *dit* le Gros.

1109. Louis, que l'énormité de sa taille fit surnommer le Gros, s'étoit acquis depuis long-temps l'affection des peuples et le respect des seigneurs. La puissance du monarque étoit bien circonscrite par les vastes domaines de ses vassaux, qui presque tous levoient sans cesse l'étendard de la révolte. Louis les affoiblit ou les subjugue. Les seigneurs de Rochefort, le comte de Coucy, le sire de Puiser, reçoivent la loi de leur maître, qui triomphe encore d'une conjuration formée par Philippe son frère. Par cette courageuse activité l'autorité du souverain s'accrut, l'harmonie parut renaître, en moins de deux ans tout fut dans l'ordre.

1110. Ici commence cette haine implacable qui divise depuis si long-temps la France et l'Angleterre. La forteresse de Gisors, située sur la frontière des deux états, fut la première occasion de rupture. *Henri I*, roi d'Angleterre et duc de Normandie, s'en étant emparé, quoiqu'elle fût en sequestre, le roi de France lui envoya un cartel ; il répondit qu'il n'avoit pas besoin de se battre pour un fort dont il étoit en possession. Au lieu d'un combat singulier, il y eut une bataille. Ce

ENTRETIEN XVI.

fut-là comme une semence de guerres inaltérables, souvent interrompues par des traités, mais bientôt allumées par l'ambition et par l'antipathie. Louis fut quelquefois malheureux, et toujours brave. On raconte que, dans une mêlée, un Anglais saisit la bride de son cheval, en criant : « Le roi est pris. » Sans s'étonner du péril : « Ne sais-tu pas, lui dit-il, qu'on ne » prend jamais le roi aux échecs » ? Et à l'instant, il le renversa mort d'un coup d'épée.

1115. Louis épouse Adélaïde, fille de Humbert, comte de Maurienne et de Savoie, femme d'un rare mérite. Il rétablit le comte d'Anjou dans sa charge de grand-sénéchal de France, et déclare de nouveau la guerre au monarque Anglais. D'abord ses armes sont heureuses; mais les intrigues de Henri font changer la fortune. Louis est battu à Brenneville, sans cependant perdre beaucoup de monde; et cette défaite ramène la paix entre les deux princes.

1123. Elle n'est pas de longue durée. Henri vient à bout d'engager l'empereur à se jeter dans les états de son rival. Le nouvel ennemi approche avec des troupes nombreuses; mais toute la France vole au secours de son roi. Deux cents mille hommes s'opposent au prince Allemand, qui n'ose se commettre contre des forces si redoutables, et qui laisse l'Anglais dans la nécessité de traiter encore une fois avec Louis.

1129. Philippe, fils aîné du roi, est couronné à Reims par l'ordre de son père ; mais il ne survit pas long-temps à son élévation. Un jour qu'il étoit à se divertir avec quelques seigneurs, dans un des fauxbourgs de Paris, un pourceau égaré vint se jeter entre les jambes de son cheval qui s'abattit. Le jeune roi fut tellement froissé de sa chute, qu'il expira la nuit suivante. Le monarque ne se consola de cette perte, qu'en faisant sacrer son second fils Louis. Ce fut le pape lui-même qui le couronna, douze jours après la mort de Philippe. Les troubles de Rome avoient obligé le pontife à se retirer en France.

1137. Louis-le-Gros tombe malade, et meurt à l'âge d'environ soixante ans, dont il avoit régné vingt-neuf depuis le décès de son père. On ne peut lui refuser ni les qualités qui forment le héros guerrier : l'activité, la valeur, l'intrépidité, ni les vertus qui font le bon roi : la douceur des mœurs, l'inclination à faire du bien, l'application au gouvernement, le zèle de la justice, l'amour des peuples, la haine de l'oppression et de la tyrannie. S'il eût excellé dans la politique comme dans tout le reste, il auroit égalé, peut-être même surpassé les plus illustres de ses prédécesseurs. Les rois devroient toujours avoir devant les yeux les dernières paroles qu'il dit à son successeur : « Souvenez-vous, mon fils, que la royauté n'est » qu'une charge publique dont vous rendrez compte à celui qui » seul dispose des sceptres et des couronnes. »

Tome II.

Louis VII, *dit* le Jeune.

Louis-le-Jeune employa les premières années de son règne à réprimer les entreprises des vassaux de la couronne, et surtout de Rhibaut comte de la Champagne, dont l'humeur inquiète et séditieuse excitoit sans cesse de nouveaux troubles. Le jeune monarque, qui étoit plein de courage et de feu, ne laissa pas ces insultes impunies; mais il poussa trop loin la vengeance. A la tête d'une armée formidable, il fond sur la Champagne, saccage Vitri, fait mettre le feu à l'église, où périssent plus de treize cents personnes. Cette exécution cruelle est suivie de violens remords : pour les calmer, il fait vœu d'aller à la conquête de la Terre-Sainte.

1145-1155. S. Bernard est chargé de prêcher une seconde croisade. Il se rend au parlement de Vezelai en Bourgogne. La véhémence de ses paroles subjugue tous les cœurs; le roi prend la croix; toute sa noblesse l'imite : l'enthousiasme saisit tous les François; on crie de toutes parts : *La croix! La croix!* Bernard coupe ses habits pour en faire; et comme elles ne suffisent pas encore, il permet à la multitude de convertir en ce signe vénérable tout ce qu'elle trouvera sous sa main. Sugger, abbé de Saint-Denis, le meilleur citoyen, le ministre le plus fidèle, l'homme d'état le plus habile qui fut alors, est élu régent du royaume. Louis part suivi de quatre-vingt mille hommes. Il arrive à Constantinople, où l'empereur Grec, Manuel Comnène, lui fait beaucoup d'offres et de promesses qui aboutirent à des trahisons sans nombre. Le monarque Français, après des prodiges de valeur, est vaincu par les Sarrasins : il lève le siége de Damas, et à son retour en France, il est arrêté par les Grecs. Roger, roi de Sicile, le délivre, et lui donne les secours nécessaires pour rentrer dans son royaume.

La conduite peu régulière de sa femme Eléonore, héritière de la Guienne et du Poitou, qui l'avoit accompagné dans sa course aussi longue que malheureuse, fit faire à Louis une faute en politique en faisant casser son mariage, et en épousant Constance, fille d'Alphonse, roi de Castille. Cette princesse donne ces états et sa main à Henri Plantagenet, duc d'Anjou, qui, déjà maître de la Tourraine, du Maine, de la Bretagne et de la Normandie, fut appelé par droit de naissance au trône d'Angleterre. C'est de là que date l'influence des rois Anglais sur le continent.

1156. La guerre s'allume entre la France et l'Angleterre, au sujet du comte de Toulouse. Louis, tantôt vaincu, tantôt vainqueur, ne remporta aucune victoire éclatante, n'essuya aucune défaite considérable. Quelques traités suspendirent ces dissensions, qui ne furent totalement terminées qu'en 1177, par la promesse de mariage du second fils de Henri II, et de la fille cadette de Louis-le-Jeune.

1180. Ce prince mourut, à l'âge de soixante ans, d'une paralysie qu'il contracta en allant au tombeau de S. Thomas de Cantorbéry, auquel il avoit donné une retraite en France, lors des démêlés de ce prélat avec Henri II, son souverain. Louis-le-Jeune étoit pieux, bon, courageux ; mais sans politique, sans finesse. Il est le premier de nos rois qui se soit servi des fleurs-de-lis sur ses armes et sur son sceau. Il défendit le duel pour une dette qui n'excéderoit pas cinq sous. Une dette de six sous étoit donc une matière suffisante du duel. Une pareille ordonnance est bien capable de prouver tout-à-la-fois et la foiblesse de la législation, et la barbarie de ces temps-là.

PHILIPPE-II, *surnommé* AUGUSTE.

1181. Philippe, à qui ses belles actions ont fait donner le surnom d'Auguste, avoit été couronné quelques mois avant la mort de son père ; il n'avoit que quinze ans lorsqu'il régna seul ; mais sa jeunesse ne fut pas comme celle de la plupart des princes ; il évita l'écueil des plaisirs, et son courage n'en fut que plus vif. Le roi d'Angleterre paroissoit vouloir profiter de sa minorité pour envahir une partie de ses états ; Philippe marcha contre lui, et le força, les armes à la main, de confirmer les anciens traités entre les deux royaumes.

Dès que la guerre fut terminée, il fit jouir son peuple des fruits de la paix. Il réprima les brigandages des grands seigneurs, chassa les comédiens, ordonna des peines contre les blasphémateurs, fit paver les rues et les places publiques, et réunit dans l'enceinte de cette capitale une partie des bourgs qui l'environnoient. Paris fut fermé par des murailles avec des tours. Les citoyens des autres villes se piquèrent aussi de fortifier et d'embellir les leurs.

Les Juifs exerçoient depuis long-temps en France des friponneries horribles ; le monarque les chassa de son royaume.

1184. La tranquillité de la France fut troublée par un différend avec le comte de Flandre, mais il fut heureusement terminé par la sagesse du prince. Quelque temps après il fit la guerre à Henri II, roi d'Angleterre, auquel il enleva les villes d'Issoudun, de Tours, du Mans, et d'autres places.

1187-1191. Telles étoient les occupations vraiment royales de Philippe, lorsque la funeste bataille de Tibériade fit perdre Jérusalem aux Chrétiens de la Palestine. Pour arrêter les progrès du fameux Saladin, sultan d'Egypte, Philippe prit la croix et s'embarqua avec Richard I, roi d'Angleterre, pour secourir les Chrétiens de la Palestine, opprimés par Saladin. Ces deux monarques allèrent mettre le siège devant Acre, appelée autrefois *Ptolemaïs*. Presque tous les Chrétiens d'Orient s'étoient rassemblés devant cette place importante. Saladin étoit embarrassé vers l'Euphrate dans une guerre civile. Quand les deux rois Européens eurent joint leurs forces à celles des Chrétiens d'Asie, on compta plus de trois cents mille combattans. Acre se rendit ; mais la discorde, qui devoit nécessairement diviser deux rivaux de gloire et d'intérêt, tels que Philippe et Richard, fit plus de mal que cette multitude de guerriers ne fit d'exploits heureux. Le monarque Français, fatigué de ces divisions, et de l'ascendant que prenoit en tout Richard, son vassal, retourna dans sa patrie.

1194. Philippe, pour se consoler du mauvais succès de sa croisade, songe à reculer les bornes de son empire. Il oblige Beaudouin VIII, comte de Flandre, de lui laisser le comté d'Artois. Ensuite il tourne ses armes contre Richard son rival, et lui prend Evreux et le Vexin. Cependant les suites de cette guerre ne sont pas heureuses. Le monarque Français, repoussé de Rouen avec perte, fait une trêve de six mois. Quelque temps après, la mort de Richard délivra Philippe d'un rival redoutable, et il est bien douteux que sans cette mort prématurée, son règne eût été aussi fécond en conquêtes et aussi glorieux qu'il le fut depuis.

1203. Jean, surnommé Sans-Terre, successeur de Richard, commence son règne par un attentat bien indigne d'un souverain ; il fait assassiner Arthus, duc de Bretagne, pour s'emparer de ses états. Philippe profita de son occasion la plus heureuse qu'il pût désirer. Il cite devant la cour des pairs le monarque Anglais, qui, comme duc de Normandie, étoit vassal de la couronne. Jean n'ayant pas comparu, est déclaré coupable de la mort de son neveu, et condamné à perdre la tête. Ses terres situées en France son confisquées au profit du roi. Philippe se mit bientôt en devoir de recueillir les fruits du crime de son vassal. Il prit la Guienne, le Poitou, le Maine, la Touraine, l'Anjou et la Normandie, qu'il réunit à la couronne, dont elles avoient été détachées trois cents ans auparavant.

1214. Cependant les armemens qu'avoit faits Philippe avoient alarmé les puissances voisines. Tous se liguent contre ce formidable ennemi ; l'Allemagne, la Flandre et plusieurs autres états se réunissent. Le monarque Français ne se décourage point : sa fortune et sa bravoure dissipent ses nombreux adversaires. Sa valeur éclata surtout à la bataille de Bouvines, qui dura depuis midi jusqu'au soir. Les confédérés avoient une armée de cent cinquante mille combattans ; celle de Philippe étoit plus foible de moitié, mais elle étoit composée de la fleur de sa noblesse. Ce prince courut grand risque de la vie ; il fut abattu, foulé aux pieds des chevaux, et blessé à la gorge. On tua trente mille Allemands. Il est vrai que cette mémorable victoire n'augmenta point les domaines du vainqueur ; mais elle accrut beaucoup son autorité sur ses vassaux, ce qui valoit bien des conquêtes.

1216. Philippe, vainqueur de l'Allemagne, possesseur de presque tous les états des Anglais en France, fut appelé au royaume d'Angleterre par les sujets du roi Jean, lassés de la domination tyrannique de ce monarque. Le roi de France se conduisit en grand politique; il engagea les Anglais à demander son fils Louis, pour roi; celui-ci fait une descente en Angleterre; est couronné à Londres: Jean meurt de douleur. Sa mort éteignit le ressentiment des Anglais, qui s'étant déclarés pour Henri III, son fils, forcèrent Louis à sortir d'Angleterre.

1224. Philippe-Auguste meurt à l'âge de cinquante-neuf ans. De tous les rois de la troisième race, c'est celui qui a le plus acquis de terres à la couronne, et de puissance aux rois ses successeurs. Après avoir terrassé Jean-sans-Terre, il abaissa les grands seigneurs; et par la ruine des puissances du dehors et du dedans, il ôta le contre-poids qui balançoit son autorité dans le royaume. Ce prince étoit plus que conquérant, il fut un grand roi, bon politique, magnifique dans les actions d'éclat, économe dans le particulier, exact à rendre la justice: sachant employer tour-à-tour les caresses et les menaces, les récompenses et les châtimens; zélé pour la religion, et toujours porté à défendre l'église et à secourir les indigens. Ses entreprises furent presque toujours heureuses, parce qu'il méditoit ses projets avec lenteur, et qu'il les exécutoit avec célérité. On lui a reproché d'avoir fait quelques fautes à la tête de ses armées; mais il en fit bien peu dans son conseil. Il commença par rendre les Français heureux, finit par les rendre redoutables, et quoique plus porté à la colère qu'à la douceur, et à punir qu'à pardonner, il fut regretté de ses sujets comme un puissant génie et comme le père de la patrie.

Louis VIII, *dit* Cœur-de-Lion.

1224. Louis, que sa bravoure a fait surnommer *Cœur-de-Lion*, est le premier roi de la troisième race qui ne fut pas sacré du vivant de son père. Henri III, roi d'Angleterre, au lieu de se trouver à son sacre comme il le devoit, lui envoya demander la restitution de la Normandie. Mais le nouveau roi, bien loin de la rendre, partit avec une nombreuse armée, résolu de chasser les Anglais de toute les terres qu'ils possédoient encore en France. Il leur prit Niort, Saint-Jean-d'Angéli, le Limousin, le Périgord, le pays d'Aunis, et plusieurs autres contrées: il ne restoit plus que la Gascogne et Bordeaux à soumettre, lorsque le jeune conquérant se laisse engager dans la guerre contre les Albigeois, hérétiques du pays d'Albi. Il fit le siége d'Avignon, à la prière du pape Honoré III, et prit cette ville en 1226. La maladie se mit ensuite dans ses troupes: il en fut attaqué lui-même, et termina sa carrière à l'âge de trente-neuf ans. Sa valeur, sa chasteté et ses vertus ont rendu son nom immortel.

Usages et Coutumes des Français sous les Rois de la troisième Race.

Autrefois on n'avoit que son nom propre. On imagina sous la seconde race, et surtout dans les commencemens de la troisième, d'y ajouter quelque épithète tirée ou de la dignité, ou de la force, ou de la couleur, ou de quelque qualité personnelle. De-là ces noms de Robert le *Fort*, de Hugues le *Blanc*, de Hugues *Capet*, Louis le *Gros*, etc. Dès-lors le surnom devint généralement à la mode. Les nobles les tirèrent de leurs fiefs ou seigneuries, le bourgeois le prit ou du lieu de sa naissance, le *Picard*, le *Normand*; ou du métier qu'il exerçoit, le *Charron*, le *Meunier*; ou de quelque ridicule, le *Roi*, le *Prince*, l'*Evêque*; ou enfin de quelque défaut naturel; le *Camus*, le *Bossu*, etc.

On rapporte à ce siècle le commencement de la pairie. Le nom de *pair* étoit connu depuis très-longtemps : on avoit pour juges ses *pairs*. La pairie devint une dignité, après l'usurpation des fiefs. Au temps de Hugues Capet, il y eut sept pairs laïques, dont les fiefs relevoient immédiatement de la couronne. Les barons avoient aussi leurs pairs; mais on ne voit pas qu'ils en eussent d'ecclésiastiques comme le roi.

Du temps du roi Robert, la mode parmi les dames de qualité, étoit de porter de petites cannes légères, dont la pomme, pour l'ordinaire, étoit ornée de la figure de quelque oiseau.

Hugues Capet et son fils Robert établirent, à l'exemple de Clovis, leur séjour à Paris, qui avoit cessé d'être la demeure de nos rois pendant toute la deuxième race.

Hugues fit de son palais une église nommée aujourd'hui *saint Barthelemi*. Le sceau de ce prince est le premier où l'on voit ce que l'on appelle *la main de Justice*; il la tient de la main droite, et un globe de l'autre; il porte sur sa tête une couronne fleuronnée, ses cheveux

Anecdotes et Faits particuliers arrivés sous les rois de la troisième Race.

Robert, étant à Compiègne, fut averti que douze scélérats avoient formé le dessein de l'assassiner. On les arrêta; et leur procès fut instruit. Mais tandis qu'on y travailloit, le bon roi leur fit donner la communion, après les avoir fait préparer par la pénitence. Il les fit manger avec lui, et envoya dire aux juges, qui les avoient condamnés d'une voix unanime, qu'*il ne pouvoit se venger de ceux que son maître avoit reçus à sa table.*

La compassion de Robert pour les malheureux alloit quelquefois si loin, que, lorsque l'argent leur manquoit, il leur permettoit de le voler, et trouvoit très-mauvais qu'on voulût les en empêcher. Les filous le suivoient jusque dans son appartement, sous prétexte de lui demander l'aumône, et lui prenoient impunément tout ce qu'il avoit de plus précieux dans ses poches et sur ses habits. Un d'eux, lui ayant coupé la moitié d'une frange d'or, vouloit encore emporter l'autre. « Retirez-vous lui dit le roi avec bonté, il doit vous suffire de ce que vous avez; ce qui reste pourra servir aux besoins de vos camarades. » Il se cachoit de la reine pour faire du bien, tant cette femme altière avoit pris d'empire dans sa maison ! *Prenoit garde que Constance ne le sache*, disoit-il toutes les fois qu'il récompensoit ses domestiques.

Louis-le-Gros se plaignoit souvent du malheur de la condition humaine, qui réunit rarement le savoir et le pouvoir. C'est peut-être de-là que vient ce proverbe. *Si jeunesse savoit et vieillesse pouvoit, jamais disette n'y auroit.*

Guillaume, que ses triomphes firent appeler le conquérant, duc de Normandie et roi d'Angleterre, faisoit diète à Rouen, pour se soulager de son embonpoint monstrueux. Philippe demandant en plaisantant à ses courtisans; « Ce gros homme

ENTRETIEN XVI.

Usages, etc.

sont courts, et sa barbe assez longue et fourchue.

Robert ne possédoit en propre que les duchés de France et de Bourgogne. Le revenu de la couronne consistoit dans le produit des terres domaniales, ceux des prévôtés, la guerre, le cens, les droits d'entrée et de sortie, la monnoie, le droit de gîtes, les taxes des Juifs.

On doit observer que la couronne, toujours héréditaire dans la famille royale, étoit élective par rapport aux princes qui la composoient. Les six premiers rois Capétiens ayant fait sacrer de leur vivant leurs aînés, cet ordre de succession est devenu une loi fondamentale de l'état, dont on ne s'est jamais écarté depuis.

On rapporte au règne de Philippe premier, et au temps de la première croisade, l'invention des armoiries. Il falloit, à cette foule de seigneurs, des bannières qui les fissent reconnoître de leurs vassaux; et, comme ils étoient tout couverts de fer, ils avoient besoin de se distinguer par quelque emblème. Chacun en mit sur ses armes; on conserva ces symboles, comme des titres d'honneur; ils servoient aussi de distinctif dans les tournois, et la mode s'en établit généralement.

Sous le règne de Louis-le-Gros, les Français portoient des habits traînans, serrés par le corps, avec des larges manches qui couvroient les mains. Leurs souliers, nommés *pigaces*, et depuis souliers à la *poulaine*, finissoient en pointes longues d'un et de deux pieds, tantôt directes, tantôt recourbées. Cette mode, inventée par Foulques de Recein, comte d'Anjou, subsista jusqu'à Charles V.

Louis-le-Gros est le premier de nos rois qui alla prendre à l'abbaye de Saint-Denis cette fameuse bannière connue sous le nom d'Oriflamme. Ce drapeau devint le principal étendard des armées Françaises, jusqu'au règne de Charles VII.

Anecdotes, etc.

ne relevera-t-il jamais de ses couches?» Guillaume, piqué de la raillerie, lui fit répondre que quand il seroit accouché, il iroit faire ses relevailles à Ste Geneviève de Paris, avec dix mille lances en guise de chandelles. En effet, dès qu'il put monter à cheval, il désola tout le Vexin français, força et brûla Mantes; mais il s'échauffa si fort dans l'attaque de cette place, qu'il mourut peu de temps après.

On fit une perte irréparable à la journée de Fretteval, entre Chateaudun et Vendôme, où le roi d'Angleterre mit en déroute l'arrière-garde de Philippe-Auguste, en 1194. Cette perte fut celle de tous les papiers de la couronne. L'Anglais refusoit opiniâtrement de les rendre; car il espéroit en profiter. Un garde des registres, nommé *Gautier*, qui avoit une mémoire prodigieuse, eut ordre de suppléer à ce que les recherches ne pouvoient fournir. Mais tous ces soins ne purent remédier au mal; on apprit à ne plus exposer des monumens si précieux, et le *trésor des Chartres* fut établit pour les conserver.

Le seigneur de Couci, blessé à mort au siége d'Acre, se souvint de la dame de Fayel, pour qui il brûloit d'une flamme aussi pure, dit-on, que vive et constante. Il charge son écuyer de porter son cœur à cette dame. Le mari jaloux rencontre l'écuyer, le fait fouiller, et se saisit du présent. Il ordonne qu'on mette ce cœur en ragoût, et qu'on le serve à sa femme. Après qu'elle en eut mangé avec appétit, il lui révèle cruellement le secret. La malheureuse dame jura qu'elle ne prendroit jamais d'autre aliment, mourut quelques jours après, d'inanition et de douleur.

Allant un jour à Gisors, avec trois cents hommes, Philippe-Auguste rencontre l'armée Anglaise. On propose de rebrousser chemin. « Moi, s'écrie ce prince, que je fuie » devant mon vassal? Qui veut vain-

Usages, etc. — *Anecdotes, etc.*

Ce fut Louis-le-Gros qui commença à mettre les rois, pour ainsi dire, hors de servage. Il releva et affermit sa puissance par des établissemens utiles. Le principal fut celui des *Communes*. Il n'y avoit alors d'hommes véritablement libres que les ecclésiastiques et les seigneurs. Tous les autres étoient plus ou moins esclaves. On leur permit d'acheter la franchise, de se choisir des maires et des échevins ; alors se forma le gouvernement municipal. Les villes devenues de petites républiques sous les noms de *Communes*, devoient fournir au roi un nombre de gens de guerre, chaque paroisse devoit marcher sous la bannière de son saint. Les seigneurs n'avoient plus le même empire sur ces nouveaux affranchis, jaloux de leur liberté. Les droits qu'on leur avoit vendus, étoient solidement garantis. Cet exemple du monarque fut imité par un grand nombre de seigneurs. Quelques villes secouèrent le joug, soutenues par le roi : enfin les bourgeois acquirent le droit d'être gouvernés par des officiers pris de leurs corps. Les communes formèrent, dans la suite, un troisième ordre de citoyens, sous le nom de *Tiers-Etat*, qui eut une grande autorité dans les assemblées générales de la nation. Cependant il resta encore beaucoup de cerfs jusqu'au règne de Louis-Hutin, époque de l'affranchissement général.

Un autre établissement, non moins utile fut le droit d'appeler, en plusieurs cas, aux juges royaux des sentences rendues par les officiers des seigneurs. Les justices seigneuriales perdirent ainsi une grande partie de leur autorité, au profit de celle du souverain. Celui-ci, étant dès-lors le premier juge, ne pouvoit manquer de devenir bientôt législateur.

Les joutes, et les tournois étoient alors fort à la mode. On se ruinoit pour y briller : on s'exposoit à perdre la vie pour y signaler son adresse ; plus de vingt princes périrent dans ces jeux, avant qu'il fut possible d'en abolir la coutume.

Le nombre des lépreux étoit si considérable sous le règne de Philippe-Auguste, que les plus petites bourgades étoient obligées d'avoir un hôpital pour cette maladie.

Ce fut aussi sous ce règne que l'on vit pour la première fois le maréchal de France commander l'armée.

Philippe-Auguste fut le premier de nos rois qui entretint une armée sur pied, même en temps de paix. Pour être moins dépendant de ses vassaux, il soudoya des troupes, dont il disposoit à son gré.

Ce fut sous le règne de ce même prince que furent dressés les statuts de la célèbre Université de Paris. Cette savante compagnie ne doit point son existence à Charlemagne, comme on le dit, mais vraisemblablement à

» cre ou mourir avec le roi, me » suive » ! Il fond sur les ennemis, se fait passage l'épée à la main, et arrive à Gisors, presque sans perte.

Louis VIII, étant tombé malade, les médecins lui proposèrent un remède que la loi de Dieu lui défendoit. On imagina pendant qu'il dormoit, de faire mettre auprès de lui une jeune demoiselle, qui à son réveil, lui exposa le motif qui l'amenoit. « Non, ma fille, lui dit le » religieux prince, j'aime mieux » mourir que de sauver ma vie par » un péché mortel. » En même temps, il appelle Archambaud de Bourbon, qui avoit conduit toute cette affaire, et lui ordonne de marier honorablement cette jeune personne.

Ce prince par son testament, légua cent sous à chacune des deux mille léproseries de son royaume. Une charité prodigue enrichit ces hôpitaux ; on vit même des gens rechercher la lèpre afin de jouir des avantages qu'elle procuroit.

Louis-le-Jeune ; et Pierre Lombard peut être regardé comme son fondateur. Son autorité fut grande, surtout durant le schisme. Le recteur donnoit pouvoir aux prédicateurs. Ni lui, ni ses écoliers ne contribuoient à aucune charge de l'état. Leurs causes étoient commises devant le prévôt de Paris, qui s'honoroit du titre de *conservateur des priviléges royaux de l'université de Paris*. La signature du recteur intervenoit dans les actes publics et les traités, et il envoyoit des députés aux conciles. Ce fut à l'extirpation du schisme, et sous le règne de Charles VII, que l'Université vit son crédit diminuer ; enfin, sous Louis XII, le cardinal d'Amboise la mit à-peu-près sur le pied où elle est aujourd'hui.

La chevalerie, dont on trouve quelque traces dès le temps de Charlemagne, étoit devenue très-florissante. Louis VIII fut armé chevalier par son père. Cet établissement militaire et politique a été comparé par nos anciens, au sacerdoce et à la prélature. On ne parvenoit à l'ordre de chevalerie qu'après de longues épreuves. Un jeune candidat passoit, dès l'âge de sept ans, dans la maison de quelque illustre chevalier, pour le servir en qualité de page, *damoiseau* ou *valet*. Il y étoit élevé ordinairement par les femmes. L'amour de Dieu et l'amour des dames faisoient la matière des leçons également sérieuses. A quatorze ans, le jeune homme *sorti hors de page*, montoit au rang des *écuyers*. Ceux-ci avoient différens emplois, surtout celui d'habiller ou de déshabiller leur maître, de porter son armure, etc. En général, on ne devenoit chevalier qu'à vingt-un ans au moins. Les jeûnes, les veilles dans une église, plusieurs autres pratiques de dévotion, précédoient la grande cérémonie de l'acolade, qui consistoit en un petit soufflet ou en trois coups de plat d'épée qu'on donnoit au novice, en lui disant : *De par Dieu, Notre-Dame, monseigneur S. Denis, je te fais Chevalier*. C'étoit la formule la plus en usage. On juroit de sacrifier sa vie, ses biens pour la défense de la religion et de l'état, des veuves, des orphelins, et de tous ceux qui auroient besoin de secours. Les chevaliers avoient de grands priviléges : leurs femmes seules se faisoient appeler *Madame*. Pleins de passion pour les aventures, la gloire et le plaisir excitoient sans cesse leur émulation. Mais l'histoire ne permet pas de douter qu'ils n'aient été souvent aussi licencieux en amour, que terribles en faits d'armes.

ENTRETIEN XVII.

Tableau général de l'histoire de France, depuis le règne de S. Louis, jusqu'à celui de François I.

Louis IX, *dit* S. Louis.

1227. Le monarque défunt laissoit son trône à un prince âgé de onze ans ; Blanche de Castille, sa veuve, fut déclarée régente du royaume. La minorité du jeune Louis IX, fut occupée à soumettre les barons et les petits princes toujours en guerre entr'eux, et qui ne se réunissoient que pour bouleverser l'état. L'habile régente les fit rentrer dans l'ordre, et accrut l'autorité de son fils.

1236. Louis est déclaré majeur à l'âge de vingt-un ans, temps fixé anciennement pour la majorité de nos rois, et soutient ce que sa mère avoit si bien commencé. Il contient les prétentions des évêques et des laïques dans leurs bornes naturelles. Il appela à son conseil les personnages les plus habiles ; met ordre aux troubles de la Bretagne, et ne s'occupe que de la gloire et du bonheur de ses sujets.

Il augmenta son domaine déjà fort grand, en achetant plusieurs terres considérables. Une administration sage le mit en état de lever de fortes armées contre Henri III, roi d'Angleterre, et contre plusieurs autres vassaux de France, unis avec ce monarque. Il les battit deux fois, la première à la journée de Taillebourg en Poitou, en 1242, et la seconde le lendemain à Saintes, où il remporta une victoire complète. Le prince Anglais fut obligé de fuir devant lui, et de faire une paix désavantageuse, par laquelle il promit de payer cinq mille livres sterlings, pour les frais de la campagne. Le comte de la Marche et les autres vassaux rebelles rentrèrent dans le devoir et n'en sortirent plus. Ainsi finit cette guerre si heureuse pour la France, et si glorieuse pour le monarque qui paya constamment de sa personne, et fit des prodiges de valeur. Elle fit voir que la piété n'est pas un obstacle à la valeur guerrière, et qu'un saint roi peut être un conquérant, pourvu que l'injustice de ses ennemis lui fournisse des sujets de conquêtes.

Louis n'avoit alors que vingt-sept ans. On voit ce qu'il eût fait, s'il eût demeuré dans sa patrie ; mais il la quitta bientôt après pour passer dans la Palestine. Dans les accès d'une maladie violente, dont il fut attaqué en 1244, il crut entendre une voix qui lui ordonnoit de prendre la croix contre les infidèles ; dès-lors, il fit vœu d'aller arracher les lieux saints d'entre les mains des ennemis de la religion. La reine Blanche sa mère, et Marguerite son épouse, le prièrent de différer jusqu'à ce qu'il fût entièrement rétabli ; mai le pieux monarque n'en fut que plus ardent à demander la croix. L'évêque de Paris la lui donna, fondant en larmes, comme s'il eût prévu les malheurs qui attendoit le roi dans la Terre-Sainte.

1248. Après avoir préparé durant quatre ans cette expédition aussi illustre que malheureuse, Louis laisse à sa mère le gouvernement du royaume, s'embarque à Aigues-Mortes avec sa femme et ses trois frères, accompagnés de presque toute la chevalerie Française, arrive à la rade de Damiète et s'empare de cette ville.

1250. Le monarque Français avoit résolut de porter la guerre en Egypte, pour attaquer, dans son pays, le Sultan, maître de la Terre-Sainte. Il passe le Nil à la vue des Infidèles, remporte deux victoires sur eux, et fait de prodiges à la journée de la Massoure. Mais bientôt les Sarrasins ont leur revanche ; la famine et une maladie contagieuse contraignent les Chrétiens à reprendre le chemin de Damiète ; ils viennent les attaquer pendant leur retraite, les mettent en déroute, en font un horrible carnage. Le roi, dangereusement malade, fut pris avec tous les seigneurs de sa suite, et la meilleure partie de son armée. Il paya quatre cents mille livres pour leur rançon, rendit Damiète pour la sienne, et accorda au sultan une trève de dix ans. Son dessein étoit de repasser en France ; mais ayant appris que les infidèles, au lieu de rendre les prisonniers, en avoient fait périr un grand nombre dans les tourmens, pour les obliger de quitter leur religion, il se rendit dans la Palestine où il demeura encore quatre ans. Le temps de son séjour fut employé à fortifier et à réparer les places des Chrétiens, à mettre en liberté tous ceux qui avoient été fait prisonniers en Egypte, et à travailler à la conversion des infidèles.

1254. Le saint roi quitte enfin l'Asie, et revient dans ses états qu'il trouve tranquilles et florissans par les soins de son auguste mère, morte deux ans auparavant. Il continue de faire le bonheur de son peuple et la gloire de la patrie. Il établit le premier la justice de son ressort ; et ceux qui gémissoient sous l'oppression des sentences arbitraires, rendues par les juges des baronnies, purent porter leurs plaintes à quatre bailliages royaux, créés pour les écouter. Sous ce sage monarque, les hommes d'étude commencèrent à être admis aux séances de ses parlemens, dans lesquels des chevaliers, qui rarement savoient lire, décidoient de la fortune des citoyens. Il diminua les impôts, et révoqua ceux que l'avidité des financiers avoit introduits. Il porta des édits sévères contre les blasphémateurs et les impies, bâtit des églises, des hôpitaux, des monastères ; interdit aux petits seigneurs ces guerres privées qu'ils se faisoient les uns les autres pour les plus légers motifs, et abolit dans ses domaines particuliers la preuve de l'innocence par le duel.

1259. Louis reçoit un honneur qu'on ne peut rendre qu'à un prince vertueux. Le roi d'Angleterre, Henri III, et ses barons le choisirent pour arbitre de leurs querelles. Le comte d'Anjou, son frère, doit au bon ordre de son royaume, l'honneur d'être déclaré par le pape roi de Sicile. Cependant le religieux monarque augmentoit ses domaines par l'acquisition de Namur, de Péronne, d'Avranche, de Mortagne, du Perche. Il pouvoit enlever aux rois d'Angleterre tout ce qu'ils possédoient encore en France ; mais il préféra la justice à l'usurpation. Il les laissa jouir de la Guienne, du Périgord, du Limousin, en les faisant renoncer pour toujours à la Touraine, au Poitou, à la Normandie, réunis à la couronne par Philippe-Auguste.

1270. Cependant Louis pensoit à une nouvelle expédition contre les Mahométans, dont les progrès alarmoient toute l'Europe et annonçoient de nouvelles pertes à la religion. Après avoir pourvu à la sûreté du royaume, il part pour la sixième croisade. Il assiégea Tunis en Afrique, et mourut devant cette place, le 25 août d'une maladie contagieuse qui ravageoit son armée. Dès qu'il en fut attaqué, il se fit étendre sur la cendre, et expira à l'âge de cinquante-cinq ans, avec la ferveur d'un anachorète et le courage d'un héros.

S. Louis fut un des plus grands princes et le plus beau modèle que l'histoire puisse offrir aux souverains qui veulent régner selon le cœur de Dieu et pour le bonheur de leurs sujets. Vaillant capitaine, sage législateur, maître vigilant, modéré, libéral, magnifique, tendre ami de ses peuples, respecté au-dedans, recherché au-dehors, tel fut Louis, en qualité d'homme public et de monarque. Etoit-il rendu à lui-même et n'agissoit-il que comme particulier, sa mère et ses officiers disposoient de lui : les pratiques d'humilité, de charité, de pénitence, remplissoient tous les momens que lui laissoient les affaires publiques. Mais ces vertus privées n'avoient rien en lui de foible ou de petit, tout prenoit en ses mains un caractère de noblesse et de grandeur. Aussi peut-on dire que l'union de tant de qualités si difficiles à allier, a fait de S. Louis, non-seulement le héros de son siècle, mais encore un des plus grands princes et des plus extraordinaires qui aient jamais porté le sceptre.

Philippe III, *dit* le Hardi.

1271. Philippe à qui sa valeur au siége de Tunis mérita le nom de Hardi, fils de S. Louis, fut proclamé roi de France, en Afrique, aussitôt après la mort de son père qui répandit une consternation inexprimable dans l'armée chrétienne. Il conclut une trêve de dix ans avec les Sarrasins ; rompit les fers de plusieurs milliers de captifs, et acquit à la religion le privilége d'être librement prêchée dans cette terre infidèle. Il vint ensuite se faire sacrer à Reims. Il fut bientôt obligé de porter les armes dans la Castille, pour maintenir les droits d'Alphonse de la Cerda, fils de Blanche sa sœur, qui venoit d'être exclu de la couronne. Il fit d'abord quelques actions de bravoure; mais son courage se ralentit ensuite ; il se retira sans avoir pu chasser l'usurpateur du trône de son neveu.

1282. Le règne de ce prince est éternellement mémorable par la journée affreuse des *Vêpres Siciliennes* : on appelle ainsi le massacre que les Siciliens firent le jour même de Pâque, de tous les Français qui étoient venus s'établir en Sicile avec le comte d'Anjou, frère de S. Louis, qui avoit conquis Naples et la Sicile sur l'usurpateur Mainfroy. Jamais la vengeance ne se signala par des fureurs aussi barbares. Cette sanglante exécution se renouvela les jours suivans dans les autres villes de la Sicile. Rien ne peut excuser ces horreurs ;

mais les Français s'en étoient rendus dignes par leur excessive licence.

1285. Philippe, à cette nouvelle, jure de venger ses compatriotes, marche en personne contre Pierre, roi d'Aragon, auteur de cette exécrable boucherie, et prend Gironne ; mais en revenant de cette expédition, il meurt à Perpignan, d'une fièvre maligne, à l'âge de quarante-un ans. Les qualités de ce prince furent la valeur, la bonté, la libéralité, l'amour de la justice, et de la religion. La simplicité de son caractère et son peu de méfiance nuisirent aux entreprises qu'il fit au-dedans de son royaume. Sa conduite fut plus heureuse au-dehors. La France fut riche et florissante, sans aucune vexation d'impôts. Il y eut cependant sous ce règne des troubles dans le Languedoc et dans la Guienne, excités par les seigneurs du pays : Phylippe fut sans cesse occupé à les accorder entre eux, et il y réussit quelquefois.

PHILIPPE IV, *dit* LE BEL.

1286. Philippe IV, déjà roi de Navarre, du chef de Jeanne son épouse, fut proclamé roi de France à Perpignan. Il cita au parlement de Paris, Edouard premier, roi d'Angleterre, pour rendre compte de quelques violences faites par les Anglais sur les côtes de Normandie. Ce prince ayant refusé de comparoître, fut convaincu du crime de félonie; et la Guienne lui fut enlevée en 1293, par Raoul de Nesle, connétable de France. Le monarque Anglais implora le secours de l'empereur, du duc de Bar et du comte de Flandre, qui se liguèrent en vain contre le roi de France. Philippe remporta de grands avantages sur les confédérés. Vainqueur à Furnes en 1297, il obligea les Anglais et les Flamands à accepter les conditions de paix qu'il voulut leur dicter. Ces derniers la rompirent bientôt. Les gouverneurs Français, laissés dans leurs pays, se rendirent odieux ; on se révolta. Philippe envoya une puissante armée pour étouffer la sédition ; mais la jalousie des chefs fit perdre, en 1302, la bataille de Courtray, où périt l'élite de la noblesse Française. La célèbre victoire de Mons à Puelle, gagnée le 10 août 1304, fit oublier ces revers. Plus de 25 mille Flamands restèrent sur la place. C'est en mémoire de cette journée fameuse que fut élevée dans l'église de Notre-Dame de Paris, la statue équestre de Philippe-le-Bel.

1305. Les démêlés scandaleux qui s'étoit élevés entre Philippe et Boniface VIII se terminent. La hauteur du pape et la fierté du roi avoient porté les choses aux extrémités les plus fâcheuses. D'un côté Boniface excommunie Philippe sans garder aucun de ses ménagemens qui conviennent si bien au père commun de tous les fidèles ; de l'autre, Philippe indigné, le fait arrêter par un officier nommé *Nogaret*, pour le conduire au futur concile, auquel le prince outragé en avoit appelé ; mais le pontife meurt avant qu'on ait le temps de le convoquer. Benoît XI, successeur paisible de Boniface, termine ces scandaleux différens, et Clément V, qui fut pape après lui, annulle, dans le concile de Vienne, jusqu'au moindre vestige de cette malheureuse querelle.

1308. Philippe entreprit cette année l'abolition de l'ordre des Templiers. Cet ordre avoit été fondé en 1118 par des gentilshommes français, qui se consacroient à la défense des pélerins de la Terre-Sainte. Leurs exploits et les services qu'ils rendirent aux Chrétiens d'Europe et d'Asie, leur acquirent des richesses immenses qui les perdirent. Bientôt le luxe, l'ivrognerie, la débauche eurent gagné tout le corps. On les vit enfin exercer des violences et des brigandages contre les peuples qu'ils auroient dû protéger et s'entendre avec les Mahométans pour trahir les princes chrétiens et accélérer la perte de la Terre-Sainte.

Les Templiers étoient alors universellement décriés. Deux d'entr'eux, mécontens, révélèrent le secret de l'Ordre. On ne put d'abord ajouter foi aux sacriléges, aux impiétés, aux faits horribles que cette première déposition fit connoître. Philippe, après en avoir donné avis au pape Clément V, fit arrêter en un même jour tous les Templiers qui étoient dans son royaume. Le pape interroge lui-même 72 Templiers, qui tous firent l'aveu des principaux crimes dont ils étoient chargés. On en interrogea 140 autres ; trois-seulement nièrent les désordres qu'on leur imputoit. Tous les autres, sans excepter le Grand-Maître, Jacques Molay, se reconnurent coupables des crimes les plus honteux et les plus atroces. Cent onze interrogés dans diverses provinces avouèrent les mêmes crimes. Etonnés du concours de tant de preuves, le pape en informa tous les souverains. Sur cet avis les Templiers arrêtés dans les différens états de l'Europe, firent, à l'exception d'un très-petit nombre, les mêmes aveux que ceux de France. La multitude des témoins, l'accord parfait de leur déposition, la confession des accusés ne laissa plus de doutes sur les abominations de l'ordre entier. Avant de rien décider contre le corps, on fit une justice exemplaire de 59 Templiers, dont les crimes furent prouvés et qui les nièrent, ou qui après les avoir confessés retractèrent leurs aveux. Ils furent brûlés à Paris. Parmi les autres, quelques-uns furent condamnés à une prison perpétuelle, d'autres à la pénitence canonique. Plusieurs furent trouvés innocens et absous. Le Grand-Maître et trois autres chefs avoient par trois fois tout confessé. Destinés à une détention perpétuelle, on exigea d'eux qu'ils renouvellassent en public leurs aveux. Deux d'entr'eux obéirent, mais

Molay et un autre se dédirent, et déclarent en public que leur ordre étoit très-saint. Cette conduite ferma les cœurs à la compassion ; leurs juges ne virent en eux que deux fanatiques résolus de tout risquer pour laver la tache imprimée à leur mémoire. On instruisit leur procès à la rigueur, et ils furent brûlés vifs à Paris.

Ainsi se termina ce monstrueux procès qui a donné lieu à tant de fables, à tant de calomnies. Il est faux que les aveux des Templiers aient été généralement arrachés par les tourmens : de tous ceux que le pape interrogea ou fit interroger, aucun ne fut mis à la question. Il est faux que Molay aient ajourné le pape et le roi à paroître dans l'année devant Dieu ; la mort de Clément et de Philippe qui suivit de près, a seule donné lieu à cette fable, aucun auteur contemporain n'en parlant. Il est faux qu'on ait aboli l'ordre des Templiers pour avoir leurs biens ; il est notoire, au contraire, qu'ils furent adjugés à d'autres religieux hospitaliers ou militaires. Les qualités des juges qui étoient les personnages les plus recommandables de l'église et de l'état, nombre infini de témoins qui furent ouïs dans toute l'Europe, le rapport des historiens contemporains, les décisions du concile-général de Vienne, ont montré jusqu'à l'évidence, que l'extinction de cet ordre, à laquelle Philippe-le-Bel eut tant de part, est un des services les plus insignes qu'il ait pu rendre à l'église.

Ce fut la dernière action remarquable de Philippe ; il mourut en 1314, à quarante-six ans. Ce prince fut le plus bel homme de son siècle. Né avec un cœur haut, un esprit vif, une âme ferme, une humeur libérale, il auroit pu être adoré de ses sujets ; mais il aliéna le cœur de son peuple en le surchargeant d'impôts, par les fréquentes altérations qu'il se permit dans les monnoies, par la puissance qu'il donna à ses ministres, et par sa sévérité.

Louis X, *dit* Hutin.

1314. Louis X, surnommé *Hutin*, c'est-à-dire, mutin et querelleur, possédoit déjà le trône de Navarre par Jeanne sa mère, lorsqu'il monta sur celui de son père. Les troubles dont le royaume étoit agité, et le désir d'être couronné avec sa nouvelle épouse, Clémence, fille du roi de Hongrie, qu'il attendoit, lui firent différer son sacre pendant près d'un an. Influencé par les intrigues de son oncle, Charles-de-Valois, il sacrifia à la haine du peuple, Enguerrand de Marigny, qui avoit été ministre des finances sous Philippe-le-Bel, et il le fit pendre. Charles-de-Valois, frappé d'une maladie incurable quelques années après, reconnut la main de Dieu qui le frappoit, et pour réparer son injustice, fit élever un monument à Marigny. Louis X rappela les Juifs, que son père avoit chassés ; fit la guerre sans succès contre le comte de Flandre, et laissa accabler son peuple d'impôts, sous le prétexte de cette guerre. Il mourut le 8 Juin 1316, à vingt-six ans.

JEAN PREMIER.

1316. La reine étoit enceinte lorsque son époux mourut. Philippe, surnommé le *Long*, à cause de sa longue taille, frère du monarque défunt, prit la régence de l'état, et la princesse étant accouchée d'un garçon, il fut déclaré tuteur du roi enfant, qui fut nommé Jean. Mais il ne vécut que quelques jours ; le trône demeura à Philippe, à l'exclusion de Jeanne, reine de Navarre, fille de Louis-Hutin, et pour la première fois, depuis Hugues Capet, la couronne passa à la ligne collatérale.

PHILIPPE V, *dit* LE LONG.

1317. Le nouveau roi fit la guerre aux Flamands, renouvela l'alliance faite avec les Ecossais, chassa les Juifs de son royaume, et mourut le 3 janvier 1322, à l'âge de vingt-huit ans. Sa douceur et sa générosité avoient donné des espérances. Son règne est recommandable par un grand nombre de sages ordonnances sur les cours de justice et sur la manière de la rendre.

CHARLES IV, *dit* LE BEL.

1322. Philippe ne laissa point d'enfant mâle ; la couronne, suivant l'usage constant, passa sur la tête de Charles IV, son frère, qui y joignit celle de Navarre. Le premier acte que le nouveau roi fit de sa puissance, fut de sévir contre les financiers, presque tous venus de Lombardie et d'Italie pour piller la France.

1324. La guerre s'élève entre la France et l'Angleterre. Charles-le-Bel déclare Edouard II ennemi de l'état, et coupable de félonie. Charles, comte de Valois, oncle du monarque Français, passe en Guienne, et s'empare de plusieurs villes : mais la médiation d'Isabelle, épouse d'Edouard et sœur de Charles, arrête les victoires du comte, et ramène le calme. Le roi de France rendit à l'Angleterre tout ce qu'il lui avoit pris, à condition que le prince Anglais viendroit en personne rendre hommage de la Guienne, ou qu'il en chargeroit Edouard, son fils, en lui cédant le domaine de cette belle province. L'arrivée du jeune prince en France fut le sceau de la paix entre les deux nations.

1328. Ce prince porta sur le trône les mêmes vertus que son prédécesseur, et après un règne trop court pour le bonheur des Français, il mourut comme lui sans postérité. Avec Charles-le-Bel, finit la Branche des Capétiens proprement dite : elle avoit donné 15 rois à la France.

Deuxième

ENTRETIEN XVII.

Deuxième branche des Rois Capétiens, dite BRANCHE DES VALOIS.

PHILIPPE VI, *dit* DE VALOIS.

1329. Deux princes aspiroient à la couronne ; d'une part, Edouard III, roi d'Angleterre, neveu du monarque défunt, par les femmes, de l'autre, *Philippe-de-Valois*, son cousin germain du côté paternel ; ce dernier fut proclamé roi de France. Les peuples lui donnèrent à son avénement au trône, le nom de *Fortuné* : le comte de Flandre, son vassal, ayant maltraité ses sujets, et les sujets s'étant soulevés, il marcha au secours de ce prince, livra bataille aux rebelles à Cassel, fit des prodiges de valeur et remporta une victoire signalée. Après avoir tout pacifié, il se retira en disant au comte de Flandre : « Soyez plus prudent et plus humain, et vous au-rez moins de rebelles. »

Philippe, vainqueur, consacra le temps de la paix à régler l'intérieur de son royaume. Les financiers furent recherchés, et plusieurs condamnés à mort; entre autres Pierre Remi, contrôleur-général des finances, qui laissa près de vingt millions.

L'éclat de cette victoire fut marqué par un hommage solennel qu'Edouard, roi d'Angleterre, vint rendre au roi de France à Amiens, genou en terre et tête nue, pour le duché de Guienne ; cérémonie humiliante à laquelle se prêtoit difficilement la fierté des rois d'Angleterre.

1336. Le dépit autant que l'ambition d'Edouard ne tarda pas à les brouiller avec Philippe, qu'il ne pouvoit sans frémir envisager comme son seigneur.

L'Angleterre commence donc contre la France cette malheureuse guerre qui dura, à diverses reprises, plus de cent ans. Edouard retira d'abord toutes les places de la Guienne, dont Philippe étoit en possession. Les Flamands révoltés de nouveau contre la France, malgré les sermens et les traités, se rangèrent sous ses étendards ; ils exigèrent seulement qu'Edouard prît le titre de roi de France, en conséquence de ses prétentions sur la couronne, parce qu'alors, suivant la lettre de leur traité, ils ne faisoient que suivre le roi de France. Les armes de Philippe eurent d'abord quelques succès ; mais ces avantages ne compensèrent point la perte de la bataille navale de l'Ecluse, où la flotte française, composée de six vingt gros vaisseaux, montés par quarante mille hommes, fut battue par celle d'Angleterre. On doit attribuer en partie cette défaite au peu de soin que nos rois avoient pris de la marine. Quoique la France, baignée par deux mers, soit si heureusement située, on étoit obligé de se servir de vaisseaux étrangers, qui n'obéissoient qu'avec lenteur et avec répugnance.

1345. La guerre, tour-à-tour discontinuée et reprise, recommence avec plus de chaleur que jamais. Les armées enne-

Tome II. S

mies s'étant rencontrées près de Créci, village du comté de
Ponthieu, les Anglais y remportèrent une victoire signalée.
Edouard n'avoit que quarante mille hommes, Philippe en
avoit près de cent mille ; mais l'armée du premier étoit aguerrie : et celle du second, mal disciplinée, étoit accablée de
fatigue. La France y perdit près de quarante mille hommes,
parmi lesquels on comptoit environ quinze cents gentilshommes, la fleur de la noblesse française. La perte de Calais et
de plusieurs autres places, fut le triste fruit de cette défaite.
Quelque temps auparavant, Edouard avoit défié Philippe à
un combat singulier. Le roi de France le refusa ; ce n'est pas
qu'il ne fût brave, mais il crut qu'un souverain ne devoit pas
combattre contre un roi son vassal. Enfin, en 1347, on conclut une trêve de six mois, qui fut prolongée à diverses reprises. Aux malheurs particuliers de la France se joignit, l'année suivante, une contagion universelle et sans exemple dans
l'histoire. Elle parcourut successivement toutes les parties du
monde connu. Philippe ne survécut pas long-temps à ces désastres, il mourut en 1350, avec la réputation d'un prince
brave, mais imprudent, bon, mais peu clairvoyant. Il venoit
de réunir le Dauphiné à la France. Humbert, le dernier prince
de ce pays, ayant perdu ses enfans, légua ses états à Philippe, avec la condition que le fils aîné de nos rois s'appelleroit
Dauphin. Il acquit aussi Montpellier et le Roussillon, mais
ces contrées épuisèrent ses coffres, par les sommes exorbitantes qu'il fallût donner pour en être le maître.

Jean II, *dit* le Bon.

3150. *Jean*, fils de Philippe de Valois, n'augmenta pas peu
les malheurs dont la France avoit commencé d'être la victime
sous le règne de son père. Le premier usage qu'il fit de sa
puissance, fut de faire couper la tête sans aucune forme de
justice, au comte d'Eu, connétable. Cette violence aliéna
tous les esprits, et fut cause en partie des disgrâces du nouveau roi. Charles d'Espagne de la Cerda, qui avoit la charge
du comte d'Eu, fut assassiné peu de temps après par le roi
de Navarre, Charles-le-Mauvais. Ce prince étoit irrité de ce
qu'on lui avoit donné le comté d'Angoulême, qu'il demandoit
lui-même pour la dot de sa femme, fille du roi Jean. Ce dernier monarque s'en vengea en faisant trancher la tête à quatre
seigneurs amis du Navarrois. Des exécutions aussi barbares ne
pouvoient produire que des cabales, et ces cabales mirent le
royaume sur le bord du précipice.

1356. Charles, Dauphin de France, ayant invité le roi de
Navarre à venir à Rouen, à sa réception au titre de duc de
Normandie, le roi Jean, qui survint tout-à-coup, le fit arrêter, et cette détention réunit contre la France les armes de

Philippe, frère du roi de Navarre, et celles d'Edouard III, roi d'Angleterre. Edouard, prince de Galles, fils du monarque Anglais, connu sous le nom de *Prince-Noir*, s'avance avec une armée redoutable, quoique petite, jusqu'à Poitiers, après avoir ravagé l'Auvergne, le Limousin et une partie du Poitou. Le roi Jean accourt à la tête de près de soixante mille hommes, l'atteint à Maupertuis, à deux lieues de Poitiers, dans des vignes d'où il ne pouvoit plus se sauver, et lui livre bataille le 19 septembre, malgré les offres que faisoit Edouard de rendre tout, et de mettre bas les armes pour sept ans. Jean fut puni de son aveugle opiniâtreté, il fut entièrement défait, quoique les Anglais n'eussent que huit mille hommes ; mais la discipline l'emporta sur la bravoure et sur le nombre. Les principaux chevaliers de France périrent ; le reste prit la fuite ; le roi blessé au visage, fut fait prisonnier avec un de ses fils, par un de ses sujets qu'il avoit banni, et qui servoit chez les ennemis. Le Prince-Noir mena ces illustres captifs à Bordeaux et à Londres, où il les traita avec autant de politesse que de respect.

1357. La prison du roi fut, dans Paris, le signal de la guerre civile. Le Dauphin déclaré régent du royaume, le vit presqu'entièrement révolté contre lui. Il fut obligé de rappeler ce même roi de Navarre qu'il avoit fait emprisonner ; c'étoit déchaîner son ennemi. Le Navarrois n'arrive à Paris que pour attiser le feu de la discorde. Marcel, prévôt des marchands, à la tête d'une faction de paysans, appelée *la Jacquière*, fait massacrer Robert de Clermont, maréchal de Normandie, et Jean de Couflans, maréchal de Champagne, en présence, et dans la chambre du dauphin. Le régent, après avoir long-temps resté comme prisonnier, trouva le moyen de s'échapper en Champagne. La générosité de ses habitans anima d'autres provinces. Les factieux s'attroupent de tous côtés ; et dans cette confusion, il se jettent sur tous les gentilshommes qu'ils rencontrent. Ils portent leur fureur brutale, jusqu'à faire rôtir un seigneur dans son château, et à contraindre sa femme et sa fille de manger la chair de leur époux et de leur père. Marcel, dans la crainte d'être puni de tous ses crimes par le régent, qui avoit investi Paris, alloit y mettre le comble en livrant la ville aux Anglais ; mais il fut assommé d'un coup de hache. Dans ces convulsions de l'état, Charles de Navarre aspiroit à la couronne. Le dauphin et lui se font une guerre sanglante, qui ne finit que par une paix simulée.

1360. Enfin, le roi Jean sort de la prison de Londres, et convient de donner pour sa rançon environ trois millions d'écus d'or, le Poitou, la Saintonge, l'Agénois, le Périgord, le Limousin, le Quercy, l'Angoumois et le Rouergue. La France s'épuise, on est contraint de rappeler les juifs, et de leur vendre le droit de vivre et de commercer. Jean compta six cents mille écus d'or pour le premier payement ; mais, n'ayant pas de quoi fournir au reste de la somme stipulée, il retourna se mettre en ôtage à Londres, et y mourut en 1363, à quarante-trois ans. Ce prince étoit assurément un preux chevalier; mais d'ailleurs, sans génie, sans conduite, sans discernement; n'ayant que des idées fausses ou chimériques, outrant la probité comme la bravoure; d'une facilité étonnante avec un ennemi qui le flattoit, et d'un entêtement le plus orgueilleux avec des ministres affectionnés qui osoient lui donner des conseils; impatient, fantasque, et ne parlant que trop souvent avec humeur au soldat. Un jour qu'on chantoit la chanson de Roland, comme c'étoit l'usage dans les marches : « Il y a » long-temps, dit-il, qu'on ne voit plus de Rolands parmi les » Français. — On y verroit encore des Rolands, lui répon- » dit un vieux capitaine, s'ils avoient un Charlemagne à » leur tête. »

Charles V, *dit* le Sage.

1365. Le dauphin Charles succéda sans contradiction à son père, et s'efforça de retirer la France de la désolation et de l'épuisement où l'avoit jeté l'imprudence de son prédécesseur. Il remédia à tout par ces négociateurs et par ses généraux. Le fameux Bertrand du Guesclin tomba, dans le Maine et dans l'Anjou, sur les quartiers des troupes Anglaises et les défit toutes les unes après les autres. Peu-à-peu, toutes les provinces cédées à l'Angleterre rentrent sous l'obeissance de la France. Il ne resta plus aux Anglais que Bordeaux, Calais, Cherbourg, Bayonne et quelques forteresses.

Bertrand du Guesclin avoit déjà signalé son courage en Espagne. Il avoit chassé du royaume de Castille Pierre-le-Cruel, meurtrier de sa femme, et avoit placé sur le trône un bâtard, frère de ce roi. Par la valeur et les succès constans de ce grand capitaine, Charles réunit à sa couronne tous les anciens domaines qui en avoient été détachés.

L'empereur Charles IV, s'étant voué à S. Maur de France, dans les douleurs de la goutte, et voulant jouir avant sa mort de la consolation de voir Charles-le-Sage, vint de Prague à Paris, comme la reine de Saba étoit venue voir Salomon. Le roi de France le reçut magnifiquement, et mourut peu de temps après, en 1380, à l'âge de quarante-trois ans. Les historiens attribuent sa mort à un poison que le roi de Navarre lui avoit fait donner, lorsqu'il n'étoit encore que dauphin. Le médecin de l'empereur arrêta la violence du poison, en lui ouvrant le bras par une fistule qui donnoit issue au venin. Le jour même de sa mort, il supprima, par une ordonnance expresse, la plupart des impôts. On trouva dans ses coffres dix-sept millions de livres de son temps, dus à l'économie, à l'ordre qu'il mit dans les finances, et aux soins de faire refleurir l'agriculture et le commerce. Jamais prince ne se plut tant à demander conseil, et ne se laissa moins gouverner que lui par ses courtisans. Edouard disoit, qu'il n'y avoit point de roi qui parût si peu à la tête de ses armées, et qui lui donnât tant d'affaires. La guerre avec l'Angleterre fit renaître la marine : la France eut une flotte formidable durant quelques années. Charles déracina autant qu'il put l'ancien abus des guerres particulières des seigneurs. Les talens eurent en lui un protecteur zélé : il aimoit les livres, il encourageoit les auteurs. Il vint à bout de rassembler environ neufs cents volumes ; collection à la vérité mal choisie, mais qui marquoit au moins ce qu'étoit un prince à qui son père n'avoit laissé qu'environ vingt volumes. C'est à son règne que commence la chaîne de nos poëtes français. S'il fit tant de choses dans un temps de barbarie, que n'auroit-il pas fait de nos jours? Mais ce qui relève surtout les éminentes qualités de Charles, ce fut la pureté de ses mœurs, jointe à une piété éclairée, solide et constante.

Charles VI, *dit* le Bien-Aimé.

1381. *Charles VI*, fils et successeur du sage monarque que la France pleuroit, n'avoit que douze ans et neuf mois lorsqu'il parvint à la couronne. Sa jeunesse livra l'état à l'avarice et à l'ambition de ses trois oncles, les ducs d'Anjou, de Berri et de Bourgogne. Ils étoient, par leur naissance, les tuteurs du royaume, ils en devinrent les tyrans. Louis d'Anjou, après s'être emparé du trésor de son pupile, accabla le peuple d'impôts. La France se souleva. Les rebelles de Paris, qu'on nommoit les *Maillotins*, parce qu'ils s'étoient servis de maillets de fer pour massacrer les financiers, furent punis, sans qu'on pût faire cesser les murmures. La sédition étoit arrivée pendant l'absence du roi. Charles, âgé seulement de quatorze ans, mais guerrier dès l'enfance, venoit de gagner, sur les Flamands révoltés contre leur comte, la bataille de Rosebeck, dans laquelle il leur tua vingt-cinq mille hommes. Cette victoire jeta l'épouvante dans les villes rebelles : toutes se soumirent, à l'exception de Gand.

1392. Le jeune vainqueur se préparoit à fondre en Angleterre, lorsque, marchant contre Jean de Montfort, duc de Bretagne, chez qui Pierre de Craon, assassin du connétable Olivier Clisson, s'étoit refugié, il fut frappé d'un coup de soleil qui lui tourna la tête et le rendit furieux. Sa démence s'étoit fait connoître quelques jours auparavant, par des égaremens dans ses yeux et dans son esprit. Dans ses premiers accès, le roi tira son épée, et tua quatre hommes. Les projets de guerre s'évanouirent ; on signa une trêve de vingt-huit ans avec Richard II, roi d'Angleterre.

1397. La frénésie du roi duroit toujours ; et pour comble de malheur, il reprenoit quelquefois sa raison. Ces lueurs de bon sens furent fatales : on n'osa point assembler les états, ni rien décider, et Charles resta roi. Jean-sans-Peur, duc de Nevers et de Bourgogne, vint à la cour, pour y exciter des troubles et s'emparer du gouvernement. Ce prince, né scélérat, fit tuer le duc d'Orléans, frère du roi. Ce meurtre mit le feu aux quatre coins du royaume. Les Anglais ne manquèrent pas de profiter de la division : ils remportèrent en 1415, la victoire d'Azincourt, qui couvrit la France de deuil. Sept princes français périrent dans cette journée, avec le connétable, cinq autres furent faits prisonniers; plus de dix mille français restèrent sur le champ de bataille. Les ennemis prirent Rouen avec toute la Normandie et le Maine. Les Français, divisés sous les noms d'*Orléannais* et de *Bourguignons*, s'immoloient à l'envi aux fureurs de l'une et de l'autre faction. Le duc de Bourgogne fit regorger de sang la capitale et les provinces, et lorsqu'il fut tué, en 1419, par Tenegui-de-Châtel, sa mort, loin d'arrêter le carnage, l'augmenta. Philippe-le-Bon, son fils, voulant venger ce meurtre, s'unit avec Henri V, roi d'Angleterre, et avec Isabelle de Bavière, femme de Charles VI, princesse dénaturée, qui, par ce complot faisoit perdre la couronne au Dauphin son fils. Henri X, fut déclaré régent et héritier du royaume, par son mariage avec Catherine, dernière fille de France. Le roi d'Angleterre vint à Paris, et y gouverna sans contradiction. Le Dauphin, retiré dans l'Anjou, travailla vainement à défendre le trône de son père. On croyoit que la couronne de France resteroit pour toujours à la maison de Lancastre, lorsque Henri V mourut à Vincennes, en 1422. Charles VI le suivit de près. Il conserva jusqu'à la fin le titre de Bien-Aimé ; qu'il avoit mérité dans sa jeunesse, et que ne purent lui faire perdre les malheurs publics dont on n'ignoroit pas qu'il étoit la première victime.

Charles VII, *dit* le Victorieux.

1423. La France n'étoit qu'un vaste théâtre de carnage ; chaque ville, chaque bourg avoit garnison : on voyoit de tous côtés des forts et des châteaux bâtis sur des éminences, sur les rivières, sur les passages, en pleine campagne. La mort de Charles VI, et l'avénement de Charles VII, son fils, à la couronne, changèrent la face des choses. Le nouveau roi eut à combattre, en prenant le sceptre, le duc de Betfort, frère d'Henri V, régent du royaume, et aussi habile que courageux. Tous les avantages furent d'abord pour les Anglais. Ils ne nommoient Charles, alors dans le Berri, que le *roi de Bourges*. Mais ce prince se moqua de leur insolence, et s'en vengea à la bataille de Gravelle, dans le Maine, et à celle de Montargis, en 1427.

Ces succès ne découragèrent point les anciens ennemis de la monarchie : ils mirent le siége devant Orléans ; et bientôt ils réduisirent cette ville à l'extrémité, malgré l'intrépide bravoure du vaillant comte de Dunois, qui la défendoit. Charles VII pensoit déjà à se retirer en Languedoc, lorsqu'on lui présenta une jeune paysanne de vingt ans, pleine de courage et de vertu, dont la mission fut reconnue divine, et qui lui promet de faire lever le siége d'Orléans, et de le faire sacrer à Reims. On résiste d'abord ; on l'arme ensuite : elle marche à la tête des guerriers, se jette dans Orléans, et délivre la place. De nouvelles victoires augmentent la gloire de cette amazone, connue sous le nom de *Jeanne d'Arc*, ou de *Pucelle d'Orléans*.

Le comte de Richemont, connétable de France, défait les Anglais à la bataille de Patay, où le fameux Talbot, l'un des plus grands capitaines anglais, fut fait prisonnier. Louis III, roi de Sicile, joint ses armes à celles de son beau-frère. Jeanne avoit rempli le premier objet de sa mission ; elle proposa au roi de remplir le second, et d'aller à Reims pour être sacré. Bientôt en effet, Auxerre, Troies, Châlons, Soissons, Compiègne, se rendent au roi. Reims, occupé par les Anglais, lui ouvre ses portes : il y est sacré en présence de la Pucelle. Jeanne d'Arc, regardant sa mission finie, voulut se retirer ; le roi s'y opposa, et bientôt cette héroïne fut prise par les Anglais au siége de Compiègne. Leur honte, leur ressentiment se changeant en rage, ils se portèrent à la vengeance la plus lâche et la plus atroce, et malgré l'innocence et la vertu reconnues de cette fille héroïque, elle fut brûlée comme sorcière dans le vieux marché de Rouen.

1437. Henri VI, roi d'Angleterre, pour animer son parti, quitte Londres, et vient se faire sacrer à Paris. Cette ville étoit alors aux Anglais. Les Français ne tardèrent pas à s'en rendre les maîtres. Charles fit son entrée ; mais ce ne fut qu'en 1450 que les ennemis furent entièrement chassés de la France. Le roi reprit successivement toutes leurs conquêtes, il ne leur resta plus que Calais.

1456. Le Dauphin Louis, aigri contre son père par les ducs d'Alençon et de Bourgogne, lève l'étendard de la révolte. Le monarque le poursuit, le désarme, lui pardonne. Mais cette clémence ne corrigea pas le jeune prince, qui persista dans sa rebellion, et se maria avec la fille du duc de Savoie, pour se ménager un appui contre le ressentiment de son père. Ainsi Charles fut malheureux par son fils, comme il l'avoit été par sa mère. La fin de son règne, quoiqu'infortuné pour lui, fut assez heureuse pour la France, surtout si l'on en considère le commencement. Il se laissa mourir de faim à Meun en Berri, en 1461, à cinquante-huit ans, dans la crainte d'être empoisonné. Charles avoit des qualités aimables ; il en avoit même de brillantes ; mais il se laissa gouverner par ses courtisans et par ses maîtresses. Sans le zèle de ses généraux, il auroit souvent négligé ses armées et ses affaires, pour se livrer à ses amours. Un jour qu'il étoit occupé d'une fête, il demande à La-Hire, l'un de ses plus braves guerriers, qui lui parloit de choses plus importantes, ce qu'il pensoit de ses divertissemens : « Je pense, lui répondit le généreux La-Hire, je pense qu'on ne sauroit perdre plus gaiement son royaume. »

Louis XI.

1462. Louis XI, parvenu à la couronne par la mort de son père, prit un plan de conduite et de gouvernement entièrement opposé. Il ôta les charges aux officiers et aux magistrats, pour les donner aux compagnons de ses révoltes. Il traita la France en pays de conquête, dépouilla les grands, accabla le peuple d'impôts, et abolit la pragmatique-sanction ; mais le parlement de Paris la soutint avec tant de vigueur, qu'elle ne fut totalement anéantie, que par le concordat fait entre le pape Léon X et François I.

1465. Les violences du roi excitent contre lui tous les bons citoyens. Il se forme une ligue entre Charles duc de Berri, son frère, le comte de Charolois, le duc de Bretagne, le comte de Dunois, et plusieurs seigneurs non moins mécontens. Jean d'Anjou, duc de Calabre, vint se joindre aux princes confédérés, et leur amena cinq cents Suisses, les premiers qui aient paru dans nos armées. La guerre qui suivit cette ligue, formée par le mécontentement, eut pour prétexte, la réformation de l'état et le soulagement des peuples, et fut appelée *la ligue du bien public*. Louis arma pour la dissiper. On en vint aux mains à Monthéri ; mais cette bataille ne décida rien : le roi fut vaincu, et les confédérés éprouvèrent des pertes égales à celles du prince. Le monarque ne désunit la ligue qu'en donnant à chacun des principaux chefs ce qu'ils demandoient ; la Normandie à son frère ; plusieurs places dans la Picardie au comte de Charolois ; le comté d'Etampes au duc de Bretagne, et l'épée de connétable au comte de Saint-Pol. La paix fut conclue à Conflans : le roi accorda tout par ce traité, espérant tout avoir par ses intrigues. En effet, il enleva bientôt la Normandie à son frère, et une partie de la Bretagne au duc de ce nom.

L'inexécution du traité de Conflans, alloit rallumer la guerre civile : Louis crut l'éteindre en demandant à Charles duc de Bourgogne, une conférence à Péronne, dans le même temps qu'il excitoit les Liégeois à faire une perfidie à ce duc, et à prendre les armes contre lui. Charles, instruit de cette manœuvre, le retint prisonnier dans le château de Péronne, et le força de conclure un traité désavantageux, et à marcher à sa suite contre ces mêmes Liégeois qu'il avoit armés. Le comble de l'humiliation pour lui, fut d'assister à la prise de leur ville, et de ne pouvoir obtenir son retour à Paris, qu'après avoir prodigué les bassesses et essuyé mille affronts. Sorti de ce mauvais pas, il trouva bientôt des prétextes pour se relever du honteux traité de Péronne ; et le duc lui-même, aussi ambitieux que téméraire lui en fournit d'assez justes sujets. Quoiqu'il en soit, ce ne fut plus entre les deux princes, qu'une suite de guerres et de traités où l'on ne cherchoit de part et d'autre qu'à se nuire ou à se tromper, et dont le duc fut presque toujours la dupe. La manœuvre la plus ordinaire du roi, étoit de lui attirer sans cesse de nouvelles affaires sur les bras, de le commettre avec ses voisins, de lui susciter des ennemis sur lesquels l'inconsidéré Charles alloit se jeter avec fureur, tandis que lui-même, attentif aux fausses démarches de son adversaire, saisissoit à point nommé toutes les occasions de s'agrandir. Jouet perpétuel d'une politique si artificieuse, Charles en devint la victime, et trouva la mort au siége de Namur, qu'il avoit entrepris d'enlever au duc de Lorraine. A la nouvelle de cette mort, Louis s'empara de la Bourgogne ; il avoit les mêmes vues sur la Flandre, mais Marie, fille unique de Charles-le-Téméraire, la porta en dot à Maximilien d'Autriche, fils de l'empereur Frédéric II, et ce mariage fut l'origine des querelles qui coûtèrent tant de sang à la France et à la maison d'Autriche.

1482. Peu de temps après cette union, la guerre s'alluma entre l'empereur et le roi de France. Ce dernier s'empara de la Franche-Comté, par la valeur de Chaumont d'Amboise. Il y eut une bataille à Guinegate, où l'avantage fut égal des deux côtés. Un traité fait à Arras, termina ces hostilités ; on y arrêta le mariage du Dauphin avec Marguerite, fille de Marie de Bourgogne.

1483. Louis ne jouit pas long-temps de la joie que lui devoient inspirer ces heureux événemens. Sa santé dépérissoit de jour en jour : enfin, sentant la mort approcher, il se renferma au château de Plessis-les-Tours, et tenta tous les moyens humains pour éloigner le jour fatal. Inaccessible à ses sujets, entouré de gardes, dévoré par la crainte de la mort, par la douleur d'être haï, par les remords et par l'ennui, il fit venir de Calabre S. François de Paule, célèbre alors par ses miracles. Il se jeta à ses pieds ; il le supplia, en pleurant, de demander à Dieu la prolongation de ses jours ; mais le saint homme l'exhorta à penser plutôt à purifier son âme, qu'à travailler à rétablir un corps foible et usé. Louis suivit ces conseils salutaires et mourut quelque temps après, en implorant à haute voix, jusqu'au dernier soupir, la divine miséricorde et la protection de la Sainte Vierge.

Si ce prince avoit eu le cœur aussi droit qu'il avoit l'esprit pénétrant, étendu et fécond en ressources, il auroit mérité une place parmi nos plus grands rois; mais le talent rare que la nature lui avoit donné pour le gouvernement, fut gâté par le mauvais usage qu'il en fit. Son caractère ombrageux le rendit souvent injuste et cruel, sa prudence devint finesse, et sa politique fourberie.

Ce barbare monarque eut pour confident et pour ministres, des hommes dignes de lui. Il les tira de la boue. Son barbier devient comte de Meulan et ambassadeur; son tailleur, héraut d'armes; son médecin, chancelier. Il avilit la nation, en lui donnant de si indignes maîtres : aussi, sous son règne, il n'y eut ni vertu ni héroïsme. L'obéissance et la bassesse tinrent lieu de tout, et le peuple fut enfin tranquille, comme les forçats le sont dans une galère. Mauvais roi, mauvais fils, il fut aussi mauvais père. Craignant que le Dauphin son fils ne se liguât contre lui, comme il s'étoit ligué lui-même contre son père, il le tint dans l'obscurité et dans l'ignorance. Pour toute éducation, il se borna à lui faire apprendre ces mots latins : *Qui nescit dissimulare, nescit regnare*, c'est-à-dire, celui qui ne sait point dissimuler, ne sait point régner. Cette devise, digne du sombre et barbare Tibère, fut celle de Louis XI : son règne fut un affreux tissu de perfidies, de trahisons, de cruautés.

Tant de travers et tant de vices, ne l'empêchoient pas d'être dévot à sa manière, et sa dévotion n'étoit que la crainte superstitieuse d'une âme basse, pusillanime et égarée. Toujours couvert de reliques et d'images, portant à son bonnet une Notre-Dame de plomb, il lui demandoit pardon de ses assassinats, et en commettoit de nouveaux. Il fit solliciter auprès du pape le droit de porter le surplis et l'aumusse, et de se faire oindre une seconde fois de l'Ampoule de Reims, au lieu d'implorer la miséricorde de Dieu pour les crimes qu'il commettoit.

Il avoit du courage; il connoissoit les hommes et les affaires. Il portoit suivant ses expressions, tout son conseil dans sa tête. Prodigue par politique, autant qu'avare par goût, il savoit donner en roi. C'est à lui que le peuple dut le premier abaissement des grands. La justice fut rendue avec autant de sévérité que d'exactitude, sous son règne. Paris, désolé par une contagion, fut repeuplé par ses soins; une police rigoureuse y régnoit. S'il avoit vécut plus long-temps, les poids et les mesures auroient été uniformes dans ses états. En augmentant son pouvoir sur ses peuples par ses rigueurs, il augmenta son royaume par son industrie. L'Anjou, le Maine, la Provence, la Bourgogne, et quelques autres grands fiefs furent réunis, sous lui, à la couronne.

ENTRETIEN XVII.

Charles VIII, *dit* l'Affable *et* le Courtois.

1483. Le Dauphin Charles VIII, n'avoit que treize ans et deux mois, lorsque Louis XI mourut. Anne de France, dame de Beaujeu, eut le gouvernement de la personne de son frère et de son royaume. Louis duc d'Orléans, connu depuis sous le nom de *Louis XII*, premier prince du sang, jaloux que l'autorité eût été confiée à une femme, excita une guerre civile, pour avoir la tutelle. On se bâtit dans les provinces, et surtout dans la Bretagne, mais le duc ayant été fait prisonnier à la journée de Saint-Aubin, en 1488, et renfermé aussitôt dans la tour de Bourges, les divisions cessèrent. Le mariage de Charles VIII, en 1491, avec Anne de Bretagne, cimenta la paix, et procura de nouveaux états à la France.

1494. La conquête du royaume de Naples, auquel il avoit des droits, tentoit l'ambition du jeune monarque. L'Italie étoit alors partagée en plusieurs petits états, qui feignirent de se prêter à ses vues, dans l'espérance de s'agrandir au milieu des troubles, et de s'approprier quelques débris du royaume, dont Charles méditoit la conquête. Il traverse l'Italie en souverain ; Naples lui ouvre ses portes, et cette conquête importante fut achevée en vingt jours.

Les princes d'Italie, effrayés de ces succès, et craignant pour leur indépendance, se liguent tous, à l'exception des Florentins, avec l'empereur d'Autriche et le roi d'Espagne contre Charles VIII. Celui-ci sans s'étonner, et suivi seulement de sept mille hommes, reprend le chemin de la France. A la descente de l'Apennin, il rencontre 35,000 hommes qui l'attaquent près de Fornoue. Il soutint leur choc avec intrépidité, et tandis que quelques cavaliers ennemis pilloient les bagages des Français qu'ils avoient laissés sans escorte, et que le reste de la cavalerie y court pour partager le butin, le roi ordonna à sa garde et à sa noblesse de le suivre. Il tombe sur l'infanterie italienne, la perce, la culbute, en fait un horrible carnage, et s'étant ainsi ouvert le chemin de ses états, y rentre triomphant.

Naples fut perdu en aussi peu de temps qu'il avoit été conquis. Charles, revenu en France, ne pensa plus à reprendre un royaume qui lui avoit tant coûté. Il mourut au château d'Amboise en 1498, à vingt-sept ans, dont il avoit régné quinze. Sa santé avoit toujours été chancelante, et son esprit tenoit de sa santé. Sa bonté et sa douceur étoient sans égales. Il étoit si tendrement aimé par ses domestiques, que deux tombèrent morts en apprenant qu'il venoit d'expirer. Charles VIII, ne laissa point d'enfans, et en lui finit la première branche des Valois.

Louis XII, *dit* le Père du Peuple.

1499. Louis, duc d'Orléans, premier prince du sang, et

descendant de Charles V, fut placé sur le trône. Sa jeunesse fut orageuse, et plus féconde en vices qu'en vertu. Lorsqu'il fut appelé à régner, il avoit réformé ses mœurs, et ses vertus épurées par la religion parurent dans le plus grand éclat. Son humeur bienfaisante ne tarda pas d'éclater. Il soulagea le peuple, et pardonna à ses ennemis. Le duc de la Trémouille qui l'avoit fait prisonnier à la bataille de saint-Aubin, craignoit son ressentiment ; il fut rassuré par ses paroles à jamais mémorables : « Ce n'est point au roi de France à venger les querelles du duc d'Orléans. » Après qu'il eut réglé et policé son royaume, diminué les impôts, réprimé les excès des gens de guerre, établi des parlemens, il tourna ses vues vers le Milanez, sur lequel il avoit des droits du côté de son aïeule. Ludovic Sforce s'étoit emparé de cet état. En moins de vingt jours, Louis s'en rendit maître; mais Sforce y rentra bientôt ; et pour manifester sa haine contre la France, il payoit un ducat d'or pour chaque tête de Français qu'on lui apportoit. Louis fit un nouvel effort, reprit le Milanez, fit l'usurpateur prisonnier, soumit Gênes, et conquit le royaume de Naples : ces succès furent l'ouvrage de quatre mois. Le roi de Naples se remit entre les mains du vainqueur, qui lui assigna une pension de cent vingt-cinq mille livres de notre monnoie actuelle.

1503. Ferdinand-le-Catholique, roi d'Aragon, avoit aidé Louis, qui lui avoit cédé la moitié des états de Naples, Ferdinand chercha bientôt à les avoir en totalité. Ses troupes, conduite par Gonsalve de Cordoue, surnommé le *Grand-Capitaine*, s'emparèrent de tout le royaume de Naples, après avoir gagné les batailles de Séminare et de Cérignole. Une paix honteuse termina cette guerre en 1515. Ferdinand, prince fourbe et artificieux, surprit la bonne foi de Louis par des traités frauduleux ; celui-ci, franc et loyal, les observa avec la plus scrupuleuse ponctualité.

1507-1509. Gênes se révolte; Louis prend cette ville et lui pardonne. Il signe avec le pape Jules II, pontife plus guerrier que religieux, la fameuse ligue de Cambrai, et marche contre la république de Venise. Il remporte en personne la bataille d'Aignadel : le fruit de cette victoire est la prise de Crémone, de Padoue et de plusieurs autres places qu'il partage fidèlement avec ses alliés.

1512. Jules II et Ferdinand, après avoir obtenu, par les armes triomphantes de Louis XII, à-peu-près ce qu'ils vouloient, se déclarent contre ce prince, pour le chasser de l'Italie. Le jeune Gaston de Foix, envoyé contre le pontife et ses alliés, repousse une armée de Suisses, sauve Boulogne, assiégée par les princes confédérés, et gagne la célèbre bataille de Ravenne où il perd la vie comblé de gloire. Avec ce jeune héros, expire la fortune de la France. En moins de trois mois, les Français sont hors de l'Italie. Les Suisses établissent dans Milan le jeune Maximilien Sforce, fils du duc mort prisonnier en France. Gênes reprend sa liberté. Enfin l'empereur Maximilien, Henri VIII, roi d'Angleterre, et les Suisses attaquent à la fois le royaume. Les Anglais mettent le siége devant Térouane, qu'ils prennent après la journée de Guinegate, *dite la journée des éperons*, où les troupes françaises furent mises en déroute. La conquête de Tournai suit celle de Téronane. Les Suisses assiégent Dijon, et ne peuvent être renvoyés qu'avec vingt mille écus comptant, une promesse de quatre mille, et sept otages qui en répondoient.

Louis XII, battu de tous côtés, a recours aux négociations. Il vient à bout de diviser, puis de désarmer ses ennemis ; et cette grande guerre, qui sembloit devoir aboutir au renversement de la monarchie, la laissa dans toute son intégrité. A sa mort les crieurs publics disoient le long des rues, en sonnant leurs clochettes : « Le bon roi Louis, père du peuple, est mort. »

Si Louis XII, fut malheureux au-dehors de son royaume, il fut heureux au-dedans. Roi bon, roi juste ; on ne peut reprocher à ce prince que la vente des charges. Il en tira en dix-sept années la somme de 1200 mille livres dans le seul diocèse de Paris ; mais les tailles, les aides furent modiques. Il auroit peut-être été plus loué, si, en imposant des tributs nécessaires, il eût conservé l'Italie, réprimé les Suisses, secouru efficacement la Navarre, et repoussé l'Anglais. Il eut soin que la justice fût rendue partout avec promptitude, avec impartialité, et presque sans frais. Il fut le premier des rois qui mit les laboureurs à couvert de la rapacité du soldat, et qui fit punir de mort les gendarmes qui rançonnoient le paysan. Les troupes ne furent plus le fléau des provinces ; et loin de vouloir les en éloigner, les peuples les demandèrent.

On chérissoit autant dans ce monarque l'homme privé, que l'homme public : il étoit affable, doux, caressant ; il égayoit la conversation par de bons mots plaisans, sans être malins. Son amour pour son peuple s'étendit jusqu'à l'avenir. Prévoyant les maux que l'humeur prodigue et inconsidérée de François I causeroit à la France, il pleuroit en disant : « Ce gros garçon gâtera tout. »

Usages, coutumes des Français depuis le règne de S. Louis, jusqu'à celui de François I.	*Anecdotes et Faits particuliers arrivés depuis le règne de S. Louis, jusqu'à celui de François I.*
Il y avoit, du temps de saint Louis, plus de quatre-vingts seigneurs particuliers qui pouvoient	La reine Blanche joignoit aux vertus du gouvernement, celles que la religion enseigne et sanctifie.

Usages, etc.

battre monnoie ; mais il n'y avoit que le roi seul qui eût le droit d'en faire battre d'or et d'argent. D'un des côtés de sa monnoie, étoit une croix, et de l'autre des pilliers ; ce qui fait qu'encore aujourd'hui les différens côtés des monnoies se nomment *croix* et *piles*.

Etienne Boileau ou Boilesve, établit la police à Paris, par l'ordre de ce saint roi. Cet illustre magistrat s'appliqua d'abord à punir les crimes, et à établir, dans toutes les parties de la capitale, cette harmonie si nécessaire dans les grandes villes. Il rangea tous les marchands et artisans en différens corps de communautés, sous le titre de confréries ; il dressa les premiers statuts, et forma plusieurs réglemens ; ce qui fut fait avec tant de justice et une si sage prévoyance, que ces mêmes statuts n'ont presque été que copiés ou imités dans tout ce qui a été fait depuis pour la discipline des mêmes communautés, ou pour l'établissement des nouvelles qui se sont formées dans la suite des temps.

Avant son départ pour Tunis, Louis publia une espèce de code connu sous le nom d'*établissement de S. Louis* ; lois encore imparfaites, mais précieux monument de la sagesse et du zèle qu'il opposoit aux abus.

C'est à ce prince que remonte l'institution des notaires royaux : il en créa soixante en titre d'office. On lui rapporte aussi l'érection des charges de maîtres des requêtes. Ils ne furent d'abord que trois. Il est le premier de nos rois qui ait eu un officier principal de marine, avec le titre d'Amiral.

On trouve sous le règne de Philippe-le-Hardi, les premières lettres d'ennoblissement en faveur de Raoul, l'orfèvre du roi. Cette prérogative, par laquelle le monarque tiroit un citoyen de la foule, étoit réservée à lui seul. Un arrêt du parlement, en 1280, porte que le

Anecdotes, etc.

Elle ne cessoit de dire au jeune roi Louis IX : « Quelque tendresse que » j'aie pour vous, mon cher fils, » j'aimerois mieux vous voir mort, » que souillé d'un péché mortel. »

Le comte d'Anjou, frère de S. Louis, étoit en procès avec un simple gentilhomme, son vassal ; celui-ci, condamné par les officiers du prince, en appelle à la cour du roi. Le comte le fait mettre en prison : il est bientôt mandé lui-même : « Croyez-vous, lui dit le roi, qu'il » doive y avoir plus d'un souverain » en France, ou que vous soyez » au-dessus des lois, parce que vous » êtes mon frère » ? Le monarque ordonne que le vassal soit mis en liberté, et qu'il vienne se défendre. Il lui assigne des avocats, personne n'osant plaider sa cause. On examine l'affaire et le comte d'Anjou est condamné.

On blâmoit un jour ce religieux monarque de faire trop d'aumônes : « Les rois, répondit-il, sont quel- » quefois obligés d'excéder un peu » dans la dépense ; et s'il y a de » l'excès, j'aime mieux que ce soit » en aumônes, qu'en choses mon- » daines et inutiles. » La fondation des Quinze-Vingts, et celle de la plupart des hôpitaux de la capitale, sont son ouvrage. Il donna aux Chartreux le palais du roi Robert, qui n'étoit point habité, parce qu'il y revenoit, disoit-on, des esprits. C'est de cette opinion populaire que vint le nom de *Fontaine du Diable*, et de *rue d'Enfer*, donné à ce quartier de Paris.

L'usage de jouer des mystères sur le théâtre commença à s'établir sous le règne de Philippe-le-Bel. Dans une fête qui fut donnée lorsque ce prince conféra à ses enfans l'ordre de chevalerie : « Là, vit-on Dieu », dit une ancienne chronique, « man- » ger des pommes, rire avec sa mè- » re, dire des patenôtres avec ses » apôtres, ressusciter et juger les » morts ; là, furent entendus les » bienheureux, chanter en paradis,

ENTRETIEN XVII.

Usages, etc.   *Anecdotes*, etc.

comte de Flandre ne peut et ne doit faire un noble sans l'autorité du roi.

C'est Philippe-le-Bel qui rendit le parlement sédentaire à Paris ; une compagnie suivoit auparavant la cour. Ce fut aussi lui qui le premier restreignit les apanages aux seuls hoirs mâles. Il réduisit la plupart des seigneurs à lui vendre leur droit de battre monnoie, et fit graver sur la sienne la légende qui s'est conservée jusqu'à ce jour : *Sit nomen Domini benedictum* ; « Que le nom du Seigneur soit béni » ! On trouve des lettres de ce monarque, dans lesquelles il se sert de la formule : *par la plénitude de la puissance royale*.

Du temps de Charles-le-Bel, la coiffure des femmes étoit en pain de sucre, d'une hauteur extraordinaire, chargée de dentelles qui flottoient en l'air. Cette mode a duré en France près de deux cents ans.

Philippe de Valois est regardé comme l'auteur de l'établissement des greniers à sel et de la gabelle ; ce qui fit qu'Edouard III, roi d'Angleterre, le nommoit assez plaisamment l'*Auteur de la loi Salique*.

Ce prince fut peut-être celui de nos rois qui altéra le plus les monnoies. Non-seulement il en haussa la valeur ; mais il en faisoit fabriquer de bas aloi. Philippe faisoit jurer à ses officiers monnoyeurs sur les Evangiles de garder le secret ; mais comment pouvoit-il se flatter qu'une telle infidélité ne seroit point découverte, et quel temps que celui où l'on étoit obligé d'avoir recours à un pareil stratagême !

Tandis que l'exercice de l'arc et de l'arbalète étoit soigneusement cultivé en Angleterre, on le méprisoit en France, comme indigne de la valeur nationale. Avec cet arme *perfide*, disoient alors les Français, un poltron peut tuer sans risque le plus vaillant homme : *Nous ne voulons vaincre qu'avec nos lances et nos épées*. Les archers Anglais devinrent terribles. Une grêle de traits

» dans la compagnie d'environ qua-
» tre-vingt-dix anges, et les damnés
» pleurer dans un enfer noir et
» puant, au milieu de plus de cent
» diables qui rioient de leur infor-
» tune, etc. » Tels étoient alors les plaisirs les plus délicats de la France.

On remarque, sous le règne de Charle-le-Bel, l'érection de la baronnie de Bourbon en duché-pairie. Les lettres du roi portent : « J'espère que les descendans du » nouveau duc (Louis, petit-fils de » S. Louis) contribueront par leur » valeur, à maintenir la dignité de » la couronne. » L'application de ces paroles à Henri IV est intéressante pour tous les Français.

Le gibet élevé par Enguerand de Marigni, à Montfaucon, fut fatal à tous ceux qui s'en mêlèrent. Marigni y fut attaché. Pierre Remi, qui le fit réparer, y fut pendu. Jean Monnier, lieutenant civil, y ayant fait toucher, y fit amende honorable. Enfin, Jean de Montaigu, et Samblançai, sur-intendant des finances, y perdirent ignominieusement la vie.

Après la funeste et sanglante bataille de Créci, Philippe de Valois, vaincu, cherchant un asile, arriva vers le milieu de la nuit à la porte d'un château. Il frappa ; le châtelain voulut savoir qui il étoit : « Ou-
» vrez, dit-il, c'est la fortune de
» la France. »

Comme on engageoit le roi Jean II à ne point retourner dans sa prison, ainsi qu'il avoit juré, il rejeta cet avis. « Si la justice et la
» bonne foi, dit-il, étoient bannies
» du reste du monde, il faudroit
» qu'on trouvât ces vertus dans la
» bouche et dans le cœur des rois. »

Charles V disoit souvent : « Je
» ne trouve les rois heureux, qu'en
» ce qu'ils ont le pouvoir de faire
» du bien. »

Doué du talent de la parole, il étoit toutefois fort réservé dans ses discours. Quelqu'un disant un jour qu'il n'y avoit rien de plus beau que

Usages, etc.

décochés avec autant d'adresse que de force, mettoit le désordre partout. Il fallut donc enfin employer les mêmes armes; mais on aima mieux soudoyer des étrangers, que de s'en servir soi-même; et ces étrangers furent presque toujours de mauvais soldats. Voilà la principale cause des défaites multipliées que la France éprouva durant près d'un siècle, et de la supériorité des Anglais.

Les Français ne connoissoient pas encore, ou du moins connoissoient très-peu l'usage du canon. Les Anglais, à la bataille de Créci, en firent jouer six pièces, qui effrayèrent plus par leur nouveauté, qu'elles ne firent effectivement de mal. La poudre, inventée vers 1330, suivant la plus commune opinion, étoit encore alors bien informe; et le canon n'étoit composé que de planches de cuivre assemblées en rond, liées avec des cercles de fer.

Jean II, institua l'ordre de l'Etoile, en faveur des plus grands seigneurs; mais cet ordre s'avilit bientôt par le trop grand nombre de chevaliers, et fut abandonné aux chevaliers du Guet.

La variation des monnoies, sous le règne de ce prince, est la preuve la plus forte des malheurs qui le désolèrent. Le roi fut réduit à payer ce qu'il achetoit pour sa maison, avec une petite monnoie de cuir qui avoit au milieu un petit clou d'argent. Cette variation, souvent répétée, étoit plus funeste que les impôts; et sans doute plus fatale au commerce; aussi le peuple vit-il avec joie l'établissement des tailles et des aides qui le mettoit à l'abri de cette vexation. Ce qui est étrange, c'est que le luxe ne fut jamais porté plus loin par les grands seigneurs; le roi leur en donnoit lui-même l'exemple.

C'est à Charles V qu'on doit l'arrêt qui fixe la majorité de nos rois à quatorze ans; arrêt qui remédia aux abus des régences, qui absorboient l'autorité royale.

Sous son règne, on imagina les

Anecdotes, etc.

de savoir bien parler : « Il est vrai, » répondit-il, mais ce n'est pas un » moindre talent que de savoir se » taire. »

Après l'assassinat du duc d'Orléans, commis dans Paris par les ordres de Jean-sans-Peur, duc de Bourgogne, Jean Petit, docteur de l'université, vendu au Bourguignon, prononça avec effronterie un long discours, où, après avoir prouvé qu'il étoit permis à chaque particulier de tuer un prince que l'on croyoit être un tyran, il fit l'application de cette maxime au prince assassiné, lui imputant tous les forfaits imaginables. Il conclut qu'on devoit récompenser l'auteur de l'assassinat, « à l'exemple de rémunérations fai- » tes à Monseigneur S. Michel l'Ar- » change, pour avoir tué le dia- » ble. » Cette abominable doctrine fut condamnée à la requête de l'université, et par les soins du fameux Gerson.

Les habitans de Paris, ayant ouvert leurs portes à Charles VII, s'empressèrent d'effacer leurs anciennes révoltes, par les démonstrations de joie qu'ils donnèrent à ce prince. L'entrée du monarque fut magnifique. Sur le passage, depuis la porte de Saint-Denis jusqu'à Notre-Dame, les rues étoient pleines de théâtres, où l'on jouoit les mystères. Il trouva une mascarade qu'on n'imagineroit pas aujourd'hui : c'étoient les sept péchés capitaux, combattus par les trois vertus théologales et les quatre vertus cardinales.

Louis XI, ce prince si terrible, étoit l'esclave de son médecin Jean Coitier. Cet esculape téméraire et insolent osoit lui dire : « Je sais » qu'un beau matin vous me ren- » verrez, comme vous faites de tant » d'autres : mais je jure Dieu que » vous ne vivrez point huit jours » après. » En cinq mois il donna près de cent mille écus à ce médecin.

Irrité contre un astrologue qui avoit prédit la mort de sa maîtresse,

habits

Usages, etc.

habits mi-partis, semblables à ceux de nos bedeaux. Le roi étoit vêtu, par-dessous son manteau royal, d'une cotte d'écarlate dont la forme ressembloit assez aux fourreaux des enfans. Cet habillement étoit commun aux hommes et aux femmes, et avoit une queue traînante plus ou moins, selon la qualité des personnes. Ce fut aussi dans ce temps que les nobles des deux sexes commencèrent à porter les armoiries de leurs maisons, brodées sur leurs habits.

Tout ce que la démence du roi Charles VI procura à la France, outre de grands malheurs, fut l'invention des cartes à jouer. On les connoissoit très-peu avant son règne ; on les employa pour amuser ce monarque valétudinaire. Cette invention, favorable à la paresse, est devenue pernicieuse à la société, en dégoûtant des exercices du corps, en procurant contre l'ennui, aux gens oisifs, une ressource souvent pire que l'ennui même, et en facilitant les moyens de ruiner tout-à-la-fois sa santé et sa fortune.

On vit sous ce prince le premier exemple de la taille réelle, dont le système a été si souvent renouvelé. On appeloit taille les anciennes impositions, parce que les collecteurs marquoient sur une petite taille de bois ce qu'ils avoient reçu des contribuables : tant l'usage d'écrire étoit alors peu commun !

On vit aussi se former les premières troupes d'acteurs de théâtres. Les plus graves, nommés *confrères de la passion*, représentoient burlesquement les mystères. Les *enfans sans soucis*, dont le chef étoit *le prince des sots*, mirent sur la scène des aventures bizarres et ridicules. Les clercs des procureurs, ou clercs de la basoche, comemncèrent par des moralités allégoriques, et s'attachèrent aux farces. Les *Cornards* en Normandie, sous un chef qu'on appeloit l'*abbé des Cornards*, et qui portoit la crosse et la mitre, jouoient des pièces également satyriques et

Tome II.

Anecdotes, etc.

il le fit venir, bien résolu de ne le point épargner. « Toi, qui prévois » tout, lui dit-il, quand mourras- » tu ? » L'habile astrologue, qui pénétra le dessein du prince, lui répondit : « Je mourrai trois jours » avant votre majesté. » On prit grand soin de sa personne.

Louis XI ne vouloit jamais prêter serment sur la croix de S. Lô d'Angers, parce que, suivant une vieille croyance de son temps, ceux qui violoient ce serment, mouroient misérablement dans l'année. Ses ennemis profitèrent plus d'une fois de la bizarrerie de cette opinion, et découvrirent par-là ce qu'il avoit de plus caché dans l'âme. On n'avoit qu'à exiger de lui qu'il jurât par la croix de S. Lô, s'il le refusoit, ses propositions et ses offres n'étoient pas sincères. Son jurement ordinaire étoit *par la Pâque-Dieu*.

Il faisoit manger avec lui, non-seulement les seigneurs, pour les attacher à la cour, mais les étrangers qui pouvoient l'instruire, quelquefois même des marchands. Un de ces derniers nommé *Maître-Jean*, flatté de cette distinction, s'avisa de lui demander des lettres de noblesse. Le roi les lui accorda, et dès-lors ne daigna plus le regarder ; Maître-Jean témoigna sa surprise. « Allez, monsieur le gentilhomme, » lui dit Louis, quand je vous fai- » sois asseoir à ma table, je vous » estimois comme le premier de vo- » tre condition : aujourd'hui que » vous en êtes le dernier, je ferois » injure aux autres, si je vous fai- » sois la même faveur. »

On le voyoit se mêler avec les Bourgeois ; s'informer de leurs affaires, se faire inscrire dans les confréries d'artisans. Il affectoit dans ses habits une simplicité mesquine et indécente. Dans une entrevue avec le roi de Castille, en 1463, il parut en habit de gros drap, la tête couverte d'un vieux chapeau, tandis que le Castillan étaloit une fastueuse magnificence. Dans sa maladie, il

T

Usages, etc.

impertinentes. Tous ces théâtres étoient une école de superstition, d'indécence et de grossièreté.

La coiffure des femmes étoit alors composée d'un vaste bonnet, réparé de bourlets monstrueux, de trois quartiers de haut, formant deux larges oreilles qui rendoient les portes trop étroites pour leurs têtes. Elles avoient inventé des robes à manches déchiquetées, et traînantes. Les manches des pour-points des hommes étoient aussi énormes et aussi ridicules.

L'imprimerie inventée depuis peu en Allemagne, fut introduite en France sous le règne de Charles VII. Ceux qui mirent en vente les premiers livres imprimés, passèrent pour magiciens.

Malgré le luxe et l'extravagance des modes de ce temps-là, on ignoroit tellement les commodités de la vie, que durant l'hiver rigoureux de 1537, les seigneurs et les dames de qualité qui n'osoient monter à cheval, se faisoient traîner dans des tonneaux.

Charles VII réduisit la gendarmerie à quinze compagnies, chacune de cent hommes d'armes. Chaque gendarme avoit six chevaux, de façon que cette troupe formoit neuf mille cavaliers. Il établit aussi cinq mille quatre cents archers, dont une partie combattoit à pied, et l'autre servoit de cavalerie légère. Ce prince est le premier de nos rois qui ait imposé de nouveaux tributs sans le concours des états-généraux.

Quoique plusieurs rois de France, prédécesseurs de Louis XI, eussent porté le titre de très-chrétien, c'est néanmoins dans la personne de ce prince que cette qualification commença à être affectée particulièrement à nos monarques, ainsi que le titre de *Majesté*, peu connu jusqu'alors.

Ce fut lui qui établit les postes, par une avidité d'apprendre les nouvelles. Deux cent trente commis à ses gages portoient les ordres du

Anecdotes, etc.

affecta au contraire de s'habiller magnifiquement, pour empêcher qu'on ne s'aperçût de son état qui n'en devenoit que plus visible.

Gênes s'étoit soumise à la France sous Charles VI. Cette république volage, après de fréquentes révoltes, offrit encore à Louis XI, de le reconnoître pour souverain. Il répondit : « Vous vous donnez à moi, » et moi je vous donne au diable. »

L'ambassadeur de la république de Venise, voulant détourner Louis XII d'entrer dans la ligue de Cambrai, en lui vantant la prudence des Vénitiens : « J'opposerai, lui dit ce » prince, un si grand nombre de » fous à vos sages, que je les dé- » concerterai. »

Sur le point de livrer la bataille d'Aignadel, on lui représente que les Vénitiens se sont emparés du seul poste qu'il pouvoit occuper. « Où camperez-vous, sire, deman- » de un grand de sa cour ? — Sur » leur ventre, répondit-il. » Quelqu'un lui conseillant, durant la mêlée, de ne point tant exposer sa personne : « Que ceux qui ont peur, » s'écrie-t-il, se mettent derrière » moi. » L'Alviane, général des Vénitiens, ayant été fait prisonnier ; ne répondit aux bontés du roi que par une dédaigneuse indifférence. Louis se contenta de le renvoyer au quartier des prisonniers. « Il vaut mieux » le laisser, dit-il, je m'emporte- » rois, et j'en serois fâché. Je l'ai » vaincu : il faut me vaincre moi- » même. » Ce bon roi ayant appris le gain de la bataille de Ravenne, et la mort de Gaston de Foix, son neveu, qui avoit été tué ; « Je vou- » drois, dit-il, n'avoir plus un pouce » de terre en Italie, et pouvoir à » ce prix faire revivre mon neveu » Gaston, et tous les braves hom- » mes qui ont péri avec lui. Dieu » nous garde de remporter jamais » de telles victoires. »

Avec treize millions de revenu, qui en valoient environ cinquante d'aujourd'hui, ce prince soutint la

Usages, etc.   *Anecdotes, etc.*

monarque et les lettres des parti- culiers dans tous les coins du royau- me. Il est vrai qu'il fit payer cher à la France cet établissement utile ; il augmenta les tailles de trois mil- lions sept cents mille livres par an , ce qui pouvoit faire environ vingt- trois millions d'aujourd'hui : au lieu que Charles VII n'avoit jamais levé , par an , que dix-huit cents mille francs.

majesté du trône , et fournit à tout. Il disoit que la justice d'un prince l'oblige à ne rien devoir plutôt que sa grandeur à beaucoup donner. « J'ai- » me mieux , disoit-il un jour, voir » les courtisans rire de mon avarice » que de voir mon peuple pleurer » de mes dépenses. »

Ce fut sous Louis XI que se fit le premier traité d'alliance entre la France et les Suisses. Le monarque qui savoit se prêter à tout, s'hono- roit du titre de bourgeois de Berne , en conséquence des lettres de bour- geoisie qu'il avoit fait demander aux cantons Helvétiques.

Charles VIII établit la compagnie des Cent-Suisses. Ce fut aussi sous son règne que le grand conseil fut érigé en cour souveraine.

Louis XII érigea en parlement la cour souveraine de Normandie, dite l'*Echiquier*. Il créa celui d'Aix en Provence, et fit publier une patente du Soudan d'Egypte, qui le déclaroit souverain de Jérusalem et des lieux saints.

Il maintint l'usage où étoient les parlemens du royaume de choisir trois sujets pour remplir une place vacante. Le roi nommoit un des trois. Les dignités de la robe n'étoient données alors qu'aux avocats , elles étoient l'effet du mérite , ou de la réputation qui suppose le mérite. Son édit de 1449 a rendu sa mémoire chère à tous ceux qui administrent la justice , et à tous ceux qui l'aiment. Il ordonne par cet édit, qu'on *suive toujours la loi* , *malgré les ordres contraires que l'importunité pourroit arracher du Monarque.*

ENTRETIEN XVIII.

Tableau général de l'histoire de France, depuis le règne de François premier jusqu'à celui de Louis XIII.

FRANÇOIS I, *dit* LE GRAND , *et le Père des Lettres.*

1515. LOUIS XII n'ayant pas laissé d'enfant mâle, la cou- ronne passa à son gendre François comte d'Angoulême, premier prince du sang, issu de Charles-le-Sage, par la bran- che cadette d'Orléans. Son esprit, ses talens , son courage , sa grandeur d'âme le rendoient digne du trône : heureux si à ces vertus, il eut joint plus d'économie , d'application et de prudence.

Se livrant comme ses prédécesseurs , à l'ambition de con- quérir des états en Italie, il lève des troupes, traverse les Al- pes par un passage jusqu'alors impraticable ; arrive dans les plaines de Marignan , où il rencontre les Suisses, regardés alors comme les meilleurs soldats de l'Europe. Ils attaquè- rent les Français avec une impétuosité qui sembloit tenir de la fureur. Le roi à pied soutint leur choc à la tête de son infanterie. L'action se prolongea jusqu'à ce que l'obscurité de la nuit sépara les combattans. Le roi passa le reste de la nuit sur l'affut d'un canon. Le combat recommença au jour avec la même opiniâtreté que la veille, et la victoire due principalement au courage du roi et au connétable Charles de Bourbon qui commandoit sous lui, fut complète, 15000 Suisses y périrent, et le roi entra dans Milan.

1520. Une funeste rivalité s'élève entre l'empereur Charles-Quint et François I. Ces deux princes se déclarèrent la guerre. Le connétable de Bourbon quitte le parti de la France, par les injustices de la mère du roi. François Ier subjugue et perd presqu'en même temps la Navarre. Il est plus heureux en Picardie, d'où il chasse Charles qui y étoit entré. Il pénètre même dans la Flandre, où il enlève à son ennemi, Landrecies, Bouchain, Hesdin et plusieurs autres places. Le Milanez se révolte; les Français en son chassés en 1522. Le connétable de Bourbon se jette dans la Provence, emporte Toulon et assiége Marseille. Le roi marche à sa rencontre, le contraint de disparoître, le poursuit dans le Milanez, et le combat à Pavie. La fortune l'abandonne; il est battu et fait prisonnier avec les principaux seigneurs de France; la moitié de l'armée française étoit détruite, l'autre moitié se hâta d'évacuer l'Italie en 1525. Son courage ne se démentit point; et ce fut alors qu'il écrivit à sa mère : *Madame, tout est perdu hormis l'honneur*. Il ne recouvra sa liberté que par un traité onéreux, signé à Madrid le 14 janvier 1526. Il renonçoit à ses prétentions sur Naples, le Milanez, Gênes et Ast; à sa souveraineté sur la Flandre et l'Artois : il devoit céder le duché de Bourgogne. Mais il n'accorda rien, sous prétexte que les états-généraux de son royaume s'y opposoient; au contraire, il forma contre l'empereur une confédération nommée la *ligue sainte*. La guerre recommença, et ne se termina qu'en 1529, par le traité de Cambrai. Alors François Ier épousa Eléonore, veuve du roi de Portugal et sœur de l'empereur, et racheta de ce prince, devenu son beau-frère, la liberté de ses deux fils qu'il avoit donné pour otages, en sortant de sa prison : cette liberté coûta deux millions d'or.

1534. Le monarque Français envoie en Amérique Jacques Cartier, habile navigateur de Saint-Malo, pour faire des découvertes, et en effet, il découvrit le Canada. « Quoi, disoit plaisamment ce prince, le roi d'Espagne et celui de » Portugal partagent tranquillement entr'eux le nouveau-mon-» de, sans m'en faire part? Je voudrois bien voir l'article » du testament d'Adam qui leur lègue l'Amérique. »

1535. L'empereur avoit promis par le traité de Cambrai, le duché de Milan à un des fils de François Ier; ayant refusé de

ENTRETIEN XVIII.

remplir ses engagemens, la guerre recommence. Le roi s'empare de la Savoie; l'empereur fond sur la Provence, la moitié de son armée y périt de faim ou de maladie.

1538. François Ier cherchoit partout des ennemis à son heureux rival. Il s'unit avec Soliman II; mais cette alliance avec un empereur Mahométan excita les murmures de l'Europe chrétienne, sans lui procurer aucun avantage. Las de la guerre, il conclut enfin une trêve de dix ans avec Charles, dans une entrevue que le pape Paul III leur ménagea à Nice. L'empereur ayant passé quelque temps après par la France, pour aller châtier les Gantois révoltés, lui promit l'investiture du Milanez, depuis si long-temps contesté entre les deux monarques. Il n'eut pas plutôt quitté le royaume, qu'il refusa ce qu'il avoit promis. La discorde souffle de nouveau la vengeance. François envoie des troupes en Italie, dans le Roussillon et dans le Luxembourg. Le comte d'Enguien bat les Impériaux à Cérizoles, en 1544, et se rend maître du Montferrat. La France unie avec Barberousse, roi de Tunis et d'Alger, et Gustave Vasa, roi de Suède, se promettoit de plus grands avantages, lorsque Charles-Quint et Henri VIII, roi d'Angleterre, ligués contre François Ier détruisirent toutes ses espérances en pénétrant dans la Picardie et dans la Champagne; cette fâcheuse diversion balança les avantages remportés au-delà des Alpes; et la paix fut conclue encore une fois, à condition que le Milanez seroit enfin cédé à un des fils de France.

Ce dernier traité ne fut pas mieux exécuté que les précédens; et tout se disposoit à une nouvelle rupture, lorsque François, après avoir langui quelque mois, mourut à 52 ans, d'une maladie honteuse, fruit des désordres de sa jeunesse. Ce prince fut plus brave chevalier que grand roi. Il eut plutôt l'envie que le pouvoir d'abaisser Charles-Quint, son rival de gloire, moins brave, moins aimable que lui, mais plus puissant, plus heureux, plus politique. Comme il avoit beaucoup d'élévation et qu'il réfléchissoit peu, il négligea trop la politique, et se fia trop sur son courage. Quoiqu'il s'occupât beaucoup du soin d'étendre son royaume, il ne le gouverna jamais par lui-même. L'état fut successivement abandonné aux caprices de la duchesse d'Angoulême, sa mère, aux passions des ministres, à l'avidité des favoris. Aussi laissa-t-il beaucoup de dettes, quoiqu'il eût accablé son peuple d'impôts. La protection qu'il accorda aux beaux-arts, a couvert auprès de la postérité la plupart de ses défauts. Il se trouva précisément dans le temps de la renaissance des lettres; il en recueillit les débris échappés aux ravages de la Grèce, et il les naturalisa en France. Il fonda le Collége Royal; il forma une bibliothèque volumineuse; il récompensa les talens en roi. Son règne est l'époque de plusieurs révolutions dans l'esprit et dans les mœurs des Français. Les écoles que le roi avoit établi furent fréquentées par les enfans de toutes les conditions, et ce ne fut plus comme auparavant une honte de savoir autre chose que manier une épée et un cheval.

Henri II.

1547. Henri II, fils de François Ier, avoit vingt-neuf ans lorsqu'il monta sur le trône. La France étoit en guerre avec l'Angleterre. Le nouveau roi la soutint avec succès, et la finit en 1550 par une paix assez avantageuse. Deux ans après, il se déclare contre Charles-Quint, enlève à ce prince Metz, Toul et Verdun, qu'il réunit à ses domaines; mais, pour faire ces conquêtes, il accable son peuple, il met un impôt de vingt-cinq livres sur chaque clocher, et une autre sur l'argenterie. L'empereur se présente devant Metz; le roi lui oppose le duc de Guise, et le monarque allemand est obligé de fuir. Pour venger sa honte, il détruit Térouane. Henri use de représailles en ravageant le Brabant, le Hainaut, le Cambraisis. Il défait les Impériaux à la bataille de Renti, durant laquelle il chercha à combattre l'empereur corps à corps, mais Charles l'évita. La fortune lui est moins favorable à Marcian en Toscane, où ses troupes sont battues. Enfin l'épuisement des puissances belligérantes fait conclure une trêve de cinq ans à Vaucelles, en 1556.

1557. Cette paix ne fut pas de longue durée. Philippe II, succède à son père Charles-Quint sur le trône d'Espagne, et ce prince, uni avec l'Angleterre, paroît en Picardie à la tête de quarante mille hommes, commandés par Emmanuel Philibert, duc de Savoie, l'un des plus grands capitaines de son siècle. L'armée Française est tellement défaite, à la bataille de Saint-Quentin, qu'il ne reste rien dans l'infanterie : tout est tué ou pris, et le vainqueur ne perd que quatre-vingts hommes. Le connétable de Montmorency et presque tous les officiers-généraux sont prisonniers; le duc d'Enguien est blessé à mort; la fleur de la noblesse est moissonnée; cette funeste bataille plonge la France dans le deuil et dans l'alarme. Henri ne se décourage point; la noblesse et le peuple rivalisant de zèle, se cotisèrent pour remplir ses trésors. Le duc de Guise, rappelé d'Italie, rassemble une armée, rassure le royaume par la prise de Calais, que les Anglais occupoient depuis 200 ans, de Guines et de Thionville. Le duc de Nevers prenoit en même temps Charlemont, le maréchal de Termes, Dunkerque et Saint-Vinox; et le maréchal de Brissac, ne pouvant vaincre en Piémont, à cause du petit nombre de ses troupes, dissipa toutes les forces qu'on lui opposa, et soutint l'honneur des armes françaises contre le duc d'Albe, très-grand capitaine.

1569. La paix se fit cette année, et la France en cédant des conquêtes éloignées, s'assura des avantages plus solides : elle garda Metz, Toul, Verdun, Calais, et d'autres places qui couvrirent vers le nord ses frontières jusqu'alors presque sans défense.

Par la même paix, furent conclus les mariages d'Elisabeth, fille de Henri II, avec le roi Philippe II, et de Marguerite sa sœur, avec le duc de Savoie. Les fêtes qu'il donna à l'occasion de ce second mariage, furent funestes à la France. Henri, dans un tournois qu'il avoit ordonné dans la rue S. Antoine, fut blessé en jouant contre Gabriel, comte de Montgoméri, capitaine de la garde Ecossaise. Ce champion ayant rompu sa lance, oublia de jeter, selon la coutume, le tronçon qui lui étoit demeuré dans la main, et le tint toujours baissé; de sorte qu'en courant il rencontra la tête du roi, et lui donna dans la visière un si furieux coup, qu'il lui creva l'œil droit. Le monarque mourut de sa blessure, le 10 juillet, à l'âge de quarante-un ans.

Henri eût été sans défaut, si sa conduite eût répondu à sa bonne mine ; mais sa riche taille, son visage doux et serein, son esprit agréable, son adresse dans toutes sortes d'exercices, son agilité et sa force corporelle, ne furent pas accompagnés de la fermeté d'esprit, de l'application, de la prudence et du discernement qui sont nécessaires pour bien commander. Il étoit naturellement bon, et avoit les inclinations portées à la justice ; mais son esprit fut toujours en tutelle ; et pour ne vouloir rien faire de son chef, il fut cause de tout le mal que firent ceux qui le gouvernoient. Il avoit une merveilleuse facilité de s'exprimer autant en public qu'en particulier, et l'on eut pu aussi le louer sur son amour pour les belles-lettres et sur ses libéralités envers les savans, si la corruption de sa cour, autorisée par son exemple, n'eût invité les plus beaux esprits de son temps à se signaler plutôt par des poésies lascives, que par des ouvrages solides. La galanterie étoit l'emploi le plus ordinaire des courtisans; et la passion du prince pour Diane de Poitiers, qu'il fit duchesse de Valentinois, étoit le premier mobile de tout ce qui se passoit dans le gouvernement. Les ministres et les favoris plioient également sous elle; et le connétable de Montmorency lui-même, tant aimé du roi, tout grave qu'il étoit, ne pouvoit se dispenser d'avoir recours à sa faveur : tant étoit grand l'empire que cette femme, malgré son âge de quarante-sept ans, malgré ses infidélités fréquentes, avoit pris sur l'esprit du foible monarque.

François II.

1550. François II, fils de Henri II et de la trop fameuse Catherine de Médicis, ne porta le sceptre que dix-huit mois;

mais son règne vit éclorre tous les maux qui depuis désolèrent la France. François, duc de Guise et le cardinal de Lorraine son frère, furent mis à la tête du gouvernement, et commencèrent la subversion du royaume. Antoine de Bourbon, roi de Navarre et Louis son frère, prince de Condé, les plus considérables des princes du sang, disgraciés et sans fonctions, fâchés que deux étrangers tinssent le roi en tutelle, la nation en esclavage, les princes du sang et les officiers de la couronne éloignés, résolurent de secouer le joug. De concert avec l'amiral Coligni, ils se joignirent aux Calvinistes pour détruire les Guises, protecteur zélés de la foi Catholique. L'ambition fut la cause de cette guerre; la religion, le prétexte, et la conspiration d'Amboise, le premier sigal. Cette conspiration éclata au mois de mars 1560. La cour étant prévenue, les conjurés furent découverts. Les chefs furent condamnés à mort, on fit grâce à la multitude qu'on crut séduite. Mais quelques jours après, ceux qu'on venoit d'épargner, ayant tenté une seconde entreprise sur Amboise, on fit main-basse sur tout ce qu'on put découvrir de conjurés. Telle fut la fin de cette fameuse conspiration, où les Calvinistes donnèrent le premier exemple de la fureur que l'hérésie peut inspirer contre les puissances légitimes.

Quelque temps après, on découvrit que le prince de Condé étoit le chef des Calvinistes, qu'il avoit été l'âme de la conjuration et qu'il en tramoit une nouvelle. Il fut arrêté à Orléans où étoient convoqués les états du royaume. On instruisit son procès dans les formes, et le crime se trouva si manifeste que les juges ne purent se dispenser de prononcer la sentence de mort. Ce prince coupable alloit finir sa vie par la main du bourreau, lorsque François II, infirme dès l'enfance, mourut dans la dix-huitième année de son âge, laissant la cour et le royaume en proie à des factions qui devoient bientôt dégénérer en guerres cruelles.

Charles IX.

1550. La mort du dernier roi augmenta les discordes intestines. Charles son frère et son successeur, n'avoient encore que dix ans. Catherine de Médicis, sa mère, eut l'administration du royaume avec le roi de Navarre qu'on déclare lieutenant-général. Catherine partagée entre deux factions, celle des Bourbons et celle des Guises, résolut de tenir la balance entre elles pour affermir son autorité; la chose n'étoit pas facile. Condé avoit échappé à la mort, et ne respiroit que vengeance; Coligni regardant les Guises comme le plus grand obstacle aux progrès de la prétendue réforme, cherchoit à les perdre, ou du moins à les éloigner de la cour. Le duc de Guise et le connétable de Montmorency, qui avoient chacun des vues particulières de gloire et d'ambition, se rapprochèrent et s'unirent d'une véritable amitié; zélés tous les deux pour la foi de leurs pères, ils regagnèrent le roi de Navarre, qui abjura le Calvinisme.

Cependant les Huguenots (c'est ainsi qu'on appeloit les Calvinistes), appuyés par la reine mère, qui vouloit se ménager dans leurs chefs un appui contre les Guises et le connétable, se multiplioient et se portoient sans cesse à des nouvelles entreprises contre la religion : un événement imprévu mit tout en combustion et alluma la guerre civile. Le duc de Guise entendoit la messe à Vassi, les huguenots tenoient en commun leur prêche dans une grange voisine, et entonnèrent, peut-être sans dessein, des pseaumes à l'instant même où le prêtre montoit à l'autel. Le duc de Guise les fit prier d'attendre qu'il eût ouï la messe; on reçut mal ses gens; on s'injuria de part et d'autre, et on en vint aux coups. Le duc, voulant apaiser le tumulte, fut blessé au visage; à cette vue ses gens devenus furieux, et qui lui est impossible de retenir, chargent les huguenots l'épée à la main, et en tuent une trentaine.

La nouvelle du massacre de Vassi (car c'est ainsi que la secte affecta de le nommer), fut répandue partout avec les exagérations les plus odieuses et devint le signal de la révolte. Condé, déclaré chef des protestans, surprend Orléans, Tours, Poitiers, Angers, la Rochelle, Rouen, Bourges, Lyon, Grenoble et un grand nombre de villes moins considérables. Partout, les huguenots se livrèrent aux plus grands excès, aux plus horribles profanations. Les catholiques usèrent de représailles en plusieurs endroits. Le roi de Navarre, le connétable et le duc de Guise, prirent Rouen et taillent en pièces les huguenots à Dreux. Le duc de Guise est assassiné à Orléans dont il faisoit le siége; il meurt en héros chrétien, et en recommandant à la clémence du roi, son assassin qui n'obtint pas sa grâce, et chargea en mourant l'amiral de Coligni. Celui-ci chercha à se justifier, mais ses raisons parurent si foibles, qu'il demeura chargé aux yeux de ses contemporains, de cet assassinat, dont l'atrocité rabat bien les éloges que les auteurs protestans et quelques historiens modernes ont fait de ce fameux chef de parti.

1563. La mort du duc de Guise ne change rien; l'effervescence des esprits continue, malgré une espèce de paix dans laquelle on accorda le libre exercice de la prétendue religion réformée. Charles IX est déclaré majeur à l'âge de treize ans et un jour. La guerre s'allume avec l'Angleterre; le roi la termine par un traité, et va visiter son royaume. Les calvinistes entreprennent de l'enlever, le poursuivent et le harcèlent en vain. Le connétable Anne de Montmorency, gagne la bataille de Saint-Denis, et périt en triomphant. Le duc d'Anjou, depuis Henri III, se met à la tête de l'armée royale, et plus heureux général qu'il ne fut bon monarque, il remporte, en 1566, les batailles de Jarnac contre Condé, qui y périt, et de Moncontour contre Coligni.

1572. Cependant les deux partis font la paix. Elle est avantageuse aux hérétiques, et ne calme point la défiance de leurs chefs. Charles IX, instruit dans l'art de feindre et de dissimuler, calme leurs craintes en donnant sa sœur au jeune roi de Navarre, fils d'Antoine de Bourbon, et connu dans la suite sous le nom de Henri IV. On avoit déjà attiré les calvinistes à la cour, sous le prétexte d'une guerre contre l'Espagne. Sur ces entrefaites, Coligni fut blessé par un assassin; on crut que le coup partoit de la main du duc de Guise, qui, disoit-on, vouloit venger sur Coligni la mort de son père. Les calvinistes furieux, veulent tuer le duc de Guise aux pieds du roi, menacent le duc d'Anjou et la reine mère. Celle-ci effrayée, craignant pour sa famille et pour elle, concerte avec le conseil du roi le complot le plus affreux. Une nuit, veille de la S. Barthelemi, toutes les maisons des protestans furent forcées en même temps. Hommes, femmes, enfans, tout est massacré sans distinction, et conduit par le duc de Guise, qui essuya lui-même le visage de Coligni, pour le mieux reconnoître, et s'assurer que sa victime ne lui avoit pas échappé. Le roi de Navarre n'évita la mort qu'en faisant son abjuration. Quatre mille calvinistes furent massacrés dans Paris, et cette horrible exécution fut imitée dans la plupart des villes du royaume; ceux des sectaires qui échappèrent aux massacres n'en devinrent que plus furieux et plus redoutables. En vain, le duc d'Anjou voulut leur enlever la Rochelle; appelé au trône de Pologne, pour sauver son honneur, il se contenta des apparences de leur soumission. Ce traité n'empêcha pas la guerre de continuer dans les autres parties du royaume, et l'on ne voyoit point de fin aux désastres publics, lorsque Charles mourut d'une maladie qui fut regardée par plusieurs comme un effet de la vengeance divine. Son sang couloit à travers les pores de sa peau; la journée de Saint Barthelemi, toujours présente à son esprit, lui causoit des remords cuisans et des agitations effrayantes, au milieu desquelles il mourut âgé de 24 ans, (1574).

Ce prince se repentit d'avoir régné, et encore plus d'avoir laissé régner des bourreaux sous son nom. Il protégeoit pourtant les lettres et les beaux-arts, ce qui auroit dû adoucir la férocité de son âme. Il reste encore des vers de lui qui ne sont pas sans mérite pour son temps. Il aimoit les poètes, quoiqu'il ne les estimât pas: on assure qu'il disoit d'eux, qu'il falloit les traiter comme des bons chevaux, les bien nourrir et ne pas les rassasier. Qui croiroit que ce fut sous, son règne que furent faites nos lois les plus sages, et les ordonnances les plus salutaires à l'ordre public ? Elles furent l'ouvrage du zèle et de la sagesse de l'immortel chancelier de l'Hôpital. Ce grand homme donna pour devise au roi deux colonnes, avec ces mots : *Pietate et justitiâ*. « Par la piété et par la justice. » Quelle devise pour l'auteur de la S. Barthelemi.

Henri III.

1575. Charles IX, mourut sans enfans. Henri d'Anjou, son frère, qui, depuis trois mois étoit placé sur le trône de Pologne, apprend cette nouvelle et se dérobe à ses nouveaux sujets, pour venir régner en France au milieu des troubles et des factions. Il fait d'abord avec succès la guerre aux hérétiques, il gagne sur eux la bataille de Dormans ; mais ensuite il leur accorde la paix la plus avantageuse par le traité de Nérac, en 1580. Il eut fallu pour rendre cette paix durable, rétablir la confiance et la bonne foi dans les deux partis, les circonstances ne le permettoient pas. Henri n'avoient point d'enfans, et le roi de Navarre, héritier présomptif de la couronne, étoit retourné au Calvinisme. La crainte de voir bientôt l'hérésie sur le trône, fut le prétexte dont se servoit le duc de Guise, qui, dévoré d'ambition, portoit ses espérances jusqu'au trône, et qui ne rougit pas de couvrir du voile de la religion les criminelles intrigues qu'il forma contre l'autorité de son roi. Il forma avec les seigneurs catholiques et les principales villes du royaume, sous le nom de *Sainte-Ligue*, cette association qui faillit précipiter du trône la race de Hugues Capet. Empêcher que la religion ne succombât sous les coups de l'hérésie, et exclure du trône Henri de Navarre son chef, tel fut le motif séduisant qui retint dans la ligue une partie de ceux qui s'y engagèrent ; car si d'un côté, la loi de l'état appeloit Henri à la couronne, un autre loi de l'état vouloit que le souverain fût catholique.

Cependant Henri III, au lieu de veiller à ses affaires se plongeoit dans la mollesse, et se livroit avec ses favoris, qu'on appeloit les *Mignons*, à toutes sortes de débauches, et l'on ne reconnut plus en lui ce duc d'Anjou, si brave, si actif, si redoutable aux ennemis de l'état.

Le feu de la guerre civile couvoit toujours en France. La ligue prenoit à chaque instant de nouvelles forces : Henri III, au lieu d'étouffer ce colosse qui ne croissoit que pour sa ruine, fut assez mal habile pour s'en rendre l'esclave, en s'en déclarant le chef. Il s'unit avec Guise, son sujet rebelle, contre le roi de Navarre, son successeur et son beau-frère, que la nature et la politique lui désignoient pour son allié. Le fruit de cette foiblesse fut une guerre civile ; c'étoit la sixième depuis quinze ans.

1585. Tous les priviléges des protestans sont révoqués. Ils prennent les armes en Guienne et en Languedoc, sous la conduite du roi de Navarre et du prince de Condé. Sixte-Quint, signaloit en même temps son exaltation au souverain pontificat, par une bulle terrible contre ces deux princes : pénétrant les vues des moteurs de la Ligue, il refusa de la confirmer; si dans la suite il parut la favoriser, ce fut dans l'espérance qu'elle arrêteroit les progrès du calvinisme. Henri III, envoyoit contre le roi de Navarre et Condé, Joyeuse, son favori, avec la fleur de la noblesse Française et une puissante armée. Henri de Navarre, l'ayant défaite entièrement à Coutras, le 10 octobre 1587, ne se servit de sa victoire que pour offrir une paix sûre au royaume et son secours au roi, qui craignant de se rendre suspect n'osoit rien accepter.

1588. Le duc de Guise étoit plus à craindre et plus puissant que jamais. Il venoit de battre les Allemands qui alloient renforcer l'armée du Navarrois. De retour à Paris, il fut reçu comme le sauveur de la nation; Henri III, sollicité de toutes parts, sortit, mais trop tard, de sa profonde léthargie : il essaya d'abattre la ligue; il voulut s'assurer de quelques bourgeois les plus séditieux, il osa défendre à Guise l'entrée de la capitale; mais il éprouva à ses dépens ce que c'est de commander sans pouvoir. Guise, au mépris de ses ordres, vint à Paris, les bourgeois prirent les armes; les gardes du roi furent arrêtés, et lui-même emprisonné dans son palais. Si Guise avoit entrepris dans ce jour sur la liberté et sur la vie du roi, il auroit été le maître de la France; mais il le laissa échapper. Henri III s'enfuit à Blois, où il convoqua les états-généraux du royaume. Guise, après avoir chassé son souverain de la capitale, osa venir le braver à Blois, en présence d'un corps qui représentoit la nation. Henri, menacé de si près, sentit que la mort de l'ambitieux duc pouvoit seule le sauver, mais il étoit plus puissant que son maître; aussi le conseil du roi, conclut à passer par-dessus les règles contre un sujet notoirement rebelle; il fut donc massacré avec le cardinal son frère, compagnon de ses desseins ambitieux. Le sang de ces deux hommes fortifia la Ligue, comme la mort de Coligni avoit fortifié les protestans. Le fameux duc de Mayenne, cadet du duc assassiné, aussi grand homme que lui, et non moins remuant, fut déclaré, en 1559, *lieutenant-général de l'état et couronne de France*, par le conseil de l'union. Les villes les plus importantes du royaume, Paris, Rouen, Dijon, Lyon, Toulouse, soulevées comme de concert, se donnent à lui, et se révoltent ouvertement contre le roi. On ne regardoit plus ce Prince que comme un assassin et un parjure. Henri, perdit sur ces entrefaites la reine Catherine de Médicis, sa mère qui eut pu le diriger dans la situation critique où il se trouvoit. Tous les historiens conviennent de son habileté, de son génie dans les affaires; la plupart des modernes l'accusent d'une ambition démesurée, et de n'avoir eu que de l'indifférence pour la religion. Quant aux crimes atroces dont on a chargé cette princesse, quelques-uns pensent que ce sont autant de calomnies inventées par les huguenots. Quoiqu'il en soit, il est certain qu'elle conseilla à son fils en mourant, d'accorder la liberté de conscience à tous ses sujets, et de se rapprocher du roi de Navarre. Henri suivit ce dernier conseil.

1589. Les deux rois marchent vers Paris. La ville n'étoit pas en état de se défendre; la Ligue touchoit à sa ruine, lorsqu'un dominicain, nommé *Jacques Clément*, changea toute la face des affaires. Ce malheureux fanatique, séduit par de fausses doctrines, par l'esprit de la Ligue, et croyant courir au martyre, se rendit à Saint-Cloud où étoit le quartier du roi. Ayant été conduit devant Henri, sous prétexte de lui reveler un secret important, il lui remit une lettre qu'il disoit être écrite par Achille de Harlai, premier président. Tandis que le roi lit, le malheureux le frappe dans le ventre, et laisse le couteau dans la plaie. Henri le retira lui-même, et en donna au meurtrier un coup au front, en s'écriant : *Ah, misérable! que t'ai-je fait pour m'assassiner ainsi?* Les courtisans massacrèrent aussitôt l'assassin, et le monarque expira le lendemain, 2 août, à l'âge de trente-huit ans, après en avoir régné quinze. Ce prince parut digne du trône tant qu'il n'y monta pas. Son caractère fut un mélange inconcevable de grandeur d'âme et de foiblesse, d'activité et d'indolence, de dévotion et de libertinage. Cependant il faut convenir qu'il a été étrangement calomnié sur ce dernier article, surtout dans les dernières années de sa vie, qui furent exemptes des désordres scandaleux, dont les calvinistes et les ligueurs également acharnés contre lui ont pris plaisir à le charger.

Avec lui périt la branche des Valois, qui avoit régné deux cent soixante-un ans, durant lesquels elle donna treize rois à la France. C'est sous ces rois que le royaume acquit le Dauphiné, la Bourgogne, la Provence et la Bretagne, et que les Anglais furent entièrement chassés.

HENRI IV, *dit le* GRAND, *roi de Navarre*.

1589. La mort de Henri III, mit la couronne sur la tête du roi de Navarre, Henri de Bourbon, qui descendoit de Robert sixième et dernier fils de S. Louis. Ses droits à la couronne étoient incontestables, mais la religion servit de prétexte à la plupart des chefs de l'armée pour l'abandonner. On lui opposa un fantôme : le cardinal de Bourbon, son oncle, fut proclamé roi. Henri IV, avec peu d'amis, peu de places importantes, point d'argent et une petite armée, suppléa à tout par son activité et son courage. On disoit de lui qu'il restoit moins au lit que le duc de Mayenne ne restoit à table, et qu'il usoit plus de bottes que ce chef de rebelles n'usoit de souliers. Les batailles d'Arques et d'Ivri le conduisent aux portes de Paris, dont il prend d'assaut tous les faubourgs. Il auroit emporté cette ville par famine, s'il n'avoit permis lui-même par une pitié héroïque, que les assiégeans donnassent des vivres aux assiégés. Mais cette compassion ne toucha point les Parisiens, qui jurèrent de mourir de faim, plutôt que de se rendre à un prince hérétique. Ce téméraire serment, fut, dit-on, suivi d'une cérémonie tout-à-fait bizarre : on forma une espèce de régiment de prêtres, de religieux et d'écoliers, qui firent une revue militaire, la robe retroussée, le casque en tête et le mousquet sur l'épaule. Cependant la disette dégénéroit en une famine affreuse. Le pain se vendoit un écu la livre. On avoit été obligé d'en faire avec les os du charnier des Saints-Innocents. La chair humaine devint la nourriture des obstinés Parisiens. On alla à la chasse des enfans : il y en eut plusieurs de dévorés par ces faméliques ; et l'on vit des mères se nourrir des cadavres de leurs propres enfans qu'elles avoient immolés.

Tandis que ces scènes horribles se passoient dans la capitale, le duc de Parme, envoyé par Philippe II, venoit secourir cette ville infortunée. A cette nouvelle, Henri lève le siége, marche à la rencontre du général Espagnol, s'efforce de l'engager au combat : mais le duc l'évite sagement, prend Ligni, puis Corbeil, presque sous les yeux du roi ; et content d'avoir délivré Paris et d'y avoir jeté des vivres, il prend le chemin des Pays-Bas.

Le duc de Mayenne, voyant que ni l'Espagne ni la Ligue ne lui donneroient jamais la couronne de France, résolut de faire reconnoître celui à qui elle appartenoit : il engagea les états à une conférence entre les Catholiques des deux partis. Cette conférence fut suivie de l'abjuration de Henri à Saint-Denis, en 1592, et de son sacre à Chartres. Henri, pensoit depuis long-temps à rentrer dans le sein de l'Eglise; son changement lui vint d'une entière conviction. Depuis long-temps il se faisoit instruire en secret. L'année d'après, Paris lui ouvrit ses portes. Henri, renvoya tous les étrangers qu'il pouvoit retenir prisonniers ; il pardonna à tous les ligueurs : vainqueur de ses sujets, il en devint le père.

Après avoir dompté les rebelles par ses bienfaits plutôt que par ses triomphes, il tourna ses armes contre l'Espagne, qui durant tant d'années avoit attisé en France le feu des discordes civiles. Il battit l'armée espagnole à la rencontre de Fontaine-Française, et la chassa d'Amiens en 1597, à la vue de l'archiduc Albert, contraint de se retirer. Le duc de Mayenne avoit fait son accommodement en 1596. Le duc de Mercœur, autre prince de la maison de Lorraine, se soumit en 1598, avec la Bretagne dont il s'étoit emparé. Il ne restoit plus qu'à faire la paix avec l'Espagne : elle fut conclue la même année à Vervins.

Les convulsions du fanatisme étoient calmées, mais le levain n'étoit pas entièrement détruit : il n'y eut presque point d'année où l'on n'attentât sur la vie de Henri. Enfin, il fallut, pour le malheur de la France, qu'un monstre furieux et imbécille, appelé *Ravaillac*, exécuta un crime que beaucoup d'autres avoient inutilement tenté contre lui. Le carrosse de Henri IV, ayant été arrêté par un embarras de charrettes dans la rue de la Ferronnerie, en allant à l'arsenal, l'assassin profita de ce moment pour le poignarder. Ce grand prince mourut dans le milieu de la cinquante-septième année de son âge, et dans la vingt-deuxième de son règne, laissant trois fils et trois filles de Marie de Médicis, sa seconde femme. Il étoit alors sur le point de passer en Allemagne avec une puissante armée.

Nous n'avons jamais eu de meilleur ni de plus grand roi. Il fut son général et son ministre : il unit à une extrême franchise, la plus adroite politique : aux sentimens les plus élevés, une charmante simplicité de mœurs : et à un courage de soldat, un fond inépuisable d'humanité. Il rencontra ce qui forme et ce qui déclare les grands hommes ; des obstacles à vaincre, des périls à essuyer, et surtout des adversaires dignes de lui. Il laissa le royaume dans un état florissant. Il l'avoit policé, après l'avoir conquis.

Les grandes qualités de Henri IV furent obscurcies par quelques défauts. Il eut une passion extrême pour le jeu et pour les femmes. On ne peut excuser la première, parce qu'elle fit naître quantité de brelans dans Paris ; et encore moins la seconde, parce que ses amours furent tout-à-fait publiques, et depuis sa jeunesse jusqu'au dernier de ses jours. Une chose qui paroît constante, c'est que ce prince eut des pressentimens bien vifs de sa mort prochaine ; il est possible que Dieu s'en soit servi pour le faire rentrer à lui-même, et le disposer au jugement terrible qu'il étoit sur le point de subir.

Usages et coutumes des Français, depuis le règne de François I, jusqu'à celui de Louis XIII.	*Anecdotes et faits particuliers arrivés depuis le règne de François I, jusqu'à celui de Louis XIII.*
Depuis Louis-le-Jeune, les François laissoient croître leurs cheveux, et se rasoient la barbe. François pre-	A la funeste bataille de Pavie, François I, se voyant contraint de mettre bas les armes, ne voulut se

mier introduisit la mode contraire, pour cacher une blessure qu'il reçut au visage en 1521. Il assiégeoit une maison avec des boules de neige ; le capitaine de Lorges lui jeta un tison à la tête pour se défendre, et la blessure lui laissa une cicatrice difforme. Tous les courtisans imitèrent le prince, et ce peuple caméléon eut la plus longue barbe qu'il pût, c'étoit alors un ornement de petit-maître. Les gens graves et les magistrats n'en portoient point ; ils ne laissèrent croître la leur que lorsque les courtisans se furent dégoûtés de cette mode, sous Louis XIII. François I changea aussi la manière de se vêtir ; et à l'habit long qui étoit en usage sous son prédecesseur, il substitua l'habit court, assez ressemblant, sur la fin de son règne, à celui de nos coureurs ; au manteau près qu'on mettoit par-dessus.

Ce fut lui qui honora le premier du titre de Cousin les maréchaux de France. Cette dignité, avant lui, n'étoit qu'une commission révocable ; il décida qu'elle seroit désormais à vie.

François I, conclut avec le pape Léon X, un concordat qui transféroit au souverain le droit exclusif de nomination aux évêchés et autres grands bénéfices, prérogative dont jouissoient les chapitres : le concordat mit fin aux brigues, aux conventions simoniaques qui avoient donné très-souvent à la France de mauvais pasteurs.

Depuis la fondation de la monarchie, la justice se rendoit en latin. François premier ordonna que les arrêts et tous les actes publics fussent désormais écrits en français. On raconte qu'un seigneur l'engagea à ce changement, en lui rendant compte d'un procès qu'il venoit de perdre. « J'étois venu en poste, dit-il, pour » assister au jugement ; à peine suis- » je arrivé, que votre parlement » m'a débotté. » — *Comment débotté*, reprit le roi ? — « Oui, Sire, » m'a débotté ; car voici les termes » de l'arrêt : *Dicta curia debotavit et » debotat dictum actorem.* »

Ce fut sous Henri II, qu'on introduisit que'au vice-roi de Naples. « M. de Launay, lui dit-il, voilà » l'épée d'un roi qui mérite d'être » loué, puisqu'avant de la perdre, » il s'en est servi pour répandre le » le sang de plusieurs des vôtres, » et qu'il n'est pas prisonnier par » lâcheté, mais par un revers de for- » tune. »

Les vainqueurs lui firent observer que tous ses gardes Suisses s'étoient fait tuer dans leur rang, et qu'ils étoient couchés morts, les uns près des autres : « Si toutes mes » troupes, dit-il, avoient fait leur » devoir comme ces braves gens, » je ne serois pas votre prisonnier ; » mais vous seriez les miens. »

Charles-Quint, à la nouvelle de la captivité du roi de France, assembla son conseil, pour savoir comment il devoit le traiter : « Com- » me votre frère et votre ami, ré- » pondit l'évêque d'Osma ; il faut » lui rendre la liberté, sans autre » condition que celle de devenir » votre allié. » L'empereur, bien loin de suivre cet avis généreux, se comporta avec un corsaire avec un riche esclave.

Anciennement nos rois avoient des fous, dont l'objet étoit de récréer les monarques par des plaisanteries piquantes. Louis XIV, fut le dernier qui eut un pareil officier. Ces prétendus fous avoient souvent beaucoup d'esprit. Celui de François I, nommé *Triboulet*, ayant appris que Charles-Quint passoit dans le royaume : écrivit sur ses tablettes : *l'empereur est plus fou que moi de venir ici.* Le roi vit cette ligne, et se mit à rire. *Mais*, lui dit-il, *si je le laisse passer sans lui rien faire, que diras-tu !* — *J'effacerai son nom*, reprit *Triboulet*, *et je mettrai le vôtre.* Bien des gens pensoient comme ce Bouffon, qui seul avoit la liberté de tout dire.

La ville de Paris fit présent à Charles-Quint, dans son passage, d'un Hercule tout d'argent, de grandeur naturelle.

Henri II, ayant fait la paix avec Philippe II, roi d'Espagne, le maréchal de Brissac, qui commandoit

venta

Usages, etc.

venta le balancier pour marquer les monnoies, et que s'introduisit l'usage de mettre sur chaque pièce l'année de sa fabrication, et le rang que le roi dont elle portoit l'image, tenoit parmi ceux de son nom.

On ne fabriqua aucune monnoie en France sous le nom de François II, mais on en frappa en Ecosse, dont il étoit roi, du chef de Marie Stuart, son épouse.

Charles IX étoit fort vif dans ses passions. Villeroi, secrétaire d'état, lui ayant présenté plusieurs fois des dépêches à signer, dans le temps qu'il alloit jouer à la paume : « Si- » gnez, mon père, lui dit-il, si- » gnez pour moi. — Eh bien, mon » maître, reprit Villeroi, puisque » vous me le commandez, je signe- rai. « C'est depuis cette époque que les secrétaires d'état ont signé pour le roi.

L'ordre de St-Michel étoit tombé dans un tel avilissement, qu'on l'appeloit le *collier à toutes bêtes*. Henri III institua celui du Saint-Esprit, où les Catholiques seuls pouvoient être admis.

Le luxe et la passion du jeu furent portés à leur comble sous Henri III. On employa dans la fabrication des étoffes, tant de matières d'or ou d'argent, que les hôtels des monnoies en manquèrent.

Ce fut sous le règne de Henri IV, que Jean Nicot apportat en France une plante qu'on appela *nicotiane*, de son nom. Cette plante, connue aujourd'hui sous le nom de *tabac*, fut présentée à la reine, et de-là lui vint le nom d'*herbe à la reine*. En très-peu de temps, le tabac devint à la mode. Quelques Médecins s'opposèrent d'abord au goût du peuple ; mais on méprisa leurs raisons et le tabac fut dès-lors une des plus fortes branches du commerce.

En 1609, on ordonna aux comédiens d'ouvrir leur théâtre à une heure, de commencer à deux, et de finir à quatre et demie. C'est qu'alors Paris étoit bien différent de

Anecdotes, etc.

en Piémont depuis dix ans, fut obligé de réformer ses troupes. *Où trouverons-nous du pain*, s'écrièrent les soldats d'un ton séditieux ? *Chez moi, tant qu'il y en aura*, leur répond le général. Ayant sollicité en vain le payement de ceux qui, sur sa parole, avoient fait des avances pour l'armée, il leur donna la dot de sa fille, et fouilla dans la bourse de ses amis pour les dédommager.

Le connétable Anne de Montmorency, ayant reçu huit blessures mortelles à la bataille de Saint-Denis, où il fit triompher les armes de Charles IX, conserva jusqu'au bout son invincible fermeté. « Pen- » ses tu, mon ami, dit-il à un Cor- » delier qui l'exhortoit ; penses-tu » qu'un homme qui a vécu près » de quatre-vingts ans avec honneur, » ne sache pas mourir un quart- » d'heure » ? Sa grande maxime étoit en trois mots : *Une foi, une loi, un roi*. Sa place ne fut point remplie, parce qu'elle donnoit trop de pouvoir à un sujet. « Je n'ai que faire » de personne pour porter mon épée, » disoit Charles IX, je la porterai » bien moi-même. »

Durant le funeste massacre de la S. Barthelemi, le maréchal de Tavannes couroit les rues, criant au peuple : « Saignez ! saignez ! les » médecins disent que la saignée est » aussi bonne en tout ce mois d'août, » comme en mai. »

Plusieurs commandans de province refusèrent courageusement d'obéir à l'ordre qu'on leur donna d'être les meurtriers de leurs concitoyens. Le vicomte d'Ortès écrivit de Bayonne au roi : « J'ai commu- » niqué le commandement de votre » majesté à ses fidèles habitans et » gens de guerre de la garnison ; je » n'y ai trouvé que bons citoyens » et fermes soldats ; mais pas un » bourreau. »

Le bourreau de Lyon, à qui le gouverneur de cette ville ordonna d'expédier quelques-uns des huguenots qui étoient dans les prisons, ce qu'il est aujourd'hui. Il n'y avoit point de lanternes ; il y avoit beaucoup de boue, très-peu de carrosses, et une prodigieuse quantité de voleurs.

Fin des Usages.

tandis que la populace immoloit les autres à sa fureur, répondit qu'il ne travailloit que judiciairement.

Charles IX s'étoit exercé sur les bêtes à verser le sang de ses sujets. Un de ses plaisirs étoit d'abattre d'un seul coup la tête des ânes et des cochons qu'il rencontroit en allant à la chasse. Lansac, un de ses favoris, l'ayant trouvé l'épée à la main contre son mulet, lui demanda gravement : « Quelle querelle est donc survenue entre Sa Majesté très-Chrétienne et » mon mulet » ?

A la bataille de Coutras, Henri IV, se tournant vers les princes de Condé et de Soissons : « Souvenez-vous, leur dit-il, que vous êtes du » sang de Bourbon ; et vive Dieu ! je vous ferai voir que je suis votre » aîné. » — «Et, nous, lui répondirent les princes, nous vous montrerons » que vous avez de bons cadets. » Dans la chaleur de l'action, plusieurs s'étant mis devant lui pour couvrir sa personne, il leur cria : « A quar- » tier, je vous prie ; ne m'offusquez pas, je veux paroître. » Après la victoire, on lui présenta les bijoux, et les autres magnifiques bagatelles du duc de Joyeuse, tué dans cette journée ; il les dédaigna, en disant : « Il ne convient qu'à des comédiens de tirer vanité des riches habits qu'ils » portent. Le véritable ornement d'un général est le courage, la présence » d'esprit dans une bataille, et la clémence après la victoire. »

A la bataille d'Ivry, il dit à ses soldats pour toute harangue : «Si vous » perdez vos enseignes, ralliez-vous à mon panache blanc : vous le trou- » verez toujours au chemin de l'honneur et de la gloire. » Et lorsque les vainqueurs s'acharnoient sur les vaincus : « Sauvez les Français », leur disoit-il. Le soir, le maréchal d'Aumont s'étant présenté au soupé du roi, ce bon prince se leva aussitôt, alla au-devant de lui et le fit asseoir à sa table, avec ces paroles obligeantes : « Il est bien raisonnable » que vous soyez du festin, puisque vous m'avez si bien servi à mes noces. »

Au siége de Rouen, il s'exposa souvent comme un officier de fortune. Le duc de Sully l'invitant à se ménager : « Mon ami, répondit-il, puis- » que c'est pour ma gloire et pour ma couronne que je combats, ma vie » et tout autre chose doivent être comptées pour rien. »

Au combat de Fontaine-Française, étant attaqué brusquement : « A » moi, s'écria-t-il à ses soldats, et faites comme vous m'allez voir faire. » Il se jette au milieu des ennemis, on le suit, on l'imite ; la victoire est complète.

« Je ne puis, disoit-il, après une autre victoire, je ne puis me réjouir » de voir mes sujets étendus morts sur la place ; je perds, lors-même » que je gagne. »

Durant le blocus de Paris, gémissant sur le sort des habitans de cette grande ville : « J'aimerois quasi mieux, disoit-il, n'avoir point de Paris, » que de l'avoir tout ruiné par la mort de tant de personnes. » On lui amena deux paysans qui alloient être pendus pour avoir introduit du pain dans la place assiégée. Ils se jetèrent à ses pieds ; et ce prince leur dit, en leur donnant tout l'argent qu'il avoit sur lui : « Allez en paix, » mes enfans, le Béarnois est pauvre ; est s'il en avoit davantage, il vous » le donneroit. » Quelques troupes qu'il envoyoit en Allemagne ayant fait du désordre en Champagne, il dit aux capitaines qui étoient encore à Paris : « Partez en diligence, donnez-y ordre ; vous m'en répondez. Quoi ! » si on ruine mon peuple, qui me nourrira ? qui soutiendra les charges » publiques ? qui payera vos pensions, messieurs ? Vive Dieu ! s'en pren- » dre à mon peuple, c'est s'en prendre à moi. »

Telles étoient les déprédations des financiers, qu'on levoit cent cinq

quante millions sur le peuple, et qu'il n'en entroit qu'environ trente dans le trésor royal. Pendant la guerre contre l'Espagne, Henri IV écrivit à Sully son ministre et son digne ami : « Je suis fort proche de mes enne-
» mis, et n'ai quasi pas un cheval sur lequel je puisse combattre.
» Mes chemises sont toutes déchirées, mes pourpoints troués au coude ;
» et depuis deux jours je dîne chez les uns et chez les autres, parce que
» mes pourvoyeurs n'ont plus moyen de rien fournir pour ma table. »

Lorsqu'il eut recouvré sa couronne, que la rebellion vouloit lui ravir, il convoqua à Rouen une assemblée de notables, auxquels il tint ce discours : « Si je faisois gloire de passer pour excellent orateur, j'aurois
» apporté ici plus de belles paroles que de bonne volonté; mais mon am-
» bition tend à quelque chose de plus haut que le bien parler : j'aspire au
» glorieux titre de libérateur et de restaurateur de la France. Déjà par
» la faveur du ciel, par les conseils de mes fidèles serviteurs, par l'épée
» de ma brave et généreuse noblesse, (de laquelle je ne distingue point
» mes princes, la qualité de gentilhomme étant le plus beau titre que
» nous possédions), je l'ai tirée de la servitude et de la ruine. Je désire
» maintenant la remettre en sa première force et en son ancienne splen-
» deur. Participez, mes sujets, à cette seconde gloire, comme vous
» avez participé à la première. Je ne vous ai point appelés, comme fai-
» soient mes prédécesseurs, pour vous obliger d'approuver aveuglément
» mes volontés ; je vous ai fait assembler pour recevoir vos conseils, pour
» les croire, pour les suivre : en un mot, pour me mettre en tutelle
» entre vos mains. C'est une envie qui ne prend guère aux rois, aux barbes
» grises et aux victorieux comme moi; mais l'amour que je porte à mes
» sujets, et l'extrême désir que j'ai de conserver mon état, me font trou-
» ver tout facile et honorable. »

Le duc de Savoie lui demandant un jour ce que la France pouvoit valoir de revenu : « Elle me vaut ce que je veux, lui dit-il ; oui, ce que
» je veux, parce qu'ayant le cœur de mon peuple, j'en aurai tout ce que
» je voudrai. Si Dieu me donne la vie, je ferai qu'il n'y aura point de
» laboureur en mon royaume, qui n'ait moyen d'avoir une poule dans
» son pot, et aussi, ajouta-t-il fièrement, je ne laisserai pas d'entrete-
» nir des gens de guerre pour mettre à la raison ceux qui choqueront
» mon autorité. »

Quelqu'un lui faisant craindre de trouver à la Rochelle des hommes rebelles à ses ordres : « J'y fais tout ce que je veux, répondit-il, parce
» que je n'y veux que ce que je dois. »

On l'exhortoit à traiter avec rigueur quelques places de la ligue, qu'il avoit réduites par la force. « La satisfaction qu'on tire de la vengeance ne
» dure qu'un moment, répondit ce prince généreux ; mais celle qu'on
» tire de la clémence est éternelle. » On lui parloit d'un brave officier qui avoit été de la ligue, et dont il n'étoit pas aimé : « Je veux, dit-il,
» lui faire tant de bien, que je le forcerai de m'aimer malgré lui. » Le duc de Mayenne s'étant rendu auprès de lui pour traiter de son accommodement, il le combla de caresses, et comme ce seigneur étoit fort replet, il prit plaisir à le lasser dans une partie de promenade. Ensuite, il dit en riant : « Mon cousin, voilà le seul mal que je vous ferai de ma vie. »

Les calvinistes lui demandoient des places de sûreté, disant qu'ils en avoient bien obtenu du feu roi : « Je suis, leur répond Henri, la seule
» assurance de mes sujets ; je n'ai encore manqué de foi à personne.
» Henri III vous craignoit, et ne vous aimoit point ; mais moi je vous
» aime, et ne vous crains guère. » Le système de ce bon prince étoit de gagner les esprits par la douceur : il en donnoit la raison : c'est qu'on *prend plus de mouches avec une cuillerée de miel, qu'avec vingt tonneaux de vinaigre.*

V 2

Philippe II, roi d'Espagne, écrivant à Henri IV, se donnoit des titres sans fin. La réponse du roi fut signée, *Henri, Bourgeois de Paris.*

Quand dom Pedro de Tolède fut envoyé par Philippe III, en ambassade auprès de Henri IV, il ne reconnut plus Paris, cette ville qu'il avoit vue autrefois si malheureuse. « C'est qu'alors le père de famille n'y étoit pas, » lui dit le monarque ; et aujourd'hui qu'il a soin de ses enfans, ils pros-
» pèrent. » Le même ambassadeur faisoit valoir avec trop de hauteur la puissance du roi d'Espagne son maître : « Tout cela ne m'en impose pas, » lui répondit Henri ; si le roi votre maître continue ses attentats, je » porterai le feu dans son palais, et on me verra bientôt à Madrid. — » François I, y fut bien, répliqua fièrement l'Espagnol. — C'est pour » cela, repartit le roi, que j'y veux aller venger son injure, celle de » la France et les miennes. » Une autrefois, dom Pedro lui témoignant sa surprise de le voir assiégé par une troupe de gentilshommes : « Si vous » m'aviez vu un jour de bataille, lui dit-il, ils me pressoient bien » davantage. »

Un jour, en présence des grands de la cour et des ministres étrangers, mettant la main sur l'épaule du brave Crillon, l'un de ses plus habiles généraux : « Messieurs, dit-il, voilà le plus brave capitaine du monde. » Crillon, répliqua, avec sa naïveté ordinaire : « Vous en avez menti, » Sire, c'est vous. »

Ayant donné par écrit une promesse de mariage à mademoiselle d'En-tragues, l'une de ses maîtresses, il consulta Sully, et lui montra le billet. Ce courageux ministre le prit, et le déchira pour toute réponse. « Comment, morbleu ! s'écrie le roi en colère, je crois que vous êtes » fou. » Sully répond froidement : Il est vrai, Sire, je suis fou ; et je » voudrois l'être si fort, que je fusse le seul en France. » Il ne douta pas de sa disgrâce. Quelques jours après, il fut fait grand-maître d'artillerie.

Un homme de condition lui demandoit grâce pour son neveu coupable d'un meurtre. « Je suis bien marri, lui dit-il, que je ne puis vous accor-
» der ce que vous demandez. Il vous sied bien de faire l'oncle, et moi » de faire le roi. J'excuse votre requête, excusez mon refus. »

Henri IV fit présent d'une chaîne d'or et de son portrait au fameux Grotius, l'un des plus savans hommes de son temps. Tous les talens furent récompensés et honorés sous cet heureux règne.

En 1599, les professeurs du collège royal, qu'on cessoit depuis longtemps de payer, présentèrent leur requête à Henri IV. « J'estime mieux, » dit ce prince, qu'on diminue de ma dépense, et qu'on en ôte de ma table, » pour en payer mes lecteurs. M. de Sully les payera. » Ce grand ministre ajouta : « Les autres vous ont donné du papier, du parchemin, » de la cire ; le roi vous a donné sa parole, et moi je vous donnerai de » l'argent. »

ENTRETIEN XIX.

Tableau général de l'histoire de France, depuis le règne de Louis XIII, jusqu'à l'année 1790.

1610. Le successeur du grand Henri n'avoit que neuf ans. La mère du jeune roi est déclarée régente par l'autorité du duc d'Epernon ; à peine eut-elle les rênes du gouvernement qu'elle en changea tout le système. Elle donna sa confiance au maréchal d'Ancre, Italien de naissance comme la reine, et qui par son orgueilleux despotisme, se rendit l'objet de l'exécration publique. Le roi lui-même devenu majeur, s'aperçut de l'arrogance de ce ministre, et ordonna son arrestation. Le maréchal ayant voulu se défendre, fut tué à la porte du Louvre. La reine fut reléguée à Blois, mais bientôt Louis la rappela, et se racommoda avec elle par le moyen de l'évêque de Luçon, si connu et si craint depuis sous le nom de *Richelieu*.

1620. Le roi choisit ce prélat pour être son ministre qu'il n'aimoit pas, et qui finit par obtenir sa confiance et écarter ses rivaux par son adresse, son génie et l'importance de ses services. Les huguenots, mécontens de ce qu'on veut toucher à leur priviléges, mettent à leur tête le prince de Soubise et le duc de Rohan. Leur projet étoit de faire de la France une république. Le duc de Luyne, favori du roi, devenu connétable, marche contre les rebelles en 1621. Le monarque lui-même le suit, et signale son courage ; tout se soumet : Montauban seul résiste à ses efforts ; il échoue devant cette ville. L'année suivante, Louis continue la guerre, prend l'île de Rhé, emporte Royan en Saintonge, et oblige les huguenots à lui demander la paix. Elle dura peu. Richelieu, jaloux de toute espèce de gloire, entreprend, en 1627, le siége de la Rochelle, chef-lieu et boulevard du calvinisme en France. Cette ville, qui étoit secourue par l'Angleterre, cette ville, qui depuis Louis XI étoit armée contre ses maîtres, ne put être emportée qu'après un an de fatigues, et quarante millions de dépenses ; mais aussi cette conquête porta le dernier coup à la faction des hérétiques.

1629. Quelques mois après ce grand événement, Louis tourne ses armes contre l'empereur, pour secourir le duc de Nevers, à qui le prince Allemand refusoit l'investiture du duché de Mantoue. Il force le pas de Suze, fait lever le siége de Casal, et met son allié en possession de son état. Le duc de Savoie n'exécutant pas les traités, on lui déclare la guerre, en 1630. On s'empare de Pignerol et de Chambéry en deux jours. Le duc de Montmorency remporte, avec une poignée de soldats, la fameuse victoire de Veillane. Ces succès amènent le traité de Quierasque, conclu en 1631, et ménagé par Mazarin, depuis cardinal.

1632. Gaston duc d'Orléans, frère du roi, jaloux de l'autorité du cardinal de Richelieu, se révolte, et entraîne dans sa rebellion le duc de Montmorency. Ce dernier est pris les armes à la main, et le ministre lui fait trancher la tête. Gaston, intimidé, se soumet, et bientôt après se révolte de nouveau. Il s'unit avec le duc de Lorraine, dont on enlève les états : il a recours à l'Espagne ; mais tandis qu'il négocioit avec cette nation rivale, il se réconcilie encore avec son frère.

1633. Cependant, les Espagnols commencent les hostilités, et engagent l'empereur dans cette nouvelle guerre. Elle dura treize ans contre l'Allemagne et vingt-cinq contre les Espagnols, et fut mêlée de bons et de mauvais succès. On remporta de grandes victoires, on essuya de tristes défaites, mais enfin elle se termina à l'avantage de la France.

1642. On enlevoit le Roussillon à la maison d'Autriche. Richelieu meurt, emportant non les regrets des Français, dont un grand nombre détestoit son autorité, mais la réputation d'un des plus puissans génies qu'eût vu naître la France; et rien ne le prouva mieux, que de s'être soutenu dans son poste jusqu'à la mort, malgré les intrigues d'une cour jalouse et puissante, malgré l'aversion de la famille royale, malgré l'antipathie d'un maître qu'il servoit et dominoit en même temps.

Louis XIII, suivit de près le cardinal, il mourut le 14 mai 1643, dans la quarante deuxième année de son âge, à pareil jour que son père Henri IV, après un règne de trente-trois ans. Ce prince, d'un caractère timide et un peu sauvage, eut des vertus, mais sans éclat. Incapable de vastes projets, il en connoissoit au moins le prix et savoit les appuyer de toute son autorité. Sobre, chaste, pieux, juste, ennemi du faste, il n'aimoit que la chasse. Plein de zèle pour la religion et l'état, il se portoit avec ardeur à tout ce qui pouvoit y contribuer. Il n'imaginoit point, mais il jugeoit bien, et son ministre ne le gouvernoit qu'en le persuadant. Aussi vaillant que Henri IV, mais d'une valeur sans éclat, il n'eût pas été bon pour conquérir un royaume. La providence le fit naître dans le moment qui lui étoit propre : plutôt, il eût été trop foible ; plus tard, trop circonspect. Fils et père de deux de nos plus grands rois, il affermit le trône encore ébranlé de Henri IV, et prépara les merveilles du règne de Louis XIV.

Louis XIV, *dit* le Grand.

1645. Louis XIV, qui n'étoit encore âgé que de cinq ans, monte sur le trône, sous la tutelle d'Anne d'Autriche sa mère. Cette princesse déclare ministre le cardinal Mazarin, et le prélat se montre digne de ce choix. Les commencemens de la régence sont illustrés par les victoires de Rocroi, de Fribourg, de Norlingen et de Lens, remportées sur les Espagnols et leurs alliés, par le duc d'Enguien, âgé de vingt ans, et si célèbre depuis sous le nom de *Grand-Condé*. Turenne reçoit le bâton de Maréchal, et déploie tous les talens d'un grand général. Une foule de capitaines de mérite, qui signalent leur valeur, et qui s'efforcent d'égaler ces deux hommes immortels, présagent à la France les longs triomphes et la gloire qui lui sont réservés sous la domination du nouveau monarque.

1649. A peine le traité de Munster en Westphalie, eut-il suspendu les guerres du dehors, que les divisions intestines troublèrent la paix du royaume. La haine que plusieurs corps puissans portoient à Mazarin, donna naissance à la guerre de la Fronde ; guerre plus ridicule que sanglante, et où l'on se battit avec des épigrammes plutôt qu'avec l'épée. Les Espagnols en profitèrent, et les dissensions ne cessèrent que par l'éloignement de Mazarin. Son retour, en 1653, ralluma la guerre civile. Condé, le vainqueur de Rocroi et de Lens, se tourna du côté des rebelles ; on leva des troupes. Le roi, obligé de sortir de sa capitale, le fut encore de renvoyer une seconde fois Mazarin, le prétexte des troubles, après la bataille donnée au faubourg Saint-Antoine ; et le calme reparut.

1654. Cependant l'Espagne, toujours attentive à profiter de nos foiblesses, faisoit de rapides conquêtes. Louis XIV oppose aux ennemis Turenne, ses autres capitaines et sa fortune ; tout change. Les vainqueurs sont chassés et dépouillés à leur tour ; vingt victoires, et la prise de leurs plus fortes places les contraignent de demander la paix. Mazarin qui avoit regagné l'estime et l'affection des peuples la conclut dans l'île des Faisans ; l'on y arrêta le mariage du roi avec l'Infante Marie-Thérèse, et la réconciliation du prince de Condé, qui, dans cette guerre, avoit combattu contre ce même pays dont il avoit fait triompher les drapeaux.

1661. Mazarin meurt, et Louis XIV, qui, par reconnoissance, n'avoit osé gouverner de son vivant, prend en main les rênes de son empire, et les tient avec une fermeté surprenante dans un jeune monarque qui n'avoit montré jusqu'alors du goût que pour les plaisirs. Tout prit une face nouvelle. Il fixa à chacun de ses ministres les bornes de son pouvoir, se faisant rendre compte de tout à des heures réglées ; leur donnant la confiance qu'il leur falloit pour accréditer leur ministère, et veillant sur eux pour les empêcher d'en trop abuser. Une chambre fut établie pour mettre de l'ordre dans les finances, dérangées par un long brigandage. Le surintendant Fouquet, condamné par des commissaires à un bannissement, eut pour successeur le grand Colbert, ministre qui répara tout, et qui créa le commerce et les arts. Des colonies Françaises partirent pour s'établir à Madagascar et à Cayenne ; les académies des sciences, de peinture et de sculpture furent établies ; des manufactures de glaces, de points de France, de toiles, de laines, de tapisseries furent érigées dans tout le royaume. Le canal du Languedoc, pour la jonction des deux mers, fut commencé ; la discipline fut rétablie dans les troupes, et l'ordre dans la police et dans la justice. Louis XIV, faisoit à vingt-deux ans ce que Henri IV avoit fait à cinquante.

1662. Le monarque Français savoit se faire respecter par les puissances étrangères, autant qu'aimer et craindre de ses sujets. Il exigea une réparation authentique de l'insulte faite au comte d'Estrade, son ambassadeur à Londres, par le baron de Batteville, ambassadeur d'Espagne, qui prétendoit avoir le pas sur lui.

1664. Quoique la paix régnât dans les états chrétiens, les troupes Françaises ne restoient pas oisives. Elles marchèrent au secours des Allemands, et remportèrent sur les Turcs, sous la conduite de Coligni et de la Feuillade, la célèbre victoire de Saint-Gothard. Le pavillon Français ne se rendoit pas moins redoutable sur mer. Le duc de Beaufort prit et coula à fond un grand nombre de vaisseaux Algériens.

1667. Philippe IV, roi d'Espagne, père de la reine meurt, et Louis XIV, croyant avoir des prétentions sur son héritage, marche en Flandre pour les faire valoir. Il comptoit encore plus sur ses forces que sur ses raisons. Il étoit à la tête de trente-cinq mille hommes ; Turenne étoit sous lui le général de cette armée.

Louvois, nouveau ministre de la guerre et digne émule de Colbert, avoit fait des préparatifs immenses pour la campagne. Des magasins de toute espèce étoient distribués sur la frontière. Louis couroit à des conquêtes assurées. Il entra dans toutes les villes ennemies comme dans Paris. La conquête de la Franche-Comté, faite l'année suivante, fut encore plus rapide ; en moins de trois semaines toute la province fut soumise. Tant de fortune réveilla l'Europe assoupie. Tous les états conjuroient la perte du jeune conquérant, le traité d'Aix-la-Chapelle suspendit pour quelques années leurs projets de vengeance.

Pendant cette paix, Louis continua, comme il avoit commencé, à régler, à fortifier, à embellir son royaume. Les ports de mer, auparavant déserts, furent entourés d'ouvrages pour leur ornement et leur défense, couverts de navires et de matelots, et contenoient déjà soixante grands vaisseaux de guerre. L'Hôtel des Invalides, où les soldats blessés et vainqueurs trouvent les secours spirituels et temporels, s'élevoit avec une magnificence vraiment royale. L'Observatoire étoit commencé. On traçoit une méridienne d'un bout de royaume à l'autre. Les éditions et les traductions des bons auteurs grecs et latins s'imprimoient au Louvre à l'usage du Dauphin, dont l'éducation étoit confiée aux plus éloquens et aux plus savans hommes de l'Europe. Rien n'étoit négligé. On bâtissoit, on réparoit des citadelles dans tous les coins de la France, et l'on formoit un corps de troupes composé de quatre cents mille soldats.

1672. Ces troupes furent bientôt nécessaires. Louis XIV, piqué des bravades ridicules et indécentes des Hollandais, entreprend la conquête des Pays-Bas. Il passe la Meuse avec son armée, commandée sous lui par le prince de Condé et

ENTRETIEN XIX.

par le vicomte de Turenne. Tout se rend et se soumet au seul bruit de son approche. Il traverse le Rhin en présence des ennemis ; les troupes sont dispersées ; les villes ouvrent leurs portes ; toutes les Provinces-Unies fléchissent devant le rapide vainqueur, les états assemblés à la Haye se sauvent à Amsterdam, avec leurs biens et leurs papiers. La Hollande étoit conquise, si Guillaume III, prince d'Orange n'eût fait percer les digues qui retenoient les eaux de la mer. Amsterdam fut comme une vaste forêt au milieu des eaux, entourée de vaisseaux de guerre qui eurent assez d'eau pour se ranger autour de la ville. Il n'y avoit plus de conquêtes à faire dans un pays inondé. Louis quitte son armée et laisse à ses généraux le soin d'achever la guerre.

Effrayés de ces succès, toutes les puissances voisines réunissent leurs forces ; Louis les brave, et pourvoit à tout. La Franche-Comté, qui avoit été rendue, est reprise : *Turenne*, pénétre au sein de l'Allemagne et y porte le ravage et la terreur. *Schomberg*, bat les Espagnols dans le Roussillon : *Condé* défait le prince d'Orange à Senef. Tant de prospérités furent troublées par la mort de Turenne en 1675. Ce général, qui savoit tour-à-tour reculer comme Fabius, et avancer comme Annibal ; ce général, la terreur des ennemis et la gloire des armes Françaises, fut tué d'un coup de canon au milieu de ses victoires, dans le temps qu'il se préparoit à battre Montecuculli. Louis XIV le pleura. Il étoit né protestant, et deux fois il refusa l'épée de connétable qui lui fut offerte s'il vouloit revenir à la foi de ses pères. Eclairé par le grand Bossuet, il abjura le calvinisme sept ans avant sa mort, et vécut depuis cette époque de la manière la plus édifiante.

Le prince de Condé fit ce que Turenne auroit fait, il força le général Allemand à repasser le Rhin. *Créqui* eut moins de bonheur, quoiqu'il eût autant de courage ; il fut mis en déroute au combat de Consarbrick, et fut fait prisonnier dans Trèves. Au reste, la fortune de la France n'éprouva que ce léger échec.

1676. Le duc de Vivonne, secondé par Duquesne, lieutenant-général de l'armée navale de France, remporte deux victoires sur Ruyter, amiral de Hollande, tandis que Louis triomphoit en Flandre, et subjuguoit de fortes places. La campagne de 1677, s'ouvre par la prise de Valenciennes et de Cambrai. Philippe, duc d'Orléans, frère unique du roi, gagne contre le prince d'Orange la bataille de Cassel, lieu célèbre par la victoire qu'un autre Philippe, roi de France y avoit remportée, 350 ans auparavant. Le maréchal de Créqui, bat le prince Charles de Lorraine auprès de Strasbourg, l'oblige de repasser le Rhin, et l'ayant repassé lui-même, assiége et prend Fribourg. L'année suivante, tandis que le roi prenoit Gand et Ypres, ce même général met les ennemis en déroute à la tête du pont de Reinsfeld, en Allemagne, et brûle celui de Strasbourg, après en avoir occupé tous les forts en présence de l'armée ennemie. Enfin, Louis XIV termina cette glorieuse campagne, ces victoires, ces conquêtes accumulées, en donnant la paix à l'Europe en 1678. Ce fut alors que ce prince triomphant depuis qu'il régnoit, et tout-à-la-fois conquérant et politique, reçut de l'hôtel-de-ville de Paris, le surnom de *Grand* ; surnom glorieux, prostitué à bien des monarques ; mais que Louis XIV méritoit, puisqu'il lui fut ratifié par les nations même les plus jalouses de la France.

Louis-le-Grand, fit de la paix un temps de conquêtes ; l'or, l'intrigue et la terreur lui ouvrirent les portes de Strasbourg, ville libre et impériale et de Casal. Cependant, il établit une chambre contre les empoisonneurs, qui, en ce temps-là infestoient la France ; il abolit le duel. Une chaire de droit français fut fondée, tandis que d'habiles gens travailloient à la réforme des lois. Le canal du Langue&c. fut enfin navigable en 1681. Le port de Toulon, sur la Méditerranée, fut construit à frais immenses, pour contenir cent vaisseaux de ligne avec un arsenal et de vastes magasins. Sur l'Océan, le port de Brest se formoit avec la même grandeur ; Dunkerque, le Hâvre-de-Grâce se remplissoient de vaisseaux. La nature étoit forcée à Rochefort. Des compagnies de cadets dans des places, des gardes marines dans les ports, furent instituées et composées de jeunes gens qui apprenoient tous les arts convenables à leur profession, sous des maîtres payés du trésor public. Soixante mille matelots étoient retenus dans le devoir, par des lois aussi sévères que celles de la discipline militaire. Toutes ces forces ne demeuroient pas dans l'inaction. Les escadres, sous la conduite de Duquesne, nettoyoient les mers infestées par les corsaires de Barbarie. Alger fut bombardé en 1683, et les Algériens furent obligés de faire toutes les soumissions qu'on exigea d'eux. Il rendirent tous les esclaves chrétiens, et donnèrent encore de l'argent. Gênes avoit vendu de la poudre aux corsaires, et des galères aux Espagnols : elle fut bombardée à son tour, et n'obtint sa tranquillité que par une satisfaction proportionnée à l'offense. Le doge, accompagné de quatre sénateurs, vint à Versailles faire tout ce que le roi voulut exiger de sa patrie. La loi de Gênes est, que le doge perd sa dignité et son titre dès qu'il est sorti de la ville ; mais Louis voulut qu'il les conservât : aussi le monarque ayant demandé à ce magistrat ce qui le frappoit le plus à Versailles : *C'est de m'y voir*, *Sire*, répondit-il.

1685. Le roi signale sa puissance par un coup d'autorité. Malgré toutes les concessions faites aux calvinistes par l'édit de Nantes, ils n'en avoient pas moins été entreprenant, et l'on comptoit plus de deux cents lois portées contre leurs infractions à cet édit. Louis le révoque, leur interdit l'exercice public de la religion, et fait abattre leurs temples. Parmi les sectaires, les uns se retirèrent dans l'étranger, les autres excités par leurs ministres, se réfugièrent dans les montagnes des Cévennes, où ils levèrent l'étendart de la révolte ; d'autres dissimulèrent ou embrassèrent le catholicisme de bonne foi.

1687. Une nouvelle confédération se forme contre Louis XIV. La ligue d'Ausbourg, précipite du trône d'Angleterre le roi Jacques II, que son attachement à la foi catholique, rendit aux yeux des Anglais indigne de régner, pour y placer le prince Guillaume d'Orange, et donne à l'Europe le signal d'une guerre sanglante. Le monarque Français se prépare à s'opposer aux puissances ennemies. L'année suivante, le dauphin, fils unique du roi, ouvre la campagne par la prise de Philisbourg. Depuis Bâle jusqu'à Coblentz, tout est soumis le long du Rhin, mais les confédérés ayant réuni leurs forces, les vainqueurs abandonnent leurs conquêtes.

1690. Le maréchal de Luxembourg rappelle la fortune chancelante : il gagne la bataille de Fleurus. La flotte Française, commandée par le comte de Tourville, défait dans la Manche les flottes d'Angleterre et de Hollande. Catinat se rend maître du pas de Suze, et remporte la victoire de Stafarde sur le duc de Savoie. Mais ces succès sont contre-balancés en 1692, par la perte de la bataille navale de la Hogue. Le combat dura depuis le matin jusqu'à la nuit : cinquante vaisseaux Français firent d'inutiles efforts pour dissiper quatre-vingt-quatre vaisseaux ennemis : la supériorité du nombre l'emporta. On prit la fuite ; l'amiral Anglais brûla treize vaisseaux. Cette défaite sur mer, une des premières époques du dépérissement de la marine en France, fut diminuée par les avantages qu'on remporta sur la terre. La prise de Namur, par le roi ; les batailles de Steinkerque et de Nerwinde, gagnées par Luxembourg, journées aussi meurtrières que glorieuses ; la victoire de la Marsaille, remportée par Catinat, tout promettoit à la France la fin de cette guerre ; mais la disette qu'elle éprouva en 1694, ralluma l'espérance et le courage dans le cœur de ses ennemis. Le roi d'Angleterre, tant de fois battu, reprit Namur. La campagne de 1695 se réduisit à la prise de Casal. Le royaume étoit épuisé ; les recrues se faisoient avec peine.

1697. Catinat en Flandre emporta Ath, et le duc de Vendôme se rend en Espagne maître de Barcelonne. Ces succès amenèrent la paix de Riswick. Le roi y parla comme à Nimègue en vainqueur, et abandonna néanmoins toutes ses conquêtes, modération qui fut blâmée, et dont on reconnut bientôt la sagesse.

1700. Charles II, roi d'Espagne, meurt sans enfans, et laisse sa couronne à *Philippe de France*, duc d'Anjou, fils du dauphin. Le nouveau roi prend possession de cet important héritage, sous le nom de *Philippe V*. Les potentats de l'Europe, alarmés de voir la monarchie Espagnole soumise à la France, s'unissent presque tous contre elle. En vain les peuples s'étoient promis un repos nécessaire après tant de guerres si longues et si cruelles, après les malheurs de tant d'états; l'ambition ramène de nouveau les horreurs de la guerre. Les hostilités commencèrent en Italie; mais les premières années de cette guerre furent mêlées de revers et de succès. L'année 1704, vit changer la face de l'Europe. L'Espagne fut presque conquise par le Portugal. L'Allemagne fut en un moment délivrée des Français. Les alliés, commandés par le prince Eugène, par Marlboroug, le prince de Bade, taillèrent en pièces, à Hochstet, l'armée Française, conduite par Tallard et Marsin. Cette bataille, dans laquelle vingt-sept bataillons et quatre régimens de dragons furent faits prisonniers, douze mille hommes tués ou blessés, trente pièces de canons prises, enleva cent lieues de pays, et du Danube jeta les vaincus sur les bords du Rhin. L'année 1705, plus glorieuse pour la France, fut plus funeste pour l'Espagne. La victoire de Cassano fut disputée au prince Eugène par le duc de Vendôme; mais Tessé leva le siège de Gibraltar. Barcelonne se rendit à l'archiduc d'Autriche, concurrent de Philippe V dans la succession. La bataille de Ramilies fut perdue par Villeroi. Un grand nombre de villes furent enlevées à la France. En 1706, Madrid fut emporté, et le duc d'Orléans fut défait devant Turin, dont il avoit formé le siége. La perte du Milanez, du Modénois, et de presque tout ce que l'Espagne possédoit en Italie, mit le comble à ces disgrâces. L'année de 1707, fut célébre par la bataille d'Almanza, gagnée par le maréchal de Berwick sur les alliés. L'année suivante, la France perdit Lille, mais les malheurs se multiplièrent en 1709. Les alliés furent vainqueurs à Oudenarde, et s'emparèrent du royaume de Naples et du duché de Mantoue. Par surcroît d'infortune, un cruel hiver acheva de désespérer la France. Les oliviers, les orangers, ressource des provinces méridionales, périrent; presque tous les arbres fruitiers gelèrent; il n'y eut point d'espérance de récolte : le découragement augmenta avec la misère. Le Prince Eugène et Malboroug, prennent Tournai et Mons, et gagnent la bataille de Malplaquet. Louis XIV, demanda la paix, et n'obtint que les réponses les plus dures. Il porta la modération jusqu'à promettre de fournir de l'argent aux alliés, pour leur aider à ôter la couronne à son petit-fils. Mais ils vouloient plus; ils exigeoient qu'il se chargeât seul de le détrôner. Il fallut continuer la guerre, quelque malheureuse qu'elle fût. Le duc de Vendôme passe en Espagne, et bat complètement l'armée des alliés.

Les négociations pour la paix recommencèrent en 1711, et eurent un effet heureux auprès d'Anne, reine d'Angleterre. Mais la France n'en fut pas moins dans la consternation. Le prince Eugène menaçoit Reims ; l'alarme étoit à Versailles, comme dans le reste du royaume. La mort du fils unique du roi, arrivée depuis un an ; le duc de Bourgogne, la princesse son épouse, leur fils aîné enlevés rapidement et portés dans le même tombeau ; le dernier de leurs enfans moribond ; toutes ces infortunes, jointes aux étrangères, faisoient regarder la fin du règne de Louis XIV, comme un temps marqué pour la calamité, de même que le commencement l'avoit été pour la fortune et pour la gloire. Au milieu de ces désastres, le maréchal de Villars, force le camp des ennemis à Denain, et sauve la patrie éplorée. Cette victoire est suivie de la levée du siège de Landrecies par le prince Eugène, de la prise de Douai, de celle du Quesnoi, de celle de Bouchain. Tant de succès remportés à-la-fois, mirent les alliés hors d'état de continuer la guerre, et accélérèrent la conclusion de la paix générale, qui fut signée à Utrecht en 1713, à des conditions bien différentes de celles qu'on avoit prétendu dicter à la France au temps de ses désastres. Elle en fut quitte pour quelques cessions de terres, que l'Espagne possédoit au-dehors, et pour la démolition du port et des fortifications de Dunkerque, tandis que l'Espagne et les Indes furent assurées dans la personne de Philippe, à la maison de Bourbon.

1715. Deux ans après, Louis-le-Grand termina sa longue et glorieuse carrière. Sa mort fut celle d'un héros chrétien, qui quitte la vie sans se plaindre, et les grandeurs sans les regretter. Le courage avec lequel il vit sa fin, fut dépouillé de cette ostentation répandue sur toute sa vie : ce courage alla jusqu'à avouer ses fautes. Il recommanda à son successeur de soulager ses peuples, et de ne pas l'imiter dans sa passion pour la gloire, pour la guerre et pour les femmes. Il expira le premier septembre, à soixante et dix-sept ans, dans la soixante et treizième année de son règne.

Quoiqu'on ait reproché à ce prince trop de hauteur avec les étrangers dans ses succès, de la foiblesse pour plusieurs femmes, de trop grandes sévérités dans les choses personnelles, des guerres légèrement entreprises, une ostentation vaine, un faste trop orgueilleux ; cependant ses grandes qualités mises dans la balance, l'ont emporté sur ses défauts. La postérité admirera dans son administration une conduite ferme, noble, suivie, quoique souvent trop absolue. Il fit de sa cour une école de politesse, de bon goût et de véritable noblesse. Loin de ressembler à ces monarques pusillanimes pour qui la royauté est une pesante servitude dont ils cherchent à se décharger sur le premier sujet qui se présente à leurs yeux, il choisissoit ses ministres, et il les gouvernoit. Il possédoit surtout le talent rare et singulier de connoître et d'apprécier les hommes, et jamais prince peut-être ne se trompa moins dans son choix. S'il aima les louanges, il souffrit la contradiction. Dans sa vie privée, il fut à la vérité trop plein de sa grandeur, mais il étoit bon père, bon maître, toujours décent en public, laborieux dans le cabinet, exact dans les affaires, pensant juste, parlant bien, et aimable avec dignité. Ce qui immortalise surtout Louis XIV, c'est la protection qu'il accorda aux sciences et aux beaux arts. C'est sous son règne que l'on vit éclorre ces chefs-d'œuvres en tout genre, qui seront l'éternel honneur de la France. La saine philosophie ne fut alors connue que de son temps. La révolution qui s'opéra dans nos arts, dans nos esprits, dans nos mœurs, influa sur toute l'Europe. Elle s'étendit en Angleterre; elle porta le goût en Allemagne, les sciences en Russie; elle ranima l'Italie languissante; et ces peuples divers doivent de la reconnoissance et de l'admiration à Louis XIV.

Louis XV, *dit* le Bien-Aimé.

1716. L'arrière petit-fils de Louis-le-Grand, n'avoit que cinq ans, lorsque ce prince mourut. Un arrêt du parlement qui annulloit le testament du monarque défunt, conféra la régence absolue à Philippe, duc d'Orléans, prince du sang, déjà mieux connu par ses vices que par ses vertus. Il parut d'abord s'occuper du bonheur public, et donna ses premiers soins au rétablissement des finances, que les malheurs de la guerre avoient mises dans le plus grand désordre. La dette publique montoit à plus de deux milliards. Tandis que le régent cherchoit des moyens pour éteindre cette énorme créance, Jean Law, aventurier écossais, vint lui proposer le plan d'une compagnie de commerce, qui promettoit de grands avantages, et qui réduite à de justes bornes, auroit pu être utile. La passion avec laquelle tout le monde se porta vers le nouveau système, fut telle, qu'en 1719, la valeur chimérique des actions égaloit 80 fois tout l'argent qui circuloit dans le royaume. Dès qu'on s'en aperçut, on voulut les convertir en espèces, les fonds manquant, la banque fut bouleversée et ruina plus de cent mille familles, tandis qu'un petit nombre de citoyens s'enrichit prodigieusement. (1720). Law s'enfuit chargé de malédictions, et l'état, au moyen d'une banqueroute générale, se trouva délivré de ses dettes.

1722. Le roi fut sacré à Reims le 25 octobre. Quelque temps après le cardinal Dubois, qui ne devoit sa prodigieuse fortune qu'à ses vices et au goût de la débauche qu'il avoit su inspirer à son élève le régent, fut fait premier ministre. Il fit entrer beaucoup d'argent dans les coffres du roi, par les taxes qu'il mit sur ceux qui s'étoient enrichis pendant le système, et par le tarif de droit de contrôle et insinuations des actes.

1723. Le régent meurt subitement. Il avoit de grands talens, mais la hardiesse de ses opinions et son libertinage, enfantèrent ce mépris de la religion et de la morale, qui de la cour se répandit peu à peu dans toutes les classes de la société. Il fut remplacé d'abord par le duc de Bourbon-Condé, et peu de temps après par le cardinal de Fleuri, précepteur du roi. Ce ministre, quoique dans sa soixante et treizième année lorsqu'il fut mis à la tête des affaires, conserva toute son autorité, toute sa raison, jusqu'à sa mort en 1743, et réussit presque en tout : exemple du bonheur peut-être unique dans les premières places de l'état.

1733. La double élection d'un roi de Pologne sème la discorde parmi les puissances de l'Europe. Stanislas Leczinski, choisi pour occuper une seconde fois le trône de sa patrie, ne put s'y maintenir. L'empereur Charles VI, soutint et fit triompher l'électeur de Saxe son rival. Louis XV, gendre du monarque persécuté, voulut venger cet affront : les rois d'Espagne et de Sardaigne unissent leurs armes aux siennes ; et de toutes parts les hostilités commencent. Tandis que le maréchal de Villars entre en Italie, le maréchal de Berwick s'avance sur les bords du Rhin, traverse ce fleuve, assiége et prend le fort de Kell. Il partage son armée en trois corps, dont l'un, aux ordres du comte de Belle-Ile, s'empare de Trèves, et prend Traërbarck ; le second, à la tête duquel étoit le duc de Noailles, se porte à Keiserlauter et à Hombourg, force les lignes d'Ettingen, après que le prince de Tingri eut emporté un fort qui le défendoit : le troisième et le plus considérable, que le maréchal s'étoit réservé, marche à Philisbourg à la vue du prince Eugène, et forme le siége de cette place importante. Berwick ouvre la tranchée ; mais lorsqu'il la visitoit, un boulet de canon enlève aux Français ce général expérimenté, sévère et craint. Le marquis d'Asfeld et le duc de Noailles lui succèdent, et conduisent les travaux avec tant d'intelligence et de vigueur, qu'au bout de six semaines la ville capitule, et se rend le 18 juillet 1734. Pendant que les troupes Françaises se couvroient de gloire en Allemagne, le maréchal de Villars, terminoit en Italie sa triomphante carrière à l'âge de quatre-vingt-deux ans, par la prise de Milan, de Tortonne, et d'un grand nombre de places aussi importantes ; le maréchal de Coigni gagna les batailles de Parme et de Guastalla. L'empereur, malheureux partout, se vit enlever, dans cette expédition, presque tous ses états d'Italie. Ces pertes multipliées le firent songer à la paix. La France, qui la souhaitoit, en régla les conditions ; elle fut signée à Vienne en 1738, et, par un des articles, le Barrois et la Lorraine furent donnés au roi Stanislas, pour être réunis à la couronne de France, après le décès de ce monarque.

1740. La mort de l'empereur Charles VI, rallume la guerre ; une foule de princes disputèrent à Marie-Thérese, reine de Hongrie, sa fille unique, une partie de ses vastes domaines. Frédéric III, roi de Prusse, porta seul les premiers coups. A son exemple, tous les potentats se déclarèrent pour ou contre la maison d'Autriche. La France s'unit à lui en faveur de l'électeur de Bavière, et voit s'élever contre elle l'Angleterre, la Hollande, et bientôt après la Sardaigne, qui d'abord s'étoit jointe à elle. Louis XV fait face à tout, et se met lui-même à la tête de ses troupes en 1744. Tandis que le prince de Conti forçoit Ville-Franche, emportoit le fort Démond, battoit le roi de Sardaigne devant Coni, et se rendoit maître de cette ville, il vole en Flandre, et s'y distingue par ses victoires autant que par son humanité. Les villes se soumettent : il marche contre le prince Charles de Lorraine, qui avoit passé le Rhin. Une maladie dangereuse l'arrête à Metz : la France tremble et gémit comme une famille qui va perdre le meilleur des pères : ce fut alors que, d'une voix unanime, tous les cœurs lui donnèrent le glorieux surnom de *Bien-Aimé*.

1744. Le roi, à peine convalescent, assiége Fribourg, et le prend. Il gagne ensuite la fameuse bataille de Fontenoi, où le maréchal de Saxe, frère naturel du roi de Pologne, commandoit l'armée, quoique malade. Le fruit de cette glorieuse victoire est la prise de Tournai. Le comte de Lowendall entre dans Gand par escalade, prend Ostende en six jours, et Nieuport en cinq. Ath ne se défend pas plus longtemps contre le marquis de Clermont-Galerande. Bruges ouvre ses portes au marquis de Souvré ; Dendermonde se rend au duc d'Harcourt. La campagne de 1746 n'est pas moins mémorable. Bruxelles, investie au milieu de l'hiver, capitule après un mois de résistance. Louvain, Lier, Arschot, Hérenthal, le fort Sainte-Marguerite, se soumettent à l'approche du roi. Le marquis de Brezé marche à Anvers, prend la ville, et laisse au comte de Clermont la gloire d'emporter la citadelle. Le prince de Conti fait investir la ville de Mons par le comte d'Estrées, et le duc de Boufflers s'en rend maître. Tout le reste de cette guerre ne fut qu'une suite brillante de succès ; mais Louis, content d'avoir moissonné d'immortels lauriers, voulut encore avoir la gloire de ramener le calme dans l'Europe agitée : il rendit toutes ses conquêtes, et donna la paix à tant d'états désolés. Elle fut signée à Aix-la-Chapelle, en 1748.

Louis,

Louis se montre, durant la paix, le père, le protecteur des arts. Il avoit doté l'université de Paris; pour encourager les sculpteurs et les peintres, il avoit ordonné, en 1740, que l'on exposeroit dans le salon du Louvre les nouveaux chefs-d'œuvres de ce genre. Il rend, en 1750, un édit qui accorde la noblesse à ceux qui servent dans ses troupes en qualité de capitaines, et dont le père et l'aïeul l'auront servi dans la même qualité. L'année suivante, il fonde l'Ecole Royale-Militaire, destinée à l'éducation de cinq cents jeunes gentilshommes peu fortunés, et surtout de ceux dont les pères sont morts dans les combats ou servent encore dans les armées.

1755. L'ambition des Anglais et leurs invasions en Amérique, ramenèrent les sanglantes horreurs de la discorde. Les commencemens de cette nouvelle guerre furent glorieux pour la France. Port-Mahon, fut emporté par le maréchal de Richelieu. La bataille de Hastembeck, la capitulation du Closter-Severn; la conquête de l'électorat de Hanovre, les fréquentes défaites du roi de Prusse, allié de l'Angleterre, tout n'annonçoit aux violateurs du droit des gens que des revers mérités. En un moment la malheureuse journée de Rosbac, où les Français furent défaits, change la face des affaires. Depuis cet instant fatal, les disgrâces se multiplièrent : en vain on remporta quelques triomphes; il fallut abandonner les conquêtes. On ne fut pas plus heureux en Amérique. La France, il est vrai, ne fut entamée nulle part; mais elle perdit dans les Indes, Pondichéry et d'autres domaines : en Afrique, l'île de Gorée; en Amérique, tout le Canada, la Guadeloupe, la Martinique; en un mot, les Anglais envahissent tout.

1761. Pour arrêter ce prodigieux accroissement de la puissance des Anglais, toutes les branches souveraines de la maison de France s'unissent avec Louis XV; leur ligue, sous le nom de *Pacte de Famille*, devient pour les Anglais une nouvelle matière de triomphe.

1763. Cette guerre désastreuse, qui enleva à la France sa plus florissante jeunesse, sa marine et son commerce, finit par le traité de Paris, l'un des plus honteux, mais aussi l'un des plus nécessaires que la France eût encore signés. Deux ans après, la France perdit le dauphin, fils unique de Louis XV. Ses rares talens, ses vertus héroïques, sa piété solide et l'énergie de son caractère, annonçoient assez que, s'il fût monté sur le trône, il eût soutenu avec plus de courage que son père et plus de bonheur que son fils, l'édifice de la monarchie, dont l'esprit d'indépendance et d'irréligion commençoit à ébranler les fondemens.

En effet, depuis plus de dix ans on voyoit les parlemens lutter avec le souverain, et s'attribuer une sorte d'indépendance. L'hérésie du jansénisme, qui avoit beaucoup de partisans parmi ces grands corps de l'état, devint l'occasion des entreprises de leurs membres. Les parlemens irrités du zèle que les Jésuites avoient mis à combattre le jansénisme, et à soutenir la cause de l'église qui l'avoit anathématisé, résolulurent de s'en venger sur eux. De-là ces vexations auxquelles on vit les magistrats se porter contre les pasteurs de l'église; les scènes scandaleuses qui en furent la suite, affoiblit dans l'esprit des peuples l'autorité du corps épiscopal. Bientôt la France fut inondée de livres impies et obscènes qui produisirent une licence générale. En même temps parurent les francs-maçons, société profane, composée jusqu'alors d'un grand nombre de dupes et d'un petit nombre d'initiés au secret de l'ordre. On ne sait que trop, depuis la révolution, que les sermens et les mystères des arrières loges, ont pour unique but le renversement des trônes et des autels.

La secte maçonnique reçu dans son sein les enfans de la philosophie moderne; le jansénisme s'aida de ce puissant auxiliaire, et tous réunis, les uns en haine de la religion, les autres par l'esprit de parti, entraînèrent les parlemens où ils avoient de nombreux adeptes et de chauds amis à perdre la compagnie de Jésus. En vain le clergé de France et le souverain Pontife réclamèrent-ils hautement en faveur de ces ardens défenseurs de la religion; en vain le roi lui-même voulut-il conjurer l'orage : les parlemens, forts de la foiblesse du monarque, détruisirent ce corps respectable, et renversèrent ainsi le seul rempart que l'on pût encore opposer au débordement de la licence et de l'incrédulité, 1762. Le roi toujours plus foible et qui aimoit et honoroit la société proscrite, n'en signa pas moins l'arrêt de son conseil qui la supprimoit, 1764. La magistrature, enhardie par cette victoire, manifesta de nouvelles prétentions qui amenèrent plusieurs crises. Le roi ou plutôt son conseil, abattit enfin cette puissance usurpatrice de l'autorité royale. Le parlement de Paris fut supprimé en 1771, et successivement tous les autres parlemens du royaume. On établit à leur place de nouveaux tribunaux de justice, sous le nom de *Conseils Supérieurs*. Ce coup de vigueur, dicté par le chancelier de Maupeou, rendit la tranquillité à l'état.

Louis, vertueux dans sa jeunesse, étoit depuis long-temps tombé dans les pièges que d'infâmes courtisans tendirent à son innocence; il persévera dans ses désordres jusqu'à la vieillesse, et puisa dans le sein de la débauche, la maladie qui le conduisit au tombeau. Ce prince avoit toujours respecté la religion : dans ce moment critique elle reprit sur lui tous ses droits. Il fit l'aveu public de ses égaremens, en demanda pardon à son peuple et expira dans les larmes de la componction, 1774.

Louis XV réunissoit de grandes qualités, mais une passion funeste suffit pour ternir l'éclat de ses vertus. Il étoit courageux à la tête de ses armées, modéré dans le succès, d'un esprit droit, d'un jugement exquis; mais il manquoit de force dans le caractère, aussi se laissa-t-il souvent entraîner dans des démarches fausses, injustes, que sa volonté indolente n'avoit pas la force de rejeter.

Louis XVI.

1774. Louis seizième de nom, petit-fils de Louis XV, avoit épousé, n'étant encore que dauphin, Marie-Antoinette d'Autriche. Jamais prince ne monta sur le trône avec des intentions plus pures, et jamais prince aussi ne rencontra plus d'obstacles au bien qu'il chérissoit, ni de sujets plus opposés à leur bonheur. Dès les premiers jours de son règne, il rappela les parlemens, parce qu'on lui persuada que c'étoit le vœu de son peuple. Les parlemens à peine rétablis, luttèrent hautement contre le monarque auxquels ils devoient leur renaissance. Cette lutte long-temps prolongée amena la convocation des états-généraux, et ceux-ci la révolution, qui arracha la couronne à Louis XVI et le conduisit à l'échaufaud.

1778. La paix qui régnoit en Europe depuis 1763, est troublée cette année. Les contestations entre la Russie et la Porte, au sujet de la Crimée, dégénèrent en hostilités. La mort de l'électeur de Bavière, met aux prises l'empereur et le roi de Prusse, et la guerre éclate entre la France et l'Angleterre; l'Espagne et la Hollande entrent bientôt dans la querelle. Ainsi le feu de la guerre porte à la fois ses ravages dans les quatre parties du monde.

Les dissentions entre l'Angleterre et ses colonies d'Amérique, devenant tous les jours plus animées, celles-ci publient leur acte d'indépendance et se placent au rang des nations. Louis XVI, étoit spectateur passif de la guerre, lorsque les députés des Etats-Unis, vinrent réclamer les secours de la France. Louis XVI ne crut pas qu'il fût de la justice ou de la politique de se déclarer pour eux; mais entraîné par son conseil, il reconnoît l'indépendance des Etats-Unis de l'Amérique. Il fait avec les députés du congrès un traité d'amitié et de commerce, mais sans exclusion de personne, pas même des Anglais. Il fait notifier ce traité par l'ambassadeur de France à la cour de Londres; l'ambassadeur d'Angleterre reçoit aussitôt l'ordre de quitter la France. Cette retraite est le signal de la guerre entre les deux nations. Des flottes formidables sortent des ports respectifs, et vont ensanglanter toutes les mers. Cette guerre entre la France et l'Angleterre procura une diversion extrêmement utile aux colonies. Leurs ressources étoient épuisées, et elles se voyoient forcées de songer à un accommodement avec le cabinet de Saint-James. L'Angleterre reconnut formellement l'indépendance de l'Amérique, par le traité de paix de 1782. La France conclut la paix à des conditions glorieuses : elle recouvra ses établissemens des Indes, et le honteux traité de Paris, concernant le port et les fortifications de Dunkerque, fut aboli, 1783.

1787. La France triomphante à cette époque n'en devint pas plus heureuse. Necker, ministre des finances, après quelques années d'une gestion toute soutenue par le charlatanisme des emprunts, venoit d'être renvoyé.

La dépense excédoit la recette de près de cent quarante millions. La guerre d'Amérique avoit coûté douze ou quinze millions. Le crédit public disparoissoit et laissoit l'état sans ressources. Le roi se décida alors à convoquer une assemblée des notables de son royaume. Il proposa l'impôt du timbre et de la subvention territoriale. Ces sages dispositions furent repoussées par divers parlemens. Le roi exile celui de Paris; sa disgrâce devint la cause des autres parlemens et du peuple lui-même, à qui l'on fit accroire que cette opposition n'avoit d'autre objet que ses intérêts et son bonheur.

Après six mois d'exil, le parlement ayant promis d'être plus docile aux vues du souverain est rappelé; mais à peine réintégrés, ces magistrats oublient leurs engagemens. Le cardinal de Brienne, qui avoit succédé à Necker, soit ineptie ou trahison, ne prend que de fausses mesures pour les ramener à la soumission : repoussé du ministère, il est de nouveau confié à Necker, que la voix publique indiquoit comme le seul homme capable de relever le crédit public; il décide la convocation des Etats-généraux. Jaloux de conserver la faveur du peuple, le perfide ministre, contre l'avis du parlement lui-même, fit accorder au troisième ordre un nombre égal de voix aux deux autres réunis. Le jour même de l'ouverture des états-généraux, le 15 mai 1789, cet ordre (le tiers-état), somma contre l'usage, les députés du clergé et de la noblesse de se réunir en une seule assemblée. Plusieurs obéirent à la sommation, et le 17 juin, ce rassemblement illégal se constitua de lui-même en *assemblée nationale*. Le roi, pour arrêter cette marche séditieuse, annonça une séance royale, dont les préparatifs obligèrent de fermer les salles pendant quelques jours. Le tiers-état rassemblé, méprisant les intentions du roi, jure de ne se séparer qu'après avoir donné une constitution à la France. La douceur du roi dans cette circonstance, la crainte, comme il le dit, qu'*un seul homme périt pour sa querelle*, devint funeste; il légitima les entreprises des factieux, en ordonnant aux deux premiers ordres de s'y réunir, le 27 juin.

Tandis que ces choses se passoient, le duc d'Orléans travailloit sourdement à débaucher les soldats de la maison du roi ; il y réussit, et corrompit encore les troupes qu'on avoit appelées à Paris pour arrêter cette insubordination. Les conspirateurs assurés alors qu'ils n'avoient rien à craindre, agitent plus fortement que jamais le peuple, et les plus grands désordres se commirent sous les yeux d'une armée appelée pour les empêcher.

Bientôt une multitude furieuse et dirigée sous main, commet des excès inouis. Les armes pillées, les barrières incendiées, les canons et les fusils des invalides enlevés; la Bastille prise, Launay, son gouverneur, massacré; Flesseles, prévôt des marchands, assassiné; Bailly, nommé maire, c'est-à-dire, maître de Paris; Lafayette, élu général des insurgés ; les princes en fuite ; enfin, l'infortuné monarque obligé de se rendre à Paris au milieu d'un peuple ameuté ; tous ces événemens se passèrent sous les yeux d'une armée immobile, et comme enchaînée sous les murs de Paris.

Dans les provinces, à l'exemple de Paris, ont commet au nom de la liberté toutes sortes d'horreurs. Les châteaux et les archives sont incendiés dans les campagnes, tandis que l'assemblée, à la suite d'un repas splendide, dans une séance nocturne du 4 au 5 août, abolit tous les priviléges et droits féodaux.

L'arrivée de quelques régimens à Versailles, le repas que les gardes-du-corps donnèrent aux officiers, des cocardes blanches distribuées, le refus du roi à sanctionner les *droits de l'homme*, production aussi absurde qu'impie, sa prétendue fuite, et la disette des subsistances, combinée par le duc d'Orléans, amenèrent les journées des 5 et 6 octobre. Une multitude de femmes ou plutôt de furies, ayant à leur tête La Fayette, armée de haches, de piques, de bâtons, sort de Paris. Un ramas d'étrangers qui paroissoient avoir été appelés dans la capitale pour y faire un coup de main, les suit. La garde nationale vient ensuite. Tout cela arrive à Versailles, se présente à l'assemblée, et son orateur nommé *Maillard*, demande au nom de son cortége, du pain, et la vengeance du mépris de la cocarde nationale. Le roi ayant accepté la déclaration des droits de l'homme, tout parut tranquille. On voulut profiter de ce calme pour faire partir le roi, et mettre d'Orléans sur le trône; mais la crainte d'occasionner de plus grands maux retint le roi, et il dit qu'il aimoit mieux périr que de faire couler le sang des Français. La Fayette étant parvenu à tranquilliser l'assemblée, logea sa troupe dans Versailles. Le 6 au matin les brigands qui s'étoient tenus rassemblés pendant la nuit, s'avancent vers le château, y pénètrent, massacrent les gardes-du-corps, et la reine, pour échapper à ces assassins, n'eut que le temps de se réfugier à demivêtue auprès du roi, où la garde nationale arriva au moment qu'on alloit enfoncer la porte de sa chambre. Le roi paroît sur un balcon et le calme est rétabli. Les conspirateurs ayant manqué leur coup, demandent à grands cris que le roi vînt se fixer à Paris; il s'y rendit avec sa famille le même jour. La loi martiale fut publiée pour avoir l'air de réprimer la licence ; les biens nationaux et ecclésiasiques furent mis à la disposition de la nation. Un grand nombre de Français s'expatrièrent.

1790. Le marquis de Favras, accusé d'avoir voulu enlever le roi, fut pendu. Louis, malgré sa répugnance pour le nouvel ordre de choses, accepta la *Constitution civile du clergé*, qui bouleversa l'église de France. On lui cacha soigneusement l'improbation du chef de l'église. La France fut divisée en départemens. On créa les assignats, papier-monnoie qui fut hypothéqué sur les biens nationaux. Une fédération de toutes les gardes nationales du royaume, ainsi que des troupes de ligne se réunit au Champ de Mars, à Paris, pour célébrer l'anniversaire du 14 juillet. On y jura d'être fidèle à la nation, à la loi et au roi, ainsi que de maintenir la nouvelle constitution. Le clergé appelé à ce serment le refusa, et professa sa foi d'une manière sublime autant que héroïque.

1791. Tout étoit bouleversé. Versailles abandonné, la cour n'existoit plus. Les parlemens étoient remplacés. Les gouverneurs, les commandans, les intendans, les subdélégués, les tribunaux, les élections, étoient supprimés. Des municipes électifs avoient pris la place des échevins, des consuls, etc. les soldats étoient divisés entr'eux ; les provinces changées en départemens ; enfin la France n'étoit plus dans la France. Les membres de l'assemblée nationale qui se disoient patriotes avoient formé une *société* dite *des Jacobins*, du nom du lieu où elle tenoit ses assemblées, association monstrueuse qui ravagea les villes et les campagnes. Ceux d'une opinion contraire avoient aussi établi des sociétés, des clubs sous différens noms. Les autres sociétés du royaume s'affilièrent à celles où ils crurent voir qu'on suivoit leurs principes.

Les tantes du roi partirent pour Rome, et le 21 juin, Monsieur et son épouse quittèrent le Luxembourg ; Louis XVI et sa famille sortirent des Tuileries. Monsieur parvint à sortir de France par la route de Mons ; mais le roi et sa famille ayant pris celle de Montmédi, furent arrêtés à Varennes, ramenés aux Tuileries, où ils furent surveillés par une garde aux ordres de La Fayette. D'Orléans, croyant le moment favorable, demanda la déchéance ; mais son parti ne fut pas assez fort. Dès-lors on demanda hautement la mise en jugement de Louis. L'assemblée le décréta suspendu de ses fonctions, jusqu'à ce qu'il eût accepté l'acte constitutionnel. Cette mesure contrariant les projets de ceux qui vouloient que le

ENTRETIEN XIX.

roi fût jugé, un mouvement populaire dont le duc d'Orléans devoit faire les frais fut exécuté. Le 16 juillet, des individus décorés de rubans tricolors, demandoient dans les rues, dans les maisons, des signatures. Le 17 des hommes qui avoient figuré à Versailles les 5 et 6 octobre, se pressoient en foule au Champ de Mars pour signer la pétition. Deux citoyens ayant été assassinés, le tumulte augmenta d'une manière effrayante. La garde nationale dissipa le rassemblement. Le nouvel acte constitutionnel étant achevé, fut présenté à la sanction du roi qui l'accepta. L'assemblée constituante ayant terminé ses séances le 30 septembre, l'assemblée législative lui succéda et commença par un décret qui séquestroit les biens des princes Français, et qui condamnoit à mort les émigrés, s'ils ne rentroient en France avant le premier janvier 1792. Un autre décret ordonnoit la déportation de tous les ecclésiastiques qui n'avoient pas juré le maintien de la constitution civile du clergé. Le roi, selon le droit que lui donnoit l'acte constitutionnel, refusa de sanctionner ces deux décrets.

1792. Le 20 juin, la populace des faubourgs Saint-Antoine et Saint-Marceaux, ameutée par divers agens, se rend aux Tuileries et menace d'enfoncer les portes. Louis ordonne de les ouvrir; sa réponse en motivant son *veto* sur la liberté de sa sanction et la fermeté qu'il montra, déconcertèrent les assaillans. L'orage augmenta bientôt. Les pétitions commandées, exécutées et présentées à l'assemblée législative ne demandoient que la déchéance du roi. Il n'étoit question que de se porter aux Tuileries. Tous ces projets étant connus, on fit dans ce château quelques préparatifs de défense. La nuit du 9 au 10 août le tocsin sonna, le tambour se fit entendre. Aussitôt les sections destituent le conseil de la commune, et le remplacent par une commune révolutionnaire qui conserva dans son sein le maire Péthion et Manuel, procureur de la commune. On nomma un comité d'exécution; le nommé Santerre, brasseur, eut le commandement général de la garde nationale. Le château des Tuileries avoit été investi dès le matin, entr'autres par des monstres, la plupart échappés des galères, qui prenoient le nom de Marseillais. La reine vouloit qu'on se défendît; il est possible que cela eût réussi; mais comme le sang eût pu couler en abondance, Louis s'y refusa constamment. Le roi prit le parti de se retirer au sein de l'assemblée qui avoit ouvert ses séances à deux heures du matin. Les Gardes-Suisses qu'on avoit fait venir, et à qui on n'avoit pas donné l'ordre de se retirer, firent résistance contre le peuple ameuté; mais obligés de céder au nombre, ils furent massacrés. Cette journée coûta la vie à plus de 5000 personnes. Les conspirateurs assurés de la victoire, déposant toute honte, mirent sous les yeux même de l'infortuné monarque sa déchéance en délibération. Le 13, le roi et sa famille furent emprisonnés au Temple. Plusieurs ministres et autres personnes subirent le même sort. Les jacobins triomphèrent partout. Les statues des rois furent abattues; les ambassadeurs des puissances étrangères se retirèrent. Des décrets furent lancés contre les personnes les plus notables. La Fayette fut remplacé dans le commandement de l'armée du nord, par Dumouriez. Le sang ruissela sur l'échafaud, à l'aide du fatal instrument de la *Guillotine*, que l'assemblée législative avoit adoptée au mois de mars précédent. Il ne s'agissoit plus, pour faire triompher les jacobins, que de les faire trouver en majorité dans la convention, qui devoit se former d'après leur influence et leurs affiliations.

Cependant les puissances voisines, effrayées des attentats auxquels on se livroit en France contre l'autorité royale, se mirent en mouvement. Les troupes du roi de Prusse attaquent la France; maîtresses de Longwy, elles menaçoient Verdun. Ces circonstances firent prendre aux jacobins des mesures extraordinaires. Ils ordonnèrent des visites domiciliaires pour désarmer les gens suspects. On arrêta beaucoup de nobles, de prêtres et d'autres individus. Tallien, le 31 août, s'exprima ainsi à leur égard. « Nous avons fait arrêter les prêtres per-
» turbateurs; ils sont enfermés dans une maison particulière,
» et sous peu de jours le sol de la liberté sera purgé de leur
» présence. » Les patriotes répandirent aussitôt le bruit que les royalistes dont Paris étoient plein, devoient forcer les prisons pour en tirer leurs partisans. Aussitôt le cri : *Egorgeons tous les prisonniers*, vole de bouche en bouche. On se porte aux prisons. Des hommes transformés en bourreaux, armés de piques, de sabres, immolent tous ceux qui y étoient détenus. Ces massacres, commencés le 2 septembre, se prolongèrent jusqu'au 6, sans aucun obstacle de la part des gouverneurs, et coûtèrent la vie à près de huit mille Français : bien plus, les assassins furent salariés par la commune. Les mêmes massacres furent provoqués dans plusieurs autres villes, à Lyon, à Meaux, à Reims, surtout à Versailles, où les prisonniers d'Orléans périrent d'une manière atroce.

Le sang répandu par les septembriseurs fumoit encore, lorsque la convention nationale s'installa le 21 septembre. Une grande partie de cette assemblée ne cachoit pas son dessein d'envoyer Louis XVI à l'échafaud. Sa première opération fut d'abolir la royauté et de proclamer la république. La peine de mort fut portée contre tous les émigrés qui seroient pris les armes à la main, ou qui rentreroient en France. Les mots de monsieur et de madame furent remplacés par ceux de citoyen et de citoyenne. Cette innovation avoit pour but de mettre de niveau toutes les classes de la société. D'Orléans s'ap-

ENTRETIEN XIX.

pela *Egalité*, d'après un arrêté du conseil-général de la commune. Les *sans-culottes*, dénomination donnée à la classe la plus effrénée, eurent entre leurs mains la fortune publique.

Au milieu de tous ces désordres, les armes de la république étoient triomphantes. Le roi de Prusse s'étoit retiré du territoire Français. Le général Custines poussoit ses conquêtes sur la rive droite du Rhin ; Anselme s'emparoit de la ville et du comté de Nice, Montesquiou prenoit la Savoie. Dumouriez, Beurnonville et Valence envahissoient les Pays-Bas Autrichiens et l'évêché de Liége. On porta chez tous ces peuples le ravage et l'horreur de la tyrannie, au lieu de la liberté qu'on leur avoit promise. De pareils succès enhardissant les factieux, ils se hâtèrent d'en venir à leur but.

Le 3 décembre, la convention déclara que Louis XVI seroit jugé par elle ; le 4, elle décréta la peine de mort contre quiconque proposeroit de rétablir la royauté en France. Le 11, Louis fut conduit à la barre de l'assemblée, et entendit articuler contre lui trente-quatre chefs d'accusation, auxquels on le somma de répondre. Quoique pris au dépourvu, il les détruisit tous sur-le-champ, avec autant de force et de justesse que de modération et de simplicité. On lui présenta ensuite les pièces à l'appui de son acte d'accusation ; il méconnut les unes, reconnut les autres, et fut reconduit au Temple. Sur la permission de se choisir des défenseurs, il prit Tronchet et Target ; ce dernier ayant refusé, Lamoignon de Malesherbes le remplaça ; l'avocat Desèze leur fut adjoint. Il comparut de nouveau à la barre de la convention le 26 décembre, accompagné de ses trois défenseurs. Desèze, chargé de porter la parole, prononça un discours éloquent qui fut tout-à-la-fois l'apologie la plus complète de son roi, et la condamnation la mieux motivée des impies qui méditoient sa mort ; leur embarras et leur confusion furent extrêmes quand l'orateur sur la fin de son discours, après avoir promené tristement ses regards sur toute l'assemblée, s'écria : « Je cher-
» che parmi vous des juges et je n'y trouve que des accusa-
» teurs. » Les jacobins de la convention n'étant pas assez forts pour faire prononcer sur-le-champ la condamnation de Louis XVI, il fut reconduit au Temple, et la discussion sur son procès commença d'une manière orageuse et se prolongea pendant plusieurs jours. Deux partis partageoient l'assemblée ; les uns vouloient un appel au peuple, les autres un jugement définitif. Ceux-ci l'emportèrent.

1793. Le 15 janvier, Louis XVI fut déclaré par la convention *coupable de conspiration contre la liberté de la nation, et d'attentat contre la sûreté générale de l'état*. Le 17, au milieu d'une fermentation orageuse, la peine de mort fut prononcée à une majorité de cinq voix ; c'étoit une infraction manifeste aux lois du temps, qui exigeoient les deux tiers des suffrages pour la condamnation d'un accusé. Desèze et ses deux collégues s'élevèrent avec force contre cette inique sentence et en appelèrent au peuple Français. Mais les factieux connoissoient trop bien les dispositions du peuple pour lui remettre la décision de ce grand procès, et l'appel fut rejeté. Le 19, on décreta que le jugement prononcé seroit exécuté dans les vingt-quatre heures, à compter de la notification qui en seroit faite à Louis, qui en entendit la lecture avec le calme et la résignation de l'innocence. Il demanda de voir sa famille dont il étoit séparé depuis six semaines, et un prêtre catholique pour l'assister à sa dernière heure. Ces deux points lui furent accordés. Sa famille resta seule auprès de lui pendant près de deux heures. Louis, après s'être arraché à la scène déchirante de cette dernière entrevue, s'enferma avec son confesseur, l'abbé de Firmont, et passa près de trois heures avec lui. S'étant jeté sur son lit à minuit et demi, il dormit profondément jusqu'à cinq heures : c'étoit le sommeil du juste. A six heures il entendit la messe et communia en viatique avec une ferveur inexprimable. Sa religion lui inspiroit un héroïsme auxquels ses bourreaux eux-mêmes ne purent refuser leur admiration.

Cent mille hommes commandés par Santerre étoient sous les armes. Vers neuf heures il vint déclarer à Louis que son heure étoit arrivée. *Partons*, dit le prince, d'un ton de voix aussi ferme que s'il eût été sur le trône. Il monta en voiture avec son confesseur et trois officiers de gendarmerie, qui avoient l'ordre de le tuer, s'il s'étoit fait un mouvement en sa faveur. Pendant la route, qui dura près de deux heures, il s'entretint avec son confesseur en répétant les prières des agonisans. Deux rangs de soldats, sur quatre de front, bordoient la route sans intervalles, depuis le Temple jusqu'à la place de Louis XV, nommée alors place de la Révolution. Arrivé à cet endroit fatal, il descendit de voiture avec calme, se déshabilla lui-même et se laissa couper les cheveux ; il repoussa le bourreau qui vouloit lui lier les mains. Son confesseur lui ayant dit un mot, il les présenta lui-même, et marcha d'un pas ferme vers l'instrument du supplice, tandis que son confesseur lui crioit avec enthousiasme : *Allez, fils de S. Louis, montez au ciel.* Arrivé sur l'échafaud et s'adressant au peuple, il dit d'une voix haute et ferme : « Français, je meurs » innocent ; je pardonne à mes ennemis ; je souhaite que l'ef- » fusion de mon sang éloigne.... » Santerre, ordonna un roulement de tambours qui empêcha d'en entendre davantage. Alors il se présenta à la mort ; sa tête tomba à dix heures quinze minutes. On la montra aux soldats qui faisoient un cercle autour de l'échafaud ; quelques-uns crièrent *vive la nation !*

vive la république! Plusieurs personnes trempèrent des linges, des mouchoirs dans son sang. Son corps, sans cercueil, fut mis, couvert de chaux-vive, dans une grande fosse du cimetière de l'église de la Magdeleine, de la Ville-l'Evêque. Louis XVI, périt âgé de trente-huit ans et demi, après avoir régné près de dix-neuf.

Usages et coutumes des Français, depuis le règne de Louis XIII, jusqu'à celui de Louis XVI.

Louis XIII à son avénement à la couronne, n'avoit pas un vaisseau ; Paris ne contenoit pas quatre cent mille habitans, et n'étoit pas décoré de quatre beaux édifices ; les villes étoient sans police, les grands chemins presque impraticables étoient infestés de brigands ; l'état étoit sans argent, et le gouvernement sans crédit parmi les nations étrangères. On voit par les registres du parlement que le guet de Paris étoit réduit à quarante-cinq hommes, mal payés, qui même ne servoient pas.

Le siècle de ce prince étoit celui de la fausse éloquence, tous les discours et toutes les harangues de ce temps-là étoient remplis de passages grecs et latins qui n'avoient aucun rapport au sujet, ce qui faisoit dire à ce prince dont les cheveux grisonnoient avant le temps, que « c'é-» toient les harangues qu'on lui avoit » faites depuis son avénement au » trône, qui l'avoient fait blanchir » de si bonne heure. »

Ce fut sous le règne de ce prince, que l'académie française, l'imprimerie royale, le jardin du roi furent fondés par les soins du cardinal de Richelieu ; on abolit l'usage des combats singuliers.

On convoqua les états-généraux de 1614, auxquels on présenta plusieurs objets, qui furent tous contredits, suivant les intérêts différens des trois états, ce qui tourne toujours au profit des gouvernemens.

Louis XIII, fut le dernier qui observa de déclarer la guerre par un héraut ; la France n'avoit sous son règne que quatre-vingt mille hommes effectifs, et les revenus ordi-

Anecdotes et Faits particuliers arrivés depuis le règne de Louis XIII, jusqu'à celui de Louis XVI.

On étoit encore infatué, au commencement du régne de Louis XIII de l'astrologie judiciaire, et un astrologue nommé *Morin*, ayant prédit que tel jour le roi étoit menacé de quelque malheur, on respecta assez la prédiction de ce visionnaire pour recommander au roi de ne pas sortir. Il garda effectivement l'appartement toute la matinée ; mais s'ennuyant l'après-midi, il voulut prendre l'air et tomba. « Qu'on ne » parle pas de cela à Morin, dit le » prince ; cet accident le rendroit » trop glorieux. »

Lorsque ce prince prit les armes contre les protestans du Languedoc et les Rochelois, il prononça ces paroles remarquables : « Je sou-» haiterois qu'il n'y eût de places » fortifiées que sur les frontières de » mon royaume, afin que le cœur » et la fidélité de mes sujets servis-» sent de garde à ma personne. »

A la prise de Saint-Jean-d'Angeli, en 1621, le duc de Soubise qui avoit été à la tête des rebelles, vint se jeter aux genoux du monarque, et lui faire des protestations de sa fidélité et de son obéissance pour l'avenir : « Je serai bien-aise, dit le roi, » en lui mettant la main sur l'épau-» le, que vous me donniez dorénavant plus d'occasions d'être satisfait de vous, que je n'en ai eu le » sujet par le passé : levez-vous, et » me servez mieux désormais. »

Louis XIII aimoit la guerre, et faisoit paroître la plus grande intrépidité dans une tranchée. Au siége de Royan, en 1622, il fit trembler plus d'une fois pour sa vie. Un jour qu'il sortoit de la tranchée, un bou-

Usages, etc.

naires de l'état ne se montoient qu'à 85 millions.

Il étoit assez ordinaire dans ce siècle de voir des cardinaux à la tête des armées; Richelieu, le cardinal de la Valette et Sourdis, archevêque de Bordeaux, endossèrent successivement la cuirasse.

Le cardinal de Richelieu peut être regardé comme le père de la poésie et de la comédie française, par la passion qu'il a témoignée pour ce genre de poésie; il avoit cinq auteurs à ses gages, à qui il faisoit composer des pièces de théâtre; on prétend même qu'il étoit l'auteur de quelques-unes, qu'il faisoit paroître sous des noms empruntés, et qui n'eurent aucun succès. Corneille fut quelque temps du nombre des coopérateurs lyriques; la jalousie que Richelieu conçut de la tragédie du Cid, lui fit perdre les bonnes grâces du ministre.

Quelques jours avant sa mort Louis XIII fit baptiser le dauphin, qui eut le cardinal Mazarin pour parrain, et la princesse de Condé pour marraine. Le roi lui demandant quel nom il avoit reçu, il répondit Louis XIV : cette réponse parut chagriner le monarque, qui lui répondit, *pas encore, pas encore.*

Ce fut sous le règne de Louis XIV, que la nation française acquit ce degré de politesse, et cette supériorité en tous les genres, qui la distingue si avantageusement des autres peuples; lors de son mariage tout prit un caractère de magnificence et de goût, qui augmenta toujours depuis. On portoit alors de casaques par-dessus un pourpoint orné de rubans, et sur cette casaque, passoit un baudrier auquel pendoit l'épée; on avoit une espèce de rabat à dentelles, et un chapeau orné de deux rangs de plumes. Cette mode devint celle de presque toute l'Europe. Pour distinguer les principaux courtisans, on avoit inventé des casaques bleues brodées d'or et d'argent, la permission de les por-

Anecdotes, etc.

let lui passa deux pieds au-dessus de la tête : *Mon Dieu, Sire,* s'écria Bassompierre, *ce boulet a failli vous tuer !* Non pas moi, répondit tranquillement le roi.

On l'avertit que des seigneurs espagnols venoient lui rendre leurs devoirs, *des Espagnols,* dit-il avec emportement, *çà, çà, qu'on me donne mon épée!*

Louis XIV ne perdoit jamais l'occasion de dire à ses officiers, et aux personnes en place, des choses qui excitent l'émulation et rendent la personne du souverain plus chère au sujet. La duchesse de Bourgogne, voyant au souper de sa majesté un homme fort laid, plaisanta beaucoup et très-haut sur sa laideur. « Pour moi, madame, dit le roi » encore plus haut, je le trouve un » des beaux hommes de mon royau- » me, car c'est un des plus braves. »

Lorsque M. de Noailles vint le remercier de la pourpre qu'il lui avoit fait obtenir : « Je suis assuré, » M. le cardinal, lui répondit le » monarque, que j'ai plus de plaisir à » vous donner le chapeau, que vous » de le recevoir. »

L'abbé de Pompone ayant perdu son père, Simon Arnaud, secrétaire d'état, le roi lui dit pour le consoler: « Vous pleurez un père que » vous retrouverez en moi, et moi » je perds un ami, que je ne re- » trouverai plus. »

Ce prince montra beaucoup d'intrépidité au siége de Mons, et de Namur. *Mon fils,* dit-il à Monseigneur, *la place du roi est là où est le danger.* Lorsque le grand Condé fut saluer le roi après la bataille de Senef, qu'il avoit remportée contre le prince d'Orange, le monarque se trouva sur le haut du grand escalier, lorsque ce prince qui avoit de la peine à monter à cause de sa goutte, s'écria: « Sire, je demande par- » don à votre majesté, si je la fais » attendre. » Mon cousin, lui répondit le roi, ne vous pressez pas, on ne sauroit marcher bien vite,

Usages, etc.   *Anecdotes, etc.*

ter étoit une grande grâce pour des hommes guidés par la vanité ; on les demandoit presque comme le collier de l'ordre du Saint-Esprit. Sous ce règne on créa beaucoup de charges nouvelles, comme celles de grand-maître de la garde-robe, etc.

Louis XIV, secondé par Colbert son ministre, institua l'académie des inscriptions et belles-lettres, celles des sciences, d'architecture et de peinture ; il répandoit des bienfaits sur tous les gens de Lettres ; les savans étrangers eurent également des pensions ou des gratifications ; la langue françoise s'épura sensiblement ; la netteté, la facilité et la délicatesse avec laquelle elle exprime les objets, ont contribué à la rendre générale en Europe.

Il étoit d'usage de donner des fêtes dans lesquelles le roi, la famille royale, et les principaux seigneurs de la cour dansoient dans les ballets. Depuis la représentation de la tragédie de Britannicus, où il y avoit quatre vers, dont il pouvoit se faire l'application, il ne dansa plus en public.

Colbert créa des manufactures ; cependant l'art du commerce ne faisoit que de naître en France, à l'avènement de Louis XV au trône, c'est sous son règne qu'il acquit ce haut point de grandeur où il est parvenu.

Le cardinal de Fleury, faute de prévoyance, ou par excès d'économie, avoit tellement négligé la marine, qu'en 1744 la France n'avoit que trente-cinq vaisseaux de ligne à opposer aux flottes nombreuses des Anglais.

lorsque l'on est aussi chargé de lauriers que vous l'êtes.

L'envoyé d'Angleterre présenta à Louis XIV, un écrit de la part de son maître, pour la démolition du canal de Mardick ; le monarque indigné, répondit à ce ministre : « J'ai toujours été maître chez moi, » quelquefois chez les autres ; ne » m'en faites pas souvenir. »

Dans ses dernières années, il dit à Madame de Maintenon, *j'avois cru qu'il étoit plus difficile de mourir* : et à ses domestiques, *pourquoi pleurez-vous, m'avez-vous cru immortel !*

Au siége de Menin en 1744, on dit à Louis XV, qu'en brusquant une attaque qui coûteroit quelques hommes, on seroit quatre jours plutôt dans la ville : « Hé bien, » dit le roi, prenez-la quatre jours » plus tard, j'aime mieux perdre » quatre jours devant une place, » qu'un seul de mes sujets. »

Un officier qui s'étoit dérangé au service du roi, obtint une gratification, qui n'étoit pas payée, vu l'épuisement des finances ; sur ce qu'on dit à Louis XV, qu'il n'y avoit pas d'argent : « il n'y a qu'à prendre, » répondit-il, cette somme sur l'ar- » gent destiné à mes plaisirs ; il » n'est pas juste que le roi se di- » vertisse, tandis qu'un de ses of- » ficiers souffre. »

Après la bataille de Fontenoi, le roi dit à un de ses officiers : « qu'on » ait de soin des Français blessés » comme de mes enfans : et traitez » les Anglais blessés comme les » nôtres, ils ne sont plus nos en- » nemis. »

Ce prince visitant les nouveaux bureaux de la guerre, trouva une paire de lunettes sur une table : *Voyons, dit-il, si elles valent mieux que les miennes*, et trouvant un papier sous sa main qui contenoit un éloge pompeux de sa majesté, il le rejeta avec indignation, disant, *elles ne valent pas mieux que celles dont je me sers, elles grossissent trop les objets.*

Il écrivit au duc de la Vallière qui avoit eu une main emportée à la chasse : « Tu n'as perdu qu'une main, et tu en trouveras toujours deux » en moi à ton service. »

Etat des Lettres, des Sciences et des arts au XVIIIe siècle.

Tous les arts, toutes les sciences sembloient s'être ralliés ou ranimés dans le siècle précédent autour du génie de Louis XIV. Le XVIIIe siècle n'eut pas à beaucoup près autant de grands hommes dans tous les genres, il eut cependant des savans illustres. Mais à peine élevées à la perfection, les lettres commencèrent à décliner et leur décadence se fit remarquer dès les premières années du XVIIIe siècle. On chercha moins à penser solidement, qu'à penser hardiment, moins à satisfaire par la justesse qu'à étonner par la singularité du tour ou de l'expression. Le goût s'altéra et quelques écrivains seulement échappant à cette corruption générale, se rapprochèrent plus ou moins des grands modèles du XVIIe siècle.

De judicieux critiques réclamoient cependant contre les écrivains corrupteurs du goût et usurpateurs d'une renommée qu'ils ne méritoient pas. D'autres vengeoient le trône et l'Autel des insultes d'une foule d'auteurs audacieux ligués contre l'un et l'autre; et leur voix ne put être étouffée par les cris que poussèrent pendant un demi-siècle l'irréligion et le libertinage sous la conduite des deux coryphées du parti philosophique, Voltaire et J. J. Rousseau. Celui-ci, dogmatiseur hardi, sut revêtir d'un style magique quelques vérités utiles, mais anciennes, mêlées dans des milliers d'erreurs qui devinrent fatales à la société. L'autre, habile écrivain, mais abusant de sa prodigieuse facilité, voulut primer dans tous les genres, et les manqua presque tous. On a rempli des volumes entiers de ses bévues littéraires et de ses mensonges historiques : on en rempliroit de plus gros encore des infamies et des turpitudes qui souillent la plupart des ouvrages sortis de sa plume. Aujourd'hui sa réputation a baissé, et il n'est plus regardé com-

Anecdotes sur Louis XVI et sur le Dauphin son fils, Louis XVII.

Louis XVI, n'étant encore que dauphin, recevoit tous les mois du roi Louis XV, son grand-père, une somme dont il lui étoit libre de disposer suivant ses desseins. Lors de son mariage avec Marie-Antoinette d'Autriche, fille de l'impératrice Marie-Thérèse, il y eut des fêtes magnifiques qui furent malheureusement suivies de l'événement le plus désastreux. Des échafauds placés autour de la place Louis XV, s'enfoncèrent, et un nombre considérable de personnes qui s'y trouvoient pour jouir du coup-d'œil, furent renversées au milieu des pieux et des fossés creusés pour les fondations; la plus grande partie périt. Louis XVI, à la nouvelle de ce fatal accident, fit passer à M. le lieutenant de police, la lettre suivante :

» Je suis vivement pénétré du
» malheur qui vient d'arriver. On
» m'apporte à l'instant la somme
» que le roi me donne tous les mois ;
» je ne puis disposer que de cela,
» et je vous l'envoie. Hâtez-vous,
» je vous prie, de secourir les plus
» infortunés. »

Le don fut continué pendant plusieurs mois.

Le plaisir le plus grand de ce monarque étoit de se dérober à tous les regards pour exercer sa bienfaisance; et quand il étoit surpris, il disoit : *Il est bien singulier que je ne puisse aller en bonne fortune sans qu'on le sache.*

Louis XVI en montant sur le trône ne voulut régner que par la justice, et l'on a défié ses plus ardens ennemis de citer une seule injustice de son règne qui lui fût personnelle. Il venoit de monter sur le trône lorsqu'habitant le château de la Muette, on lui annonça que les habitans de l'endroit réclamoient sa justice contre un boulanger qui, profitant de l'affluence du peuple qui accourt pour voir son nouveau

ENTRETIEN XX.

Lettres, Sciences et Arts, etc.   *Anecdotes, etc.*

me le roi de la littérature, que par les hommes intéressés à relever les ennemis de la religion et des mœurs.

Le dix-huitième siècle a été fécond en découvertes, et la France y a eu beaucoup de part. Une des premières fut celle des phénomènes de l'électricité encore inexplicables aujourd'hui pour le savant comme pour le peuple. On imagina la montre marine si utile pour fixer les longitudes dans les voyages de longs cours. On découvrit les moyens de rappeler les noyés à la vie et de rendre aux asphixiés la respiration et le mouvement.

On vit se développer et se perfectionner, en faveur des sourds-muets de naissance, ces procédés ingénieux et comme miraculeux, qui réparent des accidens réputés irréparables; qui suppléent la voix par les gestes; qui placent l'ouïe dans les yeux, et la parole au bout des doigts. Mais la découverte, sinon la plus utile, du moins la plus brillante du siècle dernier, est sans contredit celle des aérostats (1783.) A l'aide de ces vaisseaux aériens, des hommes audacieux s'élevèrent au-dessus des nues, et entreprirent de dompter l'élément de l'air, comme les anciens avoient dompté celui de l'eau; ce ne fut pas, il faut l'avouer, avec le même succès; ils cherchèrent et ils chercheront sans doute encore longtemps le secret de diriger leur marche au milieu des airs.

L'inoculation, la Vaccine et le paratonnerre sont encore des inventions du dix-huitième siècle.

roi, lui vend le pain au-dessus de la taxe. Le roi, après avoir reçu la plainte de ces villageois, leur dit : « Je vous ai entendus, mes enfans, » il faut que j'entende aussi celui que » vous accusez. » Le monopoleur est mandé, il est interrogé, et le délit est prouvé. Le roi alors se fait représenter la loi : et la lecture qu'il en fait faire au coupable, lui apprend qu'elle le condamne à une amende de cinq cents livres. Le condamné se jette à genoux, demande grâce pour une faute qu'il assure être la première de sa vie en ce genre : « Mon ami, lui dit Louis » XVI, si tu m'avois trompé, je » pourrois te faire grâce; mais je » ne la ferai jamais, il m'est impos- » sible de la faire aux ennemis de » mon peuple. » Tel fut le premier jugement rendu par Louis XVI.

Son ministre de la guerre, le prince de Montbarrey, travaillant pour la première fois avec lui, lui présenta une liste de jeunes gens qui demandoient à être placés dans des régimens. Plusieurs étoient puissamment recommandés, et le nombre des aspirans surpassoit beaucoup celui des places; Louis XVI prend alors son crayon, et commence par effacer de la liste tous ceux qu'il voit recommandés par la reine, par les princes ses frères, et par d'autres grands personnages. Cette méthode paroît fort extraordinaire au nouveau ministre, qui en fait l'observation au roi : « Eh! » monsieur, lui dit Louis XVI, ne » voyez-vous pas que ceux qui ont

» de si bons appuis sauront toujours se tirer d'affaires, et qu'il est de la
» justice que moi, le père commun de mes sujets, je m'établisse le
» protecteur de ceux que je vois destitués de toute protection. »

Louis XVI avoit l'art précieux pour les grands, de faire agréablement des choses agréables. Un brave officier de mer, capitaine de la frégate royale appelée *la Belle Poule*, se trouvoit chez le comte de Maurepas et faisoit sa partie. Le Roi, sans être annoncé, arrive chez son ministre. On se lève à l'instant, on jette les cartes; mais Louis XVI ordonne que l'on continue la séance. Quelqu'un, dans le moment, observe que le capitaine a bien beau jeu. Le roi en s'approchant pour en juger, dit : « Oui, vraiment, c'est partout que M. de la Clocheterie

» a beau jeu. » Faisant allusion à la conduite courageuse que venoit de tenir cet officier. « J'ai pourtant, continue le roi, un reproche à vous
» faire ; on vous soupçonne fort d'inconstance. — Oserai-je deman-
» der à sa Majesté ce qui a pu donner lieu au soupçon ? — On prétend
» que vous allez faire infidélité à ma *Belle Poule*. — Ah ! Sire, la pensée
» ne m'en est jamais venue. — Il faut donc qu'elle soit venue à d'autres
» pour vous. — C'est, Sire, ce que j'ignore absolument. — Eh bien,
» moi, j'en sais quelque chose ; car je vous ai vu inscrit quelque part
» pour le commandement d'un de mes vaisseaux de ligne. »

Le voyage que fit Louis XVI en 1786 pour visiter les côtes de Normandie, fut un tissu de scènes touchantes. Dans un bourg où il étoit descendu de voiture tandis qu'on relayoit, la femme du chirurgien du lieu, écartant la foule dont il étoit environné, parvient jusqu'à lui, se jette à ses genoux, et s'écrie : « J'ai donc le bonheur de contempler notre bon
» roi ! » Louis XVI, en la relevant lui demande ce qu'elle désire de lui ?
« Sire, je connois une femme honnête, généralement estimée, mais pau-
» vre et mère de douze enfans. — J'entends votre affaire : comme je ne
» passerai pas aujourd'hui Vernon, que votre protégée s'y rende avec
» un bout de mémoire, je me souviendrai de votre recommandation, et
» pour vous, ma bonne, vous ne demandez rien ? — Sire, après le bonheur
» d'avoir vu le meilleur des rois et de lui avoir parlé, je n'ai plus rien à
» désirer. Seulement, si je l'osois, je lui demanderois la permission de
» lui baiser la main : — Et pourquoi pas le visage ? » reprend Louis XVI, qui en même temps embrassa la suppliante ; ce trait de courtoise à la Henri IV ravit les spectateurs ; et les cris de *Vive le roi*, s'élevèrent jusqu'aux nues.

Louis XVI, à qui le nom du chantre aimable de *Vert-Vert* n'étoit pas inconnu, apprend que, non content d'avoir renoncé à travailler pour le théâtre, il a eu le courage de jeter au feu une pièce estimée supérieure à tout ce qui a fait la réputation de sa muse. Ce trait, qui peint la grandeur d'âme, paroissant digne au monarque d'une distinction analogue, il gratifie Gresset de lettres de noblesse, où il fait insérer comme motif déterminant de cette faveur, que l'académicien « s'est distingué par des
» ouvrages qui lui ont acquis une célébrité, d'autant mieux méritée, que
» la religion et la décence ont toujours été respectées dans ses écrits. »

Attentif à tous les besoins de la classe indigente, on vit le vertueux Louis XVI s'empresser à la soulager dans toutes les circonstances, chercher lui-même les malheureux dans la détresse qui auroient échappé à la vigilance des officiers qu'il chargeoit de les secourir. On sera moins surpris de cette sollicitude paternelle, quand on saura que ce que faisoit alors le monarque, il l'avoit essayé, n'étant encore que dauphin. Souvent dans sa jeunesse, il se déroboit de la cour, d'une promenade, d'une partie de chasse pour aller sous un habit emprunté, porter des secours et des consolations dans les réduits de la misère. C'étoit là ce qu'il appeloit ses passe-temps, ses menus plaisirs. Tel fut Louis XVI, depuis son enfance, jusqu'au jour où des factieux, qui se disoient le peuple Français, jugèrent ce bon prince digne de la mort des criminels, et firent tomber sa tête sur un échafaud.

Il étoit impossible de se figurer un enfant plus intéressant que le jeune héritier de la monarchie qui s'écrouloit, de trouver dans un enfant de 7 à 8 ans, plus de finesse, d'esprit et intelligence, plus d'amabilité dans le propos et dans le maintien, plus d'élévation dans les sentimens, un naturel plus heureux, de plus précieux indices en un mot, des qualités désirables dans un prince né pour le trône. Nous rassemblons ici quelques traits qu'on lira sans doute avec beaucoup d'intérêt.

Un jour que jouant avec un officier du château, il avoit perdu la partie

tie, celui-ci lui dit : « J'ai vaincu M. le dauphin. » Le jeune prince piqué de l'expression, répondit par une saillie d'humeur, pour laquelle la reine le mit en pénitence. Le lendemain sa gouvernante lui ayant fait une leçon sur le trait de violence auquel il s'étoit livré la veille : « Je sais
» bien, répondit-il, que j'ai eu tort ; mais aussi, pourquoi ne disoit-il pas
» tout uniment qu'il m'avoit gagné ? c'est ce mot de *vaincu* qui m'a mis
» hors de moi-même. »

Un jour qu'un peintre se disposoit à tirer le portrait du jeune Prince dans l'appartement de sa mère : « Il paroit, monsieur, dit-il à son ins-
» tituteur, que ceci va être long et ennuyeux ; vous pourriez bien, pen-
» dant la séance, me donner ma leçon de rudiment ? — C'est bien pensé,
» monsieur, répond le maître ; vous vous souvenez sans doute de celle
» que vous avez prise hier ? — Oh ! oui, très-bien. — De quoi donc y
» étoit-il question ? — De la distinction qu'il y a entre le positif, le
» comparatif et le superlatif. — Prouvez-nous par des exemples, que
» vous entendez cette distinction ? — Eh bien ! si je dis : *M. l'abbé est bon*,
» voilà le positif ; *il est meilleur que bien d'autres*, c'est le comparatif ;
» *maman est la meilleure de toutes les mamans*, voilà le superlatif. » Cette ingénieuse application, faite par un enfant qui ne paroit pas plus se douter de son esprit que de ses malheurs, attendrit la Reine, qui porte son mouchoir à ses yeux. Le Dauphin le voit, vole dans les bras de sa mère, et mêlant ses larmes aux siennes, lui dit : « Ah ! maman, vous avez donc
» toujours des chagrins ? »

Un jour qu'on lui avoit lu quelques traits de la vie des anciens philosophes, il va quérir sa petite lanterne, l'allume, fait semblant de chercher quelqu'un dans la chambre, et, s'arrêtant devant son instituteur, lui dit : « Diogène, en plein midi, cherchoit un homme avec sa lanterne,
» et ne le trouvoit pas ; plus heureux que Diogène, voici que je trouve
» un homme et un ami. » Une autrefois comme on lui faisoit une lecture dans le Télémaque, et qu'on en étoit à l'endroit où l'auteur propose à résoudre la question : *Quel est le plus malheureux des hommes ?* Le Dauphin dit au lecteur : « Arrêtez, je vous prie, monsieur, ne lisez point
» la réponse : je vais vous dire ma pensée. » Comme il y avoit beaucoup de monde dans l'appartement, on lui dit de monter sur un siège : il le fait ; et, d'un ton pénétré, « Messieurs, dit-il, le plus malheureux des
» hommes, c'est un bon roi, qui voit que ses sujets ne veulent plus lui
» obéir. » A cette réponse, si analogue aux circonstances, tous les yeux se remplirent de larmes.

Un particulier avoit été admis à présenter à madame Elisabeth, une pièce de vers qui fut jugée fort belle. Le Dauphin étoit sorti, aperçoit l'auteur occupé à considérer les appartemens ; il rentre, et dit à la Reine : « Ce monsieur qui vient de sortir est encore là ; il n'a eu qu'une révérence
» de ma tante pour ses jolis vers, elle devroit bien l'en aller remercier.
» — Cela ne se peut, dit la Reine, mais rien n'empêcheroit que vous le
» fissiez vous-même pour elle. » La commission est à peine reçue qu'elle est acquittée : « Vos vers, monsieur, dit le Dauphin au poète, ont été
» lu avec bien de plaisir. Je viens vous en remercier pour ma tante et
» pour moi. »

Les reparties ingénieuses ne manquoient jamais au jeune Prince pour se tirer d'affaire : on le grondoit pendant une promenade ; on lui demandoit par quelle fantaisie au lieu de suivre le beau chemin il s'en écartoit pour sautiller d'une pierre sur une autre ? « C'est, répondit-il, pour
» m'accoutumer au chemin de la gloire, qui est raboteux. » Un soir qu'il s'amusoit dans l'appartement de la Reine, tandis qu'elle causoit avec le ministre Bertrand de Molleville, on vint l'avertir que son souper étoit servi ; et, sans prendre congé de la compagnie, en deux bonds il est à la porte.

Tome II. Y

La Reine le rappelle : « Comment, Monsieur, vous sortez sans faire la révérence à M. Bertrand » ? et le Dauphin, en se retournant avec vivacité : « Oh ! maman, M. Bertrand est de nos amis... bon soir, M. Bertrand. » Il se tira un jour d'un engagement de propos avec une présence d'esprit, dont le plus adroit courtisan se seroit applaudi. Un détachement des soldats de la garde nationale défiloit sous ses fenêtres : « Comme ils marchent ! s'écrie-t-il ; on voit bien que ce ne sont pas là des Suisses.... » Il n'avoit pas prononcé ces mots, qu'il s'aperçoit qu'il a vu des officiers de cette troupe, dont la tenue lui fait pitié : à l'instant, et comme par suite de discours, il ajoute : « Oh ! mais, attendez un peu qu'on les ait exercés, et vous verrez que des Français valent bien des Suisses. »

Le Dauphin cultivoit un petit jardin au Louvre. Un détachement de 200 gardes nationales l'y ayant conduit, 4 à 5 seulement y furent admis avec lui. Avant qu'on ne ferme la porte, il se tourne vers ceux qui devoient y rester, et leur dit : « Je suis bien fâché, messieurs, que mon jardin soit si petit, car j'aurois grand plaisir à vous y recevoir tous. »

Lorsqu'il eut appris que Louis XVI étoit jugé à mort, après avoir arrosé ce père de ses larmes, exalté par la douleur, il ne connoit plus d'obstacles ; il échappe au premier corps-de-garde, se précipite vers l'escalier, et se jetant aux genoux d'un municipal qu'il rencontre, il s'écrie en sanglottant : « Ah ! monsieur, je vous en prie, je vous en prie, menez-moi dans l'assemblée ; je lui demanderai qu'on ne fasse pas mourir papa. »

Et c'étoit cet étonnant enfant, ce prodige de sensibilité et de vertus précoces, que les philosophes-tigres, dénommoient sous le nom de *Louveteau*, qu'il étoit expédient d'étouffer, et qu'en effet leur scélératesse étouffera.

ENTRETIEN XX.

GOUVERNEMENT RÉPUBLICAIN.

Convention 1792.

En même temps que la convention immoloit Louis XVI à ses fureurs, les armées Françaises, sous la conduite de Dumouriez, couvroient la Belgique et menaçoient la Hollande. Mais pendant l'hiver les Autrichiens ayant reçu des renforts, ils parurent au milieu de la Belgique et battirent Dumouriez à la bataille de Nerwinde ; ce général accusé passa à l'étranger. Partisan secret du duc d'Orléans, il avoit cru pouvoir porter ce prince assassin sur le trône de Louis XVI, et du fond de la Belgique, il avoit menacé les jacobins. Vainqueur, il eut pu réussir, mais après sa défaite, il fut forcé de renoncer à ses projets. La convention ayant envoyé cinq commissaires pour l'arrêter, il les fit saisir et les livra au prince de Cobourg. Trahi par ses officiers, il passa chez les Autrichiens ; sa tête fut mise à prix. Les Français émigrés et les Bourbons furent proscrits. D'Orléans ne fut pas excepté.

Pendant que ces événemens se passoient dans le foyer du républicanisme, le général Houchard battoit le duc d'Yorck

ENTRETIEN XX.

à Honscoot et Custine perdoit Mayence. Ce dernier, de retour à Paris, fut condamné à perdre la tête, et son fils, pour avoir pris sa défense, le suivit de près. Cette même année (31 mai), beaucoup de députés suspects aux démagogues furent arrêtés. Les prêtres non-assermentés furent déportés à la Guyanne. Le comité de salut public, centre de la plus affreuse tyrannie, fut créé. Le peuple français, par un décret du 16 août, reçut l'ordre de se lever en masse, et c'est de cet instant que peut dater le règne de Robespierre et de la terreur.

Marat qui avoit proposoit l'arrestation de 100 mille parens ou amis d'émigrés, comme garans de la vie de cinq députés détenus à Olmutz ; Marat qui dirigeoit ses coups sur la convention elle-même, fut mis en jugement et triompha. Mais il ne jouit pas long-temps de son triomphe : ce démagogue forcené périt sous le poignard de Charlotte Corday, fille républicaine par caractère, et reçut les honneurs du Panthéon, tandis que celle qui avoit délivré la France de ce tyran, marcha au supplice avec une résolution digne d'une meilleure cause.

Dans ce même temps la ville de Lyon faisoit juger Chalier, monstre émule de Marat, et l'envoyoit au supplice. Cet acte de justice attira la foudre sur cette ville infortunée. Assiégée par Dubois-Crancé, et défendue par le brave Précis, elle résista depuis le 8 août jusqu'au 10 octobre, où, forcée de se rendre par famine, elle devint le théâtre de toutes les horreurs.

Mais le régime de la terreur recevoit encore des entraves par la présence d'un petit nombre de gens de bien qui osoient se montrer aux assemblées des sections. Pour les éloigner, Danton fit décréter que chaque sans-culotte qui siégeroit aux sections, recevroit quarante sous par jour. Cette mesure réussit ; les honnêtes gens se retirèrent et les assemblées des sections se changèrent en comités révolutionnaires. Alors les ruines s'accumulèrent. La loi du Maximum vint frapper le commerce, et ouvrir la porte à tous les genres d'accaparremens et de brigandages. La loi sur l'éducation publique vint achever de corrompre la nation jusque dans ses élémens. La loi des suspects appela les délateurs, et donna naissance aux massacres juridiques, qui, bientôt organisés d'un bout à l'autre de la France, firent couler des fleuves de sang. Les guillotines dressées de toutes parts, mais trop lentes encore au gré des assassins, furent secondées par les canonades, les fusillades, les noyades, etc. qui dans un même instant immoloient des milliers de victimes.

Le 1er octobre fut signalé par deux décrets bien différens. L'un ordonnoit l'apothéose de Descartes et le plaçoit au Panthéon; l'autre mettoit en jugement les députés Girondins. Ils furent traînés au tribunal révolutionnaire, et subirent la mort. Dans la nuit qui précéda leur supplice, la plupart s'enivrèrent; l'un d'eux se poignarda. Ceux qui étoient échappés à la guillotine, périrent presque tous misérablement. Péthion fut trouvé dans une forêt à moitié dévoré par les loups. Leur supplice fut précédé par celui de la reine. La même séance qui avoit mis les députés en jugement, avoit été terminée par un décret qui mettoit en état d'accusation cette princesse infortunée. Digne émule de son auguste époux, Marie-Antoinette supporta le malheur avec toute l'énergie et toute la majesté de la vertu. Elle mourut le 16 octobre, entourée, mais en vain, de tout ce que la rage républicaine avoit imaginé de plus avilissant. Abreuvée d'insultes et d'amertumes dans ses interrogatoires, conduite au supplice dans un tombereau, nommée comme par insulte *la femme Capet*, comme si ce nom de Capet n'étoit pas à jamais illustre, les furieux avoient cru l'avilir; mais il n'y réussirent pas, parce qu'il n'est pas plus possible aux scélérats d'avilir la vertu par leurs outrages, qu'il ne leur est possible de s'exalter eux-mêmes, quelque grands que soient leurs succès. Peu de temps après le duc d'Orléans subit le sort qu'il avoit mérité, et le calme qu'il fit paroître dans ses derniers momens rendit sa mort plus glorieuse que sa vie.

A ces scènes tragiques se mêloient des scènes impies. On vit l'évêque de Périgueux présenter à la convention une femme qu'il avoit épousée, et qu'il avoit, dit-il, choisie parmi les sans-culottes. On vit le président accueillir cet évêque, et lui donner l'accolade fraternelle. On vit des prêtres abjurer leur état, fouler aux pieds la croix et lacérer leurs lettres de prêtrise. L'athéisme leva la tête, et son triomphe fut célébré par la marche des sans-culottes qui, au son des fanfares, vinrent défiler sous les yeux de la convention. Ces hommes, revêtus des ornemens pontificaux, portoient sur des brancards les vases sacrés; ils les foulèrent aux pieds, et ce spectacle effrayant fut terminé par la fête de la raison. Une danseuse de l'opéra, qui représentoit la déesse, fut placée sur l'autel de la métropole, et là, coiffée du bonnet rouge, elle vit à ses pieds la convention en corps, et entendit chanter des hymnes en son honneur.

Durant le cours de ces atrocités et de ces folies, la Vendée faisoit des efforts héroïques en faveur de la religion et de la monarchie, et les malheureuses provinces de l'ouest (1) étoient en proie à toutes les horreurs de la guerre. Les forces des insurgés s'élevoient à 40 mille hommes : ils avoient éprouvé des échecs, mais ils avoient gagné les batailles des *Aubiers*, de *Fontenay*, de *Saumur*; ils avoient pris d'assaut la forte place de *Thouars*; *Angers* et la plupart des villes situées sur la Loire avoient ouvert leurs portes, et Charrette, général des

---

(1) La Normandie.

royalistes, alloit se diriger sur Paris, lorsque la résistance de Nantes vint arrêter sa marche. Plusieurs échecs affoiblirent son armée, et sans une nouvelle victoire remportée à Viliiers, les insurgés étoient perdus. Le comité de salut public décréta, pour les provinces de l'ouest, une levée en masse depuis 18 ans jusqu'à 50. Cette multitude sans ordre et sans discipline s'éleva bientôt à 60 mille hommes, qui, rencontrés devant Thouars par 2000 insurgés sous les ordres de Lescure, furent surpris, battus, dispersés, et ne reparurent jamais. Cependant malgré leurs nombreux triomphes, les Vendéens s'épuisoient insensiblement ; Westerman les attaqua et les vainquit en plusieurs rencontres. L'insurrection fut comprimée, mais non pas étouffée ; et malgré la jactance des républicains, nous verrons encore les royalistes tenir la campagne et se faire redouter.

Cette année si fertile en événemens se termina par la reprise de Toulon. Cette ville avoit proclamé Louis XVII, et reçu en qualité d'auxiliaires des troupes espagnoles et anglaises. La porte étoit ouverte à toutes les invasions, et la république ne pouvoit jouir d'un instant de sécurité, tant que cette place importante seroit au pouvoir de ses ennemis. Aussi ordonna-t-elle pour s'en ressaisir, une réquisition semblable à celle de la Vendée. Les hommes depuis l'âge de 16 ans jusqu'à celui de 60, furent appelés dans le midi au secours de la patrie. Une nombreuse armée fut bientôt réunie, et Toulon assiégé se rendit. Bonaparte, chargé pour la première fois d'un commandement, mérita la bienveillance des jacobins par son audace et son activité. En évacuant cette place, les Anglais avoient emmené tous les habitans qu'ils purent recevoir : deux mille de ceux qui restèrent furent sacrifiés.

L'année 1794 s'ouvrit par le supplice de quelques prélats constitutionnels, et par l'anniversaire de la mort de Louis XVI. Bientôt après fut décrétée la liberté des nègres dans toutes les possessions de la France ; humanité hypocrite qui amena le massacre des malheureux Colons et la perte des colonies. Plusieurs lois immorales se succédèrent avec rapidité. Un décret permit, dans les procès criminels, de recevoir comme témoins les dénonciateurs. Un autre bannit les nobles non-seulement de Paris, mais encore de toutes les places fortes ou maritimes.

Un orage subit éclata entre les démagogues. Unis par la scélératesse, mais divisés par l'intérêt, une partie, sous les ordres de Roberspierre, tenoit ses séances aux Jacobins ; l'autre partie, dirigée par Hébert, auteur du libelle intitulé *le Père Duchêne*, siégeoit aux Cordeliers. Tout-à-coup Hébert accusé est arrêté avec dix-huit démagogues, du nombre desquels étoit Ronsin, général des sans-culottes. Ce coup inattendu affermit la domination de Roberspierre. Les échafauds rougirent chaque jour du sang de ses nombreuses victimes ; et l'on vit tomber pêle-mêle avec la tête des riches et des suspects, celles des plus ardens démagogues dont les principes ou la puissance donnoient quelqu'ombrage au tyran. Le défenseur du roi, l'illustre Malesherbes, 28 fermiers-généraux que le tribunal déclara coupables *d'avoir mis dans le tabac de la ferme des ingrédiens nuisibles à la santé des peuples*, et Lavoisier périrent en même temps. Ce savant chimiste composoit un ouvrage dans lequel il développoit de grandes découvertes : il demanda pour le terminer un sursis de 15 jours, et ne put l'obtenir. Admirable sang-froid ! dont l'héroïsme ne peut être mieux contrasté que par la barbarie et la turpitude du refus ! Deux jours après, le 9 mai, 26 victimes furent sacrifiées, du nombre desquelles fut l'illustre sœur de Louis XVI. Fouquier-Tainville, accusateur public, lui reprocha d'avoir aidé à la reine à mordre les balles qu'on devoit tirer sur les patriotes le 10 août 1792. L'innocente princesse entendit sans changer de visage la lecture de sa sentence, et mourut en héroïne chrétienne, âgée de 30 ans.

Pour faire diversion à toutes ces horreurs, on préparoit au peuple le spectacle d'une fête aussi ridicule qu'impie. — L'athéisme avoit échoué ; la fête de la prostituée érigée en déesse sur l'autel de la métropole, ne lui avoit point fait de partisans ; et le Français n'étoit pas mûr encore, pour apprécier et saisir les sublimes idées de la moderne philosophie. Il lui falloit un Dieu, on résolut de le lui rendre ; mais ce ne fut pas celui de ses pères. La convention créa l'Etre-Suprême, et Roberspierre chargé de l'inauguration de cette nouvelle divinité, le fut aussi de brûler, au milieu d'un des bassins des Tuileries, un monument qui représentoit l'athéisme. Cette folle impiété fut un des derniers actes de la puissance du tyran. Son autorité chanceloit, et la haine publique qui n'osoit encore se prononcer ouvertement contre lui, se manifestoit contre ses plus zélés partisans. Déjà le bourreau de Lyon, le comédien Collot-d'Herbois avoit été assassiné. Les craintes de Roberspierre croissoient de jour en jour, ses soupçons se multiplioient, et cet état pénible, loin d'arrêter sa cruauté, l'irritoit toujours davantage. Il proscrivit plusieurs membres puissans de la convention. Barrère, Billaud-Varenne, Tallien et Freron, furent dévoués à la mort ; mais cette liste fut trouvée, et les victimes désignées précipitèrent le tyran. En vain ses partisans ameutèrent les sans-culottes, en vain ils soulevèrent les sections de Paris, Roberspierre et 105 de ses suppôts périrent le 28 juillet.

A la chute de Roberspierre la France oppressée respira ; des cris de reconnoissance s'élevèrent de toutes parts vers le ciel ; les prisons encore pleines , malgré la permanence des échafauds, rendirent à leurs foyers les vertueux citoyens qu'elles renfermoient; les tribunaux révolutionnaires furent suspendus, et leurs membres consternés pressentirent le supplice qu'ils avoient mérité, et qu'ils ne tardèrent pas à subir. On commença le procès des principaux agens de la tyrannie ; et dans l'espace de peu de mois Fouquier-Tainville, accusateur public ; Carrier, tyran de Nantes, et leur émule Joseph le Bon, furent condamnés à la mort. Un monstre du même genre (Maignet) échappa cependant à la mort ; c'étoit l'incendiaire de Bedouin. Sous le prétexte d'un arbre de la liberté arraché, disoit-il, par les aristocrates, il avoit fait fusiller une partie des habitans de cette ville infortunée, et consumer 500 maisons par les flammes. Ce crime digne de Néron appeloit la vengeance : Maignet fut mis en jugement ; mais les lenteurs de la procédure atteignirent le temps de l'amnistie, et le bourreau de Bedouin fut sauvé. Soixante et treize députés de la convention, dont le seul crime étoit d'avoir, dans le procès du roi, voté l'appel au peuple, recouvrèrent alors leur liberté.

Pendant cette guerre intestine les armes françaises obtenoient au-dehors des succès brillans et multipliés. Jourdan battoit à Fleurus le prince de Cobourg; et sa victoire, suivie de la prise de Mons, avoit ramené les Français dans Marchiennes et St-Amand. D'un autre côté, Pichegru, vainqueur à la journée d'Hooghède, s'emparoit de Tournai, d'Anvers et de Malines. Moreau forçoit la capitulation de Niewport, et recouvroit Valenciennes et Landrecie. Enfin les deux armées des Pyrénées, celles des Alpes et de l'Allemagne, avoient repris leur supériorité. Tel furent les événemens de cette année à jamais mémorable, où la France présenta aux nations le contraste bien extraordinaire de la bravoure et de l'énergie au-dehors, tandis que dans l'intérieur elle étoit subjuguée et forcée de ramper sous les plus vils des assassins.

Les tyrans n'étoient plus, mais leur esprit régnoit plus que jamais : la loi du 8 janvier 1795 en donna la plus forte preuve ; en établissant à perpétuité l'anniversaire solennel du régicide. Ce fut à cette époque que le fils unique de Louis XVI périt : ce jeune prince, enfant plein d'esprit, de candeur et d'amabilités, arraché à la reine sa mère, fut mis sous la garde et la tutelle du cordonnier Simon, jacobin féroce, qui prit à tâche de dépraver ses facultés physiques et morales. Après avoir langui près de trois ans dans les fers, il succomba sous le poids des mauvais traitemens, et mourut tout couvert d'ulcères. A sa mort, Monsieur, comte de Provence, prit le titre de roi et le nom de Louis XVIII. Madame Royale, dernier rejeton de Louis XVI, que les régicides vouloient en cas de besoin se réserver en ôtage, fut échangée contre les cinq commissaires de la convention que Dumouriez avoit livré aux Autrichiens en 1793. Quatre ans après, en 1799, cette princesse fut en Russie, et épousa le duc d'Angoulême, fils aîné du comte d'Artois, et s'attacha à la destinée de Louis XVIII. Ces illustres proscrits errèrent de climats en climats jusqu'en 1803 que l'Angleterre leur offrit un asile honorable.

Des mouvemens séditieux tendant à renouveler la terreur, agitèrent les sections, surtout parmi les habitans du faubourg Saint-Antoine; mais la convention l'emporta, et les moteurs de ces soulèvemens furent aussitôt immolés. Bientôt après les clubs, foyers de l'anarchie, furent dissous; les tribunaux révolutionnaires furent anéantis; et la troisième constitution fut présentée et ensuite acceptée le 18 avril. Par cette consitution, le pouvoir exécutif (c'est-à-dire, la toute puissance), étoit concentré dans cinq individus appelés *directeurs*, et le corps législatif étoit divisé en deux chambres ou conseils, le conseils des anciens et celui des 500. En ce moment devoit finir le règne de la convention; elle entreprit de le proroger, et pour y parvenir elle décréta (22 et 30 août), que les deux tiers du nouveau corps législatif seroient tirés de son sein, et que ce ne seroit que dans ces deux tiers que pourroient être élus les cinq membres du directoire. D'après cette adroite mesure, le nom seul étoit changé et la convention subsistoit. Les esprits justes le sentirent, et les provinces se partagèrent sur la sanction de ces décrets; mais le vœu de la capitale ne fut pas équivoque, et sur 48 sections 46 prononcèrent avec énergie le refus. Ainsi la convention qui devoit terminer ses séances le 23 septembre, les prorogea jusque au 29 octobre, jour auquel les nouveaux pouvoirs furent solennellement installés. Ce court espace fut rempli par le procès de le Maître, ancien secrétaire-général des finances, accusé d'entretenir une correspondance avec un prétendu comité secret d'émigrés. Il fut condamné à la mort. Les sections de Paris, alarmées de la prorogation illégale des séances de la convention, se soulevèrent, et une explosion terrible éclata. Le canon dirigé sur toutes les avenues des Tuileries ayant balayé les insurgés, le massacre des citoyens termina les séances de cette assemblée, qui avoit débuté par le meurtre de son roi.

Mais revenons sur nos pas et parcourons les opérations militaires du dehors et de l'intérieur. La France avoit résolu d'envahir la Hollande. Pichegru chargé de cette expédition la tenta au milieu de l'hiver. Le 11 janvier 1795, une colonne française traversa le Wal glacé; l'armée entière la suivit, et le départ du prince d'Orange pour l'Angleterre livra Gorcum aux Français qui, ne rencontrant plus d'obstacles, entrèrent victorieux à la Haye, et établirent leurs séances républicaines dans le palais du stathouder. La rapidité de cette conquête fut telle que, dès le 6 février, les 7 provinces-unies, contraintes de se former en assemblée nationale provisoire, décrétèrent, sous la dictée de leurs vainqueurs, l'abolition du stathouderat, et un fantôme de nouvelle constitution. Pendant que Pichegru révolutionnoit la Hollande, le général Dugommier ouvroit en Espagne une campagne non moins étonnante. Une victoire remportée à la redoute de Montesquieu (1er mai), entraîna la reprise des places qui avoient capitulé avec les Espagnols, et les armées des Pyrénées reçurent l'ordre de tenter l'invasion du territoire ennemi. Déjà la prise de Bellegarde, de Fontarabie et de Saint-Sébastien leur ouvroit le chemin de Madrid, lorsque Dugommier fut tué près de la montagne Noire. Pérignon qui le remplaça se montra son émule; 40 mille Espagnols s'étoient retranchés sur les hauteurs de Figuière, et quatre-vingt redoutes défendoient ce poste important ; les Français attaquent successivement ces redoutes ; ils s'en emparent et forcent la capitulation de Figuières, du fort de Roses et de la ville de Bilbao. Ce fut alors que l'Espagne alarmée demanda la paix. Les généraux en rédigèrent les articles, et dans le mois d'août la république la sanctionna.

Un autre traité de paix avoit été signé avec la Prusse dès le mois d'avril précédent, et l'Allemagne paroissoit disposée à l'imiter. Ainsi le calme sembloit prêt à renaître au-dehors, et la France eût pu respirer, si la rigueur des mesures prises par la convention contre les Vendéens et les émigrés, ne l'eût livrée à des déchiremens intérieurs qui portèrent le ravage et la destruction dans ses plus belles provinces de l'ouest. Les insurgés commandés par Charrette avoient repris les armes : on les avoit battus, et ils avoient perdu l'île de Noirmoutier ; mais les cruautés exercées sur les vaincus avoient accru les haines et excité le courage du désespoir. La Roche-Jacquelin, un de leurs chefs, s'empara de Chollet, et les départemens de l'ouest coururent aux armes. Alors furent créées par la convention ces troupes sanguinaires chargées par elle de faire de ces malheureuses contrées un désert teint de sang ; ils obéirent ; la terre en fut abreuvée, mais les bourreaux y perdirent cinquante mille hommes. L'atroce conduite des républicains augmentoit les forces de Charrette et lui créoit des partisans. Il remporta plusieurs victoires, mais elles furent mêlées d'amertumes par la mort du brave la Roche-Jacquelin. Les Vendéens, fatigués d'une lutte inégale, et n'osant espérer l'accomplissement de leurs vœux, n'étoient pas éloignés de se prêter à une pacification générale ; le plan en étoit tracé, et la convention paroissant disposée à l'adopter, on commençoit à entrevoir le terme de tant de désastres, lorsque la descente des Anglais à Quibéron vint rompre tou**t** ces mesures. Le 13 mai, 8 mille émigrés débarqués sur la côte s'emparèrent du fort Penthièvre. Cette prise eût pu amener de grands événemens, si les royalistes de la Vendée eussent eu le temps de se joindre aux émigrés ; mais la diligence du général Hoche les en empêcha : il se hâta de leur fermer avec 25 mille hommes l'entrée de la péninsule, et s'emparant du fort où il avoit des intelligences, il fit passer au fil de l'épée la plus grande partie de la garnison. Ce fut alors que le jeune Sombreuil, suivi de sept cents hommes, se retrancha sur une hauteur voisine de la mer. Dans ce poste avantageux il eût pu lutter quelque temps ; mais avare du sang de ses compagnons, il aima mieux capituler que de le prodiguer inutilement. Hoche désiroit la conservation de cette troupe choisie ; mais la convention, refusa de ratifier la capitulation de Sombreuil, et ce brave guerrier fut mis à mort avec l'évêque de Léon, douze chefs d'émigrés, et presque tous les prisonniers.

Nous voici parvenus à l'époque où les ténèbres épaisses étendues sur la France commencent à s'éclaircir. Si l'immoralité, si l'injustice et la cruauté subsistent encore, du moins chercheront-elles à se déguiser. Nous verrons les bases de l'ordre se raffermir insensiblement ; et des changemens successifs nous rameneront par nuances à l'antique gouvernement des Français. Le nouveau corps législatif avoit trouvé les finances plus épuisées que jamais. Les sommes énormes provenues de la spoliation du clergé, du pillage des églises, des nobles et des riches, et de la vente des biens nationaux, loin de fournir aux besoins de l'état, sembloient s'être englouties entre les mains des dilapidateurs. L'inconcevable émission et circulation de 5 milliards 581 millions d'assignats, avoit jeté ce papier dans un tel discrédit, qu'il avoit totalement perdu sa valeur. On tenta l'émission de 2 milliards 400 millions d'un nouveau papier, sous la dénomination *de mandats territoriaux ;* mais la confiance étoit perdue, et ce moyen ne réussit pas. L'arrestation et le supplice de Stoflet et de Charrette terminèrent la guerre de la Vendée. L'intrépidité et les talens militaires de Stoflet l'avoient élevé du simple état de garde-chasse, au commandement des armées : il fut surpris dans une cabane de paysan et exécuté à Angers. Le général Charrette, gentilhomme breton, joignoit à la bravoure du soldat, le génie des grands capitaines. Après trois ans d'exploits et de succès, il fut pris et conduit à Nantes, où il subit la mort avec fermeté. La perte de ces deux chefs abattit le courage des Vendéens : les départemens insurgés mirent bas les armes, et le calme se rétablit. Ce fut dans ces premiers instans de repos et de bonheur, que les restes impurs des terroristes es-

ENTRETIEN XX.

sayèrent de ressusciter l'anarchie. Le directoire déjoua ce complot organisé par Babœuf.

Pendant que ces événemens se passoient dans l'intérieur, les Français portoient la terreur de leurs armes sur le Rhin et dans l'Italie. L'armée de Sambre et Meuse avoit battu les Impériaux à Rhebac, et le passage du Rhin avoit rendu à celle de Rhin et Moselle toute sa supériorité. Ce fut devant Kehl, et malgré le débordement des eaux, que Moreau, successeur de Pichegru, exécuta ce glorieux passage, que suivirent la prise de Kehl et la victoire d'Offembourg. Dès-lors, par l'intermède de l'armée de Rhin et Moselle, la communication fut ouverte entre l'armée d'Italie et celle de Sambre et Meuse. Cette dernière passa aussi le Rhin, et son aile gauche sous les ordres de Kleber s'empara de Francfort. L'archiduc Charles vint arrêter la marche des Français. La sanglante bataille de Neresheim dura dix-sept heures avec des succès balancés, et ne se termina qu'à la nuit, que les deux armées passèrent sur le champ de bataille. Jourdan après plusieurs échecs fut contraint d'évacuer Nuremberg et Bamberg, et remit le commandement de l'armée de Sambre et Meuse au général Beurnonville. De son côté le général Moreau, abandonné en Bavière et forcé de se replier, exécutoit une retraite de cent lieues qu'il illustroit par plusieurs victoires, tandis que l'archiduc-Charles perdoit au siége de Kehl qui le retint pendant deux mois l'occasion de secourir l'Italie. Depuis long-temps les principes révolutionnaires s'étoient propagés dans cette florissante contrée : en vain le roi de Sardaigne s'étoit efforcé d'en arrêter les progrès; il avoit vu démembrer ses états, et les secours insuffisans de ses alliés avoient cédé aux armes victorieuses de Kellerman. Deux cent mille hommes commandés par Beaulieu vinrent remplacer les vaincus, et les Français étoient sur le point d'évacuer l'Italie, lorsque Bonaparte, à qui les dépositaires actuels de l'autorité devoient leur victoire sur les Parisiens, obtint pour prix de ses services, le commandement de l'armée d'Italie. Il justifia le choix qu'on avoit fait de lui par les journées de Montenotte, de Mondovi et de Lodi, qui le rendirent maître de l'Italie septentrionale.

Ce succès effraya les cours de Naples et de Turin ; elles demandèrent la paix ; et Bonaparte l'accorda, dans le dessein sans doute de diviser l'Italie et d'en atténuer les forces. Par ce traité le roi de Naples s'engageoit à ne pas recevoir dans ses ports au-delà de quatre vaisseaux des puissances coalisées; et le roi de Sardaigne cédoit à la république les comtés de Nice et de Tende, ainsi que le duché de Savoie. D'un autre côté, le duc de Parme sauvoit momentanément ses états, au moyen des munitions qu'il promettoit de fournir, d'une contribution de deux millions, et du don de ses plus beaux tableaux. Milan et Pavie sont châtiées dans leurs chefs. Crémone ouvre ses portes à Bonaparte, et les coalisés n'ont bientôt d'asile que Mantoue. La consternation s'empara de Venise. Elle voyoit l'orage s'approcher, et Vérone, une de ses places les plus importantes, étoit menacée. Ce fut alors que, pour fléchir le directoire, le sénat eut la bassesse d'expulser de Véronne le chefs des Bourbons qui s'y étoit retiré. Le prince obéit; mais avant de sortir, il voulut effacer du livre d'or de Venise le nom de ses aïeux, et reprendre l'armure dont Henri IV avoit fait présent à cette république. Cette honteuse démarche ne sauva pas Véronne où Massena fit son entrée peu de temps après, tandis que Bonaparte ordonnoit l'investissement de Mantoue.

Vers ce même temps la cour de Rome, jusqu'alors épargnée, commença à se ressentir des secousses de la révolution. Bologne et trois forts importans lui furent enlevés, et c'en étoit fait de cette puissance, si la médiation de l'Espagne n'eût suspendu les coups qu'on lui portoit, et amené, pour le moment, une paix que Pie VI acheta par la cession de Bologne, de Ferrare et de la citadelle d'Ancone, ainsi que par le don de ses tableaux les plus précieux, de 500 manuscrits, et de 21 millions. A peine cette facile expédition étoit-elle terminée, que la citadelle de Milan capitula, et qu'une colonne de l'armée française s'empara de Livourne. L'Italie paroissoit alors subjuguée; mais malgré la rapidité des succès, malgré la terreur qu'inspiroient les sanglantes exécutions dont ils étoient mêlés, les peuples conquis supportoient impatiemment le joug des républicains. Les impériaux, après s'être recrutés dans le Tyrol, reparoissoient sous les ordres de Wurmser, reprenoient Vérone, et faisoient lever le siége de Mantoue. Ce fut dans ces momens critiques, où Bonaparte fournit à l'histoire un de ces traits de présence d'esprit dont on trouve bien peu d'exemples. Il n'avoit que 1200 hommes : 4000 Autrichiens soutenus par des canons et de la cavalerie le sommont de se rendre : il feint d'être suivi de toute son armée, les menace, les épouvante, et les contraint de mettre bas les armes.

Vers ce même temps les débris des armées, si souvent dispersées, s'étoient réunies sous les ordres du feld maréchal Alvinzi, et campoient près d'Arcole au milieu des marais. Ce fut là que s'engagea ce combat terrible, qui, avec des succès balancés, se prolongea pendant trois jours. Les ennemis forcés de céder, se retirèrent, mais sans cesser pour cela de combattre ; et les sanglantes journées d'Arcole furent suivies de six combats et des deux batailles de Rivoli et de la Favorite, où les Français furent toujours vainqueurs. Un ébranlement général menaçoit tous les gouvernemens de l'Europe.

ENTRETIEN XX.

La campagne de Moreau en Allemagne, et celle de Bonaparte en Italie, étoient bien propres à étonner les puissances et à leur faire redouter l'influence toujours croissante des principes républicains. Le ministère anglais désira la paix, et croyant que le directoire y étoit disposé, il envoya le lord Malmesbury pour entamer les négociations. Mais le ministère anglais se trompoit. Malgré l'heureuse révolution qui venoit de s'opérer, l'immoralité française existoit encore quoiqu'elle eût soin de se déguiser. Les Anglais l'éprouvèrent en cette occasion, où, tandis que leur ambassadeur traitoit de la paix à Paris, le directoire préparoit sourdement une descente en Irlande, tentative inutile et désastreuse, qui ne valut à la France que la perte d'une partie de ses vaisseaux, et la honte d'une perfidie. Pendant que le directoire cherchoit à tromper l'Angleterre, on travailloit en France au rétablissement des Bourbons, ou du moins on en accusoit trois prétendus agens, Brotier, Duverné de Presle et Berthelot de la Villeheurnois. Les trois agens furent arrêtés, jugés à mort par un conseil de guerre, et cette peine commuée en une détention d'un an pour la Villeheurnois, et de dix ans pour ses complices.

Mais reportons nos yeux sur l'Italie. La paix momentanée que depuis peu de mois le pape avoit acheté au prix de tant de sacrifices, fit place à de nouvelles hostilités. Tout-à-coup le général Victor s'empare d'Imola, de Faenza, de Forli; pille le trésor de Lorette, et réuni à Bonaparte, se dirige avec lui sur la métropole. Pie VI n'oppose aucune résistance, il obéit aux ordres du vainqueur, et par le traité de Tolentino (19 février 1797), il reçoit dans Ancone une garnison de Français, et paie trente-un millions un second moment de tranquillité. Une lutte moins facile se préparoit contre le prince Charles. Bonaparte, après avoir passé la Piave et le Tagliamento, avoit forcé la capitulation de Gradisca et de Goritz, et Massena se battoit sur les confins de l'Allemagne et de la Dalmatie. Tout annonçoit les plus brillans succès; mais on redoutoit l'archiduc qui, disoit-on, s'avançoit avec les Hongrois. Bonaparte resserra ses lignes, et vint reprendre des positions plus assurées. Ce fut alors que, profitant de la nécessité où se trouvoit le roi de Naples d'obtenir un passe-port pour l'archiduchesse Clémentine, future épouse de son fils, Bonaparte montra du penchant pour la paix. Mais son activité n'en fut point ralentie, et dans ce même temps il gagna la bataille de Neumarck, et renforça son armée de celle de trois généraux, qui, en traversant le Tyrol, vinrent se joindre à lui par la vallée de la Drave. L'empereur désirant terminer cette guerre, qui depuis cinq années désoloit l'Italie, et voulant arrêter la marche de Moreau qui se dirigeoit sur sa capitale, envoya les généraux Merveld et Bellegarde à Jundembourg pour traiter de la paix. Les négociations commencèrent aussitôt, et les préliminaires furent signés le 16 avril. Par ce traité l'empereur renonçoit à ses droits sur la Belgique et la Lombardie, et consentoit que le Rhin séparât ses états de ceux de la république. Pendant que ce traité se signoit, Moreau qui ne pouvoit en être instruit, passoit le Rhin sous le feu le plus meurtrier, battoit les Autrichiens, faisoit sept mille prisonniers, et s'emparoit de 27 canons.

Le traité de Léoben étoit à peine conclu, que Bonaparte s'avança sur Venise. L'expulsion honteuse du chef des Bourbons ne servit de rien au sénat pour conjurer l'orage. Venise eût pu se défendre long-temps : elle capitula, et fut cédée peu de temps après à la maison d'Autriche, en dédommagement de la Belgique et du Milanez. Ainsi les républiques n'étoient pas plus épargnées que les monarchies. Gênes, voisine de la France, étoit alors déchirée par les factions : Bonaparte reçoit l'ordre de profiter de ses troubles et de changer la forme de son gouvernement ; aussitôt tout est renversé ; une constitution nouvelle, calquée sur la constitution française, vient remplacer l'aristocratie, et la république de Gênes prend le nom de Ligurienne. Cette même époque vit naître la république Cisalpine, dont Bonaparte établit le centre à Milan. Ici de nouvelles folies, mêlées de mouvemens orageux, rappellent nos regards sur la France. Les mêmes hommes qui, après avoir inutilement tenté de propager l'athéisme, avoient ensuite échoué dans l'inauguration de leur être suprême, essayèrent alors d'introduire une religion nouvelle qu'ils décorèrent du grand nom de théophilantropie, c'est-à-dire amour de Dieu et des hommes ; comme si ces uniques principes de tout ordre moral et civil n'étoient pas la base et le but de ce christianisme qu'ils avoient résolu d'abolir ! Mais le culte nouveau ne plut pas, et les armes du ridicule l'eurent bientôt anéanti.

Des mouvemens plus sérieux agitoient le gouvernement. Déjà le despotisme du directoire alarmoit les conseils où des esprits turbulens fomentoient la désunion ; déjà par son acharnement contre les émigrés, par ses persécutions contre le sacerdoce, et par les abus du pouvoir, le directoire avoit aliéné l'opinion publique ; mais loin de songer à plier, il ne cherchoit que les moyens d'humilier ses adversaires. Peut-être dut-on à cette lutte des autorités, les premiers pas du corps législatif vers un système de tolérance dont les principes modérés contrastoient ceux du directoire. La seconde session venoit de s'ouvrir, lorsqu'une commission, par l'organe de Camille-Jourdan, mit en motion la liberté des cultes. C'étoient beaucoup que d'oser en parler ; mais la motion fut ajournée. Quelque temps après Lemerer s'enhardit à nommer le *culte antique de nos pères.* Les intolérances s'agitèrent, et le catholicisme fut rejeté; mais s'il ne put remporter la victoire, son nom du moins fut prononcé, et c'étoit encore beaucoup. Ce fut alors que les colonies furent soulevées, et que 15 mille colons, et près de 250 mille noirs, victimes de cette insurrection, préparèrent la ruine totale de ces malheureuses contrées. Les îles de Sainte-Lucie et de la Martinique, qui s'étoient rendues aux Anglais, échappèrent à cet orage, et celles de France et de Bourbon eurent le bonheur de le conjurer, en prévenant l'arrivée des incendiaires, par l'abolition de la traite des nègres, et par l'affranchissement des esclaves. Cette prudence déconcerta les agens directoriaux, qui, reçus avec fermeté, n'eurent d'autre parti à prendre, que celui de se rembarquer. On voit que les principes immoraux subsistoient encore. Un trait unique d'injustice vint achever de dévoiler le despotisme du directoire, et ramener une de ces funestes époques qui avoient signalé le règne de la terreur. Des émigrés portés sur un navire anglais firent naufrage sur les côtes de France. Acquittés par divers conseils, leurs jugemens déplut au directoire : il refusa d'y obéir, et eut recours à la terreur pour faire taire la raison. La veille du 18 fructidor (3 septembre), des troupes parties de Versailles arrivent à minuit aux portes de Paris, s'emparent des postes militaires, et investirent les Tuileries. Deux directeurs (Carnot et Barthelemy), ne partageoient ni les opinions ni les projets de leurs collègues, on marche pour les arrêter; Carnot plus méfiant s'échappe, Barthelemy est conduit en prison, et la puissance souveraine demeure aux mains des triumvirs. Le poste des Tuileries où siégeoit le corps législatif fût forcé, les conseils dispersés, et leurs débris rassemblés à la hâte à l'Odéon et aux écoles de chirurgie, y formèrent un simulacre de corps législatif prêt à sanctionner les lois des triumvirs.

Alors se succédèrent avec rapidité les décrets les plus effrayans. Dès le 5 septembre les émigrés rayés de la liste fatale furent de nouveau condamnés ; le directoire fut investi du droit de déporter les prêtres, et l'exil fut prononcé contre Carnot, Barthelemy et 53 députés ; la proscription s'étendit sur les généraux Pichegru, Murinay, Morgan et Miranda, suspects sans doute ou redoutables aux triumvirs. Le surlendemain (7 septembre), pour remédier à l'épuisement des finances, on rétablit les loteries, on créa les péages qui, sur les routes, devoient à chaque pas entraver le commerce, et l'on donna à l'impôt du timbre une plus grande extension. Enfin on décréta la banqueroute, et la dette nationale, réduite des deux tiers, vint compléter la honte des Français. Les trois directeurs complètent leur corps par la nomination de Merlin et de François de Neufchâteau, et ces despotes hâtèrent de mettre à exécution les décrets qu'ils avoient dictés. L'exportation commença, et les victimes entassées dans les prisons, partirent de Paris pour être entassées de nouveau dans des navires, et transportées dans les pays les plus mal-sains de l'Amérique, où les attendoient des tourmens mille fois pires que la mort. Une loi digne de Roberspierre fut alors proposée, c'étoit l'exil des nobles. Cette loi ne fut pas adoptée : on se contenta d'un décret qui interdit à la noblesse héréditaire les droits de citoyen français ; décret absurde aux yeux de la raison, mais que l'atrocité de la loi générale qu'il avoit éludée, fit regarder comme un tempérament heureux.

A cette époque de secousses et de convulsions intérieures, Bonaparte terminoit en Italie les négociations de la paix dont les préliminaires avoient été arrêtés à Léoben, et qui fut définitivement signée à Campo-Formio, le 17 octobre 1797. Par ce traité, Venise fut donnée à l'empereur, la Belgique et les places vénitiennes du levant, furent cédées à la république française, et le congrès de Rastadt fut indiqué.

Ce fut à ce congrès que Bonaparte se rendit le 18 novembre, et qu'il conclut douze jours après avec les plénipotentiaires de l'empereur un traité secret par lequel ce prince s'obligeoit à retirer ses troupes des terres de l'empire, et à évacuer Mayence et la forteresse d'Ehrenbrestein. Mais tandis que le chef de l'empire cherchoit tous les moyens de procurer la paix, le directoire sembloit n'être occupé qu'à provoquer de nouvelles hostilités. Le droit des gens violé par l'emprisonnement de l'ambassadeur portugais, et le détrônement de Pie VI, les eussent en effet ramenées, si la sage modération d'une reine, et l'abnégation d'un pontife, n'eussent ravi aux furieux le plaisir de verser le sang. La haine concentrée des impies se réunissoit sur le chef d'une religion triomphante qu'ils voyoient s'avancer malgré eux sur les débris de leurs idoles, sans opposer la moindre résistance à l'invasion de ses états : deux fois Pie VI avoit payé la paix ; mais de sourdes intrigues avoient sapé dans Rome même les fondemens de sa puissance. Tout-à-coup les Romains soulevés demandent à grands cris un gouvernement populaire. Le tumulte s'accroît, le général Duphot est tué par les mutins, et Joseph Bonaparte, ambassadeur français, se retire à Florence. Le souverain pontife offre de réparer un crime dont il est innocent; mais sa perte est jurée. Berthier entre dans Rome, arbore le drapeau tricolor, et formant à la hâte un gouvernement provisoire, il reconnoît au nom de la république française la république du capitole. En détrônant le souverain, Berthier lui fit offrir par le général Cervoni une cocarde tricolor, l'invitant à s'en décorer : « Je ne connois point d'autre uniforme pour moi, répondit le pontife, que celui dont l'église m'a honoré. Vous avez tout pouvoir sur mon corps, mais mon âme

est

est au-dessus de vos atteintes. Je n'ai pas besoin de pension : un bâton au lieu de crosse, et un habit de bure suffisent à celui qui doit expirer sous la haire et sur la cendre. J'adore la main du Tout-Puissant qui punit le berger et le troupeau. Vous pouvez brûler et détruire les habitations des vivans et les tombeaux des morts ; mais la religion est éternelle. Elle existera après vous, comme elle existoit avant vous, et son règne se perpétuera jusqu'à la fin des siècles. » Ainsi fut détrôné Pie VI : il se soumit sans murmurer, et ce vénérable vieillard, infirme et plus qu'octogénaire, fut traîné d'exil en exil jusqu'à la citadelle de Valence, où il mourut (29 août 1799), environné des satellites qui ne le perdoient pas de vue.

Tels furent les événemens de l'année 1797. L'année suivante fut marquée par la subversion de la Suisse, gouvernement que les républicains paroissoient devoir protéger. Quinze mille Français, sous les ordres de Mesnard, soumirent presque sans résistance le fertile pays de Vaud. D'autres Français triomphoient à Morat, et plantoient l'arbre de la liberté sur l'Ossuaire des Bourguignons, antique monument du courage avec lequel les Suisses, au quinzième siècle, défendirent leur liberté contre ces mêmes Bourguignons qui aujourd'hui vouloient les en priver. Brune vint remplacer Mesnard, et le torrent révolutionnaire croissant de jour en jour, les forces des insurgés s'élevèrent bientôt jusqu'à 46 mille hommes. Soleure ouvrit ses portes : Fribourg investi se rendit, et les Suisses fidèles, mal conduits ou découragés, abandonnèrent leurs drapeaux, et regagnèrent leurs foyers. Un gouvernement provisoire s'étoit déjà formé dans la ville de Berne : Steiguer, avoyer de l'état, avoit abdiqué, et revêtu d'un uniforme, ce héros septuagénaire réuni au brave d'Erlach désiroit de verser son sang pour une patrie malheureuse que ses conseils n'avoient pu préserver. Une petite armée obéissoit à ces deux chefs ; les femmes même avoient pris les armes, et la plus héroïque valeur fit quelque temps balancer la victoire : mais enfin il fallut céder ; d'Erlach fut massacré, et le respectable avoyer errant de pays en pays, finit par se réfugier dans les états du roi de Prusse. La réduction de Berne décidoit du sort de la Suisse ; bientôt entièrement soumise, elle reçut une constitution dictée par les Français, et pour prix de ce grand bienfait, elle vit passer en leurs mains l'évêché de Bâle, l'état de Mulhausen, et la principauté de Porentruy. La république de Genève fut entraînée par ce torrent. Tout en subjuguant l'Helvétie, les Français se voyoient eux-mêmes menacés de révolution. Dans le dessein d'affermir leur puissance, les directeurs influoient les nouvelles élections qui devoient compléter le corps législatif. Les anarchistes profitèrent des circonstances : les clubs reparurent ; on proposa

Tome II. Z

de réhabiliter la mémoire des scélérats. Déjà les esprits fermentoient ; mais les directeurs eurent l'art de les apaiser, et les nouveaux représentans furent choisis selon leurs vœux.

Bientôt après s'ouvrit la troisième session du corps législatif. Le nouveau tiers dont le directoire avoit dicté l'élection ne tarda pas à lui donner des preuves de son dévouement. Tranquilles possesseurs du sceptre républicain, les directeurs craignoient également le royalisme et l'anarchie. Le nouveau tiers partageant leurs principes, débuta par jurer solennellement la haine à l'anarchie et à la royauté. Cependant l'Angleterre, deux fois jouée dans les ouvertures de paix qu'elle avoit voulu présenter, débarquoit quatre mille hommes, et bombardoit Ostende. Cette tentative servit de prétexte à la levée de 200 mille conscrits, et à de rigoureuses recherches qui, en ouvrant les maisons de la capitale à l'inquisition directoriale, rappelèrent les temps de terreur. En ce moment le pouvoir exécutif, loin de chercher à diminuer l'aversion qu'il s'étoit attirée, sembloit ne chercher qu'à l'accroître par les décrets de sang qu'il faisoit publier. Une loi du 9 novembre, condamnoit à la mort dans les 24 heures les déportés qui s'étoient évadés, ou qui avoient changé le lieu de leur exil ; mais l'indignation générale se prononça si fortement contre cet atroce décret, que la loi fut modifiée, et que contraint de se soumettre, le directoire en abrogeant la peine de mort, désigna l'île d'Oléron pour le séjour provisoire des malheureux exilés. Ces déchiremens intérieurs n'échappèrent pas aux puissances ; mais ils ne les rassuroient pas. L'expérience avoit montré, que plus la France éprouvoit dans son sein de secousses et de désastres, plus elle déployoit au-dehors d'audace et d'intrépidité. L'abdication imprévue du roi de Sardaigne, et l'envahissement du Piémont par les troupes républicaines, alarmoient les gouvernemens.

Bonaparte se rendoit en Egypte, l'île de Malte lui étoit livrée, et les plus grands événemens alloient se développer en Europe et dans l'Orient ; mais pour ne pas les confondre et pour jeter plus de jour sur notre narration, nous ne parlerons des derniers qu'après avoir raconté ceux qui se sont passés près de nous. Animé contre l'Angleterre, le directoire se flattoit de pouvoir jeter en Irlande des germes de révolution ; mais ses efforts infructueux lui firent perdre deux escadres qui vinrent successivement aborder et se faire prendre dans la baie de Kilala. Plus heureux en Italie, les Français commandés par Championnet ouvrirent la campagne de 1799, par l'envahissement du royaume de Naples. Indigné du détrônement de Pie VI, Ferdinand avoit pris les armes, et les Napolitains arrivés aux portes de Rome, en avoient chassé les Français ; mais vaincus à leur tour, ils s'étoient vu enlever leur conquê-

ENTRETIEN XX.

te, et Naples elle-même assiégée et abandonnée de son roi, fut forcée de subir le joug. Ce fut alors que les puissance s'unirent de nouveau, et que le directoire au lieu de conjurer l'orage ne fit qu'en hâter l'explosion, en déclarant la guerre à l'empereur et au grand duc de Toscane. Le début des coalisés étoit bien fait pour alarmer. L'Angleterre bloquoit nos ports, et le czar de concert avec l'empereur, faisoit filer en Italie 800 mille Russes, sous les ordres de Sowarow. Le congrès de Rastad duroit encore, et quelques-unes de ses opérations s'étoient déjà terminées à l'avantage des Français. Le directoire imagina de se servir du congrès même, pour apporter quelques obstacles à la marche des coalisés. Jean de Bri, Roberjot et Bonnier, exigèrent impérativement que la diète de Ratisbonne s'opposât au passage des troupes russes sur les états de l'empire. Mais ce plan assez bien conçu, ne produisit aucun effet, et l'assassinat des trois députés en rompant le congrès rompit aussi les mesures du directoire, qui ne manqua pas de rejeter sur le cabinet autrichien, un crime dont les auteurs sont encore inconnus.

Cependant le danger pressoit, il falloit songer à combattre ceux qu'on ne pouvoit arrêter. Alors trois armées s'ébranlèrent. Jourdan, général en chef, et Scherer, ministre de la guerre, commandoient celle du Danube: l'armée d'observation obéissoit à Bernadotte, et celle d'Helvétie marchoit sous Massena. Ce fut par la division du Danube que commencèrent les hostilités. Le prince Charles la battit, et cette sanglante défaite fut signalée par la bravoure de l'archiduc, qui, dans le fort de la mêlée, apercevant une hésitation dans ses troupes, mit pied à terre et chargea l'ennemi à la tête de ses grenadiers. Cette action coûta la vie au général prince de Furstemberg. Pendant ces revers de Jourdan, Scherer qui commandoit sous lui une division de l'armée étoit sans cesse harcelé par le général Kray, et par le baron de Mélas, dont les attaques combinées, et toujours fatales aux Français, amenèrent enfin la sanglante bataille du 26 mars, où les républicains furent entièrement défaits. Le 30 de ce même mois, les Français attaqués sur les bords de l'Adige, perdirent dans ses flots un très-grand nombre de soldats, et peu de jours après (5 avril), la défaite de Magnano vint compléter les désastres de notre armée. Cette triple victoire fut suivie le 14 avril de la jonction de Russes et des Autrichiens. Le prince Sowarow prit le commandement des forces combinées, et commença le cours de sa triomphante campagne par la défaite de Moreau à la journée de Cassano. Scherer battu par Kray et par Mélas, avoit eu la modestie de prévoir qu'il résisteroit encore moins au prince Sowarow, et avoit remis à Moreau le commandement de l'armée. Celui-ci retranché sur les bords de l'Adda, fut attaqué par Sowarow, qui remporta sur lui une grande victoire dont la conquête de l'Italie fut le fruit. Moreau forcé de se replier se retira vers les Alpes et les Apennins, tandis que Milan s'empressa d'ouvrir ses portes au vainqueur. Pavie, Parme, Plaisance et Modène se rendirent sans résistance ; et tandis que Ferrare et le château de Milan capituloient devant les lieutenans de Sowarow, ce héros poursuivant sa carrière, entroit triomphant dans Turin.

Lors des défaites de Scherer, les Français obligés de se sauver de Naples, marchoient sous les ordres de Macdonald pour se réunir à Moreau ; mais Sowarow les observoit, et après une marche forcée, il attaque Macdonald sur les bords de la Trebia, le bat pendant trois jours, tandis que de son côté le général Keim force le château de Turin à capituler. Dans le courant du même mois Klenau reconquit la Toscane. Alexandrie et Mantoue opposoient plus de résistance et se flattoient d'arrêter l'ennemi ; mais elles cédèrent enfin. Un caprice du directoire vint alors déplacer Moreau, et lui substituer le jeune général Joubert, qui, plus juste, sut reconnoître la supériorité de Moreau, et fut assez modeste pour n'agir que par ses conseils. Ces deux généraux agirent donc de concert, et telle fut la sagesse de leurs mesures, et la force des positions qu'ils occupèrent sur les hauteurs de Novi, que des généraux autrichiens taxèrent de témérité le projet de les attaquer ; mais rien n'arrêtoit Sowarow. Son nom inspiroit la terreur, et l'armée des républicains, après sa quadruple défaite, étoit déjà plus qu'à demi-vaincue. Aussi fut-elle dispersée au premier choc des ennemis. (16 août) Joubert fut tué, et Moreau pris en flanc par Mélas, fut contraint de battre en retraite et de fuir vers les Apennins. Cette déroute, suivie de la prise de Tortone, ne laissoit aux Français de toutes leurs conquêtes que la seule ville de Gênes, qui, bloquée par Nelson du côté de la mer, et menacée du côté de la terre, devoit bientôt leur échapper. Ce fut alors que des plans mal conçus, et partis de Pétersbourg, vinrent arrêter Sowarow.

Contraint de quitter l'Italie, qu'il avoit conquise en cinq mois, Sowarow suivit avec répugnance les ordres qu'il avoit reçus, et conduisit au sommet des Alpes ses Russes affoiblis par de nombreux combats. Déjà la colonne qu'il commandoit avoit franchi le St-Gothard, et traversé le pont du Diable sur trois poutres mal affermies ; déjà la seconde colonne, sous les ordres de Korsakow, s'étoit emparée de Zurich, lorsque le général Massena qui commandoit en Helvétie, vint s'opposer à leur réunion. Korsakow fut défait, et les Français occupèrent Zurich : l'infatigable Sowarow, instruit trop tard de ce désastre, voulut en vain le réparer ; il fut contraint lui-même de plier, et par une marche savante, il ramena chez les Grisons les débris d'une armée jusqu'alors invincible, et qui devoit la victime des intrigues de cour tramées contre son général. A l'époque où ce héros chassoit les Français d'Italie, une flotte anglaise de 180 voiles, aux ordres de l'amiral Duncan, tentoit de rétablir le stathouder. Cette flotte mouilla le 22 août dans la rade du Texel; Story, contre-amiral batave, avoit déjà donné le signal du combat, lorsque ses matelots généralement insurgés livrèrent la flotte aux Anglais, et les laissèrent sans résistance opérer leur débarquement. Trois divisions de troupes russes renforçoient cette armée que le duc d'Yorck commandoit, et la nouvelle république étoit menacée de périr, si le général Brune, après les sanglantes batailles du Zyp, de Bergen, des Dunes, et de Castricum, n'eût amené le duc d'Yorck à une capitulation qui fut signée le 18 octobre, et qui, en forçant les Anglais à évacuer la Hollande, ne dit pas un mot de la flotte qu'ils amenèrent avec eux.

Mais jetons un coup-d'œil sur les crises de l'intérieur. Les républicains exaltés dont le nombre étoit grand dans les deux conseils, supportoient avec peine le machiavélisme du directoire, dont le système soutenu étoit de tenir la balance entre les partis opposés des royalistes et des démagogues. La crainte empêchoit de parler ; mais la haine en étoit plus grande, et l'on préparoit en secret l'explosion qui devoit renverser cette autorité tyrannique. Tout-à-coup, le 17 juin, jour trop fameux par la défaite de la Trébia, et qui répond au 28 prairial, les deux conseils se déclarent en permanence pour des objets de salut public ; le directoire en fait autant, et la lutte commence. L'élection du directeur Treilhard avoit précédé de quatre jours le terme fixé par la loi. Cette irrégularité dans la forme servit de prétexte aux conseils pour abaisser le directoire, en lui faisant sentir sa dépendance. La nomination de Treilhard fut cassée, et son remplacement ordonné. Ce coup d'autorité faisoit craindre une journée de fructidor; mais les esprits étoient changés, et le peuple enfin dégoûté des factieux, dont il servoit les vues, étoit las de se soulever. — Les directeurs furent vaincus, et cet échec fut le présage de leur prochaine destruction. La crainte alors s'évanouit, et les langues se délièrent. Des orateurs qui la veille trembloient sous le pouvoir du directoire, osèrent déclamer contre lui : le mépris bientôt s'en mêla, et cette révolution subite prépara les esprits à un gouvernement nouveau.

Cependant cet événement pouvoit avoir des suites désastreuses. La démagogie triomphoit, les clubs s'ouvroient, et les moteurs incendiaires recommençoient à s'agiter ; mais ce début fut arrêté, et tout abaissé qu'il étoit, le directoire eut encore la puissance de réprimer ces mouvemens. Tant d'agitations intestines, jointes aux revers du dehors, faisoient craindre que les armées coalisées ne voulussent tenter à leur tour de pénétrer dans l'intérieur. Le gouvernement se hâta de prendre à ce sujet les plus grandes mesures; mais il erra sur le choix des moyens, et ceux qu'il employa n'étoient propres qu'à exciter la haine, ou à faire naître le désespoir. — Mais de tous ces moyens, le plus inique et le plus inouï, fut l'atroce loi des ôtages, qui, sur les plus légers soupçons, rendoit les parens d'émigrés et les débris de l'ancienne noblesse responsables des délits, que souvent eux-mêmes ignoroient.

Sous le prétexte d'empêcher l'invasion de l'Egypte par les Anglais, le directoire, résolu de s'en emparer pour lui-même, avoit choisi Bonaparte pour exécuter ce projet: une nombreuse armée, des savans, des artistes, destinés à conquérir ou à éclairer ce pays, furent embarqués à Toulon, et mirent à la voile le 20 mai 1798, escortés par 13 vaisseaux de ligne et six frégates sous les ordres de Brueys. La trahison et la lâcheté livrèrent Malte sans combat. On s'avança vers l'Egypte. Bonaparte y débarqua sans opposition, et s'empara d'Alexandrie qui, dans la crainte du pillage, se hâta de capituler. Delà se portant sur le Caire, Bonaparte battit les mammeluks, et quelques troupes d'Arabes qui l'attendoient aux plaines de Giseh, où s'élèvent les pyramides. Mourad-Bey commandoit cette armée : il n'osa retourner au Caire, et fuyant vers la haute Egypte, il fut poursuivi par Desaix qui, après l'avoir battu à Sediman et à Fayoum, le força de se retirer au-dessus des Cataractes, malgré les fréquens combats que les Arabes d'Yambo livrèrent pour le protéger. Ibrahim son collègue étoit resté au Caire; mais effrayé par la déroute de Mourad, il livra la ville aux Français, et se sauva dans le désert, où Bonaparte le suivit, et acheva de dissiper les Arabes qui l'escortoient. La joie de ces succès fut troublée par la nouvelle du désastre de la flotte française à Aboukir. Les Français pris entre deux feux par l'amiral Nelson, ne pouvoient manquer de succomber, mais ils se battirent en désespéré; leur amiral de 120 canons sauta en l'air, un autre alla se briser à la côte plutôt que de se rendre; deux se sauvèrent : tous les autres sur le point de couler bas amenèrent leur pavillon (1798). Bonaparte n'avoit plus de flotte : prisonnier pour ainsi dire, en Egypte avec son armée, il poursuivit et acheva la conquête du pays. Il lui restoit à faire une conquête plus difficile, celle des cœurs; mais en vain ce prêta-t-il aux mœurs, aux usages, aux préjugés des peuples : les Mamelucks et les Egyptiens ne furent pas dupes de ces hypocrites complaisances. Ils se soulevèrent autant de fois qu'ils en trouvèrent l'occasion, et les violences que Bonaparte employa pour les contenir, achevèrent d'exaspérer les esprits contre le vainqueur. Le mauvais succès du siége d'Acre, fit tort à sa réputation et à ses affaires : les avantages même qu'il obtenoit, contribuoit à le miner. Il le sentit; et dégoûté de l'Egypte, il tourna ses vues et ses espérances du côté de l'Europe (1799.)

Rappelé en France par une faction déjà puissante, il abandonne son armée, monte sur une frégate, aborde les côtes de Provence et se rend droit à Paris. La république depuis long-temps languissante touchoit à sa dernière heure. Le directoire et les conseils n'inspiroient plus de confiance ; des plans étoient tracés, l'arrivée de Bonaparte hâta leur développement. Soutenu par l'éclat de ses victoires et ayant pris des mesures, il fit demander leur démission aux membres du directoire ; elle fut donnée sur-le-champ. Il fit entrer dans ses vues le conseil des anciens où il avoit des partisans. Delà il se rendit aux cinq-cent où on l'accueillit par un cri de fureur. Bonaparte déconcerté évacuoit la salle, lorsque ses amis le pressant de tenir ferme, il fait entrer la force armée. Les députés effrayés se retirent en désordre et se dépouillent en courant du costume qui pouvoit les trahir. On reforma à la hâte une nouvelle assemblée dévouée à Bonaparte ; on fabriqua une nouvelle constitution, et le directoire fut remplacé par trois consuls, dont Bonaparte fut le premier, et investi de l'autorité la plus absolue. Ainsi se termina la journée, dite du 18 brumaire.

ENTRETIEN XXI.

Consulat, 1799.

Bonaparte élevé à la dignité consulaire, affecta tous les dehors de la modération et de la générosité. Les décrets contre les prêtres furent retirés, ainsi que la loi des ôtages, et les naufragés de Calais furent arrachés à la mort. Plusieurs arrêtés consolans accrurent la confiance qu'avoit déjà fait naître l'abolition des lois du directoire; les listes d'émigrés cessèrent, l'anniversaire du régicide fut aboli, et le gouvernement désavoua l'exil et la mort de Pie VI, en ordonnant qu'il recevroit enfin les honneurs de la sépulture, et qu'un modeste monument lui seroit érigé.

La France eut un moment de paix ; mais tandis que les haines civiles disparoissoient de la Vendée, tandis que les malheureux déportés revoyoient des climats plus sains, tandis que les ouvriers émigrés étoient reçus dans leurs foyers, la guerre se rallumoit sur le Rhin et dans l'Italie. Le 25 avril 1800, Moreau passa le Rhin sur trois points, et ce premier succès, suivi de plusieurs avantages, força le général autrichien à demander une armistice. Elle lui fut accordée en exigeant pour garantie les villes d'Ulm, d'Ingostadt et de Philisbourg ; mais le comte de Cobentzel se refusant à traiter de la paix sans le concours de l'Angleterre, on reprit les hostilités. Moreau, après avoir battu les Autrichiens à Hohenlinden, passa l'Inn, et marchant sur Vienne, amena l'archiduc Charles à signer une convention qui prépara la paix de Luneville. Pendant les exploits de Moreau, Bonaparte passoit les Alpes, pénétroit en Piémont par la vallée d'Aost, faisoit forcer le pont de Châtillon, et sans s'arrêter devant le fort de Bard, franchissoit le roc d'Albaredo, et se rendoit maître d'Yvrée.

Suze se rendit à Turreau, Verceil au général Murat. L'armée traversa le Tesin sous le feu d'une division ennemie : Novarre ouvrit ses portes (2 juin), et le premier consul entra triomphant à Milan. En ce moment des colonnes françaises s'emparoient de Parme et Plaisance, et gagnoient sur les Autrichiens la bataille de Montebello. Quelques revers vinrent troubler la joie de ces heureux succès. Massena avoit rendu Gênes à l'amiral Keith. Ce fut alors que de concert avec Desaix, le premier consul prépara la journée mémorable de Maringo. Cette bataille sanglante s'engagea le 14 juin. Le général Mélas avoit fait les dispositions les plus sages, et le succès le démontra. L'armée rompue au premier choc se débandoit, et la victoire se déclaroit pour l'ennemi, lorsque l'arrivée de Desaix avec des troupes de réserve, changea la face du combat, et fit triompher les Français ; mais Desaix y périt, et paya de son sang l'honneur d'avoir sauvé l'armée. Le fruit de cette journée fut la conquête du nord de l'Italie. L'autriche qui n'avoit plus d'armée à opposer demanda la paix et l'obtint. L'Angleterre posa les armes à son tour, et la tranquillité parut rétablie en Europe (1802.)

Ce temps de calme fut marqué par un événement mémorable. Un concordat de 17 articles fut passé entre sa Sainteté Pie VII et le gouvernement français. Alors la religion catholique romaine fut reconnue religion de l'état, et les impies vaincus pour cette fois, furent contraints de méditer dans le silence d'autres moyens de la sapper.

Mais retournons à l'armée d'Egypte. Réduite à moins de 8 mille hommes, abandonnée sans aucun espoir de secours, elle avoit alors sur les bras les Anglais et les Ottomans. Kleber vouloit ramener ces débris : la Porte y consentoit ; mais les Anglais s'y refusèrent. Alors, ce général digne d'un meilleur sort, ne consultant que son courage, battit les Turcs près d'Heliopolis, et s'empara de la ville du Caire, qu'il s'étoit vu forcé d'abandonner. Il méditoit de nouveaux projets de défense, lorsqu'il fut poignardé par un assassin de Gaza : son successeur Menou, qui s'étoit décoré du surnom d'Abdallah, voulut en vain suivre ses plans ; les Français, obligés d'abandonner l'Egypte, furent jetés par les Anglais sur les côtes de leur patrie. Ainsi se termina cette expédition, où la France perdit une armée florissante, sans en retirer d'autre fruit que de porter jusque dans l'Orient la haine pour le nom et pour l'esprit français.

Grâce aux *amis des noirs*, les nègres éclairés sur ces grands droits imprescriptibles qu'on avoit été leur apprendre, cherchoient à les faire valoir. Un nègre entreprenant, Toussaint dit l'Ouverture, avoit envahi Saint-Domingue, et s'étoit réservé pendant toute sa vie les rênes du gouvernement. Ce concurrent qu'on ne put mépriser, ne se soumit pas sans combats. L'amiral Villaret et le général Leclerc, s'emparèrent des forts et du cap. Toussaint l'Ouverture se soumit ; mais bientôt arrêté avec toute sa famille, on le conduisit en France, où l'on ne sait quel a été son sort. Son arrestation aigrit les nègres, dont la soumission n'étoit point due à leur foiblesse. Ils reprirent les armes, égorgèrent les Colons, et l'île entière reconnut Dessalines pour roi.

Bonaparte avoit été nommé consul à vie, mais il visoit au trône ; ce n'étoit pas assez pour lui de s'être fait des amis et des partisans, il falloit encore écarter des rivaux, dont la gloire militaire et le crédit pouvoient nuire aux projets de son ambition. Moreau, et surtout Pichegru lui paroissoient redoutables. Pour s'en débarrasser, il prit la voie la plus courte. Il trouva moyen de les impliquer dans une conspiration contre sa vie, dont on eut d'abord quelque peine à percer le mystère, parce que, de sa part, c'étoit un mystère d'iniquité. Pichegru fut étranglé dans sa prison, et l'on eut soin de publier qu'il s'étoit détruit lui-même. Moreau fut exilé, parce qu'on n'osa attenter aux jours d'un général singulièrement cher à l'armée, et dont les exploits encore récens auroient trop hautement accusé l'ingratitude de son bourreau (1803). L'année suivante, Bonaparte fit le dernier pas qui le séparoit du trône ; et il acheta le droit d'y monter par le sang d'un prince de la maison de Bourbon. Le duc d'Enghien, dernier rejeton de la race du grand Condé, fut arrêté en Allemagne, contre le droit des gens, ramené en France, et fusillé dans les fossés de Vincennes (1804). Cet assassinat, qui rendoit Bonaparte l'irréconciliable ennemi de la dynastie royale, fit frémir d'indignation tous les cœurs honnêtes ; mais il lui obtint des suffrages plus importans à ses yeux, ceux des jacobins, ceux des républicains, ceux des régicides, ceux enfin de tous les hommes qui avoient à craindre le châtiment des **crimes de la révolution.**

ENTRETIEN XXII.

EMPIRE, 1804.

Bonaparte parvenu, à force d'attentats, au comble de ses vœux, fut proclamé empereur sous le nom de Napoléon. Il voulut être sacré de la main du souverain pontife; et Pie VII, pour éviter les maux extrêmes dont la religion catholique étoit menacée en cas de refus, fit pour Napoléon ce que saint Boniface avoit fait autrefois pour Pépin; il consentit à venir lui donner l'onction sainte (2 décembre 1804). L'année suivante, le nouvel empereur se fit couronner roi d'Italie à Milan.

Cependant la guerre se renouveloit avec l'Angleterre, et Napoléon amusoit la France d'un chimérique projet de descente, lorsque l'Autriche, prenant part à la querelle, l'obligea de transporter sur le Danube les cent mille hommes qui depuis un an se morfondoient sur les côtes de l'Océan et attendoient la conquête des îles Britanniques. Cette guerre fut courte, mais brillante et décisive. L'armée autrichienne fut dispersée presque sans combat, et quarante mille hommes enfermés dans Ulm acceptèrent une capitulation des plus honteuses. De-là Napoléon courut sur Vienne, suivi de deux cent mille combattans. Il ne fit, pour ainsi dire, que traverser cette capitale; et tournant vers le nord, il s'enfonça dans la Moravie à la suite des restes de l'armée autrichienne. Car c'étoit une de ses maximes de pousser à outrance un ennemi vaincu, et de ne point lâcher prise, qu'il ne l'eût écrasé ou mis sous le joug. Il avoit d'autant plus lieu de se hâter, que les Russes accouroient au secours des Autrichiens; mais il ne put les empêcher de se joindre, et bientôt il les vit disposés à lui présenter la bataille. Napoléon se conduisit dans cette rencontre avec une prudence qui ne lui étoit pas ordinaire. Il feignit de craindre, et recula de poste en poste jusqu'à Austerlitz. Les alliés, prenant cette marche rétrograde pour une fuite, entreprirent de lui couper la retraite, et eurent l'imprudence de lui prêter le flanc. C'étoit le 2 décembre. Napoléon, charmé de pouvoir fêter par une victoire le jour anniversaire de son sacre, fondit à l'improviste sur les alliés et coupa leur armée en deux. L'artillerie ennemie, engagée dans des lieux difficiles, tomba au pouvoir des Français sans avoir pu agir; et la garde impériale russe s'étant avancée pour réparer ce premier échec, fut culbutée par la garde impériale française. L'affaire étoit décidée, lorsqu'on aperçut un corps de quinze mille Russes, qui, n'ayant plus d'autre issue, se retiroient en traversant un lac glacé. L'artillerie française commença à les

ENTRETIEN XXII.

foudroyer. Mais Napoléon, qui aimoit les mesures expéditives, envoya ordre de tirer de manière à briser les glaces, et presque tous ces malheureux furent engloutis. La victoire fut si complète, que l'empereur d'Allemagne, abandonné des Russes, acheta sur-le-champ la paix. Cette paix agrandit la France du Tyrol et des états de Venise; elle lui valut encore l'érection des deux royaumes de Bavière et de Wurtemberg, dont les souverains avoient secondé Napoléon de toutes leurs forces dans la guerre qu'il venoit de terminer. Tant de succès furent pourtant balancés par la bataille du cap de Trafalgar (1), où l'amiral anglais Nelson, détruisit d'un seul coup toutes les forces navales de la France et de l'Espagne (1805).

Napoléon insatiable de conquêtes, ne terminoit une expédition que pour en entreprendre une autre, le plus souvent sans même songer à se couvrir des apparences de la justice. Déjà il avoit métamorphosé la Hollande en un royaume, dont il gratifia l'aîné de ses frères; et celui-ci naturellement modéré, ayant montré plus d'inclination pour les intérêts de ses nouveaux sujets que pour ceux de Napoléon, fut dépouillé quelques années après, et la Hollande fit partie de l'empire. En 1806, Napoléon envahit le royaume de Naples, et le donna à une autre de ses frères; il en fit autant de la Westphalie en faveur d'un troisième frère. Enfin, comme pour se dédommager de l'impuissance où il étoit de dominer sur l'Océan, il se fit chef d'une grande partie de l'Allemagne, sous le nom fastueux de protecteur de la Confédération du Rhin: et la plupart des petits princes allemands, devenus ces créatures, purent tout oser contre les grandes puissances germaniques (1806).

Guillaume II, roi de Prusse, avoit été, l'année précédente, sur le point de se joindre à l'Autriche et à la Russie; mais la victoire d'Austerlitz l'avoit arrêté au moment où il alloit se jeter entre Napoléon et la France pour lui couper le retour. Napoléon devenu plus puissant que Guillaume en Allemagne, se souvint de cette demi-agression, et lui en demanda raison. Ce fut en vain que le roi de Prusse se mit en défense. La bataille d'Iéna suffit pour lui enlever son armée, sa capitale et presque tous ses états (octobre 1806). La Russie vint à son secours. Napoléon tourna ses armes contre elle; mais il n'en triompha pas aussi facilement que de la Prusse. Il faillit perdre, à la journée d'Eylau, avec toutes ses conquêtes, la liberté ou la vie. On s'y battit au milieu d'une plaine couverte de neige épaisse, et la rigueur de la saison ne diminua en rien la fureur des combattans. Les Français restèrent maîtres du champ de bataille. La journée de Friedland fut plus décisive, elle termina la querelle en faveur de la France, et

---

(1) Entre Gibraltar et Cadix, à l'entrée du détroit.

amena le traité de Tilsit. Par ce traité, la Saxe érigée en royaume s'agrandit, d'un vaste territoire en Pologne ; le roi Guillaume resta dépouillé d'une grande partie de ses possessions, et l'empereur Alexandre s'engagea à fermer tous les ports de la Russie aux flottes anglaises. N'ayant plus d'ennemis au nord, Bonaparte fit attaquer le Portugal ; et le prince régent, pour ne pas se soumettre aux conditions qu'il lui imposeroit, alla transporter au Brésil le siége de son gouvernement ; exemple mémorable de ce que peut faire la haine de l'oppression. Bientôt après il commença son abominable guerre d'Espagne, un de ses plus grands forfaits. Sous prétexte de se rendre arbitre des différends qui existoient entre le roi Charles IV et son fils aîné, reconnu roi par tous les Espagnols, sous le titre de Ferdinand VII, et d'après l'abdication de son père, Bonaparte attira ce jeune prince à Baïonne, s'empara de sa personne, et bientôt fit nommer son frère Joseph Bonaparte, roi d'Espagne et des Indes. Murat, qui avoit épousé une de leurs sœurs, passa au royaume de Naples.

Justement indignés, les fidèles Espagnols prirent les armes. Bonaparte, après avoir feint de les mépriser, marcha contre eux, et vint jusqu'à Madrid ; mais il s'enfuit de cette ville à la nouvelle que l'Autriche venoit de reprendre les armes : ce fut sa seconde désertion. L'Espagne puissamment secourue par les Anglais et par les Portugais, que ceux-ci avoient délivrés, résista aux attaques multipliées que Bonaparte lui fit porter par de nouveaux corps de troupes. Ce n'est pas exagérer que de dire que par la perfidie et l'obstination de cet ennemi de l'humanité, le fer et le feu dévorèrent dans ce pays au moins un million d'hommes, dont la moitié furent de braves Français, n'écoutant que la voix de l'honneur, et ne croyant pas devoir examiner s'ils n'étoient point les instrumens aveugles du plus affreux despotisme. Il est certain que cette résistance de l'Espagne fut un des moyens terribles dont la providence se servit pour affranchir l'Europe et la France elle-même.... Mais combien de sang devoit encore être répandu pour lui, avant qu'il fût réduit à l'impuissance de continuer ses funestes expéditions !

Poussée à bout par les entreprises de Napoléon, l'Autriche avoit été forcée d'en venir à une rupture. Napoléon qui se tenoit prêt, se précipita sur l'Allemagne comme un torrent. L'Autriche eut du désavantage dans cette nouvelle guerre ; Vienne fut prise de nouveau, et par suite de la victoire remportée à Wagram, le 6 juillet 1809, par les troupes de Bonaparte, la paix fut signée le 14 octobre de la même année, à des conditions qui eussent satisfait tout autre homme que lui.

Divorçant avec sa femme, il obtint l'archiduchesse Marie-Louise, fille de l'empereur d'Autriche : une telle alliance fit

ENTRETIEN XXII.

croire que désormais la paix étoit assurée. Ceux qui avoient tant de fois appelés de tous leurs vœux nos princes légitimes, renfermèrent alors dans le fond de leur cœur des désirs qui paroissoient ne plus pouvoir être réalisés. En effet, mariée le 2 avril 1810, l'impératrice accoucha le 20 mars 1811, d'un fils qui fut appelé *roi de Rome* par son père, et l'on put croire enfin que le titre de *dynastie Napoléon*, n'étoit plus un vain mot. C'est à l'époque de cette guerre avec l'Allemagne qu'il fit enlever de Rome et mettre dans les fers le souverain Pontife Pie VII, auquel il fit souffrir, ainsi qu'à ses cardinaux une longue captivité. Dès l'année précédente, il l'avoit dépouillé de ses états. Mais l'esprit de vertige s'étoit emparé de l'oppresseur, et sa fortune colossale alloit enfin l'abandonner, pour qu'il fût un exemple à toute la terre de la facilité avec laquelle Dieu dispose des couronnes. L'Angleterre s'étoit emparée de toutes nos colonies, avoit détruit notre marine, et le général Wellington après avoir sauvé le Portugal, pénétroit en Espagne et en chassoit les Français.

Tandis que l'Espagne, aidée de l'Angleterre, luttoit ainsi contre la puissance de Napoléon, et apprenoit à l'univers qu'il n'étoit pas invincible, l'ambition qui le dévoroit lui fit entreprendre une nouvelle guerre dont l'issue détermina sa chute et brisa les fers de l'Europe. Un des articles du traité de Tilsit portoit que la Russie, à l'exemple de la France, romproit toute liaison avec l'Angleterre, et aideroit Napoléon à détruire le commerce de cette importune rivale. L'empereur Alexandre observa d'abord le traité, tout ruineux qu'il étoit pour son peuple; mais voyant ensuite Napoléon se dispenser lui-même de l'observer, et par un vil monopole faire en secret, pour son propre compte, le commerce qu'il interdisoit aux princes et aux nations, il se crut dégagé des conventions de Tilsit, et permit à ses sujets de renouveler avec l'Angleterre leurs relations commerciales. Napoléon, irrité, parla avec hauteur; il menaça la Russie. Alexandre répondit que le traité de Tilsit étant également obligatoire pour les deux parties, celle qui le violoit délioit l'autre de ses engagemens. Napoléon qui n'avoit rien à répliquer, lui déclara la guerre, et fit d'immenses préparatifs. Arrivé à Varsovie, il attacha les Polonais à sa cause par l'espoir dont il les flatta de les délivrer du joug des Russes et de les rendre à leur ancienne indépendance. En même temps, il réunit de gré ou de force sous ses drapeaux les troupes de toutes les puissances d'Allemagne, du Wurtemberg, de la Westphalie, de la Bavière, de la Saxe, de la Prusse, de l'Autriche elle-même, et bientôt il se trouva prêt à entrer en Russie, traînant à sa suite sept cent quatre vingt-mille hommes, cent soixante-seize mille chevaux et douze cents pièces de canon.

Ce fut le 24 juin 1812 que Napoléon passa le Niémen : il s'avança de là dans la Lithuanie, et Wilna devint le poste d'où il s'élança dans le cœur de la Russie. A cet effroyable débordement, Alexandre ne pouvoit opposer que cent cinquante mille hommes et la justice de sa cause. Il adopta le seul système de défense qui pût le sauver ; c'étoit d'éviter les actions générales, et de se retirer devant le torrent, enlevant toutes les provisions, emmenant toute la population, et ne laissant aux agresseurs qu'un pays nu, désert, stérile, des sables, des forêts épaisses et deux cent cinquante lieues à parcourir avant que d'en venir à une bataille. Napoléon, comme on l'avoit prévu, s'enfonça dans ces contrées affreuses, plus occupé du désir de trouver l'ennemi que des moyens d'assurer le retour et le salut de ses troupes. Déjà toute la Pologne étoit entre les Français et leurs magasins; souvent ils se voyoient réduits à des racines et à l'eau des marais qu'ils rencontroient; mais ils espéroient tout de la victoire. On passa sans obstacle la Dwina, puis le Niéper ou Boristène. Là Smolensk fut défendu avec opiniâtreté par les Russes, qui, en évacuant cette ville, la mirent en cendres et ne laissèrent aux vainqueurs qu'un monceau de ruines (18 août).

On s'étoit flatté que Napoléon, déjà à six cents lieues de la France, se borneroit à ces conquêtes, et attendroit le printemps pour s'engager dans des climats sauvages où la disette et l'hiver lui offriroient dans peu tout à risquer. Mais sourd aux avis et aux remontrances, il passa outre et s'aventura, sans magasins, sans vivres, sans hôpitaux, sur la route déserte de Moscow. Le succès sembla d'abord justifier sa témérité. On arriva à vingt-cinq lieues de Moscow, et les Russes, contraints de faire face par la nécessité de protéger la capitale de leur empire, s'arrêtèrent à Borodino, sur la Moscowa. Ils y furent attaqués et se défendirent avec acharnement ; mais ils avoient à faire à un ennemi qui, ne voyant point de retraite en cas de revers, étoit déterminé à vaincre ou à mourir. Ils perdirent la bataille (7 septembre); et Napoléon, dès le lendemain, prit, avec cent vingt mille hommes victorieux et affamés la route de Moscow. C'étoit là, disoit-il, que ses braves soldats alloient dans le repos et l'abondance se dédommager de leurs privations. Mais bientôt la solitude qui régnoit partout et la dévastation du pays lui firent sentir ce que peut une nation assez fière pour préférer son indépendance à ses richesses. Il le sentit mieux encore à son entrée dans Moscow (15 septembre). La ville étoit abandonnée, presque toute la population avoit fui ; et les Russes, résolus de tout sacrifier pour ôter à l'ennemi, une retraite où il pût se mettre à l'abri des froids de l'hiver, n'avoient laissé dans cette grande et superbe capitale que ce qu'il falloit d'hommes pour l'embraser.

ENTRETIEN XXII.

Dès la nuit qui suivit l'arrivée des Français, le feu éclata dans tous les quartiers à-la-fois. Napoléon fut consterné; mais les soldats s'en réjouirent. A la lueur de l'incendie s'alluma en eux le désir du pillage : ils y coururent et trouvèrent de quoi satisfaire leur avidité. Les cris de la soldatesque effrénée se confondoient avec le bruit des maisons qui s'écrouloient, avec les mugissemens des vents qui rouloient des torrens de flamme et de fumée au-dessus de cet immense bûcher. Plusieurs, acharnés au pillage, ne trouvèrent plus d'issue et périrent dans l'embrasement. A la fin, l'incendie força l'armée française d'évacuer Moscow, chargée du butin, de draperies précieuses, de bijoux d'or et d'argent. Napoléon, en marchant à Moscow, avoit compté sur la gloire d'y signer un traité de paix, ou du moins sur l'espérance d'y trouver des magasins pour subsister, et un point d'appui pour s'élancer de là sur Pétersbourg au retour du printemps. Tous ces rêves se dissipèrent, mais trop tard pour lui. Il se laissa endormir pendant un mois entier par des propositions que lui faisoient les Russes, en même temps qu'ils travailloient à l'affamer et à lui fermer le retour. La plupart des soldats de Napoléon, aussi imprévoyans que leur chef, ne songeoient qu'à jouir du présent : outre l'or et les riches draperies, ils avoient en abondance le sucre, le café, le vin, l'eau-de-vie; et ils ne voyoient pas de quelle foible ressource étoient ces superfluités pour une armée qui touchoit au moment de n'avoir plus ni viande, ni pain, ni habits.

Cependant les Russes resserroient de plus en plus les Français dans leurs quartiers; ils battoient la campagne, arrêtoient les courriers, massacroient les fourrageurs, enlevoient les convois. Enfin le 18 octobre, il fallut renoncer à l'espérance d'un accommodement et se résoudre à la retraite. On se mit en marche. A quelques lieues de Moscow, on rencontra les Russes; et ce ne fut qu'après un combat de quinze heures qu'on put s'ouvrir un passage. Mais les Russes n'en réussirent pas moins dans leur principal objet, qui étoit de couper aux Français la route de l'Ukraine, et de les réduire à suivre celle de Smolensk, c'est-à-dire, le désert que leur premier passage avoit formé depuis le Niemen jusqu'à la Moscowa. Par une barbarie qui annonçoit l'aveuglement le plus complet, Napoléon, qui dans cette marche retrograde étoit à l'avant-garde, donna l'ordre de tout incendier, et enleva ainsi au reste de l'armée toute ressource contre la disette, tout abri contre l'inclémence de l'air. La famine croissoit; les chevaux n'ayant plus d'autre nourriture que le chaume arraché aux toits des cabanes, périssoient en foule, et déjà la route se couvroit de voitures et de bagages abandonnés. Telle étoit la situation du gros de l'armée. L'arrière-garde, en proie à des privations plus cruelles encore, avoit de plus à lutter sans cesse contre des ennemis acharnés et infatigables.

Bientôt à ces fléaux vint s'en joindre un autre qui compléta le désastre. Le 6 novembre, l'atmosphère, qui jusqu'alors avoit été brillante, s'enveloppa de vapeurs froides et rembrunies : le soleil caché sous d'épais nuages, disparut ; et la neige commença à tomber sur la terre à gros flocons. Une bise glaciale, soufflant avec furie, remplissoit les forêts de ses sifflemens. Au milieu de cette sombre horreur, les soldats enveloppés dans des tourbillons de neige, mal chaussés ; mal vêtus, à demi-gelés, n'ayant rien à manger, rien à boire, gémissant, grelottant, se traînoient à peine, et absorbés dans leurs propres maux, ne donnoient ni secours, ni consolation à ceux qui, tombés de défaillance, expiroient autour d'eux. On entendoit ces malheureux, couchés et presque ensevelis sous la neige, faire les derniers adieux à leurs camarades, c'étoient les vieux soldats ; ou bien redire, en poussant le dernier soupir, le nom de leur mère et du pays qui les avoit vus naître, c'étoient les jeunes conscrits. Bientôt on ne les distinguoit plus qu'aux monceaux de neige qui recouvroient leurs cadavres, et qui sur toute la route formoient des ondulations semblables à celles des cimetières. Dès le premier jour de cette cruelle gelée, l'armée perdit son attitude militaire et sa force : le soldat ne connut plus son officier ; il n'y eut plus de bataillons ni de compagnies ; les régimens débandés marchèrent à volonté. Les canons, les caissons, les riches étoffes, les vases précieux pillés à Moscow, restoient épars çà et là dans les campagnes glacées : personne ne songeoit à les recueillir ; mais un cheval venoit-il de tomber mort, de centaines de faméliques couroient à son cadavre, et, comme des chiens dévorans, ils s'en disputoient les lambeaux. Souvent ils se répandoient dans les lieux voisins de la route pour y trouver de quoi assouvir leur faim ; mais bientôt ils étoient assaillis par les paysans et par les cosaques qui ramenoient sur la route fatale le reste des traînards échappés à leurs coups. Au passage des rivières et des défilés, les Russes tomboient sur les flancs, sur l'arrière-garde ; et quoiqu'entourés des dépouilles qu'on leur abandonnoit, plus avides encore de vengeance que de butin, ils déshabilloient les prisonniers et les laissoient tout nus sur la neige. Chaque bivouac où l'on s'étoit arrêté le soir, ressembloit le lendemain matin à un champ de bataille, il étoit jonché d'hommes et de chevaux qu'avoit tués le froid de la nuit.

On arriva en cet état à Smolensk, avec la pensée que cette ville du moins seroit le terme de tant de privations et de souffrances (13 novembre.) On n'y trouva que des ruines et point de pain. Il fallut camper dans les rues, par un froid de vingt-deux degrés. Les Cosaques survinrent ; lorsqu'on se mit en ordre pour les repousser, trente-deux grenadiers tombèrent gelés au milieu des rangs. Après avoir pillé le peu de riz et d'eau-de-vie qui restoient à Smolensk, on se remit en marche le désespoir dans le cœur : on n'étoit pas encore à moitié chemin de Moscow au Niémen. Depuis dix jours que les froids se faisoient sentir, l'armée avoit perdu trente mille chevaux et plus de quarante mille hommes tués ou morts de misère : les Russes en avoient pris autant, avec vingt-sept généraux, cinq cents pièces de canon, tous les bagages, toutes les richesses enlevées de Moscow. L'armée étoit réduite à trente mille hommes, et n'en comptoit pas dix mille en état de combattre.

Cependant on continua de marcher vers le Niéper, et comme on n'y trouva pas les Russes, on se crut presque sauvé : mais ils étoient allés attendre les Français sur la Bérésina. Napoléon étoit perdu s'ils y fussent arrivés à temps avec toutes leurs forces. Il profita de leur délai pour jeter deux ponts sur la rivière ; car le dégel qui étoit survenu avoit ôté la ressource des glaces. Ce fut là que l'armée de réserve vint le joindre, mais sans provisions, sans vivres ; de sorte que cette masse d'hommes réunis dans un désert glacé et accablés de toutes les misères à-la-fois, sembla ne s'être rendue auprès de Napoléon, que pour qu'aucun des corps de sa nombreuse armée n'échappât au désastre qui les attendoit. Pour lui, dès que les ponts furent construits, il fut un des premiers à se mettre en sûreté, et il s'enfuit chargé des malédictions de ses soldats qu'il abandonnoit à leur malheureuse destinée. Le 28 novembre, dès la pointe du jour, celui des deux ponts qui étoit réservé pour les voitures s'étant rompu, les bagages et l'artillerie de l'armée de réserve tournèrent vers l'autre pont, et entreprirent de forcer le passage ; ce qui engagea entre les cavaliers et les fantassins une lutte affreuse, où il périt un grand nombre d'hommes égorgés ou assommés les uns par les autres : un plus grand nombre encore fut étouffé ou écrasé à la tête du pont, et pour y arriver, il fallut marcher sur les morts et les vivans confondus ensemble. Ces infortunés, luttant contre la mort, essayoient de se relever ; ils s'accrochoient aux habits, aux jambes de ceux qui les fouloient : ceux-ci les repoussoient à coups de pied pour s'en débarrasser ; mais souvent ils étoient renversés eux-mêmes. Tandis qu'ils se débattoient entre eux, la multitude qui suivoit, semblable à une mer en furie, se pressoit, s'avançoit et amonceloit sans cesse de nouvelles victimes. Dans ce moment les Russes arrivent des deux côtés de la rivière à-la-fois, et attaquent avec impétuosité. La nécessité donna des forces aux Français ; ils se défendirent en désespérés ; mais accablés par des forces toujours croissantes, ils furent enfoncés et rejetés sur les fatales rives. Alors les boulets et les obus ennemis commencèrent à tomber au milieu de ces milliers de malades, de blessés, de femmes, d'hommes sans armes qui obstruoient les avenues du pont. A ce coup, tout se précipite à-la-fois, artillerie, bagages, cavalerie, infanterie, chacun veut passer le premier ; le fort jette dans l'eau le foible qui l'empêche d'avancer, ou écrase le malade qui se trouve devant lui, jusqu'à ce que lui-même soit renversé ou précipité par un plus vigoureux que lui. D'autres s'embarquent sur les glaçons que charie la Bérésina, et coulent à fond. Malgré ce funeste exemple, mille et mille victimes se jettent pêle-mêle dans la rivière, elles y expirent au milieu des convulsions de la douleur ou de la rage. Enfin l'artillerie russe ayant coupé le pont, le passage cesse aussi bien que le combat ; et au fracas le plus affreux succède un silence non moins affreux. Tous les bagages de l'armée de réserve, deux cents pièces de canon et plus de vingt mille hommes restèrent au pouvoir du vainqueur. Pour les morts, il est impossible d'en calculer le nombre : des monceaux de cadavres étoient accumulés sur les rives, le lit même de la rivière en fut encombré.

Ce qui échappa à cette horrible journée n'étoit plus qu'un misérable amas d'hommes, qui toujours pressés par les Cosaques et tourmentés de la faim, parsemoient la route de morts et se faisoient par cela seul suivre à la piste. Le froid avoit repris, et en peu de jours il étoit devenu insupportable. On voyoit, non plus seulement les soldats, mais les officiers, la plupart sans armes et couverts de haillons, se traîner appuyés sur des bâtons de pin, les cheveux et la barbe hérissés de glaçons. Quiconque n'avoit pas la force d'avancer étoit un homme abandonné, et tout homme abandonné, une heure après étoit un homme mort. Dans les marches, on voyoit tomber à chaque instant quelqu'un de ces malheureux, comme s'ils eussent été sous le feu de l'ennemi. Les haltes présentoient quelque chose de plus horrible encore. Plusieurs, déjà la mort dans le sein, venoient s'asseoir près du feu sur le corps de leurs frères qui venoient d'expirer ; ils regardoient fixement quelques charbons allumés qu'ils n'avoient pas la force d'entretenir : bientôt les charbons venant à s'éteindre, ces spectres livides tomboient à côté de ceux sur lesquels ils étoient assis. Quelques-uns, l'esprit aliéné par la douleur, venoient avec leurs pieds nus et gelés, se jeter à travers les flammes, où ils périssoient en poussant des cris aigus, tandis que d'autres, saisis d'une égale démence, les suivoient et trouvoient là même mort. Ces traits, choisis entre mille autres également horribles, et transmis par des témoins oculai-

ENTRETIEN XXII.

res, nous feront juger de l'état où étoient les restes de l'armée française, quand elle regagna le Niémen (13 décembre 1812). De quatre cent mille guerriers qui avoient franchi ce fleuve, il y en eut à peine vingt mille qui le repassèrent; et de ces vingt mille hommes, il n'y en avoit pas le tiers qui eût vu Moscow.

Telle fut l'issue de l'entreprise la plus insensée, mais aussi la plus funeste dont les annales du monde nous aient conservé le souvenir. En parcourant l'histoire ancienne et moderne, on reconnoîtra que jamais réunion d'hommes si formidable, soit par le nombre, soit par la valeur, soit par la discipline, n'éprouva de plus affreux revers. Pour trouver une catastrophe qui y soit comparable, il faut remonter jusqu'à Pharaon et aux six cent mille Egyptiens engloutis dans la mer rouge.

Napoléon échappé de la Russie à travers des plaines couvertes de neige, de cadavres et de débris, avoit couru sans s'arrêter depuis la Bérésina jusqu'à la Seine, et étoit rentré de nuit dans la capitale, où il étonna encore plus par son insensibilité que par ses revers. Une grande révolution devoit être la suite d'une catastrophe si prompte et si éclatante. La Russie avoit déjà pour alliées l'Angleterre et la Suède. A peine la Prusse fut-elle délivrée de la crainte de son oppresseur, qu'elle se hâta d'abandonner ses drapeaux et de s'unir aux trois puissances confédérées (1813). Napoléon cependant rêve encore des conquêtes : au lieu de garder la barrière du Rhin, il rentre en Allemagne à la tête d'une nouvelle armée, il s'avance jusque dans la Saxe, il prétend s'y maintenir et pousser plus loin.

Tandis qu'il se repaissoit de ces chimériques espérances, l'Espagne achevoit de lui échapper. Wellington, à la tête des troupes anglaises, espagnoles et portugaises, poussant Joseph et Jourdan devant lui, les contraignit d'en venir aux mains près de Victoria; il parcourut les rangs en s'écriant : *Soldats, souvenez-vous que vous êtes les frères des héros de Trafalgar, et que vous avez devant vous les vaincus de Salamanque.* Les alliés marchèrent au combat avec une ardeur incroyable. Toute la ligne française fut culbutée (juin 1813); Joseph ne dut son salut qu'à la vîtesse de son cheval. Suivi des débris de son armée, il courut jusqu'au de-là de Pampelune; et l'Espagne ne vit plus de Français que dans les places de Catalogne encore occupées par le général Suchet.

Napoléon, de son côté, semblable à un joueur désespéré, hasarde toute sa fortune dans les deux batailles de Lutzen et de Bautzen, où il arrache avec peine la victoire à l'armée combinée des Prussiens et des Russes. L'empereur d'Autriche, quoique lié en quelque sorte à Napoléon par le mariage de sa fille, avoit repris la neutralité : il offre alors sa médiation, et menace de se déclarer contre celui des deux partis qui mettra des obstacles à la paix. Napoléon accepte la médiation de son beau-père ; mais il ne veut de paix qu'aux conditions qu'il dictera lui-même : il jure que quand les ennemis seroient campés à Montmartre, il ne cédera pas un village de ses conquêtes. Cette aveugle obstination détermina François II à entrer dans la ligue européenne : le roi de Bavière, le plus ancien allié de Napoléon, en fit autant ; et dès-lors la balance ne fut plus égale. Napoléon, menacé en tête par la Russie, en queue par la Bavière, sur ses côtés par l'Autriche, la Prusse et la Suède, s'obstina à garder la Saxe : il envoya des corps formidables vers Prague et vers Berlin ; ils furent repoussés par des forces plus formidables encore, par la population entière armée contre le tyran de l'Europe. Bientôt il se vit lui-même chassé de Dresde, cerné de toutes parts, et comme claquemuré dans un espace qui n'avoit pas dix lieues de tour. Enfin, il fut attaqué sous les murs de Leipsick par trois cent mille hommes et neuf cents pièces de canon : il leur en opposa cent soixante dix mille et sept cents pièces d'artillerie. Il avoit pour lieutenans, outre le roi de Saxe, son trop fidèle allié, Murat, qu'il avoit fait roi de Naples ; Berthier (1), le principal instrument de ses anciennes victoires : les maréchaux Ney (2), Oudinot (3), Augereau, Marmont, Mortier (4). A la tête de l'armée européenne paroissoient les deux empereurs, François et Alexandre, et Guillaume, roi de Prusse ; Bernadotte, jadis l'un des généraux de Napoléon, et alors héritier du royaume de Suède ; Platow, chef des Cosaques ; Schwartzemberg, généralissime des Autrichiens ; Bénigsen, suivi de toutes les forces russes ; Blücher, suivi de toutes les armées prussiennes.

Le 16 octobre, dès le point du jour, aussi loin que le télescope pouvoit porter, les habitans de Leipsick, du haut de leurs murailles, virent se développer de doubles et de triples lignes dont l'œil effrayé cherchoit vainement la fin. C'étoit l'armée française rangée en demi-cercle autour de la ville, et sur une ligne parallèle, les armées confédérées. Ces masses énormes, où étoient d'un côté le midi et l'occident, de l'autre le nord et l'orient, s'ébranlèrent et la bataille s'engagea. Un feu horrible commença aussitôt et continua pendant six heures : toutes les lignes disparurent enveloppées dans des nuages de fumées, à travers lesquelles brilloient sans cesse des milliers d'éclairs. On ne pouvoit distinguer les coups :

---

(1) Duc de Wagram.
(2) Prince de la Moscowa.
(3) Duc de Reggio.
(4) Duc de Trévise.

les canons tiroient à-la-fois par centaine, et ne formoient qu'un roulement continu. Les Français perdirent du terrain, cependant ils ne furent point entamés, et il fallut remettre à un autre jour le dénouement de cette sanglante tragédie. Le lendemain fut un jour de repos ; mais déjà Leipsick n'étoit plus qu'un vaste hôpital. Tous les édifices publics, toutes les places, toutes les rues regorgoient de blessés français abandonnés sans secours à toutes les angoisses de la douleur et de la mort. Le 18 parut, et les alliés, décidés à l'emporter, reprirent l'action avec une nouvelle ardeur. Après une longue résistance, les Français commençoient à reculer, lorsque les troupes saxonnes postées à leur gauche, au lieu d'attaquer l'ennemi, se rangèrent de son côté, et tournèrent leurs armes contre des alliés qu'elles détestoient depuis long-temps comme les oppresseurs de la Saxe. Cette défection accéléra la défaite des Français : vers la nuit, ils étoient acculés sous les murs de la ville. On profita des ténèbres pour se soustraire aux coups de l'ennemi ; et, selon sa coutume, Napoléon ne fut pas un des derniers à s'enfuir. Mais aussi indifférent pour la vie des autres qu'il étoit attentif à la sienne, il n'avoit rien fait, rien prévu pour ménager, en cas de revers, une retraite à son armée. Elle rentroit dans Leipsick par trois portes, et n'en avoit qu'une seule pour en sortir. A quelque distance, une rivière profonde coupoit la route ; elle auroit dû être couverte de ponts, elle n'en avoit qu'un seul fort étroit. C'est par-là que devoient défiler en une nuit les cent mille hommes qui restoient, cinq à six cents pièces de canon, trois mille caissons et autres voitures. Dès que Napoléon eut mis le pont entre lui et les vainqueurs, il le fit sauter, et leur sacrifia ainsi d'un seul coup le tiers de son armée qui étoit encore au-delà de la rivière, avec presque toute l'artillerie et les bagages : nous ne parlons pas des blessés et des malades ; son usage étoit de les abandonner à la générosité ou à la fureur de l'ennemi. Réduit à soixante-dix mille hommes, reste de tant d'armées florissantes ; harcelé par les Cosaques, arrêté près de Hanau par une armée de Bavarois, il ne dut qu'au dévouement de sa garde, l'avantage de se faire jour et de continuer sa fuite jusqu'au Rhin (1813).

Alors enfin s'évanouit pour Napoléon le rêve si long de la monarchie universelle. Rien néanmoins ne put le déterminer à la paix, ni le spectacle de mille lieues de pays ravagées et ensanglantées, ni la perte d'un million deux cent mille hommes sacrifiés en deux campagnes, ni les cris de tant de familles désolées, ni les alarmes de la France exposée à l'invasion, à la conquête, au démembrement, à toutes les horreurs de la guerre. A peine arrivé à Paris, il porta les impôts au double, et ordonna une levée de trois cent mille hommes.

Le sénat, depuis long-temps accoutumé à encenser ses caprices, applaudit à cette mesure désastreuse : il n'en fut pas de même du corps législatif; il arrêta de vigoureuses remontrances qui lui méritèrent l'honneur d'être dissous sur-le-champ (1813).

Cependant les Russes et leurs alliés, après s'être fait précéder d'un manifeste qui séparoit la cause de Napoléon de celle de la nation, et qui promettoit à la France l'intégrité de son territoire, passèrent le Rhin sur divers points à-la-fois (21 décembre 1813). Sans s'arrêter au siége des forteresses, ils inondèrent les provinces de l'est, et se dirigèrent sur Paris, tandis qu'aidées de leur présence, la Suisse, la Hollande, la Belgique si long-temps opprimées, secouoient le joug, et que l'Italie couroit au-devant des Autrichiens. Napoléon étonné d'une invasion si formidable, essaya d'en retarder la marche par des négociations. Elles s'ouvrirent en effet ; mais les armées combinées n'en avancèrent pas moins de toutes parts. Déjà la Franche-Comté, l'Alsace, la Bourgogne, la Lorraine étoient envahies, et les alliés entroient dans les plaines de la Champagne, lorsque Napoléon entreprit de les arrêter. Avant de quitter Paris, il rassembla le corps des officiers de la garde nationale, et parut au milieu d'eux, tenant par la main l'impératrice et un fils encore enfant. Il leur adressa un discours animé : et pour la première fois de sa vie, il exprima avec un ton qui paroissoit sortir de l'âme, des sentimens nobles et élevés. Il finit en leur disant que, prêt à partir pour se mettre à la tête de ses armées, il confioit à la fidélité de la garde nationale ce qu'il avoit de plus cher, sa capitale, son épouse et son fils. Tous les spectateurs furent profondément émus. Mais le prestige s'évanouit le lendemain, lorsqu'on apprit que cette scène pathétique avoit été étudiée, et que Napoléon n'avoit fait que répéter la leçon reçue en secret d'un histrion. Il ne fut plus lui-même aux yeux des hommes sensés, qu'un charlatan.

Il partit le 25 janvier 1814, le cœur plein de soucis et d'inquiétudes, pour aller opposer à ses ennemis une activité sans plan et un courage sans prévoyance. Châlons-sur-Marne étoit le rendez-vous des troupes. Il y trouve soixante mille hommes avec lesquels il va surprendre Blücher à Brienne. C'étoit dans l'école militaire de cette ville, que les rois de France lui avoient accordé le bienfait d'une éducation gratuite ; et dans la chaleur du combat, il n'hésita point, pour en débusquer les Prussiens, à réduire en cendres le lieu qui avoit servi d'asile à son enfance. Blücher se retira à une lieu de-là, et deux jours après, il eut sa revanche, en battant Napoléon, qui fut réduit à rétrograder vers Troyes (1er février). Cette retraite précipitée lui coûta plus de vingt mille conscrits qui jetèrent leurs armes et disparurent dans les bois. Napo-

ENTRETIEN XXII.

léon, après la première journée de Brienne, avoit chanté victoire : la surprise fut extrême à Troyes, quand au milieu de ces bruits de triomphe, on le vit arriver à cheval, couvert de neige et de boue, et avec lui les débris de ses troupes dans le désordre le plus complet. De tous les rangs sortoient des plaintes amères et des cris de désespoir. L'armée sembloit être à la veille de se dissoudre, quand elle fut jointe par la vieille garde impériale; ce renfort la retint sous les drapeaux, et la fit monter à quarante-cinq mille hommes. Dans les premiers momens de la confusion générale qui accompagna cette retraite, un peu de hardiesse auroit porté, en six ou sept marches rapides, les alliés aux portes de Paris. On s'attendoit qu'ils alloient s'avancer en masse, écraser Napoléon en passant, et terminer tout d'un coup la guerre. Ces espérances ne furent pas réalisées. Ils se divisèrent en deux corps d'armée, l'un commandé par Blücher qui se dirigea vers la Marne; l'autre qui, sous les ordres de Schwartzemberg, suivit le cours de la Seine. Ce plan sembloit mettre Napoléon entre deux armées, dont l'une le tiendroit en échec, tandis que l'autre iroit à Paris. Mais cette séparation, et surtout la lenteur dans l'exécution, étoit bien dangereuse devant un ennemi actif et audacieux.

Napoléon, après avoir arrêté les alliés durant huit jours aux portes de Troyes, se retiroit suivi plutôt que pressé par Schwartzemberg, lorsqu'il apprit que l'avant-garde de Blücher étoit près d'atteindre Meaux, que l'alarme régnoit dans Paris, et qu'on s'attendoit à y voir arriver l'ennemi dans trois jours. Tout-à-coup par un de ces traits d'audace qui lui étoient familiers, il fait avec quarante mille hommes d'élite une marche forcée de la Seine à la Marne, à travers des chemins affreux, tombe le 11 février sur cette avant-garde à Montmirel, la renverse et la pousse au-delà de la Marne, d'où elle va se réfugier à Reims. De-là il fond sur Blücher lui-même, qui n'avoit en ce moment près de lui que vingt mille hommes. Il ne put l'entamer, mais il le força de rétrograder jusqu'à Châlons (14 février). Il n'en fallut pas davantage pour publier que l'armée de Blücher étoit anéantie. Tandis qu'elle se concentroit, l'armée de la Seine s'avançoit à son tour, et s'emparoit de Sens, de Fontainebleau, de Montereau. L'alarme se répand de nouveau dans Paris, et l'on voit s'évanouir les illusions produites par les succès de la Marne. On opposoit aux mensonges des bulletins et des journaux cette objection sans réplique : *L'ennemi est encore à nos portes.*

Cependant Napoléon repasse comme un éclair de la Marne à la Seine, culbute un corps russe qu'il rencontre, puis un corps autrichien; il reprend Montereau dès le 18 février, et voit reculer devant lui toute l'armée de Schwartzemberg. Les alliés, après l'affaire de Montmirel, avoient refusé un armistice que demandoit Napoléon. Après celle de Montereau, s'avouant pour ainsi dire vaincus, ils proposèrent à leur tour et l'armistice et la paix elle-même : ils garantissoient à Napoléon son trône, et n'y mettoient pour condition que l'occupation temporelle de Paris. Napoléon énivré des succès partiels qu'il venoit d'obtenir, déchira le papier qui contenoit ces propositions, en s'écriant ? *Je suis plus près de Vienne qu'ils ne le sont de Paris.*

Pendant qu'il rentroit dans Troyes, et qu'il se flattoit de renvoyer bientôt les alliés au-delà du Rhin, Blücher qui avoit rejoint Schwartzemberg, le quitta de nouveau pour essayer une diversion mieux combinée que la première. Il pousse devant lui les maréchaux Marmont et Mortier jusque dans Meaux, traverse la Marne au-dessus de la ville, et va opérer sa jonction avec deux nouveaux corps qui, en arrivant de la Belgique, venoient d'emporter Soissons. Paris étoient menacé pour la troisième fois. Napoléon accourt à marches forcées, et va chercher Blücher qui se retire vers Laon, sans doute dans le dessein de l'éloigner davantage de la Seine; il le trouve maître de la montagne où Laon est bâti, et attendant les Français dans une position formidable. Napoléon, qui ne considéroit jamais les difficultés, entreprend de l'attaquer sur ces hauteurs. Le combat se soutint toute la journée du 9 mars, sans qu'il pût gagner un pouce de terrain. A la nuit, les cosaques, faisant un détour, se jettent sur la gauche des Français, leur enlèvent deux milles hommes avec une partie du parc d'artillerie et des bagages, et répandent un tel effroi dans le reste de l'armée, que la plupart des conscrits vont chercher un asile dans les bois. Le lendemain, Napoléon, après avoir rallié les fuyards, fit une seconde tentative qui n'aboutit qu'à faire périr l'élite de ses troupes au pied de la montagne. Frémissant et déconcerté, il ordonna la retraite devant cette armée dont ses bulletins proclamoient l'anéantissement depuis un mois, et laissa entre les mains de Blücher des prisonniers dont plusieurs, quelques momens après, tombèrent morts de faim et d'épuisement.

Dès que Napoléon eut quitté la Seine pour courir à Laon, Schwartzemberg se prépara à reprendre l'offensive : il battit les maréchaux Victor (1) et Oudinot, puis le maréchal Macdonald. Ces avantages le remirent en possession de Troyes, et obligèrent l'armée française de se jeter sur la rive droite de la Seine. Le général autrichien s'arrêta là, et sembla craindre de pousser ses avantages contre des troupes vaincues, épuisées, découragées, que l'éloignement de Napoléon sembloit

---

(1) Duc de Bellune.

ENTRETIEN XXII.

livrer à sa discrétion. Blücher, de son côté, par une inaction inconcevable dans un général connu par son activité, avoit laissé Napoléon, après la journée de Laon, se replier tranquillement jusqu'à Soissons. Sur ces entrefaites, un corps de quinze mille Russes reprit Reims. Napoléon l'apprend, il y marche, l'attaque, le met en déroute, et rentre dans Reims (13 mars). Ce fut là son dernier triomphe. Un si léger avantage l'aveugla au point qu'il ne voulut plus entendre parler d'accommodement, qu'à des conditions dont la hauteur et la bizarrerie révoltèrent les princes confédérés : les négociations furent rompues le 15 mars, et tout espoir de paix s'évanouit.

Tout alors fut mis en œuvre par son odieuse politique pour armer la population des villes et des campagnes. Des gens apostés tiroient sur les parlementaires ennemis afin de les irriter, et d'attirer de leur part de sanglantes représailles. De faux cosaques, secrètement organisés en bandes de pillards, commettoient, sous l'uniforme étranger, tous les excès capables de pousser les paysans au désespoir et à la vengeance. On obligea les maires de publier des rapports pleins d'exagérations et d'impostures sur les dévastations et les cruautés de l'ennemi. La publication de ces récits effrayans tendoient à faire considérer les Prussiens et les Russes comme des cannibales : on alla jusqu'à débiter que les cosaques s'emparoient des enfans pour les mettre à la broche et les dévorer dans leurs festins. Napoléon lançoit en même temps divers décrets, dont le résultat devoit être une guerre d'extermination : ainsi il menaça de faire fusiller les prisonniers de guerre ; il ordonna, sous peine d'infamie, aux villes même ouvertes de se défendre ; il déclara traître à la patrie tout Français qui dissuaderoit le peuple de prendre les armes. Il voyoit avec joie les villes et les campagnes dévastées : *Tant mieux*, disoit-il, *cela me donne des soldats*.

Mais dans ces conjonctures, il reçut deux nouvelles aussi inquiétantes pour lui et pour les siens, qu'elles étoient consolantes pour les cœurs véritablement français. Il apprit que Monsieur, comte d'Artois, étoit entré en France par l'est, et s'avançoit vers Nanci à travers les bénédictions des peuples charmés de revoir au milieu d'eux, après tant d'années, un des frères de Louis XVI. Il sut encore qu'à l'autre extrémité de la France Wellington ayant pénétré au cœur de la Guienne, le duc d'Angoulême venoit d'être reçu dans Bordeaux avec des transports inexprimables de joie (12 mars). Napoléon cacha soigneusement ce qu'il venoit d'apprendre ; et après avoir fait la revue de son armée aux portes de Reims, il marcha vers la Seine, dans l'espérance d'écraser quelqu'un des corps séparés de l'armée de Schwartzemberg : c'étoit sa seule manœuvre depuis l'ouverture de la campagne. A son approche, les alliés avoient pour la seconde fois abandonné Troyes et commencé à se replier, lorsque l'empereur Alexandre, honteux de cette pusillanimité, la combattit dans le conseil avec tant d'énergie, qu'il fut résolu de se concentrer près d'Arcis-sur-Aube, et d'y attendre Napoléon. Celui-ci parut le 20 mars, et passa l'Aube. Le lendemain, après avoir laissé ses troupes en bataille jusqu'à midi en présence des alliés, il se décida tout-à-coup à tourner du côté de Vitry. Son but étoit de se jeter sur les derrières de l'armée ennemie, et de l'obliger à reculer pour n'être pas coupée. Mais il ne vit pas que cette manœuvre alloit ouvrir aux alliés tous les chemins de la capitale. En effet, ceux-ci, après avoir suivi Napoléon jusqu'à Vitry, se résolurent enfin à prendre le chemin de Paris. Ils exécutèrent leur projet avec une habileté et une activité qui ne leur étoit pas ordinaires. On laissa un corps de dix mille chevaux pour faire croire à Napoléon que toute l'armée continuoit à le suivre; et sur-le-champ on se mit en marche. Blücher, qui occupoit alors Reims et Châlons, sur l'avis qu'il reçut du mouvement général, en fit autant. Paris n'étoit couvert que par Marmont et Mortier, qui ayant repassé la Marne devant Blücher, cherchoient à rejoindre Napoléon. Il furent rencontrés assez près de Vitry par Schwartzemberg qui les culbuta (25 mars), et les poussa l'épée dans les reins jusqu'à Meaux, d'où ils portèrent l'alarme à Paris.

Cependant Napoléon étoit au-delà de Vassi, lorsque s'imaginant que les dix mille chevaux qui le suivoient, n'étoient que l'avant-garde de l'armée ennemie, il revint sur ses pas pour les combattre (26 mars). Les cavaliers russes se laissèrent enfoncer presque sans résistance, et prenant la fuite dans un grand désordre vers Vaucouleurs, ils réussirent à l'éloigner encore plus de la capitale. Napoléon cherchoit l'armée combinée sur les confins de la Lorraine, et elle touchoit aux portes de Paris. Cette accablante nouvelle lui parvint le 27 au soir, près de Vitry. A l'instant il donne l'ordre du départ. Il auroit pu en moins de quarante-huit heures, par la route de Châlons, se rapprocher assez des alliés pour inquiéter leurs derrières, et peut-être faire échouer leur entreprise. Mais l'esprit de vertige qui le possédoit le fit errer du côté de Vassy; et ce ne fut que le 29 qu'il repassa par Troyes, se dirigeant vers Paris. Les alliés y étoient arrivés ce jour-là même, au nombre de deux cent mille hommes. Le lendemain 30 mars, ils emportèrent toutes les hauteurs du nord : ils alloient forcer les barrières et pénétrer dans les faubourgs l'épée à la main, lorsque Marmont, renonçant à une défense inutile et périlleuse, demanda à capituler. Il en étoit temps : Napoléon laissant son armée en arrière, étoit accouru presque seul à quatre lieues de Paris, et avoit envoyé l'ordre de se défendre à outrance jusqu'à l'arrivée du secours qu'il amenoit. Heureusement pour Paris et pour la France, la capitulation étoit signée lorsque l'ordre fatal arriva.

Paris n'avoit plus à craindre les horreurs de la guerre ; mais les esprits flottoient incertains dans l'attente du gouvernement qui alloit fixer le sort de la France. Les royalistes profitèrent de ce moment d'hésitation pour s'emparer de l'opinion publique. Dès le matin du 31 mars, sous la conduite des Montmorenci, des la Rochefoucault, des Noailles, ils se répandent dans les divers quartiers de la capitale, et arborent la cocarde blanche. Peu à peu leur élan se communique aux Parisiens, et malgré les efforts du parti révolutionnaire, on commence à crier de toutes parts : *Vive le roi ! vivent les Bourbons !* A midi, Alexandre et Guillaume firent leur entrée dans Paris, tous deux à cheval, entourés d'une foule de princes et de généraux, et suivis de cinquante mille hommes d'élite, au son des trompettes et d'une musique guerrière. Les Parisiens étonnés contemploient avec admiration cette armée composée de dix peuples divers, tant de fois anéantie dans les journaux et cependant toute rayonnante de gloire, encore ennemie la veille, et reçue alors comme une armée nationale qui seroit rentrée dans ses foyers. La confiance et la sécurité s'établirent en un instant. On accueillit les deux souverains avec les démonstrations les plus flatteuses de joie et de reconnoissance. Tous vouloient s'approcher d'eux, embrasser leurs genoux, toucher du moins leurs habits : ceux qui ne pouvoient les aborder, les saluoient de loin comme les libérateurs de la France. Les souverains répondoient à ces marques d'alégresse d'un peuple immense par l'expression touchante de l'intérêt qui les animoit pour le bonheur de la France et de l'Europe. *Nous ne venons pas en conquérans*, disoient-ils ; *nous sommes vos alliés, nous vous apportons la paix.* A ces assurances, le peuple répondoit par de nouvelles acclamations. Tandis que se pressant sur les pas des princes alliés, il redemandoit à grands cris ses anciens rois et arboroit leurs couleurs, on voyoit dans le lointain des hommes jeter une corde au cou de la statue de Napoléon qui étoit au haut de la colonne de la place Vendôme, et secondés des bras de la multitude, s'efforcer de la précipiter, aux cris mille fois répétés d'*à bas le tyran !* Ainsi se renouveloit la scène qui signala les funérailles de Néron.

ENTRETIEN XXIII.

Louis XVIII, *dit* le Désiré,

Roi depuis 1795, reconnu en 1814.

Le 1er avril, la municipalité de Paris renonça par un acte solennel à l'obéissance de Napoléon et redemanda Louis XVIII. Le lendemain, le sénat fit la même renonciation; et cette démarche eût pu couvrir aux yeux de la postérité la bassesse avec laquelle il avoit, dix années durant, adoré et servi la tyrannie, s'il ne se fût en même temps avisé de dresser une constitution nouvelle, dont selon lui, le fils d'Henri IV devoit jurer l'observation avant d'être admis à monter sur le trône. La constitution du sénat fut accueillie par un mépris universel. A Fontainebleau cependant, Napoléon, soit désespoir, soit illusion sur l'état de ses affaires, parloit encore de marcher sur Paris. Il fallut que ses généraux lui apprissent qu'il n'étoit plus empereur, et que la France avoit un roi. Cette nouvelle lui fit répandre beaucoup de larmes, les premières peut-être qu'il eut versées de sa vie; et il ne parut se consoler que par la cession que les puissances confédérées lui firent de la petite île d'Elbe avec six millions de revenus.

Ni son épouse, ni son fils, ni ses parens ne le suivirent. L'archiduchesse Marie-Louise, obtint le duché de Parme et de Plaisance, pour elle et son fils. Sa mère, ses sœurs et son frère se retirèrent, dit-on, à Rome, où le Pape, long-temps son captif, eut la générosité de leur donner un asile.

Tandis que l'ex-empereur, en route pour son île, traversoit la France au milieu des imprécations publiques, les progrès de la restauration s'étendoient au loin, et les lis reparoissoient d'un bout du royaume à l'autre; mais aucune province ne la revit avec plus d'empressement que cette Vendée qui avoit fait pour eux tant de sacrifices. Au moment de la chute de Napoléon, elle étoit prête à se déclarer; et quatre-vingt mille Vendéens, avoient fait leur communion pascale le mercredi-saint, dans la résolution de se lever en armes le 12 avril suivant, mardi de Pâques. Ce jour étoit choisi pour proclamer Louis XVIII dans toute la Vendée et les provinces voisines : la nouvelle de la chute de l'usurpateur et du rappel de la famille royale désarma les bras des Vendéens, sans leur ôter le mérite du courage et de la fidélité.

Cependant une députation solennelle étoit allée en Angleterre porter aux pieds de Louis XVIII le repentir et les vœux de son peuple. Ce fut le 25 avril qu'il quitta Douvres et mit à la voile, accompagné de la duchesse d'Angoulême, du prince de Condé et du duc de Bourbon son fils. L'escadre, composée de huit navires, poussée par un vent favorable, arrive en peu d'heures à la vue de Calais, et le rivage se couvre d'une multitude prodigieuse accourue de toutes les contrées voisines. Un vaisseau magnifiquement orné devance les autres et entre à pleines voiles dans le port ; il portoit le monarque depuis si long-temps désiré par les Français fidèles. *Le voilà !* s'écrie-t-on de toutes parts, *le voilà ! vive le roi ! vive Madame ! vivent les Bourbons !* Le canon de tous les forts, les cloches de toutes les églises, le son de mille instrumens se mêlent à ces acclamations. Le roi paroissoit debout sur le tillac, entouré de la famille royale, et des fidèles serviteurs qui avoient partagé son exil. Il se découvre, il lève les yeux vers le ciel, et met la main droite sur son cœur, exprimant par ce geste religieux sa reconnoissance pour le Dieu qui le rendoit à la France. Puis il porte ses regards sur son peuple et lui tend de loin les bras. Les cris, les gestes, les larmes de la multitude répondent à ce signe de tendresse d'un père qui retrouve ses enfans après de longues souffrances. Louis XVIII quitte le vaisseau, il met enfin le pied sur le sol de la France, et les airs portent jusqu'aux nues les cris de joie et d'amour qui signalent ce moment attendu et appelé par tant de vœux. De Calais, il s'avança vers sa capitale, à travers les acclamations des peuples qui bordoient son passage, et qui depuis long-temps affamés du désir de revoir un roi, ne pouvoient en rassasier ni leurs yeux ni leurs cœurs.

Le 3 mai avoit été choisi pour l'entrée solennelle de Louis le Désiré. Le soleil se leva sans nuages, et jamais un plus beau jour n'éclaira un plus touchant spectacle. Dès le grand matin, des guirlandes, des couronnes, de tapis précieux, des drapeaux blancs, des emblêmes ingénieux décoroient toutes les rues. La garde nationale se mit sous les armes, non plus comme au 29 mars pour aller se faire égorger au service d'un usurpateur, mais pour aller au-devant du roi légitime, du médiateur qui réconcilioit la France avec l'Europe. Les fanfares, les cloches, les canons se font entendre à l'envi, et sont couverts par les cris mille fois répétés de *vive le roi*, qui retentissent de Saint-Denis à Montmartre, et de Montmartre à la montagne Sainte-Géneviève. Le roi fit son entrée dans une calèche découverte, traînée à petit pas par huit superbes chevaux blancs ; à sa gauche étoit assise Madame la duchesse d'Angoulême, et sur le devant, le duc de Condé avec le duc de Bourbon. Aux deux côtés de la voiture, alloient à cheval Monsieur, comte d'Artois, et le duc de Berri, son second fils. Les généraux, les seigneurs, les magistrats, tous les grands personnages de l'état formoient le cortége. Les spectateurs étoient toutes les nations de l'Europe, qui, mêlées et confondues parmi des millions de Français, partageoient leur ivresse, et sembloient ne plus former avec eux en ce moment qu'un même peuple. On se rendit à l'église métropolitaine pour y offrir à Dieu de solennelles actions de grâces. Au milieu de cette cérémonie touchante, les regards attendris se portoient tour-à-tour sur le monarque, dont le pieux recueillement étoit une grande leçon pour les spectateurs, et sur la fille de saint Louis, qui, prosternée humblement, le visage enflammé, et les yeux baignés de larmes, paroissoit un ange envoyé du ciel pour purifier cette France où tant de vertus avoient été livrées au glaive de la persécution. On prit ensuite le chemin du palais des Tuileries, qui, depuis le 10 août 1792, n'avoit point vu ses maîtres légitimes. Les dames les plus distinguées de la capitale y attendoient la duchesse d'Angoulême: elles étoient vêtues de blanc, et des lis composoient toute leur parure. La princesse, en revoyant ces lieux, où tout lui retraçoit les vertus et les infortunes de ses augustes parens, fut vivement émue et laissa couler ses larmes. Alors toutes les dames, saisies d'une religieuse vénération pour la fille du roi martyr, se prosternent subitement à ses pieds, comme pour lui faire amende honorable au nom de la France, et lui demandent sa bénédiction. Madame, à cette vue, n'est plus maîtresse des sanglots qui la suffoquent, elle se retire avec précipitation, en s'écriant : *Ah ! c'en est trop, c'en est trop pour mon cœur !* et elle s'évanouit, oppressée par le sentiment de la piété filiale. Avant la nuit, le monarque touché des acclamations publiques sans cesse réitérées, se montra à la foule innombrable qui remplissoit le jardin des Tuileries. *Voilà*, s'écrioit-on, *voilà le bon roi que nous avons méconnu, et pour qui ?....* Monsieur s'approche alors du roi, et veut lui baiser la main; mais le roi l'embrasse et le serre tendrement dans ses bras. Les cris redoublent : *Vive le roi ! vive notre bon père !* Enfin, paroît la duchesse d'Angoulême, que les deux frères placent entre eux. Alors les cris cessèrent, ils étoient étouffés par les sanglots. Telle fut la fête de la restauration ; c'étoit celle de la France et du monde entier ; elle étoit le gage du salut des rois et des peuples : le triomphe de la vertu sur le crime, de la religion sur l'impiété philosophique, de la société sur l'anarchie révolutionnaire.

Le roi se hâta de travailler à la guérison des plaies faites à la France par vingt-cinq ans de forfaits et de malheurs. Il conclut avec les souverains alliés une paix qui étendoit les anciennes limites du royaume ; qui lui rendoit ses colonies, la Guyanne, la Martinique, la Guadeloupe, l'île de Bourbon (1),

---

(1) L'île de Bourbon est située entre le cap de Bonne-Espérance et la presqu'île occidentale des Indes.

ENTRETIEN XXIII.

qui ne lui coûtoit ni places fortes, ni contribution, ni même le sacrifice d'aucun de ces monumens des arts dont nous étions redevables à nos conquêtes. Tous ces avantages furent le fruit de la pleine confiance et de la haute estime des alliés pour le roi. Il n'y eut pas de prisonniers à racheter : Louis XVIII, même avant son retour, avoit obtenu de l'empereur Alexandre la délivrance de quatre-vingt mille Français captifs en Russie. Bientôt après, il jugea à propos de donner à son peuple une charte constitutionnelle qui établissoit deux chambres, celle des pairs, nommés par le prince; et celle des députés des départemens : c'étoit de la coopération de ces deux chambres que les lois proposées par le roi tiroient leur force et devenoient lois de l'état. En même temps, malgré les seize cents millions de dettes dont Napoléon avoit laissé la nation obérée, l'on vit renaître le crédit public, refleurir les manufactures, et les bienfaits de la paix se répandre dans toutes les classes de la société (1814).

Nous reprenions enfin notre place dans la grande famille de l'Europe, et déjà les bienfaits d'une paix si long-temps désirée et si chèrement achetée, se faisoient sentir jusque dans un autre hémisphère.

C'est au milieu de tant de sujets de joie et de prospérité que la plus vaste conspiration dont l'histoire ait jamais parlé, se trama ouvertement sur toute la surface de la France. C'est cette conspiration, si étonnante par le nombre des complices et la publicité de leurs moyens, qu'il est nécessaire de faire connoître au lecteur. Il ne suffit donc pas de lui présenter ses résultats, il est nécessaire d'en rechercher les causes premières, d'indiquer celles plus éloignées, de suivre, à travers un système de mensonges et de perfidies, dont jusqu'ici nous n'avions aucune idée, les ramifications d'un complot qui a changé la face de notre patrie. Ce n'étoit pas assez, pour y réussir, d'ébranler dans le cœur du soldat français cet antique attachement pour le sang de ses rois, il falloit organiser la trahison, exciter à la fois toutes les passions qu'enfantent les désordres de la guerre, les lancer, pour ainsi dire, au milieu de la multitude, pour étendre la corruption, et ne songer à consommer un crime inouï, qu'après avoir achevé l'entière démoralisation de l'armée. Des milliers d'officiers de tout grade, de toute arme, que la paix réduisoit à l'inaction, peuploient en ce moment la capitale. Ceux qui avoient été revêtus d'un commandement supérieur, en imposoient dans les salons dorés, par leurs titres, leurs décorations, et plus souvent encore par un nom cher à la victoire, tandis que leurs sous-ordres, moins favorisés de la fortune, donnoient le ton dans les sociétés particulières et dans les lieux de réunion. Les premiers vivoient fastueusement des dotations dont on avoit récompensé

leur courage, ou des trésors qu'ils avoient amassés dans les dévastations de l'Europe. Les autres, moins heureux ou plus dissipateurs, déjà à demi ruinés par les revers des campagnes de Moscow et de Dresde, ne respiroient que combats, et voyoient avec effroi se consolider une paix qui, tout en réparant nos désastres, alloit mettre un frein à leur cupidité. Tous redemandoient la guerre, les uns pour augmenter leurs richesses, les autres pour en acquérir. Tous regrettoient amèrement l'homme qui, dans le délire de sa puissance absolue, leur donnoit d'un trait de plume un trône à renverser, une nation à vaincre, un royaume à ravager. De là ce dédain outrageant pour toutes les professions paisibles, pour tous les hommes dont le métier n'est pas de manier le sabre, ces dénominations burlesques par lesquelles on désigne l'artisan honnête, l'employé laborieux ou le négociant instruit qui, sous l'égide de la paix, se livre tranquillement aux soins de son commerce ou de son industrie. De là cette ligne de démarcation tracée entre l'ancienne et la nouvelle noblesse, ce ridicule insolent jeté sur une classe d'hommes respectables, non par les titres qu'ils ont possédés et les biens dont on les a dépouillés, mais par les services qu'ils ont rendus autrefois à l'état, et par l'attachement constant qu'ils ont montré pour leur légitime souverain. Comme s'il n'étoit pas plus honorable de suivre dans son exil un monarque entouré des respects de l'Europe, et de vieillir en partageant son infortune, que de s'enrichir à la suite d'un dévastateur chargé de l'exécration des peuples. De là aussi ce dédain affecté pour la décoration du lis, ce symbole de notre ancienne loyauté, ce signe de paix entre la France et les armées nombreuses que l'ambition effrénée d'un despote avoit appelées dans le sein de la capitale. C'est à la même cause qu'il faut attribuer encore ce mépris pour tout ce qui portoit le cachet de la morale ou l'empreinte de quelque idée religieuse; cette haine inexplicable contre une classe d'hommes sans défense, dont le ministère est de prêcher un Dieu ennemi du sang, un Dieu de clémence et de miséricorde. Enfans de la révolution, un grand nombre de ces militaires se voyoit avec dépit reportés à un ordre de choses, où il y auroit encore à remplir d'autres devoirs que celui de se battre et de conquérir. La multitude des officiers ne voyoit de richesse et d'avancement que dans la guerre. La pénurie des finances en réduisoit trente mille à la demi-solde; et ce qui étoit encore plus insupportable pour eux, la paix les condamnoit à l'inaction. Ces hommes, dont l'épée n'avoit été employée que pour soutenir le tyran de la France et retarder le retour du souverain légitime, osèrent crier à l'ingratitude; et bientôt ils trouvèrent des complices dans presque tous leurs soldats, et des protecteurs dans les anciens chefs du gouvernement impérial. Tous
ensemble

ENTRETIEN XXIII.

ensemble profitèrent de l'indulgence du roi à leur égard, pour organiser, presque sous ses yeux, une vaste conspiration dont le but étoit de le précipiter du trône et d'y replacer l'usurpateur. Des émissaires parcoururent les provinces et calomnièrent les intentions du roi : ils alarmèrent l'avide cultivateur par le rétablissement prétendu prochain de la dîme ; l'acquéreur des biens nationaux, par la crainte d'en être bientôt dépouillé ; la populace des villes, par le chimérique retour des droits féodaux. Les conspirateurs avoient des partisans jusque dans les bureaux des ministres, et par eux ils correspondoient librement avec l'île d'Elbe. Leur signe et leur mot de ralliement étoit l'humble violette, dont la fleur naissante devoit annoncer à-la-fois et le retour du printemps de 1815 et la funeste apparition de l'aventurier corse.

Il parut en effet dès les premiers jours du mois de mars sur les côtes de la Provence. Sa marche fut rapide ; et les moyens de résistance qu'on lui opposa devinrent, par la trahison, autant de moyens d'invasion. Le maréchal Ney, envoyé contre lui, avoit promis au roi que s'il pouvoit l'atteindre, il le rameneroit à Paris dans une cage de fer : et quelques jours après, ce guerrier déloyal fit déclarer pour l'usurpateur l'armée destinée à le combattre. Il en fut de même sur toute la route, les forces rassemblées pour arrêter le torrent ne firent que le grossir par leur défection et en alimenter la violence. Le roi, trahi par l'armée qui avoit juré de le servir, se vit contraint de quitter Paris et de prendre le chemin de la Flandre. Le lendemain 20 mars, l'usurpateur se présenta aux portes de la capitale. Les lieux publics étoient abandonnés, les rues désertes, la plupart des magasins fermés. Le silence ne fut interrompu que par la joie féroce des rebelles, qui, parés de violettes et ivres de vin ou d'eau-de-vie, arrivoient faisant trophée de leur trahison. Ce fut dans ces fatales circonstances, que les oreilles entendirent avec horreur les hommes du jour mêler au cri de *vive l'empereur*, un autre cri qui sembloit ne pouvoir sortir que de la bouche des démons, le cri de *vive l'enfer ! à bas le paradis !* Tel étoit l'esprit des partisans, des amis de Bonaparte, tels étoient les témoignages de leur allégresse. Cependant il n'osa arriver en plein jour, il attendit la nuit pour entrer dans Paris, et se glissa dans les Tuileries, comme un chef de brigands, à la faveur des ténèbres. Quelques heures après, une proclamation apprit aux Français que l'empereur qu'ils avoient rappelé étoit rendu à leurs vœux. Ainsi se passa le 20 mars 1815, jour fatal à la France : la veille, elle étoit en paix avec toute l'Europe, le lendemain toute l'Europe se levoit contre elle.

Ce n'étoient pas seulement les puissances étrangères que ce retour appeloit aux armes. La Vendée se déclara contre l'u-

Tome II. Bb

surpateur, et fit entendre le cri de guerre : plusieurs villes du midi de la France déployèrent la même énergie ; et si les provinces du nord restèrent dans le silence, ce silence étoit celui de l'effroi : on trembloit devant les baïonnettes, et plus encore devant les magistrats révolutionnaires, redevenus tout puissans pour le mal. Ce fut alors que Bordeaux, menacé par une armée de brigands, vit la fille de nos rois conjurer les soldats de la garnison de conserver au roi la ville qu'ils lui avoient juré de défendre, n'en recevoir qu'un refus outrageant, verser des larmes de douleur, et ne pouvoir les ramener à la fidélité. Les Bordelais indignés sollicitèrent l'honneur de prendre eux-mêmes les armes et de remplacer ces traîtres. La princesse se refusa à leurs instances, dans la crainte d'exposer aux horreurs de la guerre une ville si fidèle et si dévouée; mais elle ne put quitter Bordeaux qu'en abandonnant à la foule éplorée une partie de ses vêtemens, comme une marque de son affection et un gage de son prochain retour. En même temps, son époux le duc d'Angoulême luttoit contre l'usurpateur à une autre extrémité de la France, dans le Dauphiné. Mais trahi sur le champ de bataille par presque tous les soldats de ligne, il se vit dans la nécessité ou de fuir en laissant sa troupe fidèle mourir pour assurer sa retraite, ou d'en venir à une capitulation, qui, en sauvant ses amis, le mettroit lui-même au pouvoir des rebelles. Il ne balança pas, et se rendit en stipulant la liberté pour les royalistes qui l'avoient suivi. Ses lâches ennemis ne respectèrent ni son nom ni ses vertus. Au mépris de la capitulation, on lui arracha ses épaulettes, on le dépouilla, on le jeta dans une prison où il passa trois jours. Mais la Providence, qui veilloit sur une tête si précieuse, voulut que Bonaparte, menacé par un million d'hommes, n'osât lui ôter la vie, et qu'il songeât trop tard à s'en faire un otage contre la vengeance que l'Europe armée s'apprêtoit à tirer de lui. Après avoir ratifié l'article de la capitulation en vertu duquel le duc d'Angoulême devoit sortir de France, il s'en repentit, et résolut de le retenir ; mais quand ses ordres arrivèrent, le prince n'étoit plus entre les mains de ses satellites (avril 1815).

Cependant Bonaparte, pour contenir l'intérieur de la France, a recours à ses armes ordinaires, à l'imposture, à la calomnie, à la perfidie, à la terreur. Tout ce qui lui paroît suspect dans les autorités civiles est destitué et remplacé par des hommes de 1793 : tout ce qui a marqué un attachement particulier pour la cause royale est poursuivi et emprisonné ou proscrit. Mais la guerre s'approche, il faut la soutenir. Ce n'est plus une conscription, c'est la population entière qu'on entreprend de faire marcher en masse : ce ne sont plus des impôts qu'on lève, ce sont des contributions de toute espèce qui se succé-

ENTRETIEN XXIII.

dent rapidement, qui ne laissent aux cultivateurs ni leurs moissons, ni leurs voitures, ni leurs chevaux, ni leurs domestiques, ni leurs propres bras. Devenus manœuvres, ils vont élever des fortifications autour des villes transformées en places de guerre, tandis que leurs récoltes vont s'engloutir dans les magasins militaires, tandis que leurs voitures conduisent les enfans de leurs voisins, leurs propres enfans, pieds et mains liés, jusqu'aux camps, où ces malheureux ne doivent quitter les fers que pour prendre le fusil, et sans autre apprentissage donner ou recevoir sur-le-champ la mort. Si quelques-uns, pères ou enfans, parviennent à s'échapper, leurs maisons sont pillées, leurs possessions dévastées, et leurs mères ou leurs épouses n'auront plus qu'à mourir de douleur ou de misère.

Tel étoit l'état de la France, et surtout des provinces du nord, lorsque Wellington et Blücher parurent sur les frontières de la Belgique, à la tête des Anglais et des Prussiens. Bonaparte, menacé tout-à-la-fois au-dedans et au-dehors, ne savoit à quel parti s'arrêter. S'il quittoit Paris, il sembloit l'abandonner aux royalistes : s'il marchoit vers la Vendée, les alliés pouvoient pénétrer par le nord : s'il tournoit contre les alliés, les Vendéens pouvoient faire en son absence des progrès qui les conduiroient à Paris. Après avoir long-temps hésité, il se détermina à marcher contre l'ennemi qui lui parut le plus redoutable, et s'avança vers les frontières du nord. Le 16 juin, il eut sur les Prussiens, près de Fleurus, un avantage qu'il ne manqua pas de publier comme une victoire signalée qui avoit détruit la moitié des forces ennemies ; et le 18 il tourna contre Wellington, qui l'attendoit dans une forte position à Waterloo. La bataille commença vers midi. Après une canonnade épouvantable sur toute la ligne, Bonaparte dirigea ses efforts contre le centre des Anglais, et ses troupes, excitées par la rivalité nationale, montrèrent une animosité qui tenoit de la fureur. Mais cette animosité leur devint funeste. La cavalerie courut inconsidérément charger les Anglais au milieu de leurs batteries. Une fois qu'elle fut engagée, il fallut envoyer d'autres corps pour la soutenir ; et tous ces corps furent horriblement maltraités par la mitraille et la mousqueterie. Wellington, inébranlable dans son poste, se bornoit à repousser les efforts de l'armée française, lorsque le renfort qu'il attendoit arriva. Blücher et lui étoient convenus de se secourir mutuellement en cas d'attaque. Dès que Blücher, campé à quatre lieues de Waterloo, entendit la canonnade, il se mit en route avec quinze mille Prussiens d'élite, et vers cinq heures du soir il parut à la vue du champ de bataille. Bonaparte ne s'en alarma pas : il s'imagina que c'étoit un corps de Français qui venoit le joindre ; et sourd à tout ce qu'on put lui dire, il en demeura persuadé jusqu'à l'instant où Blücher, tombant sur le flanc de son aile droite, y porta le trouble inséparable d'une surprise. Les Anglais augmentèrent le désordre par une charge générale. Ce moment fut décisif. Bonaparte perdit la tête, il abandonna son armée et disparut. Bientôt la plupart des corps se débandèrent, et la déroute commença. Dans cette situation, la garde impériale se signala par un acte de désespoir dont l'histoire offre bien peu d'exemples. Environnée de toutes parts, et placée sous le feu de la mitraille anglaise, elle fut invitée à se rendre. *La garde impériale meurt, et ne se rend pas*, telle fut sa réponse; et aussitôt on vit ces forcenés tirer les uns sur les autres et s'entretuer, sous les yeux des Anglais, que cet étrange spectacle tenoit dans un saisissement mêlé d'horreur.

La moitié de l'armée française périt sur le champ de bataille, et reçut là le juste prix de sa trahison. Ceux qui avoient échappé au carnage rentrèrent en France dans le plus affreux désordre, et tout ce qui avoit été traîné de force aux combats se hâta de regagner ses foyers. L'attention qu'avoit eue Louis XVIII de promettre aux habitans du pays vingt francs pour chaque prisonnier qu'ils feroient, sauva la vie à un grand nombre de fuyards : il fit de plus parvenir à Bruxelles des sommes considérables, destinées au soulagement des blessés. Ainsi se vengeoit-il de cette armée, qui, au mépris de son serment et du vœu de la France, avoit préféré un sanguinaire usurpateur au souverain légitime.

Bonaparte, échappé de Waterloo, fit à Paris l'entrée qui convenoit à un fugitif ; il s'y introduisit à la faveur des ténèbres, et prévoyant sa destinée prochaine, il alla se cacher, non pas aux Tuileries, mais dans un hôtel privé. Ce fut là que quelques jours après il se vit contraint par la faction républicaine de renoncer au titre d'empereur. Les deux chambres, par lui instituées et composées de ses créatures, n'ayant plus rien à espérer d'un homme perdu, l'abandonnèrent. C'étoit moins, à la vérité, pour se mettre aux pieds du roi légitime, que pour se saisir des rênes du gouvernement; mais on ne leur en laissa pas le temps. Si Wellington savoit vaincre, il savoit aussi profiter de la victoire : il entra brusquement en France à la suite des débris de l'armée fugitive, et bientôt il parut à la vue de Paris. La partie du nord étoit encore mieux fortifiée que l'année précédente ; le général anglais la laissa pour se porter au sud, qui étoit presque sans défense. Il fallut céder. L'armée française, toujours opiniâtre dans sa rébellion, fut réduite, en vertu de la capitulation, à se retirer au midi de la Loire ; et Paris, débarrassé de son influence, apprit avec transport que le roi étoit à Saint-Denis. Le 8 juillet, Louis le Désiré rentra dans sa capitale au milieu des acclamations les plus vives et les plus touchantes, tandis que le

ENTRETIEN XXIII.

tyran et ses complices se cachoient ou fuyoient, comme les hiboux aux approches du soleil. Bonaparte, tout près d'être saisi, n'eut d'autre ressource que de se livrer lui-même aux Anglais, à ce peuple qu'il haïssoit souverainement, et dont les armes venoient de le précipiter du trône dans la boue. On lui laissa la vie; mais pour lui ôter désormais le pouvoir de nuire, on le confina sur le rocher de Sainte-Hélène (1), situé sur l'Océan atlantique et à une grande distance de toutes les contrées habitables (1815).

Ainsi se termina la carrière politique et militaire de cet homme, qui mérita, bien plus justement qu'Attila, le nom de *fléau de Dieu*. Né avec un caractère fougueux et opiniâtre, un cœur dur et inflexible, un esprit mobile et inquiet, une imagination ardente et exaltée, rongé de la fièvre d'une ambition démesurée, indifférent sur le choix des moyens qui pouvoient le conduire à son but, sans autre religion enfin qu'une espèce de fatalité à laquelle il rapportoit sa fortune, il sut profiter des circonstances pour recueillir à son profit les fruits de la révolution, pour se mettre à la tête d'un peuple fatigué de l'anarchie populaire, pour s'élever de-là au-dessus de tous les souverains de l'Europe : plus absolu que n'avoient été les anciens Césars, on le vit disposer des princes et des peuples, faire et défaire les rois, se jouer des sceptres et des couronnes, et enchaîner à son char les potentats les plus fiers et les plus puissans. Doué d'une audace étonnante dans ses entreprises, d'une activité prodigieuse dans ses manœuvres, d'un coup-d'œil sûr dans les combats, il avoit, pour ainsi dire, subjugué la fortune dès la première campagne qu'il fit en qualité de général ; mais il lui paya ses faveurs du sang de ses soldats, dont la vie lui sembla toujours peu de chose en comparaison d'une victoire ou de la possession d'un champ de bataille. Malgré cette cruelle prodigalité, il avoit su gagner leur confiance, en leur permettant tout, excepté d'être lâches, et presque leur persuader que, sous ses ordres, ils étoient invincibles ; aussi sa présence donnoit-elle un nouveau degré d'exaltation à leur courage, en même temps qu'elle faisoit ressentir aux armées et aux généraux ennemis une certaine impression de terreur involontaire, assez semblable à celle que la vue du tigre produit dans l'âme des plus intrépides chasseurs.

L'Europe étoit assujettie sans retour, si à la science de la guerre, Napoléon eût ajouté la science du gouvernement, s'il eût su s'attacher par la bonté ou du moins par la justice le cœur de la nation qui servoit d'instrument à ses conquêtes. Mais naturellement enclin aux passions violentes, et surtout à la colère, dès qu'il se vit le maître, il jeta le masque de l'hypo-

---

(1) Entre le cap de Bonne-Espérance et le Brésil.

crisie dont il s'étoit couvert, et ne connut plus ni règle ni frein dans l'exercice du souverain pouvoir. Bientôt on ne distingua plus en France et dans les pays conquis, que deux classes d'hommes, ceux qui ressentoient le poids de l'oppression ou les angoisses d'une persécution secrète, et ceux qui, vendus à la puissance du jour, lui servoient d'espions ou de bourreaux. Napoléon, non content de tenir sous le joug toutes les classes de la société, voulut asservir tous les âges. Une université, créée par lui sur un plan inconnu à nos pères, s'empara de l'éducation, et la jeunesse fut précipitée, même contre le vœu des parens, dans des écoles organisées militairement, où elle n'étoit plus formée que pour le métier des armes, où, avec les sciences, elle puisoit la corruption et l'impiété. Les lettres avilies étoient aux ordres du despote : journaux, livres, discours, poëmes, tout déguisoit la vérité, et proclamoit les mensonges que Napoléon croyoit utiles à ses projets. Si l'honneur pour le soldat étoit de se dévouer, de se sacrifier à ses caprices, le talent de l'écrivain consistoit à le louer sans mesure, à l'encenser sans relâche, à épuiser pour lui toutes les formules de l'adulation. Il avoit multiplié à l'infini les charges, les emplois lucratifs, les titres honorifiques, pour acheter des complices, que la cupidité, de concert avec la bassesse, rangeoient toujours en foule à sa suite. Les finances, en proie à tant de sangsues, ne se soutenoient que par le pillage des nations, et la guerre seule nourrissoit les armées. Au lieu de trois à quatre cent millions que la France payoit sous ses rois, quinze cent millions d'impôts suffisoient à peine, joints aux exactions, aux confiscations, aux déprédations militaires, aux tributs que payoient les nations vaincues. La loi cruelle de la conscription décimoit chaque année la population, et quatre-vingts ou cent mille jeunes gens étoient régulièrement abattus comme les arbres d'une forêt mise en coupe réglée. Mais quand la guerre, devenue l'état fixe de la France, eut pris une extension funeste, tout fut à dix-huit ans déclaré soldat, tout dut marcher, et tout fut dévoré. Tranquille au milieu du carnage, Bonaparte voyoit de sang-froid les milliers de victimes immolées à son ambition, les monceaux de cadavres qui lui avoient donné la victoire; et jamais il ne lui échappa un de ces mouvemens de pitié qui caractérisent un cœur sensible aux maux de l'humanité. *Dans une bataille*, disoit-il, *les hommes ne sont rien, les minutes sont tout.* On pourra juger à quel point il fut fidèle à ses maximes, quand on saura que, d'après les calculs les plus modérés, son généralat et son règne ont coûté la vie à trois millions cinq cent mille Français, et à plus de quatre millions d'hommes des autres nations. Un tel homme, s'il pouvoit conquérir un empire, étoit incapable de le conserver et de le transmettre à sa postérité.

Sa première domination avoit été de quinze ans; la seconde ne passa pas trois mois : mais celle-ci, dans sa courte durée, fut incomparablement plus funeste à la France, que n'avoient été les quinze années de son consulat et de son empire. La France, à la première expulsion de l'usurpateur, avoit été traitée avec considération par les puissances de l'Europe, elle en avoit obtenu une paix honorable et avantageuse. Il n'en fut pas de même en 1815. Coupable, dans la plupart de ses enfans, ou de trahison contre son roi, ou de lâcheté contre les traîtres, elle perdit tous ses droits à la bienveillance des princes confédérés. La haute estime que les vertus et les malheurs de Louis XVIII avoient inspirée à ces princes la sauva d'un démembrement; mais du reste ce ne fut plus la générosité, ce fut la justice qui décida de son sort. Pour obtenir la paix, il fallut céder plusieurs points importans sur les frontières, il fallut abandonner pour cinq années presque toutes les forteresses du nord avec leur territoire à la garde des troupes étrangères, restituer tous les monumens des arts revendiqués par les diverses nations, et enfin s'engager à des contributions immenses, qui réduiront, pour long-temps peut-être la France, à un état de détresse d'autant plus humiliant, qu'elle ne peut l'imputer qu'à elle-même.

Louis XVIII, à peine remonté sur le trône, se hâta de dissoudre les restes de l'armée échappés au massacre de Waterloo; puis il s'occupa de l'épuration des administrations, des tribunaux, des corps littéraires. Ces actes de justice qu'il devoit à la sûreté de ses fidèles sujets, furent tempérés par une amnistie générale, dont on n'excepta qu'un très-petit nombre des principaux auteurs de la dernière conspiration : il en coûta la tête au plus coupable de tous, au maréchal Ney. Murat venoit d'avoir le même sort dans le royaume de Naples, où il avoit entrepris de rentrer à main armée (1815). Louis XVIII, fidèle interprète des derniers vœux du roi martyr et de son épouse, vouloit étendre sa clémence jusque sur leurs assassins; mais les régicides ne purent trouver grâce devant la chambre des députés des départemens : ils furent condamnés à quitter pour jamais la France, et à porter, comme de nouveaux Caïns, leur opprobre et leurs remords dans toutes les contrées de l'univers.

ENTRETIEN XXIV.

De l'Étude de la Chronologie et de l'Histoire.

Eraste. Je me propose dans cet entretien de vous apprendre comment il faut étudier la chronologie et l'histoire.

Pour les élémens de la chronologie, le moyen le plus court

est de copier des tables. En cela, il y a un ordre à suivre, c'est de ne placer dans vos premières tables que les époques : vous en ferez ensuite de plus complètes; observant toujours de n'augmenter une table que lorsque vous l'aurez plusieurs fois écrite de mémoire. La chronologie élémentaire ne consiste que dans une série de dates : elle forme la chaîne générale des événemens consignés dans les archives de l'histoire, et classe les événemens précisément à la place et dans l'ordre des temps qui leur conviennent.

La multiplicité des faits ne donne que des idées confuses, quand ils ne sont pas arrangés avec beaucoup d'ordre. Un événement fameux, et de nature à faire époque, doit être pour la chronologie ce qu'une capitale ou une ville considérable est pour la géographie. Les événemens d'une moindre importance viennent se ranger autour d'un événement majeur, comme toutes les petites villes, bourgs et autres lieux, sans conséquence.

Voici une table chronologique des époques les plus remarquables avant l'ère vulgaire, qui peut vous servir de modèles pour d'autres tables du même genre.

	ÉPOQUES.
Adam, ou la Création.	1
Noé, ou le Déluge universel.	1656
Ninus et Sémiramis, Ier royaume d'Assyrie.	1806
Menès, premier roi d'Egypte.	1814
Première dynastie des Empereurs de la Chine.	1824
Naissance de Moïse.	2433
Cécrops fonde Athènes.	2448
Cadmus fonde Thèbes.	2454
Institution des Jeux isthmiques.	2683
Expédition des Argonautes.	2741
Codrus, dernier roi d'Athènes.	2909
David et Salomon.	2992
Lycurgue à Sparte.	3078
Didon fonde Carthage.	3125
Chute du Ier empire d'Assyrie sous Sardanapale.	3184
Jeux olympiques établis.	3228
Rome fondée.	3253
Les Horaces et les Curiaces.	3333
Les sept Sages de la Grèce.	3410
Esope, fabuliste.	3410
Confucius, philosophe chinois.	3454
Fondation du grand empire des Perses, par Cyrus.	3467
Eschyle, Sophocle.	3500
Miltiade à Marathon.	3514
Léonidas aux Thermopyles.	3525
Pausanias et Aristide à Platée.	3525

ENTRETIEN XXIV.

	ÉPOQUES.
Temps de Pindare.	3525
Périclès à Athènes.	3535
Temps de Platon.	3576
Xénophon et les dix mille.	3603
Mort de Socrate.	3604
Agésilas à Sparte.	3613
Camile à Veyes.	3613
Gaulois en Italie.	3613
Praxitelle.	3621
Apelles.	3646
Philippe, roi de Macédoine.	3646
Démosthène.	3664
Mort d'Alexandre-le-Grand.	3680
Phocion à Athènes.	3680
Archimède.	3720
Première guerre punique, dure 23 ans.	3740
Grande muraille construite à la Chine.	3767
Deuxième guerre punique, dure 7 ans.	3786
Annibal en Italie.	3786
Scipion Ier, africain.	3797
Troisième guerre punique, dure 4 ans.	3855
Ruine de Carthage.	3857
Marius bat les Cymbres.	3902
Scylla dictateur.	3922
Cicéron, Catilina.	3941
Premier triumvirat, César, Pompée et Crassus.	3944
Mort de Caton d'Utique.	3958
Mort de César.	3960
Deuxième triumvirat, César-Octavien, Antoine et Lépide.	3961
Bataille d'Actium.	3973
Fin du royaume d'Egypte. Cléopâtre.	3974
César-Octavien, nommé Auguste.	3977
Virgile, Horace, Ovide.	3979
Tite-Live, Properce, Tibulle, Polion.	3987
Auguste maître du monde, paix universelle.	3993
Naissance de Jésus-Christ.	4009

DE L'ÉTUDE DE L'HISTOIRE.

L'Histoire est le récit des événemens passés : son but est de nous instruire, en nous présentant le tableau de ce qui a été, pour prévoir ce qui sera. Considérée comme un simple objet de curiosité, elle mérite d'autant plus l'attention, qu'elle présente à l'esprit le grand spectacle des différentes passions qui ont agité les hommes dans tous les siècles; les vertus qui font le bonheur de l'humanité, et qu'on doit imiter; les vices qui dégradent les mortels, et qu'on doit fuir. Elle n'est pas moins utile qu'agréable, puisqu'elle forme des citoyens pour l'état, et des hommes pour la société ; la morale et la politique ont également besoin de son secours ; elle sert à perfectionner le jugement et à régler la conduite : en un mot, elle enseigne en quelque sorte l'art de bien vivre. Dans l'histoire, on trouve des instructions relatives à tous les états, à tous les emplois, où l'honnête homme peut servir la patrie en assurant son propre bonheur.

Ce qu'on doit chercher dans l'histoire, préférablement à tout le reste, c'est la vérité. Les bons écrivains ont raison de tâcher de la rendre plus aimable, en s'appliquant à l'orner et à la parer ; et un habile maître ne manque pas de faire sentir toutes les grâces et toutes les beautés qui se rencontrent dans un historien : mais il ne souffre pas que ses disciples se laissent éblouir par un vain éclat de paroles, qu'ils préfèrent des fleurs aux fruits, qu'ils soient moins attentifs à la vérité même qu'à sa parure, ni qu'ils fassent plus de cas de l'éloquence d'un historien, que de son exactitude et de sa fidélité à rapporter les faits.

La plupart des antiquités de tous les peuples sont pleines de fables et de ténèbres. Quelque admirable qu'ait été le travail de plusieurs savans pour débrouiller ce chaos, il n'en résulte que des probabilités et des conjectures douteuses ; il est facile de s'en convaincre en jetant un coup-d'œil sur leurs systèmes. L'histoire des peuples anciens fournit cependant des particularités fort intéressantes par rapport aux mœurs, aux lois, au gouvernement, aux arts et aux sciences : ces sujets sont traités avec assez d'étendue par plusieurs historiens pour en tirer des lumières ; et avec l'esprit d'une saine critique, on peut éviter les erreurs de quelques auteurs trop crédules.

La connoissance de l'histoire grecque et romaine est principalement nécessaire, puisque les Grecs et les Romains furent nos maîtres et nos modèles. L'histoire moderne, à commencer depuis l'établissement de la monarchie française, est sans doute plus nécessaire que l'histoire ancienne ; mais aussi elle présente beaucoup de difficultés, soit par la barbarie des siècles et des peuples, soit par la multitude et la différence des états : elle nécessite une étude particulière ; car il y a peu d'auteur qui traitent l'histoire d'une manière générale. Il faut consulter ceux qui ont le mieux écrit chaque partie séparément, afin de ne point s'égarer dans ce vaste labyrinthe.

La législation et le gouvernement des états, les mœurs et les opinions des peuples, les causes des révolutions remarquables, les fondemens du droit public trop peu connu, les progrès et les égaremens de l'esprit humain, l'invention des arts, les nouvelles découvertes, nous sont retracés dans l'histoire, toujours en vue d'établir les meilleurs principes et de fixer les jugemens sur tout ce qui intéresse l'humanité : elle fait aussi mention des hommes illustres qui se sont immortalisés par leurs actions ou par leurs ouvrages. Nous apprenons, par exemple, en étudiant l'histoire, que tels peuples ont vu s'adoucir leurs mœurs, perfectionner leurs lois, sortir de l'obscurité où ils avoient langui, de la grossièreté qui leur étoit naturelle, et ces changemens heureux s'opérer à mesure que ces peuples s'adonnoient à l'étude des sciences et des beaux arts.

L'histoire ecclésiastique, presque toujours liée, depuis Constantin, aux affaires politiques, marche avec l'histoire profane, et ne peut en être séparée.

Ainsi l'histoire est, à proprement parler, un cours de morale et de politique, elle enseigne à l'homme à connoître le cœur humain, et le met à portée de se conduire dans toutes ses actions avec prudence.

L'essentiel n'est pas de savoir beaucoup, mais de bien savoir ; et le principal avantage des études publiques doit être de diriger sur un bon plan les études particulières. Il y a beaucoup d'auteurs où l'on peut puiser des connoissances historiques.

Une des choses qui peuvent le plus contribuer à mettre de l'ordre et de la clarté dans cette étude, est de distribuer tout le corps d'une histoire en certains intervalles, qui présentent à l'esprit comme un plan général de toute cette histoire, qui en montrent les principaux événemens, et qui en fassent connoître la suite et la durée : ces divisions ne doivent pas être trop multipliées ; autrement elles pourroient causer de l'embarras et de l'obscurité. Enfin, pour donner une idée générale de l'histoire, il ne faut prendre que la substance des choses, et laisser à part les difficultés chronologiques, les recherches infructueuses, les noms et les faits dignes d'oubli.

ENTRETIEN XXV.

Du Blason.

Éraste. Après vous avoir tracé le tableau de notre histoire et vous avoir dit un mot de la chronologie et de l'histoire en général, je terminerai ces Entretiens en vous parlant du blason, étude qui quoique peu importante, ce semble, ne doit point être omise cependant.

Blason dérive d'un vieux terme de notre langue *blasonner*, qui signifie louer. Il a été consacré à la signification de la science des armes ou armoiries des maisons nobles ; de sorte que le blason n'est autre chose que l'art d'expliquer les pièces qui composent les armes ou écus. Tout le blason se réduit à trois connoissances, qui sont : la connoissance des *métaux*, des *émaux* et des pièces de l'*écu*. La *pl.* 15, *fig.* 1, représente l'écu. C'est le fondement du blason. Ce mot provient du latin *scutum*, qui signifie bouclier.

Pour la représentation des émaux et des métaux, on se sert de traits et de hachures dont on est convenu. Les métaux sont l'or et l'argent, les deux seuls qui entrent dans la composition des armes. L'or se marque par des points, *fig.* 2 ; l'argent est tout blanc, *fig.* 3. Les métaux sont l'azur qui est bleu et qu'on représente par des lignes horizontales, *fig.* 4 ; le gueules, ou rouge par des traits perpendiculaires, *fig.* 5 ; le sinople ou vert par des lignes diagonales de droite à gauche, *fig.* 6 ; le pourpre ou violet par des lignes aussi diagonales de gauche à droite, *fig.* 7 ; et le sable ou noir par des lignes croisées, *fig.* 8.

Certains auteurs ont divisé l'écu en soixante-quatre parties ; ce grand nombre de divisions ne fait que jeter de la confusion. Voici jusqu'où il convient de porter les partitions de l'écu : En parti, *fig.* 9, coupé 10, haché 11, taillé 12, écartelé 13, flanqué 14, écu sur le tout 15, gironné 16, tiercé en pal 17.

C'est surtout à l'époque des expéditions militaires des croisades, qu'on a fixé les règles du blason et perfectionné les armoiries. Les braves de ce temps prirent d'abord pour pièces de leur blason tout ce qui avoit rapport au casque, à la lance, à l'épée et à tous les instrumens dont ils se servoient pour attaquer et pour se défendre ; de-là, est venu ce qu'on appelle les pièces honorables, parce qu'elle doivent être placées dans la partie la plus honorable de l'écu. Ces pièces sont, le chef 18, le pal 19, la fasce 20, la bande 21, la barre 22, la croix 23, en sautoir 24, le chevron 25, un cadre à l'entour 26, les pelleteries 27, l'hermine 28. On dit en parlant de ces figures, fascé, bandé, chevronné, etc. On compte encore beaucoup d'autres pièces honorables ; il y en a du premier et du second ordre.

L'écu a plusieurs ornemens ; ceux qui sont à ses côtés, et ceux que l'on met tout autour et au bas. Les supports ou tenans se placent à côté de l'écu, et se tirent ordinairement des pièces qui composent l'armoirie ; ils peuvent être différens et le blason n'a pas de règles fixes sur ce point. Les ornemens que l'on met autour et au bas de l'écu sont de trois sortes, savoir : les colliers des ordres institués par divers princes ; les marques des dignités et des charges, et les grands manteaux doublés d'hermine, qui paroissent être en-dessous les écus.

Vous avez sans doute remarqué que les armoiries sont souvent surmontées d'une couronne, facile à distinguer par sa nature, chaque état ayant la sienne. Vous avez dans la *plan-*

Planche 15. Page 896

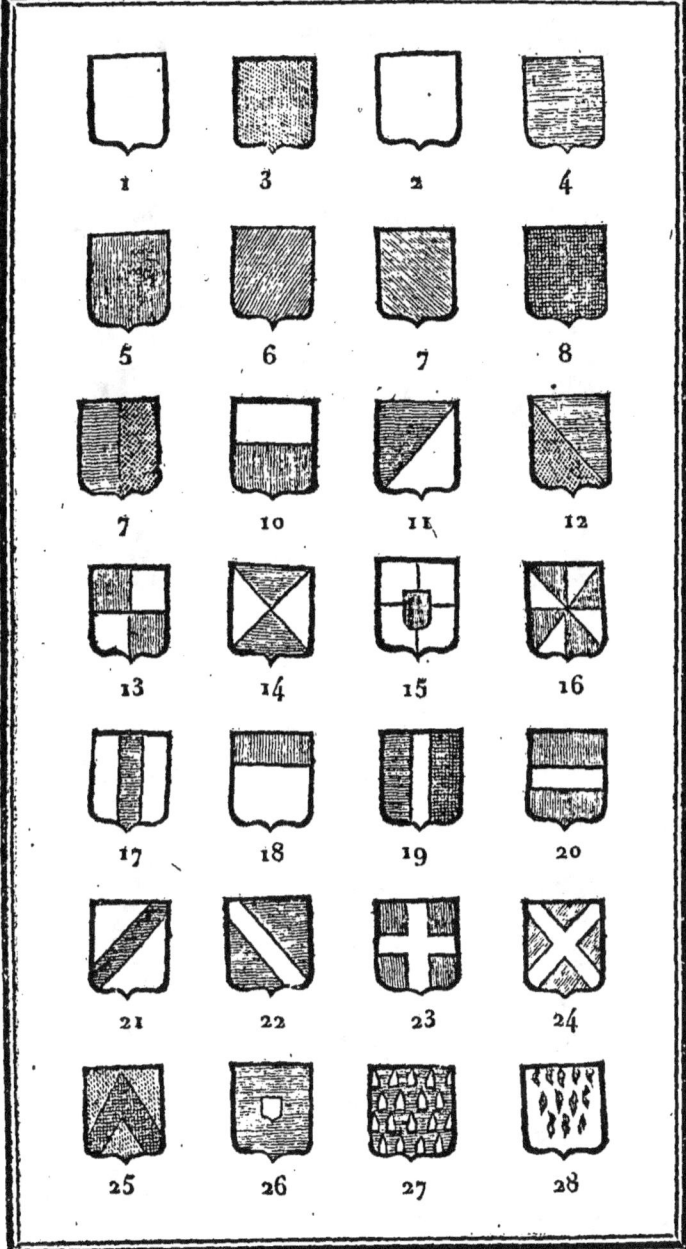

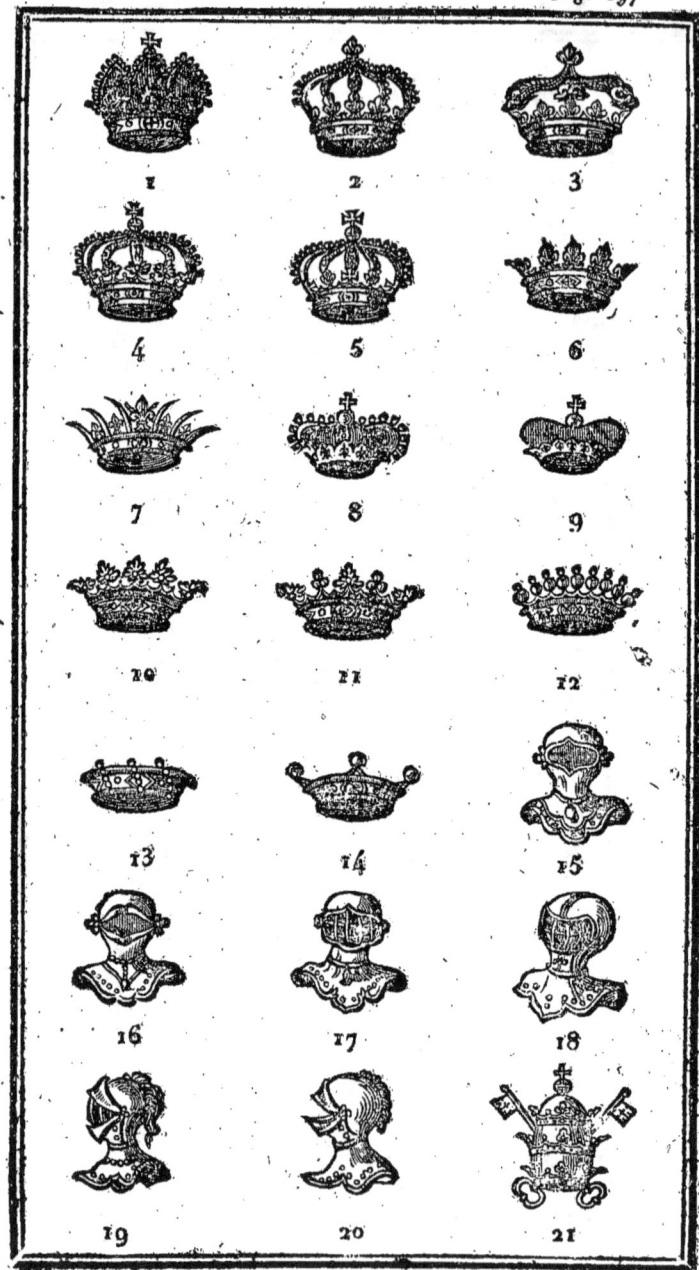

ENTRETIEN XXV.

che 16 les couronnes de chaque état, savoir : la couronne Impériale, *fig.* 1 ; la couronne de France, *fig.* 2 ; celle du Dauphin de France, *fig.* 3 ; la couronne des rois d'Espagne, de Sicile, de Pologne, de Portugal, de Danemarck, de Suède est un cercle d'or orné de fleurons et fermés de huit diadêmes, surmonté d'un globe cintré et sommé d'une croix, *fig.* 4 ; la couronne du roi d'Angleterre, *fig.* 5 ; la couronne des princes du Sang de France, *fig.* 6 ; la couronne du grand duc de Toscane, *fig.* 7 ; la couronne des Archiducs, Electeurs et des princes Souverains de l'Empire, *fig.* 8 ; la couronne des princes et comtes de l'Empire, *fig.* 9 ; la couronne Ducale, *fig.* 10 ; la couronne de Marquis, *fig.* 11 ; celle de Comte, *fig.* 12 ; celle de Baron, *fig.* 13. ; celle de vicomte, *fig.* 14.

EUGÈNE. J'ai vu quelquefois des armes surmontées de casques divers, au lieu de couronnes, d'où vient cette différence ?

ERASTE. Le casque étoit la marque de chevalerie, comme l'écu étoit la marque de noblesse. C'est dans les tournois et fêtes d'armes qu'on commença à placer le casque avec les ornemens au-dessus des armoiries. On distingue les casques de chaque état, comme on distingue les couronnes. Ainsi les casques des Rois et des Empereurs étoient tous d'or, *fig.* 15 ; ceux des Princes étoient les mêmes, mais moins ouverts, *fig.* 16 ; les Ducs et Maréchaux de France l'avoient en argent fermés de 11 grilles, *fig.* 17 ; les Gentilshommes l'avoient de même et grillés en tiers, *fig.* 18 ; les Gentilshommes d'ancienne race non chevaliers, le portoient d'acier poli et grillé, *fig.* 19 ; les nouveaux ennoblis d'acier poli, peu ouvert et non grillé, *fig.* 20.

Outre les couronnes et les casques, vous avez dû remarquer la tiare ou bonnet à trois couronnes du Pape, *fig.* 21 ; les deux clefs passées en sautoir, sont ajoutées pour indiquer la jurisdiction du souverain Pontife.

Je vais finir ce dernier entretien et ce qui regarde le blazon, en vous en faisant connoître les lois et les règles.

En un écu les émaux font le fond, et les traits y tiennent lieu de pièces.

Plus les traits avec lesquels on fait les figures sont simples, moins il y a de pièces.

Les pièces les plus honorables sont les plus estimées.

Entre les armes composées de pièces naturelles, les plus belles sont celles qui portent les plus nobles animaux, comme l'aigle et le lion.

Les animaux doivent être tournés à droite, et paroître dans la posture la plus noble et qui est la plus convenable à leur naturel ; ainsi le lion est ordinairement rampant, et le chien courant.

La principale règle du blason est de ne jamais mettre métal sur métal, ni couleur sur couleur.

On met les fourrures indifféremment pour métal et pour couleur.

Les pièces accompagnées d'étoiles, de molettes, de larmes, de cœurs, de croissans et de coquilles, sont ordinairement la marque d'une noblesse nouvelle, et particulièrement le chevron, lorsqu'il est parti, accompagné de différentes pièces, comme de deux étoiles en chef, et d'un croissant en pointe : il y a cependant quelques familles anciennes qui portent de semblables armes.

On appelle pièces cousues celles qui sont de couleur sur couleur, ou de métal sur métal.

Il faut, pour bien blasonner, commencer par le fond de l'écu au champ que l'on nommoit ainsi autrefois, mais que l'on exprime à présent par le seul mot d'émaux : on trace ensuite les traits de l'écu, s'il y en a, ensuite les pièces honorables, les autres meubles ou pièces moins honorables : on passe après au couronnement, ensuite aux colliers, de là aux tenans ou supports, aux métaux et aux pavillons qui enveloppent l'écu, au cri, et l'on finit par la devise.

Louis, Roi de France et de Navarre, porte l'écu pointu par le bas et carré par le haut, d'azur à trois fleurs de lis d'or, un timbre d'un casque d'or placé de front, assorti de ses lambrequins, et couronné de la couronne impériale Française, l'écu entouré des colliers des ordres de S. Michel et du S. Esprit, soutenus par deux Anges habillés en Lévites, dont la dalmatique est chargée d'émaux de l'écu, tenant chacun à la main une bannière de France ; le tout placé sous un grand pavillon d'azur fleurdelisé d'or, doublé d'hermine, le comble rayonné d'or et couronné de la couronne impériale Française, sommée d'une fleur de lis à quatre angles, qui est le cimier de France, et entouré du cri de guerre de France, *Montjoie Saint-Denis* : ce pavillon est attaché à la bannière ou oriflamme du royaume, qui est surmonté de la devise : *Lilia non laborant neque nent.*

FIN.

TABLE
DES ENTRETIENS
Du second Volume.

SECONDE PARTIE.

De l'Homme considéré par rapport à la culture de son esprit.

PREMIER ENTRETIEN. *Sur la Mythologie en général.* Page 1
ENTRETIEN II. *Les Dieux de la première classe.* 6
ENT. III. *Des Dieux de la seconde, de la troisième et de la quatrième classes.* 30
ENT. IV. *Sur la Physique ; et premièrement des propriétés générales des corps.* 57
ENT. V. *Des propriétés secondaires, ou des accidens des corps. De l'attraction, de l'électricité et de la vertu magnétique.* 67
ENT. VI. *De la sphère ; du mouvement des astres, et des phénomènes qui en résultent.* 79
ENT. VII. *De l'air, du feu et de la lumière.* 105
ENT. VIII. *Idée générale du globe terrestre, et de tout ce qu'on y remarque.* 125
ENT. IX. *Sur les connoissances préliminaires de la Géographie.* 152
ENT. X. *Description générale de l'Europe.* 158
ENT. XI. *De l'Asie.* 208
ENT. XII. *De l'Afrique.* 216
ENT. XIII. *De l'Amérique.* 221
ENT. XIV. *Tableau général de l'histoire de France, sous les rois de la première race.* 227
ENT. XV. *Tableau général de l'histoire de France, sous les rois de la seconde race.* 240
ENT. XVI. *Tableau général de l'histoire de France, depuis le règne de Hugues Capet, chef des rois de la troisième race, jusqu'à celui de S. Louis.* 253
ENT. XVII. *Tableau général de l'histoire de France, depuis le règne de S. Louis, jusqu'à celui de François I.* 265
ENT. XVIII. *Tableau général de l'histoire de France, depuis le règne de François I, jusqu'à celui de Louis XIII.* 291
ENT. XIX. *Tableau général de l'histoire de France, depuis le règne de Louis XIII, jusqu'à l'année 1790.* 308
ENT. XX. *Gouvernement républicain. Convention, 1792.* 338

Ent. XXI. *Consulat*, 1799. Page 359
Ent. XXII. *Empire*, 1804. 362
Ent. XXIII. *Louis XVIII, dit le Désiré, Roi depuis* 1795, *reconnu en* 1814. 380
Ent. XIV. *De l'Etude de la chronologie et de l'Histoire.* 391
Ent. XXV. *Du Blason.* 395

FIN DE LA TABLE.

www.ingramcontent.com/pod-product-compliance
Lightning Source LLC
Chambersburg PA
CBHW060547230426
43670CB00011B/1720